현대 한국정치의 이해

김용철 | 지충남 | 유경하

정독
DEEP READING

머리말

그간 한국정치에 관한 많은 저서들이 출간되어 왔다. 하지만 이들 저서는 특정 이론적 시각에 바탕하거나 특정 주제에 초점을 맞춘 전문서적들이 대부분이었다. 때문에 정치학을 전공하지 않는 학생들이나 일반인들이 한국정치의 전반적 흐름 및 내용을 종합적으로 이해하기란 쉽지 않았다. 이러한 점을 염두에 두고, 저자들은 누구나 쉽게 한국정치를 이해할 수 있는 책을 작성하고자 고민하였다.

하지만 한국정치를 주제로 누구나 이해할 수 있는 책을 쓴다는 것은 생각처럼 쉽지 않다. 1945년 일제로부터의 해방을 '현대' 한국정치의 기점으로 삼는다 할지라도, 그 시간적 범위는 무려 70년이 훌쩍 넘는 결코 짧지 않은 기간이다. 이 기간 동안 우리 사회는 엄청난 사회경제적 변화와 정치적 변동들을 경험했다. 남북분단과 한국전쟁, 개발독재와 압축적 산업화, 격렬했던 민주화운동과 민주화전환, 그리고 세계화·정보화에 따른 경제위기와 사회양극화 등이 그것이다. 이러한 변화의 과정들을 한 권의 책으로 엮어내는 것 자체가 쉽지 않는 작업이다.

한국정치가 걸어왔던 궤적을 보다 이해하기 쉽게 기술하기 위해, 저자들이 택한 방법은 '분석적 역사서술'이다. 이는 특정 이론적 시각에 의존하기보다는 선행연구 결과물들을 역사적 서술을 통해 재구성함으로써, 그간 한국정치의 여정을 순차적으로 보여주고 인과적으로 분석하는 것이다. 이는 방대한 자료들에 대한 분석과 선행연구들에 대한 검토를 요하는 지난한 작업이다. 다행히도, 우리의 저서 작업은 오래전에 시작되었다. 1997년에 출간된 『현대 한국정치의 전개와 동학』이 그 첫 번째 결과물이었고, 이를 바탕으로 2001년에 『현대 한국정치의 새로운 인식』으로, 그리고 2010년에 『현대 한국의 정치』로 확장·발전시켜 왔다. 이러한 이유로 저자들은 한국정치의 발전과 한계라는 관점에서 저서의 전반적 흐름을 가다듬고, 그 연장선상에서 새로운 장(13장 이명박 정부와 14장 박근혜 정부)을 작성하는 방식으로 저서 작업을 비교적 수월하게 마칠 수 있었다.

이 책의 시간적 범위는 해방 직후부터 박근혜 정부 시기까지이다. 이 기간의 절반 이상 동안 우리 사회는 권위주의 통치를 경험해야 했다. 다행히 수많은 크고 작은 민주화운동으로, 이제 한국정치는 자유민주주의 헌정질서를 성공적으로 정착시킨 신생민주주의의 모범 사례로 칭송받고 있다. 1987년 민주화 이후, 세

차례의 평화적 정권교체를 경험하면서 우리 사회는 민주주의에 대한 믿음과 가치를 더욱 견고하게 다져왔다. 돌이켜 보면, 한국정치의 민주화 과정은 고통을 동반한 긴 여정이었다. 두 차례에 걸친 군사쿠데타로 민주정부가 붕괴되고 민주화운동은 좌절을 경험해야 했다. 무려 40년에 가까운 권위주의 통치하에서 수많은 인사들이 옥고를 치루거나 목숨을 잃는 엄청난 희생을 감수해야 했다. 그래서 한국 민주주의는 "진흙탕에서 피어난 꽃"에 비유되기도 했다.

그렇다고 한국 민주주의가 내용적으로 선진민주주의의 수준에 이른 것은 아니다. 비록 권위주의체제에서 벗어났지만, 여전히 질적 발전이 요구되고 있다. 선거의 공정성, 표현의 자유, 법치주의 등의 절차적 민주주의가 의심받고 있으며, 정부의 정치적 책임성과 정책적 반응성 등과 같은 내용적 민주주의는 취약한 상태에 머물고 있다. 이 점에서 지난 2016~17년의 '촛불혁명'은 결코 돌발적이거나 우연한 사건이 아니었다.

향후에도 민주주의를 향한 한국정치의 여정은 계속될 것이다. 그러나 그 여정은 과거에도 그랬듯이 결코 순탄치만은 않을 것이다. 남북분단 상황은 끊임없이 이념갈등을 생성시킬 것이며, 지역주의는 비록 약화됐다고 하지만 여전히 지역갈등을 유발할 소지를 지니고 있다. 또한 최근 중요 현안으로 떠오른 경제 불평등은 계층(계급)갈등을 촉발시켜 또 다른 균열을 낳을 개연성이 크다. 하지만 한국정치는 이를 제도적으로 흡수하고 해소할 장치를 결여하고 있다. 다수제적 선거제도는 사회적 약자들의 대표성을 제약하고 있으며, 정당들은 정파적 이해에 따라 이합집산을 거듭하고 있고, 의회정치는 청와대 의중의 관철을 최고의 목표로 삼는 집권당과 이를 결사적으로 저지하려는 반대당으로 갈려 여전히 생산적이지 못하다. 이러한 상황에서 시민들의 불만은 또 다른 '광장의 정치'로 이어질 개연성이 크다. 현재 한국정치의 모습은 제도적 무기력이 정치불안정을 불러오는 형국이다.

이제 우리는 한국 민주주의의 질적 향상을 위해 고민해야 한다. 그 출발점은 정치적으로 세련된 시민의식을 스스로 함양하는 것이다. 왜냐하면 민주주의는 설치만 하면 저절로 작동하는 단순한 기계가 아니기 때문이다. 민주주의를 작동시키는 것도 우리이고, 민주주의를 발전시켜 나가는 것도 우리이기 때문이다.

2018년 6월 20일
저자들을 대표하여
김 용 철

차 례

제 1 장 해방과 좌우정치세력

제 2 장 미·소의 한반도 구상과 좌절

제 4 장 4월항쟁과 장면 정권

제 6 장 유신체제: 등장·전개·붕괴

제 7 장 신군부의 등장과 광주항쟁

제 8 장 전두환 정권과 민주화운동

제 9 장 노태우 정부: 5공청산과 보수대연합

제10장 문민정부: 개혁정책과 외환위기

제11장 국민의 정부: 경제위기극복과 대북포용정책

제12장 참여정부: 개혁 그리고 좌절

제13장 이명박 정부: 민주주의 역공고화와 남북관계의 경색

제14장 박근혜 정부: 민주주의 후퇴와 대통령 탄핵

제1장 해방과 좌우정치세력

제 1 절 일제패망과 미·소의 분할점령

제 2 절 건국준비위원회와 인민공화국

제 3 절 좌우 정치세력의 조직화

제 1 절 일제패망과 미·소의 분할점령

우리 민족의 항일독립투쟁에도 불구하고, 일제 식민통치로부터 한반도의 해방은 제2차 세계대전에서의 연합국 승리의 직접적인 산물이었다. 이에 따라 한반도는 외세의 압도적인 영향력하에서 38선을 경계로 미국과 소련에 의해 분할·점령되었다.

1. 전시연합국회담과 한반도 문제

전후 한반도의 운명이 연합국에 의해 최초로 논의되기 시작한 것은 1943년 11월 22일~26일에 진행된 카이로 회담(Cairo Conference)이었다. 미국의 루스벨트 대통령이 주도한 이 회담에는 영국의 처칠 수상, 중국의 장개석 총통이 참석하였다. 이들은 이 회담에서 1914년 이래 태평양지역에서 일본에 의해 탈취된 모든 영토는 반환되어야 함을 공동으로 선언하였다. 그 가운데 하나가 한반도 문제였는데, 그 내용은 "조선 인민의 노예상태에 유의하여 적절한 시기에 조선을 자유·독립케 할 것을 결정한다"는 것이었다.[1] 즉 카이로 회담은 한반도의 독립을 국제적으로 보장받은 최초의 회담이었다. 그러나 그 약속은 즉각적인 독립이 아닌 "적절한 시기에"(in due course) 독립이 허용될 것이라는 모호한 것으로, 한반도의 독립은 향후 모종의 절차를 거칠 것임을 암시하는 대목이었다.

카이로 회담을 마치고 루스벨트는 소련의 대일 참전을 실현시키기 위해 1943년 11월 28일 스탈린·처칠과 테헤란에서 회담(Tehran Conference)을 가졌다. 이 회담에서 스탈린은 독일이 패전하면 소련이 대일전에 참전할 것임을 루스벨트에게 구두로 약속하였다. 특히 한반도 문제와 관련하여, 미·영·소 대표는 한반도 문제에 대해 언급하였으나 구체적인 합의는 없었다. 단지 루스벨트가 필리핀에 대한 미국의 경험을 토대로 조선이 완전한 독립을 이루기 위해서는 약 40년간의 훈련기간이 필요하다고 언급하자, 스탈린이 이에 대해 잠정적으로 동의를 표시한 것이 전부였다.[2]

1) 이완범. 2007.『한국해방 3년사』. 파주: 태학사, 30.
2) 조승순. 1982.『한국분단사』. 서울: 형성사, 28~29.

그 후 한반도 문제는 1945년 2월 4~11일의 얄타 회담(Yalta Conference)에서도 논의되었으나, 비중 있게 다루어지지는 않았다. 루스벨트·처칠·스탈린이 참석한 얄타 회담의 주요 의제는 미·소 간의 중요한 이해관계가 걸린 유럽의 전후처리문제, 세계평화기구 설치문제, 소련의 대일전 참전문제 등이었다. 이 회담에서 한반도 문제는 미·소의 비공식적 양해 차원에서 다루어졌다. 루스벨트는 스탈린에게 '강대국들에 의한 신탁통치안'을 제안하였고, 스탈린은 루스벨트의 제안에 동의하였다. 그러나 한반도 신탁통치안에 대한 구체적 내용은 논의되지 않았다.[3]

그리고 전쟁이 종결되기 이전, 한반도 문제가 마지막으로 논의된 회담은 1945년 7월 17~26일의 포츠담 회담(Potsdam Conference)이었다.[4] 이 회담에서도 한국의 독립문제가 언급되었으나, 한반도 신탁통치안은 직접적으로 거론되지는 않았다. 다만 '적당한 시기'에 한국의 자유로운 독립이 이루어져야 한다는 카이로 선언을 재확인하는 수준에 머물렀다.

2. 미·소의 한반도 분할점령

제2차 세계대전은 미국이 일본의 히로시마와 나가사키에 원폭을 투하하면서 종전을 향해 치달았다. 소련은 마침내 원폭투하 직후인 8월 8일 일본에 대해 선전포고를 하였다. 이후, 소련군은 한반도를 향해 진군하였으며, 8월 9일 웅기를 폭격하고 경흥으로 진공하였으며, 14일에는 청진, 그리고 16일에는 원산까지 진격하였다. 이에 대응하여, 미국은 38선을 경계로 한반도 분할점령을 소련에 제의하였고, 소련은 미국의 제안을 별다른 이의 없이 받아들였다.

---

3) 1945년 2월 8일 루스벨트는 스탈린에게 "조선에 대해 미·중·소의 대표로 구성된 신탁통치를 할 구상"이며 신탁통치의 기간은 "20년에서 30년이면 될 것"이라고 언급하자, 스탈린은 "기간이 짧을수록 더 좋을 것"이며, 영국을 배제할 경우 "처칠이 우리를 죽이려 덤빌 것"이라고 답변하였다. 조승순. 1982.『한국분단사』, 35~36.

4) 포츠담 선언(Potsdam Declaration)은 제2차 세계대전 종전 직전인 1945년 7월 26일 독일의 포츠담에서 열린 미국·영국·중국 3개국 수뇌회담의 결과로 발표된 공동선언을 지칭한다. 처음에는 미국의 트루먼 대통령, 영국의 처칠 수상, 중국의 장개석 총통이 이 회담에 참가하였으나, 얄타 회담 때의 약속에 따라 소련이 일본에 대해 선전포고를 하면서, 소련의 스탈린도 이 선언문에 서명하였다. 공동선언문의 주요 내용은 일본에 대해서 항복을 권고하고 전후 대일처리방침에 관한 것이다.

(1) 38선의 획정

38선은 한국전쟁 이후 휴전선으로 대체될 때까지 남한과 북한의 정치적 경계선이었다. 38선은 순전히 타의에 의하여 인위적으로 획정되었으며, 한민족에게는 헤아릴 수 없는 민족적 비극과 고통을 안겨 주었다. 지금은 존재하지 않는 남북 분단선이지만, 38선은 해방과 함께 한반도를 남북으로 갈라놓은 분단 상황의 원초적 모체였다.

38선은 언제 그리고 누구에 의해 획정되었는가? 지금까지의 공개된 자료에 비춰볼 때, 38선을 획정하고 미·소의 한반도 분할점령을 주도한 나라는 미국이었다는 견해가 일반적이다. 이러한 사실은 당시 미국정부의 국무성·전쟁(국방)성·해군성의 삼성조정위원회(The State－War－Navy Coordinating Committee)에서 1945년 9월 2일 작성된 '일반명령 제1호'(General Order No. 1)의 초안에 잘 드러나 있다.[5] 이 초안에 따르면, 38선은 미군과 소련군이 각각 남쪽과 북쪽 지역에서 일본군의 무장해제 및 항복접수 업무를 수행하기 위한 '임시적인' 군사적 경계선이었다.

이 초안 작성의 배경 및 과정을 소개하면 다음과 같다. 1945년 8월 6일과 8일에 미국이 히로시마와 나가사키에 원자탄을 투하한 직후 소련은 일본에 대하여 선전포고를 하였으며, 다음 날 8월 9일 소련은 한반도 북쪽지역으로 진군하였다. 소련군의 재빠른 남하에 대응하여 한반도 상륙에 당장 활용할 만한 병력이 없었던 미국은 한반도 전체가 소련군의 점령하에 놓이는 것을 막기 위해서는 미·소 양군에 의한 일본군의 무장해제선을 급히 결정하여 소련의 동의를 얻는 수밖에 없다고 판단하였다. 이 같은 긴박한 상황에서 8월 10일 밤 미국의 삼성조정위원회는 긴급회의를 소집하고, '일반명령 제1호'를 결정하였다.

'일반명령 제1호'의 초안을 작성한 실무자인 러스크(Dean Rusk) 대령은 미국 관할의 일본군 항복접수 지역에 한국의 수도가 포함되어야 함을 고려하여 서울 북쪽의 38선을 일본군 무장해제 및 항복접수를 위한 미·소 간의 경계선으로 건의하였고, 삼성위원회는 러스크의 의견을 받아들였다.[6] 그리고 미국은 이러한 내

5) 이 회의에는 전쟁성 차관보 맥클로이(John J. McCloy), 국무성 차관보 던(James Dunn), 해군성의 바드(Ralph Bard) 등이 참석했고, 이 날 회의에서 이들은 일본의 무조건 항복을 전제로 한 일본군의 무장해제, 점령과 점령 후의 대책 등에 관련한 부처 간의 정책 의견을 조율하였다. 이완범. 2007.『한국해방 3년사』, 42~43.

6) 후일 러스크의 회고에 따르면, 당시 미국은 38선이 남북의 분단선이 되리라고는 생각하지 않았

용을 소련에 제안하였고, 소련은 이를 수락함으로써 남북 분단선인 38선이 획정되었다. 이처럼 한반도 분단의 역사적 계기가 된 38선 분할점령을 핵심 내용으로 하는 일반명령 1호의 결정은 불과 5일 사이에 이루어졌고, 이는 8월 15일 태평양지역 최고사령부에 전달되었으며, 맥아더 사령관은 9월 2일 이를 남한에 공포하였다.

그러면, 왜 소련은 당시 미국의 38선 분할 제안을 별다른 이의 없이 받아들였는가? 이에 대해서는 크게 두 가지 견해가 있다. 첫째, 소련은 당시 전략적으로 한반도에 별 관심이 없었다는 견해이다. 즉 소련이 한반도 문제에서 미국의 제안을 수용하고, 그 대신 전략적으로 이해관계가 큰 다른 지역의 전후처리문제에 있어 미국으로부터 양보를 얻어내려고 했다는 견해이다. 이 견해에 의하면, 당시 소련의 관심이 집중된 지역은 동유럽을 포함한 사할린 남부 및 쿠릴열도였던 까닭에, 소련은 이들 지역에서 미국의 양보를 기대하고 있었다는 것이다. 게다가, 소련군은 만주지역에서 일본군의 완강한 저항을 받아 한반도 남쪽으로까지 군사작전을 확대할 여유가 없었다는 것이다. 이러한 이유로 소련은 한반도에서 미국과의 불필요한 마찰을 피하고 얄타체제를 유지함으로써 자신의 관심 지역에서 이득을 챙기려고 했다는 주장이다.[7)]

둘째, 당시 소련은 한반도에 대한 확실한 정책을 가지고 있지 않았다는 견해이다. 원폭투하 이후 전쟁이 급속도로 종전으로 치달았지만, 소련 역시 당시 미국처럼 한반도 지역의 전후처리문제에 대한 확고한 정책이 부재했다는 것이다. 또한 소련은 태평양전쟁 참전 의도가 부동항 획득이라는 매우 제한적인 것이었고, 분할점령 이후에도 38선 이북 지역의 장악에만 초점을 맞춘 제한된 전략적 목표를 가지고 있었기 때문에,[8)] 미국의 38선 분할 제안을 쉽게 받아들였다는 견해이다.

요컨대, 38선 획정의 배경에 관한 일반적인 견해는 일본의 패망을 전후하여

다고 한다. 그에 의하면, 미국은 한국이 곧 통일된 독립국가로 탄생할 것으로 확신하였기 때문에, 38선은 단지 일본군의 항복을 접수하기 위한 일시적인 지역 구분으로 간주하였다고 한다. 김학준. 1979. "분단의 배경과 고정화 과정." 송건호(외). 『해방전후사의 인식』. 서울: 한길사, 70; 『조선일보』, 1990년 1월 1일자.

7) Bruce Cumings. 1981. *The Origin of the Korean War*. Princeton: Princeton University Press, 385~386.

8) Erik van Ree. 1989. *Socialism in One Zone: Stalin's Policy in Korea*, 1945–47. Oxford: Berg, 51, 67~69, 267.

미·소의 군사적 편의주의에 입각하여 38선이 황급히 결정되었고, 이를 계기로 미·소 양군이 한반도에 진주하게 되었다는 것이다.

(2) 38선의 성격

38선이 획정됨에 따라, 한반도 남쪽 지역에는 미군사령부가, 그리고 북쪽 지역에는 소련군사령부가 각각 설치되었다. 그리고 시간이 경과함에 따라, 38선은 애초의 설치 목적인 일본군 무장해제와 항복접수라는 한시적 특수목적을 벗어나 미·소의 한반도 분할점령 및 상주를 위한 경계선의 성격으로 변화하였다. 비록 미국 국무장관을 역임한 덜레스(John Foster Dulles)에 의하면, "38선은 결코 정치적 분계선으로 의도된 바도 없고, 또 그렇게 되어서는 안 된다"고 하였지만, 해방 직후부터 대한민국 정부수립까지의 과정을 볼 때 38선 분단의 배경이 단순히 우발적이거나 일시적인 것으로 보기는 힘들다. 이와 관련하여, 커밍스(Bruce Cumings)는 38선 분할결정은 한반도가 미국의 태평양 안보에 매우 긴요하며 따라서 이 지역에 대한 미국의 적절한 통제가 필요하다는 인식 아래 입안된 미국 국무성 계획의 논리적 귀결이었다고 주장한다.[9] 요컨대, 제2차 세계대전 중 한반도에서의 대일 군사작전의 일환으로 이루어진 미·소 양군의 개입은 해방 직후 양군에 의한 분할점령 및 군정으로 이어졌고, 이후 1945년 12월 미·소의 합의에 의한 신탁통치 결정, 그리고 1948년 두 개의 독립정부 수립 등 일련의 과정들을 돌이켜 볼 때, 38선은 한반도에서 국제적 합의로서의 신탁통치를 실시하기 전에 군사적 점령을 통한 정치적 지배력을 확보하려는 미·소 양국의 경쟁적 갈등의 산물로 이해될 수 있을 것이다.

제 2 절 건국준비위원회와 인민공화국

해방 직후 남한의 정국은 좌파세력에 의해 이끌어졌다. 좌파세력은 건국준비위원회를 주도하였고, 인민공화국을 수립하였다. 그러나 미군정은 인민공화국의

9) Bruce Cumings. 1981. *The Origin of the Korean War*, 122.

존재를 인정하지 않았다.

1. 해방정국의 구조적 특징

1945년 8월 해방으로부터 1948년 8월과 9월 한반도에 두 개의 국가가 수립되기까지, 해방정국은 엄청난 소용돌이에 휩싸여 갈등과 대립을 거듭하였다. 이러한 혼란을 부추기고 격화시킨 데는 두 가지 구조적 요인이 자리하고 있었다.

첫째, 일제의 식민지통치가 남긴 국내적 혼란이었다. 적어도 우리 민족에게 있어서, 일제 식민체제의 해체는 갑작스런 것이었다. 때문에, 우리의 해방에 대한 대비가 철저하지 못했다. 아무런 준비 없이 맞이한 해방이었던 만큼, 정치집단들 사이에도 해방의 의미를 놓고 의견의 일치를 볼 수 없었고, 해방정국에서 수행해야 할 과제에 대해서도 민족적 총의를 모을 수 없었다. 그런 의미에서 해방정국의 혼란과 분열은 예견된 것이기도 했다.

사실, 해방 전의 정치활동은 독립운동이 주를 이루었으나, 일제의 가혹한 탄압으로 한민족의 독립운동은 해외로 그 무대를 옮길 수밖에 없었다. 예컨대, 3·1운동 직후 중국 상해에 자리 잡은 임시정부를 비롯하여, 만주·시베리아 지역에서의 무장저항운동, 그리고 미주지역(샌프란시스코와 하와이)의 독립운동 등이 그 대표적 사례이다. 그러나 해외에서의 독립운동은 지역적으로 분산되어 전개되었고, 집단 간의 노선 갈등과 집단 내부의 파벌싸움으로 인해 하나의 구심점으로 결집되지 못했다.[10] 이러한 독립운동을 둘러싼 노선 및 파벌 갈등은 해방정국으로 이어졌고, 이는 해방 이후 한민족의 장래에 대한 합의점을 찾는 데 커다란 걸림돌로 작용했다. 또한 이는 해방 당시 주변 강대국들의 외압에 주체적으로 대응할 주도세력의 부재로 이어져, 해방정국을 더없이 혼란스럽게 만들었고, 궁극적으로 정치사회를 무기력하게 하였다.

둘째, 제2차 세계대전의 종전과 더불어 형성되기 시작한 미·소 간의 적대관계를 들 수 있다. 냉전적 구조의 형성은 남과 북에 상이한 이데올로기에 입각한 '정치'를 요구했다. 우선 북에서는 스탈린 체제의 정치모형이 도입되면서 일당체제(一黨體制)의 권력구조가 형성되어 나갔다. 다양한 정치세력들 사이의 대립과 경쟁이 허용되지 않는 정치적 여건하에서 소련의 후원을 받는 소수의 권력집단

10) Gregory Henderson. 1968. *Korea: The Politics of Vortex*. Cambridge: Harvard University Press, 86.

이 자신들의 권력기반을 확대하고 강화시켜 나가는 일은 그리 어려운 일이 아니었다. 반면, 남에서는 미국에 의해 서구식 민주주의가 도입되면서, 다당체제(多黨體制)를 통한 정치세력들의 자유로운 경쟁이 허용되었다. 이렇듯 상이한 정치이념 및 질서의 요구는 국내 정치세력을 더욱 분열과 대립으로 몰아갔으며, 이 과정에서 민족주의적 이상과 열망은 외세의 전략적 이해와 정치적 압력에 압도되고 말았다.

2. 해방과 건국준비위원회

해방 직후 최초로 등장한 전국적 규모의 자발적 정치조직은 여운형이 주도하는 건국준비위원회였다. 1945년 8월에 들어서면서 태평양전쟁의 패배가 임박하자, 일본 전쟁지도부는 패전 후 일본인들의 안전한 귀환대책을 수립하여야 했다. 조선총독부는 8월 10~15일 사이에 당시 국내 민족지도자들 중 지명도가 높은 송진우와 여운형에게 접근하여 이 문제를 논의하였다. 총독부의 의사타진에 대해 송진우는 임시정부만이 통치권을 이양 받을 수 있는 권한을 갖고 있음을 강조하면서 접촉 실무자의 요청을 거절하였다. 반면, 총독부 실무자의 의사타진에 긍정적으로 반응했던 여운형은 8월 15일 새벽 6시 반경에 엔도 류사쿠(遠藤柳作) 총독부 정무총감과 회동하였다.

총독부 정무총감과의 회동에서, 여운형은 단순한 치안유지권 이양을 넘어서는 다음과 같은 권한이양을 요구하였다: ① 전국을 통하여 정치범·경제범을 석방할 것, ② 3개월 간의 식량을 보장할 것, ③ 치안유지와 건국을 위한 정치활동에 대해 절대로 간섭하지 말 것, ④ 청년과 학생의 조직 및 훈련에 대해 간섭하지 말 것, ⑤ 노동자와 농민을 건국사업에의 동원에 대해 간섭하지 말 것.[11]

총독부가 여운형이 제시한 조건을 수용하자, 여운형은 즉각 건국준비위원회(건준)의 조직에 착수하였다. 여운형은 해방 전에 조직한 건국동맹(건맹)을 중심으로,[12] 일제의 항복 직후 석방된 정치범과 민족주의자들과 더불어 건준을 준비해 나갔다. 건맹을 모태로 여운형은 안재홍·허헌 그리고 당시 평양에 머물고 있

11) 송남헌. 1990. "해방정국의 상황과 여운형의 건국준비운동." 한승조(외). 『해방전후사의 쟁점과 평가』. 서울: 형설출판사, 282.

12) 건국동맹은 1944년 8월에 여운형·조동우 등이 조직하였는데, 이 때 전국적인 조직망 및 상당수의 조직원을 확보하였다.

던 조만식 등과 긴밀한 접촉을 통해 건준을 완전한 민주적 독립국가의 수립을 위한 준비기관으로 만들고자 했다. 이를 위해 여운형은 송진우에게 협조를 요청하였다. 그러나 송진우의 거절로 건준은 당시 국내 우익세력의 참여를 이끌어내지 못하였다.

여운형과 그의 측근 인사들은 8월 15일 오후에 조직의 기본 틀을 마련하고, 17일에 여운형을 위원장, 안재홍을 부위원장으로 하는 건준의 조직을 완료하였다. 이어 8월 26일에는 건국사업의 방향을 가늠케 하는 건준의 선언과 강령이 발표되었다. 이 날 발표된 선언의 요지는, 건준은 "우리 민족을 진정한 민주주의적 정권으로 재조직하기 위한 새 국가건설의 준비기관"이자, "모든 진보적 민주주의 제세력을 결집하기 위하여 각층각계에 완전히 개방된 통일 기관"으로, 반동적 반민주세력과 투쟁하여 "민주주의 정권을 수립"하자는 것이었다.[13)]

여운형은 건준의 조직을 전국적인 규모로 확대시키면서 당시 시급한 문제였던 치안확보 및 식량문제를 비롯한 교통·통신·금융 문제에 관한 대책수립 등을 나름대로 수행해 나가고자 했다. 건준의 조직과 활동에 대한 일반 국민들의 지지가 급속히 확산되자, 여운형은 건준의 조직을 확대·정비하였다. 8월 31일, 건준은 12부 1국의 체제를 갖춘 준정부적인 조직으로 개편되었다. 건준의 조직은 지방에서도 활발히 진행되어, 8월 말에는 '건준지방부'라는 명칭을 가진 조직이 전국적으로 145개에 이르렀다. 이는 건준에 대한 대중적 지지와 기대가 매우 컸음을 보여주는 것이었다.

이처럼 건준의 재빠른 조직 확장은 다음의 몇 가지 요인들에 기인한 것으로 파악된다. 첫째, 해방 직후의 정국에서 건준은 사실상 유일한 정치단체였다. 이로 말미암아 유·무명의 정치지망생, 특히 정치 흐름을 잘 모르는 지방의 정치지망생들이 서둘러 건준에 가입하였다. 둘째, 소련군이 서울에 진주할 것이라는 풍문이 유포되었다. 만일 소련군이 서울에 진주한다면, 좌익세력이 중심이 되어 통치권을 장악하게 될 것임은 불을 보듯 뻔한 일이었다. 셋째, 당시 좌익세력은 상대적으로 높은 대중 침투력을 확보하고 있었다. 좌익세력은 해방 이전부터 노동자·농민층을 대상으로 비밀리에 조직을 확장시켜 왔으며, 해방 직후의 흥분된 대중의식 속에서 그들의 급진적인 구호는 큰 호소력을 발휘하였다. 넷째, 민중의 정치참여 욕구의 분출이다. 일제 치하에서 철저히 배제되었던 민중들의 정치참여는

13) 이완범. 2007. 『한국해방 3년사』, 81~82.

해방과 더불어 정치참여의 폭발로 이어졌다.[14]

그러나 건준은 9월 4일을 고비로 구성원 간의 내븐으로 인해 와해의 길을 걷기 시작했다. 원래 건준은 ① 여운형의 건국동맹을 중심으로 하는 사회주의세력, ② 안재홍을 중심으로 하는 우익세력, ③ 이영·최익한·정백 등을 중심으로 하는 장안파 공산주의세력, ④ 박헌영·이강국·최용달 등을 중심으로 하는 재건파 공산주의세력 등 여러 정파와 세력으로 구성된 연합체적 성격을 띠었다. 그러나 이러한 연합체적 성격이 건준의 분열과 해체의 원인이 되었다. 우익세력들의 참여문제로 갈등이 빚어져 안재홍이 사퇴하고 우익세력이 떨어져 나갔고, 상대적으로 박헌영의 재건파 공산세력이 득세하게 되면서 건준은 급격히 좌경화되었다.[15] 이는 여운형을 중심으로 좌우합작을 통한 민족세력의 대단합을 이룩하여 건국의 산파 역할을 하겠다는 '통일전선' 전략에 차질을 가져왔다. 9월 4일 개편된 중앙집행위원회의 구성에서 건준의 좌경화 현상이 빠른 속도로 이루어졌는데, 배후에는 박헌영이 이끄는 재건파 공산주의 세력의 집요한 작용이 있었다. 결국 9월 6일 돌연 '전국인민대표자회의'가 개최되어 이른바 '인민공화국'이 선포됨으로써, 건준은 그 다음 날인 9월 7일 발족한 지 20여 일 만에 해체되기에 이른다.

건준의 해체는 우익 민족주의 세력의 저항에서도 그 원인을 찾을 수 있다. 우익 민족주의 세력들은 총독부로부터 치안권을 이양받은 여운형을 '일제의 괴뢰'로 몰아붙이면서, 건준과 여운형에 대하여 적대적 태도를 취하였다. 여운형의 합작 호소에 대한 우익세력의 철저한 외면은 건준의 정치적 동원력을 제약하였고, 이는 건준을 약화시키는 방향으로 작용하였다. 뿐만 아니라, 여운형과 건국동맹 인사들은 그 정치적 위상과 비중이라는 측면에서 해방정국을 이끌고 나갈 만한 주도세력으로서 한계를 지니고 있었다. 독립운동의 주루를 이루었던 중국 임시정부 요인들이나 미국의 이승만 등이 귀국했을 때, 과연 여운형을 중심으로 구성된 건준의 틀 속으로 그들이 들어올지는 전혀 불투명한 것이었다.

또한 조선총독부의 태도 변화도 건준의 해체에 일조하였다. 조선총독부는 "미군이 진주할 때까지 현 체제를 유지하다가 정식으로 항복할 때 일본의 통치기구를 그대로 미군에 인도하라"는 미국의 요청을 받고서 8월 17일부터 건준의 활

14) 양동안. 1987. "혼란 속의 국가형성." 윤근식(외). 『현대한국정치사』. 성남: 한국정신문화연구원, 12~13.
15) 송남헌. 1990. "해방정국의 상황과 여운형의 건국준비운동," 47~48.

동을 견제하기 시작하였다.[16] 이에 따라 조선총독부는 건준의 해체를 요구하기에 이르렀고, 심지어 조선군 관구 사령부는 포고문까지 발표하여 건준의 정치활동 및 관서 접수활동을 저지하였다.

3. 미군의 진주와 인민공화국

9월 8일, 오키나와에 주둔하고 있던 미 전투부대가 인천항을 통해 남한에 진주하였다. 남한에 진주한 미군은 하지(John Hodge) 사령관 지휘하에 있는 제24군단이었다. 제24군단은 6사단, 7사단, 40사단으로 구성되어 있었는데, 1945년 9월 8일 인천에 상륙한 부대는 7사단이었다. 미군은 상륙 즉시, 경인지구에 대해 오후 8시부터 다음 날 새벽 5시까지 통행금지를 실시한다는 포고령을 발표하였다. 9월 9일 서울에 입성한 미군은 총독부에서 조선에 주둔하던 일본군의 항복을 공식적으로 접수하고 본격적인 일본군의 무장해제 작업에 들어가[17] 경기도 지역을 시작으로 9월 12일부터 23일까지 개성·수원·천안·춘천 등을 차례로 점령하였다. 40사단은 9월 22일부터 10월 15일 사이에 인천에 상륙하여 곧바로 경남북지역에 대한 점령을 시작하였고, 7사단이 미처 점령하지 못한 경기지역의 일부와 강원지역으로 관할지역을 확대하였다. 그리고 6사단이 전남북을 10월 25일까지, 제주도를 11월 10일까지 접수함으로써 남한에 대한 미군의 점령이 완료되었다.

한편, 9월 초에 접어들면서 일본군의 무장해제를 위해 남한지역에 미군이 진주한다는 소식이 국내에 전해졌다. 이 소식을 접한 건준과 사회주의 계열은 미국과의 교섭력을 높이기 위해서는 '국가 형태의 조직'을 갖추는 것이 급선무임을 강조하면서, 외형적으로 좌우를 망라한 형태의 정부수립을 서둘렀다. 9월 6일, 경기여고에서 1천 3백여 명의 인민대표자들이 참여하는 전국인민대표자대회가 개최되었다. 이 대회에서 "조선인민공화국"의 수립이 선포되고, 다음과 같은 정강과 시정방침이 발표되었다: ① 일본제국주의와 봉건적 잔재세력을 일소하여 진정한 민주주의 실현을 기한다; ② 일본제국주의의 법률제도를 즉각 철폐한다; ③ 일본제국주의자와 민족반역자들의 토지를 몰수하여 농민에게 무상분배한다; ④ 일본

16) Gregory Henderson. 1968. *Korea: The Politics of Vortex*, 116~117.
17) "비화 미군정 3년." 『동아일보』, 1982년 4월 9일.

제국주의자와 민족반역자들의 공장, 광산, 철도, 항만, 선박, 통신 그 밖의 모든 시설을 몰수하여 국유화한다; ⑤ 언론, 출판, 집회, 결사 및 종교의 자유를 보장한다; ⑥ 8시간 노동제를 실시하고, 만 14세 이하의 유년노동을 금지하며, 만 18세 미만 청소년의 노동시간을 6시간으로 제한한다; ⑦ 국제 평화유지를 위한 우방 국가들과의 긴밀한 협력을 중요시한다.[18] 이 밖에도 18세 이상의 남녀에 대한 선거권 부여, 남녀의 동등한 권리, 최저임금제, 실업방지, 의무교육제 등이 포함되어 있었다. 당시의 혁명적 상황을 고려할 때, 인민공화국의 정강과 시정내용은 대체적으로 온건했던 것으로 볼 수 있다.

이날 전국인민대표자대회는 조선인민공화국(인공)의 내각명단을 확정하였다. 내각명단에는 주석 이승만, 부주석 여운형, 국무총리 허헌, 내무부장 김구, 외무부장 김규식, 군사부장 김원봉, 재정부장 조만식 등이 포함되었다.[19] 더불어 전국인민대표자대회는 주권이 국민에게 있음을 선언하였고, 임시정부조직법을 가결하였으며, 중앙인민위원회를 구성하였다. 이어서 각 지방에도 인민위원회가 조직되었다. 그리하여 1945년 10월경에는 종래의 행정체제를 따라 도에는 도인민위원회, 군에는 군인민위원회, 면에는 면인민위원회가 조직되어 전국적인 인민위원회 체제가 수립되었다. 이로써 치안은 자주적으로 유지되었고, 교통기관의 복구, 경제의 재건, 교육기관의 재편성 등의 활동이 착수되었다.

그러나 인공은 당시 국내외의 정치지도자들과 사전에 충분한 협의를 거쳐 조직된 것은 아니었다. 심지어 인공의 내각 명단에 오른 사람들로부터 동의도 얻지 못한 채, 인공은 서둘러 급조되었다. 예컨대, 당시 북한에 있던 조만식, 김병로, 김성수는 본인들과의 사전협의 내지 동의 없이 각각 재정부장, 사법부장, 문교부장으로 선임되었다. 또한 이승만은 인공 주석, 김구는 내무부장, 김규식은 외교부장, 김원봉은 군사부장, 신익희는 체신부장으로 내각 명단에 올라 있었지만,

---

18) 전용헌. 1990. "해방 이후 좌파세력의 정치조직과 정치노선." 한배호(편). 『한국현대정치론 I』. 서울: 나남, 164~165.

19) 그 외에도 경제부장 하필원(대리 김형선·정태식), 농림부장 강기덕(대리 유축운·이광), 보건부장 이만규(대리 이정균·김점권), 교통부장 홍남표(대리 이순근·정종근), 보안부장 최용달(대리 무정, 이기석), 사법부장 김병로(임시대리 허헌, 대리 이승엽·정진태), 문교부장 김성수(대리 김태준·김기전), 선전부장 이관술(대리 이여성·서중석), 체신부장 신익희(임시대리 이강국, 대리 이철수·조두원), 노동부장 이주상(대리 김상혁·이순금), 서기장 이강국(대리 최성환), 법제국장 이익한(대리 김용암), 기획부장 정백(대리 안기성) 등이 내각명단에 들어 있었다. 아울러 이 회의에서 55명의 인민위원과 20명의 후보위원 그리고 12명의 고문을 선출했다.

이들은 당시 모두 해외에 있어서 이들과의 사전 연락이 전혀 불가능한 상태였다. 따라서 여운형이 이념적 차이를 초월하여 국가건설을 위해 매진할 것임을 분명히 하였음에도 불구하고, 이승만을 비롯한 대부분의 우익 인사들은 인공 참여를 거부하였다.

이렇듯 인공이 급속히 조직되게 된 배경에는 몇 가지 이유가 있었다. 첫째, 미국에 의한 군정의 실시가 거의 확실해지자, 여운형과 박헌영을 비롯한 정치지도자들은 해방정국의 주도권을 장악하기 위한 전략적 차원에서 정부수립의 필요성을 느꼈다. 즉 미군의 한반도 진주를 앞두고 형식적이더라도 국내 각계각층의 사회세력들이 참여하는 정치기구를 형성함으로써, 미군정으로부터 정통성을 인정받아 정국의 주도권을 장악하려는 의도가 강하였다.[20] 둘째, 좌파는 중경의 임시정부와 맞설 수 있는 정치조직을 만들 필요가 있었다. 당시 중경의 임시정부는 국민들로부터 상당한 정도의 정치적 정통성을 인정받고 있었다. 따라서 좌파는 인공의 주석에 이승만을 추대함으로써, 인공이 민중과 미군정으로부터 확고한 지지를 받을 수 있을 것으로 기대했으며, 인공 수립은 중경의 임시정부보다 우월한 지위를 확보하여 해방정국의 주도권을 장악하기 위한 조치였던 것이다.

그러나 인공은 끝내 좌익조직이라는 인상을 불식시키지 못하였다. 형식상으로는 좌와 우, 그리고 중도 세력이 안배된 모양을 취하고 있었지만, 인공의 모든 하부조직은 공산주의자들에 의해 장악되었다. 결국 이 때문에 인공은 우익진영의 정치지도자들로부터 외면당하였다. 또한 인공의 출범은 "미군정 외에는 어느 세력도 기득권을 인정하지 않겠다"는 방침을 갖고 있었던 미국을 자극하는 결과를 낳았다. 물론 미국이 처음부터 좌익을 완전히 배척하는 상황은 아니었다. 그렇지만 미군정으로서는 인공이 '분수에 맞지 않게' 스스로 정부라고 일컫는 것이 지극히 눈에 거슬리지 않을 수 없었다. 마침내, 아놀드 군정장관(10월 10일)과 하지 미군사령관(10월 16일)은 각각 인공을 부인하는 성명을 발표하였다.[21] 이들은 "미군정 기관은 남한에서 최고통치기관으로 존재하고 있으므로 북위 38도 이남의 조선에 두 개의 정부를 병립시킬 수 없다"는 이유로 인민공화국을 비합법적인 것으로 규정하고 해산을 명하였다.

20) 최장집. 1989. 『한국현대정치의 구조와 변화』. 서울: 까치, 121.
21) 이완범. 2007. 『한국해방 3년사』, 86~88.

제 3 절 좌우 정치세력의 조직화

해방 직후 정치적 진공상태는 다양한 정치세력의 등장과 활동으로 재빠르게 채워져 갔다. 이들 정치세력 간의 경쟁은 매우 치열한 양상을 띠면서 전개되었는데, 그것은 단순히 누가 권력을 잡을 것인가 하는 문제에 국한된 것만은 아니었다. 그것은 과거를 청산하고 새로운 사회질서를 세우는 과정과 목표, 그리고 정치적 이념과 노선을 둘러싼 대립과 투쟁의 성격을 띤 것이었다.

1. 좌익세력의 조직화

해방 직후, 가장 먼저 정치세력의 조직화를 꾀한 집단은 좌익세력이었다. 그 대표적인 집단이 박헌영의 조선공산당과 여운형의 조선인민당이다.

(1) 박헌영과 조선공산당

조선공산당은 1925년 4월 25일 창당되었다. 그러나 일제의 혹독한 탄압으로 조선공산당은 1928년에 자진 해산할 때까지 4차례에 걸쳐 해체와 재건을 반복하였다. 당시 국제공산주의 운동을 주도하던 코민테른은 조선공산당에 대해 그 조직적 결함을 지적하면서, 1928년 12월 7일 이른바 '12월 테제'를 통해 조선공산당의 해산을 지시하였다.[22] 그 후 박헌영은 1929년 국내에서 공산당 재건준비위원회를 조직하여 지하에서 재건을 위해 노력하던 중 해방을 맞이하였다.

해방이 되자 누구보다도 가장 먼저 정치활동에 나선 세력은 공산주의자들이

22) 국제 공산주의 운동을 지휘하던 코민테른은 1928년 '12월 테제'를 발표해 조선공산당을 새롭게 조직할 것을 요구했다. '12월 테제'의 골자는 두 가지였다. 첫째, 과거 조선공산당은 지식인 중심의 당이었고 소부르주아적 파벌투쟁만 거듭했으니, 앞으로는 당을 노동자·농민을 중심으로 아래로부터 새롭게 재건하라는 것이었고, 둘째, 민족부르주아지(부르주아민족주의자)는 이미 민족해방운동에서 탈락했으며, 소부르주아 민족주의자 또한 이들의 뿌리가 지주계급과 닿아 있기 때문에 토지를 농민에게 돌려주는 토지혁명의 요구가 나올 경우 반동으로 나아갈 수밖에 없다고 경고했다. 전자는 노동자·농민(특히 빈농)을 중심으로 당의 계급적 대중적 기초를 확고하게 만들라는 지시였고, 후자는 신간회를 주도하고 있던 민족주의계열의 인사에 대해 의혹과 불신을 제기한 것이었다.

었다. 조선공산당은 해방 후 제일 먼저 등장한 정당이었으며, 당원과 외곽단체의 구성원을 모두 합했을 때 가장 많은 조직원을 확보한 정치조직이었다. 뿐만 아니라 공산당은 대중조직과 전위행동조직을 가장 먼저 갖추었다. 이러한 조직 기반을 기초로 좌익진영은 정국 주도권을 쉽게 장악할 수 있었다. 그 결과 해방 정국에서 각종 좌익정당 연합체 및 좌익정당 합당작업이 진행될 때는 항상 공산당이 주도적 역할을 담당하였다.

해방 후 공식적으로 조선공산당이 재건된 것은 1945년 9월 11일이었다. 조선공산당은 먼저 결성되었던 장안파 공산당을 흡수·통합하고, 박헌영을 중심으로 당 중앙조직을 재건하였다. 총비서에 박헌영, 정치국원으로 박헌영·김일성·이주하·이무정·강진·최창익·이승엽·권오직, 조직국원으로 박헌영·이현상·김삼룡·김형선 등이 임명되었다. 재건된 조선공산당은 일제하에서 공산주의자들에 의해 주도되었던 적색노조 및 노동자 조직을 대중 조직으로 부활시켜 공산당의 외곽조직으로 확보하였다.

조선공산당의 노선은 박헌영이 해방 직후 발표한 '8월 테제'에 나타나 있다. '8월 테제'에서 박헌영은 당시의 혁명단계를 '부르주아 민주주의 혁명단계'로 규정하고, 민족의 완전 독립과 토지문제의 완전 해결을 기본과업으로 인식하였다. 아울러 박헌영은 안으로는 좌익진영 내의 비공산주의자 및 일제하 변절자들과 투쟁하며, 밖으로는 지주와 자본가 계급의 이익을 대변하는 반동 정당, 즉 한민당과 투쟁할 것을 천명하였다. 또한 박헌영은 대중운동을 통하여 농민과 노동자, 청년, 여성 등 일반 대중의 지지를 쟁취하여 프롤레타리아 영도권을 확립하고 근로 인민의 이익을 대표하는 인민정권의 수립을 위해 민족통일전선을 수립해야 한다고 선언하였다.[23)]

그러나 조선공산당의 활동은 남한에 진주한 미군정에 의해 많은 제약을 받았다. 미군은 남한 점령 즉시 조선공산당이 중심이 된 인민공화국의 법적 지위를 부인하였다. 그렇다고 미군정청이 처음부터 모든 좌익세력에 대해 적대적 태도를 취한 것은 아니다. 군정청은 비록 건준과 인민공화국을 해산시켰지만, 좌익세력의 합법적 정치활동까지 부인하지는 않았다. 그러나 건준과 인민공화국의 해산은 좌익세력에게는 큰 타격이었다. 미군정 초기, 좌익세력은 가능한 군정 당국과의 대립을 피하고 유화적 태도를 견지하려고 노력하였다. 그 이유는 일제의 철저한

23) 최장집. 1989.『한국현대정치의 구조와 변화』, 122~123.

탄압으로 조직이 거의 파괴되어 침체상태를 벗어나지 못하고 있던 상황에서 해방을 맞이한 좌익이 역량 면에서 미군정과 대결한다는 것은 현실적으로 거의 불가능했기 때문이다.

(2) 여운형과 조선인민당

조선인민당은 건국동맹의 조직을 기반으로 1945년 11월 12일 여운형이 결성한 정당이다. 이미 언급한 바처럼, 여운형은 건국동맹을 조직적 기반으로 삼아 좌우익 세력을 규합하여 1945년 8월 15일 건준을 발족시켰다. 이후 건준은 발전적 해체를 통해, 같은 해 9월 6일 박헌영 등의 공산주의자들과 함께 인민공화국을 수립하였다. 그러나 미군정 당국은 건국준비위원회의 후신인 인민공화국을 조선인을 대표한 정부로서 인정하지 않았다. 이에 따라 초기 건준의 주도세력이었던 여운형 중심의 건국동맹 세력의 행동반경은 크게 약화되었다. 우익의 공세와 더불어 박헌영의 좌파에 의해 인민공화국의 주도권이 장악되자, 여운형의 건국동맹세력은 11월 12일 조선인민당을 결성하였다. 조선인민당은 좌우익의 중간세력으로서의 입장을 자처하였고, 후에 근로인민당(1947년 5월)으로 재편되었다.

우선 정치적으로 볼 때, 조선인민당은 통일정부를 수립하는 것을 궁극적인 목표로 내세웠으며, 이를 위해서는 좌우파의 정치적 연합이 필수적임을 강조하였다. 경제적 측면으로 조선인민당은 중요 산업부문의 국유화를 주장하는 좌파의 입장을 견지하고 있었다. 또한 국가에 의한 의무교육제와 민주적 노동법의 제정 등을 주장하였다.[24] 따라서 조선인민당은 정치적 이념이라는 측면에서 중도 좌파에 위치하고 있었다.

조선인민당은 이념적으로는 사회주의를 표방하는 혁명적 정당이지만, 당원의 구성은 "반동분자를 제외하고 노동자·농민·소시민 자본가 그리고 지주까지 포괄하는 모든 인민을 대표하는" 대중정당을 표방하였다.[25] 그러나 당시 대부분의 노동자·농민들이 조선공산당의 활동에 가담하고 있었던 까닭에, 도시의 소시민 등 중간계급이 조선인민당의 주요 구성원이었다. 이 점에서 조선인민당은 조선공산당에 비해 상대적으로 포괄적이며 온건한 좌익정당의 성격을 지니고 있었다. 다시 말해, 조선공산당이 무산계급을 대표한 좌파 정당이라면, 조선인민당은

24) 송남헌. 1985. 『해방 3년사 I』. 서울: 까치, 183.
25) 송남헌. 1985. 『해방 3년사 I』, 171.

반동분자를 제외한 노동자, 농민, 소시민, 자본가, 지주까지 포괄하는 좌우익의 중간적 성격을 띠는 정당이었다. 정책면에서도 조선인민당은 민주주의 국가의 건설, 계획경제제도의 확립, 진보적 민족문화의 건설 등 민족주의 노선과 사회주의적 성격을 혼용한 정책들을 주장하였다.

2. 우익세력의 조직화

해방 직후 좌익세력이 비교적 빠르게 조직체계를 갖춘 데 비해, 우익세력의 조직화는 상대적으로 늦었다. 좌익세력의 급속한 신장이 인민공화국의 공포로 이어지자, 이에 대항하는 우익세력의 움직임이 등장하였다. 우익의 조직화는 미군정의 출범과 함께 시작되었는데, 그 대표적인 세력이 송진우와 김성수가 이끄는 한국민주당, 이승만의 독립촉성중앙협의회, 그리고 김구의 한국독립당이다.

(1) 한국민주당

해방 직후 지주와 자본가, 그리고 친일관료 세력들은 일제하에서의 불투명한 경력 때문에, 정치적으로 열려진 해방 공간에서 입지를 찾지 못하고 정국을 관망하고 있었다. 미군정이 실시되자, 이들은 군정 당국에 접근하면서 정치활동을 개시하였다. 구체적으로, 미군이 인천에 상륙하던 1945년 9월 8일, 이들은 한국민주당 발기인 명의로 건준 및 인공 타도의 성명서를 발표하였으며, 같은 해 9월 16일 창당대회를 갖고 한국민주당(이하 한민당)을 창당하였다. 한민당은 범보수 우익세력의 연합으로, 민족주의적 독립 국가의 건설, 대한민국 임시정부를 근간으로 한 정부수립을 위한 국내적 기반의 조성, 인공을 배제하기 위한 반공적 정치노선의 구현 등을 창당의 대의명분으로 내세웠다. 이들은 창당대회를 통해 이승만과 김구 등을 영수로, 송진우를 수석 총무로 선임하였고, 9명의 합의체를 구성하여 당의 최고 의사를 결정하도록 하였다.

한민당 간부들의 인적 구성을 보면, 대지주 또는 도시 부유층 출신의 지식인들이 대부분이었으며, 특히 동아일보 사주 김성수와 개인적인 친분을 가진 인사들이 그 주축을 이루었다.[26] 이들은 대부분 일제하 국내에 거주하면서 일제에 대

26) 구체적으로 한민당의 인적구성을 살펴보면 대부분의 지도급 인사가 고등교육을 이수한 지식층이었다. 이들 중 46.8%는 일본에서 유학하였으며, 27.1%는 미국에서 유학하였다. 그리고 이들의

해 '일면 저항－일면 타협'의 노선을 취하였으며, 계몽적 민족운동 내지 점진적 독립운동을 전개해 온 인물들이었다. 따라서 이들은 해방에 대한 준비를 전혀 하지 못하고 있다가, 방관자적인 위치에서 해방을 맞이하였다. 특히 이들 중에는 비록 외압에 의한 것이라 할지라도 일제에 협력했던 사람들이 적지 않았다.27)

한민당의 이념적 성향은 보수우익으로 분류되며, 철저한 반공노선을 지향하였다. 비록 한민당의 강령과 정책은 근로대중의 복리증진, 국민 기본생활의 확보, 주요산업의 국유화, 토지제도의 합리적 재편성 등과 같은 진보적 요소들을 포함하고 있었지만, 본질적인 면에서 볼 때 한민당은 자본주의 및 부르주아 민주주의를 추구하는 정당이었다. 이러한 성격은 당시 좌익계열 정당들이 표방한 정책 및 강령 등과 비교할 때 명확해진다.28) 첫째, 좌익 정당들은 주요 산업의 국영 또는 통제 관리를 정책으로 내세웠음에 비해, 한민당은 수정자본주의적인 경제정책을 지향하였다. 즉 한민당은 사회주의 경제질서를 주장하기 보다는 자본주의적 시장경제원칙 내에서 대자본·대지주에 대한 통제정책을 통해 근로계급의 생활을 보장할 것임을 강조하였다. 둘째, 한민당은 토지문제에서 좌익세력과는 대조적인 입장을 취하였다. 조선공산당은 '무상몰수·무상분배' 원칙에 기반한 토지개혁을 주장하였으나, 한민당은 '토지제도의 합리적 재편성'이라는 명분하에 '유상몰수·유상분배'를 주장하였다. 셋째, 한민당은 당시 대부분의 정당들이 적극적으로 표방했던 민족반역자 및 친일파 척결에 대해 매우 소극적이었다. 오히려 한민당은 친일파를 비호하는 인상을 줌으로써, 기타 정치세력 특히 좌익의 집중적인 비판의 표적이 되었다.

한민당계 정치인들은 미군정 당국과 긴밀한 관계를 유지하였다. 이들이 미군정 당국과 밀착된 관계를 갖게 된 배경은 다음과 같다. 먼저, 한민당 인사들 가운데에는 일부 부일세력이 존재하였으며, 또한 미국 유학의 경험을 가진 사람들이 많았다. 군정당국은 효율적인 군정 통치를 위해 이들을 군정기관에 그대로 흡수하였으며, 이에 따라 한민당은 군정당국에 수월하게 접근할 수 있는 채널을 보유할 수 있었다. 또한 미군정이 협력 상대로서 한민당을 선택한 데에는 한민당의 보수우익 노선도 고려되었다. 여기에 당시 한반도 사정에 어두웠던 미군정으로서

해방 직전까지의 직업을 보면, 농업종사자가 13%, 교사·변호사·관리·언론인·작가·예술가 등이 75%, 무직이 8%로 나타났다. 심지연. 1982.『한국민주당 연구』. 서울: 풀빛, 59.

27) 송남헌. 1985.『해방 3년사 I』, 44~45.

28) 심지연. 1982.『한국민주당연구 I』, 61~65.

는 국내 사정에 정통한 토착 정치세력이 필요하였을 뿐만 아니라, 교양과 재산이 있는 인사들로 구성된 한민당이 미국식 부르주아민주주의 체제를 유지하는 데 용이하다고 판단하였던 것이다.

(2) 이승만과 독립촉성중앙협의회

1945년 10월 16일, 미국에서 활동하던 이승만은 33년의 오랜 망명생활을 마치고 귀국하였다. 당시 미군정은 이승만의 귀국이 좌익계열의 여운형과 인공을 견제하고 한국의 정국을 안정화시키는 데 상당히 기여할 것으로 기대하였다. 이러한 군정당국의 관심과 배려를 배경으로 이승만은 기민하게 해방정국에 영향력을 미치기 시작하였다.

귀국 직후 이승만은 어느 단체에도 속하지 않고 "완전무결한 자주독립"을 위해 모든 정당 및 정파가 무조건 대동단결할 것을 촉구하였다. 그는 우익세력은 물론 여운형을 비롯한 좌익세력들과도 폭넓게 접촉하면서 좌우익을 초월하는 범민족적인 세력을 구축하고자 했다. 이승만의 대동단결론은 그의 귀국 전부터 부분적으로 일고 있었던 정당통합의 움직임에 박차를 가했다. 그 결과, 1945년 10월 23일, 100여 개 정당 대표 200여 명이 모여 각 정당을 규합하는 정치연합기구로서 '독립촉성중앙협의회'(獨立促成中央協議會: 독촉)를 결성하였는데, 이승만은 독촉의 회장에 취임하였다. 그리고 11월 2일 대표자회의를 통해 ① 조선의 즉시독립, ② 38선의 철폐, ③ 신탁통치 절대 반대 등을 내용으로 하는 결의문을 미·소를 포함한 연합국에 보내기로 결정하였다. 그 구체적인 문안은 5인 수정위원회(이승만·안재홍·여운형·이갑성·박헌영)의 심의를 거쳐 11월 4일 발표되었다.[29] 이 결의문은 조선의 완전 독립을 위하여 모든 정당이 독립촉성중앙협의회로 단결하였음을 천명하였다.

그러나 이념적 차이가 큰 좌우익 정당 및 단체들이 통합을 이룩한다는 것은 쉬운 일이 아니었다. 좌익과 우익은 통합의 조건 및 방법, 임정에 대한 태도 등의

29) 구체적인 결의문 내용은 다음과 같다. ① 우리는 자주할진대 1년 이내에 국내를 안돈할 수 있을 뿐 아니라 외국의 물질적·기술적 후원으로서 비교적 단시일간에 평화로운 보통생활을 회복할 수 있다. 이 사실을 부인하는 자는 아직도 일본인의 선전술에 마취된 자들이다. ② 우리는 연합국과 우호관계로 협력할 것이며 극동 평화유지에 응분의 노력을 경주할 것이다. ③ 우리 임시정부가 연합국의 승인을 받은 후 1년 이내에 국민선거를 단행할 것으로 1919년에 선포된 독립선언에 천명된 민주주의의 정치원칙을 어디까지나 존중할 것이다. 송남헌. 1985. 『해방 3년사 I』, 43~45.

문제를 놓고 처음부터 대립하는 양상을 보였다. 친일파·민족반역자를 우선적으로 제거해야 한다는 박헌영의 조선공산당의 입장과 그러한 문제를 차후에 해결해도 늦지 않다는 이승만의 입장 차이는 끝내 좁혀지지 않았다. 더구나 박헌영은 독촉의 결의문 작성과정에서, 그 내용이 미·소 연합군에 대하여 적개심을 조성할 우려가 있는 점을 구실로 결의문 수정위원회에 참여를 거부하였고, 이어 조선공산당은 독촉 결성 후 2주일이 채 지나지 않은 1945년 11월 5일 독촉으로부터 탈퇴했다. 게다가 11월 5일 이승만은 인민공화국 주석직 수락을 거부함으로써 여운형 계열과도 결별하게 된다.[30] 또한 뒤늦게 귀국한 임정 요인들은 독촉이 이승만 측근 중심의 파당적 간부구성 및 운영이라 비난하면서 독촉을 탈퇴하였다. 이에 따라 독촉에는 이승만의 추종세력들만이 남게 되었다.

비록 이승만의 독촉은 좌익과 임정측의 불참으로 그 세력이 크게 위축되기는 하였으나, 국내에서 차지하는 이승만의 개인적 명성은 그 어느 정치지도자보다 높았다.[31] 이는 그의 미국 유학 경험과 식견, 오랜 독립운동의 경력, 그리고 귀국 후의 그의 정치활동이 반영된 결과물이었다. 그의 귀국 후 정치활동은 당시 좌우 간의 첨예한 갈등을 야기하던 친일파 처벌문제나 토지개혁문제 등과는 일정한 거리를 둠으로써 어떤 특정 계층 및 집단의 배제를 회피하는 한편, 분할점령의 부당성, 신탁통치 반대 등 국제적 이슈를 중심으로 활동함으로써 국민적 공감대를 넓혀 나가는 데 성공하였다.

(3) 김구와 한국독립당

한국독립당(이하 한독당)은 1930년 1월 민족주의자들(안창호·이동령·이시영·조완구·조소앙 등 28명의 발기인)이 중심이 되어 중국 내 한인 교포를 기반으로 상해에서 창당된 독립운동 정당이다. 한독당은 창당 이후 몇 차례의 해체와 통합을 거듭하면서, 1940년대 전반기에는 임시정부의 지주적 정당으로 활동하였으며 해방을 맞이하였다.[32]

---

30) 임영태. 1998.『대한민국 50년사 1』. 서울: 들녘, 39.

31) 1946년 7월 한민당계가 운영한 한국여론협회가 실시한 여론조사(6,671명 대상)에서 "초대 대통령을 누가 해야 하는가?"라는 설문에 대한 응답을 보면, 이승만 29%, 김구 11%, 김규식 10%, 여운형 10%, 박헌영 1%로 나타났다. 구중서. 1990. "보수우익 세력의 형성과정." 한배호(편).『한국현대정치론 I』. 서울: 나남, 95.

32) '한국독립당'이라는 명칭은 독립운동 세력들의 이합집산 과정에서 여러 차례에 걸쳐 사용되었다. 1930년에 상해에서 한국독립당이 결성되었고, 이후 1935년 민족혁명당의 성립으로 한국독립

해외독립운동세력의 구심체로서의 역할을 해 온 임정은 해방정국에서 가장 강력한 정치세력으로서 부상할 수 있는 정치집단이었다. 그러나 미군정의 임정 불승인 정책으로 인해 한독당과 미군정 사이에 불편한 관계가 조성되었고, 김구를 비롯한 임정 인사들의 뒤늦은 귀국으로 인해 이미 활발한 정치활동을 전개하고 있던 여러 정당들(조선공산당 및 한민당)과 경쟁하기에는 그 기반이 대단히 협소하였다. 따라서 한독당은 한국사회에 존재하는 여러 정치세력 가운데 하나의 정치집단으로서 해방정국에 참여할 수밖에 없었다.

임정이 강력한 정치적 주도세력으로 등장하는 데 실패한 또 다른 이유는 임정세력의 내부적 분열에 있었다. 임정의 인적 구성은 1930년 상해에서 창당된 한독당이 주류를 이루었으나, 이들 중 상당수가 귀국 이후에는 임정으로부터 이탈하여 독자적인 정치노선을 택하였다. 예컨대, 임정의 좌파 인사인 김원봉·장건상·김성숙 등은 좌익계의 민전에 참여하였고, 김규식은 좌우합작을 추진하면서 민족자주연맹을 창설하였고, 신익희·이범석·이시영 등은 이승만의 단정노선을 추종하였다. 그 결과, 한독당에는 김구를 추종하는 구한독당 계열의 인사들만이 남게 되었다.

김구를 주축으로 한 임정세력의 가장 두드러진 정치적 입장은 친일파에 대한 강경한 입장과 철저한 민족자주노선이다. 친일파에 대한 처단을 강력하게 주장하고 있던 임정세력은 친일세력이 대거 포진하고 있던 한민당과 이러한 한민당을 포용하고 있는 이승만과는 정치적으로 화합할 수 없었다. 한독당은 현실보다는 명분을 중시했고, 국제정치적 여건보다는 민족의 내재적 역량에 더 많은 기대를 걸고 있었다.

당이 해산되었다. 이 때 한국독립당의 김구 계열은 민족혁명당에 불참하고 따로 한국국민당을 결성했으며, 조소앙 계열은 민족혁명당에서 곧 이탈하여 재건한국독립당을 조직하였다. 이후 1940년 김구의 한국국민당, 조소앙의 재건한국독립당, 이청천의 조선혁명당 등 3당이 통합하여 '한국독립당'이라는 당명을 채택하였다. 이러한 한국독립당의 조직변천을 주도세력의 측면에서 정리해 보면, 1930년에 상해에서 결성된 한국독립당, 1935년 이후 김구 계열의 한국국민당, 1940년 (통합)한국독립당으로 이어져 왔다고 볼 수 있다. 노경채. 1989. "한국독립당의 결성과 그 변천(1930~1945)." 『역사와 현실』 창간호, 206~234.

제 2 장

미·소의 한반도 구상과 좌절

제 1 절 신탁통치안과 좌우대립

1945년 12월 말, 모스크바 3상회의에서 한반도 신탁통치안이 결정되었다. 이는 곧바로 국내의 정치상황을 뒤흔들어 놓았다. 신탁통치안을 둘러싸고 좌우익간의 대결은 더욱 첨예화되었고, 이 과정에서 우익진영의 정치적 위상은 크게 강화되었다.

1. 신탁통치안

해방과 더불어, 한반도는 38선을 경계로 각각 미군과 소련군이 진주하였다. 그러나 미·소의 분할점령은 어디까지나 전후처리의 일시적 방편이었기 때문에, 미국과 소련은 한반도 문제의 근본적인 해결을 위한 새로운 방안을 모색하지 않을 수 없었다. 이를 위해, 1945년 12월 16일부터 26일까지 미·영·소 3국의 외무부장관이 모스크바에서 한반도의 장래와 관련된 중대한 결정을 내렸다. 그 구체적 합의문의 내용은 다음과 같다.[1)]

〈모스크바 3상회의 결정문〉

1. 한국을 독립국으로 부흥시키고 민주주의의 원칙에 따라 국가를 발전시키는 동시에 일본의 가혹한 지배의 잔재를 조속히 청산하기 위하여 한국에 민주적 임시정부를 수립하여 산업, 교통, 농업 등의 발전과 민족문화 발전을 위한 제반조치를 취하도록 할 것이다
2. 한국에 민주적인 임시정부의 수립을 실현하기 위해 남한의 미군사령부와 북한의 소련군사령부 대표들로 구성되는 공동위원회를 설치한다. 이 위원회는 한국의 민주적 제 정당 및 사회단체들과 협의한다. 이 위원회의 건의는 미·소·영·중 4개국 정부에게 제출되어 검토된 후 미·소 양국 정부가 최종 결정한다.
3. 공동위원회는 한국의 민주적 임시정부와 민주적 제 단체의 협력 아래 한국을 정치적·경제적·사회적으로 발전시키며 민주주의적 자치 정부를 수립하여 독립국가로 육성시키는 데 그 사명이 있다. 공동위원회는 한국 임시정부와 타협한 후 미·소·영·중 정부에 제출하여 4개국에 의한 최

1) 조순승. 1982. 『한국분단사』. 서울: 형성사, 94.

장 5개년간의 신탁통치에 관한 협정을 체결할 것이다.

4. 남한 및 북한에 관한 긴급문제의 심의를 위하여 남한의 미군사령부와 북한의 소련군사령부 사이에 행정·경제 분야에서 부단한 협력을 확립하기 위한 방법을 검토하기 위하여 미·소 점령사령관의 대표로 구성되는 공동위원회를 2주일 내에 개최한다.

모스크바의 3상회담은 제2차 세계대전 전후처리 문제를 놓고 계속된 강대국간 협의의 연장선에서 개최된 것이었다. 돌이켜 보면, 한반도의 신탁통치문제가 처음 거론된 것은 1943년 3월 27일 영국 외상 이든(Anthony Eden)과 미국 대통령 루스벨트(Franklin Roosevelt)의 워싱턴 회담에서였다.[2] 이후 루스벨트 대통령은 테헤란 회담(1943년 11월 28일~12월 1일)에서, 한반도에 개명된 정부를 수립하기 위해 필리핀을 모델로 하여 약 40년 동안의 훈련기간이 필요함을 언급하였다. 그리고 1945년 2월에 개최된 얄타 회담에서 루스벨트 대통령은 약 20~30년의 신탁통치를 제안하였다.

그러나 일본의 패망이 예상보다 빨리 이루어져, 구체적인 계획을 세우지 못한 상태에서 한반도는 미·소에 의해 분할·점령되었고, 이후 한반도 문제를 구체적으로 논의하기 위해 1945년 12월 16일 모스크바에서 회담이 개최되었다. 이 과정에서 미국은 유엔 주도하의 4개국 5년(5년 연장가능)의 신탁통치를 제안하였으며, 소련은 신탁통치를 반대하고 임시정부 수립을 거쳐 즉시 독립시킬 것을 주장했다. 결국 논란 끝에 미국안과 소련안을 절충하여 '임시정부의 수립과 최장 5년의 신탁통치안'이 선택되었다.[3]

미국과 소련이 서로의 주장을 약간씩 후퇴시키면서 상대방의 주장을 수용한 데에는 나름대로의 계산이 있었다. 소련의 주장이었던 임시정부안을 미국이 받아들인 것은 4강국 가운데 영국과 중국(당시 국민당)이 미국에 우호적인 나라였기 때문에, 소련의 주장을 받아들여도 크게 문제될 것이 없다고 판단했기 때문이었

---

2) 1943년 3월 영국 외상 이든(Anthony Eden)은 워싱턴을 방문하여 미국 대통령 루스벨트와 만나, 만주, 한국, 대만, 인도네시아 등에 관한 전후의 정책을 토의하였다. 이 회담에서 루스벨트는 한국을 미국과 중국 그리고 1~2개국이 참여하는 국제신탁통치 아래 둘 것을 제의하였고, 이든 외상은 이를 마지못해 받아들였다. 또 같은 시기에 태평양전쟁협의회에 참석하기 위해 워싱턴을 방문한 송자문 중국 외교부장에게 영·미 간의 워싱턴회담을 설명하고 한국문제를 언급하여 미·영·중 3국이 한국문제에 관해 상호협조할 것을 약속받았다. 조순승. 1982.『한국분단사』, 23.

3) 이완범. 2007.『한국해방 3년사』. 파주: 태학사, 49~52.

다. 반면, 소련이 이러한 불리한 조건을 감수하고 4강국에 의한 신탁통치안을 받아들인 것은 임시정부 수립과정에 한국의 정당·사회단체의 참여를 보장받았기 때문이었다. 당시 소련은 한국 내의 좌우익 세력관계에서 좌익이 훨씬 우세하다고 판단하고 있었다.

또한 미·소 양국은 38선을 경계로 군사적 점령을 그대로 자신들의 정치적 지배로 변환시켜 한반도를 양분한다는 것은 어떤 명분으로도 정당화시킬 수 없었을 뿐만 아니라, 카이로 선언 이후 얄타 회담과 포츠담 회담에서 거론되었던 한국독립의 약속을 지킨다는 의미에서도 한반도 문제의 해결을 위한 국제적 논의는 절실했다. 끝으로 미국과 소련은 어떠한 형태로든 한국이 상대방의 지배하에 들어가는 것을 막고, 또한 가급적 한반도에서 자신들에 우호적인 정부가 들어서도록 하기 위해서는 약 5년이라는 시간적 여유를 가지고 상황을 유리하게 만들어 나가자는 의도를 가지고 있었다.[4]

결국, 미국과 소련은 진정으로 한국민을 위해 임시정부를 세우거나 한국의 독립을 지원할 생각을 가지지 않았다. 그런 점에서 한반도의 신탁통치안은 한국민의 의지와는 무관하게 강대국들의 이해관계에 따른 결정이었다.

2. 좌우의 대립

(1) 국내의 반응

모스크바 3상회의 결정문이 한반도에 알려지자, 국내에서는 좌우 이념을 초월하여 모든 사회단체 및 정당들은 반탁운동을 전개하기 시작하였다. 이들은 기본적으로 신탁통치의 실시가 우리 민족의 독립을 그만큼 지연시킬 것으로 인식했기 때문이다.

그러나 1946년 1월 2일 조선공산당이 기존의 반탁 주장을 철회하고 모스크바 3상회의 결정을 지지한다고 발표함으로써, 좌우익을 초월해 형성된 '반탁 정국'은 '찬탁 대 반탁'이라는 좌우익 간의 대립으로 발전하였고, 마침내 정국은 극도의 혼란에 빠져들었다. 좌우익은 미소공동위원회의 진행에 보조를 맞추어 미·소 양국과 긴밀한 관계를 맺으면서 각각 소기의 목적을 달성하고자 했다. 이로부

4) 이완범. 1987. "한반도 신탁통치문제 1943~46," 박현채(외). 『해방전후사의 인식 3』. 서울: 한길사, 233.

터 신탁통치를 둘러싼 좌우익 간의 갈등과 대립은 급속히 첨예해지기 시작했다.

반탁진영에는 당시 대부분의 우익집단들이 참여하고 있었다. 반탁시위는 김구의 주도 아래 독촉 및 한민당 세력에 의해 이끌어졌으며, 당시 북한에 있던 조만식 역시 반탁운동에 참여하였다. 이들은 신탁통치가 한민족을 노예화하는 조치라고 판단하고, 연합국에 대한 강력한 반감을 나타냈다. 우익이 내세운 반탁논리는 다음과 같다. 첫째, 신탁통치는 민족자결원칙과 민족적 자존심에 비추어 받아들일 수 없다. 둘째, 3상회의 결정은 한반도의 실정에 대한 인식부족에서 비롯된 것이다. 셋째, 그것은 국제협약에 위배되는 조치다.[5] 이러한 우익의 반탁논리는 국민들의 상당한 호응을 얻었고, 이에 따라 우익세력들의 정치적 입지는 빠른 속도로 확대되었다.

찬탁진영에는 조선공산당을 비롯한 대부분의 좌익 정당 및 사회단체가 참여하였다. 사실 신탁통치 실시가 알려지자, 초기에는 박헌영의 조선공산당도 반대의사를 표명했다. 모스크바협정 내용이 발표된 직후, 많은 좌익진영 인사들은 탁치가 초래된 근본 원인을 친일파 및 민족반역자의 책동으로 파악하였고, 따라서 탁치의 배격은 친일파 제거와 같은 차원에서 다루어야 한다고 주장했다. 그 일환으로, 이들은 1946년 1월 3일 서울 운동장에서 '탁치반대 민족통일촉성 시민대회'까지 준비했었다. 그러나 대회 준비기간 중 박헌영이 모스크바회담 결과와 그 배경을 정확히 알기 위해 평양(1945년 12월 28일~1946년 1월 2일)을 다녀온 직후, 조선공산당은 반탁에서 찬탁으로 그 입장을 변경하였다. 평양에 다녀온 박헌영은 '3상회의 결정을 바르게 인식하자'며 모스크바협정에 대해 다음과 같이 주장하였다. 첫째, 탁치는 자주독립과 민주주의를 실현하기 위한 것이며, 둘째, 이는 일제 잔재를 청산하는 것이고, 셋째, 국제정세에 비추어 한반도문제 해결을 위한 가장 적절한 방법이라는 것이었다.[6] 이러한 좌익의 입장 선회는 김일성과 소련의 설득이 — 강대국의 협조를 받지 않고서는 독립을 이룰 수 없는 것이 오늘의 현실이다 — 박헌영에 의해 받아들여진 결과였다.

그러나 찬탁으로의 선회는 조선공산당에게 상당한 정치적 손실을 가져다주었다. 신탁통치를 둘러싼 입장변경에 대한 조선공산당의 어떠한 설명도 대중들에게 먹혀들지 않았다. 오히려 "조선공산당이 소련의 앞잡이가 되어 나라를 팔아먹

5) 심지연. 1986. 『해방정국논쟁사 I』. 서울: 한울, 50~52.
6) 심지연. 1986. 『해방정국논쟁사 I』, 52~55.

으려 한다"는 임정이나 한민당의 주장이 대중들에게는 훨씬 설득력이 있었다. 그 결과, 남한 정국의 주도권은 빠르게 우익진영으로 넘어가고 있었다. 이는 미군정이 좌익진영을 견제한데다가, 우익진영이 탁치문제를 민족적 감정에 호소한 것이 어느 정도 효과를 거두었기 때문이다.

해방을 기점으로 정치세력들 간에 형성되었던 '애국 대 매국(친일)'이라는 대립구도는 신탁통치실시 문제를 계기로 '좌익 대 우익'의 구도로 신속히 전환되었다. 신탁통치를 둘러싼 대립구도에서 역사적 정당성이나 과거의 친일경력은 문제되지 않았다. 이제 좌익과 우익의 유일한 목적은 오직 상대방을 정치무대에서 제거하여, 신속히 한반도에서 자신들이 의도한 새로운 국가를 수립하는 것이었다.

이처럼 신탁통치문제로 정국이 혼미를 거듭하자, 곤경에 빠진 것은 미군정청이었다. 군정청은 모스크바협정을 지지하고 실천해야 할 입장이었지만, 그렇다고 한민족 사이에 고양된 민족감정을 무시할 수도 없는 상황이었다. 게다가 미군정에 우호적이었던 우익세력마저도 신탁통치를 반대하는 상황이었고, 오히려 미군정이 경계하는 좌익세력이 모스크바협정을 찬성하는 상황의 전개는 군정청의 정책 대안을 극도로 제한하였다.

(2) 좌·우익의 대결구도

'찬탁 대 반탁'의 대립구도를 중심으로 좌우진영은 각각 헤게모니 장악을 위하여 제각기 통일전선체를 조직하였다. 우익은 '비상국민회의'를, 그리고 좌익은 '민주주의 민족전선'을 결성함으로써 좌우익 대결구도는 더욱 심화되었다.

우익세력의 통일전선: 비상국민회의

우익진영은 신탁통치에 대해 한민족을 노예화하려는 조치라고 비판하고 연합국에 대해 강력한 반감을 나타냈다. 반탁운동의 선봉에 선 것은 김구의 임정세력이었다. 이들은 "5천년 주권과 3천만의 자유를 쟁취하기 위해서는 자기의 정치활동을 옹호하고 외래의 신탁통치를 배격해야 한다"는 내용의 성명서를 발표하는 한편, '신탁통치반대 국민총동원위원회'를 결성하였다.[7]

7) 임정(臨政)측은 모스크바협정 내용이 보도된 1945년 12월 28일 오후 긴급국무회의를 개최하고, 전국민에게 신탁통치반대운동을 전개할 것을 촉구하였고, 미·영·소·중 4개국 원수에게 보내는 반탁결의문을 채택했다. 임정측은 뒤이어 각 정당·종교단체·언론기관 대표들을 청하여 신탁통치반대 국민총동원위원회를 구성했다. 국민총동원위원회는 즉시 전국민에게 신탁통치에 반대하

반탁운동을 가장 먼저 주도한 김구는 반탁노선이 국민들의 전폭적인 호응을 받자 미·영·소·중 4개국에 임시정부 명의로 '신탁통치 절대반대' 성명을 발송하였고,[8] 군정청의 한국인 직원들을 향해 사직과 총파업을 호소하였다. 이 호소에 답하여 군정청 직원들은 12월 29일 집단 결근과 총사직을 결의하였다. 그리고 임정은 12월 31일 서울시민 반탁결의대회를 개최하여, 신탁통치 수용불가 입장을 분명히 하였다. 이듬해인 1946년 1월 2일, 임정은 '임시정부의 절대 수호'와 '외국 군정의 철폐'를 주장하는 행동강령을 발표하고 시위와 파업을 주도했다. 그리고 1월 4일 김구는 비상정치회의를 소집하여 "임시정부를 확대 강화하고 과도정권을 수립한다"는 내용의 '당면 비상대책'을 발표하였다. 이처럼 김구 진영이 반탁운동에 발 벗고 나선 것은 반탁운동을 계기로 임정 봉대를 통한 독립국가의 수립이라는 기대도 있었지만, 이와 더불어 이승만과의 경쟁에서 김구의 정치적 권위를 만회해 정국 주도권을 장악하겠다는 현실적인 목적도 있었다.

이러한 임정세력 주도의 반탁운동에 대해, 미군정은 '정변'으로 규정하고 단호하게 대처하였다. 군정은 물리력을 총동원하여 파업을 진압하는 한편, 김구와 임정세력에 대해서 불순한 기도를 즉각 중지하라는 성명을 발표하였다.[9] 그러나 군정청의 반대에도 불구하고, 반탁운동은 전국적으로 확산되는 양상을 띠었다. 1월 12일 임정세력이 결성한 '신탁통치반대 국민총동원위원회'에 의해 대규모의 반탁시위가 개최되었고, 1월 21일부터 비상정치회의 준비회의가 개최되어 우익의 통일전선 구축을 논의하기 시작했다.

임정세력은 반탁을 중심으로 좌익과 우익의 연합을 요구하면서, 모든 정당이 통일전선을 취할 것을 제의하였다. 그러나 당시의 정치적 상황으로 보아, 그 같은 좌우세력의 통일은 이루어질 수 없었다. 모든 좌익 정당은 임정세력이 소집한 회의에 참석조차 하지 않았다. 그 결과, 2월 1~2일 개최된 비상정치회의에서 우

는 시위와 파업을 전개할 것을 촉구했으며, 이에 따라 전국 각지에서 반탁 시위와 파업이 전개되었다. "탁치 순응자는 민족 반역자로 처단하자"는 등의 전국민의 행동강령이 발표되었고, 임정측은 "미군정을 부인하고 민족독립을 선포하여 정권을 인수하자"고 주장했다. 『동아일보』, 1983년 3월 23일.

8) 결의문의 내용은 ① 신탁통치는 민족자결의 원칙을 고수하는 한민족의 총의에 절대 위반된다, ② 신탁통치는 제2차 세계대전 중 누차 선언한 귀국의 약속에 위반된다, ③ 유엔헌장에 규정한 탁치적용 조례 3종의 어느 항에도 합치되지 않는다, ④ 한국에 탁치를 실시함은 요동의 안전과 평화를 파괴할 것이다. 『동아일보』, 1945년 12월 30일.

9) 임영태. 1998. 『대한민국 50년사 1』. 서울: 들녘, 54.

익 정당 및 사회단체들만이 참석한 가운데 비상국민회의가 발족되었다. 비상국민회의는 조직 강령의 채택 및 과도정부 수립 등 긴급한 문제를 처리할 최고정무위원회를 구성키로 하였으며, 그 인선을 이승만과 김구에게 일임하기로 결정하였다.[10)]

비상국민회의의 출범은 임정이 주도하던 비상정치회의와 이승만이 이끌던 독촉의 연합을 의미했고, 동시에 반탁투쟁노선을 중심으로 우익세력의 통일전선이 구축되었음을 뜻하였다.

좌익세력의 통일전선: 민주주의 민족전선

우익진영이 '신탁통치 절대반대'라는 명분으로 결집하자, 좌익세력도 좌익만의 통일전선체 구성에 나서게 되었다. 1946년 1월 9일, 좌익진영의 29개 단체가 서울 YMCA강당에 모여 '민주주의 민족전선'(민전) 발기 준비위원회를 개최하였다. 이 날 발기 준비위원회에서는 통일전선 결성에 관한 일체의 준비공작을 조선공산당과 조선인민당에 일임하였다.

좌익의 통일전선체인 민전의 결성대회는 1946년 2월 15일과 16일 이틀에 걸쳐 개최되었는데, 조선공산당을 중심으로 조선인민당, 독립동맹, 노동조합전국평의회, 농민조합전국총연맹, 청년총연맹, 부녀총동맹, 문학가동맹, 과학기술단체 등 29개 정당 및 사회단체가 참가하였다. 그리고 임정세력에서 이탈한 김원봉, 성주식, 김창숙, 장건상 등도 민전에 적극 가담하였다. 결성대회에서 좌익진영의 각계각층을 대표하는 305명의 인사들로 중앙위원회가 구성되었으며, 아울러 47명으로 구성된 집행위원회를 두도록 하였다. 중앙위원은 각 단체의 조직원 비율에 따라 선거를 통해 선출되었다. 사무국에는 사무국장(이강국) 아래에 조직부, 선전부, 문화부, 재정부, 기획부, 조사부 등을 두었다.[11)]

민전은 "조선민족의 완전한 독립달성과 민주주의 정권수립을 위시하여 긴급한 민족문제에 이르기까지 조선민족의 현 단계에 부여된 역사적 임무를 달성하기 위해"(규약 2조) 조직되었고, 이를 위해 "민주적 여론과 요구를 총괄적으로 대표하고 민주주의의 공동적 투쟁본부와 정부수립에 있어서 수시로 의회적 역할을 하는 동시에 앞으로도 의회조직으로 발전할 수 있고 단계적 임무를 수행할 수 있

---

10) 최고정무위원회는 이승만과 김구 등 28명으로 구성되었는데, 이후 미군정청의 권유로 민주의원으로 전환되었다. 송남헌. 1985. 『해방 3년사 I』. 서울: 까치, 280~284.

11) 송남헌. 1985. 『해방 3년사 I』, 287~295.

는 투쟁기관으로서 역할을 다하고"자 했다. 이로써, 우익의 비상국민회의에 대항하기 위한 좌파 통일전선연합체인 민전이 출범하였다.

(3) 정국의 변화

신탁통치 문제로 촉발·심화된 좌우 대립은 국내 정치세력의 역학관계에 지대한 영향을 미쳤다. 신탁통치 이슈는 단숨에 해방 직후 형성되었던 '애국 대 매국' 정국을 '반탁 대 친탁' 정국으로 전환시켰다. 좌익진영의 찬탁운동이 민족주의적 열정에 사로잡힌 대중을 설득하기란 대단히 어려웠던 반면, 우익진영의 반탁운동은 대중의 광범한 지지를 쉽게 획득할 수 있었다. 그 결과, 초기 해방정국에서 상대적으로 열세였던 우익진영의 정치적 입지는 빠르게 확대되었다.

제 2 절 미소공동위원회의 실패

국내정치세력이 신탁통치문제를 둘러싸고 반탁세력의 결집체인 비상국민회의와 찬탁세력의 민전으로 양극화된 가운데, 모스크바협정에 따라 1946년 1월부터 1947년 10월까지 미소공동위원회(이하 미소공위)가 개최되었다. 회담 진행과정에서 미국과 소련은 장차 수립될 임시정부에 참여할 정당과 사회단체의 자격문제를 놓고 크게 의견이 엇갈렸으며, 이로 말미암아 회담은 결국 결렬되고 말았다.

1. 제1차 미소공동위원회

미소공동위원회 제1차 본회담은 1946년 3월 20일 덕수궁에서 개최되었다. 미소공위의 임무는 남북한 제 정당 및 사회단체와 협의하여 민주주의 임시정부를 수립하고 임시정부 참여하에 4개국 신탁통치 협약안을 작성하는 것이었다.

제1차 미소공위가 개막되자, 반탁진영은 38선을 철폐하여 각 분야의 교류를 도모하고 통일된 임시정부 수립을 위해 적극 원조해 줄 것을 미소공위에 요구했다. 그리고 자신들은 3상회의의 결정을 반대하는 것이 아니라, 탁치를 반대한다는 것을 강조했다. 이들은 반탁분위기에 고무되어 자신들이 주장한 내용이 앞으로 미소공위에 그대로 반영되어 장차 수립될 정부에서 주도권을 장악할 수 있을 것으로 예측하였다. 찬탁진영 역시 민전이 제외된 정부가 수립된다는 것은 생각할 수 없는 일이라고 주장하면서, 앞으로 정부수립에 있어서 주도적인 역할을 할 것임을 다짐했다. 나아가, 이들은 임시정부의 수립은 3상회의의 결정을 지지하는 정당 및 사회단체를 토대로 할 것, 3상회의의 결정을 왜곡하는 지도자를 제외할 것, 정부는 인민위원회 형태를 취할 것 등을 주장했다.

이 같은 찬·반탁 진영의 상반된 요구로 인해 남북한 정당 및 사회단체의 범위를 놓고 미·소 양측 간에 대립이 발생했다. 소련대표 스티코프(Terenti Fomitch Stykov)는 개회사에서 모스크바협정대로 임시정부수립이라는 정치문제를 우선적으로 논의할 것을 주장하면서, 모스크바 결정에 반대하는 정당이나 혹은 개인과는 회의를 할 수 없다고 선언했다. 이는 모스크바 합의를 반대하는 단체는 임시정부수립에 참여할 수 있는 자격이 없을 뿐만 아니라, 아예 대화의 상대도 되지 않는다는 주장이었다. 이에 대해 미국측은 대부분의 한국인들이 신탁통치에 반대한다는 의견을 발표한 바 있으며, 그러한 이유를 구실로 남한의 정당이나 개인들을 미소공위의 협의 대상에서 제외한다는 것은 부당하며, 또한 한국인들은 의사표현의 자유가 있다는 주장으로 맞섰다. 미국측의 반대에 부딪치자, 소련측은 남한의 여러 단체들이 비록 과거에 신탁통치에 반대했다 하더라도 이제부터 신탁통치에 동의하고, 미소공위가 장차 결정할 결론에 협력한다면 협의 대상으로 삼겠다는 타협안을 제시했다. 미국측은 이 같은 소련의 타협안에 동의했으며, 그에 따라 미소공위는 1946년 4월 18일 미소공위의 협의대상이 될 정당·사회단체는 모스크바협정에 대한 지지를 약속하는 선언서에 서명해야 한다는 것을 골자로 하는 미소공위 제5호 성명을 발표했다.[12)]

이에 따라, 조선공산당을 포함한 32개의 좌익계 정당 및 사회단체가 4월 27일까지 미소공위에 선언서를 제출하였다. 반면, 우익계는 선언서의 서명이 곧 3상회의 결정과 신탁통치의 수용을 뜻한다는 이유로 선언서 제출을 거부하였다. 그러자 4월 27일 미군정은 특별성명을 통해 선언서를 제출한다고 하더라도, 찬탁·반탁에 대한 의사표현의 자유는 있다고 발표했다. 이에 따라 서명을 거부하던 우익진영은 미군정의 설득을 받아들여 5월 1일 일제히 선언서에 서명하여 미소공위에 제출하고 미소공위와의 협의에 참가할 것임을 분명히 했다.[13)] 그러자, 소련은 모스크바협정에 반대하는 정당 및 사회단체들은 협의의 대상에서 제외되어야 한다는 주장을 되풀이하면서, 미국측의 조치에 이의를 제기하였다. 결국, 정당과 사회단체의 참여 자격을 둘러싼 미·소의 대립으로, 미소공위는 아무런 성과 없이 1946년 5월 6일 무기휴회를 선언할 수밖에 없었다.

2. 미군정과 좌우합작운동

제1차 미·소공동위원회의 결렬 당시, 국내 정세는 혼돈 상태를 거듭하고 있었다. 신탁통치를 둘러싼 좌우익의 적대적 경쟁이 진행되는 가운데, 정치지도자들의 독립국가 건설에 관한 전략적 구상은 다음과 같이 미묘한 차이를 보였다:

12) 온낙중. 1947. 『조선 해방의 국제적 경위와 미소공위 사업』. 서울: 현우사, 19~20.
13) 중앙선거관리위원회. 1964. 『대한민국 정당사』. 서울: 홍원인쇄, 106.

① 남한만의 단독정부를 즉시 세운다(이승만); ② 반탁을 고수하면서 어디까지나 남북통일 정권 수립을 위해 노력한다(김구); ③ 미소공위의 재개를 촉구하면서 중도좌우 합작을 추진한다(김규식·여운형); ④ 미소공위의 재개를 요구하면서 반미투쟁을 격화한다(박헌영·허헌).

네 갈래의 전략 가운데, 당시의 정치적 상황에서 각별한 의미를 지니고 있었던 것은 김규식과 여운형의 좌우합작 구상이었다. 김규식은 제1차 미소공위가 진행되는 동안에도 북한의 공산주의자들이 자체의 조직을 갖춰 체제를 공고화하기 전에 중간세력을 주체로 하는 통일임시정부를 수립코자 노력하였으며, 1차 미소공위가 결렬되고 휴회에 들어가자 중도좌우세력의 합작을 구체화하고자 했다.

때마침 미국무성과 군정당국도 미소공위의 재개를 위하여 이러한 정국재편의 필요성을 인식하고 있었다. 이처럼 미군정의 의도가 좌우합작 추진세력의 구상과 일치하게 되자, 좌우합작운동은 활기를 띠기 시작했다. 미군정청은 온건 좌파인 여운형과 온건 우파인 김규식의 역할에 주목하였는데, 하지(John R. Hodge) 사령관은 그의 정치고문이었던 버취(Leonard Bertsch) 중위에게 좌우합작의 임무를 맡겼다.

김규식은 여운형과 좌우합작을 추진하기로 합의하고, 1946년 5월 25일 좌우합작 작업에 들어갔다. 그들은 5월 30일과 6월 14일에 예비회담을 갖고, 6월 14일의 예비회담에서 세 가지 합의를 이루어냈다.[14] 미군정 당국은 이러한 좌우합작운동에 고무되어 합작지지 성명을 발표하였고, 이에 자극을 받은 독촉의 이승만과 한독당의 김구도 합작지지 담화를 발표하였다. 그리고 7월 10일에는 좌우합작위원회가 구성되기에 이르렀다.

1946년 7월 22일 좌우합작위원회가 첫 회합을 가졌다. 중도우파의 대표로는 김규식·원세훈·김봉준·최동오·안재홍 등이 참석했으며, 중도좌파 대표로 여운형·허헌·정노식·이강국·성주식 등이 참석했다. 7월 29일의 2차 회담까지, 중도좌파와 중도우파는 각각 5원칙과 8원칙의 합작원칙을 제시하였다.[15] 그러나 좌우

---

14) 6월 18일에 발표된 예비회담의 합의사항으로는 ① 대내적으로는 부르주아적 민주공화국을 채택하고, 대외적으로는 국제적으로 불편부당한 선전 외교정책을 추구하기로 한다, ② 좌익과 우익을 막론하고 진실한 애국자이자 진정한 혁명가라면 배격이나 중상을 금하기로 한다, ③ 남북합작은 북조선의 공산당 일당독재를 제외하고 언론·집회·사상의 자유가 허용된 후에 비로소 합작이 가능하다는 인식을 공유한다. 『조선일보』, 1946년 6월 19일.

15) 『서울신문』, 1946년 7월 31일; 『동아일보』, 1946년 7월 31일.

합작의 길은 험난한 것이었다. 합작은 좌우 양측에 받아들여질 만한 정책노선을 구체화시켜야 했는데, 그것은 결코 쉬운 일이 아니었다. 양측의 의견에는 현격한 차이가 있었다. 먼저 중도우파의 8원칙에는 임시정부 구성에서 친일파를 배제해야 한다는 내용이 없었고, 토지개혁 등 사회개혁에 관한 내용도 애매모호하였다.[16] 또한 중도좌파의 5원칙에는 우익과 미군정이 받아들이기 어려운 조건이 있었다. 먼저 무상몰수·무상분배를 통한 토지개혁은 우익 특히 한민당의 존립근거를 부정하는 것이었으며, 정권을 인민위원회로 이양하라는 요구는 미군정을 부인하는 것이었다.[17]

이러한 현격한 입장 차이로 인하여 좌우합작의 성과는 지지부진하였다. 우여곡절 끝에, 김규식과 여운형은 가까스로 양측의 입장을 절충하여 1946년 10월 7일 '좌우합작 7원칙'을 발표하게 되었는데, 그 내용은 다음과 같다.[18]

〈좌우합작 7원칙〉

1. 조선의 민주독립을 보장한 3상회의 결정에 의하여 남북을 통한 좌우합작으로 민주주의 임시정부를 수립할 것
2. 미·소공동위원회 속개를 요청하는 공동성명을 발표할 것
3. 토지개혁에 있어 몰수, 유조건몰수, 체감매상 등으로 토지를 농민에게 무상으로 분배
4. 친일파 민족반역자를 처리할 조례를 본 합작위원회에서 입법기구에 제안하여 입법기구로 하여금 심리 결정케 하여 실시할 것
5. 남북을 통하여 현 정권하에 검거된 정치운동자의 석방에 노력하고, 아울러 남북 좌우의 테러적 행동을 일체 즉시로 제지토록 노력할 것
6. 입법기구에 있어서는 일체 그 권능과 구성방법, 운영 등에 관한 대안을 본 합작위원회에서 작성하여 적극적으로 실행을 기도할 것
7. 전국적으로 언론, 집회, 결사, 출판, 교통, 투표 등 자유가 절대 보장되도록 노력할 것

이 발표가 나가자, 좌우익 모두 좌우합작에 대해 불만스러운 반응을 보였다. 특히 토지개혁안과 친일파 처벌문제 등은 한민당이 받아들이기 힘든 내용이었으며, 좌익은 좌익대로 '정판사 위폐사건'(1946년 5월) 및 '대구폭동사건'(1946년 10

16) 『동아일보』, 1946년 7월 31일.
17) 『서울신문』, 1946년 7월 31일.
18) 『동아일보』, 1946년 10월 8일.

월) 등으로 미군정과 대립하면서 좌우합작의 분위기를 희석시켰다.

좌우익의 비우호적인 태도에도 불구하고, 미군정은 자신의 지지세력을 강화하기 위한 조치로 중도세력을 기반으로 한 '과도입법의원'(過渡立法議院)을 구상했다. 이는 곧 실행에 옮겨져 1946년 11월 선거를 통해 과도입법의원이 구성되었다. 그러나 미군정의 합작위원회가 후원한 민선의원들은 모두 선거에서 패배하였고,[19] 따라서 좌우합작운동은 유명무실해졌다.

좌우합작의 실패는 좌우합작을 주도한 세력의 취약한 조직력에 기인하였다. 당시의 좌우합작운동을 주도한 김규식과 여운형의 중간파는 대중적 조직기반이 매우 허약하였다. 좌익은 강력한 조직과 대중적 기반을 가졌으며, 우익은 한민당과 같이 기득권층과 관료들을 포함하는 폭넓은 영향력을 갖추고 있었다. 반면 좌우합작위원회를 이끈 김규식과 여운형의 영향력은, 극우나 극좌의 영향력에 비해, 매우 빈약하였다. 따라서 실질적인 힘을 가진 좌익과 우익의 참여가 없는 좌우합작은 명분뿐인 운동에 지나지 않았다.

3. 제2차 미소공동위원회

1947년 5월 21일, 남한 주둔 미군사령관과 북한 주둔 소련군사령관 간의 오랜 교섭 끝에 제2차 미소공동위원회가 재개되었다. 그러나 같은 해 3월 미국의 '트루먼 독트린'(Truman Doctrine)이 발표되어 미·소 간의 냉전이 본격화되기 시작된 상황을 고려할 때, 제2차 미소공위에서 양국이 합의를 도출할 가능성은 매우 낮았다.

제2차 미소공위가 개막되자, 좌익세력은 제1차 미소공위 때와 마찬가지로 미소공위에 적극 참여한다는 입장을 표명하였다. 우파에서도 이승만과 김구, 그리고 여타 많은 정당 및 사회단체가 미소공위 참가청원서를 제출했다. 1947년 6월 25일까지 미소공위에 청원서를 제출한 정당 및 사회단체의 수는 총 463개로서

19) 과도입법의원은 선거에 의해 선출된 민선의원(45명)과 미군정이 선정한 관선의원(45명), 총 90명으로 구성되었다. 그중 민선의원의 대부분은 이승만의 독촉계(17명)와 한민당계(12명)의 보수세력이 당선되었고, 관선의원은 미군정의 중도정책에 따라 강경한 좌우세력이 배제되고 좌우합작파에서 임명되었다. 그러나 중도좌파의 핵심인물인 여운형이 선거의 부정을 지적하고 미군정이 이에 강력히 대처하지 않는다는 이유로 입법의원에서 탈퇴했고, 뒤이어 장건상·엄항섭·조완구 등 중도파 인물들이 대거 사퇴했다. 김혁동. 1970. 『미군정하의 입법의원』. 서울: 범우사.

남한이 425개, 북한이 38개였다.[20] 이들 단체에 등록된 회원수는 무려 7천만 명이나 되었는데, 이는 당시 남북한 인구의 두 배나 되는 수치였다.[21]

1년여 만에 열린 제2차 미소공위는 제1차 회의 때와 마찬가지로 정당 및 사회단체와 관련된 협의대상 자격문제로 다시 난관에 봉착했다. 소련측은 1차 회의와 마찬가지로 모스크바협정을 반대하는 단체들이 반탁운동을 포기하고 모스크바협정 및 미소공위에 대항하여 싸우기를 중단하지 않는 한, 이들은 미소공위의 협의대상이 될 수 없다고 주장하였다. 이에 대해, 미국측은 미소공위 참가청원서를 제출한 정당 및 단체는 모두 자격이 있다고 주장했다. 따라서 미소공위는 교착상태를 벗어나지 못하였고, 한국문제는 종래의 방식으로는 어떠한 타협도 불가능한 상황으로 빠져 버리고 말았다. 결국 그 해 9월 17일 미국이 한국문제를 유엔에 상정하자 미소공위의 업무는 10월 18일 중단되었다.

제 3 절 미군정의 좌익 탄압과 사회운동

1946년 5월 이후 미군정의 좌익에 대한 탄압이 본격화되면서, 그동안 미군정에 대해 유화적 태도를 견지하던 좌익은 공세적 입장으로 선회하였다. 이 과정에서 좌익은 대중 동원에 크게 성공하였으나, 미군정과 우익의 연합공세에 밀려 좌익의 힘은 급속히 약화되기 시작했다.

1. 미군정의 좌익세력 탄압

신탁통치문제를 중심으로 좌우익세력 간의 대결이 심화되는 가운데, 그동안 좌익세력이 미국과 미군정에 대하여 취해 왔던 유화적 정책과 태도는 1946년 봄에 발생한 일련의 사건들로 인해 반전되었다. 1946년 3~5월에 개최되었던 제1차 미소공위가 결렬되자 미군정은 좌익진영에 대한 대대적인 공세를 펴기 시작하였

20) 『조선일보』, 1947년 7월 3일.
21) 『동아일보』, 1947년 7월 22일.

다. 미군정의 좌익에 대한 공세는 대체로 두 가지 형태로 진행되었다. 그 하나는 경찰력을 동원한 좌익 활동가에 대한 검거와 그간 육성해 온 대동청년단 등 극우파 청년단체를 이용한 테러 등 강압적인 물리력을 행사하는 것이었다. 다른 하나는 좌우합작을 추진하여 좌익진영 내부의 분열을 통해 급진적 좌익세력들을 고립시키는 것이었다.

조선공산당에 큰 타격을 입히고 조선공산당과 미군정 사이를 크게 갈라놓은 것은 1946년 5월 6일 발생한 이른바 '정판사 위조지폐사건'이었다. 당시 군정청의 발표에 의하면, 조선공산당 기관지인 해방일보를 제작하는 '정판사'에서 약 1천300만원에 달하는 위폐(당시 환율로 12만 달러)와 지폐우 조설비 일체가 발견되었다는 것이다. 이 사건으로 이관술, 권오직, 박낙종 등 조선공산당 간부 16명이 체포되었고, 해방일보, 조선인민보, 현대일보 등이 미군정 포고령 위반으로 정간되었으며, 박헌영·이강국 등의 좌익 지도자들에 대해 대대적인 검거령이 내려졌다.[22]

이 사건 이후 박헌영의 조선공산당은 미군정에 대한 유화적인 태도를 버리고, '정당방위의 역공세'를 기치로 적대적 노선으로 선회하였다. 1946년 7월 26일 박헌영이 발표한 이른바 '신전술'의 주요 내용은 '반미투쟁의 적극화'와 '인민위원회 정권수립'으로 요약되었다.[23] 즉 노동자·농민이 주도하여 남한 사회를 혁명적으로 변화시켜, 경제적으로 주요 생산수단을 국유화하고 정치적으로 인민정권의 수립을 성취하자는 내용이었다.

2. 좌익의 공세

(1) 9월 총파업

해방 직후, 국민들은 살인적인 물가와 저임금 그리고 급증하는 실업으로 엄청난 생활고에 시달리고 있었다.[24] 게다가, 친일파의 재등장, 경찰과 우익청년단

22) 임영태. 1998.『대한민국 50년사 1』, 84.

23) 김태승. 1988. "미군정기 노동운동과 전평의 운동노선." 박현채(편).『해방전후사의 인식 3』. 서울: 한길사, 309~352.

24) 당시 15세 이상 인구 가운데 실업자는 약 15%에 육박하였다. 뿐만 아니라, 물가는 1945년 대비 1946년에 5.35배, 1946년 대비 1947년에 3배 폭등하고 있었다. 구체적으로, 1945년 8월부터 1947년 12월까지 만 2년 5개월 동안 전국 도매물가는 73.2배, 서울시내 생필품가격은 25.2배나 폭등

의 테러와 폭력, 미군들의 범죄행각 등으로 인해, 미군정은 채 1년이 안 되어 남한 대중으로부터 원망의 대상이 되었다. 또한 제1차 미소공위가 결렬된 직후 미군정의 좌익에 대한 탄압이 강화되자, 좌익 지도부는 미군정에 대한 기존의 유화적 태도를 강경노선으로 전환하고 있었다. 1946년의 9월 총파업은 아래로부터의 자연발생적인 압력과 위(조선공산당)로부터의 강경노선이 서로 조응하는 가운데 발생한 사건이었다.

9월 총파업은 1946년 9월 13일부터 시작되었다.[25] 이 날, 경성철도 공장에서 일하던 3,000여 명의 노동자들은 쌀 배급과 임금인상, 처우개선 등을 요구하면서 부분적인 태업에 돌입하였다. 그러나 미군정 당국은 이러한 요구를 거부하였다. 이에 노동자들의 불만은 조직화되었고 마침내 파업으로 폭발하였다. '정판사 위폐사건' 이후 조선공산당이 채택한 '신전술'이 9월 총파업에서 처음으로 실천에 옮겨졌다. 총파업은 '조선노동자전국평의회'(전평)에 의해, 그리고 대중시위운동은 주로 '민전'에 의해 주도되었다.

9월 24일, 전평 주도하에 남조선파업투쟁위원회가 결성되고, 부산철도관구내 7천여 철도조합원들의 파업을 시작으로 다음 날 서울 용산철도 관구로 파업이 옮겨가면서 4만여 철도조합원의 총파업으로 이어졌고, 9월 27일에는 각 산별노조가 동조파업에 들어갔다. 이어 9월 총파업은 학생들의 동맹휴학, 대중시위와 더불어 전국으로 확산되어 갔다.

미군정청은 군경의 폭력기구와 서북청년회, 대한독립촉성청년동맹, 대한노동총연맹 등을 동원하여 파업참가자들을 습격, 폭행, 검거, 투옥, 학살하였다. 이러한 살인적 탄압과 테러는 남한 전역에서 행해졌고, 이에 분노한 노동자들은 대규모의 반군정·반미 정치투쟁을 전개하여 민중항쟁으로 발전시켜 나갔다. 미군과 좌익세력, 특히 전평과의 대립은 더욱 고조되었고, 이는 대구의 10월 항쟁으로 이어졌다.

전평에 의해 주도되었던 9월 총파업의 사회경제적 배경을 살펴보면, 우선 해방 이전까지 하나이던 경제구조가 남과 북으로 분리되자, 자원이 부족한 남한 경제가 심각한 위기에 처하게 되었다. 여기에 미군정의 경제정책 실패가 겹쳐 경제

했다. 따라서 1947년 12월 당시 서울시민의 실질소득은 1936년 대비 22%로 줄어든 상태였다. 임영태. 1998.『대한민국 50년사 1』, 96~97.

25) 9월 총파업의 발단, 과정, 결과에 대한 자세한 내용은 한국노동조합총연맹. 1979.『한국노동조합운동사』, 서울: 한국노동조합총연맹, 318~322를 참조.

적 어려움이 더욱 가중되었다. 미군정은 군정경비를 메우기 위해 화폐를 과도하게 발행하여 물가폭등을 유발하였고, 식량이 절대 부족한 상황에서 쌀의 자유판매를 허용함으로써 도처에서 매점매석과 투기행위가 활개를 치게 되었다. 이로 인해 미군정하의 많은 노동자들은 기아와 저임금에 허덕였고, 공장노동자의 50% 이상이 실업자로 전락하였으며, 만주와 일본 등지에서 귀국한 귀환동포들은 일자리를 찾지 못해 거리를 헤맸다.[26]

1946년 미군정은 심각한 쌀 문제를 해소하기 위해, 쌀의 자유판매를 금지하고 곡물수집령을 발표하였다.[27] 이는 식량문제를 해결하기 위한 긴급조치였으나 곡물 수집과정에서 소작농민에게 부담이 가중되어 국민들의 생활은 더욱 어려워졌으며, 이러한 상황은 미군정에 대한 일반 국민들의 불신과 불만을 더욱 증폭시켰다. 이 같은 사회경제적 상황에서 좌익세력들은 전평이라는 전국적 노동조직체를 통해 손쉽게 노동자들을 동원할 수 있었다.

(2) 10월 항쟁

10월 항쟁은 1946년 10월 1일 대구에서 시작되어 2개월 반 동안 전국에 걸쳐 지속된 대중봉기를 말한다. 당시 다른 도시에 비해 좌익의 힘이 강했던 대구는 9월 총파업의 영향을 크게 받았다. 10월 1일 대구역 앞에 모인 시민과 학생, 노동자들은 “쌀을 달라! 미군은 물러가라!”는 구호를 외치면서 시위를 시작하였다. 그런데 이러한 시위에 대해 군정 경찰은 폭력적으로 대응하였다. 시위 도중 경찰의 발포로 사상자가 발생하자, 시위는 걷잡을 수 없는 상황으로 치달았다. 경찰의 폭력적 진압에 분노한 대중들이 경찰서를 공격하는 등 시위는 곧 폭동으로 발전하였다.[28]

---

26) 임영태. 1998.『대한민국 50년사 1』, 97~98.

27) 미군정은 식량위기를 해소하기 위해 1946년 1월부터 미곡수집령에 의한 미곡공출제를 실시했다. 그러나 농업원자재 가격의 급등으로 미곡생산원가는 미곡공출가격의 2배에 달하여 오히려 농민들의 반발과 농업생산력 감소만 불러왔고, 농민경제의 파탄으로 폐농과 이농자만 속출하게 만드는 등 남한 농업기반을 파괴하였다. 결국 미군정은 1946년 4월 9일 1인 1일 1홉 쌀 배급제 등 긴급대책을 발표하였다. 당시 보도에 따르면, 1월 23일 현재 미곡공출을 기피하다 구속된 농민은 1천여 명에 달했다. 1947년 5월 1일부터 2일 사이에 조사된 자료에는 정부의 미곡수집에 불응하여 징역, 구류, 벌금 등의 형을 언도받은 사람이 8,63[illegible]명이나 되었다고 한다. 임영태. 1998.『대한민국 50년사 1』, 97.

28) Gregory Henderson. 1968. *Korea: The Politics of Vortex*. Cambridge: Harvard University Press, 145~147.

대구에서 노동자의 총파업과 시민대중의 시위로 시작된 이 사건은 곧 미군정의 미곡수집정책과 3·1제 소작제도에 반대하는 농민들의 추수폭동과 결합하였고, 이에 대해 경찰이 폭력적으로 대응함으로써 시위는 급속히 대중봉기로 전환되었다. 대구 봉기는 무력에 의해 곧 진압되었으나, 그 여파는 경북의 농촌지역으로 확대되었으며, 이어서 경상남도로 파급되어 갔다. 10월 말과 11월에는 서울을 비롯한 경기도 일원과 전라남도 지역으로, 그리고 12월에는 전라북도와 충청남도까지 항쟁이 확산되었다.

그러나 10월 항쟁이 발생하기 전에 좌익세력의 지방 활동가들은 대부분 체포되었기 때문에 10월 항쟁 과정에서 항쟁지도부는 존재하지 않았다. 이에 따라 농민들의 시위는 조직적이지 못했으며, 자연발생적인 농민반란의 형태를 띠었다. 경찰에 대한 농민의 불만이 강했기 때문에 농민들은 곡괭이, 낫, 죽창 등을 들고 미곡수집을 독려하던 경찰과 지방관리를 공격의 주요 대상으로 삼았다. 10월 항쟁은 2개월 반에 걸쳐 남한 전역을 휩쓸었다. 전국에 걸쳐 수백만 명이 항쟁에 참가하였고, 항쟁은 수많은 희생자를 냈다. 분명한 통계는 없으나 10월 항쟁은 천 명 이상의 사망자를 낸 것으로 추정되고 있다.

9월 총파업과 10월 항쟁을 고비로 전평의 세는 급속히 약화되기 시작했다. 전평은 사업주의 직장폐쇄와 우익청년단의 파괴활동, 경찰의 탄압으로 어려움을 겪었다.[29] 10월 항쟁은 또한 좌익세력 전체에 적지 않은 타격을 주었다. 좌익세력은 10월 항쟁의 와중에서 공산당·인민당·신민당이 합작하여 남로당을 결성하였지만, 이미 대중적 기반이 상당 부분 파괴된 상태였다.[30] 좌익의 일부는 탄압을 피해 산으로 들어가 '야산대'를 조직하였고, 이들은 후에 무장유격대가 되었다. 10월 항쟁 이후 전평 산하의 노조들은 본격적으로 남로당의 조직적인 지도를 받으면서 대중투쟁을 전개하는 한편, 투쟁 방법을 점차 정치투쟁과 무장투쟁으로 전환하였다. 1947년의 3·22 총파업투쟁과 7·27대회, 1948년의 2·7 총파업투쟁, 그리고 야산대의 활동 등이 그 대표적인 경우이다.

---

29) 그렇다고 경제투쟁이나 일상적 요구투쟁이 없었던 것은 아니다. 농민운동만 하더라도 1947년 이후 소작쟁의가 3천 건 이상으로 증가하였고, 노동운동도 직장폐쇄철회투쟁, 해고반대투쟁, 임금인상투쟁 등의 경제·요구투쟁을 꾸준히 전개하였다.

30) 남한의 좌익세력은 미군정의 탄압에 효과적으로 대응하고 북한지역의 북조선노동당 창당(1946년 8월)에 부응하기 위해, 1946년 11월 23일 조선공산당, 조선인민당, 그리고 남조선신민당을 합당하여 남조선노동당(남로당)을 창건하였다.

미군정은 정국의 질서를 장악하기 위하여 막대한 대중의 희생을 감수하면서도 남로당을 비롯한 좌익세력의 활동을 탄압하는 데 더욱 박차를 가하여, 1947년 8월에는 민전과 전평 사무실을 폐쇄하고 그 간부들의 검거에 나섰다.

(3) 9월 총파업 및 10월 항쟁의 의미

9월 총파업은 철도부문의 임금투쟁으로 시작되었으나, 곧 전 산업분야에 걸친 총파업으로 확대되었다. 미군정은 이를 체제위기로 간주하고 강력히 대응하였으며, 이에 따라 경제투쟁은 정치투쟁으로 전환되었다. 군정청이 체제위기로 간주할 정도로 노동자, 농민은 물론 일부 지식인들까지 9월 총파업에 가담하였던 근본 원인은 민중의 미군정에 대한 실망이었다. 즉 해방 직후 민중은 미군을 해방군으로서 열렬히 환영하였다. 그러나 시간이 경과함에 따라, 민중의 눈에는 미군정은 친일세력을 숙청하기보다는 그들을 보호하고, 나아가 오히려 독립운동가들을 탄압하는 것으로 비쳐졌다. 이에 따라 미군에 대한 민중의 반감이 대두되었고, 아울러 미군정의 거듭된 경제정책의 실패는 민중의 불만을 증폭시켰다.

좌익의 집계에 의하면, 약 3개월에 걸친 9월 총파업과 10월 항쟁에 동원된 인원수는 2백여만 명에 달하였으며, 사상자와 피검자만도 각각 수천 내지 수만 명에 이르렀다. 9월 총파업과 10월 인민항쟁이 전개되는 과정에서 전평과 조선공산당의 조직은 심각하게 훼손되었으며, 이후 정치적 세력관계가 변화하는 전환점이 되었다. 즉 당시까지 대등한 힘의 관계를 유지하였던 좌우익 세력관계가 9월 총파업과 10월 항쟁을 겪으면서 우익이 절대적 우위를 점하는 상황으로 변화되었다.

제 4 절 유엔결정과 단독선거

두 차례에 걸친 미소공동위원회의 회담은 아무런 성과를 거두지 못하고 결렬되었다. 이에 따라 한반도문제는 유엔으로 이관되었다. 유엔은 인구비례에 의한 남북한 총선거 실시를 결정하였다. 그러나 유엔 결정은 소련과 북한의 반대로 실현되지 못하고, 결국 남한만의 단독선거로 귀착되고 말았다.

1. 한반도 문제의 유엔 이관

1947년 8월 26일, 미국은 모스크바 3상회의의 당사국인 소련·영국·중국에게 교착상태에 빠진 한반도 문제를 국제연합(UN)에 상정하자고 제안하였다. 미국의 제안에 영국과 중국은 찬성하였으나, 소련은 반대하였다. 소련이 미국의 제안에 반대한 이유는 당시 국제연합 회원국 가운데는 친미국가들이 수적 다수를 차지하고 있어 토의와 결정이 미국의 의도대로 이루어질 가능성이 높았기 때문이었다. 결국, 미국은 1947년 9월 17일 한반도 문제에 대한 미국의 의견을 유엔에 제출하였고, 이는 9월 23일 유엔총회에서 표결에 붙여져 찬성 41, 반대 6, 기권 6으로 가결되었다. 이에 따라 한반도 문제는 유엔 본회의 심의사항으로 채택되었다.[31]

소련의 반대에도 불구하고, 한반도 문제가 유엔 본회의의 심의사항으로 채택되자, 미소공위 소련측 수석대표였던 스티코프 중장은 9월 26일 서울에서 개최된 미소공위 석상에서 다음과 같이 소련의 입장을 개진하였다: ① 모스크바협정은 연합국이 조선에 호의적인 정책을 표명한 문서이다; ② 북한에서는 민주적 개혁이 순조롭게 진행되고 있으나 남한에서는 미군 당국이 인민위원회의 합법성을 부인하여 아무런 민주적 개혁도 이루어지지 않고 있다; ③ 소련이 조선병합을 희망하고 있다는 소문을 퍼뜨리는 사람이 있는데 이것은 사실무근이다; ④ 모스크바협정은 5년간의 신탁통치를 명시하고 있으나 미국은 10년간의 신탁통치를 강력히 주장하였다.

곧이어 소련은 미·소 양군이 3개월 이내에 한반도에서 동시에 철수할 것을 제의하였다.[32] 소련의 미·소 양군 동시철수안은 미국이 유엔총회에 상정한 한반도 문제에 대한 심의를 철회시키려는 의도도 있었지만, 남북한에 광범위한 대중적 기반을 갖고 있던 좌익세력의 지지를 배경으로 한 소련의 자신감을 보여주는 것이기도 하였다.

31) 김학준. 1976. 『한국문제와 국제정치』. 서울: 박영사, 46.
32) 심지연. 1992. 『미소공동위원회 연구』. 서울: 청계, 22; 송남헌. 1980. 『한국현대정치사』, 서울: 성문각, 258.

2. 유엔의 결정

1947년 11월 14일 유엔은 한반도에 유일한 합법정부를 수립하기 위해 유엔 감시하에 1948년 3월 말까지 남북한 총선거를 실시하고, 정부수립과 동시에 미·소 양군을 90일 이내에 철수시키며, 이에 대한 감시협의체로서 유엔한국임시위원단을 설치한다는 내용의 미국 제안을 찬성 41, 반대 6, 기권 7로 통과시켰다. 이때 결의된 구체적인 내용은 다음과 같다.[33]

> 1. UN 한국임시위원단(오스트리아·캐나다·중국·엘살바도르·프랑스·인도·필리핀·시리아·우크라이나)을 구성한다.
> 2. 통일정부를 수립하기 위한 국회의 대표들을 선출하는 선거를 1948년 3월 31일까지 실시한다.
> 3. 동 위원단은 새로 구성된 정부와 치안문제, 군정당국으로부터의 정부기능의 접수, 90일 내의 모든 외국군대의 한국으로부터의 철수 등을 협의한다.

1948년 1월 8일, 유엔총회의 결의에 따라, 선거의 공정성 확보를 위해 한반도 전역을 여행·관찰·협의할 권한을 갖는 유엔한국임시위원단(United Nations Temporary Commission On Korea, UNTCOK)이 구성되었으나, 우크라이나가 참여를 거부하여 8개국만 입국하여 덕수궁에서 첫 회의를 가졌다. 그리고 임시위원단은 아래와 같은 조치를 취한다고 발표하였다.[34]

> 1948년 3월 31일 이전에 한반도에서 위원단의 감시 아래 인구비례의 원칙에 따라 보통선거와 비밀투표에 의한 총선거를 실시하고, 선거 후 빠른 시일 안에 제헌의회를 구성하여 정부를 수립한다. 이 정부는 남북한의 군정당국으로부터 정부의 기능을 이양 받고, 자체의 국방군을 조직하며, 될 수 있는 대로 빨리, 가능하면 90일 이내에 점령군을 철수시키도록 한다

그러나 이 결의안은 소련의 협조 없이는 그 목적을 달성할 수 없다는 결정적인 약점을 안고 있었다. 유엔한국임시위원단의 발표에 대해, 소련은 유엔 결의가 남북한 대표자들의 의견을 고려하지 않았으며 외국군이 철수하지 않은 상태

33) United Nations Official Record, *Second Session General Assembly Resolution*, 112(Ⅱ), 16~18; 오명호. 1999. 『한국 현대정치사의 이해』. 서울: 오름, 80에서 재인용.
34) 김학준. 1986. "한반도의 분단과정." 민주정의당 국책연구소. 『국책연구』 봄호, 69.

에서의 선거란 무의미하다고 주장하면서, 유엔이 한국문제를 다룰 권한이 없다고 반발하였다. 그리고 1948년 초까지 모든 외국 군대가 철수한 다음 외부의 간섭 없이 한국민의 자유의사에 따라 새로운 정부를 구성하게 하자고 주장했다.[35] 소련이 유엔 결의안에 대해 반대한 가장 큰 이유는 인구 비례에 따른 총선거가 실시되면 우익진영이 승리하여 한반도에 친미적인 우익 정부가 수립될 가능성이 높았기 때문이었다. 결국 소련은 유엔한국임시위원단의 입북을 거절하였고, 따라서 임시위원단의 활동범위는 38선 이남으로 국한되어 선거는 남한지역에서만 실시될 수밖에 없게 되었다.

38선 이남에 국한된 선거와 정부의 수립이야말로 한반도를 영구적으로 분단시킬 것이라는 일부 유엔 회원국들의 지적에도 불구하고, 유엔 소총회는 2월 26일 "가능한 지역의 총선거 실시"를 찬성 31, 반대 2, 기권 11로 가결하였다. 이에 따라 유엔 한국임시위원단은 서울에서 회의를 열어 유엔 소총회의 결의에 따를 것을 결정하였고, 미군정 당국도 3월 4일 남조선 총선거 실시에 관한 특별성명을 발표하고 5월 10일에 선거를 실시할 것을 확정하였다.[36]

제 5 절 단독선거를 둘러싼 갈등

남한만의 단독선거 실시 결정은 국내 정치세력들을 '단정지지파'와 '단정반대파'로 양분하였다. 남한의 단독정부 수립을 지지하는 세력은 미군정청·한민당·이승만의 독촉계 및 일부 보수우익 정당들이었고,[37] 남로당·중도좌파·중도우파, 그리고 한독당 등은 남한단정을 반대하고 양군 철수 후 남북총선거를 주장하여, 양 세력은 첨예하게 대립하였다.[38]

35) Hans Kelsen. 1951. *The Law of the United Nations*. London: The London Institute of World Affairs, 199.
36) 당시 발표된 하지 사령관의 특별성명의 내용은 다음과 같다: ① 선거는 5월 10일 실시된다; ② 선거는 유엔한국임시위원단의 감시 아래 실시된다; ③ 선거는 보통·평등·비밀·직접·자유라는 민주선거의 원칙에 입각하여 실시된다; ④ 이에 따른 선거법은 추후 한국인 대표 및 유엔한국임시위원단의 요구에 따라 제정될 것이다. 『동아일보』, 1948년 3월 5일.
37) 이들은 유엔한국임시위원단 감시하의 총선거를 조속히 실시할 것을 주장하였다.
38) 남로당과 함께 근로인민당, 청우당, 사회민주당, 민주독립당 등 중도좌파, 그리고 김규식이 이끄

1. 단정파 : 이승만과 한민당

당시 자주통일 독립국가를 갈망하는 국민들 사이에는 5·10선거가 민족분단을 고착화시키고 통일을 저해한다는 비판적 여론이 팽배했다. 그러나 이승만과 한민당은 유엔의 남한만의 단독선거 결정을 크게 환영하였다.[39] 이승만은 남한만이라도 단독선거를 실시하여 정부를 수립한 후 점진적으로 통일을 성취해야 한다고 역설하면서 총선이야말로 남북통일로 나아가는 유일한 첫걸음이 될 것이라고 주장하였다.[40]

유엔의 단독선거 결정은 1946년 6월 3일 전북 정읍에서 이미 남한만의 단독정부 수립을 역설한 바 있었던 이승만에게 정치적으로 매우 유리하게 작용하였다. 그는 유엔 결정을 계기로 집권을 위한 활동을 개시했다. 우선 그는 기존의 독립촉성중앙협의회를 포함하여, 월남 반공인사들로 구성된 우익단체, 일본에 협력한 혐의를 받고 있는 보수층, 그리고 군정에 참여한 우익인사들을 자신의 세력권으로 포섭해 나갔다. 이를 위해 이승만은 사설 정보조직까지 동원하여 정치적 결정에 필요한 자료수집과 여론조사활동을 전개하였으며, 정치자금 조달을 위해 약 20명의 재력가들로 '대한경제보국회'를 조직하였다. 그리고 선거일이 확정되자 이승만은 우익 인사를 중심으로 총선거 추진위원회(최고의원 신익희, 명제세, 이윤영, 지청천)를 조직하여 선거참여운동을 전개하는 한편, 미군정 당국과 힘을 합쳐 선거를 주도해 나갔다.[41]

우익진영의 주류를 이루던 한민당은 제2차 미소공위가 결렬된 1947년 여름을 전후해서 단정수립을 불가피한 것으로 받아들이고 있었다. 그리고 유엔결정 직후, 한민당은 "남북한을 통한 총선의 실시가 사실상 불가능한 형편인즉, 부득이 선거가 가능한 남한에서만이라도 총선을 실시하여 중앙 정부를 수립하고, 그

는 민족자주연맹계의 중도우파, 그리고 김구가 이끄는 한독당은 미소 양군이 즉시 철수하여 한반도 문제를 한인 자신에게 맡길 것과 남북의 모든 정당 합의하에 총선거를 실시하고 독립정부를 수립할 것을 주장하였다.

39) 1948년 2월 26일 유엔의 결의내용이 국내에 전해지자 독촉을 비롯한 정당 및 사회단체 대표들은 그 날 오후 이화장에서 축제분위기에 가까운 회합을 가졌으며, 이승만의 반공·반탁·단정 노선을 충실히 따르고 지지하던 한민당은 유엔의 결정에 감사문까지 발표하였다. 김준연. 1948. 『독립노선』. 서울: 홍한재단, 150~152.

40) 『동아일보』, 1947년 12월 6일.

41) 이태일. 1989. "5·10선거의 정치사적 의미." 이수인(편),『한국현대정치사 1』. 서울: 실천문학사, 187.

정부로 하여금 유엔의 일원으로 참가케 하여 세계적으로 발언권을 확보하여 화급한 민생 문제의 해결을 도모하며, 나아가 남북통일을 달성하도록 노력하여야 할 것"이라는 성명을 발표하였다.[42] 아울러, 한민당은 선거를 반대하는 것은 소련의 앞잡이인 공산주의자들의 모략에 빠져 사회 혼란을 초래하는 행위라고 매도하면서, 하루빨리 총선을 실시할 것을 미군정 당국에 요청하였다. 또한 한민당은 유권자에게는 국권회복을 위한 선거에 빠짐없이 참가하자고 호소하였다.[43]

2. 남북협상파 : 김구와 김규식

(1) 김구와 김규식의 단선·단정 반대

김구는 유엔총회의 결정에 대해 "남한만의 선거를 실시한다는 것은 민주주의 파산을 세계적으로 선고함이나 다름이 없다고 본다. … 나는 조국을 분할하는 남한의 단선(單選)도, 북한의 인민공화국도 반대한다"는 입장을 표명하였다.[44] 김구는 미국과 소련 양군이 철수하지 않고 있는 상황하에서는 자유로운 선거분위기를 형성할 수 없기 때문에, 양군이 철수한 후 남북 요인회담을 열어 선거를 준비한 후 총선으로 통일정부를 수립해야 한다고 주장하였다.[45] 그리고 1948년 3월 1일 김구는 단선 불참을 선언하였다.

김규식은 유엔의 단독선거 결정이 있기 전부터 입법의원을 중심으로 18개 정당과 5개 사회단체 대표 및 일부 인사들을 중심으로 민족자주연맹을 결성하여 단정수립을 반대하고, 남북통일정부 수립운동을 추진하고 있었다. 유엔 결정 직후, 김규식은 "남조선 선거에는 물론 참여하지 않을 것이며 모든 정치활동에서 물러나겠다"며 단선불참을 표명하였고,[46] 김규식이 조직한 민족자주연맹을 위시한 군소정당들도 단선반대를 선언하고 나섰다.

42) 『중앙일보』, 1948년 2월 6일.
43) 심지연. 1986. "5·10선거와 제헌국회." 『월간조선』 8월호, 70.
44) 『서울신문』, 1948년 2월 29일.
45) 김구는 1948년 1월 28일 유엔한국임시위원단에게 다음과 같은 6개항의 의견서를 공개하였다: ① 자주적 정부를 수립할 것; ② 인민의 자유 의사에 따른 총선을 실시할 것; ③ 소련의 유엔한국임시위원단 입북 거절을 구실로 유엔 소총회에서 결의된 임무 수행에 태만하지 말 것; ④ 정치범을 석방할 것; ⑤ 미군과 소련군을 철퇴시키되, 그 진공 상태는 유엔이 책임질 것; ⑥ 남북 지도자회의를 소집할 것. 『동아일보』, 1948년 1월 28일.
46) 『경향신문』, 1948년 2월 28일.

(2) 남북협상운동

1948년 2월 26일 김구와 김규식은 북한의 김일성과 김두봉에게 "남북 정치 지도자들이 정치협상을 통하여 통일정부 수립과 새로운 민족국가의 건설에 관한 방안을 토의하자"는 내용의 남북정치회담을 제의하였다.[47] 이를 계기로 남한에서는 단독정부를 주장하는 이승만·한민당과 남북협상을 주장하는 김구·김규식 사이에 심각한 논쟁이 전개되었고, 결국 3월 12일 김구·김규식·김창숙·조소앙·조성환·조완구·홍명회 등 7인은 단독선거 및 단독정부에 불참할 것임을 선언하였다.[48] 이어 3월 23일에는 김규식과 안재홍 등이 중심이 된 민족자주연맹이 모든 애국진영의 총단결을 호소하는 결의문을 발표하였다.[49]

북한의 김일성과 김두봉은 김구와 김규식의 제의에 대해 40여 일 동안이나 아무런 반응을 보이지 않다가, 3월 25일 평양방송을 통해 '남북 정당·사회단체대표자 연석회의'를 4월 14일 평양에서 개최하자고 제의하였다. 이에 김구와 김규식은, 북한 당국의 진의를 의심하는 주위의 만류에도 불구하고, 각각 4월 19일 그리고 21일 평양행에 나섰다. 김구의 경우 "38선을 베고 쓰러질지언정 일신상의 구차한 안일을 취하여 단독정부를 세우는 데는 협력하지 않겠다"고 선언하고 평양으로 출발했으며, 김규식의 경우도 회의에 크게 기대를 갖지 않았으나 자신이 제시한 5개항의 조건이 수락되자 평양으로 떠났다.[50]

원래 4월 14일로 예정되어 있던 연석회의는 19일로 연기되었다. 이는 남로당을 비롯한 민전 산하 각 단체의 대표들이 4월 16일에서야 평양에 도착했으며,

47) 김남식(외). 1986.『한국현대사 자료총서 7』. 서울: 돌베개, 575.

48) 선언의 내용은 "미·소 양국이 군사상의 필요로 일시 설정한 소위 38선을 국경선으로 고정시키고 양 정부 또는 양 국가를 형성하게 되면 남북의 우리 형제자매가 미·소 전쟁의 전초전을 개시하여 총검으로 서로 대하게 될 것이 명약관화하니 우리 민족의 참화가 이에 더할 것이 없다." 노중선(엮음). 1985.『민족과 통일』. 서울: 사계절, 250~251.

49) 결의문에 언급된 당면과제는 다음과 같다: ① 우리는 우리의 민족통일과 국가독립을 성실히 원조·협력하는 국제노력에 협조하고 동시에 이에 위배되는 여하한 국제노력과도 타협하지 않는다; ② 외국군대 주둔을 연장하려는 기도와 행동은 단호히 배격한다; ③ 우리는 진실한 애국세력의 총집결운동을 강력 추진할 것이며 단선·단정을 반대한다; ④ 남북통일 민주독립의 길이 열릴 때까지 남북정치협상 공작의 추진에 노력키로 결의한다. 박세길. 1999.『다시 쓰는 한국현대사 1』. 서울: 돌베개, 111.

50) 김일성에게 제시한 김규식의 5개항의 조건은 ① 여하한 형태의 독재정치도 이를 배격할 것, ② 사유재산제도를 승인하는 국가를 건립할 것, ③ 전국적 총선거를 통하여 통일중앙정부를 수립할 것, ④ 여하한 외국의 군사기지도 제공하지 말 것, ⑤ 미·소 양군의 철퇴는 양군당국이 조건, 방법, 기일을 협정하여 공포할 것 등이다.

김구·김규식 등도 19일까지는 도착할 것으로 예상되었기 때문이었다. 그러나 김구는 4월 19일에 김규식은 4월 21일에 서울을 출발했기 때문에 개막회의에는 참석할 수 없었다. 그럼에도 불구하고, 연석회의는 4월 19일 평양 모란봉극장에서 개최되었다. 연석회의에 남한의 41개 정당·사회단체의 대표 396명이 참석하였고, 민전 산하 각 단체와 민족자주연맹 계열의 단체들 그리고 종교 및 청년단체 등 반(反)단정세력들도 참가하였다. 연석회의는 김일성의 개막연설을 시작으로 26일까지 공식회의가 진행되어 단선분쇄와 통일국가 건설을 위한 의견 교환이 이루어졌다. 연석회의는 북한측이 주장해 온 ① 외국군 철수, ② 외세의 간섭 없는 평화적인 통일, ③ 민족정치회의에 의한 민주정부의 수립, ④ 남한에서의 단독정부 수립 반대 등을 내용으로 하는 공동선언을 발표하고 끝을 맺었다.

남북대표자연석회의는 외형적으로는 역사상 최초로 남북의 정당·사회단체 대표가 모여 통일조국건설에 관해 토의했다는 의미를 지닌다. 그러나 나흘간에 걸쳐 진행된 연석회의는 북한의 일방적인 계획에 의해 진행되었기 때문에 협상이 아니라 대면에 불과했다. 김규식은 연석회의를 공산주의자들의 선전을 위한 공식회의로 간주하고, 신병을 핑계삼아 연석회의에 참석하지도 않았다. 김구도 간단한 연설만을 했을 뿐이었고, 남한의 다른 대표들도 자신의 의사를 충분히 발표할 수 없었다.

연석회의가 끝난 직후, 김구와 김규식은 실질적인 정치협상을 위한 남북요인회담을 북한측에 요구했다. 이에 따라 4월 27일부터 30일까지 남북 인사 15인을 중심으로 남북조선 정당·사회단체지도자협의회가 개최되었다. 이 회담에는 남측대표로 김구·김규식·조소앙·조완구·홍명희·김봉준·이극로·엄항섭 등이, 북측대표로 김일성·김두봉·최용건·주영하·박헌영·백남운·허헌 등이 참석하였다. 이 회담은 주로 김규식이 북행에 앞서 김일성에게 제시한 5개항의 원칙을 중심으로 논의가 진행되었다. 회담이 끝나면서 43개 남북의 정당·사회단체가 서명한 공동성명서가 발표되었고, 공동성명서에 서명한 모든 정당·사회단체와 개인이 참가하는 '남조선단독선거반대투쟁 전국위원회'가 결성되었다. 남북요인회담 결과, 발표된 공동성명의 내용은 다음과 같다.[51]

51) 박세길. 1999.『다시 쓰는 한국현대사 1』, 115.

〈남북제정당 지도자협의회 성명서〉

1. 소련이 제의한 바와 같이 우리 강토에서 외국군대가 즉시 철수하는 것은 현정세하에서 조선 문제를 해결하는 가장 정당한 방법이다.
2. 우리 강토에서 외국군이 철거한 후에도 내전이 발생할 수 없다는 것을 확인한다.
3. 외국군대가 철거한 이후에 제 정당·단체들은 전조선정치회의를 소집하여 민주주의 임시정부를 즉시 수립하고, 일반적·평등적 비밀투표에 의하여 통일적 조선입법기관 선거를 실시한다. 선거된 입법기관은 조선헌법을 제정하여 통일적 민주정부를 수립할 것이다
4. 상기 사실에 의거하여 본 성명서에 서명한 남북조선 제 정당·사회단체대표자들은 남조선 단독선거의 결과를 결코 인정하지 않으며 지지하지 않을 것이다.

하지만 공동성명서가 남북분단을 저지시킬 수는 없었다. 우선 미국과 소련이 남북협상에 대해 적극적이지 않았으며, 남북한의 분단반대 세력의 역량은 지극히 미약한 상태였다. 뿐만 아니라, 남북협상에 참여한 각 세력들은 제각기 다른 동기와 목적을 갖고 있었다. 북한은 선언적 효과에만 치중하였으며, 북한정권 수립의 절차적 명분을 축적하기 위해 남북협상에 임했던 것이다. 따라서 김구와 김규식도 좌익과 행동통일을 할 수 없는 기본적인 한계를 지니고 있었다. 결국 김구와 김규식의 노력에도 불구하고, 남북협상운동은 실패로 마감되었다.

3. 좌익의 무장투쟁

(1) 2·7 구국투쟁

좌익은 남한만의 단독선거를 저지하기 위해 1948년 2월 7일을 기하여 이른바 '2·7 구국투쟁'이라는 노동자들의 전국적인 총파업을 일으켰다. 영등포 공업지역의 경성방직, 종방, 조선피혁 등에 근무하던 노동자들과 용산 및 수색 철도국 등 주요 교통·통신분야의 노동자들이 파업의 선두에 섰다. 이들의 파업은 곧바로 전 산업부문에 걸친 노동자 총파업으로 확산되었다. 도시에서는 노동자들의 총파업과 대중시위 그리고 학원 맹휴(盟休)가 동시에 진행되었고, 농촌에서는 농민시위대가 미군정 경찰서와 극우파 테러단체의 사무소를 습격하였다. 이들은 "무엇보다도 우리나라를 양분하여 남한에 단독정부를 세우기 위한 유엔위원단 감

시하의 총선거를 절대 반대한다"는 입장 표명과 함께, 미·소 양군의 동시 철수, 친일반동 타도, 노동법과 사회보장제 실시, 토지의 무상분배, 인민위원회로의 정권이양 등 10개항의 관철을 주장하였다.

남로당과 좌익의 연합조직인 '민전'이 주동이 되었던 2·7 구국투쟁은 좌익세력의 역량을 과시함으로써 유엔위원단의 활동을 좌절시키고 선거를 저지하는 데 그 궁극적인 목표가 있었다. 좌익의 자료에 의하면, 투쟁 참가자는 150만 명에 이르렀고, 피검자 수만도 1만여 명에 달하였다고 한다. 아울러 사망자도 57명이나 되어 유혈사태가 심각했음을 알 수 있다.[52]

2·7 구국투쟁을 계기로 남로당은 이제까지의 대중시위와 봉기의 형태에서 벗어나 각급 지방당부별로 '야산대'라는 무장조직을 동원한 무장투쟁을 전개함으로써 2월 7일부터 20일까지 파업 30건, 동맹휴업 25건, 시위 103건, 방화 204건을 주도하였고, 선거가 임박한 5월 5일에는 선거파탄 총동원령을 하달하였다.[53] 2·7 구국투쟁은 미군정에 의해 곧 진압되었으나, 이후 단선·단정 반대운동은 4·3 제주항쟁과 5·10선거 반대투쟁으로 이어졌다.

(2) 제주 4·3항쟁

단선·단정에 반대하는 좌익의 투쟁은 1948년 4월 3일 제주도에서도 일어났다. 선거를 한 달 앞두고 발생한 이 사건은 단정을 둘러싼 좌우익의 대립만이 아니고 해방 후 미군정 시기의 어려운 제주도민들의 생활상을 반영한 사건이었다.[54]

해방 이후 미군정 통치하의 제주도민의 경제적 어려움은 매우 심각한 상태였다. 생계수단인 어로작업도 제대로 할 수가 없었고, 석탄부족으로 인한 발전소의 전력공급 중단은 제주도민의 기초생활마저 위협하고 있었다. 또한 징용에 끌려갔던 사람들이 다른 지역보다 많았던 제주도는 해방 직후 이들이 귀향하면서 사회변혁을 요구하는 움직임이 크게 고양되고 있었다. 이러한 상황에서 좌익세력

52) 김남식. 1984. 『남로당연구』. 서울: 돌베개, 303~307.
53) 김점곤. 1973. 『한국전쟁과 노동당 전략』. 서울: 박영사, 110~118.
54) 제주 4·3항쟁에 대한 객관적인 진상규명작업이 이루진 것은 1987년 민주화 이후였다. 1993년 제주도의회는 '4·3 특별위원회'를 설치하여 피해자 신고를 받기 시작하였고, 1997년에는 '제주 4·3 사건 제50주년 기념사업추진 범국민위원회'가 발족되었다. 그리고 조사결과를 바탕으로 2001년 1월 '4·3사건 진상규명 및 희생자 명예회복에 관한 특별법'이 공포되었고, 2003년 10월 31일 노무현 대통령은 반세기 동안 고통의 굴레에서 살아온 4·3유족과 제주도민들에게 국가권력의 과오를 공식적으로 인정하고 사과하였다.

은 1945년 9월 15일 제주읍 인민위원회를 발족하였고, 9월 22일에는 제주도 인민위원회를 결성하였다. 이와 더불어, 좌익세력은 부녀동맹, 교육자동맹, 노동조합, 소비조합, 제주문화협회 등 각종 대중단체를 잇달아 조직하여, 조국의 완전한 독립과 민주사회건설을 주장하며 활발한 활동을 전개하였다.

이렇듯 인민위원회를 중심으로 하는 변혁운동세력의 힘이 강했기 때문에, 제주도에 파견된 미군 59중대는 다른 지역에 비해 상대적으로 소극적인 활동을 펼칠 수밖에 없었다. 그러나 1946년 중반 이후 미군정은 제주도를 도(道)로 승격시키고 행정조직에 우익세력을 충원시켜 우익세력을 강화하고 인민위원회의 활동을 제약하기 시작했다. 이로부터 제주지역의 변혁운동세력과 군정당국 사이에는 갈등과 마찰이 심화되기 시작하였다.

제주도에서 미군정과 변혁운동세력간의 직접적인 대결은 1947년 3·1절 기념식을 계기로 본격화되었다. '제주도 민주주의 민족전선'은 3·1절 기념식을 오현중학교에서 개최하였다. 이 기념식은 2천여 명이 참석한 대규모 집회였다. 집회 후 참석자들은 시가행진을 시도하였고, 경찰이 시가행진을 하는 군중을 향해 발포하여 6명이 사망하는 사고가 발생하였다.[55] 이로부터 미군정과 경찰 그리고 제주 주민 사이에 적대관계가 형성되었고, 제주도민들의 미군정에 대한 불신은 고조되었다.

이런 상황에서 1948년 3월 1일 다시 시위가 발생하였다. 시위는 평화적이었으며, 생존권투쟁의 성격을 띠고 있었다. 그러나 군정 당국은 초기부터 이를 좌익세력의 폭동으로 규정하고 철저하게 탄압하였다. 이러한 탄압에 대응하여 남로당 제주도당 지도부는 미군정에 대해 적극적인 무장투쟁을 전개하기로 결정하였다.[56]

그 결과, 남로당 제주도위원회 군사부 김달삼·조몽구 등은 모슬포에 주둔하고 있던 9연대의 문상길 중위 등과 무장활동에 관해 논의하였고, 이들은 1948년 4월 3일 새벽 2시 화북·조천 등의 11개 지서를 습격하였다. 미군의 즉시 철수, 단독선거 절대 반대, 투옥중인 애국자의 즉시 석방, 유엔한국임시위원단의 철수, 경찰대와 테러집단의 즉시 철수 등을 외치며 3,000여 명의 무장·비무장대원들은

55) 박세길. 1999. 『다시 쓰는 한국현대사 1』, 138.

56) 제주 4·3항쟁에 대한 자세한 내용은 다음의 자료를 참조: 고창훈. 1989. "4·3 민중항쟁의 전개와 성격." 『해방전후사의 인식 4』. 서울: 한길사; 제민일보. 1994. 『4·3은 말한다 1, 2』. 서울: 전예원.

제주 각지에서 봉기하였다. 이 과정에서 경찰관서 15개소, 면사무소 18개소가 피습되었다.

미군정 당국은 4월 5일 제주도에 지방경비사령부를 설치하고, 4월 10일 군대를 증원받아 대규모 진압작전을 실시하였다. 미군과 경찰은 무장봉기를 진압하는 과정에서 수많은 제주도민을 살해 또는 구금하였다. 미군정의 대규모 진압작전으로 제주 4·3항쟁은 일단 소강상태에 접어들었지만, 무장유격대의 활동은 건국 이후까지 여전히 계속되었다.[57]

57) 1948년 10월 20일 제주항쟁 진압명령을 받은 여수의 14연대의 반란으로 제주항쟁 진압은 차질을 빚다가, 1948년 11월이 되어서야 전면적인 토벌작전이 이루어졌다. 그러나 애초 토벌작전은 유격대와 일반주민이 거의 구분되지 않은 상태에서 무차별적으로 전개되어 무고한 제주도민의 희생을 초래하였다.

제3장

대한민국 정부수립과 이승만 정권

제 1 절 대한민국 정부수립

1948년 5월 10일 유엔 감시하에 남한에서 단독정부 수립을 위한 제헌국회의원 선거가 실시되어, 198명의 의원으로 구성된 제헌국회가 5월 31일 개원되었다. 제회국회는 7월 17일 대한민국 헌법을 제정·공포하였고, 7월 20일 이승만과 이시영을 대한민국 초대 정·부통령으로 선출하였다. 그리고 8월 15일, 대한민국 정부수립을 국내외에 선포하였다.

1. 제헌국회의원선거

5·10 선거는 좌익세력의 방해와 단독선거를 반대하는 정파의 선거거부운동이 진행되는 가운데 실시되었다. 이에, 미군정은 선거의 민주적 정당성을 확보하기 위해 보다 많은 유권자들의 선거참여가 필수적임을 인식하고, 유권자들의 선거인등록과 선거참여를 독려하였다. 이를 위해 3월 30일부터 4월 16일까지 진행된 유권자등록 기간에 미군정은 경찰을 전면에 내세우 유권자들의 선거등록을 강요하였고, 부락 단위별로 향보단(鄕保團)을 조직하여 경찰의 선거동원을 보조하도록 하였다.[1] 그 결과, 전체 유권자의 약 80%가 선거등록을 하였고, 총유권자의 약 72%가량이 투표에 참여하였다.[2]

또한 후보자 등록마감 결과 총 48개 정당 및 사회단체 소속으르 혹은 무소속으로 출마한 입후보자는 모두 948명이었으며, 그 가은데 417명이 무소속 출마자였다. 총 198명의 제헌의원을 뽑는 선거의 후보경쟁률은 4.8:1로 비교적 높았으나,[3] 출마자 대부분은 반탁·반공·단정 수립을 주장하던 우익 세력이었다. 따라

1) 서복경. 2016.『한국 1세대 유권자의 형성: 제1·2공화국의 선거』. 파주: 마인드탭, 94~95.

2) 중앙선거관리위원회의 자료에 의하면 당시 투표참여율은 95.5%로 기록되어 있으나, 이는 선거권자의 총수가 아닌 등록유권자 총수에 의거하여 산정한 것이다. 따라서 당시 유권자 총수를 기준으로 등록유권자는 약 79.7%, 투표참여율은 71.6%인 것으르 추정된다. 박찬표. 2007.『한국의 국가형성과 민주주의』. 서울: 후마니타스, 395.

3) 원래 남북한 전체 의석수는 300석(남한 200석, 북한 100석)이지만, 선거실시가 불가능한 북한지역을 제외한 남한의 200석 가운데 제주 4·3항쟁으로 인해 제주의 2개 지역구에서 선거가 치러지지 못하였다. 따라서 5·10선거에서는 국회의원 198명만이 선출되었다. 제주지역 선거는 이듬해인 1949년 5월 10일에 실시되어, 대한독립촉성국민회 후보와 대동청년단 후보가 각각 당선되었다.

서 이들이 유세과정에서 제시한 정견도 거의 비슷하였다.[4)]

개표 결과, 대한독립촉성국민회 55명, 한민당 29명, 대동청년단 12명, 조선민족청년단 6명, 대한농민총연맹 2명, 그 외에 대한노동총연맹, 대한청년단, 교육협회, 한국독립당, 조선민주당, 단민당, 대성회 등에서 각각 1명의 당선자를 배출했다.[5)] 단정 반대세력이 선거에 불참하게 됨에 따라 대부분의 제헌의원들은 이승만 노선을 지지하였지만, 무소속 당선자가 85명으로 전체의석의 43%를 차지했다는 점은 정당보다는 인물 중심의 투표가 행해졌음을 보여 준다. 이는 정부구성 과정이 순탄치만은 않을 것임을 암시하는 대목이다.

2. 제헌의회: 헌법작성과정

5월 21일 제헌국회 소집을 위한 준비위원회가 결성되었다. 그리고 5월 31일, 2년 임기의 국회의원들이 전원 참석한 가운데 제헌국회가 개원되었다. 이어 실시된 국회의장단 선거에서 188표를 얻은 이승만이 의장으로 선출되었고, 신익희(대한독립촉성국민회)와 김동원(한민당)이 부의장으로 선출되었다.

제헌국회에서 제1당의 지위를 지닌 정당은 한민당이었다. 5·10선거에서 한민당의 이름으로 당선된 의원은 29명에 불과하였으나, 무소속 당선자 가운데 상당수는 친한민당 계열이었던 까닭에 한민당의 실제의석은 약 80석에 달하였다. 한편 이승만이 이끄는 대한독립촉성국민회 출신 의원은 55명이었으나 그를 지지하는 조선민족청년단 출신 6명을 포함하면, 총 61명이 이승만을 확실하게 지지하는 원내세력이었다. 그리고 무소속의원의 일부와 대동청년단 출신의원 12명은 모두 상해 임시정부와 연관된 사람들이었다. 결국 제헌국회의 의석분포는 한민당계 80석, 이승만계 61석, 임정계 57석이었다.[6)] 이러한 의석분포는 제헌국회의 중요한 임무인 국회법 및 헌법제정 과정에서 매우 중요한 변수로 작동하였다.

---

4) 당시 이승만이 이끈 독촉계나 한민당 후보들이 제시한 정견은 다음과 같았다: ① 가능한 지역 내에서의 선거실시와 정부수립의 절대지지; ② 공산주의자와의 협상 배제; ③ 미국 및 UN 기구를 통한 통일의 성취; ④ 대중을 위한 복지사회 건설; ⑤ 초당파적 대동단결에 의한 독립의 구축. 당시 유일하게 정당 체제를 갖추고 있었던 한민당도 이러한 주장에 농민에 대한 토지분배, 소작제 철폐, 대기업의 국영화, 노동자의 권익보호 등을 덧붙이는 데 그쳤다. 대한민국 국회사무처. 1971.『국회사』, 10.

5) 중앙선거관리위원회. 1968.『대한민국정당사』, 178.

6) 이태일. 1989. “5·10선거의 정치사적 의미.”『한국현대정치사 1』. 서울: 실천문학사, 195.

헌법제정에 들어간 제헌의회는 6월 1일 제2차 본회의에서 헌법기초위원 선출을 위한 전형위원 10명씩을 각 도별로 선출하기로 하고, 그들로 하여금 다시 헌법 및 정부조직법 기초위원 30명을 선출케 하였다. 서상일 위원장을 중심으로 한 기초위원회(기초위원 30명 중 14명이 한민당 소속)는 유진오를 비롯한 사법계의 권위자 10명을 전문위원으로 위촉했다.

6월 3일부터 기초위원회는 헌법초안 작성에 들어갔다. 기초위원회의 헌법초안 작성과정은 유진오가 만든 헌법안(원안)과 권승렬이 만든 헌법안(참고안)을 비교·토의하는 방식으로 진행되었다. 유진오의 안은 신익희·김성수 등의 요청으로 작성된 것이었고, 권승렬의 안은 군정청의 사법부 안에 설치되었던 법전편찬위원회가 만든 것이었다. 우연히 두 안은 모두 의원내각제와 양원제를 채택하고 있다는 점에서 공통점을 갖고 있었다. 기초위원회는 유진오가 미리 준비한 초안을 토의의 토대로 삼았다. 이는 당시 제1당인 한민당의 이해관계를 반영한 것이었다.

그러나 당시 국회의장이었던 이승만은 헌법기초위원회가 제시한 의원내각제 정부형태에 반발하면서 기초위원들에 대한 개별적인 설득을 벌이는 동시에, 6월 15일에는 사태의 역전을 꾀하기 위해 기초위원회에 직접 나와서 의원내각제의 부당성을 역설하였다. 이승만이 반대하는 표면적인 이유는 군소정당이 난립하고 정당의 기초가 확립되지 못한 상황에서 의원내각제를 채택할 경우 정국의 안정을 기대할 수 없다는 것이었다. 그러나 이승만의 실질적인 반대이유는 의원내각제를 채택할 경우 제헌의회의 의원 구성으로 볼 때 한민당이 권력을 장악하게 되고 자신은 권력에서 소외될 수 있다는 우려 때문이었다. 대통령중심제를 강력히 원했던 이승만은 다양한 방법으로 의원들을 회유·설득·협박하여 헌법 초안을 의원내각제에서 대통령중심제로 변경시켰다.7)

6월 23일, 결국 대통령중심제에 의원내각제적 요소가 결합된 헌법초안이 국회 본회의에 제출되었다. 그리고 7월 17일 국회의장 이승만의 이름으로 제헌헌법이 공포되었다. 제헌헌법은 ① 대통령이 국가원수인 동시에 행정수반이며, ② 국무총리 및 국무위원은 대통령이 임명하며, ③ 대통령의 법률안 거부권을 인정하고 있다는 점에서, 대통령중심제의 정부형태를 취하였다. 동시에 제헌헌법은 ① 국회에서 대통령이 선출되며, ② 국무위원은 국회의원을 겸할 수 있으며, ③ 정부의 법률발의권을 인정하고 있다는 점에서 의원내각제적 요소를 가미하고 있었다.

7) 한길사 편집부. 1994. 『한국사 21』. 서울: 한길사, 290~296.

새로 제정된 헌법에 따라 국회는 7월 20일 신익희 부의장의 사회로 대통령 선거를 실시하였다. 그 결과, 180표를 얻은 이승만이 13표를 얻은 김구와 2표를 얻은 안재홍을 압도적으로 누르고 당선되었다. 그리고 부통령에는 임정에서 환국한 이시영이 133표로 당선되었다.[8)]

제 2 절 정치적 갈등과 이승만의 대응

이승만 정부는 다양한 갈등요인들을 안고 출범하였다. 내각 구성을 둘러싼 한민당과의 갈등이 이승만의 정치적 선택에서 비롯된 것이었다면, 친일민족반역자 처벌문제를 비롯하여 잠재해 있는 좌우익의 갈등 그리고 농지개혁문제 등은 결코 회피할 수 없는 역사구조적인 갈등요소였다.

1. 한민당과의 갈등

초대 대통령으로 선출된 이승만은 내각 구성에 착수하였다. 관심의 초점은 국무총리에 한민당 인사가 지명될 것인가에 집중되었다. 한민당은 이승만이 5·10 선거에서 국회의원으로 당선되고 제헌국회에서 의장 그리고 대통령으로 선출되는 데 결정적인 기여를 하였을 뿐만 아니라, 당시 가장 강력한 원내세력이었다. 때문에 한민당은 자당의 총수(김성수)가 국무총리에 지명될 것으로 기대하고 있었다. 그러나 7월 27일 이승만 대통령은 한민당 내에는 친일분자가 있다는 이유를 들어 한민당을 경원시하면서, 초당파적 인물로서 정치적 영향력이 없는 북한 출신의 이윤영(조선민주당 부위원장)을 국무총리로 지명한다는 추천서를 국회에 제출하였다. 이승만 대통령의 추천은 곧바로 한민당의 강력한 반발로 국회 인준 과정에서 부결되었다.

이에 이승만 대통령은 당시 민족청년단 단장인 이범석을 국무총리에 지명하였다. 이는 이범석이 기반하고 있는 조선민족청년단을 이용해 한민당을 견제하겠

8) 한국정치학회. 1987. 『현대한국정치론』. 서울: 법문사, 138.

다는 이승만의 정치적 의도가 내재되어 있었다. 대통령의 국무총리 지명은 또다시 한민당의 반대에 부딪쳤으나, 여타 원내세력들이 찬성함으로써 결국 가결되었다.[9] 국무총리 임명과정에서 드러난 이승만의 한민당 배제는 내각 구성에서도 여전하였다. 이승만은 내각 구성에 있어서도 한민당을 철저히 배제하였다.

국무총리와 각료선임에서 배제당한 한민당은 곧바르 반이승만 노선을 채택하였다. 미군정 시절, 서로의 정치적 필요에 의해(한민당은 이승만의 명망과 정치적 지도력이 필요해서, 그리고 이승만은 한민당의 정치조직과 자금이 필요해서) 한민당과 이승만 간의 정치연합은 이승만이 권력을 장악하면서 깨지기 시작한 것이다.[10] 이러한 갈등은 훗날 이승만이 자유당을 창설하게 되는 계기가 되었으며, 이후 제1공화국 전 기간을 통하여 자유당과 한민당 세력이 지속적으로 대결하게 되는 배경이 되었다.

2. 사회적 갈등

먼저 친일민족반역자 처벌문제를 둘러싼 갈등으로, 이는 국회와 이승만 간의 대결로 이어졌다. 친일협력자 처벌문제는 해방 직후부터 제기되어 왔었지만 미군정 기간에 전혀 해결되지 못했다. 정부가 수립된 후 국민들의 거센 친일파 척결 요구에 부응하여, 국회는 1948년 9월 22일 반민족행위처벌법(반민법)을 제정·공포하고, 10월 12일 반민족행위특별조사위원회(반민특위)를 출범시켰다. 그리고 11월 25일 국회는 반민특위 활동을 지원하기 위한 '반민족행위 특별조사기관 조직법안'과 '반민족행위 특별재판부 부속기관 조직법안'을 제정하여 특별검찰부와 특별재판부를 구성하였다. 이에 따라 친일파 처단을 위한 반민특위는 본격적인 활동에 들어가게 되었다.

그러나 민족반역자들의 저항과 방해공작은 만만치 않았다. 이들은 정치·경제적으로 높은 지위와 풍부한 자금을 바탕으로 법제정 전부터 이미 반민법제정 반대투쟁을 벌였으며, 법제정 이후에는 반민법 제정에 앞장섰던 의원들을 공산주의자로 몰아붙였다. 당시 이들은 경찰과 관료의 주요 요직에 포진하고 있었던 까닭에,

9) 한길사 편집부. 1994.『한국사 21』, 293.

10) 이승만과 한민당 간의 갈등을 계기로, 1949년 2월 한민당은 대한국민당 및 신익희 세력과 함께 민주국민당(민국당)을 창당하여 그 세를 더욱 공고히 하였다.

자신들의 생존을 위해 이승만 대통령의 충성스런 추종자 역할을 수행하고 있었다. 이승만 대통령 역시 이들 세력을 자신의 권력 유지의 중요한 수단으로 이해하고 있었다. 따라서 반민특위가 친일혐의로 이들을 체포하기 시작하자, 이승만은 "반민특위 활동은 삼권분립에 어긋나며, 특히 경찰조직을 동요시켜 국가안보를 해치고 있다"는 취지의 대통령 담화문 발표를 통해 반민특위를 견제하기 시작하였다.

친일세력의 노골적인 방해와 이승만의 비협조적인 태도로 특위활동이 제약을 받는 가운데, 친일파 척결에 적극적이었던 일부 의원들을 구속시킨 '국회 프락치사건'(1949년 5월)과 경찰이 반민특위 사무실을 급습하여 조사관들의 무기를 압수한 '경찰 습격사건'(1949년 6월)은 반민특위 활동을 거의 마비상태에 빠트렸다. 뒤 이어 1949년 7월 반민법의 공소시효를 1950년 6월에서 1949년 8월로 단축시키는 개정안이 국회에서 통과되었고, 같은 해 9월 '반민족행위특별조사기관 조직법'과 '반민족행위특별재판부 부속기관법'에 대한 폐지안 및 '반민법' 개정안(특별검찰부와 특별재판부 담당업무를 각각 대검찰청과 대법원으로 이관)이 통과되었다. 이로써 친일파 척결작업은 아무런 성과 없이 종결되고 말았다.[11]

둘째, 좌우익의 갈등과 관련된 문제이다. 1948년 10월 19일 발생한 '여순사건'은 좌우익 갈등이 여전히 우익 정권의 불안 요소로 남아 있음을 보여 주었다. 여순사건은 5·10선거가 치러지기 직전 단독정부 수립에 반대하며 제주에서 발생한 4·3항쟁의 진압을 위해 제주도에 파견 예정이었던 14연대 소속의 일부 좌익계 군인이 주둔지인 여수에서 일으킨 '반란'이었다.[12] 이들은 '동족상잔의 제주도 출동 반대' 그리고 '남북통일을 위해 민중의 군대로 행동할 것'을 호소하면서, 여수와 순천 그리고 인근 지역을 점령하였다.[13] 그러나 10월 22일 여수·순천 지역에 계엄령이 선포되면서 '반란군'에 대한 국군과 경찰의 반격이 개시되었고 10월

11) 반민특위 활동은 1949년 9월 5일까지 682건을 취급하였지만, 처벌은 단 7명에 불과했고 이마저 흐지부지 풀려나 친일파 척결문제는 용두사미로 끝나고 말았다. 오익환. 1979. "반민특위의 활동과 와해." 『해방전후사의 인식 1』. 서울: 한길사, 101~171.

12) 황남준. 1987. "전남지방정치와 여순사건." 『해방전후사의 인식 3』. 서울: 한길사.

13) 여수에 주둔하고 있던 제14연대에는 남로당 세력이 침투해 있었다. 제주사건의 진압을 위해 차출명령을 받자, 주동자인 지창수 상사는 '제주도 출동 거부,' '경찰 타도,' 그리고 '남북통일을 위해 민중의 군대로 행동할 것'을 호소하였고, 이에 14연대 소속의 좌익계 장교와 사병들이 적극 동조하였다. 약 2천5백여 명이 순식간에 반란군으로 돌변하였고, 이들은 10월 19일 밤 11시 30분경 여수 읍내로 진격하였다. '반란군'은 여수의 남로당을 위시한 좌익세력들의 동조를 얻어 여수를 장악하고, 그 여세를 몰아 순천과 그 인접 지역인 남원·구례·보성까지 진출했다. 김계유. 1991. "1948년 여순봉기." 『역사비평』 가을호.

25일에는 미군의 함포사격이 시작되었다. 결국 진압군이 10월 25일에 순천을, 10월 27일에 여수를 탈환함으로써 여순사건은 종식되었다.

여순사건을 계기로 남로당은 전면적인 무장투쟁으로 노선을 전환하였다. 사건의 진압과정에서 반란군 1천여 명이 지리산과 광양 백운산으로 들어가 항전을 시작하였고, 이는 한국전쟁발발 이전까지 계속되었다. 여순사건이 군 반란의 마지막은 아니었다. 1948년 12월 30일에 대구 주둔 제6연대에서도 공산주의자들에 의해 반란이 일어났다. 그러나 이것은 재빨리 진압되었다. 이로부터 몇 달 뒤에, 38선에 가까운 홍천과 춘천에 주둔하고 있던 제6사단 제8연대의 2개 대대가 탈영·월북하였다.

이러한 일련의 사건은 많은 파장을 몰고 왔다. 여순사건을 계기로 미국은 군사지원을 강화하였으며 주한미군의 철수를 1949년 6월로 연기하였다. 또한 이러한 사건들로 인해 군내 좌익세력의 문제가 본격적으로 대두되면서 숙군작업이 개시되었다. 이 숙군작업은 김창룡에 의해 주도되었는데, 1948~49년 사이 약 5천 명의 장교와 민간인들이 해고, 투옥 혹은 처형되었다.[14] 숙군은 남로당세력뿐만 아니라 광복군계를 포함한 반이승만 성향의 군관계 인물들을 제거하는 계기가 되었다. 숙군작업에 이어, 이승만 정권은 계속해서 군대와 경찰의 증강, 국가보안법·국군조직법·우편단속법 등의 제정, 우익 청년단체의 통폐합, 호국군과 향토호국단 창설 등을 통해 반공국가의 기반을 강화시켜 나갔다.

셋째, 농지개혁을 둘러싼 갈등이다. 제헌의회는 1949년 6월 21일 '농지개혁법'을 제정하였다. 그러나 농지개혁법 제정을 저지하기 위한 지주계급의 움직임은 매우 거셌다. 그럼에도 불구하고, 토지개혁이 비교적 용이하게 실시되게 된 배경에는 몇 가지 정치적 요인이 작용하였기 때문이다. 첫째, 한국인 지주계급의 힘은 일제기간을 거치면서 대단히 약화되어 조직적인 힘을 발휘하기 곤란하였다. 둘째, 북한이 이미 1946년에 '무상몰수·무상분배'의 원칙에 의거한 토지개혁을 실시했던 까닭에, 이승만 정권은 남한 농민들 사이에 혁명적 요소를 중화 혹은 제거하기 위해서는 토지개혁이 불가피한 것으로 판단하였다. 셋째, 한민당의 정치자금이 주로 토지 자본에 기반하고 있었기 때문에, 한민당 세력의 약화를 위해서라도 이승만은 농지개혁을 서둘러 추진해야 했다.[15] 비록 당시 실시된 농지개

14) 이는 당시 전체 군의 숫자가 5만 정도임을 감안할 때 10%에 가까운 많은 숫자였다.
15) 서재진. 1991. 『한국의 자본가 계급』. 서울: 나남, 65~66.

혁은 여러 측면에서 불완전한 것이었지만, 정치적 차원에서 볼 때 그것은 한민당의 권력자원의 약화와 이승만의 권력자원의 강화를 의미하였다.

요약하면, 일련의 사회적 갈등들에 대한 이승만 정부의 대응 방향은 강력한 반공 지배 권력의 구축이었다. 이에 따라, 친일파 처단 문제는 중단된 반면, 농지개혁은 빠른 속도로 실행에 옮겨졌다. 비록 여순사건으로 상징되는 좌우익 갈등 문제는 군사적 행동을 통해 재빨리 봉합되었으나, 해소된 것이 아니었다.

제 3 절 한국전쟁과 이승만 정권

한국전쟁은 미·소 대립구도와 남북갈등의 산물이었다. 이로 인해 남북 간의 체제갈등은 더욱 심화되었고, 이승만은 정권적 차원의 반공주의적 권위주의를 더욱 강화하였다.

1. 한국전쟁

한국전쟁은 한국현대사에서 가장 비극적인 사건으로 수많은 인적·물적 피해는 물론이고, 38선을 휴전선으로 대체시켜 남북분단을 고착화시킨 사건이었다. 1950년 6월 25일 새벽에 발발하여 1953년 7월 27일 오전 10시에 휴전협정이 조인될 때까지 약 3년 1개월 간 지속된 한국전쟁은 그 전개 과정의 특성상 크게 네 국면으로 구분된다.[16)]

(1) 인민군의 남진과 미군의 개입

1950년 6월 25일 새벽 북한은 기습적으로 남침을 개시했다. 인민군은 전쟁발발 불과 3일 만인 28일에 서울을 점령하고, 7월 1일 한강을 건너기 시작했다. 그리고 7월 3일에는 복구한 한강철교를 이용하여 탱크를 도하시키는 등 본격적인 남진을 개시했다.

16) 김학준. 1989. 『한국전쟁』. 서울: 박영사, 145~200.

미국은 유엔 한국위원단(UN Commission on Korea)의 6월 26일자 보고를 근거로 북한을 침략자로 규정하고 38선 이북으로 인민군의 철수를 요구하였고, 6월 27일 남한에 대한 군사적 원조를 승인하는 유엔의 결정을 끌어냈다.[17] 그리고 미국은 즉시 이 전쟁에 개입할 것을 결정했고, 해군과 공군의 참전에 뒤이어 30일에는 미 지상군의 투입을 결정하였다. 7월 7일에는 유엔군 사령부를 설치하고 유엔 회원국들의 군사원조를 미국의 지휘 아래 둔다는 공동결의안이 유엔에서 가결되었다. 7월 8일에는 유엔으로부터 작전권을 이양 받아 미국 극동군사령관인 맥아더(Douglas MacArthur) 장군이 유엔군 총사령관으로 임명되었고, 7월 12일에는 한국군의 작전권이 '대전협정'에 의하여 유엔군으로 이양되었다.[18] 이제 미군의 전면적 개입으로 내전적 성격의 전쟁이 국제전 형태로 급속히 전환되었다.

그러나 전세는 북쪽에 유리하게 전개되어, 7월 24일 북한군은 급파된 미군 24사단에 치명적 타격을 가하면서 대전을 점령하였다. 7월 말 목포·진주 점령을 거쳐, 8월에 들어서는 김천·포항 지역까지 점령하여 인민군은 전쟁 개시 1개월 반 만에 낙동강 남서지역을 제외한 남한 지역의 90% 이상, 인구의 92% 이상을 수중에 장악하였다. 인민군의 공격은 계속되어 1950년 8월에서 9월 사이에는 경주, 영천, 대구, 창녕, 마산을 연결하는 경상남북도의 일부만을 남긴 전체국토를 점령하기에 이르렀다. 그러나 경상북도까지 남진해 온 인민군의 제2군단이 대구－영천－경주 선을 넘지 못하였고, 전라도 쪽으로 진격해 온 제1군단 역시 창녕－마산 선에서 막혀 교착상태에 빠지자, 미군을 중심으로 한 유엔군은 전열을 정비

---

17) 유엔 안보이사회가 북한 공산군의 군사행동을 침략행위로 규정하고 최초의 유엔군 파견을 결정할 때 소련 대표가 결석하여 거부권을 행사하지 않음으로써 미국안이 통과되었다. 당시 유엔 안보이사회 국가인 중국(장개석 정부)을 중공(모택동 정부)과 교체하자는 의안을 미국·영국 등이 거부하자, 이에 대한 항의로 소련 대표는 이 해의 1월부터 이사회 출석을 거부하고 있었다. 따라서 소련 대표의 불참으로 유엔군 파견을 주장하는 미국안이 쉽게 통과되었고, 그 결과 미군을 비롯한 16개국의 유엔군이 한국전쟁에 참가하였다. 김병오. 1985. 『민족분단과 통일문제』. 서울: 한울, 82.

18) 대전협정은 이승만 대통령이 맥아더 유엔군사령관에게 한국군 작전지휘권을 맡아주도록 요청하여 각서교환 형식으로 체결된 협정이다. 이 협정으로 한국군은 한국전쟁의 휴전당사자 자격이 법적으로 부인되는 결과를 초래했으며, 이후 한국의 작전지휘권의 소재와 군사주권을 둘러싼 많은 논란을 야기했다. 특히 1980년 광주참사를 둘러싼 진압군의 작전명령 책임을 두고 미군의 책임여부를 따지는 근거가 되기도 했다. 1993년 12월, 김영삼 정부는 미국과의 협의를 통해 평시에는 한국군이 작전권을 행사하고 전시에는 한미연합사가 작전권을 관장하기로 결정하였다. 이후 2007년 2월 노무현 정부가 전시작전권을 2012년까지 환수하기로 미국과 합의하였으나, 이명박 정부에서 2015년으로 한차례 연기되었고, 박근혜 정부에서 사실상 무기한 연기되었다.

하여 반격하기 시작했다. 1950년 8월부터 인천상륙작전이 이루어진 9월 중순까지 약 1개월 동안의 전황은 낙동강 전선을 둘러싸고 일진일퇴하는 인민군과 유엔군 사이의 피비린내 나는 격전이었다.

북한 쪽에 전세가 유리하게 전개된 이 기간 동안, 북한은 점령지역에서 북한 방식을 답습한 '민주개혁'과 '민주건설사업'을 진행하였다. 먼저 이승엽을 수반으로 하는 서울시 임시인민위원회가 조직되었고, 중앙·도·시·군·면의 하향적 방식으로 공산당이 재건되었다. 동시에 각 지역에 임시인민위원회가 조직되었고, 이어 군·면·리(동) 인민위원회 선거가 실시되었다. 이를 통해 108개 군, 1,186개 면, 13,654개 리(동)에 인민위원회가 구성되었다.[19]

아울러 인민군은 점령지역에서 토지개혁을 실시하였다. 그 내용은 1946년 북한에서 수행되었던 토지개혁과 동일하였다. 그 결과, 점령지역 경지면적의 43.3%인 596,202정보가 몰수되어, 그중 96.2%인 573,343정보의 토지가 전 농가호수의 66%인 1,267,809호의 빈농·소농에게 분배되었고 나머지는 국유화되었다.[20] 또한 이 시기에 인민군은 남한에서 40만에 가까운 의용군을 모집·동원하였고, 각종의 선전교양사업을 진행함과 동시에 다수의 저명인사들을 납북하였다.

(2) 유엔군의 북진과 중국군의 개입

한국전쟁의 제2국면은 유엔군이 9월 15일 인천상륙을 계기로 유엔군의 북진과 중국군의 개입이 이루어진 시기이다. 이 시기에, 유엔군은 9월 28일 서울을 탈환하였고, 10월 8일 38선 이북으로 진군하여 10월 26일에는 마침내 압록강까지 북상하였다.

이 기간 중 전쟁의 고비는 유엔군의 38선 이북 지역에로의 진격문제에 있었다. 유엔군의 38선을 넘는 북진으로 한국전쟁은 새로운 의미를 지니게 되었다. 왜냐하면 이제까지의 전쟁이 전전(戰前)의 원상회복을 위한 '봉쇄를 위한 전쟁'이었다면, 38선 이북으로의 북진은 북한지역으로의 확전을 의미하는 '롤백(rollback)을 위한 전쟁'을 의미하기 때문이다. 서울이 수복되었을 때 이승만은 이미 38선 이북에로의 진격을 주장했고, 중간선거를 앞둔 미국의 민주당 정권도 군사적 승리를 정치적으로 이용할 필요성을 느끼고 있었다. 이에 미국은 북진을 한 다음

19) 박세길. 1999.『다시 쓰는 한국현대사 1』. 서울: 돌베개, 210.
20) 박세길. 1999.『다시 쓰는 한국현대사 1』, 212.

의회와 유엔의 승인을 얻어 내는 방식을 취했다. 그러나 미국은 참전 결정 때와는 달리, 소련이 안보리에 복귀한 상태이므로 안보리가 아닌 총회에서 승인을 얻어 내는 방식을 취하였다. 마침내 10월 1일 한국군을 선두로 38선을 넘어 북진을 시작한 유엔군은 맥아더 사령관의 이름으로 북한군 총사령관에게 항복 권고문을 발표하였다.[21)]

10월 19일 유엔군은 평양을 점령하고, 24일 한반도와 만주가 접하는 압록강까지 미군을 북상시켰다. 그러자 중국이 움직이기 시작하였다. 한국전쟁 발발 직후 미 7함대에 의한 대만해협 봉쇄 때부터 미국의 태드를 주시해 오던 중국은 1950년 7월부터 제4야전군을 압록강 변경으로 재배치하는 한편, 동북변방군을 조직하기 시작했다. 모택동은 8월 5일 그 달 안으로(이후 9월중으로 변경) 동북변방군의 전투준비를 완료하도록 지시했다. 유엔군이 38선을 넘기 직전인 9월 30일, 주은래는 미군의 북진에 대해 경고하였고, 10월 2일에는 미군이 북한을 점령할 경우 중국군이 개입할 것임을 미국에 전달했다.[22)] 그러나 미국은 이를 무시했고, 이에 중국은 10월 초 제3 야전군을 압록강 변경에 집결시켰다.

10월 19일 중국군은 압록강을 건너기 시작하였다. 소련은 1950년 말에 가서 2개 공군사단을 지원하여 압록강 철교와 반경 100km 이내의 보급로를 엄호했다. 1951년에 이르러 중국군에 대한 소련의 지원은 본격화되었다. 이제 한국전쟁은 중국의 개입으로 미국과 중국 간의 전쟁으로 변모하였다. 중국의 한국전 개입의 가장 중요한 이유는 '순망치한'(脣亡齒寒, 입술이 없으면 이가 시리다)의 관계에 있는 북한지역에서 미국의 공격을 사전에 막아내기 위함이었다.

10월 25일부터 11월 6일 사이의 중국군과 북한군의 제1차 공세는 유엔군을 청천강 이남으로 밀어냈다. 중국군의 개입이 확인되자, 미 국가안보회의는 11월 8일 한국문제를 유엔을 통해 '정치적으로' 해결할 것을 결정했다. 그러나 이러한 결정도 맥아더의 북진을 막지 못했다. 미 공군은 11월 초순부터 25일까지 압록강과 그 이남의 최전방 사이에 있는 북서지역의 대부분을 초토화시켰다. 그러나 11월 27일부터 시작한 공산측의 제2차 공세는 유엔군에 치명적인 타격을 주었고, 이에 유엔군의 전면적 후퇴는 불가피하였다.

---

21) 노중선(엮음). 1985.『민족과 통일』. 서울: 사계절, 290.

22) 노중선(엮음). 1985.『민족과 통일』, 290.

(3) 유엔군의 후퇴와 전선의 교착

1950년 10월 25일 중국군이 참전하면서 한국전쟁은 새로운 국면에 접어들어, 다시 유엔군과 한국군이 수세에 몰리게 되었다. 제3국면에 해당하는 이 시기는 북한과 중국군의 반격으로, 유엔군은 후퇴를 거듭하였고, 12월 25일경 공산군은 38선 이북 대부분의 지역을 회복할 수 있었다. 12월 31일부터 시작된 북측의 제3차 공세를 계기로 공산군은 38선을 넘어 남하하기 시작했다. 1951년 1월 4일 서울이 다시 공산군의 수중에 들어갔으며, 1월 초에는 공산군이 37도선까지 육박하여 유엔군은 오산 근처까지 후퇴했다. 1월 중순 이후 공산측의 공세가 방어로 전환되면서, 유엔군은 제한적인 반격을 통하여 38선을 향해 북상했다. 3월 15일에 서울이 수복되었고, 3월 말에 이르러 전선은 38선에 육박하게 되었다. 이에 따라 워싱턴에서는 38선을 넘는 북진에 대한 논란이 고조되었다. 3월 24일에 유엔군은 다시 38도선을 넘어서게 되었고, 6월 11일에는 중부전선의 요지인 철원·금화 등을 점령하였다.

중국군의 개입 이후 최대의 쟁점은 미국정부와 유엔군사령부 사이의 전쟁확대론과 그 반대론의 대립이었다. 유엔군사령관이던 맥아더는 자신의 판단과 달리 중국군의 개입으로 전쟁이 전혀 새로운 국면으로 접어들게 되자, 전쟁확대론을 내세워 만주지역을 폭격하고 대만의 장개석 군대를 중국의 남부지방에 상륙시켜 제2전선을 설정할 것을 주장했다. 1950년 12월 9일에는 맥아더가 원자탄 사용에 대한 재량권을 요구함에 따라, 한국전쟁은 핵전쟁을 초래할 위험에 놓이게 되었다. 당시 미국정부도 원자탄의 사용문제를 심각하게 고려했으나, 맥아더와 군부의 전쟁확대론은 영국 등의 강력한 반대에 부딪쳤고, 소련의 전쟁개입으로 인한 세계대전으로의 확대를 우려한 미국 국무성에 의해 저지되었다.[23] 마침내 맥아더는 1951년 4월 11일 유엔군 총사령관직에서 해임되었고, 이때부터 미국의 한반도 정책도 '통일노선'에서 '교섭에 의한 전쟁종결노선'으로 바뀌어 갔다.

(4) 휴전협상을 둘러싼 갈등과 소모전

제4국면은 휴전회담이 진행되고 휴전협정이 성립되던 시기이다. 38선 부근에서 전선이 교착되고 유엔군과 공산군 간의 공방전이 계속됨에 따라 전쟁의 정

23) 김병오. 1985.『민족분단과 통일문제』, 116.

치적 해결, 곧 휴전협상이 모색되기 시작하였다. 그러한 모색은 1951년 5월 말과 6월 초 미국의 케난(George Kennan)과 소련의 말리크(Yakov A. Malik) 사이의 비밀접촉으로 시작되었고, 6월 23일 소련 유엔대표 말리크는 '평화를 위한 제안'이라는 국제연합방송에서 공개적으로 휴전을 제의하였다.[24] 이에 호응한 유엔측의 제의를 북한과 중국측이 수락함으로써 휴전협상이 본격적으로 진행되었다. 이에 대해 이승만은 한반도의 통일을 보장하지 않는 어떤 협정에도 반대한다고 주장하였지만, 휴전회담은 7월 8일 개성에서의 예비회담을 시작으로, 7월 10일에는 본회의가 개최되었다.

휴전회담에서 가장 중요한 의제는 군사분계선 문제였다. 공산군측이 38선을 군사분계선으로 주장한 데 반해, 그보다 다소 북진하고 있던 유엔군측은 양군의 대치하고 있는 '접촉선'을 주장하였다. 회담 당사자인 유엔, 북한, 중국의 다양한 주장이 충돌하는 가운데, 결국 11월 27일 지상의 현 접촉선을 군사분계선으로 하고, 이로부터 양측 2km를 비무장지대로 설정하기로 합의하였다.[25] 그 사이 미국측은 자신들의 주장을 관철시키기 위해 북한에 대해 초토화 작전을 감행하는 등 공산측에 대해 군사적 압력을 가중시켰다. 이 작전에서 북한은 미군기의 대대적인 공습을 받음으로써 재산과 인명 등의 대량손실을 입었다.

군사분계선 문제가 일단 합의되자, 휴전감시문제와 전쟁포로 처리문제가 주로 논의되었다. 휴전감시문제와 관련해서, 1952년 5월 2일 휴전감시 출입지역을 쌍방 5개소로 하고, 휴전감시기구로 4개국(체코, 스위스, 스웨덴, 폴란드)의 중립국 감독위원회를 구성하기로 합의하였다. 1952년 5월 당시 합의되지 않은 것은 전쟁포로문제였다. 유엔측은 '자유(자원)송환원칙'을, 그리고 공산측은 제네바협약에 의한 '자동(강제)송환원칙'을 주장하였다.[26] 휴전협상이 포로교환문제를 두고 지지부진하자, 미국은 북한에 대한 폭격을 통하여 또다시 군사적 압력을 가중시켰다. 6월에는 미 공군이 수풍댐 등 4개의 주요 댐과 발전소를 폭격하였으며, 7월과 8월에는 평양에 대한 대대적인 폭격을 단행하여 수천 명이 사망하였다.[27]

휴전의 분위기는 1953년에 들어서야 분명해졌다. 교착상태에 빠졌던 휴전회담은 미국에서의 정권교체와 1953년 3월 5일 스탈린의 죽음 등 국제정치적 변화

24) 노중선(엮음). 1985.『민족과 통일』, 300.
25) 노중선(엮음). 1985.『민족과 통일』, 301~303.
26) 김병오. 1985.『민족분단과 통일문제』, 132.
27) 노중선(엮음). 1985.『민족과 통일』, 306.

와 4월 26일 공산군측의 회담재개 제안과 부상병 포로의 교환협정이 이루어지면서 재개되었다. 1952년 새로이 취임한 미국의 아이젠하워 대통령은 한국전쟁 종료를 요구하는 국내 여론의 압력을 받고 있었고, 소련의 새 지도부 역시 종전을 원하고 있었다. 결국, 양측은 귀국희망 포로를 송환하고, 귀국반대 포로를 중립국송환위원회에 인계하여 그 의사를 확인토록 하며, 여기에서 결정되지 않은 포로들을 '정치회의'에 넘기며, '정치회의'에서도 결정되지 않은 포로들을 민간인으로 석방하도록 합의하였다.

그러나 휴전회담이 진전될수록 이승만 정권의 반대운동도 격화되었다. 미국은 휴전 후 한국군을 20개 전투사단으로 육성하며 10억 달러의 경제원조를 제공하고 "평화가 확립될 때까지 미군이 한국 내에서 혹은 그 주변에서 경계태세를 유지할 것"을 조건으로 내세워 이승만을 설득했다. 그러나 이승만은 이에 응하지 않을 뿐만 아니라, 휴전회담에서 포로송환협정이 서명되자 유엔군과의 상의 없이 6월 18일 부산·마산·논산 등에 수용되어 있던 25,000명의 반공포로를 석방하여 미국을 당황케 했다.[28] 이승만은 이 사건을 통해 휴전협정체결을 될 수 있는 한 늦추고, 그동안 보다 유리한 위치에서 미국과 협상을 벌이려는 의도를 갖고 있었다. 반공포로의 석방으로 휴전회담은 또다시 위기를 맞을 뻔했으나, 미국의 휴전을 위한 적극적인 자세와 공산군측의 동의로 마침내 7월 27일 휴전협정이 체결되었다.

2. 자유당과 헌법개정

한국전쟁이 국내 정치에 미친 영향은 즉각적인 것이었다. 초기 전쟁과정에서 정부의 실정으로 이승만은 매우 곤혹스런 상황에 직면하기도 하였으나, 한국전쟁은 궁극적으로 정권적 차원의 반공·권위주의적 성격을 더욱 강화시키는 계기로 작용하였다.

(1) 위기의 이승만

한국전쟁이 발발하기 직전, 1950년 5월 30일 치러진 제2대 총선은 이승만의 정치적 환경을 크게 바꾸어 놓았다. 2대 총선은 91%의 투표참여율을 기록하는

28) 박세길. 1999.『다시 쓰는 한국현대사 1』, 279.

가운데, 총 210명의 국회의원을 탄생시켰다. 선거 결과, 대한국민당과 민주국민당이 각각 24명, 국민회가 14명, 대한청년단이 10명, 대한노동총연맹이 3명, 일민구락부가 3명, 사회당이 2명, 기타 정당들이 4명을 당선시켰고, 나머지 126명은 모두 무소속이었다.[29] 제헌의원 가운데 재선에 성공한 의원은 불과 34명에 그쳤다. 즉 5·10선거를 거부했던 중도파와 남북협상파의 선거참여로 인하여, 여당이라고 할 수 있는 의원은 57명에 불과하였고, 한민당의 후신인 민주국민당 소속 의원도 24명에 불과하여, 여야를 막론하고 기성정당에 대한 지지도는 매우 낮았다. 대신, 혁신계 및 중도파의 중진급 인사들과 무소속 인사들이 대거 국회에 진출하였다. 그 결과, 이승만 대통령에 대해 비우호적인 세력이 국회에 다수 포진함으로써 이승만은 국회와 필연적으로 대립과 갈등을 빚을 수밖에 없는 상황에 직면하였다.

이런 상황에서, 한국전쟁 와중에 이승만 정부가 행한 일련의 실정은 국회의 이승만에 대한 불신 분위기를 더욱 증대시켰다. 예컨대, 한국전쟁 중 발생한 '국민보도연맹사건,' '국민방위군사건,' '거창민간인학살사건' 등은 정권의 부패상황을 적나라하게 드러내었으며, 이러한 일련의 사건은 정권의 정당성을 크게 훼손하여 1952년의 정·부통령선거에서 이승만의 재선 전망을 어둡게 하였다.

먼저, 보도연맹사건은 한국전쟁 발발 직후 발생하였다. 보도연맹은 좌익세력에 대한 통제와 회유를 목적으로 정부가 1949년 6월 좌익전향자들을 대상으로 조직한 단체였다. 한국전쟁 발발 직전까지 강제 혹은 반강제로 가입시킨 전향자 수는 33만여 명에 달하였으며, 서울에만 2만여 명에 이르렀다. 한국전쟁이 일어나자 북한군에 협력할 우려가 있다는 이유로 이들에 대해 무차별 검속과 즉결처분을 단행하였는데, 이 과정에서 약 20만 명 정도가 학살되었던 것으로 추정되고 있다.[30]

국민방위군사건은 1951년 1월 국민방위군의 집단 후송 및 수용 과정에서 발생한 사건이었다.[31] 중국군의 참전으로, 이승만 정부는 예비병력의 양성 및 신속한 병력동원을 위해 국민방위군을 설치하는 법안을 1950년 11월 20일 국회에 제출하였다. 그 법안의 골자는 "만 17세 이상, 40세 미만의 지원자를 국민방위군으로 훈련시켜 유사시에 동원하는바, 그 지휘 감독은 국방부장관의 지시에 따라 육

29) 중앙선거관리위원회. 1973. 『대한민국선거사 제1집』.
30) 황준범. "무차별 총살된 '보도연맹' 추적." 『한겨레』(2001년 4월 26일).
31) 한승주. 1984. 『제2공화국과 한국의 민주주의』. 서울: 종로서적 19; 한국정치연구회. 1993. 『한국현대사 이야기주머니 1』. 서울: 녹두, 217~226.

군참모총장의 지휘 아래 둔다"는 내용이었다.[32] 국회는 이를 12월 16일 통과시켰는데, 이 법에 의하여 소집된 국민방위군이 100만이 넘었다. 중국의 한국전 개입으로 전선의 후퇴가 시작되자 방위군도 역시 후방으로 이동해야 했는데, 이 과정에서 국민방위군 후송을 위해 배당된 경비, 식량, 군수품 등이 방위군 간부들에 의해 빼돌려졌다. 그 결과 도보로 남하하던 방위군들 가운데 추위와 굶주림으로 약 9만 명이 동사·아사·병사하는 일이 발생하였다. 1951년 3월 국회의 진상조사로 이 사건에 연루된 5명의 장교가 처벌되고 신성모 국방장관이 경질되는 선에서 일단락되었으나, 이 사건을 계기로 이승만 대통령에 대한 국회의원들의 부정적 인식이 증폭되기 시작했다.

거창 민간인학살사건은 1951년 2월 경남 거창군 신원면에서 발생하였다. 산악지방에서 게릴라 활동을 하고 있던 빨치산들은 중국군의 참전으로 전세가 호전되자, 지리산과 그 인근 산악지대에서 활동을 강화하기 시작하였다. 이에 대처하기 위해, 정부는 1950년 10월 공비토벌 목적으로 제11사단을 창설하여, 남원에 13연대, 광주에 20연대, 진주에 9연대를 배치하였다.[33] 1951년 2월 초, 9연대는 지리산 남부지역의 공비소탕작전을 개시하였다. 그 일환으로 9연대는 거창군 신원면에 진주하였고, 공비소탕작전 과정에서 국군은 대현리, 중유리, 와룡리의 주민 약 1천여 명을 신원국민학교에 수용하고 군경가족과 유지들만을 가려낸 뒤, 6백여 명을 박산 골짜기로 끌고가 집단 학살하는 사건을 저질렀다.[34] 이 사건은 곧 외부에 알려졌고, 이에 따라 국회에서는 진상조사단을 파견하기에 이르렀다. 그러나 현지 주둔군은 사건을 은폐하기 위해 국군을 인민군으로 위장시켜 국회조사단에게 위협사격을 가함으로써 조사단의 활동을 불가능하게 만들었다.[35] 결국에는 이 사건의 전모가 밝혀져 관련자들이 구속되었지만, 시간이 경과함에 따라 흐지부지되어 민간인학살 주모자들은 모두 석방되고 말았다.

이러한 일련의 사건들은 이승만 정권의 실정과 부패를 단적으로 드러낸 사건이었다. 이에 항의하여, 1951년 5월 1일 당시 부통령이던 이시영은 국회에 사임서를 제출했으며, 이시영의 돌연한 사임서 제출은 국회에 적지 않은 충격을 주었다. 국회는 논의 끝에 표결을 거쳐 사임서를 반려하였으나, 이시영은 끝내 사

32) 박세길. 1988. 『다시 쓰는 한국현대사 1』. 서울: 돌베개, 262.
33) 박세길. 1988. 『다시 쓰는 한국현대사 1』, 249.
34) 박세길. 1988. 『다시 쓰는 한국현대사 1』, 252.
35) 박세길. 1988. 『다시 쓰는 한국현대사 1』, 253.

퇴하였다. 이에 따라, 1951년 5월 17일 국회는 부통령 보궐선거를 통해 당시 민주국민당의 지도자인 김성수를 부통령으로 선출하였다. 이는 국회 내에 대통령에 대한 불신 분위기가 절정에 이르렀음을 상징하는 것이었다.

(2) 자유당 창당

이승만 정권의 실정과 부패로 국회 내의 반대 세력이 강화됨에 따라, 이승만이 국회의 간접선거에서 대통령에 재선될 가능성은 매우 희박하였다. 이승만은 정국의 주도권을 장악하기 위해 권력기반이 될 정당의 창당과 대통령의 직접선거를 위한 개헌을 시도하기에 이르렀다. 평소 '정당 무용론'을 주장해 온 이승만은 1951년 8월 15일 광복절 기념사를 통해 "일반 국민이 나라의 복리와 자기들의 공공복리를 보호하기 위하여 전국적인 정당을 만들 때가 왔다"고 역설하였다.[36)]

신당 조직에 대한 대통령의 의지가 밝혀지자, 원내에서는 공화민정회(共和民政會)를 주축으로 하는 국회의원 94명이, 그리고 원외에서는 조선민족청년단을 이끌었던 이범석을 중심으로 대한국민회·대한청년단·대한노총·대한농총·대한부인회 등의 사회단체들이 신당 창립에 앞장서고 나섰다. 양측은 신당발기합동준비위원회를 발족시키면서 지방에까지 조직을 확대해 나갔다.[37)] 그러나 신당 조직과 관련하여 원내·외 세력은 의견 대립을 조정하지 못하고 각기 따로 당을 발족시켰다. 원내측은 1951년 12월 23일 이승만을 중앙위원회 위원장으로 추대하여 '자유당'이란 신당을 결성하였고, 원외측도 12월 17일 발기인 대회를 열어 당수에 이승만을 추대하고 당명을 '자유당'으로 하는 신당을 발족하였다. 물론 원외자유당이 원내자유당과의 합당을 시도하지 않았던 것은 아니었으나, 통합에 실패하고 결국 이승만의 지지를 받은 이범석의 원외 자유당이 1952년 3월 초 통합자유당으로 출범하였다. 이러한 자유당의 창당은 비록 이승만의 장기집권을 위한 정치적 욕구에서 기인한 것이기는 하지만, 한국에 비로소 정당정치가 자리를 잡는 계기가 되었다.

---

36) 당시 이승만은 정당에 대해 부정적인 견해를 가지고 있었다. 정당을 패거리나 이해집단 정도로 생각하였다. 게다가 자신은 어느 한 정당의 당수나 대표가 아니라 당파를 초월한 지도자여야 하며, 특정 정당으로부터 지지를 받는 것이 아니라 전 국민적 지지를 받아야 한다고 생각하고 있었다. 심지연. 2009.『한국정당정치사』. 서울: 백산서당, 76.

37) 윤용희. 1990. "자유당의 기구와 역할."『한국현대정치론 1』. 서울: 나남, 278~279.

(3) 부산정치파동과 발췌개헌

제2대 총선 결과 국회의 간접선거에 의해서는 재집권이 불가능하다고 판단한 이승만은 1951년 11월 28일 대통령 직선제와 양원제를 골자로 하는 개헌안을 국회에 제출하였다. 그러나 이 개헌안은 1952년 1월 18일 국회에서 압도적인 차이로(찬성 19, 반대 143, 기권 1) 부결되었다. 심지어 이 개헌안이 국회에 제출됐을 때, 자유당 창당을 준비 중이던 이갑성을 정점으로 하는 원내자유당과 이범석을 정점으로 하는 원외자유당은 당의 주도권을 놓고 분열하였다. 원외세력은 이승만의 지도력에 추종할 것을 맹세했지만, 의원내각제를 통하여 정치적 이익을 얻으려 했던 원내세력은 개헌안에 반대했다.

정부측 개헌안을 부결시키는 데 성공한 국회는 그 여세를 의원내각제 개헌으로 몰고 갈 계획을 세웠다. 의원내각제 개헌만이 당을 중흥시키는 길이라 믿었던 민주국민당은 이를 성사시키기 위해 당력을 내각제 개헌에 집중하였다. 결국 1952년 4월 17일 개헌 정족수인 3분의 2보다 한 명이 더 많은 123명의 의원이 연서한 의원내각제 개헌안이 정식으로 국회에 제출되었다. 이에 대응하여, 4월 20일 이승만은 장택상을 국무총리에 임명하고 이갑성·윤치영 등 52명의 원내자유당 의원들을 자파 세력으로 끌어들였다. 이어서 5월 14일 이승만은 대통령직선제와 양원제를 내용으로 하는 두 번째 개헌안을 국회에 제출했다. 그리고 이 개헌안을 통과시키기 위해 모든 정치수단이 동원되었다.

먼저, 이승만은 자신의 입장을 지지해 줄 만한 민중적 세력기반을 지방의원 선거를 통해 마련하려 했다. 원래 지방자치법은 1949년 7월에 제정·공포되었지만, 이승만은 국내외 정세의 불안정과 치안유지를 이유로 자치제의 실시를 연기해 오고 있었다. 이승만은 중앙에서 자신의 정치적 기반을 구축하는데 실패하자, 국회 외에 대통령직선제 개헌안을 지지하는 '진정한' 민의의 대변기관이 필요했으며 여기에서 착안된 것이 지방의회의 구성이었다. 그 결과, 한국 최초의 지방의원 선거는 이승만의 집권연장을 위한 하나의 전략적 포석으로 실시되었다.[38] 이승만을 당수로, 이범석을 부당수로 하여 직선제 개헌안 지지를 표명한 원외자유당은 지방의회의 석권을 목표로 지방선거에 대비하였다. 1952년 4월 25일 시·읍·면 의원선거가, 그리고 5월 10일 도의원 선거가 실시되었다. 민주국민당이 농

38) 한국정치연구회. 1990.『한국정치사』. 서울: 백산서당, 293.

지개혁으로 인하여 농촌에서 지지기반을 잃고 있었다는 객관적 상황과 경찰과 외곽단체의 불법적 개입에 힘입어 원외자유당은 대승을 거두었다.

전국적으로 지방의회를 장악한 자유당은 대통령직선제를 관철하기 위해, 한편으로는 대한국민회·대한청년단·대한노총 등 어용단체를 동원하여 관제데모를 부추겼고, 다른 한편으로 정치깡패 집단인 백골단·땃벌떼·민중자결단 등을 동원하여 직선제개헌안에 반대하는 국회의원들을 위협하였다. 5월 19일 백골단 등이 국회해산을 요구하는 데모를 벌였으며, 5월 23일에는 관제 데모대가 국회를 포위하고 시위를 벌여 공포 분위기를 조성했다. 또한 족청계가 주도하는 원외자유당과 산하 각 사회단체들은 지방조직을 통해 '개헌안 부결 반대 민중대회'를 개최하여 '국회의원 소환운동'을 전국적으로 전개했다. 또한 5월 24일 이승만은 원외자유당의 부당수인 이범석을 내무장관으로 임명하고, 25일에는 정국혼란을 이유로 부산시를 포함한 경상남도·전라북도 일부 지역에 비상계엄을 선포했다. 비상계엄 선포의 표면적인 이유는 경상도와 전라도 일대에 아직 남아 있는 공비들을 소탕한다는 것이었으나, 실질적인 이유는 의원내각제 개헌을 추진하는 국회의원들에게 압박을 가하면서 대통령직선제 개헌을 추진하기 위한 조치였다.

이승만 정권은 계엄이 실시된 다음 날인 5월 26일, 국회의원 50명이 탄 버스를 헌병대로 연행하여 일부 의원에게 국제공산당과 결탁했다는 혐의를 씌웠다.[39] 이처럼 정국이 혼란으로 치닫자 야당의원 60명은 호헌구국선언을 꾀하였으나, 이것도 괴한들의 습격으로 무산되었다. 국회는 5월 28일 비상계엄 해제 요구에 관한 결의안을 채택하였고, 29일에는 이 같은 정치파동에 항의하여 부통령인 김성수가 국회에 사임서를 제출하였으며, 이어 30일에는 국회가 구속된 국회의원들에 대한 석방을 요구하는 결의안을 채택하였다.

혼란스런 상황이 지속되는 가운데, 국무총리(장택상)는 정부와 국회 사이의 대립을 화해·조정한다는 명분을 내세워 정부측 개헌안에 국회측 개헌안의 일부를 첨가한 이른바 '발췌개헌안'(拔萃改憲案)을 제시하였다. 즉 발췌개헌안의 내용은 정부가 제출한 대통령직선제와 양원제에다, 국회가 제안한 개헌안 가운데 국무총리의 요청에 의한 국무위원의 임명, 국무위원에 대한 국회의 불신임 결의권 등을 덧붙인 것이었다.

결국 1952년 7월 4일 경찰이 삼엄하게 의사당을 포위한 가운데 발췌개헌안

39) 이 날 헌병대는 국제 공산당에 관련된 국회의원이 있다고 하면서 곽상훈 등 8명을 구속하였다.

이 통과되었다. 이 과정에서 정족수를 채우기 위해 정부는 구금된 의원들을 석방하고 국회의원들을 강제로 소집하였다. 그리고 강제로 동원된 국회의원들은 정치테러가 횡행하는 살벌한 분위기에서 기립 표결에 들어갔다. 그 결과, 출석의원 166명 가운데 찬성 163, 반대 0, 기권 3으로 발췌개헌안이 통과되었다.

(4) 1952년 정·부통령선거

대통령직선제를 규정한 발췌개헌안의 통과로, 1952년 8월 5일 정·부통령 선거가 치러지게 되었다. 선거에 대비해 자유당은 7월 19일 대전에서 전당대회를 열고 이승만과 이범석을 각각 정·부통령 후보로 지명했다. 대통령 후보에는 당내에 이견이 없었으나, 부통령 후보를 두고 당내에서는 이범석 중심의 민족청년단 계열과 여기에 대항하는 비민족청년단 계열의 대립이 심화되었다. 결과는 조직력이 우월한 민족청년단 계의 이범석이 부통령후보로 지명되었으나, 이승만은 개인적으로 이범석의 부통령후보 지명을 마땅치 않게 생각했다. 그리고 이승만은 돌연 자신의 나이를 이유로 들어 불출마 의사를 발표했다. 이는 자신의 재선을 위해 직선제 개헌이라는 정치파동까지 강행했던 점에 비추어 볼 때 의외의 발언이었으나, 개헌이 자신의 재선을 위한 조처가 아니라 민주주의적 원칙을 따랐던 것임을 과시하기 위한 이승만의 일종의 정치적 제스처에 불과했다.[40)]

이승만의 불출마 발표 직후 전국적으로 이승만의 재출마를 간청하는 호소문이 자유당에 전해졌고 연일 관제데모 성격의 시위가 이어지면서, 이승만은 자신의 재출마를 바라는 국민의 의사를 존중한다며 7월 26일 후보등록을 마쳤다. 당시 대통령 후보로는 무소속의 이시영, 조봉암, 신흥우가 출마했고, 부통령 후보로는 자유당의 이범석과 이갑성, 자유당 계열의 임영신·정기원·백성욱, 민주국민당의 조병옥, 조선민주당의 이윤영, 무소속의 함태영, 대한노총의 전진한 등이 입후보하였다.

1952년 8월 5일 실시된 선거에서 이승만은 총투표수의 74.6%인 520만 표를 얻어, 79만 표(11.4%)를 얻는 데 그친 조봉암을 누르고 쉽게 대통령에 재선되었다. 그러나 부통령 선거에서는 예상을 깨고 함태영이 41.3%의 지지를 얻어 25.5% 지지를 얻은 자유당의 이범석을 누르고 부통령에 당선됐다. 이범석의 낙선 배후에는 이승만이 있었다. 이승만은 부산정치파동에서 보여준 민족청년단의 강력한

40) 연시중. 2001. 『한국정당정치실록 2』. 서울: 지와 사랑, 69.

조직력에 위협을 느껴 이범석을 견제의 대상으로 간주하고 선거에서 국무총리인 장택상을 시켜 함태영을 부통령에 당선시키도록 지시하였다. 장택상은 경찰조직을 동원하여 이범석을 낙선시켰다.

제 4 절 자유당과 반민주주의적 정치과정

1952년 2월에서 7월까지 이어진 일련의 정치과정은 이승만의 집권연장을 위한 탈법적이고 폭력적인 정치과정이었다. 이는 권위주의 체제로서의 이승만 정권의 성격을 드러내는 시발점이 되었고, 이를 계기로 이승만의 반민주주의적 정치행태는 더욱 심화되어 갔으며, 이는 마침내 이승만 정권을 종결시킨 4월항쟁으로 이어졌다.

1. 사사오입 개헌

비록 이승만은 대통령직선제 개헌을 통해 재집권에 성공하였지만, 그는 이에 만족하지 않았다. 이승만은 그의 종신집권의 장애물인 헌법의 중임제한 규정(제55조)을 없애고자 했다. 이에 따라 이승만에게 종신집권의 길을 열어 주는 개헌작업이 자연스럽게 자유당의 최우선적 당면과제가 되었다.

1954년 5월의 제3대 총선에 대비하여, 이승만은 자유당을 철저히 자신의 통제하에 두기 위해 이범석과 족청계 인사들을 자유당에서 축출하고, 자신의 추종자들로 전국적 조직체계를 완비하였다. 그리고 정당공천제를 도입하여, 이승만의 개헌의지에 찬성하는 후보자만을 공천하였다.[41] 선거 결과는 자유당의 승리였다. 자유당은 총 203개 의석가운데 114석(56.2%)을 획득하여 제1당이 되었고, 민국당은 겨우 15석(7.4%)을 확보하는 데 그쳤다. 나머지 의석은 무소속(67명, 33.0%)과 기타 정당(7명, 3.5%)이 차지하였다.

제3대 총선에서 원내 과반수를 확보한 자유당은 대통령의 중임제한 규정을

41) 서복경. 2016.『한국 1세대 유권자의 형성: 제1·2공화국의 선거』, 175~181.

없애는 개헌작업에 들어갔다. 이를 위해 자유당은 무소속 의원을 영입하여 136명의 의원을 확보하고, 1954년 9월 6일 초대 대통령에 한해 중임제한을 철폐하는 개헌안을 제출하였다. 그러나 11월 27일 표결에 부친 결과, 재적 의원 203명 가운데 202명이 투표한 결과, 찬성 135표, 반대 60표, 기권 6표, 무효 1표로 나타났다. 그리고 자유당 소속의 국회부의장 최순주는 개헌안이 부결되었음을 선언하였다.

그러나 이틀 후인 29일에 '부결'이 '통과'로 뒤집어졌다. 이승만 대통령으로부터 명령을 받은 공보처장 갈홍기는 개표 결과 발표에 착오가 발생했다고 선언하였다. 서울대 교수까지 동원한 자유당의 궤변은 "재적의원 203명의 3분의 2는 정확하게 135.333…인데 자연인을 소수점 이하까지 나눌 수 없으므로 4사5입의 수학적 원리에 의해 가장 근사치의 정수인 135명이 맞으므로 개헌안은 가결된 것"이라는 주장이었다. 이른바 4사5입 개헌안은 이승만 대통령의 종신집권을 가능케 한 불법적인 개헌이었다.

2. 민주당과 진보당의 탄생

사사오입 개헌파동은 그동안 분열을 거듭하던 야당세력을 결집시키는 계기가 되었다. 불법적 개헌에 불만을 품은 자유당 소장파 의원들의 탈당과, 자유당의 횡포에 분개한 국민여론은 야당 통합에 큰 힘으로 작용했다. 1954년 11월 30일, 민국당, 자유당탈당파, 무소속동지회 등 의원들이 야당 단일의 원내교섭단체(호헌동지회)를 구성하였고, 이를 모태로 12월 27일 신당발기준비위원회를 구성하였다.[42] 그리고 9월 18일 전국대의원 2,103명이 참석한 가운데 민주당의 창당을 선언하고 초대 대표최고위원에 신익희, 최고위원에 조병옥, 장면, 곽상훈, 백남운 등을 선출하였다. 민주당은 반이승만 세력의 보수연합으로 민국당을 모체로 하고 흥사단계열, 자유당 탈당의원, 2대 국회 말기의 무소속 의원 등 범야세력이 규합된 정당이었다.

신당은 상당한 진통 끝에 탄생하였다. 특히 혁신세력을 대표하는 조봉암의 참여문제를 두고 '민주대동파'와 '자유민주파'로 분열하였다. 조봉암의 참여를 지지하는 서상일, 장택상, 신도성 등의 민주대동파는 신당이 범야세력의 규합체인 만큼 모든 야당세력에 문호를 개방해야 한다고 주장하였다. 이에 대해, 조병옥,

42) 중앙선거관리위원회. 1968. 『대한민국정당사』. 209.

장면, 곽상훈 등의 자유민주파는 좌익전향자는 참여할 수 없다고 반대하였다. 이로 인해 신당작업은 무려 7개월 동안이나 진통을 겪었다. 결국 혁신세력은 야당 통합과정에서 배제되었다.

조봉암[43]을 비롯한 서상일, 박기출 등이 중심된 혁신세력들은 자유당과 민주당의 보수정당 체제하에서 국민 대중의 이해가 정치적으로 반영되기 어렵다고 판단하고, 자신들의 정치세력화를 통해 보수정당에 대항하는 진보적 민족정당을 만든다는 취지로 독자적인 창당 작업에 들어갔다. 이들은 1956년 1월 26일 '진보당 추진위원회'를 결성하였고, 3월 31일 '진보당 창당준비위원회'를 구성하여 조봉암와 박기출은 각각 정·부통령 후보로 지명하고 선거전에 뛰어들었다.

정·부통령 선거전에서 기대 이상의 선거 결과에 고무된 '진보당 창당준비위원회'는 1956년 6월경부터 범진보세력의 대동단결을 모색하는 운동을 전개하였다. 진보당은 1956년 11월 10일 정식으로 출범하여 조봉암을 위원장에, 윤길중을 간사장으로 선출하였다. 이날 창당대회에서 채택한 정강에 의하면, 진보당은 '반자본·반공산'(反資本·反共産)의 중도 노선을 추구하는 한국정치사 최초의 사회민주주의 정당이었다.[44]

3. 1956년 정·부통령선거

1956년 5월 15일로 예정된 정·부통령선거를 앞두고, 대통령 후보로 이승만(자유당), 신익희(민주당), 조봉암(진보당) 등이, 그리고 부통령 후보로 이기붕(자유당), 장면(민주당), 박기출(진보당) 등이 출마하였다. 선거 열기가 달아오르면서 민주당은 "못살겠다 갈아보자"는 구호로 선풍적인 인기를 모으기 시작했다. 그러나 선거일을 불과 열흘 앞둔 5월 5일 민주당의 신익희 후보가 급사함으로써 선거

43) 진보당을 이끈 조봉암은 해방 전 박헌영과 함께 한국 공산주의운동에서 중요한 일익을 담당하였다. 해방 직후에는 조선공산당 중앙간부, 민주주의 민족전선 인천지구 위원장으로 활동하다가 박헌영의 독선적인 활동을 비판하고 전향한 후 제헌의원이 되었다. 이승만에 의해 초대 농림부 장관으로 기용돼 농지개혁의 실시에 중대한 역할을 담당하였고, 2대 민의원 및 국회부의장을 역임하고 2대와 3대 대통령에 출마하여 선전하였다.

44) 당시 진보당이 채택한 정강은 다음과 같다. 첫째, 우리는 공산독재는 물론 자본가와 부패분자의 독재도 배격하고, 민주주의 체제를 확립하여 책임 있는 혁신정치를 실현한다. 둘째, 생산·분배의 합리적 통제로 민족자본을 육성한다. 셋째, 민주우방과 유대하여 민주세력이 결정적 승리를 얻을 수 있는 조국통일의 실현을 기한다. 넷째, 교육체제를 혁신하여 국가보장제를 수립한다.

구도가 급변하였고, 결국 대통령선거는 이승만과 조봉암의 대결로 압축되었다. 진보당은 신익희의 사망으로 민주당의 지지를 기대했으나, 민주당은 조봉암을 지지하느니 차라리 이승만을 지지하겠다는 태도를 보여, 민주당 역시 이승만과 다름없는 보수적인 정치세력임을 보여주었다.[45]

전국에 걸쳐 폭력이 난무하고 관권 및 금권에 의한 선거간섭과 부정이 자행되는 가운데 선거가 치러졌다. 선거결과, 신익희 후보의 '추모표'로 여겨지는 총투표수의 20.5%에 이르는 무효표가 발생한 가운데, 55.7%의 득표율을 얻은 이승만이 대통령에 당선되었다. 그러나 그의 득표율은 1952년 대선(74.6%)에 비해 현저하게 감소하였다. 아울러, 선거결과는 조봉암의 괄목할 만한 약진을 보여주었다. 조봉암은 216만 표를 획득, 23.9%의 득표율을 과시했다. 특히 영남과 호남의 농촌과 중소도시에서는 조봉암에 대한 지지가 이승만의 지지를 웃도는 경우가 많았다. 다른 한편, 진보당의 박기출이 후보직을 사퇴한 가운데 치러진 부통령 선거에서는 41.7%의 득표율을 획득한 민주당의 장면이 39.6%를 얻은 자유당의 이기붕을 누르고 당선되었다.

1956년 정·부통령선거에서 장면이 부통령에 당선되었다는 점은 이승만이 고령(高齡)임을 감안할 때 자유당에게는 커다란 충격이었으며,[46] '피해대중(被害大衆)을 위한 정치'와 '평화통일론'을 주창한 조봉암의 비약적인 진출은 '반공'과 '무력통일론'을 국시로 하는 이승만 정권에 대한 심각한 위협으로 받아들여졌다.

4. 조봉암·진보당의 제거와 보수양당체제의 성립

1956년 정·부통령선거가 끝나자, 조봉암은 진보당을 창당하고 1958년 총선을 대비하여 지방조직 결성에 나섰다. 그러나 1956년 대선에서 보여준 혁신세력의 정치세력화 가능성은 곧 이승만 정권의 탄압을 불러왔다. 민주당 역시 진보당이 보수 야당의 조직 기반에 심대한 위협을 가하고 있다고 판단하였고, 이 점에서 자유당과 마찬가지로 조봉암과 진보당을 견제하는 입장이었다.[47]

45) 한국정치연구회. 1990.『한국정치사』, 300; 김지형. 2012. "1956년 대선과 민주당–진보당 야당연합."『역사비평』, 103~105.

46) 1956년 9월 28일 민주당 전당대회에 참석한 장면에 대한 암살 미수 사건이 발생하였다. 그는 왼쪽 손에 관통상을 당하였으며, 저격범들은 현장에서 체포되었다.

47) 정태영. 2006.『조봉암과 진보당』. 서울: 후마니타스, 221.

결국 이승만과 자유당은 1958년 1월 진보당의 와해 공작에 들어가, 윤길중, 박정호, 김경태 등 진보당 간부 14명과 함께 조봉암을 간첩단과 접선한 혐의와 진보당의 평화통일론의 내용이 북한의 주장과 같다는 이유로 체포하였다. 검찰은 2월 8일 1차로 진보당 간부 9명을 간첩죄, 간첩방조죄, 보안법 위반 등 혐의로 기소하였고, 추가로 14명도 기소하였다. 그리고 이 사건에 대한 재판이 시작되기도 전인 1958년 2월 25일 정부는 진보당의 등록마저 취소하였다.[48]

1958년 7월 2일 열린 1심 재판에서 재판부는 조봉암에게 징역 5년을 언도하였다. 그러나 항고심과 상고심은 1심과는 매우 다른 분위기에서 재판이 진행되어, 마침내 1959년 2월 27일 대법원은 조봉암에게 사형을, 그리고 나머지 간부들에게 무죄를 선고하였다.[49] 대법원의 사형확정 판결 후 변호인단은 재심을 청구하고 정치적 구명을 기대하였으나, 조봉암이 이를 거부함으로써 7월 31일 그에 대한 사형이 집행되었다.[50]

1958년 5월 2일의 제4대 총선은 진보당의 소멸과 더불어, 선거경쟁을 제한하는 선거법 체제하에서 치러졌다. 1957년 12월 31일 자유당과 민주당은 선거법을 개정하였는데, 개정선거법은 선거구의 증설(30개), 후보자 난립 방지를 위한 '50만환 기탁금제도' 신설, 선거운동 관계자가 아닌 자의 선거운동금지 등의 제한을 둠으로써 혁신계나 무소속의 출마를 어렵게 만들었다.[51]

제4대 총선 결과는 보수 양당체제의 성립이었다. 총 233석 중 자유당이 126석을 차지하였고, 민주당이 79석을 획득하였다. 반면, 무소속이 27석을 차지하였고, 군소정당(통일당 1석)은 큰 타격을 입었다. 자유당은 과반수 의석을 획득했으나, 선거결과에 실망을 감추지 못했다. 우선 지난 선거와 비교할 때 의석수에 있

48) 정부는 1958년 2월 25일, 미군정청 법령 제55호에 의거하여 정당등록을 취소한다고 발표하였다. 진보당의 등록취소 이유는 다음과 같다. 첫째, 진보당은 대한민국과 유엔의 입장을 무시하고 북한 괴뢰집단과 소련 및 중공이 주장하고 있는 적성국가를 주로 하여 구성되는 감시단의 감시하에 남북통일 총선거를 실시할 것을 공식으로 선언하고 있다. 둘째, 진보당 간부들은 북한 괴뢰집단이 밀파한 간첩과 밀사와 파괴공작대들과 접선하여 왔다 셋째, 진보당은 그들의 목적달성의 전제 단계로 공산당 비밀당원과 공산당 방조자들을 의회의원에 당선시키고 그들을 통해 대한민국을 파괴하려고 기도해 왔다.

49) 연시중. 2001. 『한국정당정치실록 2』, 113.

50) 당시 변호인단의 정치적 구명운동에는 조봉암이 죄를 뉘우치고 이승만 정권에 충성을 다짐한다는 성명을 발표한다는 내용도 포함되어 있었는데 조봉암은 "나는 비록 법 앞에 죽음의 몸이 되었다고 하여도 나의 조국 대한민국에 대한 충성은 스스로 의심할 수 없다는 것을 밝힌다"라는 옥중성명을 통해 타협을 거부하였다.

51) 서복경. 2016. 『한국 1세대 유권자의 형성: 제1·2공화국의 선거』, 210.

어서 자유당은 답보상태를 면치 못했고, 무소속과 군소 정당의 퇴조로 득을 본 것은 민주당이었다. 특히 자유당 당선자의 90%가 농촌 지역구 출신이었음에 반해, 민주당은 서울에서만 14명이 당선(자유당은 1명 당선)되었고, 전국의 도시지역 당선자가 60%에 달하였다. 이른바 '여촌야도'(與村野都) 현상이 두드러졌다. 이리하여 한국의 정당체제는 자유당과 민주당의 보수 독점적 양당체제가 성립되었다.

5. 3·15 부정선거

1956년에서 1958년 사이에 실시된 정·부통령선거, 지방의원선거, 그리고 국회의원선거에서 자유당은 아직 야당세력에 비해 우세를 보이고 있었지만, 과거처럼 확고부동한 것이 아니었다. 야당의 상승 추세에 비추어 볼 때, 다가오는 1960년의 정·부통령선거에서 자유당이 안정적으로 정권을 재창출할 수 있을지는 극히 불투명한 상태였다. 이런 상황에서 자유당은 반대세력에 대한 정치탄압을 보다 노골화하였고, 각종 악법을 제정하여 정치체제의 경직성을 심화시켜갔다.

구체적으로, 자유당은 1958년 11월 18일 국가보안법을 강화하는 법률안을 국회에 제출하였고, 이어서 12월에는 지방자치 단체장의 임명을 골자로 하는 지방자치법의 개정을 기도하는 등 영구집권체제 구축에 전력을 기울였다. 또한 민심 이반이 가속화된 것이 야당과 언론의 선동적 비판 때문이라고 단정한 정부·여당은 야당과 언론의 규제를 모색하기 시작했다.[52)]

자유당이 국회에 제출한 국가보안법에 대해서 야당뿐만 아니라 법조계와 언론계도 반발하고 나섰다. 한국신문편집인협회는 1958년 11월 21일 이 개정법안 가운데 언론관계 조항이 언론자유와 인권보장을 침해하는 것이라고 지적하고 반대 의사를 명백히 밝혔고, 대한변호사협회도 국회법사위에 건의서를 보내 적용범위의 모호성 및 기본권 침해 가능성 등을 들어 반대의사를 밝혔다. 야당인 민주당은 1958년 11월 23일 성명을 내고 "정부가 제출한 국가보안법은 공산분자를 더 잡을 수 있는 이점보다는 언론자유를 말살하고 야당을 질식시키며 일반의 공·사생활을 위협할 문제가 있다"고 반대하였다.[53)]

그러나 정부·여당은 1958년 12월 2일 '반공투쟁위원회'를 구성하여, 야당과

52) 한국정치연구회. 1993.『한국현대사 이야기주머니 2』. 서울: 녹두, 61~66.
53) 연시중. 2001.『한국정당정치실록 2』, 194.

사회 각계의 반대에 대해 '반공'이란 이름으로 위협을 가하였다. 이러한 대립 속에서도 '반공에 여야 없다'는 보수정당으로서의 동질성으로 인해 한때 자유당과 민주당 사이에는 보안법개정에 대한 협상 움직임이 일어났으나, 자유당은 12월 19일 법사위에서 야당의원들이 점심식사를 위해 외출한 사이에 이 법안을 자유당 의원만으로 3분 만에 날치기 통과시켜 본 회의에 회브하였다.

자유당의 법사위 날치기 통과에 격분한 민주당과 일부 무소속 의원 80여 명은 이날 오후부터 국회 본회의장에서 농성에 들어갔고, 사회단체들과 재야인사들은 1958년 12월 23일 '보안법 반대 국민대회준비위원회'를 결성하고 규탄대회 및 가두데모에 들어갔다. 이에 대응하여, 12월 24일 자유당은 국회경위권을 발동하여 300명의 경위들로 하여금 농성의원 80여 명을 국회 본회의장에서 끌어내게 한 후, 자유당 의원만으로 30여 분 만에 보안법 개정안을 통과시켰다.[54] 야당과 사회단체의 보안법개정 무효화투쟁에도 불구하고, 개정된 국가보안법은 1959년 1월 15일자로 효력을 발생하였다. 1959년 2월 27일의 조봉암에 대한 사형확정이나, 같은 해 7월 31일의 사형집행, 1959년 4월의 민주당 신파계열의 경향신문 폐간 등은 개정된 국가보안법을 적용한 판결이었다.[55]

국가보안법 파동으로 정국이 소용돌이치는 가운데 자유당은 1959년 1월 22일 총재에 이승만 그리고 부총재에 이기붕을 선출하였다. 그리고 다가오는 1960년 정·부통령선거에 대비하여, 6월 29일 자유당의 정·부통령 후보로 이승만과 이기붕을 결정했다.

이승만은 1959년 3월 20일 다음 선거에 대비하여 5부 장관을 경질했는데, 내무부장관에 최인규, 재무부장관에 송인상, 부흥부장관에 신현확, 농림부장관에 이근직, 교통부장관에 김일환을 각각 임명했다. 내무부장관에 임명된 최인규의 취임사는 이때의 내각개편이 선거전략의 일환이었음을 말해 준다. 최인규는 취임사에서 "경찰관은 선거에 간섭해서는 안 되나 … 공무원과 공무원 가족은 대통령과 정부의 업적을 국민에게 찬양 선전하여야 하며, 이 같은 일이 싫은 공무원은 그 자리에 있을 필요가 없다. … 공무원이 집무시간 외에 선거운동을 하는 경우 대통령선거법이나 공무원법에 저촉되지 않는다"라고 공언하였다.[56]

54) 이호진(외). 1988. 『이것이 국회다』. 서울: 삼성출판사, 184.
55) 한국정치연구회. 1993. 『한국현대사 이야기주머니 2』, 302~303.
56) 연시중. 2001. 『한국정당정치실록 2』, 203.

또한 이승만 정권은 정권유지를 위해 1959년 1월 22일 이승만을 총재, 이기붕을 부총재, 김용우를 단장으로 하여 발족한 '대한반공청년단'의 단장을 1959년 8월 12일 신도환으로 교체하고 대한멸공단·반공청년회 등 9개 반공청년단체를 흡수·통합한 후 89개 시·군 단부를 조직하여, 본격적인 부정선거 준비에 착수하였다.[57] 이와 같은 일련의 조치들은 다가올 1960년의 정·부통령선거가 정부·여당과 반공청년단 등 어용단체의 합작선거가 되리라는 것을 예견케 했다.

반면, 야당인 민주당은 이와 같은 정부－여당－경찰－어용단체로 이어지는 치밀하고 조직적인 부정선거 움직임에 대해 별다른 대책을 강구하지 못했다. 더구나 민주당은 대통령 후보를 둘러싸고 신·구파가 격렬히 대립하여, 1959년 11월에 가서야 구파의 조병옥을 대통령 후보로, 신파의 장면을 부통령 후보로 선출하였다.

이와 같이 민주당이 뒤늦게 정·부통령후보를 지명하자, 정부와 여당은 민주당이 선거전열을 가다듬기 전에 선거를 치르는 것이 상책이라고 판단하고 조기선거 방침을 굳혔다.[58] 최인규 내무부장관는 11월 들어 본격적인 부정투표계획을 세웠다. 그것은 매우 악의적인 것으로 일반의 상상을 뛰어 넘는 방법이 동원되었다. 예컨대, 이 계획은 자유당 후보의 득표 목표를 85%로 잡아 '4할 사전투표'[59]와 '공개투표'[60] 등으로 선거 목표를 달성하되, 민주당 선거위원이나 참관인들이 이 같은 사전투표 및 공개투표를 방해하지 못하도록 매수·테러·투표소 안에서의 고의적 시비 등으로 퇴장시키고, 그것이 여의치 않으면 이들의 직계 가족이 사망했다는 허위 전보 내지 전화로 이들을 밖으로 끌어낸다는 것이었다.[61]

이에 대해 민주당의 대응책은 '호헌과 준법으로 독재와 부패를 일소하자' 및 '건전한 경제로 빈부의 격차와 빈곤을 타파하자'는 등의 구호로 장기집권에 염증을 느끼는 민심에 호소하는 것이 고작이었다. 설상가상으로 이승만의 가장 강력한 경쟁자이던 민주당의 후보 조병옥이 1960년 2월 15일 미국에서 뇌수술을 받

57) 민주화운동기념사업회. 2008.『한국민주화운동사 1』. 파주: 돌베개, 100.

58) 발췌개헌으로 늦춰진 1952년의 정부통령 선거를 제외하면, 정부통령 선거는 모두 5월에 치러졌다.

59) '4할 사전투표' 계획이란 자연기권자, 조작기권자, 매수기권자, 전출자, 노쇠자 등을 전 유권자의 4할로 책정하고, 이 4할의 투표자를 자유당 후보지지표로 만들어 투표 전에 미리 무더기로 투표함에 넣는다는 것이다.

60) '공개투표'란 유권자를 3인조 및 9인조로 편성, 자유당원, 경찰관, 공무원 또는 그 가족, 매수자가 조장이 되어 공개투표로 여당후보를 찍는다는 계획을 뜻한다.

61) 한국정치연구회. 1993.『한국현대사 이야기주머니 2』, 68~69.

던 중 돌연 사망하였다. 1956년 선거와 마찬가지로 강력한 야당 대통령후보의 사망으로 또다시 이승만의 재집권이 확실시되었다. 이에 따라, 선거의 최대 관심은 부통령선거로 모아졌고, 당시 일반 국민들은 장면의 당선을 예상하였다. 왜냐하면, 장면은 1956년의 정·부통령 선거에서 이기붕을 이긴 전력이 있고, 선거기간 중 이기붕은 와병으로 적극적으로 선거 유세에 참여할 수 없었으며 더욱이 당시 국민들의 원성의 표적이 되었기 때문이었다.

그러나 선거는 국민의 예상과는 전혀 다른 방향으로 전개되었다. 본격적인 선거전이 시작되자, 자유당은 관권과 정치폭력단체를 동원하여 야당의 선거운동을 방해·탄압하였다. 불법·부정한 선거방식은 투표 당일에 그 절정을 이루었다. 1960년 3월 15일, 전국에서 상상을 초월하는 부정선거가 자행되었다. 대통령에는 사실상 이승만의 당선이 확정되었음에도 불구하고, 이처럼 자유당이 부정선거를 감행한 것은 1956년 선거처럼 부통령 자리를 야당에게 넘겨주지 않으려는 의도에서였다. 특히 당시 팔십이 훨씬 넘은 이승만의 나이를 감안할 때, 자유당은 대통령 유고시 승계권을 갖는 부통령직을 결코 포기할 수 없었다.

3월 15일, 전국 투표소에 경찰의 비상선이 쳐지고 대한반공청년단원들이 투표소 주변을 에워싸 공포분위기를 조성했다. 야당의 선거 감시원들은 투표장 밖으로 내몰렸으며, 투표는 자유당의 폭력단이 감시하는 가운데 공개적으로 행해졌고, 야당 부통령 후보에게 던져진 표는 그 자리에서 제거되었다. 특히 농촌지역에서는 3인조 혹은 9인조 등의 '조'(組)를 편성하여 충성스런 자유당 지지자들의 지도하에 투표가 행해졌다. 동양통신은, 지시 받은 대로 투표할 것을 거절했다는 이유로 구타당한 사람들의 수가 셀 수 없을 정도라고 보도했다.[62] 그것은 더 이상 선거가 아니었다.

3월 15일 밤 전국에서 개표가 시작되자마자 이승만과 이기붕의 득표가 95~98%에 육박하는 지역이 속출했다. 이러한 터무니없는 결과에 당황한 쪽은 자유당이었다. 자유당은 내무장관인 최인규에게 득표율을 하향 조정하도록 지시하였고, 최인규는 각 도지사와 경찰국장에게 "이승만 후보의 득표는 80% 이내로, 이기붕 후보는 70~80%로 줄여서 보고하라"고 지시하였다. 최종집계 결과는 총투표자 1,000여만 명 중 이승만은 960여만 표(88.7%), 이기붕은 830여만 표(79.2%)

62) 한승주. 1983.『제2공화국과 한국의 민주주의』. 서울: 종로서적 31; 박세길. 1989.『다시 쓰는 현대사 2』. 서울: 돌베개, 81~82.

를 얻었고, 민주당의 장면은 184만여 표(17.5%)를 얻은 것으로 집계되었다. 이러한 선거결과에 대하여 민주당을 위시하여 전 국민이 선거무효화 투쟁을 벌이기 시작했고, 이는 마침내 이승만 정권을 종결짓는 4월항쟁으로 발전하였다.

4월항쟁과 장면 정권 제4장

제 1 절 4월항쟁

4월항쟁은 3월 15일 제1차 마산시위로부터 4월 25일 교수들의 항의시위에 이르기까지, 1960년 3월과 4월에 발생한 일련의 민주화운동을 일컫는다. 이 민주화운동은 결국 이승만 정권의 붕괴를 가져왔다.

1. 4월항쟁의 전개과정

(1) 마산봉기

1950년대 후반, 이승만 정권의 장기독재와 경제침체가 정치권력의 쇠약으로 이어지면서, 정권 유지가 매우 어려운 상황으로 빠져들고 있었다. 결국 정치권력의 연장을 위해, 이승만과 자유당은 1960년 3월 15일 정·부통령선거에서 온갖 불법과 폭력을 동원한 대대적인 부정을 저질렀다.

이승만과 자유당의 부정선거는 선거일 훨씬 이전부터 시작되었다. 정부수립 이후 선거는 5월에 실시해온 것이 관례였으나, 1960년 선거에서는 5월이 농번기라는 이유를 들어 3월에 조기 실시하였다. 그러나 실제 이유는 선거준비가 부족한 민주당의 약점을 악용하기 위한 조치였다. 당시 민주당은 대통령 후보 선정문제를 둘러싼 신·구파 간에 심각한 내분으로 단결력이 부족했을 뿐 아니라, 대통령 후보가 된 조병옥이 신병 치료차 1960년 1월 미국으로 출국한 사이, 5월 실시 예정인 선거를 3월 15일에 실시한다고 전격적으로 발표하였다.

국민의 불만은 투표결과가 나오기도 전부터 폭발하기 시작했다. 그 시초는 부정선거에 항의하는 이른바 '제1차 마산봉기'였다. 3월 15일의 마산봉기 과정에서 진압 경찰의 발포로 사망자 8명과 80여 명의 중상자가 발생하였다. 이 소식이 순식간에 전국으로 알려지면서 거센 분노의 불길을 불러일으켰지만, 이승만 정권은 이 비극을 공산주의자들이 교사한 운동이라고 매도하였다.[1] 하지만 이승만 정권의 반공 이데올로기에 입각한 악선전에도 불구하고 부정선거에 대한 항의는

---

1) 한승주. 1983. 『제2공화국과 한국의 민주주의』. 서울: 종로서적, 32.

언론계·법조계·학계로 확대되어 갔으며, 학생들의 동조 데모는 전국 각지로 빠르게 확산되어갔다.

민주당은 즉시 선거무효를 주장하였고, 부정선거를 규탄하는 국민들의 여론은 거의 폭발 직전에 이르고 있었다. 시민들의 분노가 채 가라앉지 않은 4월 11일, 제1차 마산봉기 과정에서 최루탄을 맞고 숨진 김주열의 시신이 마산 앞 바다에서 발견되었다. 이에 분노한 마산 시민과 학생들이 길거리로 나오면서 이른바 '제2차 마산봉기'가 발생하였다. 이 날 시위는 최고 15만 명이 참가한 가운데 한밤중까지 지속되었고, 12일과 13일에도 격렬한 양상을 띠면서 계속되었다. 이후 경찰의 진압으로 시위가 잦아들자, 15일 이승만 대통령은 마산시위가 "공산주의자들에 의해 고무되고 조종된 것"이라는 내용의 특별담화문을 발표하였다.[2)]

(2) 4·19

제2차 마산봉기를 계기로 시위는 단순한 부정선거 규탄이 아닌 독재정권에 항의하는 시위로 급격히 전환되었다. 4월 18일 서울에서는 고려대학교 학생 1,000여 명이 경찰의 학원개입 중지, 정·부통령 재선거, 시위 도중 체포된 학생들의 석방을 요구하며 국회의사당 앞에서 시위를 벌였다. 그런데 항의시위를 마치고 학교로 돌아가던 학생들이 이승만 정권이 동원한 반공청년단 소속의 폭력배들에게 무차별적인 공격을 받아 수십 명이 부상당하는 사태가 발생하였다. 이 소식이 전해지자, 서울 시내의 각급 학교 학생들과 시민이 분노하였고, 급기야 4월 19일 대학생은 물론 일부 고등학생들까지 일제히 봉기함으로써 시위는 절정에 이르렀다. '피의 화요일'이라 불리는 4월 19일, 20만여 명의 시민·학생들이 시위에 동참하였다. 이들은 "3·15 부정선거 다시 하라," "기성층은 각성하라" 등의 구호를 외치면서, 경무대, 국회의사당, 법원, 자유당 당사, 내무부 등으로 몰려가 시위를 벌였고, 일부는 당시 정부 기관지인 서울신문사, 서울방송국, 대한반공청년단 본부, 경찰서 등에 불을 지르기도 하였다.[3)]

상황이 악화되자, 이승만 정권은 물리력을 동원하여 사태 진압에 나섰다. 이승만 정권은 계엄령을 선포하여 군대로 하여금 시위를 진압하게 하였다. 그러나 군이 정치적 중립을 취하면서, 이승만의 억압전략은 경찰력에 의존할 수밖에 없

2) 민주화운동기념사업회. 2008.『한국민주화운동사 1』. 파주: 돌베개, 118~120.

3) 박세길. 1989.『다시 쓰는 현대사』. 서울: 돌베개, 84.

었다. 그 결과 계엄령에도 불구하고 시위는 더욱 확산·격화되었고, 다수의 학생들과 시민들이 경무대를 향해 돌진하는 사태로 발전하였다. 경무대와 이기붕의 집으로 향하던 시위대에 대해 경찰이 발포하면서 사상자가 발생하기 시작했고, 이로 인해 120명이 죽고 450여 명이 부상당하였다. 같은 날, 부산에서는 7만여 명이 모여 6개소의 경찰서를 비롯하여 군청, 소방서, 대한반공청년단 지부 등을 파괴하였다. 이 과정에서 10명이 살해되었고, 80여 명이 부상당하였다. 광주에서는 2만여 명의 시위대가 경찰서와 지방관청, 자유당 지부 등을 습격·방화하였다. 이 날 하루 동안 전국 각 도시에서 발생한 피해자수는 경찰의 추정만으로도 사망 183명, 부상 6,259명에 이르렀다.[4]

(3) 미국의 개입

시위가 전국으로 확산되면서, 미국은 이승만 정권에 대한 지지를 철회하였다. 4월 19일에 비상계엄이 선포되자, 주한 미대사관은 "시위자들이 데모로써 표현한 정당한 불만이 해결되기를 진심으로 바란다"는 성명을 발표하여 이승만 정권을 비난하였다.[5] 이어 매카나기(Walter P. McConaughy) 주한 미국대사는 경무대를 방문하여, 자유민주주의에 반하는 폭력적 탄압을 중지할 것을 요구하는 허터(Christian A. Herter) 미국 국무장관의 의견을 전달하였다. 그리고 21일 매카나기 대사는 이승만을 방문하여 한국의 민주화를 촉구하는 미국정부의 입장을 전달하였다.

초기의 억압전략에 실패하고 미국의 지지를 완전히 잃어버린 상태에서, 이승만은 미봉적인 민심수습책을 제시하고 나섰다. 4월 20일 이승만은 사태수습책으로 국무위원 전원과 자유당 당무위원 전원으로 하여금 사표를 제출하게 하였다. 그러나 정부는 "사태의 원인, 책임을 물을 때가 아니다"는 변명으로 유혈참사를 인정하지 않았고, 단지 시위과정에서 발생한 미국인 두 명의 부상에 대해 유감을 표시하는 선에서 사태를 마무리 지으려고 하였다. 그러나 사태의 심각성을 뒤늦게 깨달은 이승만은 22일 전 국무총리였던 변영태와 전 서울시장 허정을 불러 사태수습을 위한 자문을 구했고, 이들은 이 자리에서 이기붕의 부통령 당선자 자진사퇴 및 모든 공직에서의 사퇴를 조언하였다. 이승만은 4월 23일 자신의 자유당

4) 박세길. 1989.『다시 쓰는 현대사』, 84.
5)『동아일보』, 1960년 4월 21일.

총재직 사퇴와 이기붕의 공직 사퇴라는 수습책을 제시하며 정권 유지를 시도하였다. 부통령 장면은 23일 기자회견을 통해 사태의 책임을 지고 이승만 대통령이 하야할 것을 촉구하며 부통령직을 사퇴했다.

(4) 대통령의 하야

4월 25일, 이승만 정권의 미봉적인 민습수습책과 물리력을 동원한 사태수습을 지켜보던 대학교수들이 시위에 나섰다. 이 날 서울 시내의 일부 교수들이 서울대학교 교수회관에 모여 이승만의 대통령직 하야 요구를 골자로 하는 시국선언문을 작성·발표하고, "학생들의 피에 보답하라"는 플래카드를 내세우고 거리시위에 나섰다.[6)]

교수들의 시위는 잠시 수그러지던 학생·시민들의 시위를 다시 증폭시켰다. 교수들의 가두시위에 시민과 학생들이 지지를 보내며 동참하기 시작해, 26일에는 대대적인 시위로 이어졌다. 이 날 시위대는 국회의사당으로 집결하여 긴급군중대회를 개최하고, 대통령의 하야와 정·부통령선거의 재실시를 요구하였다. 결국 이승만은 새로 임명된 외무장관 허정, 계엄사령관 송요찬, 주한 미국대사 매카나기의 권고를 받아들여, 26일 오전 10시에 하야성명을 발표하였다: 첫째, 국민이 원한다면 대통령직을 사임하겠다. 둘째, 3·15 정·부통령선거에서 많은 부정이 있었다 하니 선거를 다시 하도록 지시하였다. 셋째, 이기붕 의장에게 모든 공직에서 완전히 물러나도록 하였다. 넷째, 국민이 원하면 내각책임제 개헌을 하겠다.[7)]

2. 4월항쟁의 정치적 동학

(1) 4월항쟁의 배경

4월항쟁은 3·15 선거과정에서 이승만 정권의 노골적인 부정선거가 직접적인 발단이 되었지만, 이승만 정권의 일상화된 비도덕성 및 한국사회의 내재적 모순들로 인한 정당성 위기가 근본적인 원인이었다.

첫째, 정치적 측면에서 이승만 정권은 권력유지 및 강화를 위해 반민주적이며 비도덕적인 수단을 빈번하게 동원하여 체제의 경직성 및 권위주의적 성격을

6) 민주화운동기념사업회. 2008.『한국민주화운동사 1』, 138~139.
7) 민주화운동기념사업회. 2008.『한국민주화운동사 1』, 144.

가속화하였으며, 부정부패 및 타락선거를 일상화하였다. 이러한 반민주주의적 정치행태는 1950년대 후반에 이르러 더욱 심화되는 경향을 보였고, 이에 따라 지식인 및 언론이 정권에 대한 지지를 철회하기 시작하였다. 이는 1950년대 후반 실시된 정·부통령 선거에서 야당이 상당한 국민적 지지를 획득하는 현상과 밀접한 관련을 갖는다. 즉 야당의 정치적 경쟁력이 상승함에 따라 자유당 정권의 비합법적 수단에의 의존도 함께 상승하는 전형적인 권위주의 정치의 악순환이 최종적으로 자유당 정권의 정당성 위기로 발전하였던 것이다.

둘째, 사회·경제적 측면에서 1950년대 후반의 한국사회는 당시 전체 경제활동인구의 대다수를 차지하는 농민과 도시 노동자 그리고 지식인들의 요구를 충족시킬 수 없는 경제침체 상태에 빠져들고 있었다. 이러한 경제위기로 인한 생활고의 심화가 4월항쟁 발생의 배경적 요인으로 작용하였다.

1950년대 후반의 경제침체는 한국전쟁과 함께 심화된 '원조경제'와 밀접한 관련을 갖는다. 한국전쟁 이후 전쟁복구 과정에서 계속된 미국의 원조가 1950년대 후반 이후 급격히 축소됨에 따라, 그동안 미국원조에 의존해 왔던 한국경제는 심각한 위기 국면에 빠져들었다. 1957년 이후 경제성장률은 둔화되었고, 인플레이션은 더욱 심화되었으며, 조세부담률과 실업률은 매년 상승하였다.[8)]

(2) 학생들의 봉기

학생들이 4월항쟁의 주역으로 등장하였던 것은 당시 한국사회의 구조적 특성에서 비롯된 것이었다. 1950년대의 한국사회는 도시화와 교육기회의 증대 등 이른바 '산업화 없는 근대화'를 경험하고 있었고, 따라서 계급 분화와 성장은 매우 미진한 상태에 있었다. 사회경제적 계급구성면에서 볼 때, 1960년의 한국사회는 전체 경제활동인구 중 농민이 58.1%, 도시의 프티부르주아 및 전문직 종사자가 13.4%, 그리고 생산직 노동자는 10.5%에 불과한 농업사회였다.[9)] 계급의 조직

8) 경제성장률은 1957년에 7.6%를 기록하였는데, 이후 1958년에는 5.5%로, 1959년에는 3.8%로, 그리고 1960년에는 1.1%로 꾸준히 하락하였다. 도매물가상승률의 경우, 1957년과 1958년 각각 −0.7%와 −2.6%를 기록하던 것이 1959년과 1960년에는 각각 9.5%, 그리고 7.1%로 상승하였다. 한국은행. 1980.『한국의 국민소득』, 12; 김성환. 1984. "4·19혁명의 구조와 종합적 평가." 김성환·김정원·허버트 P. 빅스(외).『1960년대』. 서울: 거름, 19~20. 또한 1960년 당시 완전실업률은 8.2%에 달하였고, 여기에 잠재실업률 26.0%를 합하면 사실상 총실업률은 34.2%에 이르렀다. 이러한 국민생활의 전반적인 파탄은 4월항쟁의 객관적 조건으로 작용하였다. 전철환. 1990. "4·19혁명의 사회경제적 성격."『현대사를 어떻게 볼 것인가 3』. 서울: 동아일보사, 56~59.

9) 서관모. 1984.『한국사회의 계급구성과 계급분화』. 서울: 한울, 36~37.

화와 정치의식의 성장은 걸음마 단계에 머물러 있었으며, 민간세력의 독자적 정치세력화는 이루어지지 못한 상태였다.[10] 경제적 저개발, 사회적 미분화, 정치적 수동성은 당시 한국사회 전반적 경향이었다. 민간사회는 오히려 국가의 철저한 정치적 통제 및 조작에 의해 이승만과 자유당 정권의 지배에 이용당하는 형편에 있었다. 다시 말해, 1950년대 한국사회는 사회경제적 모순 및 권위주의적 정치에 대해 시민사회가 조직적으로 항의할 수 있는 능력과 여건이 조성되어 있지 않았다.

1950년대 전반기의 대학사회도 마찬가지였다. 대학사회는 반공주의 주입을 통한 이념적 획일화, 경제적 빈곤, 비도덕적 정치에 대해 적극 대항하지 못하는 침체상태에 놓여 있었다. 그러나 1950년대 후반에 접어들면서 대학사회 일각에서 중요한 변화가 소리 없이 발생하고 있었다. 자유·평등·민주주의·민족주의 등에 대한 가치관들이 대학사회에 싹트기 시작하였고, 이에 따라 학생들은 한국의 현실을 되새겨 보는 시각을 갖게 되었다. 대학사회 내에는 기성세대의 무능과 부패를 비판하는 분위기가 점증하였고, 상대적으로 도덕적 사명감과 이상주의적 경향이 강한 대학생들은 민주주의 수호의 전위대로 자처하였으며, 마침내 그들의 현실에 대한 불만이 강력한 정치참여의 형태로 나타나게 되었다.

대학사회가 일반 사회세력에 비해 상대적으로 빨리 그리고 적극적인 정치행위자로 등장할 수 있었던 것은 다음 몇 가지 대학사회의 특성에서 기인되는 것으로 보인다. 첫째, 대학사회는 선진적 아이디어를 가장 먼저 받아들이는 곳이다. 또한 대학생들은 기성세대에 비해 강한 도덕적 정의감 및 이상주의적인 경향을 보인다. 요컨대, 가치수용의 유연성, 그리고 도덕적이며 이상주의적인 정치정향이 학생들의 정치참여를 상대적으로 용이하게 만들었다.[11] 둘째, 일반 사회세력과는 달리 학생들은 대학이라는 제도적 조직체에 속해 있었기 때문에 정치참여를 위한 조직형성에 어려움을 겪지 않았다. 즉 대학이라는 조직체 자체가 학생들의 현실에 대한 불만을 곧바로 정치행동으로 전환시키는 데 기여하였다. 셋째, 사회세력의 정치세력화는 산업화의 정도와 밀접한 관련을 지니면서 이루어지는 경향이 있으나, 학생들의 정치세력화는 산업화의 정도와 관계없이 형성될 수 있다는 점이다. 1948년 2만 4천여 명에 지나지 않던 대학생 수는 1960년에는 10만 명을 넘

10) 김영명. 1992. 『한국현대정치사: 정치변동의 역학』. 서울: 을유문화사, 206.
11) Sungjoo Han. 1980. "Student Activism: A Comparison between the 1960 Uprising and the 1971 Protest Movement." Chong Lim Kim. ed. *Political Participation in Korea: Democracy, Mobilization and Stability*. Santa Barbara, California: Clio Press, 145.

어서고 있었다.[12)]

요약하면, 학생들이 4월항쟁의 주도적 역할을 떠맡게 된 이유는 ① 일반 사회세력들의 미성숙과 미조직화, ② 학생들의 정의감 및 도덕적 사명감, ③ 그들의 조직적 동원의 상대적인 용이성 및 급속한 양적 팽창 등에 기인했던 것이다.

(3) 군부의 정치적 중립

4월항쟁의 성공은 군의 정치적 중립과 밀접한 관련을 지닌다. 당시 계엄사령관 송요찬 중장은 군의 엄정중립을 지켰을 뿐만 아니라, 대통령에게 사태의 진상을 진언함으로써 이승만 대통령의 하야에 중대한 역할을 했다.

4월항쟁이 절정을 이루던 4월 19일 오후 5시, 정부는 계엄령을 선포하였다. 그러나 계엄사령관의 반응은 이승만의 의도와는 다른 것이었다. 송요찬 계엄사령관은 전국의 경찰서에 시위학생들에 대한 구타 및 고문의 중지, 시위 주동자를 제외한 학생들의 석방, 부상당한 학생들에 대한 적절한 치료를 명령하였다. 4월 20일 송요찬은 이승만 대통령을 만나 선거를 다시 할 것, 이승만은 재출마하지 않고 정치와 관계하지 않는다는 성명을 낼 것, 시위 중 발생한 발포사건의 지휘자와 발포자를 색출하여 책임을 물을 것 등을 건의했다 21일에는 주동자를 제외한 시위학생과 시민들의 석방을 재차 시달하였으며, 22일에는 4월 18일 대학생들에게 폭력을 가한 모든 정치깡패의 구속을 지시하였고, 4·19 희생자들을 위한 합동장례식을 허락하였다. 4월 26일에도 시위 군중에 대해 군은 적대적인 태도나 행동을 취하지 않았다. 오히려 시위 현장에서는 군과 시민이 일체가 되는 상황이 연출되었다.[13)]

왜 군부는 정치적 중립을 선택하였는가? 이에 대해 한승주는 다음과 같이 해석한다.[14)] 첫째, 미국이 당시 한국군 내에 배치되어 있는 미국인 군 고문관을 통해 한국군 장교 및 지휘관들로 하여금 이승만을 위한 군사행동을 하지 못하도록 영향력을 행사했을 가능성이 있다. 둘째, 당시 한국군은 소수의 군부지도자에 의해 정치적으로 동원될 수 있는 단일체가 아니었다. 즉 군부를 포함하여 일반 국민에게까지 영향력을 발휘할 수 있는 군 지도자가 존재하지 않아, 당시 군은 정

12) 고영복. 1983. "4월혁명의 의식구조." 강만길(외). 『4월혁명론』. 서울: 한길사, 87.
13) 이화수. 1990. "4월혁명의 주체는 누구인가."『현대사를 어떻게 볼 것인가 3』. 서울: 동아일보사, 26~27.
14) 한승주. 1983. 『제2공화국과 한국의 민주주의』, 54~55.

치적 목적을 위해 통합된 행동을 취할 수 없었다. 셋째, 군 지휘관들 가운데 공산주의에 대해 반대하는 것을 제외하고는 그들의 목숨을 걸 체계적 가치관이나 이데올로기를 가진 사람이 거의 없었다. 일찍부터 한국군 고위 지도자들 사이에는 기회주의가 자리하고 있었고, 따라서 그들은 몰락해 가는 권위주의정권을 위한 정치적 도박을 감행하기보다는 자신들의 안전을 도모할 수 있는 정치적 중립을 선택하였다는 것이다.

(4) 미국의 지지철회

미국은 4월항쟁에 대해 직접적이며 적극적인 방식으로 개입하였다. 미국정부는 한국의 민주화를 요구하면서 현 사태가 개선되지 않을 경우, 이미 계획된 아이젠하워 대통령의 한국방문 취소 및 경제원조의 중단 등을 고려할 것임을 분명히 하였다.[15] 미국의 이러한 입장은 4월항쟁 지지로 발전하였고, 이는 마침내 4월 26일 매카나기 대사의 '이승만 하야' 권고로 이어졌다.

미국이 이승만에 대한 지지를 철회한 배경은 대체로 세 가지 차원에서 규명해 볼 수 있다. 첫째, 미국의 동북아전략 차원이다. 미국은 한국을 동북아시아에 있어서 반공의 보루로 만들고자 하였으며, 이를 바탕으로 안정된 범미적 질서확립을 위해 동북아시아에서 한·미·일 삼각의 지역통합전략을 구상하고 있었다. 그러나 이승만의 '감정적 반일주의'와 '북진통일론'은 한반도와 동북아에서 현상유지에 바탕한 군사적 안정을 원하는 미국정책에 반하는 것이었다.[16]

둘째, 국제 정치경제적 차원이다. 미국은 군사 및 경제 원조를 통해 한국을 자유민주주의의 진열장으로 삼고자 하였다. 그러나 이승만 정권의 실상은 미국에게 지극히 실망스런 것이었다. 그의 권위주의적 통치행태는 자유민주주의와는 거리가 멀었으며, 부정부패의 만연은 경제적 비효율성을 배가시켰던 것이다. 더욱 중요한 사실은 이 정권의 정치적 독선과 경제적 비효율성이 개선될 기미를 보이지 않았고, 독재와 경제의 침체로 국민의 정치적 지지를 상실해 가고 있었다.

셋째, 이승만의 개인적 차원의 문제점이다. 이승만의 노령화로 인한 통치능

15) 4·19 학생봉기 직후, 허터 국무장관은 당시 주미대사였던 양유찬을 불러 미국의 깊은 관심과 우려를 표명하면서 ① 이승만 대통령의 철권 통치를 통한 야당 탄압, ② 학생들의 저항운동에 대한 경찰과 깡패의 동원을 통한 탄압 등 자유민주주의에 전혀 맞지 않는 억압적 수단 등을 주지시키면서 이를 중지·개선할 것을 요청하였다. 이화수. 1990. "4월혁명의 주체는 누구인가," 28.
16) 이삼성. 1993.『미국의 대한정책과 한국민족주의』. 서울: 한길사, 56~57.

력의 상실과 그로 인한 반공주의 정치력 쇠퇴에 대한 우려가 당시 미국 관리들의 주요 관심사 중의 하나였다. 이러한 점에서 이승만은 미국 관리로부터 부적격 판정을 받고 있었다.[17)]

결국 미국이 이승만에 대한 지지를 철회한 것은 한국 국민을 위한 것이기보다는 미국의 동북아전략을 원활히 수행하기 위한 조치의 일환이었음을 암시한다. 그리고 이러한 해석은 이승만에 대해 깊은 우려를 갖고 있던 미국이 4월항쟁을 계기로 이승만 퇴진방침을 신속히 실현시켰음을 시사한다.

제 2 절 허정 과도정부

이승만 대통령의 하야로 통치권력의 공백상태를 메우고 민주적인 새 정권의 수립을 준비하기 위해 허정 과도정부가 출범하였다. 그러나 과도정부는 4월항쟁이 요구하는 개혁을 제대로 수행해 가기에는 정치적으로 그리고 이념적으로 한계를 지니고 있었다.

1. 과도정부의 성격과 한계

허정 과도정부는 4월항쟁을 배경으로 출범한 정부였다. 따라서 과도정부의 역할은 부패분자와 민주반역자를 공직에서 추방하여, 개혁과 민주주의를 추진·달성할 새 정부의 출현을 돕는 산파역할이었다. 그러나 과도정부는 다음의 몇 가지 점에서, 혁신적인 과업을 촉진하는 산파역을 제대로 수행할 처지에 있지 못했다.

첫째, 과도정부는 이념적으로 진보적 견해 혹은 혁신적 성향이 결여된 지극히 보수적인 정부였다. 4월항쟁으로 인해 갑자기 출범한 허정 과도정부는 조각과정에서 민주당 의원의 입각을 종용하였으나 민주당 의원들은 입각을 거부하였고, 이 과정에서 과도정부의 각료들은 성분과 당파를 초월한 인사를 택하다 보니 뚜렷한 진보적 이념이 결여된 인물들로 충원되었다. 비록 그들은 정권의 연장에는

17) 이삼성. 1993.『미국의 대한정책과 한국민족주의』, 56.

아무런 관심도 없는 인물들이었고 개인적으로도 덕망이 높았으나, 정치경력의 부재로 그들은 조직적 기반 및 정치적 입장이 결여된 인물들이었다. 그들 스스로 내건 "비혁명적 방법에 의한 혁명"이라는 슬로건은 과도 정부의 비개혁적 혹은 보수적 성격을 반영하는 것이었다.[18]

둘째, 과도정부는 처음부터 통치능력이 결여된 불안정한 정부였다. 과도정부는 어느 세력 혹은 계층의 적극적 지지도 확보하지 못하였다. 학생들이나 시민들의 입장에서 볼 때 허정 과도정부의 존재는 이승만 정권의 계속을 의미할 뿐이었다. 또한 허정 과도정부의 뒤에는 어떠한 조직화된 정치세력도 없었으며 군부의 지지를 받고 있는 것도 아니었다. 과도정부가 활용할 수 있었던 유일한 힘의 원천은 관료조직과 경찰을 포함한 정부기구뿐이었다. 즉 문제는 과도정부가 혁신적 과업의 촉진을 위해서는 권력의 유일한 기반이 되는 권위주의적 정치기구 그 자체를 깨트려야 하는 곤혹스런 상황에 처해 있다는 점이었다.

이러한 태생적 한계로 인해, 혁신적 정책을 추구해야 할 과도정부는 형식적이며 임시방편적 정책을 추구하지 않을 수 없었다. 실제로, 과도정부는 군부와 경찰 내의 부정축재자, 정치테러 및 부정선거 관련자, 그리고 4·19 당시 총기발포 관련자들에 대해 형식적 처리에 머물렀다.[19] 군부의 경우, 일부 고위 장성들이 부정선거와 관련하여 자유당 정권에 협력하였고 또 많은 추문과 부패에 관련되어 있었다. 따라서 군부 일각에서조차 정군의 필요성을 주장하고 나서는 형편이었다. 또한 이러한 숙군의 필요성에 대해 허정 자신도 잘 인식하고 있었다. 그러나 그는 군부에 대한 과감한 개혁이나 숙군 조치가 초래할 군부의 적대적 반응을 더욱 우려하였다. 따라서 그는 계엄사령관겸 육군참모총장인 송요찬을 해임시키는 선에서 군 수뇌부의 과거 잘못에 대한 처벌을 마무리 지었다.

이러한 과도정부의 미온적 조처는 이승만 정권하의 불법적이고 억압적인 행위, 특히 부정선거에 책임이 있는 경찰간부들을 처리함에 있어서도 마찬가지였다. 과도정부는 경찰간부 중에서도 4·19 당일 발포명령을 내린 극히 일부만 구속하거나 해임 또는 좌천시켰다. 이러한 조처는 경찰 내부에서조차 집단항의가 제기될 정도로 형식적인 것이었다. 그 결과, 재임기간 동안 과도정부는 사회의

18) Hahn-Been Lee. 1968. *Korea: Time, Change, and Administration*. Honolulu: East-West Center Press, 114.

19) 한국정치연구회. 1990. 『한국정치사』. 서울: 백산서당, 316~317.

어느 세력, 어느 계층으로부터도 적극적 지지를 확보하지 못했다. 학생들이나 민중의 입장에서 볼 때 허정 과도정부는 이승만 정권의 연장으로 여겨졌다.

2. 민중부문의 활성화와 진보세력의 등장

이승만 정권의 몰락은 시민들의 정치참여 공간을 급속히 확대시켰다. 과도기적 상황은 부분적이나마 시민적 자유와 기본권을 회복시켜 주었고, 이에 따라 그동안 억눌렸던 민중부문은 경쟁적으로 그들의 불만과 요구를 터뜨렸다. 당시 두드러진 특징은 혁신세력의 재등장이었다.

민중부문 중 가장 먼저 활성화되기 시작한 것은 노동부문이었다. 1959년 10월 26일 결성된 '전국노동조합협의회'는 대한노총의 어용성을 규탄하면서, 사업장 수준의 단위 노조들을 개편·포섭해 나갔다. 그 결과 4월항쟁 이후 5월 한 달 동안에 16만 명의 노조원을 흡수할 수 있었다.[20] 이 시기의 노동운동에서 가장 큰 특징은 교사·은행원·기자 등의 화이트칼라 노동운동이 활발하게 전개되었다는 점이다. 특히 교원노조는 그 규모에 있어서 전국적 조직이었으며, 허정 과도정부에 직접적인 투쟁을 전개하였다는 점 때문에 그 의의가 여타 노동부문보다 더 컸다. 교원노조는 4월 29일 대구교조의 결성을 계기로 전극적으로 확산되어 7월 17일 전국대의원 대회를 개최함으로써 최초의 전국적 단일노조로 결성되었다.[21] 이 과정에서 허정 과도정부는 교원노조를 불법화하고 탄압하였다.

또한 농촌부문에서는 '양민학살 진상규명운동'이 전개되었다.[22] 1960년 5월 11일, 한국전쟁 와중에 발생한 '거창민간인학살사건' 당시 신원면 면장이었던 박영보를 희생자 유가족들이 생화장시킨 사건이 발생하였다. 그간 이승만 정권은 1951년 국군의 공비토벌작전 수행과정에서 많은 지역주민들이 부당하게 학살되었다는 사실을 은폐해 왔었다. 그러나 '박영보 생화장' 사건을 계기로, 전국 각지에서 '피학살자 유족회'를 결성하였고, 이들은 학살진상규명과 학살자 처벌을 요구하고 나섰다. 유족회는 각지의 지역 수준에서 개별적으로 결성된 후, 6월 15일

20) 이 과정에서 신규노조결성도 활발하게 이루어져 1960년 초에 569개이던 노동조합이 7월에는 760개, 연말에는 914개로 증가하였다. 김낙중. 1982.『한국노동운동사: 해방후 편』. 서울: 청사, 276.

21) 이목. 1989.『한국교원노동조합운동사』. 서울: 푸른나무, 53.

22) 한국정치연구회. 1990.『한국정치사』, 321.

에는 경북유족회, 8월 28일에는 경남유족회, 그리고 10월 20일에는 전국유족회 등 전국 수준으로 발전하였다. 이 운동은 외형상 피학살자 명예회복과 학살자 처벌을 요구하는 형태를 띠었지만, 본질적으로는 국가 폭력에 대한 항의의 성격을 띠고 있었다.

한편, 허정 과도정부의 이념적 한계가 명백해지고 민주당과 자유당이 야합하여 개헌작업을 추진하자, 혁신세력과 청년학생들은 '반혁명세력 규탄운동'을 전개하기 시작하였다. 혁신세력은 "일부 부패한 보수반동세력은 그들의 악질적이며 집요한 반혁명적 기도를 차츰 노골화하여 애국적이며 혁명적인 세력의 진출을 저지하기에 광분하고 있다"고 비난하고, 조직적인 공동투쟁을 위한 '반혁명세력 규탄 공동투쟁위원회'를 결성하였다.[23] 이후 총선 국면에 접어들면서, 이 운동은 자유당계 후보자를 사퇴시키기 위한 투쟁으로 전환되었다.

민중부문의 활성화와 함께 혁신세력의 정치 일선에의 참여는 이 시기의 또 하나의 특징이었다. 4월항쟁으로 혁신진영이 존립·활동할 수 있는 기본적 조건이 마련되었다고 판단한 진보적 인사들은 의회 진출을 위한 합법정치노선에 입각하여 총선 참여에 몰두하였다. 혁신세력은 총선 참여를 전제로 단일 혁신정당을 창당하고 이를 기초로 의회에 진출, 보수와 혁신이 대결하는 정치구도를 구축하고자 했다.

당시 혁신세력은 1950년대 제도 정치권에서 배제된 집단으로, 그들은 좌파라기보다는 해방공간의 중간파 정치세력의 맥을 잇고 있었다. 1950년대 혁신세력은 진보당이 이승만 정권의 탄압을 받아 와해되어 지리멸렬한 상태였으나, 4월항쟁은 혁신세력에게 의회진출을 위한 새로운 기회를 제공하였다. 하지만 이들은 이념과 인맥에서 다양한 색채를 지니고 있었던 까닭에, 단일정당으로 결집하지 못하고 사회대중당·혁신동지총연맹·한국사회당·사회혁신당 등으로 분열하였다.

이들 혁신계 정당들은 다가오는 총선거에서 의석을 확보하는 것이 우선이었다. 당시 집권이 예상되는 민주당이 신·구파로 분열되어 혁신계는 소수의 의석이라도 차지할 수 있을 것으로 기대하였다. 아울러, 혁신계는 국회라는 합법적인 정치 무대를 통해 자신들의 정치이념을 일반 대중 사이에 전파시키고자 했다.

23) 한국정치연구회. 1990. 『한국정치사』, 322.

3. 내각제 개헌

극심한 정치적 혼란 속에서도 제2공화국 수립을 위한 작업들이 활발히 진행되었다. 그중 가장 중요한 것은 새로운 국회를 구성하고 헌법을 개정하는 것이었다.

(1) 개헌논의

학생들을 포함하여 많은 정치인들과 언론인들은 기존 국회를 즉시 해산하고 총선거를 실시하여 새로 구성된 국회에서 헌법 개정을 논의할 것을 요구하였다. 그러나 국회에서 주도권을 장악한 민주당은 이와는 다른 입장을 취하고 있었다. 민주당은 국회를 즉시 해산할 경우 정치적 공백에 따른 무질서가 초래될 위험이 있다는 이유를 들어, 현 국회에서 헌법을 개정해야 한다고 주장하였다.[24)]

민주당이 현행 국회에서 헌법을 개정하기로 결정하자, 자유당은 국회 내에서 상당한 교섭력을 가지게 되었다. 왜냐하면 당시 자유당은 국회 의석의 절반 이상을 차지하고 있는 제1당인 관계로, 헌법개정을 위해 민주당은 자유당의 도움이 불가피하였기 때문이었다. 이를 기회로 삼아, 자유당은 헌법개정의 문제를 자신들의 이익을 보호하는 데 이용하려 하였다. 당시 자유당의 당면 목표는 그들의 수적 우세를 활용하여 구 자유당원들과 그 협력자들을 보호하는 일이었다. 그들의 이러한 목표는 실제로 상당한 성과를 거두었다.[25)]

헌법개정과 관련하여 대두된 정치적 지렛대를 이용하여 자신들의 요구가 어느 정도 달성되는 것처럼 보이자, 자유당은 새로운 헌법질서하에서 전개될 미래의 정치적 기회에 관심을 갖기 시작하였다. 자유당 지도부는 자유당이 완전히 붕괴되지 않는 한 민주당 내 신·구파의 대립이라는 상황적 요인의 적절한 활용을 통해 상당한 정치적 영향력을 창출할 수 있을 것으로 믿었다. 즉 그들은 다가오

24) 한국정치연구회. 1990. 『한국정치사』, 318.

25) 예컨대 5월 9일, 제1공화국하에서 이승만의 정적들을 공산주의자로 기소했던 검사들을 처벌하고자 하는 국회결의안이 62 대 73으로 부결되었다. 나아가 5월 중순, 민주당에게 친자유당계 공무원에 대한 "보복적 조치"의 중지를 요구하면서, 이승만 정권하에서의 행위들에 대해 처벌이 계속되면 헌법개정 전에 자유당 소속의원들은 전원 의원직을 사퇴하겠다고 위협했다. 이러한 자유당의 행동은 일반 국민들의 비판의 대상이 되었으나, 과도정부는 그들의 요구를 받아들여 경미한 사항에 대한 더 이상의 처벌은 없을 것이라고 발표하겼다. 한승주. 1983. 『제2공화국과 한국의 민주주의』, 71.

는 국회의원선거에서 자유당이 적어도 40~50석은 무난히 얻을 수 있으리라 확신하였다.[26] 또한 이 시기에 표명된 미국 대사관의 입장은 자유당의 정치적 생존을 고무하였다. 미국 대사관은 자유당의 기본골격이 유지되어 양당체제하에서 민주당이 정권을 인수하길 바랐다.[27]

그러나 자유당 내부의 분열은 자유당의 존속을 어렵게 만들었다. 핵심 지도부를 상실한 자유당은 당시 '재건파'와 '혁신파'로 분열하였다.[28] 조경규를 비롯한 자유당 재건파는 자유당의 계속적 존속을 위해 소속의원들의 일치단결을 강조하였다. 이에 비해, 이재학을 비롯한 자유당 혁신파는 소속의원들이 개별적으로나마 선거에서 당선될 수 있는 길은 그동안 비판의 대상이 되어 왔던 자유당을 즉각 해체하는 것이라고 주장하였다.

자유당의 해체냐 아니면 존속이냐의 문제를 둘러싼 소속의원들 간의 대립은 6월로 접어들자 그 종지부를 찍었다. 그간 자유당 의원들이 당적을 포기하기 않고 있었던 이유는 이승만 혹은 자당의 인물이 또다시 권력을 잡지 않을까 하는 기대 때문이었다. 그러나 5월 9일 이승만이 비밀리에 하와이로 떠난 이후, 재집권 가능성이 희박해짐에 따라 자유당의 해체는 급격히 가속화되었다. 마침내 6월 1일 자유당 소속 의원 137명 가운데 104명이 탈당함으로써 자유당은 재기할 수 없는 실질적 해체를 맞이하였고, 정치세력으로서의 의미를 상실하고 있었다.

(2) 헌법개정

1960년 6월 15일 개헌안은 표결에 붙여졌다. 총 211표 중 찬성 208표, 반대 3표로 의원내각제와 양원제를 골자로 하는 새로 제정된 헌법이 통과되었고, 당일 공포되었다.

새로 개정된 헌법은 대체로 민주적인 것이었다. 첫째, 국민의 기본권 신장이다. 신헌법은 4월항쟁 정신에 따라 국민의 기본적 권리의 보장을 강화하였다. 즉 구헌법의 자유권에 대한 유보조항을 삭제하였고, 나아가 국민의 자유와 권리를 제한하는 법률도 기본권의 본질적 내용을 훼손해서는 안 된다고 명시하였다. 또한 언론·출판·집회·결사의 사전허가 또는 검열제를 금지하였다.

둘째, 정당조항의 신설이다. 정당에 대한 헌법적 지위를 부여하였고, 정당 활

26) 한승주. 1983.『제2공화국과 한국의 민주주의』, 72.
27) 한승주. 1983.『제2공화국과 한국의 민주주의』, 72.
28) 한승주. 1983.『제2공화국과 한국의 민주주의』, 68~69.

동의 자유를 보장하였다. 이는 이승만 정권이 부당하게 야당의 활동을 제한하였던 그간의 경험을 교정하기 위한 것이었다.

셋째, 의원내각제의 채택이다. 신헌법은 의원내각제가 안고 있는 정부의 불안정과 다수당의 전제 가능성의 결함을 보완하기 위하여 국무원의 민의원 해산권과 민의원의 국무원 불신임권, 대통령 권한의 강화, 양원제, 헌법재판소 신설, 정당 조항, 기본권 강화, 공무원의 정치적 중립성 강화 구정 등이 포함되었다.[29]

넷째, 법관의 선출제 도입과 헌법재판소의 신설이다. 이는 사법권의 독립과 재판의 공정성 확보를 위한 것으로, 자유당 정권하에서 심각하게 훼손 되었던 사법권의 위상을 회복시키기 위함이었다. 뿐만 아니라 신헌법은 중앙선거위원회를 처음으로 헌법상 독립기관으로 규정하였다. 이것은 무엇보다도 선거관리기구의 명실상부한 독립을 통하여 선거의 공정성을 보장하려는 조치였다. 개정된 선거법은 자유·공명선거의 실시를 위한 제도적 보완에 중점을 두었다.[30]

4. 7·29 총선

새 선거법에 기초하여 1960년 7월 29일 유권자의 84.3%가 참여한 가운데 제5대 국회의원(민의원 233명)과 초대 참의원(58명)을 선출하는 총선거가 실시되었다. 7·29 총선은 외형상 보수세력 대 혁신세력의 대결국면으로 진행되었다. 그러나 선거결과는 민주당의 압도적 승리, 무소속 후보들의 선전, 그리고 혁신정당들의 참패로 마감되었다.

민의원의 경우, 민주당이 42%의 지지율을 얻어 총의석의 75.1%인 175석을 차지하였다. 사회대중당이 4명, 한국사회당과 통일당이 각 1명씩의 당선자를 낳았고, 자유당은 2명만이 당선되어 실질적으로 와해되었다. 그리고 무소속은 46.2%

29) 대통령의 권한은 의례적이면서도 국무총리 지명권, 계엄선포 거부권, 정부의 정당 소추에 대한 동의권, 헌법재판소의 심판관 임명권 등의 실질적인 권한도 부여하였다.

30) 입후보 등록 방해를 예방하기 위하여 추천장 제도를 폐지했고, 부재자 투표제도 및 선거인 참관제도를 강화하였으며, 릴레이식 투표를 방지하기 위한 일련번호 삽입제를 채택하였다. 특히 선거권을 21세에서 20세 이상으로, 참의원 피선거권을 35세 이상에서 30세 이상으로 각각 낮추었다. 그리고 참의원 선거법에서는 선거구를 서울특별시 및 도 단위로 하고, 의원정수를 크기에 따라 2인 내지 8인으로 하였으며, 3년마다 2분의 1을 개선(改選)할 수 있도록 하였다. 또한 투표방식으로 제한연기투표제도가 채택되었는데, 이는 투표자에게 해당 선거구에서 선출되는 의원정수의 반수 이하의 후보자를 동시에 선택하게 하는 제도였다. 윤근식. 1981. "한국정부형태." 김운태(외). 『한국정치론』, 서울: 박영사, 274-275.

표 4-1 제5대 국회의원선거: 민의원과 참의원

정 당		민주당	자유당	사회대중당	한국사회당	무소속	기 타
민의원	의석수	175	2	4	1	49	2
	의석점유율	75.1%	0.9%	1.7%	0.4%	21.1%	0.8%
	득표율	42.0%	2.9%	6.1%	0.7%	46.2%	1.9%
참의원	의석수	31	4	1	1	20	1
	의석점유율	53.4%	6.9%	1.7%	1.7%	34.6%	1.7%
	득표율	51.4%	6.1%	1.4%	0.3%	38.1%	1.7%

출처: 중앙선거관리위원회. 1973. 『대한민국선거사 제1집』, 498~499.

의 지지율로 총의석의 21.1%인 49석을 얻었다. 참의원의 경우, 민주당은 51.4% 지지율에 총의석의 53.4%인 31석을 얻었고, 자유당은 4석만을 얻는 데 그쳤다. 사회대중당과 한국사회당이 각각 1명의 당선자를 내었고, 무소속 당선자가 38.1%의 지지율에 전체의 34.6%인 20석을 획득하였다.

무소속의 득표율이 높았던 이유는 민주당 내의 신·구파 파벌싸움으로 여러 선거구에서 중복 공천이 이루어졌고, 과거 자유당 소속 인사들 가운데 지역 내에서 나름대로 정치적 기반을 갖고 있던 많은 사람들이 자유당 당적을 버리고 재출마한 결과였다. 또한 혁신정당들의 실패는 조직의 빈약성, 선거자금의 부족, 혁신세력을 용공시하는 유권자들의 의식수준, 자유당에 대한 유일한 대체정당으로 인식한 '민주당 붐'에 기인하였다.[31]

제 3 절 장면 정권의 출범과 좌절

1960년 8월 22일, 민주당은 장면을 총리로 하는 제2공화국을 출범시켰다. 그러나 장면 정권은 출범 초기부터 신·구파 간의 권력을 둘러싼 내분으로 정국불

31) 차기벽. 1983. "4·19·과도정부·장면정권의 의의." 강만길(외). 『4월혁명론』. 서울: 한길사, 165.

안정을 초래하였고, 집권 초 약속한 '반혁명세력'의 청산과 사회경제적 개혁은 국민의 기대에 미치지 못하였다. 뿐만 아니라, '한미경제협정'을 비롯한 몇몇 정책들이 국민적 공감을 얻는 데 실패하면서 장면 정권은 국민의 신뢰를 상실하였고 정국은 혼란의 연속이었다.

1. 장면 정권의 탄생과 민주당의 내분

7·29 총선에서 민주당의 승리는 권력쟁탈을 위한 민주당 내 파벌 간의 격렬한 다툼으로 이어졌다. 신파에서는 75~80명의 의원들을, 그리고 구파에서는 80~85명의 의원을 보유하였다. 총선 직후인 8월 6일, 신·구 양 파벌은 각각 자파의 유대를 강화하고 동시에 정권 장악을 위한 전략을 논의하기 위해 의원 회합을 가졌다.[32] 구파는 그들의 모임에서 대통령과 국무총리를 자파에서 선출하겠다는 결의를 다졌다. 동시에 정당정치의 활성화를 위하여 민주당이 2개의 독자적 정당으로 분리됨이 바람직하며, 구파로 구성된 새로운 정당의 정권인수를 결의하였다. 반면, 신파의 당선자 회합에서는 신파의 주도 아래 당의 통합을 위해 지속적으로 노력하며, 대통령 후보에 구파의 윤보선을 그리고 국무총리 후보에 신파의 장면을 추대하기로 결정하였다.[33] 신파의 이러한 전략은 자파에서 정부의 최고직위를 모두 장악하는 것을 기대할 수 없다는 판단에 기초한 것이었다. 따라서 신파는 자파 소속의 장면이 국무총리에 지명되기 위해서는 구파의 윤보선을 대통령에 당선시켜 그를 국무총리 경쟁에서 미리 배제시키는 방안을 선택하였다.

1960년 8월 12일, 윤보선은 국회양원합동회의에서 민주당의 신·구파의 지지를 받아 대통령에 선출되었다. 그러나 초당적인 입장에서 국정을 처리하겠다는 당선 직후의 약속과는 달리, 윤보선은 자파의 김도연을 국무총리로 지명하고, 김도연을 당선시키기 위해 무소속 의원들의 포섭에 나섰다. 이에 대해 신파는 즉각적인 불만을 표시하였고, 민의원은 김도연 국무총리 인준동의 요청을 부결(찬성 111표, 반대 112표)시켰다. 1차 인준 동의 요청이 부결된 뒤, 8월 19일 윤보선 대통령은 장면을 국무총리로 지명, 찬성 117표 반대 107표로 국회의 동의를 얻었다.

32) 당시 구파의 모임에는 83명의 민의원 당선자와 12명의 참의원 당선자가 참석하였고, 신파의 회합에는 75명의 민의원 당선자와 10명의 참의원 당선자가 참석하였다. 한승주 1992. "제2공화국." 한국정치학회(편). 『현대한국정치론』. 서울: 법문사, 203.

33) 한승주. 1992. "제2공화국," 203.

국무총리가 된 장면은 내각구성을 단행하였다. 새 내각에는 10명의 신파 의원, 국무총리 투표 때 장면을 지지했던 1명의 구파 의원, 그리고 2명의 원외 인사가 포함되었다.[34] 이로써 장면 정부는 1960년 8월 15일 제2공화국이 선포된 지 1주일 만인 8월 22일 출범하였다. 그러나 새 내각구성에 불만을 품은 구파 의원 84명은 민주당의 모든 회합에 참여하지 않을 것임을 결의하고 나섰다. 이에 따라 장면은 내각이 구성된 지 2주일 만에 4명의 각료 및 각료급(국방장관, 상공장관, 내무장관, 비서실장) 인사의 사임을 받고, 그 자리에 구파의 인사를 기용하여 내각의 정치적 한계를 벗어나려 하였다.[35]

장면 정권은 탄생 당시부터 민주당 내의 신·구파의 대립으로 혼란을 거듭하였다. 국회의장인 곽상훈의 중재 노력에도 불구하고 양 파벌의 대립 및 불신은 더욱 악화되었으며, 결국 1960년 11월 구파는 독자적으로 '신민당'이라는 정당을 결성하였다. 이는 장면 정부의 국회 내 안정적 지지세력 확보의 실패를 의미하는 것이었다. 특히 의원내각제하에서 집권당의 국회장악 능력의 결여는 정권의 통치능력에 치명적인 결과를 초래할 수 있다는 점에서 가볍게 볼 수 없는 것이었다.

이러한 혼란은 내각 구성에서 소외되어 온 민주당 내의 소장파 의원들의 불만으로 더욱 가중되었다. 이들은 당의 지배권 재편성을 위한 투쟁의 일환으로 전당대회의 조기 개최를 요구했다. 1961년 1월 초 소장파 의원들은 당 지도부의 조기 전당대회 소집이 없을 경우, 장면 정부의 입법부 활동에 협조하지 않겠다고 선언하였다. 이러한 압력에 직면하여 장면 총리는 1961년 1월 제3차 개각을 단행하였지만, 모든 장관직을 신파 중진에게 배정하고 오직 2개의 차관직만을 소장파에게 배분함으로써, 소장파의 불만을 해소하는 데 실패하였다. 결국 민주당의 소장파와 중진들 간의 분열은 과거의 신파와 구파의 갈등만큼이나 심각한 것으로 발전하였다. 그 결과 제2공화국이 붕괴할 때까지 장면 정부는 원내 안정 다수의 지지를 얻는 데 실패하였으며, 내적 분규가 끊이지 않았다.

2. 장면 정권과 "혁명과업"

장면 정권은 출범 당시 4월항쟁의 계승자로서 '반혁명세력'의 청산과 사회경

34) 한승주. 1992. "제2공화국," 207.
35) 한승주. 1992. "제2공화국," 207.

제적 개혁의 단행을 약속하였다.[36] 그러나 장면 정권의 역사적 과업과 능력의 괴리로 인해 4월항쟁의 성과를 축소하거나 오히려 이전 상태로 보수화하는 경향이 나타났다. 장면 정권의 이러한 한계는 반혁명세력의 처리과정 및 결과에서 명확히 드러난다.

첫째, 이승만 정권하에서 각종 불법적 행위에 관련된 자유당 인사들에 대한 처리문제이다. 장면 정권은 자유당 간부 및 그 관련자들을 기소하였지만, 자유민주주의 원칙과 정당한 절차를 준수한 재판의 결과라는 미명하에 대부분 석방하였다. 10월 8일에 진행된 이들에 대한 구체적인 재판결과를 보면, 검찰에 의해 사형 구형을 받은 9명 가운데 5년 이상의 형을 받은 사람은 한 사람도 없었고, 4명은 무죄 또는 집행유예로 석방되었으며, 8개월에서 10년까지의 구형자 39명 중 16명은 재판이 끝난 후 곧바로 석방되었다.[37] 이러한 재판결과는 곧바로 시민·학생들의 분노를 일으켰고, 재판 종결 이틀 후인 10월 10일 학생들의 '국회점령사건'을 초래하였다.

둘째, 각종 비리와 부정에 관련된 경찰과 군부의 정화작업도 미봉적으로 마무리되었다. 당초 장면 정권은 경찰의 잔인한 진압이 4월항쟁을 초래한 가장 큰 원인이라고 보고, 이에 관련된 경찰 관료들을 정화하여 손상된 경찰의 권위 및 명예를 회복시키려 하였다. 이에 따라 장면 정권은 경관 4,521명(전체의 14%)을 숙청하고, 80%에 해당하는 경찰관을 다른 지역으로 전임시켰다.[38] 물론 이러한 조치는 상당한 규모에 달하는 것이지만, 정치테러·부정선거·총기발도 등에 직접 관련된 고위간부들을 구속하지 않고 단지 해임에 그침으로써 그 수준은 미약한 것으로 나타났다. 한편 장면 정권은 무능하고 부패한 군지휘관들을 제거하여 군부를 정화하겠다고 확언하였지만, 부패한 장성을 숙청하기보다는 오히려 군부정화를 주장하고 나선 중견장교들을 처벌하는 모순된 조치를 취했다.[39]

셋째, 부정축재자 처리에서도 비슷한 결과를 낳았다. 장면 정권은 47개 대기업체에 대해 지난 5년간 탈세한 금액을 상환하고 벌금으로 탈세액의 4~5배를 지불할 것을 요구했다. 이러한 결정은 표면적으로는 그 강도가 높은 것처럼 보이지

36) "반혁명세력"이란 자유당 시절 각종 부정과 비리에 관련된 자유당 간부, 군부 및 경찰의 간부, 그리고 부정축재자들을 가리킨다.
37) 한승주. 1992. "제2공화국," 140~141.
38) 한승주. 1992. "제2공화국," 152~153.
39) 한승주. 1992. "제2공화국," 167.

만, 탈세 이외의 많은 불법·부정행위를 제외함으로써 그 범위를 축소시켰다. 더구나 상환조건이 지나치게 관대하여 비판여론이 팽배하였다. 민주당의 구파(신민당)는 부정축재자 처리를 위한 특별법 제정을 촉구했으나, 장면은 이를 거부하였다. 결국 부정축재자에 대한 장면 정권의 척결방침은 흐지부지 되었을 뿐만 아니라, 오히려 은행대출을 통해 이들을 보호하는 등 원래의 목적을 달성하지 못했다.[40)]

3. 변혁운동의 활성화

(1) 남북통일운동

민족통일에 대한 요구는 4월항쟁 초기부터 제기되고 있었다. 그러나 통일운동이 한 단계 비약하는 데 결정적인 계기가 된 것은 7·29 총선에서 혁신세력의 참패, 민주당의 반혁명적 정책, 국민경제의 침체, 그리고 북한의 계속적인 평화통일 제안이었다.

7·29 총선 이후 분열되었던 혁신정당들은 1960년 10월 이후 학생운동을 중심으로 통일운동이 적극화되자, 자신들의 통일론을 밝히면서 통일운동에 참여하기 시작하였다. 이들의 통일운동은 대체로 두 갈래로 범주화된다. 첫째, 북한과의 무조건 협상에 역점을 둔 급진적 노선에 기초한 '민족자주통일중앙협의회'(민자통)의 통일운동이었다.[41)] 민자통은 4개 정당(사회대중당, 한국사회당, 혁신당 일부, 동학당 일부), 13개 사회단체(구국동지회, 민족건양회, 민주민족청년동맹, 통일민주청년동맹 준비위원회, 4월학생혁신연맹, 피학살자유족회, 광복동지회 일부, 천도교 일부, 교수협회 일부, 유도회 일부, 출판노조 일부, 교원노조 일부, 사회문제연구회 일부), 6개 시도협의회가 참가하여 1961년 2월 25일 결성된 단체였다. 민자통은 '민족자주화'를 모토로, 범민족통일운동단체임을 표방하였다.

둘째, 영세중립화를 통한 민족통일을 표방하는 통일사회당과 '중립화 조국통

---

40) 한승주. 1992. "제2공화국," 159~163.

41) 민족자주통일중앙협의회의 결성식에서 채택한 통일에 관한 결의문을 살펴보면 다음과 같다. 첫째, 완충지대에 우편국을 설치하여 남북간의 서신왕래를 실시하고, 둘째, 남북간의 경제교류를 촉진하며, 셋째, 완충지대에 민족친화의 기구를 설치하여 남북동포가 만나 민족혼과 민족정기를 재확인하도록 하며, 넷째, 신문기자 및 민간인 시찰단을 파견하도록 하고, 다섯째, 국제경기대회에 남북한 혼성선수단을 파견한다 등이었다. 신명순. 1992.『한국정치론』. 서울: 법문사, 49.

일운동총연맹'(중통련)[42]의 통일운동이었다. 이들이 주창하는 통일노선은 대북한 협상에 앞서 민주사회주의 노선을 통해 남한체제를 공고화시킬 것과 민주적 절차에 의해 남북한 총선을 거쳐 중립화 통일을 달성할 것을 주장하였다.

한편 학생들에 의한 통일논의는 대학별로 구성된 통일문제연구회나 학생회를 중심으로 전개되었다. 특히 서울대학교 민족통일연맹(민통)은 학생들의 통일운동의 중심에 위치하고 있었다. 민통의 모체는 서울대 문리대 정치학과 학생들이 중심이 된 '신진회'라는 이념적 독서회로, 이들은 반외세 자주통일에 깊은 관심을 갖고 있었으며 현상타파적 성향이 강하였다.[43] 이러한 이념적 경향은 대학생 특유의 낭만적 혁명주의와 연결되어 열정적 통일운동으로 발전하였다. 1961년 5월 3일, 서울대 민통은 남북협상의 일환으로 남북학생들의 모임을 갖자고 북측에 제안하였다. 이는 5월 5일 전국의 18개 대학과 1개 고등학교 대표들이 참가한 가운데 남북학생회담 개최를 요구하는 데까지 발전하였다. 그리고 5월 13일에는 남북학생친선사절단교환·남북학생기자교환·남북학생예술단교환·남북학생체육단교환·남북학생통일축제 등을 요구하는 성명서를 발표하였다.[44]

이러한 혁신세력과 학생들의 통일운동은 기본적으로 장면 정부의 통일정책과는 상당한 차이를 보이는 것들이었다. 몇 차례의 계기를 통해 언명된 장면 정부의 초기 통일정책은 자유당 정권의 무력을 통한 북진통일론을 폐기하고 "유엔감시하의 자유선거의 실시를 통한 한국통일"이었다. 그러나 초기의 통일정책에 약간의 수정이 가해졌는데, 그것은 "한국통일에 관하여 유엔의 결의가 있다 하더라도 대한민국의 헌법절차는 무시될 수 없다"는 입장이었다.[45] 장면 정부가 혁신세력 및 학생들의 통일운동에 대해 강경자세로 임할 것임을 밝힌 것은 1961년 4월 21일 장면 총리의 기자회견에서였다. 기자회견에서 장면은 ① 용공통일(容共統一)보다 남북분단을 선택할 것이며, ② 남북교류를 주장하는 세력의 배후를 조사 중임을 밝혔다.[46]

---

42) 중립화 조국통일운동총연맹은 1961년 2월 21일 발기준비위원회에서 국제회의를 통한 구체적 보장하에 영세중립국을 기할 것과 영세중립화 통일을 성취하기 위하여 국민서명운동을 전개할 것을 주장하였다. 신명순. 1992.『한국정치론』, 49.

43) 한승주. 1983.『제2공화국과 한국의 민주주의』, 189~190.

44) 신명순. 1992.『한국정치론』, 50~51.

45) 신명순. 1992.『한국정치론』, 44.

46) 신명순. 1992.『한국정치론』, 44.

(2) 교원노조운동

교원노조운동은 4월항쟁 직후인 4월 29일 중·고등학교 교사들을 중심으로 대구교조의 결성을 시작으로 전국적으로 확산되었다. 그들은 자유당 정권 아래서 어용화되었던 대한교련을 거부하고 자신들의 지위향상을 위해 노조를 결성코자 하였다. 이 운동은 중·고등학교 교사는 물론 초등학교 교사들에게까지 퍼져갔고, 마침내 1960년 5월 22일 전국교원노조를 결성하고, 7월 17일 전국대의원 대회를 개최함으로써 최초의 전국적 단일노조로 결성되었다.[47]

허정 과도정부와 마찬가지로 장면 정부도 모두 전국교원노조가 일본의 교원노조총연맹처럼 혁신정당의 전위기관이 되는 것이 아닌가 하는 강한 의혹을 갖고 있었다.[48] 허정 과도정부는 공무원은 정치적 활동이나 집단적 행동에 참여하는 것이 법적으로 금지되어 있다는 명분을 들어 교원노조의 결성을 불법으로 규정하고, 이에 가입한 교원들의 탈퇴를 요구했지만, 교원노조의 즉각적인 반발을 불러일으켰고, 지속적인 반대시위로 이어졌다.

장면 정부가 출범했을 때, 교원노조문제는 이미 중요한 정치적 현안이 되어 있었다. 교원노조의 계속적인 시위에 직면하여, 장면 정부는 교원의 생활권익을 위한 단결은 인정하지만 학생교육에 지장이 없도록 한다는 조건부로 교원노조의 결성을 허락한다는 방침을 발표하였다. 이는 교원노조를 "단체교섭기구로서가 아니라 단지 교원들의 사회적 조직으로서 승인"하려는 의도였으며,[49] 교원노조는 1960년 9월 11일 대표자 비상총회를 개최하여 정부의 애매한 방침에 대응하였다. 즉 교원노조에 대한 공식승인의 거부는 헌법이 보장하는 시민결사의 권리를 침해한 것이라고 주장하면서, 그에 대한 소송을 제기하였다.

한편 국회에서는 노조관련법의 개정을 통하여, 교원노조를 불법화하려는 움직임이 일고 있었다. 국회의 이러한 움직임은 즉각적으로 전국 교원들의 강한 반발을 야기하였다. 국회의사당 앞에서의 시위를 비롯하여 대구·부산·전주 등에서 반대집회가 잇따랐다. 교사들의 시위에 제자인 학생들이 가담하고 심지어는 학부모까지 반대시위에 참여하기 시작하였다. 마침내 국회는 교원노조의 시위에 굴복하여 노조법을 개정하려는 의안을 철회하기에 이르렀다.[50]

47) 이목. 1989. 『한국교원노동조합운동사』, 53.
48) 한승주. 1983. 『제2공화국과 한국의 민주주의』, 183.
49) 한승주. 1983. 『제2공화국과 한국의 민주주의』, 185.
50) 한국노동조합총연맹. 1979. 『한국노동조합운동사』. 서울: 한국노총, 507.

교원노조의 투쟁은 여기에 그치지 않고 법정수당 정취를 위한 활동에서 재연되었다. 1960년 12월 11일, 교원노조는 부산에서 개최된 제4차 전국교원노조 대의원대회에서 가족수당·보건수당·교재수당 등의 모든 법정수당의 획득을 위한 투쟁을 결의하였다. 이러한 투쟁은 다시 교육의 자주성 확보를 위한 투쟁으로 발전하였다. 그러나 이러한 교원노조의 활동은 5·16 군사쿠데타로 중단되고 말았다.

(3) 한미경제협정과 2대악법 반대투쟁

장면 정부는 '경제 제일주의' 정책을 내세웠다. 이를 위해 미국과 일본으로부터 원조나 차관을 도입할 계획이었다. 그러나 이 계획은 크게 차질을 빚었다. 장면 정부는 당초 미국으로부터 3억 달러의 원조 약속을 받았으나, 미국의 대통령 선거의 결과에 따라 수정될 수 있는 사항이어서 즉각적인 실행이 어려운 처지였다. 그리고 일본과 국교가 정상화될 경우, 장면 정부는 8억 달러의 대일 청구권 자금을 요구할 계획이었다. 그런데 이것 역시 한일회담이 교착상태에 빠져 지연되고 있었다.

이렇듯 어려운 상황에서 미국이 조건부 원조를 제안하고 나왔다. 그 조건은 '한미경제협정'의 체결이었다. 이 협정은 미국으로 하여금 한국의 내정을 무제한 감독할 수 있게 하는 독소조항들을 지니고 있었던 까닭에, 이승만 정권 때에도 국회의 반대로 체결되지 못한 협정이었다. 그러나 장면 정부는, 이러한 독소조항에도 불구하고, 1961년 2월 8일 미국과 협정을 체결하고 국회의 비준을 요구했다. 그러나 협정의 내용이 알려지자, 혁신계 정당 및 사회단체들은 즉각적으로 이를 규탄하는 성명을 발표하였으며, 뒤이어 진보적 정치세력과 학생들의 반대투쟁이 일어났다. 1961년 2월 13일, 사회대중당의 제안으로 17개 정당 및 사회단체들로 구성된 '2·8 한미경제협정반대 공동투쟁위원회'가 결성되었다. 같은 날, 서울 시내 11개 학생단체들은 '한미경제협정반대 전국학생공동투쟁위원회'를 결성하고, 2월 14일 가두 성토대회를 개최하였다. 이 공동투쟁위원회는 2월 24일 서울에서 협정반대집회를 개최하고 협정반대운동을 전국적으로 확산시켰다. 심지어 신민당과 민주당의 소장파 그룹(신풍회)조차도 '한미경제협정은 을사조약과 같은 것'이라면서 반대의사를 분명히 하였다.[51]

51) 한국정치연구회. 1990.『한국정치사』, 322~333.

이러한 반대투쟁에 대하여 장면 정부는 '북한의 지시에 의한 것' 또는 '미국을 반대하는 자는 공산주의자들뿐'이라고 악선전하면서, 협정반대시위를 군대를 동원하여 진압할 것이라고 위협하였다. 그리고 '한국실업자협회' 등 어용단체를 동원하여 협정반대운동을 반대하는 관제데모를 벌였다. 국민적 저항에도 불구하고, 이 협정의 비준안은 민의원에서 133 대 1, 참의원에서 32 대 1의 찬성으로 통과되고 말았다. 협정에 대한 반대운동은 비록 그 목적달성에는 실패하였지만, 한국전쟁 후 최초로 나타난 미국에 대한 집단적 비판운동이자 민족자주화운동이었다는 점에서 그 의의가 큰 것이었다.

한편 한미경제협정 반대투쟁을 지켜보면서 장면 정부는 대중의 정치세력화와 연대투쟁에 대해 위기를 느끼고 이에 대처하기 위한 수단을 강구하기 시작하였다. 이를 위해 장면 정부가 시도한 것이 '집회와 시위에 관한 법'과 '반공을 위한 특별법'이었다. 이것은 당시 분출되고 있는 민중의 불만을 억압하고 활발한 통일논의를 위축시키는 동시에 대중과 결합하고 있는 진보적 정치세력의 활동영역을 축소하려는 의도를 지닌 것이었다.

그러나 이러한 시도는 곧바로 벽에 부딪쳤다. 1961년 3월 8일 '2대 법안'이 발표되자, 야당인 신민당과 민주당 내의 신풍회를 비롯하여 언론계 및 법조계 등에서도 일제히 반대의사를 표명하였고, 혁신세력은 연합전선을 형성하여 즉각적인 반대투쟁에 나섰다. 3월 13일에는 민자통을 위시한 여러 정당·사회단체들과 11개 청년단체들, 그리고 16개 학생단체들이 '전국악법반대공동투쟁위원회'를 결성하고 악법반대운동을 전개하기 시작하였다. 이 전국공동투쟁위원회는 3월 22일 서울에서 대규모 성토대회를 개최하여 악법제정의 부당성과 장면 정부의 즉각적인 퇴진을 주장하면서 가두시위에 나섰다. 악법반대투쟁에는 전국노협과 교원노조도 참여함으로써 거의 모든 민중세력이 참가하였다. 그리고 이 대회를 계기로 악법 반대운동은 전국적으로 확산되었으며, 이 과정에서 신민당이 악법제정 반대로 입장을 선회하여 두 법안은 국회에서 부결되었다.

4. 장면 정권의 붕괴

1961년 5월 16일, 박정희 소장과 일부 군장교들에 의해 주도되었던 쿠데타는 장면 정부를 출범 9개월 만에 종식시켰다. 쿠데타 소식을 들은 장면 총리는 쿠데타 진압에 대한 조치를 취하기보다는, 서울의 한 수녀원으로 피신하기에 급급하였다. 윤보선 대통령은 쿠데타 주동자들의 방문을 받은 자리에서 장면 정부의 무능에 비추어 군사쿠데타의 불가피함에 동의하였다. 또한 당시 육군 참모총장인 장도영 중장은 쿠데타 세력에 동조하여 쿠데타에 대한 미국의 반발 가능성을 줄이려 하였다.[52] 쿠데타는 비교적 쉽게 실행되었고, 장면 정부는 아무런 대응도 못하고 무너져 내렸다. 이러한 장면 정부의 몰락은 4월항쟁에 의해 촉구되고 민주당에 의해 추구되었던 민주주의의 실패를 의미하였다.

장면 정권이 붕괴하게 된 직접적인 요인은 5·16 쿠데타였다. 장면 정권은 군부 내의 쿠데타 음모를 사전에 탐지하여 이를 분쇄할 단한 능력을 갖추지 못하였던 것이다. 그러나 쿠데타의 발생은 장면 정권의 통치능력 및 정책 수행능력의 부재와 무관하지 않다. 왜냐하면 당시 한국사회의 많은 부문에서 정부와 정치지도자들이 국민의 신뢰를 상실하고 있었다는 점을 고려할 때,[53] 장면 정권의 몰락이 군사쿠데타에 기인하였다는 발상은 지극히 단순하고 순진한 설명에 불과하다. 장면 정권이 쿠데타를 막아내지 못하고 결국 붕괴에 이르는 배경은 다음과 같다.

첫째, 장면 정권의 이념적 한계에서 비롯된 정치력의 부재이다. 장면 정권의 탄생은 4월항쟁이라는 역사적 사건에 기인했으며, 장면 내각 역시 4월항쟁의 계승자임을 자임하였다. 이런 점에서 장면 정권이 가장 중요한 정치적 지지기반으로 삼아야 할 집단은 4월항쟁의 주도세력인 학생과 이에 호응한 일반시민이었고, 적극적으로 타파하여야 할 사회세력은 이른바 '반혁명세력'이었다. 그러나 장면 정권은 그 물적 토대와 이념적 성향에서 이승만 정권과 유사하였던 관계로, 4월항쟁의 주도세력 및 여타 개혁세력이 원하는 정책을 실행하지 못하였다. 예컨대, 부정부패에 관련된 자유당 인사, 군·경찰의 주요 간부, 부정축재자들에 대한 숙청작업의 불철저함이 그 대표적인 사례였다. 이로 인해 잠재적 지지 세력이었던 개혁세력들을 소외시키는 결과를 초래하였으며, 동시에 '반혁명세력'들의 불만을 증폭시키는 결과만 가져왔다. 그 결과 장면 정권은 사회적 지지기반이 매우 취약했고, 이는 정부의 민간사회에 대한 정치적 통제력의 약화로 이어졌던 것이다.

둘째, 민주당 내부의 분열로 강력한 리더십 행사가 곤란하였다. 민주당의 신·구파는 내각책임제 개헌, 7·29선거 후보자 공천, 국무총리 지명, 그리고 내각

52) 김정원. 1986.『분단한국사』. 서울: 동녘, 272~273.
53) 한승주. 1983.『제2공화국과 한국의 민주주의』, 5.

구성 등의 권력배분과 관련되는 모든 정치과정에서 대립하였고, 7·29 총선 후에는 이미 내용적으로 분당(分黨)이 된 상태였다. 뿐만 아니라 민주당 신파 사이에서도 중진그룹과 소장파의 대립이 첨예해지면서, 내부 결속은 더욱 어려워져 갔다. 그 결과 국회 내에서 절대 다수의 의석을 확보하지 못함으로써 장면 내각의 불안정은 불가피하였으며, 이러한 상황에서 민주당 정부의 강력한 정치적 리더십을 기대하는 것은 불가능한 일이었다.

셋째, 장면 정권은 폭발적인 국민의 정치참여와 요구에 부응할 수 있는 정책수행능력을 결여하고 있었다. 장면 정권 9개월은 "데모로 해가 뜨고 데모로 해가 지는" 문자 그대로 정치참여의 폭발현상을 경험한 시기였다. 이에 비해 장면 정권은 정권 내부의 분열과 경찰 관료 등의 사기저하로 인한 행정부의 비효율성 때문에 국민의 요구를 실현시키는 산출능력은 매우 낮았다. 이러한 요구와 산출 간의 괴리는 정치적 불안정이라는 악순환의 계속을 초래하였던 것이다.

넷째, 군을 통제하는 데 실패하였다. 당시 군부는 한국전쟁을 경험하면서 이미 잠재적 정치세력으로 성장해 있었다. 따라서 이러한 사실을 인식하고 군부를 관리할 수 있는 정보체제를 갖추었어야 했다. 군의 정치적 중립기반을 확고히 다질 필요가 있다는 허정의 충고에도 불구하고,[54] 군의 숙청과 군의 감축을 발표함으로써 군부 내의 고위 장교들로 하여금 장면 정권에 대해 불안감을 갖게 하였다. 그나마 초기의 정군 약속은 이행되지 않아, 이에 기대를 갖고 있었던 하급 장교의 불만을 초래하였으며, 감군계획은 고위 장성과 미국의 반대로 취소되었다. 이러한 사례들은 군의 정부에 대한 신뢰를 실추시켰을 뿐만 아니라 군 내부의 소장파의 불만의 원인이 되었다.

장면 정권은 4월항쟁을 계기로 집권하였다. 따라서 장면 정권은 4월항쟁의 정신 및 목적을 충실히 이행해야 했다. 그러나 장면 정권은 민간사회의 폭발적 정치참여에 효과적으로 대처하지 못함으로써 정치 불안정에 시달려야 했다. 이는 장면 정권의 이념적 한계, 내부의 분열, 그리고 정책수행능력의 결여에서 비롯된 것이었다. 그 결과적 현상으로 나타난 장면 정권의 비능률성과 리더십의 빈곤은 최종적으로 군부의 정치개입을 유인하였던 것이다.

54) 월간조선(엮음). 1993.『비록 한국의 대통령: 권력과 인간, 정치와 인생』. 서울: 조선일보사, 230.

제5장

5·16 군사쿠데타와 제3공화국

제 1 절 5·16 군사쿠데타

군사쿠데타는 학생과 시민들의 항쟁으로 얻어진 민주주의를 다시 권위주의 체제로 회귀시켰다. 박정희 소장의 불법적인 군사적 모험은 결국 미국의 용인으로 '성공한' 쿠데타로 귀결되었다.

1. 쿠데타의 발생

1961년 5월 16일 새벽, 박정희 소장을 중심으로 장교 250여 명과 사병 3,500여 명으로 구성된 쿠데타군은 한강을 건너 서울에 진입하였다. 서울 진입 도중 헌병대 100여 명의 저항이 있었지만, 해병 제1여단을 선두로 한 쿠데타군은 헌병대의 저항을 쉽게 분쇄하였다. 이들은 중앙청·육군본부·서울중앙방송국 등 시내의 주요 건물을 점령한 후, 새벽 5시 서울중앙방송을 통해 6개항의 '혁명공약'을 국내외에 선포하였다. 그 내용은 다음과 같다.[1]

(1) 반공을 국시의 제일의(第一義)로 삼고 지금까지 형식적이고 구호에만 그친 반공체제를 재정비 강화한다.
(2) 유엔헌장을 준수하고 국제협약을 충실히 이행할 것이며 미국을 비롯한 자유우방과의 유대를 더욱 공고히 한다.
(3) 이 나라 사회의 모든 부패와 구악을 일소하고 퇴폐한 국민도의와 민족정기를 다시 바로잡기 위하여 청신한 기풍을 진작시킨다.
(4) 절망과 기아선상에 허덕이는 민생고를 시급히 해결하고 국가 자주경제 재건에 총력을 경주한다.
(5) 민족적 숙원인 국토통일을 위하여 공산주의와 대결할 수 있는 실력배양에 전력을 집중한다.
(6) 이와 같은 우리의 과업이 성취되면 참신하고도 양심적인 정치인들에게 언제든지 정권을 이양하고 우리는 본연의 임무에 복귀할 준비를 갖춘다.

---

1) 김세진. 1984. "한국 군부의 성장과정과 5·16." 김성환·김정원·허버트 P. 빅스(외). 『1960년대』. 서울: 거름, 142에서 재인용.

그날 오전 9시, 군사혁명위원회는 전국에 비상계엄령을 선포하였다. 그러나 서울의 장악이 쿠데타의 성공을 의미하는 것은 아니었다. 군사혁명위원회에 대한 일선 군 지휘관들의 묵시적 동의 및 미국의 승인은 쿠데타의 성공 여부를 결정하는 핵심 변수였다.

먼저 단위부대 군 지휘관들의 협조를 얻기 위한 작업의 일환으로, 박정희는 당시 육군참모총장인 장도영으로 하여금 군사혁명위원회의 의장직을 떠맡게 하여 군사혁명위원회의 권위를 확립코자 하였다. 쿠데타 발생 후 12시간이나 태도 표명을 보류하고 있던 장도영 총장은 오후 4시 30분경 군사혁명위원회 의장직을 수락하였다.[2)]

쿠데타 주역들에게 가장 큰 고비는 주한 유엔군사령관 매그루더(Carter B. Magruder)와 주한 미국 대리대사 그린(Marshall Green)의 5·16 쿠데타에 대한 반대였다. 이들은 5월 16일 오전 11시 '유엔군의 소리' 방송을 통해 다음과 같이 군사 쿠데타를 비난하는 성명을 발표하였다.[3)]

> 유엔군 총사령관의 직권으로 휘하 미장병들에게 장면 국무총리가 영도하는 정당히 승인된 대한민국 정부를 지지할 것을 요망한다. 한국군 수뇌들은 그들의 권한과 영향력을 행사하여 통치권을 정부 당국에 반환하고 군내 질서를 회복하도록 요망한다.
>
> 자유로이 선출되고 합법적으로 수립된 대한민국 정부를 지지한 유엔군 총사령관의 입장에 본인(그린 대사)도 전적으로 동의한다. 본인은 미국이 작년 7월에 한국 국민에 의해 선출되고 지난 8월의 국무총리 선거로 조각된 합헌적인 대한민국 정부를 지지한다는 사실을 강조하며 이를 명백히 하고자 한다.

이날 새벽 쿠데타 소식을 접한 매그루더 사령관과 그린 대리대사는 쿠데타군의 진압계획을 준비하고 있었다. 이들은 오전 10시 20분경 윤보선 대통령을 찾아가 쿠데타군의 진압을 건의했다. 하지만 윤보선 대통령은 서울 시내에서 유혈사태를 불러일으킬지도 모르는 조치를 취하는 것은 현명한 대응책이 아니라는

2) 당시 쿠데타군의 병력은 3,700여 명에 불과하였다. 따라서 제1군 산하 1개 사단만 출동시켜도 쿠데타군은 분쇄될 수 있었던 상황이었다. 이러한 점에서, 김세진은 장도영 총장의 참여가 5·16의 '중요한 전환점'이 되었다고 평가한다. 김세진. 1984. "한국 군부의 성장과정과 5·16," 143.

3) John Kie Chiang Oh. 1968. *Korea: Democracy on Trial*. Ithaca, NY: Cornell University Press, 110.

이유를 들어 쿠데타 진압계획을 적극 만류하였다. 당시 윤보선 대통령은 오전 9시경에 이미 박정희 소장의 방문을 받고, 그 자리에서 '군사혁명'에 반대하지 않을 것을 동의한 상태였다. 때문에 대통령은 그린 대리대사와 매그루더 장군의 요청을 받아들이지 않았다.[4)]

5월 17일, 인명의 희생과 재산의 파괴를 야기할 수 있는 쿠데타군에 대한 어떠한 군사적 행동도 취하지 말 것을 당부하는 윤 대통령의 친서가 일선 지휘관들에게 전달되었다. 대통령의 친서를 받은 일선 지휘관들은 쿠데타 진압에 나서기를 꺼려하였다. 왜냐하면 고위당국자의 재가를 받지 않고 행동하는 것은 또 다른 반역을 의미하는 것이기 때문이었다.

한편 윤 대통령의 만류에도 불구하고, 매그루더 장군은 쿠데타 진압을 결심하고 한국군 제1군과 미 1군단의 동원계획을 수립하였다. 그러나 막상 진압작전을 실행하려는 순간, 한국군 제1군 내의 많은 군 지휘관들이 박정희 소장을 지지하고 있음이 감지되었고, 미국 워싱턴 당국은 쿠데타에 대한 명확한 입장표명을 하지 않고 있었다. 이러한 상황에서 매그루더 장군은 진압작전의 실행이 곤란함을 깨달았다.[5)]

5월 18일, 쿠데타 직후 은신해 있던 장면 총리가 모습을 드러냈다. 그에게는 총리직 사퇴 외에는 별다른 선택의 여지가 없었다. 장면은 18일 오후 장도영을 수반으로 하는 군사혁명위원회에게 정권을 이양하였다. 장면이 물러난 다음 날, 미 국무성은 다음과 같은 성명을 발표하였다.[6)]

> 한국 국민이 민주적 과정을 통해서, 간악한 공산주의의 위협에 대한 국가안보뿐 아니라 건전한 경제성장과 국민복지의 증진을 위한 필수적 기반으로서의 안정, 질서, 합헌적 정부와 법치를 획득하도록 돕는 것이 한국에서의 우리의 목적이었으며, 지금도 여전히 그러하다. … 우리는 정부를 민간인에 넘겨주려는 군부지도자들의 강한 의지에 고무되고 있다.

비록 미국의 쿠데타군에 대한 명백한 지지는 아니었지만, 그렇다고 쿠데타 세력에 대한 절대적 반대를 표명한 것도 아니었다. 또한 장면 총리의 사임 이후

4) 김정원. 1984. "군정과 제 3공화국: 1961~1971." 김성환·김정원·허버트 P. 빅스(외). 『1960년대』, 152~153.
5) 김정원. 1984. "군정과 제3공화국: 1961~1971," 153.
6) 김정원. 1984. "군정과 제3공화국: 1961~1971," 154.

에도, 윤보선 대통령이 계속 대통령직에 머물러 있었기에 새로운 외교적 승인을 필요로 하지 않았다. 이러한 상황의 전개는 오랜 기간 준비되어 온 군사쿠데타가 정권탈취에 성공했음을 의미하는 것이었다.

2. 쿠데타의 배경

5·16 군사쿠데타가 발생하게 된 배경적 원인에 대하여 학자들마다 약간씩 그 강조점을 달리하지만, 군 자체의 내부적 요인과 군 외부적(정치·사회·경제 등) 요인들이 상호 결합되어 쿠데타가 발생하였다는 점에 학자들의 의견은 대체로 일치한다. 그러나 군부 내외적 상황이 쿠데타 발생에 호의적이었다고 하더라도, 강대국의 강한 영향력하에 있는 신생국의 경우, 강대국이 쿠데타에 대해 단호히 반대하면 그것의 발생 및 성공은 어렵게 된다. 당시 한국정치가 미국의 강력한 영향력하에 위치하고 있었다는 점에서 쿠데타 발생 및 성공과 관련한 미국의 역할도 검토해야 할 중요 변수이다.

(1) 군부 내적 배경

한국전쟁 이후 쿠데타 당시까지 진행되었던 군부의 양적 팽창과 질적 변화는 군부 정치개입의 구조적 요인을 제공하였다.[7] 군부는 한국전쟁을 계기로 그 규모가 급속히 확대되었는데, 1950년 10만의 병력이 1956년에는 70만으로 증가하여, 불과 6년 내에 그 규모가 7배가량 증대되었다. 비록 1958년 10만이 감축되어 이후 60만 병력을 유지하였으나, 이는 당시 한국사회의 어느 단일 집단보다도 큰 규모의 조직체였다.

군부의 성장은 양적 팽창뿐만 아니라 질적 향상을 동반한 것이었다. 미국의 막대한 군사원조와 더불어 체계적 군사교육은 한국 지휘관들의 전술·전략 운용 능력, 조직적 운영능력, 경제 및 정치적 지식, 장기적 전략의 기획능력 등을 빠르게 향상시켰다. 1951년에 처음 실시된 한국군 장교의 미국 군사학교 유학 프로그램 이후, 1961년까지 약 6,000명의 한국군 장교들이 리더십 교육을 받기 위해 미국에 파견되었다.[8] 이들은 귀국 후, 그들이 습득한 내용을 다시 한국군 장교들에

7) 김영명. 1992.『한국현대정치사』. 서울: 을유문화사, 260.

8) Hahn Been Lee. 1968. *KOREA: Time, Change, and Administration*. Honolulu, Hawaii: East West

게 전수하였다. 그 결과 1950년대 군부는 한국사회에서 가장 근대화되고 서구화된 집단이 되었다.[9)]

이 같은 군부의 양적·질적 성장은 한국사회 내에서의 군부의 지위와 역할을 자연스럽게 향상시켰다. 특히, 남북의 군사적 대결 상황 및 민간사회의 미성숙은 군부의 정치적 잠재력을 더욱 상승시키는 방향으로 작용하였다. 왜냐하면, 미성숙한 민간사회에 비해 군부의 급속한 근대화는 군 장교들에게 민간 엘리트에 대한 불신감을 조장하고 군의 통치의식을 부추기기 쉽기 때문이다.[10)]

하지만 이러한 구조적 요인의 존재가 항상 군의 정치개입으로 이어지는 것은 아니다. 군 지휘관들의 구체적 행동동기의 부여(예: 개인적, 파당적, 제도적 불만)가 있는 경우, 이는 구조적 요인과 결합하여 정치개입으로 나타나기 쉽다. 5·16 쿠데타의 경우, 크게 두 가지의 군 내부적 불만이 행동동기가 되었다. 그 하나는 이승만과 군 장성들 사이의 후원－피후원 관계를 바탕으로 하는 극심한 부정부패에 대한 불만이었고, 다른 하나는 진급 지체 혹은 진급기회소멸 등의 직업적 불만이었다.[11)] 이러한 불만들은 기본적으로 군부 내의 파벌과 연결되어 있었고, 이는 소장 장교들을 중심으로 한 '군정화운동'이라는 형태로 표출하기도 하였다. 이러한 군 내부의 갈등이 쿠데타 발생의 한 요인으로 작용하였다.

(2) 군부 외적 배경

거시적이며 장기적 측면에서 볼 때, 건국 이후 정치·경제적 파행이 군부 쿠데타의 발생을 유인하는 배경적 요인으로 작용했다. 이승만 정권의 부패와 군의 정치적 이용은 일부 소장 장교들의 불만을 야기했고, 이는 박정희를 중심으로 한 일단의 소장 장교들의 쿠데타 모의로 발전하고 있었다. 그러나 1960년 5월 8일로 예정되었던 쿠데타 계획은 4월항쟁의 발발로 연기되었다. 그들은 장면 정부가 군의 정화와 정치적 안정을 달성해 줄 것을 기대하였으나, 장면 정부의 내부적 분열 및 정책실행 능력의 결여로 사회·정치적 불안은 증폭되었고 침체된 경제상황은 나아지지 않았다. 이러한 군부 외적 상황은 쿠데타 세력에게 군부 정치개입의 명분을 제공하였다. 다시 말하면, '수입 민주주의의 위기'와 '원조경제의 모순'이

Center Press, 147~150.

9) Hahn Been Lee. 1968. *KOREA: Time, Change, and Administration*, 150.

10) 김영명. 1986. 『군부 정치론』. 서울: 녹두, 117~119.

11) 김영명. 1992. 『한국현대정치사』, 261.

쿠데타 주체들의 이른바 구국(求國)적 '소명의식'을 부추기는 배경이 되었다.

미시적이며 단기적 측면에서 볼 때, 장면 정부의 무능력이 군의 정치개입을 용이하게 하였다. 먼저, 장면 정부는 정치적으로 집권세력의 대립과 분열에 직면하였고, 사회적으로 혁신세력과 보수세력 간의 갈등 심화로 사회적 불안을 경험하고 있었다. 더욱이 군의 쿠데타를 감지·분쇄하는 능력은 고사하고, 군에 대한 정부의 통제능력이 결여된 상태에서 장면 정부의 10만 감군계획은 군부의 불만을 사기에 충분한 것이었다.

요컨대, 장면 정부는 정치·사회·경제적 불안을 해소할 수 있는 능력을 결여하고 있었으며, 이러한 총체적 불안정 상태를 이용한 군의 정치개입을 분쇄할 수 있는 능력조차 지니고 있지 않았던 것이다.

(3) 군사쿠데타와 미국

5·16 쿠데타와 미국과의 관계에 대한 대부분의 기존 연구들은 미국이 쿠데타의 발발을 사전에 전혀 모르고 있었으며, 설사 알고 있었다고 할지라도 쿠데타에 대해서는 반대하는 입장이었다는 주장이 지배적이다. 그러나 일부 논자들은 미국이 사전에 쿠데타를 알고 있었으며, 더 나아가 미국은 쿠데타를 적극적으로 지원·조종하였다고 주장한다.

우선, 미국이 쿠데타에 반대했다고 주장하는 학자들은 다음과 같은 사실에 근거한다. 첫째, 쿠데타 당일 미국 대사관이 기자들에게 배포한 주한 유엔군사령관과 그린 대리대사의 '장면 정권 지지, 쿠데타 반대' 성명서와, 같은 날 오전 11시 유엔군 방송을 통해 발표한 5·16 쿠데타를 비난하는 성명이다. 둘째, 당시 케네디 행정부는 5·16 쿠데타에 대해 비판적이었다는 점이다. 즉 케네디 행정부가 처음부터 쿠데타를 인정한 것은 아니었고, 민정이양을 통한 민주주의 이행을 전제로 쿠데타를 인정했다는 인식이다.

이와는 달리, 쿠데타의 발생에 있어 미국이 일정한 역할을 담당했음을 주장하는 학자들은 전혀 상반된 근거들을 제시한다. 첫째, 미국 정보기관들은 5·16의 진행상황을 잘 파악하고 있었다고 주장한다. 그 근거로 당시 미국 중앙정보부 한국 지부장이었던 실바(Peer de Silva)와 주한 미군사령관 비서실장이었던 하우스만(James Hausmann)의 증언을 들고 있다.[12] 예컨대, 실바는 한 한국장교를 통해

12) 이삼성. 1993.『미국의 대한정책과 한국민족주의』. 서울: 한길사, 58~59.

서 쿠데타 계획을 사전에 알고 있었다고 증언하였고, 하우스만은 자신이 당시 실바에게 지속적으로 한국군부의 동향과 쿠데타의 진행상황에 대한 정보를 제공하였다는 것이다. 이러한 증언들이 사실이라면, 미국은 쿠데타에 대한 정보를 갖고도 쿠데타 음모에 대해 아무런 조치도 취하지 않았음을 의미한다. 다시 말하면, 미국이 배후조종 세력이라고 할 수는 없지만 군부의 정치개입을 암묵적으로 지지했다는 증거가 되는 것이다.

둘째, 쿠데타 당일 매그루더 주한 미군사령관과 그린 대사의 쿠데타 반대성명은 워싱턴의 고위 당국과 사전협의 없이 취해진 조처였음을 강조한다. 그 증거로 1961년 '타임'과 동년 5월 29일의 '뉴스위크'의 기사를 들고 있다. 당시 '타임'은 "워싱턴의 미국무부 관리들은 서울주재 미 대사관이 쫓겨난 총리를 … 지지한 것에 당황해 했다"고 보도하였고, '뉴스위크'는 그들의 "성급한 발언은 미국정부를 당황시켰고 케네디 대통령을 노하게 했다"고 보도하였다.[13] 이러한 보도를 첫 번째 지적한 사실들과 연관 지어 판단하면, 워싱턴 당국은 쿠데타의 진행상황을 알고 있으면서도 이를 묵인했다는 사실을 쉽게 파악할 수 있다는 것이다.

셋째, 미국은 쿠데타의 묵인을 넘어서 쿠데타에 직접 개입·지휘했다는 주장으로, 당시 CIA국장이었던 덜레스(Allen W. Dulles)가 1964년 5월 3일 영국 BBC TV에 출연해서 행한 다음과 같은 언명을 근거로 제시한다.[14]

> 내가 재임 중에 CIA의 해외활동에서 가장 성공한 것이 바로 이 혁명이었습니다. 미국의 일부 지도자가 지지하고 있는 장면 내각은 부패하였고 이승만 정권을 타도한 민중의 기대에 부응하지 못하였습니다. 위태로운 순간이었습니다. 만일 미국이 무엇인가를 하지 않았더라면, 민중은 공산주의의 선전에 현혹되어 남북통일을 요구하는 폭도들을 지원하였을지도 모릅니다.

이러한 증언은 5·16 직후 주한 미대사관과 미군사령부가 밝힌 태도와 상반된 것이다. 이에 대해, 일부 학자들은 미국 CIA가 쿠데타를 배후 조종하였고, 쿠데타 직후 미국대사관과 미군사령부의 행위들은 미국의 개입사실을 은폐하기 위한 고도의 알리바이의 조작이었다고 주장한다. 그러나 이러한 의혹에도 불구하고, 미국이 5·16 군사쿠데타에 직접 개입했다는 주장은 아직 검증되지 않은 가

13) 이삼성. 1993.『미국의 대한정책과 한국민족주의』, 60.
14) 한동혁. 1988.『지배와 항거』. 서울: 힘, 103.

설에 불과하다.

제 2 절 민정이양

쿠데타 세력은 다양한 수단과 방법을 동원하여 군사정부의 통치기반 강화와 정당성의 확보를 시도하였다. 또한 미국의 강력한 민정이양 압력에 직면하여, 쿠데타 세력은 대통령중심제와 단원제를 주요 내용으로 하는 새 헌법의 제정, 민주공화당의 창당, 중앙정보부를 통한 정치자금의 마련 등 민정이양에 대비한 준비작업에 착수하였다.

1. 군사정부의 통치기반 강화

쿠데타 성공 이후, 쿠데타 세력이 당면한 시급한 과제는 자신들의 조직기반 강화와 정책대안의 제시를 통해 정치적 지지를 확보하는 것이었다. 먼저 조직기반 강화를 위한 쿠데타 세력들의 노력은 다음의 몇 가지로 요약할 수 있다. 첫째, 군부에 대한 통제를 시도하였다. 쿠데타 세력의 핵심기구인 국가재건최고회의(최고회의)[15]에 호의적인 모든 군 장교들을 포섭함과 동시에 비판적이거나 신뢰할 수 없는 군 인사들을 하나하나 제거하는 자체 조직정비작업이 진행되었다. 예컨대 1961년 7월 8일, 쿠데타 주체세력은 그동안 최고회의의 얼굴 역할을 해왔던 장도영 장군[16]을 '반혁명 음모죄'로 체포하였다. 동시에 정군(整軍)작업을 착수하여, 장성 40여 명을 포함하여 장교 2천여 명을 예편시킴으로써 주체세력에 비호의적인 군 지휘관들을 제거하였다.[17] 이러한 정비작업은 이후에도 계속되었는데, 군정기간 동안 총 9건에 이르는 이른바 '반혁명' 사건을 통해 박정희·김종필 중

15) 5·16 당시 조직된 '군사혁명위원회'는 5월 19일 '국가재건최고회의'로 개칭되었고, 최고회의 의장에 당시 장도영 육군참모총장이 선임되었다.

16) 장도영은 5월 19일에 최고회의 의장에, 5월 20일에는 내각수반 및 국방장관에 선임되었다. 그러나 6월 6일, 그는 육군참모총장직과 국방장관 자리에서 물러났고, 7월 3일에는 내각수반과 국방장관직을 사임하였다.

17) 김정원. 1984. "군정과 제3공화국: 1961~1971," 157.

심의 권력체계를 구축하였다.[18]

둘째, 민간 정치인들의 정치활동을 제한하였다. 이미 쿠데타 당일 비상계엄령 선포 및 국회와 지방의회의 해산을 통해 정치인들의 활동을 규제한 쿠데타 세력은 5월 22일 정당 및 사회단체(구호, 학술, 종교단체는 제외)들의 해산을 강요하였다. 뒤이어 5월 23일에는 언론정화조치를 선포하여 언론을 통제하였다. 그 결과 기존 15개의 정당과 238개의 사회단체가 해체되었고, 1,170 종류의 신문 및 잡지가 폐간되었다.[19] 그리고 1962년 3월 16일에는 구정치인들의 정치활동을 규제하는 정치활동정화법을, 동년 12월 31일에는 정당법과 집회 및 시위에 관한 법률을 공포하여 군사정권 이외의 모든 정당과 사회단체의 정치 및 사회활동을 금지시켰다.

셋째, 대공업무 및 반정부세력을 감시하는 중앙정보부를 창설하였다.[20] 이는 1961년 6월 10일에 제정된 중앙정보부법에 근거하여 당시 김종필 중령의 지휘하에 3,000여 명의 특무부대 요원들을 토대로 설치되었다. 군정기간 동안, 중앙정보부는 41,000여 명의 고위 공직자를 심사하여 잠재적인 '반혁명분자'를 색출·식별하는 작업을 수행했으며, 민정이양에 대비한 민주공화당 창당 작업을 추진했다.

이러한 권력 강화를 위한 작업들과 더불어, 쿠데타 주체세력은 군부쿠데타의 정당성의 확보와 국민적 지지의 획득을 위한 다양한 조치들을 실시하였다. 첫째, 사회정화와 질서유지를 위한 청교도적인 접근방법을 취하였다. 1961년 5월 22일, 제2공화국 기간 동안 도시지역에서 폭력을 휘두르던 4,200여 명의 깡패를 체포하였다. 범죄 추방과 부패 일소의 효율성을 과시하기 위한 방편으로 "나는 깡패입니다"라는 표찰을 목에 걸고 가두행진을 시켰으며, 그 후 공공노역장에 보내졌다.[21] 쿠데타 주체세력의 청교도적 접근방식은 때론 극단적 양상을 보이기도 하였다. 도시 상류층의 사치생활을 비난하였고, 음식점에 쌀의 배급제를 실시하였고, '부도덕한 영향'을 막기 위해 영화를 검열하고, 수입사치품을 수거하여 불태우기도 하였다. 또한 다방, 찻집, 바, 댄스홀이 폐쇄되었고, 440여 명의 뚜쟁이가 체포되고, 4,411명의 매춘부가 강제 귀향 조치되었다.[22]

18) 한국정치연구회. 1990. 『한국정치사』. 서울: 백산서당, 342.
19) 한국정치연구회. 1990. 『한국정치사』, 157.
20) 김정원. 1984. "군정과 제3공화국: 1961~1971," 160.
21) 김정원. 1985. 『분단한국사』. 서울: 동녘, 300.
22) 김정원. 1985. 『분단한국사』, 279.

둘째, '국민재건운동'을 실시하였다. 재건운동은 내핍생활의 실천, 근면정신의 고취, 생산 및 건설의욕의 증진, 국민도의의 앙양, 국민정서의 순화, 국민체위의 향상 등 7개항의 목표를 내걸고 전개되었다. 재건운동의 본부가 서울에 설치되었고, 본부장에는 당시 고려대학교 총장인 유진오 박사가 임명되었다. 계속해서 주요 민간단체의 임원, 언론인, 출판인, 교육자, 연예인, 종교 지도자들을 재건운동의 지도적 위치에 임명하여 군사정부에 대한 국민적 지지를 창출하려 하였다.[23)]

셋째, '농촌고리채정리법'(1961년 6월 10일)을 제정하여 농가 채무의 탕감을 시도하였고, '부정축재처리법'(1961년 6월 14일)을 공포하여 대기업 재벌들의 부정한 축재에 대해 처벌하였다. 동시에 산업복구를 위한 긴급경제시책요강이 발표(1961년 7월 18일)되었고, 뒤이어 5개년 종합경제재건안을 채택하고 이를 행정적으로 관장하고 뒷받침할 경제기획원이 설립(1961년 7월 22일)되었다.

전체적으로 볼 때, 군정의 통치기반 강화를 위해 취해진 정책들은 잠재적 반대세력에 대한 억압과 잠재적 지지집단으로 분류될 수 있는 사회세력에 대한 회유라는 이중성을 보였다. 그러나 그 궁극적인 목표는 정권의 민중주의적 이미지를 형성·강화하여, 군정의 절차적 정당성의 결여를 만회하고, 군부정권을 유지·강화하는 것이었다.

2. 미국의 압력과 민정이양

일련의 정책을 통해 정권의 기반을 확보한 군정은 1962년 초부터 앞으로 있을 민정이양에 대비하기 시작하였다. 쿠데타 세력의 민정이양에 대한 진지한 고려는 기본적으로 미국의 강력한 압력에서 비롯되었다. 1961년 당시 미국은 대한민국 국가예산의 50% 이상과 국방예산의 72.5%를 제공하고 있었다.[24)] 이러한 경제적 제재수단을 동원하여 미국은 박정희에게 민정이양을 강력히 요구하였다. 이에 동년 8월 12일 박정희는 1963년 여름까지 정권을 민정에 이양할 것임을 발표하였고, 1961년 11월 박정희 의장은 워싱턴에서 개최된 케네디 대통령과의 회담에서 민정이양을 재확인하였다.[25)]

23) 김정원. 1985.『분단한국사』, 282.
24) 김정원. 1985.『분단한국사』, 280.
25) 김정원. 1985.『분단한국사』, 280~281.

미국의 압력에 의해 군정의 시한이 규정되자, 군부 지도자들은 서둘러 민정이양에 대비하였다. 먼저 군정은 1962년 7월 11일 헌법심의위원회를 설치하여 강력한 대통령중심제와 단원제를 주요 내용으로 하는 헌법안을 채택하였다. 이와 더불어, 1962년 여름 민주공화당의 창설 작업이 김종필 중앙정보부장에 의해 비밀리에 착수되었다. 그 일환으로, 중앙정보부는 정치자금을 마련하는 작업에 착수하였다. 이러한 작업과 관련된 사건들이 '증권파동,' '워커힐 사건,' '새나라 자동차 사건,' '빠찡꼬 사건' 등 소위 "4대 의혹사건"이었다.[26]

민주공화당의 창설 준비 작업이 끝나자, 군정은 1962년 12월 5일에 비상계엄령을 해제하였다. 그리고 12월 17일에 국민투표를 실시하여 군정이 마련한 헌법 개정안이 74.6%의 지지율을 얻어 통과되었다.[27] 이어 12월 27일 박정희 의장은 자신을 포함한 최고위원들의 민정참여 계획을 국민들에게 밝혔다. 박정희 의장은 군인 신분을 벗어나 민간인으로서 민정에 참여할 것이므로, 자신의 결정이 혁명공약을 위배한 것은 아니라는 점을 역설하였다.

1963년 1월 1일, 군정은 민간인 정치활동 금지를 공식적으로 해제했다. 1월 5일 민주공화당 발기인대회가 개최되었고, 1월 18일 김종필 부장이 발기위원회 위원장에 선출되었으며, 2월 2일에는 창당준비대회가 개최되었다. 그러나 민주공화당의 창당 작업은 일부 군부지도자와 민간 정치인들의 심각한 도전을 받았다. 창당 작업에 소외된 최고위원들은 민주공화당이 김종필 주도하에 비밀리에 추진된 사실에 대한 불만을 분출시켰다. 이른바 반김종필 세력의 반발은 군부 내의 심각한 내분으로 발전하여, 민주공화당은 김종필의 "추종자들이 모인 파당에 불과"하며 "공산당식의 조직에 기초한 반민주적 민주공화당 조직으로는 정권 재창출이 불가능하다"고 공박하였다.[28] 또한 이들은 정권 재창출을 위해 "재야정치인

26) 증권파동은 1962년부터 1963년 사이에 중앙정보부가 대한증권거래소를 장악하여 주가조작을 통해 엄청난 부당이득을 취한 사건이며, 워커힐 사건은 "유엔군 병사에게 초근대적인 편의를 제공하기 위해 휴가 천국"을 건설한다는 명분하에 중앙정보부가 워커힐 건설사업을 관리하면서 일으킨 횡령사건이다. 새나라 자동차 사건은 중앙정보부가 일제 승용차를 면세로 수입한 후, 수입가보다 2배 이상 비싼 값으로 판매하여 막대한 이익을 취한 사건이다. 빠찡꼬 사건은 법적으로 금지된 도박기계를 재일교포의 재산인 것처럼 국내에 반입하여 이를 비싼 가격으로 판매해 부당이득을 올린 사건이다. 이에 대한 국민의 의혹과 비판이 고조되자, 1963년 12월 24일 '4대 의혹사건 특별조사위원회'가 구성되어 중앙정보부장 김재춘의 지휘 아래 조사가 진행되었으나, 결국 이들 사건의 전모는 명확하게 밝혀지지 않았다. 김삼웅. 1994.『해방 후 정치사 100장면』. 서울: 가람, 147~150.

27) 중앙선거관리위원회. 1964.『대한민국선거사』, 392.

28) 민주공화당의 조직은 민주집중체제(democratic centralism)에 기초하여 중앙당이 시·도지구당을

과 혁명주체 세력이 결속하는 범국민정당"의 창설을 주장하였다.[29)]

한편, 구정치인들은 민주공화당이 정치활동이 금지된 시기에 비밀리에 조직되었다는 점을 들어, 불법 조직된 민주공화당의 해체를 주장했다. 또한 박정희를 비롯한 군부의 민정 참여는 혁명공약의 위배이며 국민에 대한 배신이라고 비판하면서, 5·16 세력은 혁명공약대로 원대 복귀하라고 주장하였다.[30)]

군 내부의 갈등과 반목 그리고 야당의 공격에 직면하여, 1963년 2월 18일 박정희 의장은 모든 정당과 민간 정치인들에게 9개항의 '시국수습안'이 받아들여진다면,[31)] 민정에 불참하겠으며 정치정화법을 전면 해제하겠다고 선언하였다. 박정희 의장의 선언은 즉각 민간 정치인과 미국의 열렬한 환영을 받았다. 그동안 민주공화당 창당에 주력해 오던 김종필 중앙정보부장은 2월 25일 박 의장의 시국수습안을 마지못해 받아들인 후, 곧바로 외유에 올랐다. 2월 27일 서울시민회관에서 박 의장을 포함한 3군 요인과 민간 정치지도자들이 모여 박 의장이 제시한 수습안을 준수할 것을 선서하는 모임이 개최됨으로써 민정이양 과정은 일단 순조롭게 진행되는 양상을 보였다.

그러나 민정이양을 약속한 지 1개월이 채 못 되어 박정희 의장은 자신의 결정을 번복하고 군정의 4년 연장안을 발표하였다. 1963년 3월 16일, 박 의장은 "사회적 불안과 정치적 무질서하에서 선거를 치르고 정권 인수태세가 안 된 정치인들에게 정권을 이양한다는 것은 혁명 당국의 무책임"한 행위라고 전제한 후, 4년간의 과도적인 군정기간 설정을 제의하고 이를 국민투표를 통해 결정할 것임

직접 통제하는 고도의 중앙집권적인 구조를 갖도록 기획되었다. 이에 대해 일부 최고위원들은 정당관료들이 당을 지배하는 형태라며 반발하였다. 김정원. 1985. 『분단한국사』, 283~284; 이상우. 1993. 『제3공화국: 5·16에서 10월유신까지』. 서울: 중원문화, 22~23, 83~87.

29) 이상우. 1993. 『제3공화국: 5·16에서 10월유신까지』, 77.

30) 이상우. 1993. 『제3공화국: 5·16에서 10월유신까지』, 23.

31) 1962년 2월 18일, 다음 9개항의 제안이 수용된다면 민정에 불참한다는 박정희 의장의 시국수습안은 다음과 같다: ① 군은 정치적 중립을 견지할 것이며, 민의에 의하여 선출된 정부를 지지한다; ② 다음에 수립될 정부는 4·19 정신과 5·16 정신을 받들어서 혁명과업을 계승할 것을 확약한다; ③ 혁명주체세력은 그들의 개인의사에 따라 군에 복귀하거나 또는 민정에 참여할 수 있다; ④ 5·16혁명의 정당성을 인정하고 앞으로는 정치적 보복을 일체 하지 아니한다; ⑤ 혁명정부가 합법적으로 기용한 공무원에 대해서는 그 신분을 계속 보장한다; ⑥ 유능한 예비역 군인은 그들의 국가에 대한 공로를 인정하고 능력에 따라서 가급적 우선적으로 기용한다; ⑦ 모든 정당은 중상모략 등 구태의연한 정쟁을 지양하고 국민을 위해서 무엇을 하겠다는 뚜렷한 정책을 내세워 놓고 정책대결의 신사적 경쟁으로써 국민의 신임을 묻는다; ⑧ 국민투표에 의해서 확정된 신헌법의 권위를 보장하고 앞으로 헌법개정은 국민의 여론에 따라 합법적인 절차를 밟아 실시한다; ⑨ 한·일문제에 대해서는 초당적인 입장에서 정부방침에 협력한다.

을 발표하였다.[32)]

박 의장의 갑작스런 번의에 대해 미국은 민감하게 반응하였다. 미국은 즉시 주한 미대사관을 통해 박정희의 결정을 취소시키기 위한 설득 작업에 착수하였다. 동시에 케네디 대통령은 박정희 의장에게 군정연장을 반대한다는 강력한 항의문을 전달하였다. 나아가 군정연장을 취소하지 않을 경우, 미국은 한국에 대한 모든 원조를 중단할 것이라고 압박하였다.[33)]

미국의 강력한 압력으로 군정연장이 불가능해지자, 박정희는 이른바 '4·8성명'을 통해 국민투표의 보류와 군정연장 철회를 발표함과 동시에 자신의 민정참여를 시사하였다. 결과적으로 민정이양과 군정연장이라는 번의와 번복 와중에, 군정연장의 폐기 대가로 박정희 자신의 민정참여를 기정사실화하였다.

이 시기에 박정희는 '범국민정당의 필요성'을 강조하기 시작하였다. 민주공화당에 대한 집중적인 비판과 공격으로 인해, 박정희는 구정치인과 군부 내의 반김종필 세력을 묶는 새로운 정당을 구상하였다. 박정희의 묵인 아래, 김종필의 후임자로 중앙정보부장이 된 김재춘 예비역 장군은 자유민주당이라는 범국민정당 운동을 착수하였다.[34)] 이 운동의 목적은 민간 정치인들의 대거 포섭을 통한 정권 재창출이었다. 이로 인해 김종필의 민주공화당은 존폐의 위기에 봉착하였다. 그러나 구정치인들이 박정희 민정불참을 계속 고수함으로써 자유민주당 조직작업이 지지부진해지자, 박정희는 자유민주당과 민주공화당의 합당을 지시하였다. 박정희의 합당지시에도 불구하고, 자유민주당의 결성을 주도한 세력들은 공화당의 전면해체를 고집함에 따라 두 당의 합당은 결실을 맺지 못하였다.[35)] 그 결과, 박정희는 범국민정당 결성을 포기하고 민주공화당의 후보로 대선 출마를 결정했다.

1963년 7월 27일, 군정은 개정된 헌법에 의한 총선거실시에 관한 담화를 발표하였다. 이 담화에서 박정희는 혁명공약과 4·8성명에서 이미 밝힌 바대로 약속을 이행할 것임을 선언하면서, 대통령선거는 1963년 10월 중에 실시하고 국회의원선거는 11월 하순에 실시할 예정임을 발표하였다. 그리고 8월 30일, 박정희 대장은 전역식을 갖고, 민간인 신분으로 대통령선거에 출마할 준비를 마쳤다.

32) 이상우. 1993.『제3공화국: 5·16에서 10월유신까지』, 26.
33) 김정원. 1985.『분단한국사』, 294~295.
34) 김정원. 1985.『분단한국사』, 296.
35) 김정원. 1984. "군정과 제3공화국: 1961~1971," 174~175.

제 3 절 제3공화국의 출범

새롭게 개정된 선거법은 대통령과 국회의원 후보자가 되려는 자는 반드시 소속 정당의 추천을 받도록 규정하였다. 민정이양을 앞두고 그간 은밀하게 선거전을 대비해 온 민주공화당은 대통령 및 국회의원 선거일이 정해지자 본격적인 선거활동체제에 돌입할 수 있었다. 이에 비해, 그간 정치활동금지로 인해 조직이 붕괴되었던 야당은 서둘러 정당을 설립하고 조직을 재정비하는 가운데 선거를 치러야 했다.

1. 제5대 대통령선거

대통령선거의 최대 쟁점은 쿠데타로 정권을 장악한 군부가 재집권하느냐, 아니면 군정종식을 내건 구정치인이 집권하여 진정한 의미의 민정이양을 이루느냐의 문제였다. 1963년 9월 15일까지 일곱 명(민주공화당의 박정희, 민정당의 윤보선, 국민의 당의 허정, 자유민주당의 송요찬, 추풍회의 오재영, 정민회의 변영태, 신흥당의 장이석)이 후보 등록을 마쳤다. 그러나 10월 2일 야권이 분열된 상태에서 선거승리가 어렵다고 판단한 허정은 윤보선을 지지하면서 후보를 사퇴하였고, 10월 7일에는 송요찬이 야권단일화를 통한 군정종식을 위해 후보에서 사퇴하였다.[36] 결국, 선거전은 박정희와 윤보선의 대결로 압축되었다.

선거전이 전개되면서 국민들의 관심을 끈 것은 '사상논쟁'이었다. 이는 윤보선 후보가 전주(9월 24일)와 서울(9월 25일) 유세에서 박정희 후보가 '여순사건'과 관련이 있다고 주장하면서 박 후보의 사상에 문제를 제기한 데서 발단되었다. 이에 대해 박 후보와 공화당은 "과거 선량한 시민을 빨갱이로 몰아치던 한민당의 매카시즘(McCarthism)적 수법"의 되풀이라고 반박하고, 집권할 경우 공직채용에 있어 연좌제를 폐지하고 수감중인 혁신계 인사들을 석방할 것임을 약속하기도 하였다.[37]

36) 심지연. 2009. 『한국정당정치사』. 서울: 백산서당, 183.
37) 심지연. 2009. 『한국정당정치사』, 183.

표 5-1 제5대 대통령선거와 후보자의 시도별 득표율

지 역	박정희	윤보선	기타 후보
서 울	30.2%	65.1%	4.7%
부 산	48.2%	47.5%	4.3%
경 기 도	33.1%	56.9%	10.0%
강 원 도	39.6%	49.1%	11.3%
충청남도	40.8%	49.4%	9.8%
충청북도	39.8%	48.9%	11.3%
전라남도	57.2%	35.9%	6.9%
전라북도	49.4%	41.5%	9.1%
경상남도	61.7%	29.9%	8.4%
경상북도	55.7%	36.1%	8.2%
제 주 도	69.9%	22.3%	7.8%
전 국	46.6%	45.1%	8.3%

출처: 중앙선거관리위원회. 1973. 『대한민국선거사 제1집』, 753.

10월 15일 치러진 대선의 결과, 박정희 후보는 득표율 46.6%를 얻어, 45.1%를 획득한 윤보선 후보를 15만 6천 표 차이로 누르고 대통령에 당선되었다. 구체적으로, 박정희는 농촌에서, 그리고 윤보선은 도시에서 강세를 보였다. 박정희는 서울에서 30.2%를 얻어, 65.1%를 획득한 윤보선에게 크게 뒤졌다. 또한 전국의 도시에서 윤보선은 유효표의 63%를 획득한 반면, 박정희는 겨우 27%를 얻었다. 그러나 농촌지역의 경우, 박정희가 59%를 얻어 41%를 얻은 윤보선을 앞질렀다(당시 남한 인구의 65%가 농촌에 거주함).

박정희의 당선은 공화당의 사전 정치활동, 압도적인 정치자금, 준정치단체의 적극적 활용, 그리고 야당의 분열에 기인하였다. 첫째, 대부분의 민간 정치인들은 군사정권에 의해 정치활동을 금지당해 쿠데타 이후 전혀 정치활동을 할 수 없었다. 반면, 민주공화당은 일찍이 전국적 선거조직을 완료하였으며, 많은 사회단체들을 동원하여 박정희를 위한 사전선거운동에 투입하였다. 이들 단체로서 '오월동지회,' '애국단,' '청년단체협의회,' '한국청년회' 등이 있었는데, 이들은 사전선거운동 혐의로 고발당하기도 하였다.[38]

38) 김정원. 1985. 『분단한국사』, 300.

둘째, 민주공화당은 이른바 '4대 의혹사건'과 선거 직전의 '삼분폭리(三粉暴利) 사건'을 통해 거두어들인 막대한 자금을 선거비용으로 사용할 수 있었다.[39] 공식적으로 집계된 대통령 선거비용을 보면, 7명의 후보에 의해 사용된 총경비 1억 1천만원 중 박정희 후보가 76.6%를 사용하였고, 윤보선 후보가 17.3%를 사용한 것으로 나타났다.[40]

셋째, 야당의 분열은 박정희 후보의 당선에 결정적으로 기여하였다. <표 5-1>이 보여주듯이, 박정희 후보의 득표율은 46.6%이고, 윤보선 후보의 득표율은 45.1%로 양 후보의 표 차이는 근소한 것이었으며 동시에 양 후보 모두 50%를 넘지 못하였다. 다시 말하면, 나머지 8%의 유효표를 군소정당의 후보들이 나누어 가짐으로써 박정희의 당선을 가능케 하였다.

2. 제6대 국회의원선거

새로 개정된 국회의원 선거법하에서, 11월 26일 제6대 총선이 실시되었다. 새 국회의원 선거법은 '정당공천제'를 채택해 무소속 출마를 금지하였고, 기존 소선거구 방식과 병행하여 '전국구 의원제'를 도입하였다. 특히 후자의 주요 내용은 ① 전체 175석 가운데 131석을 지역구의원으로, 나머지 44석을 전국구 의원으로 선출하며, ② 전국구 의석은 제1당의 지역구 득표율이 과반수를 초과할 경우 각 정당의 득표율에 따라 배분하지만, 제1당의 지역구 득표율이 과반수 이하일 때는 제1당에 절반의 의석을 배분한다는 것이었다.

박정희의 대선 승리 후 한 달여 만에 치러지는 총선에서, 여당(민주공화당)은 정국의 안정과 강력한 경제정책의 수행을 위해 유권자들의 적극적인 지지를 호소하였고, 야당들은 독재를 방지하고 민주주의의 수호를 위해 유권자들에게 '야당 국회'를 만들어 줄 것을 호소하였다. 즉 선거의 쟁점은 구체적인 정책 이슈보다는 '안정'과 '견제'로 압축되었다.[41]

개표 결과, 민주공화당은 지역구에서 88석, 전국구에서 22석을 획득하여 110

39) 당시 야당이 폭로한 '삼분폭리사건'은 민주공화당이 이승만의 자유당에게 정치자금을 지원했던 몇몇 실업가들에게 설탕, 밀가루, 시멘트 산업에서 불법이득을 취하게 해 주는 대가로 3,800만 달러의 뇌물을 받았다는 사건이다.

40) 김정원. 1985.『분단한국사』, 299.

41) 신두철. 2016.『권위주의 시대 선거: 제3공화국과 유신체제』. 파주: 마인드탭, 67.

표 5-2 제6대 국회의원선거의 정당별 의석수와 득표율

정 당	지역구	전국구	의석수	의석점유율	득표율
민주공화당	88	22	110	62.7%	33.5%
민정당	27	14	41	23.4%	20.1%
민주당	8	5	13	7.4%	13.6%
자유민주당	6	3	9	5.1%	8.1%
국민의 당	2	0	2	1.1%	8.8%
기 타	0	0	0	0%	15.9%
합 계	131	44	175	100%	100%

출처: 중앙선거관리위원. 1973.『대한민국선거사 제1집』, 687.

석으로 과반수 확보에 성공하였다. 민주공화당은 유효표의 33.5%밖에 얻지 못하였지만, 이렇게 많은 의석(62.7%)을 확보할 수 있었던 것은 대체로 두 가지 요인에 기인했다. 첫째, 야당이 11개로 분열되어 선거구당 평균 6명이 입후보했기 때문에, 낮은 지지율에도 불구하고 많은 지역구에서 민주공화당 후보의 당선이 가능하였다. 둘째, 전국구 의원제의 도입으로, 민주공화당은 전국구 의석배분에서 특혜를 보았다.

대선과 총선 직후 12월 17일 박정희가 대통령에 취임함으로써, 마침내 제3공화국이 출범하였다. 태생적 불법성에도 불구하고, 양대 선거에서 승리함으로써 쿠데타세력은 최소한 형식적인 측면에서 정권의 합법성을 주장할 수 있게 되었다.

제 4 절 경제개발과 대외정책

2년 7개월의 군정을 거쳐 출범한 박정희 정권은 태생적 정통성의 결여를 경제성장을 통해서 보완하려 하였다. 아울러 대외적으로 반공·친미·친일의 성격을 분명히 함으로써 국제사회에서의 정권 위상을 강화하려 하였다. 박 정권의 대내외적 정책추구는 일련의 경제개발계획, 한일국교정상화, 월남파병 등으로 구체화

되었다. 이 기간의 경제개발정책과 대외정책은 밀접한 관련을 가지면서 전개되었는데, 한일국교정상화와 월남파병은 경제개발에 필수 요소인 자본의 형성 및 투자유치에 크게 기여하였다.

1. 경제개발정책의 추진

제1차 경제개발 5개년계획이 도입된 것은 1962년이었다. 경제개발계획은 1950년대에 만연하였던 각종 부정과 부패를 불식하고 외국원조에 의존하는 허약한 경제구조를 쇄신할 목적으로 계획의 기본목표를 "모든 사회경제적 악순환의 시정"과 "자립경제의 달성을 위한 기반구축"에 두었다. 경제개발 목표를 실현하기 위해, 정부는 경제운용방식으로 기간부문(基幹部門)과 여타의 중요부문에 대하여 국가가 직접적으로 관여하거나 유도하는 '교도자본주의'(Guided Capitalism)를 채택하였고, 대외지향적 성장우선의 경제발전전략을 추구하였다.[42)]

이러한 경제개발계획이 과거 자유당이나 민주당 정권하에서 전혀 없었던 것은 아니다. 한국에서 경제계획이 수립된 시초는 1953년 유엔한국부흥단(UNKRA: the United Nations Korea Reconstruction Agency)이 전후 한국의 경제재건을 위하여 로버트 네이산(Robert R. Nathan & Associates)에 용역을 주어 작성한 '네이산계획'(Nathan Plan)이다. 이것이 최초의 5개년경제재건계획(1953~57년)이었는데, 이는 집행되지 못한 채 정부에 대한 건의서 역할로 끝나고 말았다. 이후 1955년에 부흥부가 설치되어 기획기구의 개선을 도모했으며, 1958년에는 부흥부 내에 '경제개발위원회'가 설치되어 1960~61의 '3개년개발계획'이 성안되었다. 이 3개년계획은 1959년 12월에 각의(閣議)까지 통과되었으나, 4월항쟁의 발생으로 그 집행이 무산되었다. 민주당 정권하에서도 랜드 코퍼레이션(Rand Corporation)의 도움을 받아 '5개년경제개발계획'(1961~65년)이 수립되었으나, 5·16 쿠데타의 발발로 집행되지 못했다.[43)]

이러한 측면에서, 박정희 정권이 채택한 대외지향적 경제개발계획의 중요한 기초 작업이 1950년대에 어느 정도 이루어졌던 것으로 보인다. 그러나 박정희 정권이 보여준 경제개발정책에 대한 열정은 과거 두 정권과 비교할 때 대단히 높은

42) 대한상공회의소. 1983. 『한국경제20년의 회고와 반성』. 서울: 보진제, 136~137.

43) Leroy P. Jones and Il Sakong. 1980. *Government, Business, and Entrepreneurship in Economic Development*. Cambridge, MA: Harvard University Press, 44~48.

것이었다. 먼저, 경제개발정책의 효과적 집행을 위해 박정희는 군사정권 초기부터 제도적 개혁조치를 취하였다. 가장 중요한 제도개혁으로 1961년에 경제기획원을 신설하여 경제정책의 기획 및 조정을 담당하게 하고, 경제기획원 장관을 부총리로 격상시켜 경제정책의 중요성을 강조하였다.[44] 또한 일반 시중은행의 민간주주의 의결권을 법적으로 제한함으로써 일반 시중은행을 사실상 공기업화하였으며, 기존의 특수은행들을 경제개발과 관련하여 확대·개편하였다. 그리고 경제개발에 필요한 국내자원을 최대한 동원하기 위해 1965년에 국세청을 설립하였다.[45]

또한 박정희는 대단한 열정을 가지고서 경제개발계획의 집행을 독려·감독하였다. 그는 월례 경제동향보고회의와 수출진흥확대회의에 어김없이 참석하였고, 회의의 내용에도 깊은 관심을 보였다. 동시에 공장이나 공업단지와 같은 산업현장 방문, 각종 개발사업의 기공식 및 준공식 참석, 경제문제에 관련된 회의의 주재 등 경제관련 업무에 자신의 제한된 시간을 대부분 할애하곤 하였다.[46]

그러면 박정희 정권은 왜 경제개발에 최우선 정책순위를 두었는가? 첫째, 당시의 열악한 경제상황과 절대빈곤에서 비롯되는 상황적 요구이다. 1960년대 초는 한국전쟁이 끝난 지 불과 8년이 경과한 시점으로 전후복구와 민생구호에 급급한 상황이었다. 더구나 1950년대 말 이후, 외국 경제원조의 감소는 그동안 유지되어 왔던 국내 '원조경제'체제에 심각한 문제를 야기시켰으며, '저생산－저소득－저저축－저투자－저생산'으로 연결되는 빈곤의 악순환을 더욱 심화시켰다. 무엇보다도 심각한 것은 인구의 절반에 가까운 숫자가 절대빈곤 상황에 처해 있었다. 이른바 '춘궁기' 혹은 '보릿고개' 현상이 만연한 상황하에서 경제적 어려움은 정치지도자로서 마땅히 해결하여야 할 절대적 정책과제였다.

둘째, 박정희 개인적 경험에서 비롯되는 근대화에 대한 가치관이다. 그의 조국근대화에 대한 집념은 "하나의 종교요 신앙"에 가까운 것이었다. 자신의 가난했던 유년 및 청년시절의 경험은 그의 근대화정책으로 반영되었다. 박정희는 5·16 직후에 작성한 「국가와 혁명과 나」에서 "가난은 본인의 스승이자 은인이다"라고 고백할 정도로 그의 가난 극복에 대한 집념은 강력했다. 따라서 그는 어떤 정책적 사안보다도 "국민들이 배불리 먹고 등 따스하게" 살게 할 수 있는 경제개발정

44) 1990년 통일문제를 담당하는 부총리가 임명될 때까지 경제기획원 장관은 유일한 부총리였다.
45) 사공일. 1993. 『세계 속의 한국경제』. 서울: 김영사, 46.
46) 사공일. 1993. 『세계 속의 한국경제』, 46.

책을 최우선시하였다.[47)]

셋째, 정권의 태생적 결함을 경제적 업적으로 보완하기 위한 정치적 의도이다. 정권의 정당성을 크게 절차와 업적으로 평가할 수 있다면, 박 정권은 5·16 군사쿠데타를 통해 정권을 획득했다는 점에서 절차적 정당성에 치명적인 결함을 지니고 있었다. 이러한 절차적 결함을 극복하는 방안으로 업적 위주의 정당화 방안을 모색한 결과가 경제개발정책의 적극적 추진이었다.

종합하면, 박정희 정권이 경제개발에 최우선 순위를 두었던 것은 시대적인 요청, 박정희 개인적인 가치관, 그리고 박 정권의 정치적 생존전략 등의 요인들이 결합되어 나타난 결과였다.

2. 한일국교정상화

(1) 한일회담의 전개과정

한국과 일본의 국교정상화를 위한 교섭은 1951년 10월의 한·일 예비회담으로 거슬러 올라간다. 그로부터 한일국교정상화가 최종적으로 국회에서 비준되는 1965년 8월까지 한일회담의 전개는 대체로 3단계의 과정을 거쳤다.

첫째 단계는 이승만 정권과 장면 정권하에서 5차례에 걸쳐 한일교섭이 이루어진 시기이다. 한·일간의 최초 교섭은 한국전쟁 와중이었던 1951년 10월 20일 주일연합군 총사령부의 주선에 의해 성사된 예비회담이었다.[48)] 1952년 2월 15일 제1차 회담이 시작되었고, 재일 한국인의 법적 지위와 처우 문제, 청구권 문제, 어업 및 선박 문제, 양국 기본관계, 문화재반환 문제 등이 의제로 채택되었으나, 청구권 문제[49)]와 양국 기본관계의 수립[50)]에 대한 심각한 이견이 노정되어 결렬

47) 정윤재. 1995. "박정희 대통령의 근대화리더쉽: 그의 '개발독재'에 대한 재검토." 한국정치학회(편). 『한국현대정치사』. 서울: 법문사, 275~278.

48) Kwan Bong Kim. 1971. *The Korea–Japan Treaty Crisis and the Instability of the Korean Political System*. New York, NY: Praeger, 40~41.

49) 청구권 문제는 한국이 전승국으로서 받아야 하는 배상이 아니라, 채권적 청구권의 성격을 갖는 대일 청구권(예컨대, 한국에서 반출된 문화재 반환, 피징용 한국인의 미수금 변제, 한국에서 이체 혹은 송금된 금액반환 등)으로 이의 범위와 액수에 대한 문제였다. 한국의 청구권 주장에 대해 일본은 이른바 '역청구권'을 주장하였다. 즉 한국이 일본에 청구할 권리가 있다면, 일본도 재한 일본인 재산에 대하여 그 권리를 요구할 수 있다는 주장이다. 이원덕. 1995. "한일협정의 경과." 민족문제연구소. 『한일협정을 다시 본다』. 서울: 아세아문화사, 65~66.

50) 양국 간의 기본관계의 수립을 어떤 식으로 할 것인가의 문제로, 일본은 조약의 내용을 외교 영

되었다.

1953년 4월, 미국의 중재로 제2차 회담이 개최되었으나, 별다른 진전을 보지 못한 채 한국전쟁의 휴전에 따른 제네바협정 체결 관계로 순연되었다. 같은 해 10월 제3차 회담이 재개되었으나, 일본의 수석대표가 행한 이른바 '구보타(久保田)망언'[51]으로 회담은 다시 결렬되었다. 이후 한일회담은 1957년에 재개되었으나, 이승만 정부와 민주당 정부에서 각각 진행된 4차와 5차 회담 역시 별다른 가시적 진전을 보지 못하고 끝나고 말았다. 이 시기에 한국정부의 회담에 임하는 자세는 비교적 자주적인 것이었다.

둘째 단계는 군사정부의 출현 직후 비공개 흥정이 시작되었던 1961년 10월부터 1964년 3월까지의 기간이다. 제6차 한일회담은 1961년 10월 20일에 개최되었는데, 청구권 자금의 확보에 관심이 컸던 박 정권은 회담의 타결을 서두른 반면, 일본은 오히려 느긋한 교섭 자세를 보였다. 박정희의 입장에서 볼 때, 1962년은 경제개발 5개년계획 추진의 첫 해로 자본도입이 시급하였고, 화폐개혁의 실시로 경제상황도 매우 불안정하였다. 따라서 박정희에게 한일회담의 조기 타결은 최우선 과제였다. 1962년 11월, 회담의 교착상태를 해결하기 위해 김종필은 박정희의 친서를 휴대하고 일본 외무대신인 오히라 마사요시(大平正芳)와 회담하였다. 이때 이른바 '김종필-오히라 메모'가 작성되었고, 이에 따라 대일청구권 액수는 무상공여 3억 달러, 유상공여 2억 달러, 상업 베이스에 의한 무역차관 1억 달러로 결정되었다.[52] 이는 이승만 정권 시기에 주장했던 배상권—제2차 세계대전 승전국으로서 패전국 일본으로부터 받아야 할 배상—과는 그 의미가 크게 후퇴한 것이었다.

사관계의 수립, 무역해운통상의 최혜국대우 등에 국한시켜 동 조약을 '통상항해조약'의 성격을 부여하고자 하였다. 이에 비해, 한국은 양국 간의 새로운 관계를 수립하기 위해서는 과거와 관련된 제 문제를 먼저 해결해야 한다는 입장에서 '기본조약'의 성격을 부여하고자 하였다. 이원덕. 1995. "한일협정의 경과," 68.

51) 구보타 망언이란 1953년 10월 15일, 재산청구권위원회 석상에서 구보타가 행한 일련의 언급을 뜻하는 것으로, 그 내용은 다음과 같다: ① 대일강화조약(평화조약) 체결 전에 한국이 독립한 것은 국제법 위반이다; ② 재한 일본인 재산을 미군정령 제33호에 의해 처리한 것은 국제법 위반이다; ③ 일제의 한반도 통치는 한국민에 유익하였다; ④ 카이로 선언에서 일제하 "한국인들은 노예상태"에 처해 있었다는 표현은 전쟁 와중의 흥분상태에서 작성된 과장된 표현에 불과하다. Kwan Bong Kim. 1971. *The Korea-Japan Treaty Crisis and the Instability of the Korean Political System*, 48.

52) 이원덕. 1995. "한일협정의 경과," 64.

셋째 단계는 1964년 3월 이후 한일협상이 공개리에 진행되면서 한일협정이 조인되고 국회에서 비준되는 1965년 8월 14일까지에 이르는 기간이다. 1964년에 들어서자 박 정권은 협상을 일괄 타결하기로 하고, 1월 6일 정부·여당 수뇌회의를 열어 특명 전권위원 자격의 대표단을 일본에 파견하기로 하였다. 그리고 3월 7일의 회담에서 한국대표는 어업문제에 대한 기존의 주장을 철회, 회담 타결의 돌파구를 마련해 주었다. 3월 20일에는 김종필이 다시 일본으로 건너가, 오히라와의 회담을 통해 '4월 협정초안 마련, 4월 조인, 5월 비준'이라는 일정에 합의하였다. 그러나 이러한 계획은 1964년 발생한 이른바 '6·3사태'로 곧바로 실천되지 못하고 한동안 미루어지다가, 1965년 6월 22일 마침내 한일협정이 조인되었다. 이때 양국 간에 조인된 한일협정은 한일기본조약을 비롯하여 청구권협정, 문화재협정, 어업협정, 재일교포 법적 지위협정 등으로 구성되었다. 이후 한일협정은 공화당 의원 110명과 무소속 의원 1명만이 참가한 가운데, 1965년 8월 14일 국회에서 비준되었다. 이로써 1951년부터 논란의 대상이 되어 온 한일국교정상화 문제가 타결되었다.

(2) 굴욕외교반대투쟁

박 정권의 한일관계정상화를 위한 조치들에 대해 야당을 비롯한 학생·시민들의 반대운동이 등장한 시기는 한일회담이 공개리에 진행되기 시작한 1964년 초였다. 굴욕외교반대투쟁은 한일회담의 진척상황에 따라, 한일회담 반대운동, 한일협정조인 반대운동, 한일협정비준 반대운동으로 이어졌다.

비밀리에 한일회담을 진행시켜온 박 정권은 1964년 3월 초 한일회담의 일정을 발표하였다. 이에 민정당과 삼민회 소속의 야당의원들은 3월 6일 투쟁위를 조직하였고, 3월 9일에는 야당을 비롯한 사회·종교·문화단체 대표들이 '대일굴욕외교반대 범국민투쟁위원회'(범투위)를 결성하였다.[53] 범투위는 3월 15일부터 21일에 거쳐, 부산·마산·목포·광주·서울 등 전국 각지에서 박 정권의 굴욕적인 대일협상을 비판하는 집회를 연달아 개최하였다.

범투위의 반대운동은 3월 24일 서울의 대학생 5천여 명의 시위로 급격히 고양되었다. 3월 24일부터 31일까지 이어진 이른바 '3·24시위'는 서울과 지방의 대

53) 이광일. 1995. "한일회담 반대운동의 전개와 성격." 민족문제연구소. 『한일협정을 다시 본다』. 서울: 아세아문화사, 99~100.

학생뿐만 아니라 고등학생까지 참여한, 민정이양 이후 최초의 대규모 시위로 기록되었다. 이들의 구호를 보면, '매국적' 한일회담에 대한 비판과 '평화선'의 수호가 주종을 이루었고, 이때까지만 해도 박 정권에 대한 반대구호는 나오지 않았다.[54)]

5월 중순, 대학생들은 대학간 연대기구인 '한일굴욕회담반대 학생총연합회'를 결성하고, 이 기구를 중심으로 보다 결집된 반대운동을 벌이기 시작하였다. 학원가의 격앙된 분위기는 6월로 접어들면서 폭발적으로 분출되었다. 6월 1일 전북대생과 청주대생들의 가두시위가 발생하였고, 2일에는 고려대·서울대·전남대·동국대 학생들의 시위가 뒤따랐으며, 3일에는 "박정권 퇴진"을 요구하는 전면투쟁이 전국 주요 대학과 고등학교에서 동시에 발생하였다. 학생시위는 이제 한일회담 반대를 넘어 "박 정권 하야"를 외치고 있었다. 이른바 '6·3사태'에 직면한 박 정권은 6월 3일 하오 9시 40분을 기해 서울시 일원에 비상계엄령을 선포하고, 4일 자정까지 시위를 완전 진압하였다. 그리고 각급 학교에는 무기휴교령이 내려졌으며 대학에는 군이 주둔하게 되었다.

한일회담 반대시위를 진압한 박정희는 사태수습책으로 당시 최두선 내각을 총사퇴시키고, 한일회담 추진의 실질적 책임자였던 김종필을 당의장직에서 퇴진시키는 조치를 취하였다. '6·3사태'로 한일회담은 잠시 지연되는 듯하였다. 그러나 1965년 1월 9일 연두기자회견에서 박정희 대통령은 한일협정의 연내타결을 표명하였고, 뒤이어 4월 3일에는 양 정부간 한일협정에 대한 가조인(假調印)이 서명되었다. 이때부터, 시위는 한일협정조인 반대운동으로 발전하였다.

1965년 3월 20일 범투위는 서울운동장에서 굴욕외교 성토대회를 시작으로 전국 22개 도시에서 반대집회를 개최하였다. 학생들의 경우, 4월 1일 서울시내 13개 대학 학생대표 40여 명이 모여 '학생평화선사수투쟁위원회'를 결성하여, 한일회담 가조인의 즉각 무효화와 평화선 사수를 요구하며 시위에 들어갔다.[55)] 산발적인 반대시위가 전개되는 가운데 4월 10일 경찰은 비상경비태세에 들어가 시위에 대비하였고, 학생들은 13일부터 본격적인 조인반대투쟁을 전개하였다. 이날 시위 도중, 경찰의 구타로 혼수상태에 빠진 동국대생이 15일 숨지자, 시위는 더욱 격화되었다. 17일 효창운동장에서 4만여 명이 참여한 시민궐기대회가 개최되

54) 한홍수. 1991. "1965년의 한일협정 비준반대운동." 『석산 서석순 박사 고희기념문집』. 서울: 석산 고희기념문집 간행위원회, 317.
55) 이광일. 1995. "한일회담 반대운동의 전개와 성격," 132.

었고, 집회를 마친 후 거리로 진출한 시민들은 파출소를 점거하는 등 격렬한 반대시위를 벌였다. 결국 1개 중대의 군인과 헬기 2대가 동원되어서야 시위는 해산되었다.[56)]

한일협정의 정식조인을 눈앞에 둔 1965년 6월의 대학가는 연일 데모와 농성으로 소용돌이쳤다. 이에 정부는 6월 21일 13개 대학과 58개 고등학교에 휴교령을 내리고, 6월 22일 한일협정을 공식 조인하였다. 이에 따라 한일협정은 국회의 비준만을 남겨 놓게 되었다. 굴욕외교반대운동은 이제 비준반대라는 마지막 결전으로 집중되었다.

국회 비준이라는 마지막 일정을 남겨 놓은 상태에서 지식인들의 참여가 활발하게 이루어지기 시작했다. 6월 26일 이화여대와 연세대 교수들이 "젊은이들의 불타는 순수한 애국지성을 짓밟지 말라"는 대정부 성명을 발표하였으며, 7월 1일에는 개신교 목사 100여 명이 영락교회에서 비준반대 성토대회를 개최하였고, 7월 9일에는 박종화 예술원장을 비롯한 82명의 문인들이 반대성명을 발표하였다. 그리고 7월 12일에는 서울시내 대학교수 354명이 '한일협정 비준반대 선언문'을 발표했다. 교수들의 선언문은 당시 한일협정이 왜 굴욕적인 것이었나를 명확히 밝히고 있다.[57)]

> 첫째로, 기본조약은 과거 일본제국주의 침략을 합법화시켰을 뿐만 아니라 우리 주권의 약화 및 제반협정의 불평등과 국가적 손실을 초래할 굴욕적인 전제를 설정해 놓았다.
>
> 둘째로, 청구권은 당당히 요구할 수 있는 재산상의 피해를 보상하는 것이 못 되고 무상제공 또는 경제협력이라는 미명 아래 경제적 시혜를 가장하였으며, 일본자본의 경제적 지배를 위한 소지를 마련해 주었다.
>
> 셋째로, 어업협정은 허다한 국제적 관례와 선례에 비추어 의당히 정당화되는 평화선을 포기함으로써 우리 어민의 생존권을 치명적으로 위협하고 한국어업을 일본어업자본에 예속시키는 결과를 초래했다.
>
> 넷째로, 재일교포의 법적 지위에 관한 제 규정은 종래의 식민주의적 처우를 청산하기는커녕, 징병·징용 등 일본군국주의의 강제 노력동원 등에 의해 야기된 제 결과를 피해자에게 전가시킴으로써 비인도적 배신을 자행했다.

---

56) 이광일. 1995. "한일회담 반대운동의 전개와 성격," 123.

57) 『동아일보』, 1965년 7월 12일.

다섯째, 강탈 혹은 착취로 불법 반출해 간 문화재의 반환에 있어서 정부는 과장적 나열에 그친 무실한 품목만을 인도받음으로써 마땅히 요구해야 할 귀중한 품목의 반환을 자진 포기한 결과가 되었다.

교수들의 성명은 많은 사회집단들의 비준거부운동을 촉발시켰다. 7월 14일 김홍일·김재춘·송요찬·최경록 등 예비역 장성 11명이 회담반대성명을 발표하였고, 7월 31일에는 대학교수, 예비역 장성, 종교인, 문인 등 300여 명이 '조국수호협의회'를 구성함으로써 비준반대운동이 조직화되는 양상을 보였다.

그러나 정부·여당의 대응은 더욱 민첩하게 이루어지고 있었다. 7월 14일 민주공화당은 한일협정비준안을 단독으로 국회에 보고·발의하였다. 야당은 대학가의 가을 개학까지 시간을 끌 생각으로 의사진행 방해와 분과위원회 지연전술을 구사하였다. 그런데 민주공화당은 갑자기 8월 11일 밤 11시 특위에서 10분 만에 비준동의안을 날치기로 통과시켜 버렸다. 이에 격분한 야당의원들은 의원직 사퇴서를 제출하는 소동을 벌였지만 뒤에 반려되고 말았다. 결국 8월 14일 국회에서 비준안이 통과됨으로써, 1964년 이후 지속적으로 전개되었던 한일회담 반대운동은 실패로 마감되었다.

(3) 한일협정의 추진배경

한일협정문제는 한국사회를 심각한 갈등으로 치닫게 하였다. 2년에 걸친 반대운동에 350만여 명의 인원이 참여하였으며, 그것은 제3공화국 출범 이후 처음 맞는 최대의 정치적 위기였다.[58] 왜 박정희는 그러한 정치적 위험을 감수하면서까지 한일협정을 적극적으로 추진하였던가?

첫째, 미국으로부터의 압력이다.[59] 미국은 이승만 정권 시기부터 한·일간의 국교정상화를 종용하였다. 그러나 이승만의 반일감정과 일본에 의한 경제적인 재식민지화에 대한 우려로 실질적인 결실을 맺지 못하였다. 5·16 군사쿠데타로 회담재개의 호조건이 조성되자, 미국은 적극적인 역할을 담당하게 된다. 특히 1963년, 한일회담이 교착상태에 빠지자, 미국의 개입이 한층 두드러졌다. 이 같은 미

58) Kwan Bong Kim. 1971. *The Korea–Japan Treaty Crisis and the Instability of the Korean Political System*, xviii.

59) 김정원. 1985. 『분단한국사』, 304; 이종원. 1995. "한일회담의 국제정치적 배경." 민족문제연구소. 『한일협정을 다시 본다』. 서울: 아세아문화사, 17~60.

국의 태도는 자신의 동북아 군사안보전략의 안정적 실현을 위해 그 장애물인 한일관계의 단절상태를 종식시켜야 된다는 적극적인 의지의 표현이었다.

둘째, 박정희 정권의 정치적 생존과 체제강화의 전략이다. 박 정권은 경제개발 5개년계획을 수행하고, 민주공화당에 대한 정치자금을 확보하며, 급속히 감소하는 미국의 원조에 대처하기 위해 일본으로부터의 자금유입을 간절히 바라고 있었다.[60] 사실, 경제개발계획의 이면에는 경제성장이라는 가시적인 업적을 통해 박 정권의 태생적인 정당성 결여를 보완하려는 정치적 의도가 숨어 있었다. 경제개발은 지도자의 의지로만 되는 것이 아니고, 개발을 위한 충분한 자본유치가 필수적이다. 자본유치의 어려움에 직면한 박 정권에게는 한일회담을 통한 대일청구권의 확보가 자본유치를 위한 유용한 정치적 카드였다.

요약하면, 국내의 한일회담 반대투쟁에도 불구하고, 한일협정이 조속히 타결된 이유는 미국의 군사적 이해관계와 박 정권의 정치적 이해가 일치되었기 때문이었다. 특히 박정희의 입장에서 볼 때, 미국의 지지와 경제개발을 위한 자본의 확보는 장기적으로 정권의 안정을 위해 필수적인 것이었다.

3. 월남파병

한국군이 처음으로 베트남전에 투입된 것은 1964년 9월 11일이었다. 월남정부로부터 지원 요청을 받은 후, 한국정부는 1964년 7월 31일 '월남공화국 지원을 위한 국군부대의 해외파병동의안'을 제출하여, 국회 본회의에서 만장일치로 통과되었다. 최초의 파월부대의 규모와 인력은 130명의 의무부대와 10명의 태권도 교관이 전부였다. 그리고 두 번째 한국군의 파견은 1965년 2월에 이루어졌는데, 그것은 2천 명 규모의 비전투부대(공병대)인 비둘기부대의 파월이었다.

1965년 베트남전쟁이 격화되자 미국은 동맹국들의 정치적·군사적 지원의 필요성을 느끼고, 그 일환으로 한국에게 전투부대 파병을 요청하였다. 이에 부응하여 정부는 1965년 6월 전투병력파병 동의안을 국회에 제출하였다. 그러나 비전투병력의 파병 때와는 달리, 야당의원은 물론이고 일부 여당의원들까지 전투병력의 파병에 반대의견을 개진하였다. 뿐만 아니라, 일반 국민과 학생들 사이에서도

60) 김정원. 1985.『분단한국사』, 303; 이장희. 1996. "정치흥정 한일기본조약 바로 잡아야 한다."『신동아』4월호, 359.

"젊은이의 피를 판다"는 비판여론이 팽배했다.

'전투부대 파월안'은 1965년 7월 14일에 민주공화당에 의해 변칙적으로 국회에 상정되어, 8월 13일 민주공화당 의원들만이 참석한 국회에서 박종태 의원만이 반대하는 가운데 통과되었다. 이에 따라, 1965년 10월부터 한국군의 최정예부대들이 차례로 베트남에 파견되었는데, 1973년 3월 한국군이 베트남에서 완전히 철수하기까지 총 다섯 차례에 걸쳐 파병되었다. 한국은 베트남에 연평균 5만 명 수준의 병력을 유지하였으며, 교대근무를 통해 베트남에 파견된 한국군의 수는 약 32만 명에 달했다.[61]

한국군의 베트남 참전 동기에 대해서 많은 기존연구들은 "베트남 사태로 인한 주한미군의 동남아 이동으로 발생할 수 있는 한반도의 안보 공백을 방지하기 위해서," "미국으로부터의 지속적인 군사원조를 확보하기 위해서," 혹은 "한국전쟁을 도운 미국에게 보답하기 위해서" 등이 그 주요 동기라고 밝힌다.[62] 또한 위의 연구들은 참전으로 발생한 경제적 이득은 참전의 결과이지 참전정책추진의 궁극적 목표는 아니었다고 주장한다.

이러한 주장에 대해 일부 학자들은 의문을 제기한다. 현대사에서 전쟁은 인접국가에게 경제적으로 성장할 수 있는 결정적 기회를 준다는 사실을 잘 알고 있었던 한국의 지도자들이 경제적 동기를 전혀 갖지 않고 베트남전에 참여했다고는 상상하기 힘들다는 것이다.[63] 즉 베트남파병에 있어서 한국의 최우선목표는 "경제이익의 극대화"에 있었으며, 이러한 경제적 목표의 달성을 위해 끊임없이 박정희는 미국과 외교적 흥정을 벌였다는 것이다.[64]

사실, 한국군의 월남파병이 미국이 희망하는 대로 순조롭게 실행되었던 것은 아니었다. '베트남 특수'를 최대한 활용하려는 한국정부의 노력으로 인해 미국의 한국군 추가파병요청은 그 대가를 지불해야 했다. 그 대표적인 사례가 1966년 3월 4일 주한 미국대사 브라운(Winthrop G. Brown)이 한국정부에 보낸 이른바

61) 김삼웅. 1994. 『해방 후 정치사 100장면』. 서울: 가람, 168~169.

62) Princeton Lyman. 1970. "Korea's Involvement in Vietnam and Its Impact." *Asian Survey* 6:10, 28~35; Joung Won Kim. 1966. "Korea's Participation in the Vietnam War." *World Affairs* 129:1, 28~35; Sung Joo Han. 1978. "South Korea's Participation in the Vietnam Conflict: An Analysis of the US Korean Relations." *Orbis* 21:4, 893~912.

63) Kyudok Hong. 1991. "Unequal Partners: ROK-US Relations During the Vietnam War." Ph. D. Dissertation, University of South Carolina.

64) 최동주. 1996. "한국의 베트남 전쟁 참전 동기에 관한 재고찰." 『한국정치학회보』 제30집 2호, 267~287.

'브라운각서'(Brown Memorandum)이다. 이는 한국군의 월남증파의 대가로 미국이 한국에 제공하기로 약속한 세부사항들을 기록한 것으로, 그 주요 내용은 다음과 같다.[65)]

1. 추가파병에 따른 모든 비용은 미국정부가 부담한다.
2. 한국군 육군 17개 사단과 해병대 1개 사단의 장비를 현대화한다.
3. 월남에 파병된 병력을 대신하여 미국은 추가로 한국군 3개 사단의 장비를 현대화한다.
4. 한국에 대한 군사원조계획은 미국상품 대신 미화로 한국상품을 구입한다.
5. 주월 한국군을 위한 물자와 용역은 한국의 생산능력, 기술, 납품기일 준수능력, 가격을 고려하여 가능한 한 한국으로부터 구입한다.
6. 미국이 월남에서 AID자금으로 실시하는 건설, 구호 등 제반사업에 소요되는 물자와 용역은 가능한 한 한국에서 구입한다.
7. 월남정부가 동의하면 한국인계약자들에게 각종 건설사업에 참여할 수 있는 기회와 한국기술자와 노무자가 고용될 수 있는 기회가 확대될 것이다.
8. 미국은 한국에 추가로 AID차관과 군사원조를 제공할 것이며, 수출진흥을 위하여 추가로 기술원조와 훈련을 제공하고, 월남과 동남아시아로의 수출증대를 가능케 할 차관을 추가로 대여하며, 기타 경제개발목적에 사용하기 위하여 신규차관을 제공한다.

이처럼 '브라운각서'의 내용은 파병의 대가로 미국이 한국군의 전력증강과 경제개발에 소요되는 차관공여의 약속이다. 실제로, 1965년부터 1969년 사이에 월남으로부터 들어온 외화는 5억4천6백만 달러에 달했으며, 이는 당시 국민총생산의 16%에 해당하는 것이었다. 여기에 한국정부가 미국으로부터 받은 직접적인 군사원조와 경제원조액을 추가한다면 월남전을 통해 한국에 유입된 자본은 막대한 규모였다. 다시 말하면, 한일국교정상화가 박 정권의 물적 기반을 구축하는 하나의 축이었다면, 월남파병은 또 다른 하나의 축이었다.

이렇게 볼 때, 박 정권이 월남전에 참가한 동기는 크게 두 가지로 요약할 수 있다. 하나는 한국군을 월남에 파병함으로써 미국과의 군사적 동맹관계를 강화하는 것이었고, 다른 하나는 경제적인 동기로 국내의 경제성장을 위해 '베트남 특수'를 최대한 활용하고자 하였다.

65) 김정원. 1985.『분단한국사』, 308~309.

제 5 절 경제개발성과의 정치적 효과

박정희에게 1967년은 중요한 해였다. 1967년은 대통령선거와 국회의원선거를 통해 제1차 경제개발계획의 결과를 평가받는 해였으며, 동시에 제2차 경제개발계획이 실행되는 첫해였다. 1967년의 양대 선거는 다가올 4년 동안의 한국정치의 방향을 결정할 뿐 아니라, 제2차 경제개발계획에 지대한 영향을 미칠 수 있는 중요한 정치경제적 국면이었다. 더욱이 개헌을 하지 않는 한, 박정희는 1971년의 대통령선거에 출마할 수 없기 때문에, 1967년의 선거는 정치사적으로 중요한 전환점이었다.

1. 제6대 대통령선거

대통령 선거운동은 1966년 후반기부터 이미 시작되었다. 민주공화당은 농촌과 깊은 산골까지 세포조직을 확대하였다. 1966년 말 민주공화당의 당원은 1,555,867명에 달했는데, 이는 전체인구의 약 5.4%, 총 유권자의 11%에 해당하는 숫자였다.[66] 한국역사에서 어떠한 정당도 이처럼 강력한 조직망을 가져 본 적이 없었다. 이에 비해 박정희의 반대세력은 여러 정당으로 분열되어 희망이 없어 보였다. 1966년 말 야권 단일후보를 내세우려는 노력마저, 상호간의 불신과 해묵은 개인적 적대감으로 인해 실패로 돌아갔다. 7개의 야당들은 각기 대선 후보를 공천하였으나, 이들 중 명망이나 당의 조직역량 면에서 박정희에게 위협을 줄 수 있는 후보는 신한당의 윤보선과 민중당의 유진오였다. 다른 소수당의 후보들은 지방조직도 없었고, 당원도 많지 않았으며, 광범한 선거운동을 전개할 만한 선거자금도 없었다.

당원이 각각 30만과 50만이라고 주장하는 신한당과 민중당이 후보단일화를 이루지 않는 한, 박정희의 승리는 쉽게 예상할 수 있었다. 더욱이 야당이 단합하지 못함으로써, 일반 대중은 야당후보가 선거에 이긴다고 해도 정국 안정을 도모할 수 없을 것이라는 의혹을 갖게 되었다. 두 야당의 후보단일화는 선거의 승리

66) 『민주공화당보』, 1967년 1월, 16~18.

를 위해 필수적이었다. 1967년 2월 7일, 11시간에 걸친 길고 힘든 협상 끝에 신한당과 민중당은 신민당으로 통합하기로 합의하였다. 윤보선이 신민당의 대통령 후보가 되는 대신, 당권은 유진오가 맡기로 하였다. 이로써 야당후보가 민주공화당의 박정희 후보와 대결할 수 있는 최소한의 조건이 마련되었다.

선거는 박정희·윤보선의 양자 대결 구도로 치러졌다. 박정희 후보는 "야당엔 민족 과제를 맡길 수 없다"고 주장하면서 자신의 재집권을 호소하였고, 윤보선 후보는 "부패한 박 정권에게 재집권을 허용할 수 없다"고 유권자를 설득하였다.[67] 민주공화당은 박정희의 강력한 지도력하에 추진되었던 제1차 경제개발계획의 성과를 내세워, 제2차 경제개발계획을 완수할 수 있는 인물은 박정희 밖에 없다고 주장하였다.[68] 반면, 신민당은 박정희 정권의 부패와 독재, 중앙정보부의 정치개입, 굴욕적 외교 등을 비판하였다. 신민당은 박 정권이 근대화라는 명분을 내세워 소수재벌의 이익만을 보호하고 있으며, 그 결과 '빈익빈 부익부' 현상을 심화시키고 있다고 공격했다.[69] 신민당의 선거공약은 언론자유의 보장, 인권의

표 5-3 제6대 대통령선거와 후보자의 시도별 득표율

지 역	박정희	윤보선	기타 후보
서 울	45.2%	51.3%	3.5%
부 산	64.2%	31.2%	4.6%
경기도	41.0%	52.6%	6.4%
강원도	51.3%	41.7%	7.0%
충청남도	45.4%	46.8%	7.8%
충청북도	46.6%	43.6%	9.8%
전라남도	44.6%	46.6%	8.8%
전라북도	42.3%	48.7%	9.0%
경상남도	68.6%	23.0%	8.4%
경상북도	64.0%	26.4%	9.6%
제주도	56.5%	32.1%	11.4%
전 국	51.4%	40.9%	7.7%

출처: 중앙선거관리위원회. 1973.『대한민국선거사 제1집』, 758.

67) 신두철. 2016.『권위주의 시대 선거: 제3공화국과 유신체제』, 83.

68) Kyung Cho Chung. 1971. *Korea: The Third Republic*. New York, NY: The Macmillan Company, 48.

신장, 대통령의 권한제약, 대통령에 대한 중임제한, 경찰의 중립, 정당규제법의 폐지, 지방자치의 실시, 병역기간의 단축, 남북간의 편지왕래와 기자의 교환, 한일협정의 개정, 베트남으로부터 한국군의 철수 등을 포함하고 있었다.

제6대 대선은 1967년 5월 3일에 실시되었다. 박정희 후보는 1963년의 선거보다 더 많은 표차로 윤보선을 눌렀다. 박정희는 유효표의 51.4%를, 그리고 윤보선은 40.9%를 획득하였다. 1963년 선거에서 박정희와 윤보선의 득표율 차이가 겨우 1.5%였던 것을 감안하면, 이번 선거에서 10% 이상의 차이로 박정희가 승리한 것은 놀라운 일이었다.

1967년의 선거는 몇 가지 점에서 1963년의 선거와는 매우 다른 양상을 보였다. 첫째, 1963년 대선에서는 박정희와 윤보선의 지지표가 남북(南北)으로 달리 나타났는데, 1967년의 대선에서는 지지표가 동서(東西)로 갈라졌다.[70] 이러한 표의 동서현상은 과거(1963년) 박정희를 지지했던 전라남도, 전라북도, 그리고 충청남도 유권자들이 박정희에 대해 등을 돌렸음을 의미한다. 이는 제1차 경제개발 5개년계획을 추진하는 과정에서 박 정권이 영남지역에 대해 집중적으로 투자하고, 나머지 지역을 소외시킨 결과였다. 그럼에도 불구하고, 박정희는 약 116만 표 차이로 윤보선을 제압하였는데, 이는 경상도와 부산지역에서의 압도적 지지에 기인하였다.

둘째, 역대선거에서 야당후보를 지지했던 서울에서 박정희의 지지표가 눈에 띄게 증가했다. 박정희는 서울에서 1963년에 30.2%의 지지를 얻는 데 그쳤으나(윤보선, 65.1%), 1967년에는 45.2%의 지지를 확보하였다(윤보선, 51.3%). 서울에서 박정희에 대한 지지가 증가했다는 사실은 그의 근대화정책과 정치적 안정에 대한 호소가 도시지역 유권자들에 의해 받아들여졌음을 의미하기 때문에, 의미심장한 것이었다.

셋째, 박정희의 지지표가 농촌뿐만 아니라 도시지역에서도 증가했다. 과거 선거에서는 야당지도자들은 도시지역의 선거인들로부터 지지를 받았다. 그러나 이번 선거에서 박정희는 도시표의 50.4%, 농촌표의 52.2%를 획득하였다. 1963년 선거에서 박정희는 도시에서 37.7%, 농촌에서 50.8%의 표를 획득하였다.[71]

---

69) Kyung Cho Chung, 1971. *Korea: The Third Republic*, 49; David C. Cole and Princeton N. Lyman. 1971. *Korean Development: The Interplay of Politics and Economics*. Cambridge, Massachusetts: Harvard University Press, 235.
70) 윤형섭. 1989. "한국정치과정." 김운태(외). 『한국정치론』. 서울 박영사, 521.
71) 『동아일보』, 1967년 5월 5일.

이러한 농촌과 도시 양 지역에서의 박정희에 대한 지지율의 증가는, 한일국교정상화와 베트남파병에 따라 유입된 자금이 민주공화당의 정치자금으로 사용된 탓도 있지만, 제1차 경제개발5개년계획(1962~66년)의 성공적인 실행에서도 그 원인을 찾을 수 있다.[72] 즉 당시 국민들의 주요한 욕구의 하나인 가시적 경제성장은 박정희 정권에게 업적을 기반으로 한 정당성(performance legitimacy)을 부여하였고, 이는 다시 국민들의 박정희에 대한 지지로 나타났다.[73]

2. 제7대 국회의원선거

대통령선거에 이어, 제7대 국회의원선거가 6월 8일 실시되었다. 민주공화당은 대선 승리의 여세를 몰아 "대통령을 일하도록 밀어주자"고 외쳤고, 신민당은 대선 패배를 만회하기 위해 "단일정당 밀어주어 일당독재 막아내자"고 호소했다.[74]

선거결과, 민주공화당은 129석(지역구 102석, 전국구 27석)을 얻었고, 신민당은 45석(지역구 28석, 전국구 17석)을 획득했다. 군소정당 중에서는 대중당이 지역구에서 1명의 후보자만 당선시켰을 뿐, 나머지 군소정당들은 당선자를 내지 못했다.

민주공화당은 50.6%의 득표율로 73.7%의 의석을 차지하게 되었는데, 이는

표 5-4 제7대 국회의원선거 결과

정 당	지역구	전국구	총의석	의석점유율	득표율
민주공화당	102	27	129	73.7%	50.6%
신민당	28	17	45	25.7%	32.7%
대중당	1	0	1	0.6%	2.3%
기 타	0	0	0	0%	14.4%
합 계	131	44	175	100%	100%

출처: 중앙선거관리위원회. 1973.『대한민국선거사 제1집』, 705.

72) 제1차 5개년계획의 실행으로, 1962~66년 기간 동안 연평균 8.5%의 경제성장률을 기록하였고, 1인당 국민소득은 1962년의 83.60달러에서 1967년에는 123.50달러로 증가하였다. 특히 국민소득의 증가는 대부분 비농촌지역에서 이루어졌다.

73) Cole and Lyman. 1971. *Korean Development*, chapter 10.

74) 심지연. 2009.『한국정당정치사』, 183.

개헌에 필요한 수보다 13석이나 더 많은 것이었다. 따라서 선거결과는 박정희가 원한다면, 그에게 3선의 길을 열어 놓은 것이나 같았다. 이러한 문제를 의식하여 민주공화당과 박정희는 개헌을 하지 않겠다고 공언하였으나, 선거결과는 민주공화당과 박정희의 진실성에 한국의 민주주의의 앞날이 크게 좌우될 수 있음을 의미하는 것이었다. 제7대 총선의 또 다른 특징은, 신민당의 당선자 중 3명을 제외한 나머지 모두가 서울, 부산, 인천, 광주, 대전, 대구, 목포, 그리고 원주와 같은 대도시의 선거구에서 당선되었다는 점이다. 신민당은 서울에서 14석 중 13석을, 그리고 부산에서는 7석 중에서 5석을 차지하였다. 반면에 신민당은 농촌지역에서 완전히 패배하였다. 국회의원선거에서의 여촌야도(與村野都) 현상은 도시와 농촌의 사회경제적 차이에서 비롯되었다. 즉 문자해독률과 정치의식이 높은 도시지역에서는 권력에 대한 불신이 강하기 때문에 야당에 대한 지지가 높고, 상대적으로 교육수준 및 정치의식이 낮은 농촌지역은 정부의 정치적 조작 및 선전에 쉽게 유혹되어 여당에 대한 지지가 높은 것으로 해석된다.

그러나 민주공화당이 압도적으로 승리할 수 있었던 결정적인 요인은 그 조직력과 자금동원력, 그리고 일부 선거부정에 있었음을 부인할 수 없다.[75] 선거 직후 야당은 민주공화당의 노골적인 부정선거를 비난하고 나섰다. 이승만 정권의 붕괴로 이어진 악명 높은 1960년의 부정선거를 떠올리게 할 만큼, 광범위한 선거부정이 보고되었다. 중앙정부나 중앙당이 선거부정을 지시했다는 명확한 증거는 없었지만, 자신의 지위를 보전하기 위해 지방정부의 책임자들이 유권자들에게 압력을 가한 것은 광범위하게 인정되었다. 여러 선거구에서 협박·매표·대리투표·사전투표가 행해졌다고 보고되었으며, 개표과정에서의 부정도 보고되었다.

제 6 절 3선개헌과 신민당의 도전

3선개헌은 박정희에게 또다시 대통령선거에 출마할 수 있는 기회를 제공하였다. 신민당은 '40대 기수론'으로 대변되는 세대교체를 통해 김대중을 대통령 후

75) Kyung Cho Chung. 1971. *Korea: The Third Republic*, 50.

보로 지명하였다. 1971년 제7대 대통령선거에서 박정희는 젊고 활기찬 김대중의 거센 도전을 받았으며, 뒤이어 치러진 제8대 국회의원선거에서 민주공화당은 신민당의 선전으로 지배정당으로서의 지위를 크게 위협받았다.

1. 민주공화당과 3선개헌

1967년 국회의원선거가 끝난 후 민주공화당은 심각한 내분을 겪었다. 내분의 원인은 박정희의 임기가 끝나는 1971년 이후의 후계자 문제를 둘러싼 계파간의 대립이었다. 당시 민주공화당 내에는 이른바 주류세력인 김종필 계와 비주류인 반(反)김종필 계가 존재하고 있었다. 주류세력은 박정희의 후계자는 당연히 김종필이 되어야 한다고 생각하였고, 비주류세력은 김종필의 권력 장악을 용납할 수 없는 입장이었다.

먼저 행동에 나선 것은 주류세력인 김종필 계였다. 1968년 5월 24일, 이른바 '국민복지회' 사건이 발생하였다. '국민복지회'는 농촌부흥과 사회개량을 표방한 당내 모임으로 표면적으로는 문제될 것이 없었다. 그러나 이것이 커다란 정치적 파문으로 이어진 이유는 당시 금기사항이었던 1971년의 후계자 문제와 밀접히 관련된 정치적 행동이었다는 점이다. 특히 문제가 되었던 것은 '국민복지회'가 당내 포섭 대상자에게 배포하였던 정세보고서의 "박정희의 3선을 가능케 하는 개헌을 저지하고 김종필을 1971년 대통령 후보로 추대"한다는 내용이었다.[76)]

이에 대한 박 대통령의 반응은 단호하고 신속하였다. 민주공화당 당기위원회는 당 소속의원과 기간요원의 '국민복지회' 참여 여부에 대한 조사에 착수하였고, 수사기관은 '국민복지회'와 김종필과의 관련 여부를 추궁하였다. 김종필과의 직접적인 관련 여부가 밝혀지지 않자, 민주공화당은 김용태 등 관련자들을 당에서 제명하였다. 제명이유는 1970년까지 후계자 경쟁을 자제하라는 박 대통령의 명을 거역하였을 뿐만 아니라, '당중당'(黨中黨)을 만들어 분파행위를 자행하였다는 것이다.[77)] 이렇게 되자 5월 30일, 김종필 의장은 '국민복지회' 사건에 대한 항의표시로 당의장직을 사퇴하고 탈당하였다. 이 사건으로 김종필을 중심으로 한 당내 주류는 심각한 타격을 받게 되었고, 대신 비주류 세력이 당내 신주류로 부상하였다.

76) 한국정치연구회. 1993.『한국현대사 이야기 주머니 2』. 서울: 녹두, 230.
77) 김정원. 1985.『분단한국사』, 319.

당내 김종필 계의 세력이 약화되자, 박정희는 1969년 1월 10일 연두기자회견을 통하여 "특별한 사유가 없는 한 나의 임기 중에는 개헌을 안 하는 것이 내 소신이지만 꼭 필요가 있다면 연말이나 내년 초에 논의해도 늦지 않다"라고 언급하였다.[78] 대통령의 발언은 곧 바로 3선개헌 문제를 정계의 현안으로 부상시켰다. 3선개헌의 움직임은 야당과 재야의 즉각적인 반발을 불러일으켰고, 심지어는 민주공화당의 일부 의원들조차도 반발하고 나섰다.

1969년 2월 3일, 민주공화당 의원총회에서는 3선개헌에 대한 찬반 토론이 격렬하게 진행되었다. 의원총회에서 양순직·신윤창·박종태 의원 등 김종필 계의 의원들은 3선개헌에 찬성하는 당 지도부를 집중 공격하였다. 의원총회의 분위기를 보고받은 박 대통령은 당내 분열을 자초하는 개헌논의를 당분간 중지하라고 지시하였다. 그러나 김종필의 퇴진으로 당권에서 소외된 구주류 인사들은 더욱 결속을 다져 나갔으며, 이들의 신주류에 대한 반발은 이른바 '4·8 항명파동'으로 이어졌다. 신민당에 의해 발의된 권오병 문교부장관에 대한 해임권고 건의안이 4월 8일 국회에서 표결에 부쳐졌는데, 민주공화당의 구주류 의원들이 당 지도부에 반발하여 조직적으로 신민당의 건의안에 동조하였다. 그 결과, 문교부장관 해임건의안은 국회 재석 152명 중 가 89, 부 57, 기권 3표로 가결되었다. 당시 국회 출석의원이 민주공화당 100명, 신민당 41명, 정우회 11명이었음을 감안하면, 박정희의 부결 지시에도 불구하고 40여 명의 민주공화당 의원들이 항명에 가담한 것이다.[79] 이에, 박정희는 항명을 자신에 대한 도전으로 간주하고 즉각적인 조사를 지시하였다. 민주공화당 당기위원회는 4월 9일부터 15일까지 항명 주동자를 색출하여, 5명의 소속의원을 제명하였다. 이 사건을 계기로 박정희의 비호를 받은 신주류가 당권을 완전히 장악하게 되었다.

3선개헌의 주도세력은 박정희를 정점으로 이후락 청와대 비서실장, 김형욱 중앙정보부장, 민주공화당 내의 반김종필 계인 백남억·길재호·김성곤·김진만 등이었다. 이들은 개헌안의 국회통과를 위해 은밀하게 민주공화당 의원들의 설득 작업에 들어갔다. 1967년 총선 이후, 계속된 당내 파벌싸움으로 인해 여러 명의 소속의원을 제명시킨 까닭에 민주공화당은 개헌선 2/3를 확보하지 못한 상태였다. 따라서 민주공화당소속 국회의원들은 물론이고, 민주공화당에서 제명된 무소

78) 김삼웅. 1994. 『해방 후 정치사 100장면』, 181.
79) 한국정치연구회. 1993. 『한국현대사 이야기 주머니 2』, 232.

속의원들까지도 개헌을 지지하도록 협박 및 회유를 당하였다. 아울러, 이탈표를 대비해 야당의원 3명(성낙현, 조흥만, 연주흠)을 매수하였다. 그리고 7월 25일, 박 대통령은 "빠른 시일 안에 개헌안을 발의"할 것을 민주공화당에 지시하고, 만일 개헌안이 국민투표에서 부결된다면 이를 정부에 대한 불신임으로 간주하고 즉각 사임하겠다고 발표하였다.[80]

신민당의 개헌저지를 위한 노력은 필사적이었다. 9월 7일 신민당은 변절한 세 의원의 의원직을 자동 상실케 하기 위해 당을 해산하였다.[81] 9월 13일, 30일간의 공고기간이 끝난 개헌안이 국회 본회의에 회부되자 신민회소속 의원들은 표결저지를 위해 본회의장을 점거하였다. 이날 자정 이효상 국회의장은 본회의의 자동유회를 선언하고 15일에 본회의를 속개한다고 선언하였다. 그러나 민주공화당은 9월 14일 새벽 2시 30분 국회 제3별관에서 단독으로 개헌안을 찬성 122, 반대 0표로 전격 통과시켰다.

야당의 항의와 학생들의 시위에도 불구하고, 개헌안은 10월 17일 국민투표에 회부되었다. 개헌안은 국민투표에서 유권자의 77.1%가 투표에 참가한 가운데 65.1%의 찬성을 얻어 가결되었다. 이는 총유권자의 50%가 개헌안을 지지하였음을 의미한다.[82]

2. 신민당과 '40대 기수론'

3선개헌 저지실패는 신민당에 정치적 좌절감을 안겨 주었다. 더욱이 유진오 총재의 와병은 당 지도부의 구심점을 현저히 약화시켰다.[83] 이러한 상황에서 1969년 11월 8일 당시 원내총무인 김영삼 의원이 돌연 '40대 기수론'을 제창하였다. 김영삼은 "빈사상태"의 민주주의를 회생시키고 민주세력의 결집을 위해, 그리고 국민에게 신민당의 활기찬 이미지를 심어주기 위해, 신민당은 '40대 기수'에게 당 지도권을 넘겨줘야 할 때라고 주장했다. 아울러, 김영삼(당시 42세)은 스스로 1971년의 대통령 후보지명전에 나서겠다고 발표하였다. 김영삼에 이어 김대중 의원(당시 45세)도 1970

80) 김삼웅. 1994. 『해방후 정치사 100장면』, 184; 김정원. 1985. 『분단한국사』, 320.
81) 당 해체 이후 '신민회'라는 원내교섭단체로 활동하였던 야당은 9월 20일 신민당을 복구하였다.
82) 김정원. 1985. 『분단한국사』, 321.
83) 유진오 신민당 총재는 1969년 9월 10일 뇌동맥 경련증으로 몸져누웠으며, 10월 19일 3선개헌 저지실패에 대한 책임과 신병을 이유로 신민당 총재직에서 사임할 뜻을 밝히고 신병치료차 일본으로 떠났다.

년 1월 24일 대통령 후보경선 출마를 선언하였다. 또한 2월 12일 이철승 씨(당시 48세)가 뒤따라 출마를 선언함으로써 이른바 '40대 기수론'은 3파전으로 압축되었다.

그러나 '40대 기수론'에 대한 당 지도부의 반응은 지극히 냉소적이었다. 유진산 신임 총재는 '40대 기수'들을 "입에서 젖비린내가 나는 구상유취(口尙乳臭)의 아이들이 무슨 대통령이냐"라고 비난했으며, 그들을 가리켜 "정치적 미성년자"라는 극언도 불사하였다.[84] 사실 원내의 서열과 연령에 의한 위계질서를 중요시 여기던 보수야당의 정치문화적 풍토에 비춰볼 때, 당시 '40대 기수론'은 혁명적인 발상이었다.

당 지도부의 거센 반발에도 불구하고 '40대 기수론'은 곧 거역할 수 없는 신민당의 대세로 굳어졌고, 이에 대한 국민들의 기대도 높았다. 대통령 후보지명을 위한 신민당의 전당대회는 1970년 9월 29일 서울 시민회관에서 개최되었다. 투표 결과, 총투표 885표 중 김영삼 421표, 김대중 382표, 백지 78표, 기타 4표로 김영삼은 과반수 443표에서 22표가 모자라 후보지명에 실패하였다. 백지표는 이철승을 지지한 표였다. 김영삼과 김대중은 2차투표에서의 승리를 위해서는 이철승의 표를 확보해야만 했다. 막후 교섭을 통해 이철승과의 연합에 성공한 후보는 김대중이었다. 그 결과 총투표 884표 중 김대중 458표, 김영삼 410표, 무효 16표로 김대중이 과반수의 12표를 넘어 지명전에서 승리하였다.[85]

유진산 총재는 "여러분이 뽑아준 후보를 내세워 최선을 다하여 일치단결해서 싸워 나가자"고 역설했고, 김영삼은 "나와 같은 40대 동지의 승리는 신민당의 승리며 나의 승리"라고 언급하면서 대통령선거에서의 협력을 약속했다.[86] 이에 대해 김대중은 민주화시대의 개막을 위해 모든 노력을 다할 것임을 다짐했다.

3. 제7대 대통령선거

민주공화당은 1971년 3월 17일 대통령후보지명대회를 갖고 박정희를 만장일치로 대통령 후보에 지명하였다. 3월 27일 대통령 선거일이 공고되자 박정희(민주공화당)와 김대중(신민당) 후보 외에 국민당의 박기출, 민주당의 함보경, 자민당의 이종윤, 정의당의 진복기, 통사당의 김철 등이 등록을 마쳤다. 이 중에서 김

84) 한국정치연구회. 1993.『한국현대사 이야기 주머니 2』, 249.
85) 한국정치연구회. 1993.『한국현대사 이야기 주머니 2』, 254~255.
86) 김삼웅. 1994.『해방후 정치사 100장면』, 190.

철과 함보경은 후보를 사퇴하였으며, 결국 선거전은 박정희와 김대중의 대결로 압축되었다.

선거전은 과거 어느 선거보다도 여야 간의 정책대결로 진행되었다. 김대중 후보는 선거유세에서 대통령의 재산공개, 남북간의 서신교류·기자교환·체육인교류, 지식인·문화인 및 언론의 권력으로부터 해방, 주월 한국군 철수, 대통령 및 국회의원 선거권 연령인하, 반공법 제4조의 목적범 적용에 국한하는 개정, 정부기관 일부의 대전 이전, 예비군제 및 교련 폐지 등 155개의 정책을 선거공약으로 내걸었다. 박정희 후보 역시 발전적 민주정치의 구현, 생산적 정치윤리의 구현, 민원행정의 간소화, 지방재정자립도의 증가를 통한 단계적 지자제 실시, 세제개혁 및 금융제도 개선, 국토개발계획 등 10개 부문에 걸친 56개 항목을 선거공약으로 내세웠다.[87)]

선거전은 시간이 흐를수록 치열하게 전개되었다. 조직과 재정의 열세에도 불구하고, 신민당은 "10년 세도 썩은 정치 못 참겠다! 갈아보자! 논도 갈고 밭도 갈고 대통령도 갈아치자!"라는 구호를 내세워 민주공화당을 공격하였다. 특히 김대중 후보의 '대중민주주의' 및 '대중경제론'의 주창은 국민들의 많은 호응을 얻었다. 반면 민주공화당은 "기적 이룬 박 대통령 다시 뽑아 번영하자! 일하는 게 제일이다! 박 대통령 다시 뽑자!"라는 슬로건을 내걸고, '중단 없는 전진'과 '혼란 없는 안정'을 호소하였다.[88)]

선거전의 주요 쟁점은 다음의 세 가지였다.[89)] 첫째, 3선 이후 박 대통령의 거취문제였다. 김대중은 이번 선거에서 정권교체를 이루지 못하면 박정희는 종신대통령을 위해 총통제를 추구할 것이라고 경고하였다. 자신의 거취문제가 선거쟁점으로 떠오르자, 박정희는 "다시는 국민에게 표를 찍어 달라고 나서지 않겠으며 이번이 마지막"이라고 주장하였다. 그러나 박정희의 약속은 1972년 유신체제가 수립됨으로써 기만이었음이 판명되었다.

둘째, 미국의 아시아 안보정책 변화에 따른 한국의 안보문제였다. 1971년 닉슨의 "아시아는 아시아인의 손으로"라는 정책에 따라 당시 주한 미군 2만여 명이 철수하였다. 이러한 국제정세의 변화는 한반도의 안보문제를 선거유세전의 중요

87) 김삼웅. 1994.『해방후 정치사 100장면』, 193.
88) 한국정치연구회. 1993.『한국현대사 이야기 주머니 2』, 273.
89) 한국정치연구회. 1993.『한국현대사 이야기 주머니 2』, 274~275.

쟁점으로 떠올렸다. 이에 대해 김대중은 한반도에서의 전쟁억제를 위한 미·일·중·소 등 4강의 안전보장론을 주장하였다. 반면 박정희는 4강에 의한 안전보장론이 비현실적이라고 반박하면서 한국의 방위능력을 높이기 위해서는 자체적인 방위산업을 육성해야 한다고 주장하였다.

셋째, 경제발전전략을 둘러싼 공방이었다. 김대중은 박정희의 경제발전전략이 지나치게 성장일변도 정책임을 비판하고, 그러한 정책은 도시 노동자와 농민의 복지를 무시하는 결과를 낳았으며 빈부의 격차를 증대시키는 현상을 초래했다고 주장했다. 이에 대해, 박정희는 1·2차 경제개발계획을 통해 한국경제가 성장은 했지만, 애초부터 "경제적 바탕이 미약했기에 국민소득이 2백 달러밖에 넘지 못했다"며 모두가 잘 사는 나라를 위해 "앞으로 몇 년 동안 더 참고 노력하자"고 호소했다.[90]

4월 27일, 제7대 대통령선거가 치러졌다. 선거결과, 박정희는 김대중을 94만 표 차이로 누르고 당선되었다. 박정희는 득표율 53.2%를 얻었고, 김대중은 45.3%를 획득했다. 비록 김대중이 패한 선거였지만, 선거결과는 애초의 예상을 뛰어넘는 김대중의 선전이었다. 선거운동이 시작되기 전부터 박정희와 김대중의 대결은 "황새와 뱁새"의 게임으로 비유되었다.[91] 하지만 애초의 예상과 달리, 불과 94만 표 차이는 김대중이 박정희와 대등하게 겨룰 수 있는 야권지도자로 성장했음을 보여주었다. 또한 116만 표 차이로 야당(윤보선) 후보를 눌렀던 제6대 대선에 비하면, 박정희에 대한 국민의 지지가 상대적으로 하락하였음을 보여주었다.

1971년의 대통령선거가 역대 대통령선거와 다른 점은 지역감정이 투표에 본격적으로 발현되었다는 점이다. <표 5-5>에서 보는 바와 같이, 영남지역(부산·경남·경북)에서 박정희는 71.1%의 압도적 지지를 얻었고, 이것이 그의 당선에 결정적 역할을 하였다. 이에 비해, 김대중은 호남지역(전남·전북)에서 62.3%의 지지를 받았는데, 이는 그가 서울에서 얻은 득표율 59.4%를 약간 상회하는 수치였다.

이러한 현상은 대체로 두 가지 요인에 의해 설명될 수 있다. 첫째, 박정희와 민주공화당은 선거를 지역대결로 유도하였다. 국회의장 이효상은 대구의 유세에서 "신라 천년 만에 다시 나타난 박정희 후보를 뽑아서 경상도 정권을 세우자"[92]라고 노골적으로 지역감정을 부채질하였다. 결국 대다수의 선거인들에게 지역적

90) 『동아일보』, 1971년 4월 26일.
91) 한국정치연구회. 1993. 『한국현대사 이야기 주머니 2』, 276.
92) 김삼웅. 1994. 『해방후 정치사 100장면』, 194.

표 5-5 제7대 대통령선거와 후보자의 시도별 득표율

지 역	박정희	김대중	기타 후보
서 울	40.0%	59.4%	0.6%
부 산	55.7%	43.6%	0.7%
경기도	48.9%	49.5%	1.6%
강원도	59.8%	38.8%	1.4%
충청북도	57.3%	40.7%	2.0%
충청남도	53.5%	44.4%	2.1%
전라북도	35.5%	61.5%	3.0%
전라남도	34.4%	62.8%	2.8%
경상북도	75.6%	23.3%	1.1%
경상남도	73.4%	25.6%	1.0%
제주도	56.9%	41.4%	1.7%
전 국	53.2%	45.3%	1.5%

출처: 중앙선거관리위원회. 1973. 『대한민국선거사 제1집』, 763.

유대보다 더욱 중요하게 여겨지는 쟁점은 없었다.

둘째, 경제개발과 인사정책의 지역적 차별은 지역감정을 유발하였고, 이는 다시 지역민의 투표행태에 영향을 주었다. 즉 경제개발과정에서 경상도 지역에 대한 집중투자, 그리고 정부각료 충원과정에서 영남출신 인사들의 우선 등용은 지역민의 투표선택에 영향을 미쳤다.

4. 제8대 국회의원선거

제8대 국회의원선거는 1971년 5월 25일에 실시되었다. 민주공화당은 대통령 박정희가, 신민당은 대통령 후보였던 김대중이 중심이 되어 전국 지원유세에 나섰다. 민주공화당은 "중단 없는 조국근대화"를 구호로 내걸고 행정기관까지 선거운동에 동원하였고, 신민당은 "총통제 음모 분쇄"를 위해서는 야당후보가 더 많이 국회에 진출해야 한다고 호소하였다.

민주공화당의 광범위한 선거부정에도 불구하고,[93] 국회의원선거 결과는 신

93) 신민당은 당시 정부·여당이 사용한 부정한 선거방법으로 ① 선거인 명부의 이중등재, ② 전입·

표 5-6 제8대 국회의원선거 결과

정 당	지역구	전국구	총의석	의석점유율	득표율
민주공화당	86	27	113	55.4%	48.8%
신민당	65	24	89	43.6%	44.4%
국민당	1	0	1	0.5%	4.0%
대중당	0	0	0	0%	0.5%
민중당	1	0	1	0.5%	1.4%
통일사회당	0	0	0	0%	0.9%
합 계	153	51	204	100%	100%

출처: 중앙선거관리위원회. 1973. 『대한민국선거사 제1집』, 720.

민당이 선전한 것으로 나타났다. 투표율은 73.2%를 기록했는데, 민주공화당은 48.8%를, 그리고 신민당은 44.4%를 득표하였다. 총 204석 중, 민주공화당이 지역구 86석에 전국구 27석(총 113석), 신민당이 지역구 65석에 전국구 24석(총 89석), 국민당과 민중당이 각각 1석을 차지하였다. 신민당은 기대보다 훨씬 더 많은 의석을 차지했을 뿐만 아니라, 개헌 저지선인 69석에서 20석을 더 확보하였다. 비록 민주공화당이 산술적으로 과반수를 차지하였지만, 선거결과는 신민당의 정치적 입지를 높여준 것으로 평가되었다.

민주공화당의 패인은 몇 가지로 정리될 수 있다. 첫째, 김대중의 정력적인 선거운동에 힘입어, 신민당은 선거쟁점을 확실하게 부각시켰다. 신민당은 민주공화당이 국회를 지배하게 되면 이승만처럼 박정희도 종신집권의 길을 열기 위해 다시 개헌을 추진할 가능성이 높기 때문에 유권자들은 야당의원을 많이 당선시켜야 헌법을 지킬 수 있다고 주장하였다.

둘째, 군소정당의 출현이 적었다. 군소정당의 후보는 251명에 불과하였으며, 이들이 얻은 표는 6.8%에 불과하였다. 군소정당의 후보는 겨우 2명만이 당선되었다. 결과적으로 대통령선거에서처럼 국회의원선거도 양당대결로 압축되었는데, 이것이 신민당에게 유리하게 작용하였다.

전출을 이용한 주민등록조작, ③ 공무원을 근무지소속 투표구로 전입, ④ 직권말소 등에 의한 선거권 박탈, ⑤ 경찰의 야당유세방해, ⑥ 야당후보 및 운동원에 대한 폭행 및 협박, ⑦ 야당 선거참관인 매수, ⑧ 공무원의 선거운동, ⑨ 사전 기표용지배포 등을 들었다. 김삼웅. 1994. 『해방후 정치사 100장면』, 197.

셋째, 민주공화당은 전국 주요 도시에서 크게 패하였다. 서울은 전통적으로 야당을 지지했기 때문에, 선거운동기간 동안 민주공화당은 서울에서의 지지율을 높이기 위해 안간힘을 썼다. 그러나 서울의 19석 중에서 민주공화당은 1석을 차지하는 데 그쳤다. 민주공화당 후보들은 박정희가 승리했던 부산, 대구, 청주, 충주, 마산 등지에서도 패배하였다. 또한 민주공화당이 강세를 보였던 농촌지역(강원도와 제주도 제외)에서 신민당이 괄목할 만한 진출을 보였다. 이러한 현상은 그동안 박 정권에게 주어졌던 국민의 지지가 급격히 철회되고 있음을 의미하였다.

제6장

유신체제: 등장 · 전개 · 붕괴

제 1 절 유신체제의 등장

유신체제는 1972년 12월 27일 공식 출범하였다. 유신체제는 1971년 12월 6일 박정희의 국가비상사태 선언에서 1972년 12월 27일 유신헌법 선포에 이르기까지 일련의 권위주의적 정치과정을 거치면서 성립되었다. 유신체제는 절차적 내지 형식적 민주주의마저 명백히 부정한 일인 독재체제였다.

1. 유신체제의 등장과정

1971년 4월 27일 대통령선거에서 승리한 지 불과 7개월이 지난 12월 6일, 박정희는 국가비상사태를 선언하였다. 그 내용은 국가안보를 최우선시하고 일체의 사회불안을 용납하지 않으며, 최악의 경우 국민자유의 일부도 유보하겠다는 등 6개항의 특별조치였다.[1] 비상조치의 명분은 '북한의 침략 위협'과 한반도를 둘러싼 '국제정세의 변화'였다.

비상사태 선언 후, 민주공화당은 대통령의 국가비상사태 선언의 법적 근거를 마련하고 대통령에게 비상대권을 부여하기 위해 "국가보위에 관한 특별법"을 국회에 제출하였다. 이에 대해 신민당은 정무회의를 개최하여 특별법의 국회통과 저지방침을 결정하였다. 그러나 국회의장 백두진은 의장 직권으로 특별법안을 국회 법사위에 회부하였다. 이에 반발하여 야당의원들은 12월 22일부터 국회 본회의장 및 국회 별관을 점거하고 철야농성에 들어갔다. 신민당의 특별법 저지투쟁에도 불구하고, 박 대통령은 12월 23일 국회의장에게 공한을 보내 특별법의 조속한 국회통과를 촉구하였다. 그 결과 민주공화당 의원들은 일부 무소속의원들과 함께 12월 27일 새벽 3시 국회 4별관에서 특별법안을 전격적으로 처리·통과시켰다.

1) 박 대통령이 국가비상사태를 선언하면서 밝힌 6개항의 특별조치는 다음과 같다: ① 정부의 시책은 국가안보를 최우선으로 하고 조속히 만전의 안보태세를 확립한다; ② 안보상 취약점이 될 일체의 사회불안을 용납치 않으며, 또 불안요소를 배제한다; ③ 언론은 무책임한 안보논의를 삼가야 한다; ④ 모든 국민은 안보상 책임수행에 자진 성실하여야 한다; ⑤ 모든 국민은 안보위주의 새 가치관을 확립하여야 한다; ⑥ 최악의 경우 우리가 가져야 할 자유의 일부도 유보해야 한다.

"국가안보에 효율적으로 대처하고 사회의 안녕 질서유지"를 명분으로 내세워 변칙적으로 통과된 국가보위법은 대통령에게 다음과 같은 권한을 부여하였다.

(1) 국가비상사태를 선포할 수 있다.
(2) 경제규제를 명령하고 국가동원령을 선포할 수 있다.
(3) 옥외집회나 시위를 규제할 수 있다.
(4) 언론 · 출판에 대한 특별조치를 취할 수 있다.
(5) 근로자의 단체행동권을 제한할 수 있다.
(6) 군사상 목적을 위해 세출예산을 조정할 수 있다.

국가비상사태선언 및 국가보위법의 제정은 몇 가지 점에서 심각한 문제점을 지니고 있었다. 우선 대한민국이 군사안보상 중대한 위기에 직면해 있다는 정부의 주장에 많은 의문이 제기되었다. 나아가, 그 내용이 자유민주주의를 규정하고 있는 제3공화국의 헌법에 명백히 위배되는 것이었다. 신민당은 국가보위법의 전면 무효화를 위해 국회소집을 요구했지만, 민주공화당은 일절 응하지 않았다. 1972년 6월 초, 신민당은 국회 본회의장에서 4일간 농성을 한 후, "비상사태 철회!," "국가보위법 무효!"라는 플래카드를 들고 국회의사당에서 중앙청까지 가두시위를 벌였다. 그러나 이미 유신개헌작업을 비밀리에 진행시키고 있던 박 정권의 반응은 시위자 및 반대자들의 체포와 연행, 그리고 고문이었다.

청와대, 중앙정보부, 그리고 법무부의 몇몇 핵심인물이 비밀리 추진하던 유신헌법 작성 작업이 끝나고,[2] 유신체제 출범을 위한 정치적 연출이 시작된 것은 1972년 10월 17일이었다. 그 날 오후 7시, 박정희 대통령은 자신이 탄생시켰던 제3공화국을 파기하고 유신체제의 수립을 위한 '특별선언문'을 발표하였다.[3]

우리는 지금 국제정세의 거센 도전을 이겨내면서 또한 남북대화를 더욱 적극적으로 과감하게 추진해 나가야 할 중대한 시점에 처해 있습니다. 이 같은 시점에서 우리에게 가장 긴요한 것은 줄기찬

2) 유신헌법 작성 작업은 '풍년사업'이라는 암호명으로, 청와대 핵심측근과 중앙정보부 간부를 중심으로 1972년 5월부터 본격적으로 진행되었다고 한다. 당시 유신헌법 작성 작업에 깊숙이 관여한 인물은 청와대의 비서실장 김정렴, 정무수석 홍성철, 중앙정보부장 이후락, 차장 김치열, 법무부장관 신직수 등으로 알려졌다. 김진. 1992. 『청와대비서실』. 서울: 중앙일보사, 204~205.

3) 『동아일보』, 1972년 10월 18일.

> 예지와 불퇴전의 용기, 그리고 철통 같은 단결이며, 이를 활력소로 삼다 어렵고도 귀중한 남북대화를 더욱 굳게 뒷받침할 수 있을 뿐 아니라 급변하는 주변정세에 능동적으로 대응해 나갈 수 있는 모든 체제의 시급한 정비라고 믿습니다. … 우리 헌법과 각종 법령, 그리고 현 체제는 동서양극체제의 냉전시대에 만들어졌고, 하물며 남북의 대화 같은 것은 전연 상상치도 못했던 시기에 제정된 것이기 때문에 오늘과 같은 국면에 처해서는 마땅히 이에 적응할 수 있는 체제로의 일대 유신적 개혁이 있어야 하겠습니다.

대통령의 특별선언과 함께 전국에 비상계엄령이 선포되었고, 각 대학에 휴교령이 내려졌으며, 언론·출판·보도·방송의 사전검열조치가 취해졌다. 더불어 다음과 같은 4개항의 비상조치가 단행되었다.[4] 첫째, 1972년 10월 17일 하오 7시를 기해 국회를 해산하고, 정당 및 정치활동을 중지시키는 등 현행 헌법의 일부 조항의 효력을 정지시킨다. 둘째, 일부 효력이 정지된 헌법조항의 기능은 비상국무회의에 의해 수행되며 비상국무회의의 기능은 현행 헌법하의 국무회의가 수행한다. 셋째, 비상국무회의는 1972년 10월 27일까지 조국의 평화통일을 지향하는 헌법개정안을 공고하며, 이를 공고한 날로부터 1개월 내에 국민투표에 부쳐 확정한다. 넷째, 헌법개정안이 확정되면 헌법절차에 따라 늦어도 1972년 말 이전에 헌정질서를 정상화한다.

4개항의 비상조치에서 밝힌 대로, 10월 27일 비상국무회의는 헌법개정안을 의결·공고하였고, 한 달 간의 공고기간을 거친 헌법개정안은 11월 21일 국민투표에 부쳐졌다. 야당의 반대운동이 일절 금지되고 정부의 일방적인 계몽활동으로 인해, 유신헌법에 대한 투표참여율은 91.9%, 찬성률은 91.5%를 기록하였다.

2. 유신체제의 제도적 특징

유신체제는 강도 높은 권위주의체제였다. 유신헌법은 삼권분립, 견제와 균형, 경쟁적 선거제도라는 자유민주주의의 기본원칙을 전면 부정하였으며, 대통령의 권한 강화와 반대세력에 대한 억압을 그 내용으로 하고 있다. 먼저, 유신헌법은 국민주권 및 기본권을 크게 약화시켰다. 국민기본권조항에 개별적 법률유보조항이 신설되었고, 자유와 권리의 본질적 내용을 침해할 수 없다는 기존의 헌법조

4) 김삼웅. 1994.『해방후 정치사 100장면』. 서울: 가람기획, 211~212.

항이 삭제되었다. 그리고 국가안전보장을 위해 필요한 경우, 법률로써 국민의 기본권을 제한할 수 있도록 하였다. 예컨대, 거주·이전의 자유(제12조), 직업선택의 자유(제13조), 통신의 자유(제15조) 등에 개별적 법률유보조항이 신설되었고, 구속적부심사 청구권과 자백의 증거능력제한 규정이 삭제되었다. 언론·출판의 자유에 관한 특수유보(特殊留保)를 없애고 검열제·허가제를 가능하게 하였으며, 긴급조치를 위반한 때에는 민간인도 군법회의에서 재판을 받도록 하였다. 그리고 노동 3권의 보장을 법률로 제한할 수 있게 하였는데, 특히 법률로 단체행동권을 제한할 수 있는 근거를 마련하였다.[5)]

둘째, 입법부의 행정부에 대한 감시 및 견제 기능을 완전히 제거하였다. 유신헌법은 국회의 국정감사권을 폐지하였으며, 국회의 연간 회기를 150일로 제한함으로써 입법부의 주요 기능이 완전히 상실되었다. 또한 국회의원의 1/3을 대통령이 추천, 통일주체국민회의에서 선출하게 함으로써 의회의 국민대표기능이 크게 축소되었다. 게다가, 이른바 여야의 '동반선거'로 알려진 한 선거구에서 2명의 국회의원을 선출하는 중선거구제를 채택함으로써, 여당의 국회 장악을 용이하게 하였다. 사법부의 경우도 예외가 아니었다. 법관임명권을 대통령에게, 그리고 위헌판결권은 대법원에서 헌법위원회로 이관함으로써 사법부의 독립성을 완전히 박탈하고 행정부의 시녀로 전락시켰다.

셋째, 대통령의 권한과 위상은 비약적으로 확대·강화되어 3권을 완전히 장악하는 '제왕적 대통령'(imperial presidency)으로 격상되었다. 대통령은 필요하다고 인정할 경우 국가 중요정책을 국민투표에 회부할 수 있으며(제49조), 국가의 안전보장 혹은 공공의 안녕질서가 중대한 위협을 받거나 받을 우려가 있다고 판단될 때는, 국정 전반에 걸쳐 긴급조치를 취할 수 있었다(제53조). 또한 대통령은 국회해산권을 가졌으나, 국회는 대통령을 불신임할 수 없었다. 한편 정당가입이 허용되지 않는 통일주체국민회의 대의원들에 의해 대통령을 선출하도록 함으로써 정당이 정권 창출에 참여할 수 있는 가능성을 원천적으로 봉쇄하였다. 그리고 유신헌법은 대통령의 임기를 6년으로 연장하고 중임제한 규정을 철폐함으로써 실질적으로 박정희의 영구집권을 가능케 했다.

전체적으로 볼 때, 유신헌법은 모든 정치권력을 대통령 1인에게 집중시켜, 권력을 사인화(私人化)시켰다. 더불어 국민의 참정권 내지 대통령 선출권을 사실

5) 김철수. 1973. 『헌법학개론』. 서울: 법문사, 160~161.

상 폐지하여, 절차적 민주주의를 명백히 부인하였다. 즉 유신헌법은 정치·경제·사회·문화 등 전 분야에 걸쳐 힘에 의한 직접통제를 일상화하였다.

3. 유신체제의 통치엘리트

유신체제를 주도하고 이끌어 나가는 인물은 박정희 대통령이었다. 그리고 박정희를 보필하고 유신체제를 지탱하는 중추적 역할을 했던 통치엘리트 집단은 대체로 '친위엘리트' 그룹과 '정치엘리트' 그룹으로 구분되는 권위주의 엘리트 집단들이었다.[6)]

친위엘리트 집단은 군, 중앙정보부, 보안사령부, 수도경비사령부, 대통령 경호실 등이었다. 이들은 강제력 및 정보력을 장악하는 국가기관의 전략적 위치를 점령하고 있는 엘리트 집단으로, 원래 국가안보와 관련된 역할을 수행하는 임무를 지니고 있었다. 그러나 유신시대에 들어서면서, 이들은 국가안보와 더불어 정권적 차원의 체제유지를 위해 핵심적 역할을 맡게 되었다.

이 같은 친위엘리트 집단이 권력 핵심부에 본격적으로 진입하게 된 계기는 5·16 쿠데타 이후이다. 군사쿠데타라는 변칙적인 방법을 통해 권력을 획득한 박정희 세력은 군 내외에 위치한 반대세력의 잠재적 도전에 직면하였고, 이에 대처하기 위해 중앙정보부 및 수경사 등의 새로운 국가기관을 창설하여 보안사[7)]를 포함한 국가안보 관련기관으로 하여금 정권보위의 역할을 담당케 하였다.

친위세력은 유신시대에 들어서면서 그 위상이 급속히 상승하였고, 그들의 영향력과 역할은 시간의 흐름에 따라 더욱 강화되었다. 국민의 자발적 동의에 기초한 정치과정과는 거리가 먼 유신 권위주의체제하에서 친위세력의 강제력과 통제는 정권보위에 결정적인 요소였다. 특히 친위엘리트 집단의 근간은 국가 물리력을 기반으로 하는 군이었다. 이러한 배경에서 박정희의 군에 대한 배려와 후원은 절대적이었다. 그 대표적인 사례가 영남출신 육사 11기에 의해 주도된 이른바 '하나회'라는 군부 내 사조직에 대한 박정희의 의도적 지원이었다. 박정희는 '하나

6) 김세중. 1995. "10월 유신과 민주회복운동: 운동의 한계에 대한 엘리트 이론적 접근." 한국정치학회(편). 『한국현대정치사』. 서울: 법문사, 452~456.

7) 보안사의 원조는 1950년 10월에 창설된 특무부대이다. 특무부대는 1960년 육군방첩대로, 육군방첩대는 1968년 육군보안사로, 육군보안사는 1977년 국군보안사로 개칭되었다. 그리고 국군보안사는 1991년에 국군기무사로 개칭되었다.

회' 멤버들에게 보직과 진급에 있어서 특혜를 줌으로써 이들의 충성을 확보하였고, 이들 가운데 상당수를 보안사, 특전사, 수경사, 청와대 경호실, 중앙정보부 등의 국가강제기관 및 정보조직에 배치하였다.[8)]

친위엘리트와 함께, 유신통치엘리트 그룹의 한 축을 구성했던 집단은 정당·국회·선거 등 제도권 정치공간에서 활동하는 엘리트들이었다. 이들은 제3공화국 하에서 통치엘리트의 중심부에 위치하였으나, 유신체제가 도입되면서 그들의 위상과 역할은 급격히 약화되었다.[9)] 이러한 정치엘리트의 약화는 기본적으로 박정희의 정치적 의도에서 비롯된 것으로, 이는 유신체제 자체의 제도적 규정에 반영되었다. 즉 유신체제는 정당활동이 금지된 통일주체국민회의에게 대통령과 국회의원 1/3을 선출할 권한을 부여하고 국회의 행정부 견제기능을 대폭 축소시킴으로써, 정당국가적 의회정치를 명시적으로 부정하였다. 이에 따라 정당제도 및 대의정치제도는 크게 왜곡·축소되었고, 민주공화당에 포진한 정치엘리트의 위상과 역할의 주변화가 진행되었다.

제 2 절 유신체제의 수립배경

강성 권위주의체제(hard authoritarianism)인 유신체제의 수립 원인에 대한 논의는 다양하다. 가장 근본적인 배경은 박정희 자신의 권력의지에서 찾을 수 있다. 그러나 그것은 '왜 1972년이었던가?'에 대해 설명하지 못한다. 유신체제의 수립 원인은 복수 요인들의 복합적 상호작용의 결과로 파악해야 할 것이다.

1. 유신체제 수립에 대한 기존 논의

왜 박정희는 자신이 수립한 제3공화국을 파기하고 유신체제를 출범시켰는

8) 강창성. 1991. 『일본·한국의 군벌정치』. 서울: 해왕문화사, 357~378; 한용원. 1993. 『한국의 군부정치』. 서울: 대왕사, 317~325; 정상용(외). 1990. 『광주민중항쟁』. 서울: 돌베개, 59~65.
9) 김세중. 1995. "10월유신과 민주회복운동," 455.

가? 이 질문에 대한 답은 간단치 않다. 학자들은 그간 다양한 이론적 개념과 분석 시각을 동원하여 유신체제의 수립 원인을 규명하려 노력했는데, 이들 중 몇 가지 대표적인 시각을 소개하면 다음과 같다.

첫째, 유신체제의 수립 원인을 박정희의 '권력의지'에서 비롯된 것으로 보는 입장이다. 이 주장의 핵심은 당시 한반도를 둘러싼 급격한 군사안보환경의 변화가 유신체제 수립의 원인이 아니라, 박정희의 장기집권에 대한 욕심이 유신체제 수립의 근본 원인이라는 것이다. 이 시각에 따르면, 박정희와 그의 측근들이 변화된 군사안보환경을 유신체제로의 체제전환을 정당화하기 위해 정략적으로 활용했을 뿐이라고 주장한다.

이 주장에 의하면, 1971년 당시 박정희는 집권연장을 위한 어떠한 합헌적 수단도 보유하지 못했다고 평가한다. 1969년 3선개헌을 통해 박정희는 1971년 대선에 출마하였고, 1971년의 대선 승리를 통해 3선에 성공하였다. 그러나 당시 헌법은 3선만을 허용하고 대통령의 임기를 4년으로 규정하고 있었던 까닭에, 박정희는 1975년에 권좌에서 물러나야 할 상황이었다. 또한 1971년 총선에서 신민당이 89석을 획득한 데 비해, 민주공화당은 113석에 그쳐 개헌에 필요한 총의석의 2/3를 확보하는 데 실패하였다. 따라서 박정희에게는 국회에서의 또 다른 개헌을 통해 자신의 집권을 연장할 수 있는 합법적인 수단이 부재하였고, 그 결과 자신의 집권을 연장할 수 있는 방법은 쿠데타적 방법 외엔 없었다고 주장한다.[10]

그렇다면 왜 박정희는 1972년에 체제전환을 시도하였는가? 이 질문에 대해, 두 가지 가능성을 제시한다. 그 하나는, 박정희가 집권말기(1973년 혹은 1974년)에 유신체제를 성립시킬 경우 박정희 자신의 장기 집권욕을 명확히 드러내는 결과를 초래할 것이며, 그 경우 거센 국민적 저항에 직면할 것을 우려했기 때문이었을 것으로 추측한다. 다른 하나는, 시간이 갈수록 여권 내부에서 차기대권주자에 대한 논의가 나올 가능성이 높고, 그러한 논의가 가시화될 경우 권력 누수현상으로 인해 체제전환이 더욱 어려워질 것이기 때문으로 추측한다.[11]

둘째, 유신체제의 등장 배경을 관료적 권위주의이론(Bureaucratic Authoritarianism)에서 찾는 입장이다. 이 논의의 핵심은 산업화가 정치적 민주화를 가져온 서구의 경험과는 달리, 종속이라는 구조적 한계를 지닌 제3세계에서는 근대화의 진전과

10) 오창헌. 2001.『유신체제와 현대한국정치』. 서울: 오름, 108.
11) 오창헌, 2001.『유신체제와 현대한국정치』, 108.

자본주의 경제의 발달이 오히려 강력한 권위주의정권을 등장시킨다는 것이다. 관료적 권위주의가 등장하게 되는 시기는 종속자본주의적 근대화과정에서 생산구조가 수평적 확대의 단계로부터 수직적 통합의 단계로 이행할 때이다. 즉 종속경제가 질적으로 심화되려면 거대한 규모의 국제자본과 기술이 필요하고 이들의 유입을 위해서는 사회안정이 필수적이다. 그런데 대중을 끊임없이 정치의 장으로 끌어들이는 민중정치는 사회불안을 조성함으로써 산업화의 심화에 장애가 되기 때문에 민·군기술관료와 국내자본가 그리고 국제독점자본주의세력 등이 쿠데타 동맹을 형성함으로써 억압적인 관료적 권위주의체제를 성립시킨다. 그러므로 관료적 권위주의체제 등장의 핵심적 원인은 산업화의 심화와 이를 위한 정치적 안정, 즉 민중부문의 배제 및 탈정치화의 필요성이다.

유신체제의 탄생을 한국에서 관료적 권위주의가 정착되는 계기로 설명하는 근거를 살펴보자.12) 10월 유신을 계기로 한국에서는 그동안 진행되어 온 민중운동이 철저하게 탄압 당했다. 아울러 한국경제가 수입대체산업화 단계로부터 수출주도형의 개방전략으로 이행하면서, 이 단계에 필연적으로 요청되는 정치적 안정의 필요성에 따라 군의 정치개입이 사회적으로 요구되었으며, 그 결과 군·관연합체가 형성되었다. 즉 이 시각에 의하면, 유신체제로의 전환은 정치적·경제적·사회적 위기에 대한 하나의 대응양식으로서, 국제적 노동분화의 조건하에서 기존의 공업화정책을 밀고 가기 위해 민중부문의 수평적 연계를 파괴하고, 이를 통해 공업화의 전제조건인 정치적·사회적 안정을 확보하기 위해 취해진 것이라고 주장한다.

셋째, 당시의 북한의 위협 및 안보위기 상황이 유신체제 수립의 원인이 되었다는 입장이다. 이 주장의 핵심은 유신체제의 성립 배경에는 북한의 위협 요인이 선차적 설명변수이며 박정희의 권력의지는 부차적 설명변수라는 것이다. 이 시각은 박정희의 권력의지가 아무리 강하더라도, 권력동기를 관철할 만한 적절한 여건과 명분 없이는 유신체제의 수립이 불가능했을 것이라는 점을 강조한다.13)

이 주장에 의하면, 1968년에 발생한 일련의 무장게릴라 침투사건, 1969년 7월의 닉슨독트린 발표, 1971년 3월의 주한미군 제7사단의 철수, 1971년 7월 닉슨

12) 강민. 1993. “관료적 권위주의의 한국적 생성.” 『한국정치학회보』 17집, 341~362; 한상진. 1988. 『한국사회와 관료적 권위주의』. 서울: 문학과 지성사.

13) 신종대. 2005. “유신체제 수립원인에 관한 재조명: 북한요인의 영향과 도원을 중심으로.” 『사회과학연구』 13집 1호, 157.

의 중국방문계획 발표 및 1972년 2월 닉슨의 중국방문 등이 박정희에게 체제전환에 주요 압력과 명분으로 작용했다고 한다. 즉 유신체제의 수립은 박정희의 단독작품이 아니라, 이를 실행할 수 있는 도구를 지속적으로 제공했던 군사안보환경의 변화와 북한요인의 합작품이라고 주장한다.

2. 유신체제의 수립배경

위에서 살펴본 바와 같이, 유신의 등장 원인은 학자에 따라 그리고 시각에 따라 상이하게 설명되어진다. 보다 종합적이고 객관적인 이해를 위해서는, 당시의 상황을 구체적으로 추적해 볼 필요가 있다.

먼저 당시 박정희가 내세운 유신체제 출범의 명분과 동기를 살펴보면 다음과 같다. 첫째, 안보와 관련된 위기의식이다. 1971년 3월의 주한미군 1개 사단의 철수와 관련하여 박정희는 위기감을 고조시키면서, 이를 "국력의 효율적인 동원," "총력안보체제의 구축"이라는 유신선포 최대의 명분으로 이용하였다. 둘째, 박정희는 당시 전개된 남북대화를 뒷받침하기 위한 새로운 체제의 필요성을 강조하였다. '10·17 대통령 특별선언'의 내용을 보면, "우리 헌법과 각종 법령, 그리고 현 체제는 동서양극체제하에서 냉전시기에 만들어졌고 하물며 남북대화와 같은 것은 전혀 예상하지도 못했던 시기에 제정된 것이기 때문에 오늘과 같은 국면에 처해서는 마땅히 이에 적응할 수 있는 새로운 체제로의 일대 유신적 개혁이 있어야 하겠다." 그리고 "남북대화의 적극적인 전개와 주변정세가 급변하는 사태에 대처하기 위한 우리 실정에 가장 알맞은 체제개혁을 단행해야 하겠다"며 당시 진행 중이던 남북대화를 유신의 명분으로 활용하였다. 셋째, 박정희는 1970년대 초에 벌어졌던 사회적 혼란과 관련하여 질서와 능률을 우선적으로 확보해야 함을 강조하였다. 1971년 12월 박정희는 '국가비상사태'의 발표 및 국가보위법의 제정의 명분 가운데 하나로 '사회의 안녕질서의 유지'를 들었다.

이렇듯 박정희 자신은, 유신체제의 등장은 국제적·국내적 요인들의 종합의 결과임을 암시하고 있다. 이제 당시의 상황을 구체적으로 살펴봄으로써 유신권위주의 체제의 등장 원인을 재검토할 필요가 있다.

(1) 국제적 배경

1960년대 말과 1970년대 초에 걸쳐서 형성된 한반도 주변의 국제정세는 지금까지 전혀 예측하지 못한 변화를 야기하였다. 이미 1949년의 중화인민공화국 수립, 1950년의 중·소 군사동맹체결 및 한국전쟁의 발발, 1965년 한·일 협정체결로 인한 한·미·일 군사동맹체제의 완성으로 확대·강화된 동북아의 냉전구도는 1960년대 말에 이르러 자유진영과 공산진영의 평화공존체제로 급격히 변화하기 시작하였다.

변화의 첫 신호탄은 1969년 7월 25일 발표된 닉슨의 '괌 독트린'(Guam Doctrine)이었다. 괌 독트린은 미국의 대아시아 정책의 하나로 "아시아의 방위는 아시아인의 힘으로 한다"는 내용을 담고 있었다. 이후 괌 독트린은 '닉슨 독트린'(Nixon Doctrine)으로 발전되었는데, 그 주요 내용은 아시아 방위책임은 일차적으로 아시아 국가들이 맡고, 미국은 핵우산만을 제공한다는 것이었다.[14] 한반도를 둘러싼 동북아 국제질서와 관련하여, 닉슨 독트린은 '양극 냉전체제'에서 '4극 평화공존체제'로의 전환을 뜻하였다. 즉 미·중, 중·일관계의 정상화와 북한-미국, 북한-일본 간의 화해분위기를 유도하여 두 개의 한국정책을 정착시킨다는 것이었다. 이에 따라, 일본도 1972년 9월 미국에 이어 중국과 국교를 수립하였다.

이상과 같은 닉슨독트린에 의해 1960년대 말 미국의 대한정책은 주한미군철수와 남북대화의 종용이라는 형태로 변화하였다. 1971년 3월 27일, 주한미군 6만 명 중에서 1개 사단(약 2만 명)이 철수하면서, 미국은 지상군 감축에 대한 보상으로 한국군 현대화를 위해 향후 5년 간 10억 달러에서 15억 달러에 이르는 군사원조를 제공하기로 약속하였다. 이와 동시에 미국은 박 정권에게 남북대화를 종용

14) 1969년 1월 닉슨 대통령은 월남전쟁으로 촉발된 국내정치의 대립·분열 및 사회불안상태를 해소하기 위해 아시아정책을 재검토하기 시작했다. 그 기본 방향은 아시아지역 국가의 자주적 군사·경제노력을 강조함으로써, 아시아 각국에 대한 미국의 과잉개입상태를 축소하고, 보다 높은 차원에서 미국의 행동반경을 넓히려는 것이었다. 이러한 정책은 닉슨이 1970년 2월 18일, 의회에서 "평화를 위한 새 전략: 70년대의 미국 대외정책"이라는 이름으로 발표한 외교백서에 구체적으로 반영되었는데, 이것이 후에 '닉슨독트린'으로 불렸다. 당시 외교백서에 공표된 내용은 다음과 같다: ① 미국은 향후 베트남전쟁과 같은 군사적 개입을 피한다; ② 강대국의 핵 위협의 경우를 제외한 내란이나 침략에 대해서는 아시아 각국이 스스로 협력·대처해야 한다; ③ 미국은 아시아 국가들에 대해 직접적·군사적 개입은 하지 않는다; ④ 아시아 국가들에 대한 원조는 경제중심으로 바꾸며, 다자간 방식을 강화하여 미국의 과중한 부담을 피한다; ⑤ 아시아 국가들이 향후 5~10년에 상호안전보장을 위한 군사기구를 만들기를 기대한다.

하였다.

이러한 맥락에서 박정희는 1970년 8·15선언을 통해 한국의 대북한 자세를 획기적으로 바꿀 용의가 있음을 천명하고, 남북한이 '선의의 경쟁'에 나설 것을 제안하였다. 이어서 남한 당국이 1971년 8월 12일 '남북이산가족찾기운동'을 대한적십자사를 통해 북한에 제의했고, 북한은 적극적인 자세로 이를 수용하였다. 마침내 1972년 7월 4일 역사적인 '남북공동성명'이 발표됨으로써 남북대화의 분위기는 절정에 달하였다.

이상과 같은 변화는 남북한 간의 긴장완화에는 도움이 되었지만, 박 정권에게는 심각한 위기감을 불러일으켰다. 즉 국제적 데탕트와 남북한 긴장완화는 1960년대 초 이래 냉전논리와 안보이데올로기를 통해 정권유지의 정당성을 찾았던 박정희에게는 정권유지를 위협하는 요소로 받아들여졌다. 특히 그간 박정희가 주장해 왔던 '선 건설·후 통일론'의 설득력이 상당 부분 훼손이 불가피하게 되었다. 이에 따라 권력 핵심부에는 국제적 안보환경의 변화에 따른 남한 내부의 기강 해이 및 긴장감 완화가 한국의 안보태세에 불확실성을 가중시킬 것이라는 위협인식이 대두되었다.[15)]

박정희는 이러한 국내외적 변화에 효과적으로 대응할 필요를 느끼고, 대외적으로는 미국의 변화된 전략에 부응하여 남북대화를 진전시키는 한편 내부적으로는 더욱 강화된 통치체제를 통한 정권유지의 길을 모색하였다.

(2) 국내적 배경

1) 사회경제적 배경

1970년대 초, 박 정권은 그동안의 경제개발로 인해 누적된 각종 사회경제적인 문제들이 한꺼번에 표출되는 상황에 직면하였다. 이 시기의 한국경제는 치솟는 인플레이션과 국제수지의 지속적 악화, 그리고 경기침체 등으로 불안한 상황을 맞고 있었다. 무원칙한 외자(外資)도입은 부실기업을 양산하였는데, 이로 인한 부작용을 막기 위해 정부는 뒤늦게 부실차관기업의 정비를 단행하였다. 그러나 그 여파는 부실기업에만 그치지 않고 차관기업에 지불보증을 한 금융계에까지 확산되어 국민경제 전체가 불가피하게 진통을 겪어야 했다.

15) 마상윤. 2003. "안보와 민주주의, 그리고 박정희의 길: 유신체제 수립원인 재고." 『국제정치논총』 43집 2호, 191.

한편 수출을 조건으로 설립된 외자기업은 국제경쟁력의 약화로 국내시장을 잠식하기 시작하였고, 그 결과 중소기업은 대량 도산하지 않을 수 없었다. 기업은 전체적으로 재무구조가 악화되고 있었으며, 1972년 초에 수차에 걸쳐 물가안정책을 시도했지만 물가는 계속해서 상승하고 있었다. 이와 함께 외채의 누증은 국제통화기금(IMF)으로부터 경고를 받을 정도로 심각하였다.[16] 이처럼 1960년대 말과 1970년대 초는 국제적인 불황과 10년간 추진된 경제정책의 모순이 집중적으로 표출되었던 시기였다.

이러한 경제적 불안은 박 정권의 물질적 기반을 동요시켰고, 자본축적의 조건들을 상당정도 훼손시켰다. 따라서 박정희는 1972년 '8·3 조치'라는 초헌법적 방법을 통해 위기 직전의 경제상황에 대한 충격요법을 시도하였다.[17]

이 시기의 경제적 불안 상황은 국민들의 생활을 악화시켰고, 이는 다시 잠재된 계층갈등을 분출시키는 촉매제 역할을 하였으며 동시에 일부 계층의 집단적 항의운동을 고양시키는 계기가 되었다. 예컨대, 1970년 11월 13일 평화시장 재단사인 전태일의 분신자살항거, 1970년 11월 25일 조선호텔 이상찬의 분신기도, 1971년 2월 2일 한국회관 김차호의 분신기도, 8월 16일 신진자동차 노조원 900여 명과 가족 1천여 명의 대규모 파업농성, 9월 15일 한진상사 파월노동자 400여 명의 대한항공빌딩농성 등, 노동자 항의운동이 연속적으로 발생하였다.

도시빈민의 생존권투쟁도 활성화되어, 1971년 6월 28일의 시민아파트 주민 3천여 명의 대규모 시위, 1971년 8월 광주 대단지 3만여 주민들의 폭동, 1971년 8월 26일 동대문시장 상인 400여 명의 철거시위, 8월 31일 평화시장·동화시장·통일상가 등 1천여 점포 상인의 철거시위, 9월 27일 대구 서문시장 50여 상인의 세무서 앞 시위 등이 발생하였다.

집단적 항의운동이 발생되는 가운데, 1971년 양대 선거를 전후하여 지식인들의 반독재운동도 활성화되었다. 언론계, 법조계, 학계는 자율성 신장을 위한 투쟁을 전개하였다. 예컨대, 1971년 4월 동아일보에서 시작된 언론자유수호운동, 7월의 사법파동으로 비롯된 사법권수호운동,[18] 8월에 있었던 교수들의 대학자주화

16) 1970년과 1971년 한국의 DSR(Debt Service Ratio)은 각각 23.9%와 24.6%를 기록하여, 일반적으로 외채의 위험수위로 알려진 DSR 20%를 상회하였다.

17) 이성형. 1985. "국가, 계급 및 자본축적: 8·3조치를 중심으로." 최장집(편). 『한국자본주의와 국가』. 서울: 한울, 229~286.

18) 7월 28일에는 법조계를 온통 뒤흔든 '사법파동'이 발생하였다. 검찰은 이범렬·최공웅 두 판사가

선언 등이 그것이다.

비록 시민사회의 움직임이 박 정권을 위협할 정도로 심각한 것은 아니었지만, 1960년대의 경제개발의 강행에서 빚어진 사회적 불평등으로 인한 정치적 불만은 산업화가 진행되면 될수록 더욱 증가될 가능성을 지닌 것이었다. 이러한 사회적 상황은 경제성장을 정권의 기반으로 하는 박정희에게 정권적 차원의 선제 조치로서 유신체제와 같은 강성 권위주의체제로의 전환 필요성을 제기하였던 것이다.

2) 정치적 배경

1971년에 치러진 대선과 총선은 유신체제 등장의 또 다른 배경이 되었다. 4월에 실시된 대통령선거에서, 김대중 신민당 후보는 당시 안보위기에 대한 대응책으로서 새로운 안보공약과 분배공약을 내세워 박 정권을 공격했고, 박정희의 장기집권에 대한 대중의 염증과 비판의식을 고무하였다. 유세과정에서 나타난 김대중의 선풍적인 인기와 예상을 훨씬 초과한 높은 득표율(45.3%)은 박정희의 권력 유지욕에 위기감을 안겨 주기에 충분하였다.

또한 5월에 치러진 국회의원선거는 당시 민심이 얼마나 박 정권으로부터 이반되고 있는가를 다시 한 번 확인시켜 주었다. 신민당의 득표율은 32.7%(1967년)에서 44.4%(1971년)로 급속히 증가한 데 비해, 민주공화당의 득표율 50.6%(1967년)에서 48.8%(1971년)로 감소하였다. 그 결과, 제8대 총선에서 신민당은 총 204석 가운데 89석을 차지하여 개헌 저지선인 69석에서 20석이나 상회하는 놀라운 성과를 거두었다. 이러한 선거결과에 박 정권이 느낀 위기감은 상당하였을 것으로 추정된다.

이와 더불어, 민주공화당 내에서 벌어진 권력투쟁도 유신체제 등장의 다른 유인 요소로 작용하였다. 이른바 1971년의 '10·2 항명파동'은 박정희의 엄명에도 불구하고 적지 않은 민주공화당 소속 의원들이 그의 지시를 거역하고 현직 내무

뇌물을 받았다는 혐의로 구속영장을 신청한 뒤 영장이 기각되자, 이튿날 영장을 다시 신청했다. 두 판사가 제주도로 출장을 갔다가 변호사에게서 '9만여원 어치의 향응을 받았다'는 것이었다. 이에 항의하여 서울 형사지법의 판사 39명과 민사지법의 판사 44명이 사표를 제출했고, 전국의 많은 법관들이 동조했다. 서울 변호사회는 성명을 통해 "최근 법원의 잇따른 위헌 및 무죄판결에 대해 사법부를 견제하려는 계획적 처사"라고 규탄했다. 결국, 이 파동은 용두사미로 끝났지만, 행정부에 종속되다시피 했던 사법부가 권리를 지키려고 집단적으로 저항했다는 점에서 역사적 의의를 지닌 것이었다. 이돈명. 1988. "사법파동." 『현대한국을 뒤흔든 60대사건』. 서울: 동아일보사, 180~185.

장관의 불신임결의에 동참한 사건이었다. 민주공화당 내의 이른바 신주류세력(길재호·김성곤·백남억·김진만 등)은 김종필을 중심으로 한 신권력층과의 패권다툼 과정에서 김종필 라인이었던 오치성 내무장관을 해임시키자고 발의한 야당의 건의안에 동조하였다. 이 사건은 막강한 권위를 과시하던 박정희의 명령이라 하더라도 경우에 따라서는 여당 자체 내에서조차도 대통령의 의도와 다른 반응을 보일 수 있다는 것을 행동으로 보여준 사례였다.

결국 유신체제는 당시 국내의 점증하는 정치·경제·사회적 불안상황에 대한 권력담당자의 대응책으로써, 정권의 지속적 유지 및 강화를 위한 지배체제의 전열 정비의 산물이었다. 다만 여기서 한 가지 짚고 넘어가야 할 사항은, 그러한 지배엘리트들의 정권유지 노력이 왜 하필이면 박정희의 종신집권이라는 형태로 나타났는가 하는 점이다. 이는 삼선개헌 추진과정에서 드러난 내부분열에서 보듯이, 민주공화당 내부에서 후계자 문제가 순조롭게 해결되지 못함으로써 나타난 권력계승의 위기와 관련시켜 이해되어야 할 것이다. 다시 말하면, 이미 중간보스 체제가 소멸된 상태에서, 새로운 지배체제의 정비가 필요한 상황이 도래했을 때, 집권층 내에서 박정희를 대신할 만한 인물을 찾기가 어려웠던 것이다.

종합하면, 박정희와 그 추종세력이 왜 극단적인 권위주의체제로의 전환을 1972년의 시점에서 채택하게 되었는가는 다음과 같은 배경에서 그 이유를 찾아볼 수 있다. 첫째, 박정희의 무한 권력의지이다. 둘째, 미·중 화해, 주한미군 철수, 남북관계 긴장완화 등의 국제적 데탕트에 따른 안보이데올로기의 훼손과 국내적 상황에 대한 불확실성의 증가이다. 셋째, 1971년 대통령선거와 국회의원선거에서 민주공화당 득표율의 급격한 하락현상과 민주공화당 내의 분열현상으로 인한 정권적 차원의 위기감이다. 넷째, 1970년대 초의 경기침체, 그리고 이에 따른 사회적 불안정 조짐에 대한 정권적 차원의 선제조치의 필요성이다. 이러한 요인들의 복합적 상호작용이 유신체제로의 전환을 낳았던 것으로 보인다.

제 3 절 유신체제의 전개와 저항세력의 성장

압도적인 힘의 우위를 통한 철권통치는 시민사회와 정치사회로부터의 저항을 불러왔다. 유신체제에 대한 정치적 저항은 국회·정당·선거 등의 공식적 정치과정을 기반으로 하는 제도권 내의 반대세력과 대학·교회 등 시민사회 차원에서 자발적으로 형성된 조직을 기반으로 하는 저항세력으로 분류된다. 이들의 정치적 저항은 국가의 대응 및 저항세력의 내부적 상황에 따라 부침을 경험하였으나, 시간이 지날수록 더욱 조직화되는 모습을 보였다.

1. 유신의 제도화와 저항의 위축(1972년 10월~1973년 10월)

유신이 선포되던 시기부터 다음해 후반까지 저항세력의 활동은 지극히 소극적이었다. 이 시기는 유신체제의 권위주의적 제도화가 신속히 이루어지던 때로, 유신통치엘리트 내의 친위엘리트들의 위상과 역할이 강화되었다. 반면 저항세력의 활동이 위축되었던 기간이다. 특히 유신의 권위주의적 조치들로 말미암아, 1960년대 후반과 1970년대 초기에 등장했던 시민사회 내의 자발적 저항운동은 급격히 위축되었다. 다만 이 시기에는 공식적으로 인정되던 제도에 기반한 야당의 소극적 저항만이 존재하였다.

1972년 11월 21일 유신헌법이 국민투표에 의해 통과된 이후, 12월 15일 통일주체국민회의 초대 대의원 선거가 실시되었다. 그리고 통일주체국민회의는 12월 23일 재적 대의원 2,359명이 모두 참석한 가운데 찬성 2,357표, 무효 2표로 박정희를 제8대 대통령으로 선출하였다.

다음해 1973년 2월 27일 제9대 국회의원선거가 실시되었다. 민주공화당은 유신이념에 적합하도록 강령 및 당헌을 개정하였고, 선거운동기간 동안 유신과업의 정당성을 역설하면서 국민소득 1천 달러와 수출 1백억 달러 등 1980년대의 청사진을 제시하였다. 이에 비해 야당은 분열하여, 비당권파인 양일동이 신민당을 탈당하여 민주통일당을 창설하였다. 유진산 총재가 이끄는 신민당은 여당독주를 방지하기 위한 견제세력의 구축이라는 슬로건 아래 민주헌정수호와 언론자유

표 6-1 제9大 국회의원선거 결과

정 당	의석수	득표율	의석점유율
민주공화당	73	38.7%	33.3%
유정회	73	-	33.3%
신민당	52	32.5%	23.8%
민주통일당	2	10.2%	0.9%
무소속	19	18.6%	8.7%
합 계	219	100%	100%

출처: 중앙선거관리위원. 1973. 『대한민국선거사 2집』, 284.

수호 등을 국민에게 호소하였다. 민주통일당도 10월유신의 권위주의적 성격, 장기집권에 의한 부정부패 등을 총선 카드로 활용하였다.

그러나 선거결과는 전국 73개 선거구의 국회의원 정수 146명 중 민주공화당 73석, 신민당 52석, 통일당 2석, 무소속 19석으로 여당의 승리였다. 득표율에 있어서도 민주공화당은 38.7%를 획득하여, 32.5%를 얻은 신민당을 앞질렀다(<표 6-1> 참조). 3월 7일 통일주체국민회의가 73명의 유정회 의원을 선출함으로써,[19] 국회의 의석 분포는 야당에 더욱 불리하였다. 따라서 제9대 국회는 거대여당이 지배하는 양상을 초래하였으며, 제1야당인 신민당은 임시국회마저도 독자적으로 소집할 힘이 없었다.

국회의원선거에서 민주공화당이 승리한 것은 무엇보다도 중선거구제 때문이었다. 한 선거구에서 두 명의 국회의원을 선출했기 때문에, 여야 후보의 동반당선이 가능했다. 더욱이, '선명야당' 논쟁과 야당 후보의 난립으로 야당은 패배를 자초하였다.

거대여당의 압도적 지배로 출범한 제9대 국회에서 야당의 저항은 미미하였다. 이는 민주공화당과 유정회로 구성된 집권당의 수적 우위에서 비롯되기도 하지만, 더욱 심각한 원인은 신민당 총재인 유진산의 정치노선이었다. 유진산은 현실주의적 논리를 내세워 최선보다는 차선, 대결보다는 대화를 내세우는 정치노선

19) 유정회 국회의원은 임기 3년으로, 대체로 유신공로자, 공화당 지역구 낙선자, 친여성향이 강한 대학교수 및 언론인 등이 대통령 추천에 의해 통일주체국민회의에서 토론 없이 일괄 투표되었다.

을 추구하였다. 즉 "나는 정치가이지 혁명가는 아니다"는 논리하에 유진산은 유신체제에의 참여를 통한 비판을 주장하였다.[20]

2. 김대중 납치와 저항의 활성화(1973년 10월~1975년 5월)

유신 초기 잠잠하던 저항세력이 활성화되는 계기는 이른바 '김대중 납치사건'이었다. 유신 선포 당시 일본에 체류하던 김대중은 유신 선포와 함께 해외망명을 선언하고 미국·일본 등지에서 유신체제에 대한 비판운동을 주도하였다. 그러던 중 1973년 8월 8일, 일본 동경에 체류 중이던 김대중은 정체불명의 사람들에 의해 납치되어 한국으로 강제 송환되었다. 이는 중앙정보부의 소행으로 밝혀져[21] 저항운동을 촉발하는 중요한 계기가 되었다.

김대중 납치사건은 사건의 전모를 밝힐 것을 요구하는 대학생들의 시위에 이어, 시민사회 각 부문에 산재해 있던 재야세력의 유신헌법개정운동을 촉발하였다. 1973년 10월 2일, 서울대 문리대생들은 김대중 납치사건의 진상공개를 요구하면서 "중앙정보부 해체"와 "자유민주체제로의 복귀"를 주장하는 시위를 벌였다. 10월 4일에는 서울법대생의 시위와 고려대 학생들의 시한부 동맹휴학이 이어졌다. 10월 24일, 학생들의 시위는 언론인들의 언론자유운동으로 이어졌다. 각 신문사와 방송국 기자들은 '자유언론실천선언'을 채택하였고,[22] 11월 29일에는 한국기자협회가 사실보도를 다짐하는 결의문을 채택하기에 이르렀다.

대학생과 언론인들의 시위에 이어, 12월 24일에는 함석헌·장준하·백기완·계훈제 등 20여 명의 재야인사들이 모여 '개헌청원 백만명 서명운동'을 전개할 것을 선언하고 헌법개정청원운동본부를 발족시켰다. 이어 1974년 1월 7일에는, 이희승·백낙청·박태순·김광섭·박두진 등 문인 61명이 시국선언문을 발표하고 개헌서명운동을 지지하고 나섰다. 그리고 같은 날 광주에서 41명의 성직자가 자유

20) 김세중. 1995. "10월유신과 민주회복운동," 464.

21) 이상우. 1988. "김대중 납치사건." 『현대한국을 뒤흔든 60대사건』. 서울: 동아일보사, 210~215.

22) 예컨대, 10월 19일에 경향신문이, 11월 22일에 한국일보가, 11월 27일에 조선일보가, 11월 30일에 중앙일보가, 12월 3일에 동아일보가 각각 '자유언론실천선언' 채택하였다. 당시 한국기자협회 동아일보 분회가 발표한 '자유언론실천선언'은 다음과 같다: ① 신문·방송·잡지에 대한 어떠한 외부간섭도 우리의 일치된 단결로 강력히 배제한다; ② 기관원의 출입을 엄격히 거부한다; ③ 언론인의 불법연행을 일절 거부한다. 김언호. 1984. "자유언론운동." 한승헌(외). 『유신체제와 민주화운동』. 서울: 춘추사, 122.

민주체제로의 복귀를 요구하는 선언문을 발표하였다.[23)]

김대중 납치사건을 계기로 시민사회 각 부문에서 저항운동이 고개를 들자, 박 정권은 1974년 1월 8일 체제유지를 목적으로 긴급조치 제1호와 2호를 선포하였다. 긴급조치 1호는 유신헌법을 반대 · 부정 · 비방하거나 개헌을 주장하는 일체의 행위를 금지하고, 위반자는 영장 없이 체포하고 군법회의에서 15년 이하의 징역에 처한다는 내용이었다. 그리고 긴급조치 2호는 긴급조치 1호에 따라 비상고등군법회의를 설치한다는 내용이었다.

그러나 긴급조치 1 · 2호에도 불구하고 저항운동은 계속되었다. 이에 따라, 박 정권은 긴급조치 1 · 2호가 발동된 지 불과 3개월 만에 또다시 긴급조치 4호를 발동하였다. 1974년 4월 3일 발표된 긴급조치 4호 발동의 직접적인 원인은 이른바 '민청학련사건'으로 알려진 학생들의 유신반대 시위 움직임이었다. 그러나 중앙정보부는 민청학련(전국민주청년학생총동맹)을 "과거 공산계 불법단체인 인민혁명당 조직, 재일조총련계의 조종을 받은 일본공산당원, 국내 좌파혁신계 인사가 복합적으로 작용"하여 "1974년 4월 3일을 기해 현 정부를 전복하려한 불순 반정부세력"의 '인혁당 재건위' 사건으로 규정하고,[24)] 이들을 체포하여 비상보통군법회의에 넘겨졌다. 그리고 이들 중 1975년 4월 8일 대법원에서 사형판결을 받은 8인은 그 다음날인 4월 9일 전격적으로 사형이 집행되었다.[25)]

시민사회의 저항엘리트들에 의해 주도되던 민주화운동에 제도권의 저항엘리트집단인 신민당이 참여하게 된 것은 1974년 4월 28일이다. 이는 유진산 총재 사망 이후 과도체제에 있던 신민당의 당권을 김영삼이 장악하면서 가능해졌다. 8월 22일 신민당은 임시전당대회를 개최하고 김영삼을 총재로 선출하였다. 김영삼은 유진산 전임 총재와는 달리, '선명론'을 내세우며 적극적으로 유신헌법개정을 주

---

23) 한승헌. 1984. "긴급조치와 긴급인권." 한승헌(외). 『유신체제와 민주화운동』, 22.

24) '인혁당 재건위'란 1964년 발생한 이른바 '1차 인혁당 사건'을 염두에 둔 것으로, 당시 박정희 정권은 한일국교정상화에 반대하는 학생운동의 배후에 인민혁명당이라는 지하혁명조직이 존재한다고 주장했다. 1974년 당시 박정희 정권은 또다시 학생들의 유신반대운동의 배후에 인혁당이 있다고 각색하고, 민청학련사건을 불순분자들의 국가전복 활동을 준비하는 '인혁당 재건위' 사건으로 몰아붙였다. 국정원 과거사건진실규명을 통한 발전위원회. 2005. 『인혁당 및 민청학련사건』, 102~102; 한홍구. 2014. 『유신: 오직 한 사람을 위한 시대』. 서울: 한겨레출판, 104~116.

25) 2002년 9월 의문사진상규명위원회는 이 사건의 재조사를 통해 민청학련사건이 중앙정보부에 의해 조작된 사건임을 밝혀냈다. 그리고 이 사건과 관련하여, 2005년 12월 국정원 과거사건 진실규명위원회도 중앙정보부의 사건조작과 관련자들에 대한 가혹행위 사실을 인정하였다. 이후 2007년 1월 23일 서울중앙지법은 재심을 통해 이 사건 관련자들에 대해 무죄를 선고하였다.

창하였다. 신민당의 노선변화는 1974년 8월 15일 문세광의 저격으로 사망한 영부인 육영수에 대한 추모로 한동안 잠잠했던 재야와 야당의 민주회복투쟁을 다시 고양시켰다.[26] 신민당의 적극적 저항을 계기로, 제도권과 비제도권의 저항엘리트들은 민주회복을 목표로 '민주회복국민회의'를 12월 25일 결성하고, "자주·평화·양심"을 행동강령으로 민주회복을 위한 개헌서명 국민운동의 전개를 결의하였다.[27]

재야세력과 야당정치인들의 연합전선에 힘입어 개헌서명운동이 전국으로 확산되자, 당국은 서명운동을 잠재우기 위하여 유신헌법에 대한 국민의 찬부와 함께 대통령에 대한 신임·불신임을 동시에 묻는 국민투표를 1975년 2월 12일에 실시한다고 발표하였다. '민주회복국민회의'는 국민투표거부성명을 내는 등 강력하게 저항하였지만, 79.8%의 유권자가 국민투표에 참가하여, 73.1%의 찬성률을 보임에 따라 반대세력의 개헌서명운동은 봉쇄되고 말았다.

박정희는 국민투표가 끝난 후 2월 15일, 긴급조치를 위반하여 구금된 183명 중 반공법 위반자 35명을 제외한 148명의 학생·종교인·문인·교수 등을 형집행정지처분으로 석방하였다. 이들을 석방하면서 정부는 특별성명을 발표하여 이번의 국민투표가 국론을 통일하고 국민총화를 굳게 다져나갈 건설적 계기였으며, 긴급조치 위반자들의 석방은 그들에게도 민족중흥의 역사적 과업수행에 동참할 기회를 주기 위함이라고 선전하였다. 그러나 이러한 유화정책 등은 근본적인 치유책이 되지 못했기 때문에 반대세력을 체제 내에 끌어들이거나 그들의 저항을 약화시키지는 못했다.

3. 긴급조치 9호와 재야세력의 조직화(1975년 5월~1979년)

1975년 4월 17일 월남이 공산화되자, 이를 계기로 박정희는 정치탄압을 다시 본격화하였다. 박정희는 5월 13일 국가안전과 사회질서 수호를 명분으로 긴급

26) 1974년 8·15 광복절 경축식장에서 문세광의 저격으로 사망한 영부인에 대한 국민적 애도를 정부는 배일감정 및 국민총화의 계기로 파악하고, 8월 23일을 기해 긴급조치 1호와 4호를 해제한다는 긴급조치 5호와 6호를 선포하였다.

27) 정계원로(윤보선·유진오·정일형 등), 종교계(천주교·기독교·불교), 학계, 언론계, 문인 대표들, 그리고 김영삼·양일동 등 현역 정치인이 참여하여 결성한 '민주회복국민회의'는 민주회복을 목표로 하는 "범국민단체로서 비정치단체이며 그 활동 등은 정치활동이 아닌 국민운동"으로 스스로 성격 규정을 하고 있다. 이근성. 1984. "유신정권과 재야세력의 등장." 한승헌(외). 『유신체제와 민주화운동』, 25.

조치 9호를 선포하였다. 긴급조치 9호는 기존의 긴급조치 1호와 4호를 부활·강화시킨 것으로, 유신헌법에 대한 논의를 금지시키고 일체의 집회시위 및 정치참여를 불허하였다.[28] 이와 더불어 1975년 5월 21일 박정희는 신민당의 김영삼 총재와 비밀 단독회담을 통해 안보정세의 급박함을 설명하고, 유신 1기 이후에는 개헌을 통해 체제를 전환하겠다고 약속하였다.[29] 이 회담을 계기로 신민당 총재 김영삼이 온건노선을 택함에 따라, 제도권 내의 저항운동은 현저히 약화되었다. 신민당의 방관자적 태도는 1976년 9월 16일 신민당 전당대회에서 이철승이 총재에 당선됨으로써 더욱 심화되었다. 이철승은 '중도통합론'(中道統合論)을 표방하였는데, 그의 중도통합노선은 유신정권과의 정면대결을 피하면서 '참여하의 개혁'을 추구한다는 것이었다. 따라서 긴급조치 9호 선포 이후, 민주회복운동은 시민사회의 재야세력을 중심으로 전개되기 시작하였다.

1976년 3월 1일, 교수·신부·목사·문인 등 재야인사 및 단체들은 명동성당에서 유신헌법 및 긴급조치 폐지, 그리고 박 정권의 퇴진을 요구하는 '3·1민주구국선언문'을 발표하였다.[30] 이른바 '명동사건'으로 알려진 이 사건의 주동자들은 당국에 의해 즉시 체포·연행되었지만, 그 파장은 지대한 것이었다. 전국의 개신교와 카톨릭 교회에서는 연행된 자들의 조기석방을 촉구하는 기도회가 연일 개최되었고, 이는 민주회복운동을 확산시키는 촉매제 역할을 하였다.

1977년 1월 20일, 미국 카터 행정부의 출범은 국내의 민주회복운동을 심화시키는 또 하나의 계기로 작용하였다. 카터(Jimmy Carter) 대통령은 취임사에서 외교정책의 주요이슈로 인권(人權)을 강조하였다. '3·1 구국선언문' 사건의 수사와 공판이 진행되는 상황에서 카터 행정부의 인권외교 및 한국 상황에 대한 관심

28) 긴급조치 9호의 주요 내용은 ① 유언비어의 날조 유포 및 사실의 왜곡·전파행위 금지, ② 집회·시위 또는 신문·방송 기타 통신에 의해 유신헌법을 부정하거나 폐지를 청원·선포하는 행위 금지, ③ 긴급조치 9호에 대한 비방행위 금지, ④ 주무장관에게 긴급조치 9호 위반 당사자와 소속 학교·단체·사업체 등에 대해 제적·해임·휴교·폐간·면허취소 등의 조치를 취할 수 있는 권한 부여, ⑤ 긴급조치 9호 위반자는 영장 없이 체포한다는 것이었다.

29) 박정희–김영삼 단독회담 내용은 공식적으로는 오늘날까지 공표되지 않고 있다. 그러나 이 회담에서 박정희는 안보정세의 급박함을 설득하였고, 유신 1기 이후에는 개헌에 의한 체제변혁을 약속했던 것으로 알려졌다. 이영석. 1981. 『야당 30년』. 서울: 인간, 300~303.

30) 이날 발표된 선언문은 ① 이 나라는 민주주의 기반 위에 서야 하며, ② 국민경제의 대외종속(특히 일본)과 부(富)의 불균형 분배를 초래하는 경제정책을 재검토해야 하며, ③ 민족통일은 우리 겨레의 최대의 과업이다는 내용을 포함하고 있었다. Hak Kyu Sohn. 1989. *Authoritarianism and Opposition in South Korea*. London: Routledge, 94~96.

표명은 재야단체의 조직화에 새로운 기운을 불어넣었다.[31]

재야운동세력의 확산과 성장은 마침내 1977년 12월 29일 '한국인권운동협의회'의 결성으로 이어졌다. 이는 시민사회의 다양한 민주세력을 하나로 묶는다는 장기적 목적을 가지고 출범한 것으로, 유신권위주의에 대항하는 시민사회의 연대를 위한 조직체였다. 지도자들에 대한 당국의 끊임없는 감시와 가택연금에도 불구하고, 한국인권운동협의회는 1978년 7월 '민주국민연합'이라는 대중적 조직체로 발전하였고, 이는 1979년 3월 '민주주의와 민족통일을 위한 국민연합'으로 확대·재편되었다. 당시 비제도권 대항엘리트를 대표하는 윤보선·함석헌·김대중 등 3인이 이 조직의 공동의장으로 취임하였고, 시민사회 각 부문의 26인 지도자들로 중앙위원회를 구성하였다. 이외에도 12개의 재야단체 — 인권옹호위원회, 천주교정의구현사제단, 민주청년협의회, 자유실천문인협의회, 구속자가족협의회, 자유언론실천동아투쟁위원회, 자유언론실천조선투쟁위원회, 양심범협의회, 퇴직교수협의회, 기독교사회선교위원회, 기독교학생회, 기독교여신도협의회 등 — 가 산하단체로 가입함으로써 국민연합은 민주투쟁의 구심점이 되었다.[32]

저항세력의 조직화와 수평적 연대가 이루어지면서, 제도권 정치에 새로운 변화가 발생하였다. 변화의 계기는 1978년 7월 6일 단독 입후보한 박정희가 통일주체국민회의에서 대통령에 당선된 이후 실시된 12월 12일의 제10대 국회의원선거

표 6-2 제10대 국회의원선거 결과

정 당	의석수	득표율	의석점유율
민주공화당	68	31.7%	29.5%
유정회	77	-	33.3%
신민당	61	32.8%	26.4%
민주통일당	3	7.4%	1.3%
무소속	22	28.1%	9.5%
합 계	231	100%	100%

출처: 중앙선거관리위원회. 1980. 『대한민국선거사 제3집』, 370~371.

31) Hak Kyu Sohn. 1989. *Authoritarianism and Opposition in South Korea*, 123~124.
32) 김세중. 1995. "10월유신과 민주회복운동," 470~471; Hak Kyu Sohn. 1989. *Authoritarianism and Opposition in South Korea*, 150~151.

였다. 민주공화당은 이 선거에서 여전히 다수당의 지위를 유지하였지만, 내용적으로는 신민당에 패했다. 신민당은 유효표의 32.8%를 획득하여 31.7%를 얻은 민주공화당을 앞질렀다(<표 6−2> 참조). 비록 의회 내 친정부 세력인 민주공화당과 유정회가 의석수에 있어서는 신민당을 압도하였지만, 이러한 선거 결과는 민주공화당은 물론 신민당 및 국민들도 예기치 못한 것이었다. 민주공화당에 대한 유권자의 지지 감소는 국민의 정부 여당에 대한 불신에서 비롯된 것이었으며, 야당에게는 유신반대와 민주헌정회복을 위한 적극적 태도를 촉구하는 것이기도 하였다.

신민당이 적극적 투쟁노선으로 전환한 것은 1979년 5월 30일 전당대회에서 '선명야당'의 기치를 내건 김영삼이 총재로 당선된 이후였다. 신민당의 총재경선에는 이철승·김영삼을 비롯하여 신도환·김재광·조윤형·박영록·이기택 등 모두 7명이 후보자로 나섰다. 박정희는 온건론자인 이철승을 비호하면서 이철승을 당선시키기 위해 중앙정보부를 동원해 신민당 전당대회에 대한 공작에 나섰고,[33] 가택연금중인 김대중은 "이번 전당대회는 당내의 친유신파와 반유신파의 대결"이라면서 김영삼을 지지하였다. 전국 대의원 751명이 참석한 전당대회의 1차 투표에서 이철승이 292표, 김영삼이 267표, 이기택이 92표, 신도환이 87표를 획득하였다. 이어 실시된 2차 투표에서 김영삼은 378표를 얻어 367표를 획득한 이철승을 11표 차이로 누르고 신민당 총재에 복귀하였다. 총재에 선출된 김영삼은 "아무리 험한 길을 가더라도 민주회복을 위해 몸과 마음을 바쳐 싸울 것"을 선언하였다.[34]

1979년 초는 민주회복운동에 새로운 국면을 예고하고 있었다. 시민사회의 저항세력이 '민주주의와 민족통일을 위한 국민연합'으로 연대하는 가운데, 제도권 내의 신민당이 지금까지의 온건타협노선을 버리고 강경노선으로 전환하였다. 이는 유신체제에 도전하는 강력한 저항세력의 등장을 의미하는 것이었다.

---

33) 당시 박정희의 명령으로 김재규 중앙정보부장은 이철승을 총재에 당선시키는 공작을 하였고, 차지철 경호실장은 신도환 당선 공작을 폈다고 한다. 김충식. 1992.『정치공작사령부 KCIA: 남산의 부장들 Ⅱ』. 서울: 동아일보사, 301~307.

34) 김삼웅. 1994.『해방후 정치사 100장면』, 268~269.

제 4 절 유신체제의 붕괴과정과 그 배경

유신체제는 정치적으로 나약한 정권이었다. 철권통치는 오히려 저항세력의 확장 및 조직화를 불러왔고, 이는 결국 정권 내부의 파열을 초래했다. 그 결과는 유신의 창안자이자 관리자인 박정희의 죽음이었다.

1. 유신체제의 붕괴과정

1979년 5월 선명야당을 내세운 김영삼이 총재로 당선되자, 정국은 초긴장 상태로 접어들기 시작하였다. 신민당의 강력한 헌법 개정 요구를 시작으로, 8월의 YH 여공들의 신민당사 농성, 10월 초 김영삼 총재에 대한 제명, 그리고 10월 중순의 '부마사태' 등 일련의 사건들은 정국을 제로섬게임(zero-sum game)으로 몰아갔다. 이미 극도로 경직되어 버린 유신정권으로부터 대화와 타협이라는 유연한 갈등관리는 기대하기 어려웠다. 체제유지와 체제개혁 사이의 갈등과 대립은 곧바로 수직 상승하였고, 이는 마침내 '10·26' 사건이라는 유신정권의 내부적 파열로 이어졌다.

(1) YH사건

이른바 'YH사건'은 봉제합섬 제조업체인 YH무역이 경영난을 이유로 폐업을 단행한 데 항의하는 여공 200여 명이 1979년 8월 9일 오전 서울 마포에 위치한 신민당사에 몰려와 농성을 시작하면서, 정치권의 태풍으로 등장하였다. YH무역 여공들이 농성을 목적으로 신민당사에 진입하자, 문익환 목사, 이문영 교수, 고은 시인 등이 YH 여공들에 동조, 신민당에게 협조해 줄 것을 요청하였다. 신민당의 적극적인 협조하에 여공들의 농성이 계속되자, 정부는 8월 11일 새벽 2시경 경찰력을 투입하여 농성중인 여공들을 강제해산하였다. 이 과정에서 여공 한 명이 사망하고, 취재기자·신민당 의원 및 당원 등 다수가 경찰의 무차별 난타로 중경상을 입었다.[35)]

35) YH무역은 1966년 설립되어 국내 최대의 가발 수출업체로 급부상하였다. 그러나 1970년대 중반

YH사건은 즉각 정치문제로 비화하였다. 소규모 수출업체의 노사문제가 '경찰 – 노동청 – 청와대' 대 'YH노조 – 재야 – 야당' 간의 대결로 발전하였다. 특히 야당정치인 – 언론인 – 지식인 – 종교인들의 신속한 연대는 인상적인 것이었다. 비체계적이고 소규모의 노동운동이 어떻게 짧은 시간 내에 충격적인 정치적 사건으로 발전할 수 있었던가? 그 이유는 기본적으로 유신정권의 정치경제적 성격에서 찾아진다.

한국정치사에서 1970년대는 박정희 정권이 장기집권을 위해 유신헌법을 제정, 정치적으로는 민주적 절차와 과정이 무시되는 억압적이고 초헌법적인 권력이 행사되는 가운데, 경제적으로는 외자를 동원하여 저임금과 강도 높은 노동통제를 통해 대기업 중심의 급격한 산업화를 추진한 시기였다. 따라서 다수 국민의 불만과 저항의 잠재성은 증가될 수밖에 없었다. 그러자 유신정권은 경찰과 중앙정보부 등 억압기구를 위주로 정치영역뿐만 아니라 사회의 모든 영역에서 체제 위협적 요소에 대해 적극적인 탄압을 가하였다. 이 같은 권위주의적 체제유지는 흥미로운 결과를 야기했다. 정부가 모든 사회적 불안요소에 직접 개입함으로써, 사소한 사회영역에서의 분쟁이 곧바로 국가적 위기로 연결될 수 있는 메커니즘을 유신체제 스스로가 만들어 냈다. 다시 말해, 사회내부에서 스스로의 불안요소를 해소하거나 완화시킬 수 있는 자생력을 성장시키지 못하고 사회 내의 비정치적인 위기요소가 정치적 위기로 쉽게 전이되게 함으로써, 체제 자체가 본질적으로 위기에 취약한 성격을 갖게 되었다. 이러한 유신체제의 특성은 노사 간의 분쟁으로 출발한 YH사건에 왜 초기부터 국가의 물리력이 개입되었는지, 그리고 노사분쟁이 왜 급격히 정치적인 사건으로 전환되어 정치적 위기를 몰고 왔는지를 이해할 수 있게 해 준다.

적어도 경제성장이 지속되고 도전세력의 의지와 능력이 결여되어 있었다면, 이러한 유신체제의 취약성이 쉽게 현재화되지는 못하였을 것이다. 그러나 일단

이후 수출둔화와 업주의 자금유통 및 무리한 기업 확장 등으로 심각한 경영난에 빠진데다가 1975년 노조가 결성되어 적극적인 활동을 전개하자 1979년 3월 30일 업주는 폐업을 공고하였다. 이에 노조는 4월 9일 대의원 회의를 소집하여 회사정상화 방안을 채택한 뒤 YH무역을 살리기 위한 온갖 노력을 다했다. 그러나 회사측과 정부당국이 시종 무성의한 태도로 일관하자 4월 14일부터 장기농성에 들어갔다. 노조원들의 농성에 대해 회사측은 경찰을 동원하여 강제해산하자, 노사는 심한 갈등을 빚게 되었다. 8월 9일, 도시산업선교회의 알선으로 노조원들은 사회적 파급효과가 큰 신민당사에 몰려가 농성을 감행하게 된다.한국기독교교회협의회. 1984.『노동현장과 증언』. 서울: 풀빛, 577~586.

그러한 조건이 사라진 경우에는 사정이 달라진다. 유신체제 초기와는 달리, 1970년대 말은 유신체제의 취약점이 극명하게 드러날 수밖에 없는 조건이었다. 1975년 이후 모든 경제지표는 급속한 하락 국면을 보여주고 있었다. 여기에 세계경제의 불황과 1979년 초의 제2차 오일쇼크는 대외의존적인 한국경제에 치명적인 영향을 미침으로써 기업의 도산사태와 인플레이션, 실업의 증가라는 도미노현상을 초래하였다. 한국사회의 독특한 정치세력인 재야는 1970년대를 통해 여러 분야에서 확산되어 1970년대 말에 와서는 유신철폐를 위한 정치세력으로 결집하였다. 야당 또한 김영삼을 중심으로 '야당성 회복을 위한 투쟁위원회'를 통해 유신체제에 대한 반대 정당으로서의 성격을 강화하였으며, 1979년 5월에 김영삼이 당권을 장악함으로써 대여 강경투쟁을 전개하기 시작하였다. 따라서 본격적인 반유신투쟁의 결집을 눈앞에 둔 시점에서 터져 나온 YH사건은 유신체제의 붕괴로 이어지는 사태의 진전에 중요한 계기로 작용하였다.

YH사건의 전개는 바로 이러한 조건을 염두에 둘 때 이해가 가능하다. 그것은 유신체제의 자본 편중적이고 노동 억압적인 성격으로부터 기인한 것이었으며, 유신체제의 반민주적 성격과 위기에 취약한 정치구조적 성격을 드러냄과 동시에, 본격적인 반유신세력의 결집을 매개하는 계기로 기능하였다. 이러한 배경에서 YH사건은 유신체제에 대한 국민적 저항을 이끌어 내고 확산시키는 데 크게 기여하였다.

(2) 김영삼 의원의 제명

YH사건 이후 여야가 첨예하게 대립하고 있던 1979년 8월 13일 김영삼 총재를 비롯한 신민당 총재단 전원에 대해 직무정지 가처분신청이 제기되었다. 가처분신청은 신민당 원외지구당 위원장 3인이 서울민사지법에 제출한 것으로, 그 사유는 당원 자격과 대의원 자격이 없는 조윤형·김한수·조연하·김옥선 등 22명이 신민당 총재를 선출하는 투표에 참여했기 때문에 김영삼의 총재 당선이 무효라는 것이었다.[36]

신민당은 8월 16일 조직정비강화특위를 개최하여 가처분신청을 제출한 3개 원외지구당 위원장을 해당 행위자로 규정, 이들을 제명하였다. 그리고 정부와 여당에 대해서는 '야당말살'을 위한 정치공작에 대해 단호히 투쟁할 것이라고 경고

36) 김교식. 1990. 『다큐멘타리 박정희 4』. 서울: 평민사, 218.

하였다. 신민당의 거센 항의에도 불구하고, 서울민사지법은 9월 8일 총재단 직무정지가처분 결정을 내리고, 신민당 총재 직무대행에 정운갑을 선임하였다.[37]

이 사건의 배후에는 권력의 핵심부가 깊숙이 개입하였던 것으로 알려졌다.[38] 즉 1979년 5월 30일 신민당 전당대회에서 이철승을 총재에 당선시키려는 정치공작에 실패한 이후, 박 정권은 김영삼 축출과 야당에 대한 어용화작업의 일환으로 신민당 총재단 직무정지가처분과 정운갑 대행체제를 출범시켰던 것이다. 그러나 이러한 정치공작은 오히려 신민당을 자극하여, 유신정권을 타도하기 위한 투쟁의지를 더욱 강화시키는 결과를 가져왔다. 9월 16일 김영삼은 뉴욕타임스(New York Times) 기자와의 인터뷰에서 한국의 민주주의를 위해, 미국정부가 유신정권에 대한 지지를 철회해야 한다고 주장하였다. 다음은 김영삼의 인터뷰 내용이다.[39]

> … 내가 미국 관리들에게 공개적이고 직접적인 압력에 의해서만 미국이 박 대통령을 제어할 수 있을 것이라고 말하면 그들은 언제나 한국의 국내정치에 관여할 수 없다고 한다. 이것은 속임수의 논리이다. 미국은 우리를 보호하기 위해 한국에 3만 지상군을 주둔시키고 있는 것이 아닌가? 이것은 국내문제 관여가 아니면 무엇인가? … 결국 보다 나은 민주주의와 보다 자유로운 제도를 가질 때 한국은 이 지역에 있어서 미국의 이익에도 기여할 수 있을 것이다.

'YH사건'과 '신민당 총재단에 대한 직무정지가처분' 등 연속적인 여야 간의 대치국면에서 김영삼의 기자회견 내용이 국내에 알려지자, 공화당과 유정회는 9월 22일 '김영삼 의원 징계동의안'을 국회에 접수시켰다. 그리고 10월 4일 경호권 발동으로 무술경위를 출동시킨 가운데 국회 별실에서 김영삼 의원의 제명안을 통과시켰다. 제명사유는 ① 김영삼이 반민족적 사대망동을 하였고, ② 주한 미군을 한국에 대한 미국의 내정간섭인 양 주장하였으며, ③ 허언(虛言)과 조언(造言)으로 국민여론과 국제여론을 오도했다는 것이다.

김영삼 총재에 대한 의원직 제명은 국내외에 큰 반향을 불러일으켰다. 10월 4일 미국무성 대변인 호딩 카터(Hodding Carter)는 김영삼 총재를 국회에서 추방

37) 김교식. 1990. 『다큐멘타리 박정희 4』, 220.
38) 김충식. 1992. 『정치공작사령부 KCIA: 남산의 부장들 Ⅱ』, 319; 김교식. 1990. 『다큐멘타리 박정희 4』, 222.
39) 김교식. 1990. 『다큐멘터리 박정희 4』, 225~226.

한 데 대해 유감의 뜻을 표하였다. 그리고 에드워드 케네디(Edward M. Kennedy) 상원의원은 “민주주의 원칙에 정면으로 위배되는 처사”로 “한국의 민주주의를 지지하는 모든 사람들은 이 같은 처사를 강력히 비난해야 한다”고 언급하였다.[40] 이러한 미국 내의 비판여론에 이어 국내에서는 ‘부마민주항쟁’이 기다리고 있었다.

(3) 부마민주항쟁

이른바 ‘부마항쟁’이란, 유신정권이 김영삼 신민당 총재를 제명시킨 직후 부산과 마산 일대에서 발생한 격렬한 항의시위를 지칭한다. 10월 16일과 17일, 이틀 동안 부산대와 동아대 학생 및 시민들이 거리로 쏟아져 나와 격렬한 항의시위를 벌였고, 이 같은 시위는 곧 마산으로까지 번져 나갔다. 박 정권은 경찰력으로 도저히 사태를 진압할 수 없다고 판단하여, 18일 새벽 0시를 기해 부산직할시 일원에 비상계엄을 선포하고 공수단 병력을 투입하여 시의 군중을 해산하였다. 이어 시위가 마산과 창원 일대로 번지자, 이 지역에도 위수령을 선포하였다.[41]

부마항쟁의 정치사적 의미는 다음의 몇 가지로 요약될 수 있다. 첫째, 부마항쟁은 박정희 정권을 국제사회에서 더욱 고립시켰다. 부마항쟁은 강권을 제멋대로 휘두르는 박 정권의 본성을 폭로함으로써, 카터가 내세운 인권외교의 압력을 훨씬 뛰어넘는 효과를 발휘하였다. 세계 각국의 신문·방송·통신들은 한국 학생들과 시민들의 투쟁을 크게 보도하였다. 일본의 신문들은 “충격의 부마학생폭동,” “우려되는 한국의 비상사태,” “우려되는 한국의 혼란”이라는 주제로 사설을 싣고 한국 민중의 투쟁을 지지했다. 미국의 뉴욕타임스도 10월 20일자 사설에서 “카터 대통령이 한국을 방문한 뒤 박정희는 한편으로는 인권을 내세우면서 다른 한편으로는 여성 노동자들을 탄압하였으며, 정치인과 종교인들의 평화로운 항의조차 억압했다”고 박 정권을 비난했다.

둘째, 부마항쟁은 민주화와 통일을 갈망하는 학생·시민들의 정치적 투쟁이었다. 그동안 학내집회·교내시위에 머물던 학생들의 투쟁이 가두시위로, 그리고 시민봉기로 발전하였다. 이는 유신체제에 대한 시민들의 불신과 분노가 절정에 달하였음을 의미한다. 이러한 부마항쟁이 독재체제를 반대하고 민주회복을 요구하며 목숨을 걸고 싸우는 청년학생·노동자·농민·지식인·언론인·종교인·재야민

40) 김교식. 1990.『다큐멘터리 박정희 4』, 239.
41) 부마민주항쟁기념사업회. 1989.『부마항쟁 10주년 기념자료집』.

주세력 · 야당정치인들을 크게 격려하였다는 것은 말할 나위도 없다.

셋째, 부마항쟁은 유신체제를 뿌리째 뒤흔들어 박정희의 피살로 이어졌다. 부마항쟁으로 인해 견고해 보이던 유신체제 내부에 심각한 분열현상이 나타나기 시작했다. 부마항쟁에 직면하여 권력 내부에 정책상의 강 · 온 대립이 촉발되었고, 이것이 체제 내의 균열로 진전되면서 마침내 박정희 피살과 체제의 와해로 이어졌다.

2. 유신체제의 붕괴배경

1979년 10월 26일, 박정희는 중앙정보부장 김재규의 총탄에 숨을 거두었다. 유신의 창안자였으며 관리자였던 박정희의 죽음은 유신의 종말을 의미하는 것이었다. 그렇다고 김재규의 총탄이 유신붕괴의 근본 요인이라고 볼 수는 없다. 날이 갈수록 더해 가는 유신체제의 경직성과 반민주성, 그리고 반민중적 요소들은 이미 유신의 종말을 예고하고 있었다.

유신체제의 몰락은 서로 밀접하게 연관된 몇 가지 요인들에 의해 설명되어질 수 있다. 첫째, 유신체제 붕괴의 가장 근본적인 요인은 체제 자체에서 찾아진다. 유신체제는 강력한 지배질서를 표방했으면서도 정치적으로 매우 나약한 정권이었다. 권위주의적 정권들의 일반적 특징은 국민의 자발적 지지보다는 물리적 강압에 기반한 철권통치에 의해서 지탱된다. 따라서 물리적 강제력 및 그 효율성의 상실은 권위주의체제의 존속을 어렵게 만든다. 이 점에서 유신체제도 예외는 아니었다. 권위주의적 통치는 저항세력을 낳았고, 반복되는 공포정치는 시간의 흐름에 따라 저항세력의 정당성과 조직력을 키워주는 역효과만을 초래하였다.

둘째, 경제적 위기이다. 유신체제는 강성 권위주의체제였지만, 그렇다고 전적으로 강제력에만 의존했던 것은 아니다. 박정희는 유신체제의 정당성의 근거를 지속적인 경제성장에서 찾고자 하였다. 그러나 1970년대 후반부터 야기된 경제적 위기는 빈약한 정당성의 근거마저 고갈시켜 버렸다. 중화학공업에 대한 과잉투자, 그리고 무리한 수출주도 산업화는 원자재 · 중간재 · 자본재 수입의 증대를 낳았고, 이는 다시 국제수지의 적자 폭을 확대시켰으며, 국민경제의 대외의존도를 구조적으로 심화시켰다. 또한 중화학분야 및 수출산업에 대한 특혜 융자 및 지원은 국내의 농촌과 도시간, 그리고 중소기업과 대기업 간의 불균형발전을 초래하여 경제구조의 이중화를 심화시켰으며, 사회적 부의 불균등분배를 확대재생산하였다.[42] 특히 1978년부터 시작된 선진자본주의국가들의 경기침체와 뒤이어 발생한 오일쇼크는 한국경제를 불황 국면에 접어들게 하였다. 기업의 도산, 실업률 증가, 인플레이션 등으로 한국경제의 성장이 한계에 부딪치자 국민 대중의 불만은 비등하기 시작하였고, 체제의 잠재적 지지 세력이었던 중산층마저 이탈하는 조짐을 보였다. 이는 저항세력의 증가와 함께, 박 정권의 사회적 통제력을 상실시켰다.

셋째, 한·미 간에 발생한 정책적 갈등은 저항세력을 확산시켰다. 코리아게이트(Koreagate) 사건과[43] 청와대 도청사건[44] 등으로 당시 한미관계는 긴장상태에 있었다. 한·미 갈등은 1979년 6월 29일, 2박 3일의 일정으로 한국을 방문한 카터와 박정희와의 정상회담에서 더욱 악화되었다. 한미정상회담에서 박정희는 미군철수의 부당함을, 카터는 한국 내 정치범의 석방을 요구하여, 회담 분위기가 우호적이지 못했다. 이어서 카터가 김수환 추기경과 김영삼 총재 등 야권지도자들을 면담함으로써 한국정부에 불쾌감을 안겨 주었다. 그러나 미국의 인권정책과 그로부터 야기된 한·미 간의 갈등이 유신체제를 붕괴시킨 직접적인 원인이라고 볼 수는 없다. 오히려, 미국의 압력은 권력 내부에 정치적 선택을 둘러싼 갈등을 유발시키고, 야당 및 재야의 저항력을 강화시킴으로써 체제붕괴에 간접적인 영향을 미친 것으로 이해해야 할 것이다. 유신체제는 지배세력 내부의 갈등과 민중에 대한 통제의 실패로 붕괴되었다.

---

42) 김견. 1988. "한국의 중화학공업화과정에서의 국가개입의 양상 및 귀결." 한국산업사회연구회(편). 『오늘의 한국자본주의와 국가』. 서울: 한길사, 130~170.

43) 코리아게이트는 한국의 중앙정보부가 재미교포 박동선을 통해 불법적인 로비활동을 벌인 사건으로, 1975년 6월 미국 하원에서 개최된 '한국 인권청문회'에서 전 중앙정보부 요원이 "한국의 중앙정보부가 미국 내에서 반한파(反韓派)에 대한 인권탄압만 하는 것이 아니라, 미국 내의 반(反)박정희 여론과 활동을 무마하기 위해 대규모 회유·매수·협박·공작을 벌이고 있다"고 폭로함으로써 발생하였다. 미국 의회는 한국 중앙정보부의 미국 내 활동을 조사하였고, 이를 취재한 워싱턴포스트(1976년 10월 24일자)는 박정희 대통령의 지시로 박동선과 한국 중앙정보부가 미의회 내에 친한(親韓) 분위기를 조성하기 위해 미국의 의원과 공직자들에게 1970년대 들어 매년 50만 달러에서 1백만 달러에 이르는 현금을 포함한 뇌물을 제공했다고 보도했다. 이 사건은 인권문제와 함께 한미관계를 심각한 갈등국면으로 이끌었다.

44) 청와대 도청사건은 미국의 정보기관인 CIA가 1975년 전자도청 장치를 이용하여 청와대를 도청한 사건이다. 한국의 국회외무위원회는 이 사건을 주권을 침해한 중대사건으로 규정하고 미국정부의 해명과 재발 방지를 요청하는 성명을 채택하였다. 이에 미국 CIA국장은 청와대 도청이 사실이 아니라고 공식 부인하였으나, 이 사건으로 한미관계는 더욱 껄끄러워질 수밖에 없었다.

제 7 장

신군부의 등장과 광주항쟁

제 1 절 최규하 과도정부와 신군부의 등장

10·26 직후 최규하 정부는 빠른 시일 내에 유신헌법을 개정하고, 새 헌법에 의거해 대통령을 선출하여 정권을 이양한다는 정치일정을 발표하였다. 그러나 신군부는 12·12 군사반란을 통해 군부를 장악하고 최규하 정부를 무력화시켰다.

1. 최규하 정부의 출범

10·26 직후 비상계엄령이 제주도를 제외한 전 지역에 선포되었다. 최규하 국무총리가 대통령 권한대행을 맡았고 정승화 육군참모총장이 계엄사령관으로 임명되었다. 최규하 권한대행은 정치권력의 공백으로 인한 '사회적 혼란'을 안정시키고 국민의 민주화 열망을 수렴한 새로운 정치질서의 수립을 시도하였다. 1979년 11월 10일, 그는 '시국에 관한 특별담화'를 통해 "현행 유신헌법에 따라 제10대 대통령을 선출하고, 새로 선출된 대통령은 잔여 임기를 채우지 않고 가능한 빠른 시간 내에 헌법을 개정하고 그 헌법에 따라 선거를 실시해야 한다"는 입장을 표명하였다.[1] 유신헌법의 폐지가 불가피한 상황에서 유신헌법을 통한 대통령 선출에 대하여 논란이 있었지만,[2] 12월 6일 통일주체국민회의에서 최규하 권한대행이 제10대 대통령으로 선출되었다. 그리고 다음날 그는 국무회의에서 긴급조치 9호 해제를 의결하고 긴급조치 위반으로 구속된 학생과 일반인 68명을 석방하였다.

12월 21일 거행된 대통령 취임식에서도 최규하는 자신의 정부를 스스로 '위기관리정부'로 규정하고, 짧은 시일 내에 정치적 일정을 마무리하고 새 헌법에 의하여 구성되는 새 정부에게 정권을 이양할 것임을 재확인하였다.[3] 아울러 대통령

1) 『동아일보』, 1979년 11월 10일.
2) 신민당의 김영삼 총재는 현행 유신헌법이 이미 의미가 없어진 만큼 3개월 이내에 개헌을 하고 그로부터 2개월 이내에 신헌법에 따른 직접선거로 새 대통령을 선출해야 한다고 주장하였다. 윤보선, 김대중, 함석헌 등이 주도한 국민연합측도 최규하 대행체제의 즉각 퇴진과 거국민주내각 구성, 3개월 이내 민주헌법 제정 등을 요구하였다.
3) 『경향신문』, 1979년 12월 21일.

취임 직후 그는 긴급조치 관련자 561명의 특별사면과 더불어 1,330명을 석방했으며, 1980년 2월 29일에는 유신체제에 저항했던 윤보선, 김대중, 함석헌, 문익환 등 재야인사 687명에 대한 특별사면 및 복권조치를 단행하였다.

그러나 최규하 정부 내에는 민주화를 수행할 만한 개혁적 성향의 인물이 전무했다. 권위주의체제에서 순종적인 실무능력을 갖춘 최규하 대통령을 비롯하여, 기술관료들인 내각구성원, 일본식 군사문화에 익숙한 군부엘리트들이 과도정부에 포진하고 있었다. 이들에게는 민주화보다는 사회안정을 위한 통제력 유지가 최우선 관심사였다. 따라서 이들은 '박대통령=유신체제'라는 등식을 의식하여 최소한의 '현상변경정책'을 통해 국민의 지지를 확보하려고 하였다.

최규하 정부의 정치일정에 대해 정당 및 재야세력의 반응은 다양했다. 먼저, 민주공화당은 1979년 11월 13일 전당대회에서 김종필을 총재로 선출하여 당의 활성화를 꾀하였다. 그러나 당 내부의 분열과 더불어 내각과 군부엘리트의 지지를 받지 못함에 따라 '집권당'이 아닌 단순 '여당'의 지위로 하락하였다.[4] 존립의 위기에 처한 민주공화당은 생존전략 차원에서 정부 및 야당과의 협력적 자세를 취하였다.

10·26 직후 곧바로 김영삼 체제로 복귀한 신민당은 3개월 내에 유신헌법을 폐지하는 헌법 개정과 그 후 2개월 내에 신헌법하에 대통령직선제를 통한 민간정부의 수립을 촉구하였다. 그러나 신민당의 전략은 최규하 권한대행과의 회담 이후, '긴급조치의 해제'와 '국회의 개헌주체화'의 주장을 버리고 '대통령보궐선거방침'을 양해함으로써 단계적 방식의 민주화이행 전략을 채택하였다.

한편 김대중을 비롯한 재야의 '국민연합' 세력들은 대통령보궐선거 반대, 공화당과 유정회 그리고 통일주체국민회의의 해체, 거국민주내각의 구성을 요구했다. 이들은 신민당의 소극적인 대응을 보면서 군부와 유신잔당의 민주화 지연작전에 신민당도 동조하고 있지는 않나 하는 깊은 의구심을 가지고 있었다. 따라서 김대중과 '국민연합' 세력들은, 신민당의 단계론적 민주화이행 전략과는 달리, 다소 급진적이고 단절적인 민주화이행 전략 — 유신체제의 총사퇴, 개헌–총선거–민주정부수립의 정치일정 — 을 제시하였다.[5]

4) 당시 계엄사령관인 정승화에 의하면, 김종필은 이미 군부에 자신의 대통령보궐선거 불출마를 약속하였다고 한다. 정승화. 1987. 『12·12사건: 정승화는 말한다』. 서울: 까치사, 105~106.

5) 김동성. 1993. "80년 서울의 봄과 민주화운동의 좌절." 『5공화국 평가 대토론』.

비록 유신체제에 대한 청산 및 새로운 민주체제수립에 대한 방식을 두고 서로 각기 다른 입장을 취하고 있었지만, 야당과 재야세력들은 민주화이행에 대한 기대에 가득 차 있었다. 이들은 군부를 자극하지 않으면서 정상적인 정치과정을 존속시킨다는 점에 있어서 서로 암묵적 합의를 이루고 있었다. 이에 따라 1979년 11월 26일 '헌법개정심의특별위원회' 구성안이 국회에서 만장일치로 가결되었다.[6)]

2. 12·12 군사반란

계엄사령관인 정승화 육군참모총장은 10월 27일 정치적 중립을 선포하고 합법적인 절차에 따른 정치일정을 고수할 것임을 선언하였다.[7)] 또한 정승화는 군부의 장악을 위해 윤성민·장태완·정병주 등을 중용하여 지휘계통을 개편함으로써 군에 대한 지휘체계를 확보하였다. 그러나 이것은 군 내부 권력투쟁의 시작이었다.[8)]

당시 군부 내에는 군단장급 이상의 지휘관들로 구성된 육사 10기 이내의 '노장파' 진영과, 전두환 소장을 중심으로 정규육사 출신 11기 이하의 지휘관으로 구성된 '소장파' 간의 심상치 않은 대립의 조짐을 보이고 있었다. 그러나 이러한 대립은 즉각 표면화되지는 않았다. 그런 가운데, 합동수사본부(본부장은 전두환 보안사령관)에 의한 '대통령 시해' 사건에 대한 조사가 계속되었고, 정보사찰기구의 한 축인 중앙정보부장 서리에 이희성 중장이 임명되어 중앙정보부에 대한 숙청이 시작되었다. 또한 계엄령하에서 보안사는 합동수사본부의 중추기관이 됨으로써 군 내부뿐만 아니라 전국의 모든 정치 및 치안 정보를 총괄하는 위치에 올라서게 되었다. 이는 후에 상대적으로 소수였던 전두환 일파가 12·12 군사반란을 통해 군의 지휘권을 장악하고, 최종적으로 최규하 대통령을 하야시키는 중요 요인으로 작용하였다.

---

6) 『동아일보』, 1979년 11월 26일.

7) 정승화. 1987. 『12·12사건: 정승화는 말한다』, 66~67; 대한민국재향군인회. 1997. 『12·12, 5·18 실록』, 25.

8) 1979년 11월 2일자 뉴욕타임스는 "한국 군부의 노장파는 유신헌법의 폐지를 지지하지만, "박 대통령에 대한 충성심이 강한 소장파는 유신헌법의 조기폐지에 반대하여 폐지의 시기에 있어서 약간의 대립을 보였다"고 보도하였다.

10·26 직후 군 지휘권을 장악하고 있던 정승화 육군참모총장, 이건영 제3군사령관, 장태완 수경사령관 등 군단장급 이상의 상급지휘관(노장파)들은 비교적 정치색이 약하다고 평가되는 사람들이었다. 이들은 "빠른 시일 내에 헌법을 개정하고 새 대통령을 선출하겠다"는 최규하 대통령의 '정권이양계획'에 동조하고 있었다.[9] 반면, 군부 내 강경파 진영인 '전두환 그룹'[10]은 박정희 정권하에서 특권을 누려 왔으며, 박정희의 피살에 분개하고 정치적 변동이 가져올 수 있는 기득권의 상실을 두려워하는 입장이었다.[11] 전두환 세력의 위기감은 정승화 계엄사령관에 의한 수도권 지역의 주요 군 지휘관의 교체가 진행되고 '정치군인'의 제거 움직임이 부각되면서 한층 심화되었다.

결국 이러한 위기감에서 강경 소장파 세력들은 12월 12일을 거사일로 잡아 기습적인 군사반란을 감행하였다. 이들은 최규하 대통령 권한대행의 재가도 받지 않은 상태에서 12월 12일 저녁 7시경 계엄사령관 정승화 장군을 박 대통령 시해 사건의 공범 혐의로 체포하였다. 그리고 전두환 합동수사본부장은 총리공관에 머물고 있던 최규하 대통령을 찾아가 정승화 계엄사령관 체포·연행에 대한 재가를 두 차례(저녁 7시경 그리고 저녁 9시 30분경)에 걸쳐 요청했지만 뜻을 이루지 못했다. 그러나 12월 13일 새벽, 신군부의 강압에 못 이겨 대통령은 계엄사령관 체포·연행에 대해 '사후 승인'하고 말았다. 이로써 신군부는 대규모 병력의 불법적 동원을 통해 하룻밤 사이에 군권을 장악하였다.[12]

군사반란의 성공은 몇 가지 요인들이 복합적으로 작용한 결과였다. 첫째, 당시 국가 정보·보안기구가 신군부세력에 장악되어 있었다. 따라서 신군부세력은 군 내부의 움직임을 누구보다도 상세히 파악할 수 있었다. 둘째, 신군부세력은 군부 내 사조직인 '하나회'를 매개로 서울과 근교의 중간 장교집단에 대한 강력한 통제력을 확보할 수 있었으며, 이를 이용하여 병력을 효과적으로 동원해 낼 수

9) 김준. 1990. "1980년의 정세발전과 대립구도." 정해구(외). 『광주민중항쟁연구』. 서울: 사계절, 120.

10) 이들은 육사 11기를 중심으로 결집된 '정규육사출신'의 소장파 고급장교집단이었다. 그 대표적 인물로, 육사 11기의 전두환, 노태우, 백운택, 정호용 등과 12기의 박준병(20사단장), 박희도(9공수여단장), 최세창(3공수여단장), 그리고 장세동(15기, 수경사 30단장), 김진영(17기, 수경사 33단장), 허삼수(17기, 보안사 인사처장), 허화평(17기, 보안사사령관 비서실장) 등으로 구성되어 있었다.

11) 정상용(외). 1990. 『광주민중항쟁』. 서울: 돌베개. 53~55.

12) 정승화. 1987. 『12·12사건 정승화는 말한다』. 서울: 까치; 장태완. 1993. 『12·12 쿠데타와 나』. 서울: 명성출판사.

있었다. 셋째, 미국은 10·26 이후의 '유신철폐(헌법개정) → 민간민선정부 수립'이라는 정치일정을 지지하였음에도 불구하고,[13] 2·12 군사반란을 묵인하였다. 미국의 묵인은 한국의 '민주주의'와 '군사안보' 사이에서 후자를 선택한 미국의 현실주의적인 태도에서 비롯되었다.[14]

12·12사건은 정치체제의 위기상황에서 군부 내 강경파가 온건파를 배제하고 실질적인 정치권력을 장악한 일종의 군사반란이며 하극상에 의한 군부쿠데타였다.[15] 이를 계기로 신군부는 가장 강력한 정치행위자로 등장하였고, 최규하 정부의 무력화가 가속적으로 진행되었다. 그 결과, "최 대통령을 수반으로 하는 형식적 정부와 전두환 장군을 정점으로 하는 실제적 권력"이 공존하는 일종의 이중적 권력구조 상황이 연출되었다.[16] 이로써 정국은 유신체제의 조속한 철폐와 민주주의 실현을 요구하는 민중, 이를 부정하는 신군부세력, 그리고 제도권 정치세력 간의 3파전으로 압축되었다. 이제 민주화세력에게는 신군부세력에 대한 강경투쟁이냐 아니면 정치적 타협이냐의 선택만이 남아 있었다.

하지만 12·12 군사반란을 주도한 신군부는 집권의 길을 암암리에 모색하고 있었다. 이들은 비상계엄을 유지하고 합동수사본부의 권한을 강화하는 한편, 헌법개정작업을 지연시켰다. 제10대 대통령으로 최규하가 취임하여 비상계엄이 지속되어야 할 하등의 이유가 없는 상황에서도 신군부는 비상계엄의 해제를 반대하였다. 심지어는 각 정치세력의 활동을 감시하고 통제하기 위해서 합동수사본부의 권한과 활동영역을 계속 강화시켜 나갔다.

또한 신군부는 당시 국회의 헌법개정안—'대통령직선제'와 '대통령중심제'—과는 다르게 '이원집정부제'니 '대통령간선제'니 하는 당시로서는 매우 생소한 헌법 개정을 모색하기도 하였다. 이에 최규하 정부도 독자적으로 헌법을 연구·검토하여, 개헌을 정부가 주도할 것임을 표명하였다. 이렇게 되자, 헌법개정 문제가 가장 중요한 정치적 쟁점으로 떠올랐다. 정부는 정부주도의 점진적 방법을 원하

13) 조문사절로 한국을 방문했던 밴스 미국무장관의 離韓성명 참조. 『조선일보』, 1979년 11월 4일.
14) 당시 미국의 선택에 대한 논의는 다음을 참조: 마크 피터슨. 1988. "미국은 광주사태에 책임이 없다." 『사회와 사상』 5월호, 106~110; 이삼성. 1988. "미국의 광주사태무한책임론을 반박한다." 『사회와 사상』 5월호, 72~98; 김영명. 1988. "한국의 정치변동과 미국: 국가와 정권의 변모에 미친 미국의 영향." 『한국정치학회보』 22권 2호, 85~114.
15) 김영삼 대통령은 1993년 5월 13일 12·12사건을 '하극상에 의한 군사 쿠데타적 사건'으로 성격을 규정한 바 있다.
16) 이상우. 1988. "12·12세력과 광주사태와 미국." 『신동아』 2월호, 307.

였고, 학생과 재야세력은 '대통령중심제'를 골자로 한 '국민' 주도의 즉각적인 개헌을 주장하였다. 정당들은 '대통령제'를 선호하면서 '국회'가 주도하는 조속한 개헌을 원하였다. 각 정파별로 개헌에 대한 논쟁이 치열해짐에 따라 민주화 전망은 점점 불투명해져 갔다.

결국 최규하 정부의 무력화와 군부의 권력공고화, 그리고 여야 정치인들의 분열이라는 정치적 현실과 이원집정부제 개헌설, 친여신당설 등의 풍문[17] 등은 정치일정의 불확실성을 더욱 부채질하였다. 당시 언론들은 이러한 상황 전개를 '안개정국'으로 표현하였다.

'안개정국'에서도 신군부의 권력장악을 위한 작업은 차근차근 진행되고 있었다. 이들은 최규하－신현확이 이끄는 과도정부를 사실상 통제하면서 정치권력의 막후실세로 군림하였다. 신군부세력은 12월 14일의 내각개편에 개입하였고, 자기 파벌을 중심으로 한 군부 내 인사를 단행함으로써 군부내 세력을 개편하였다.[18] 특히 전두환 장군은 1980년 4월 보안사령관직과 중앙정보부장직을 겸임함으로써 사실상 권력의 핵심인물로 부상하였다.

중앙정보부장으로 취임한 전두환은 정부내각에 합법적으로 영향력을 행사하면서 최규하 정부를 철저히 무력화시켰다. 그리고 신군부는 정보처를 복원하여 기구를 대폭 확대한 후, 사회 각계각층에 대한 치밀한 정치공작을 전개하여 국민 여론을 자신들에게 유리한 방향으로 조작하였다. 그 가운데 대표적인 것이 보안사 내에 '언론대책반'의 설치와 'K－공작계획'의 추진이었다.[19] 신군부는 언론사를 상대로 회유공작을 실시하는 한편, '보도검열단'으로 하여금 민주개헌이나 계엄령해제를 요구하는 야당·재야·학생운동에 대한 보도를 삭제하거나 폭력적 파괴행위로 보도하도록 하면서 그들의 입장을 은밀하게 홍보하였다.[20]

17) 신당설은 통일주체대의원들을 중심으로 유정회 의원들 및 전직고관 등 구여권 인사들이 추진하고 있다는 소문에서 발단되었으며, 12·12사태 이후에는 행정부 고위층을 중심으로 하는 신당설로 변화되었는데, 행정부 고위층과 재벌, 공화당의 중진 3~4명, 10·26사태 당시 각료 중 비경제부처장관 2~3명, 청와대참모, 유정회 몇몇 의원들이 중심이 되어서 신당을 추진한다는 내용이었다.『동아일보』, 1980년 1월 24일.

18) 군부 내 인사를 보면, 신군부세력은 당시 세력들의 편에 섰던 이희성 중앙정보부장서리를 육군참모총장겸 계엄사령관으로 앉히고 쿠데타 핵심세력이었던 노태우 9사단장을 수경사령관에, 정호용 2군 50사단장을 특전사령관에 임명하는 것을 골자로 하는 군 인사를 실시하였다.

19) K－공작계획의 K는 King의 첫 글자로, 이 계획은 전두환의 신군부가 최소한 1980년 3월 중순 이전에 정권찬탈 시나리오에 따른 실행 작업에 들어갔다는 사실을 입증한다.

20) 예컨대, 민중의 민주화 열망은 국가의 위기를 초래하는 혼란으로 매도하였고, 양 김씨의 대권을 향한 정치활동은 구태의연한 정치작태나 '대통령병'에 사로잡힌 추악한 파벌싸움으로, 최 대통

다른 한편, 신군부는 평화적인 방식에 의한 정권장악뿐만 아니라 무력에 의한 정권장악의 방식도 준비하였다. 야당이나 학생운동 등 광범위한 민중이 신군부의 정권장악을 반대하고 나설 경우에 대비하여, 신군부는 '충정훈련'이라는 진압훈련을 은밀하게 진행하였다.

제 2 절 '서울의 봄' 그리고 5·17 쿠데타

12·12 군사반란으로부터 5·17 쿠데타까지의 기간은 신군부에게는 집권을 위한 사전 정지작업의 기간이었고, 신민당과 공화당 등 정치권에게는 다가올 대통령 직선을 앞둔 사전 선거운동기간이었으며, 그리고 학생 및 노동단체 등의 시민사회에게는 민주화와 노동권 보장을 주장하는 사회운동의 고양기였다.

1. 서울의 봄

1980년에 들어서면서 정당들 내부에서는 파벌주의적 분열과 갈등이 공개적으로 분출되었다. 먼저 민주공화당은 박찬종 등이 주도한 정풍운동에 휩싸인 채 새로운 주류와 비주류로 분립되었다. 신민당은 김영삼과 김대중 간의 갈등으로 분열되었고, 이들의 경쟁과 대립은 민주세력의 분열을 가속화시켰다.

김대중과 김영삼의 분열은 그들의 정세인식과 이어 따른 민주화추진전략, 그리고 신민당 입당문제에 관련되어 있었다. 김영삼은 군부를 자극하지 않은 채 제도권 내에서의 정치과정을 통한 민주화를 추구하고 있었고, 김대중은 군부의 정치개입 가능성을 심히 우려하여 민주화 확립이 급선무라고 하면서 '민주화추진전국민운동'을 제의하였다.

그러나 김영삼과 김대중의 분열의 가장 큰 원인은 권력욕이었다. 그들은 모

령은 결단력이 부족한 관료로 묘사하였다. 그리고 전두환을 중심으로 한 신군부만이 혼란의 확대재생산을 막을 강력한 세력임을 주입시켰다. 천금성. 1989. "국보위 설치와 5공 탄생 내막." 『월간다리』 11월호, 95~100.

두 자유민주주의와 자본주의체제에 입각한 민주화를 원하고 있었다. 신민당 대통령후보 선출과 관련하여, 당내에서 유리한 위치를 점한 김영삼과 달리, 김대중은 당내 입지의 불리함을 타개하기 위해 신민당 입당에 주저하였다. 결국 양자 간의 협상 실패로 김대중은 신민당 입당을 포기한 채 재야세력을 규합하여 권력경쟁에 돌입하였다.

정치사회가 내분에 빠져 있는 동안, 유신체제 아래서 극도로 억압당해 온 시민사회는 정치적 해빙기를 맞이하여 민주화를 요구하기 시작하였다. 이른바 '서울의 봄'의 주역은 학생들이었다. 1980년 1학기가 시작되자 대학가는 학생회부활운동과 어용교수의 퇴진, 교내부정의 퇴치 등의 학내자율화투쟁으로 술렁거리기 시작했다. 4월 들어 학원민주화투쟁은 '병영집체 거부투쟁'으로 발전하였다. 이 시기를 통해서 나타난 학생운동의 초점은 학내민주화였다.

그러나 학생운동은 곧 학내문제를 벗어나 정치투쟁으로 전환되었다. 교내 학생시위가 가두시위로 확산되면서, 5월 13일부터 5월 14일에 걸쳐 서울·부산·대구·광주 등 37개 대학에서 계엄철폐를 요구하는 시위가 벌어졌다. 특히 서울에서 벌어진 학생시위는 엄청난 규모였다. 5월 14일, 서울시내 대학생 7만여 명은 '비상계엄해제'와 '유신잔당타도,' '언론자유보장,' '정부개헌중단,' '노동3권쟁취' 등의 구호를 외치면서 가두시위를 벌였다. 5월 15일, 10만여 명이 참여한 대학생들의 서울역 앞 시위는 시내 교통을 거의 마비시킬 정도였다. 그러나 5월 16일, 서울지역 23개 대학과 지방의 23개 대학의 대표들이 참여한 총학생회장단에서 가두시위 중단결의에 따라 학생시위는 이내 소강상태에 접어들었다. 이른바 '서울역 회군'이 결정된 것이다. 총학생회장단은 시민의 호응이 없는 상황에서 군이 투입될 경우 유혈사태가 야기될 수 있다고 판단하고, 가두시위를 중지하고 대국민 홍보에 집중하기로 결의하였다.[21)]

학생운동과 더불어, 노동운동의 분출은 이 시기의 또 하나의 특징이었다. 4월 9일 시작된 청계피복노동조합의 투쟁을 시발로 노동자투쟁은 전국적으로 확산되었다. 당시 노동청의 집계에 의하면 719건의 노사분규가 발생하였다.[22)] 이런 상황에서 4월 21일 광부 3,500명이 유혈폭동으로 사북읍을 점거하는 '사북사태'가

---

21) 민주화운동기념사업회. 2010.『한국민주화운동사 3』. 파주: 돌베개, 71~73.

22) 이는 1979년의 105건에 비해 7배나 많았다. 쟁의원인별로 보면 체불임금문제 534건, 임금인상 26건, 휴폐업 반대 25건, 노조탄압관계 33건이었다. 정상용(외).『광주민중항쟁』, 106.

발생하였다.[23] 사북노동자투쟁의 배경은 동원탄좌 사북광업소의 열악한 작업환경과 어용노조에 대한 노동자들의 누적된 불만이었다.

사북사태 이후, 노동운동은 정치적인 색채를 띠기 시작하였다. 전국금속노조는 '노동3권 보장,' '단체행동권에 대한 법률유보조항 삭제,' '국가보위법 철폐' 등을 주장하기도 하였다. 유신체제의 붕괴로 인한 일시적인 정치적 기회구조의 확장을 틈타 노동자의 불만이 터져 나온 것이다. 하지만 생산현장의 노동자투쟁들은 조직적 동원력과 이념적 기반의 부재로 인해, 전국적인 노동운동으로 발전되기에는 일정한 한계를 지니고 있었다.[24]

2. 5·17 쿠데타

신군부는 사북사건 등 노동문제, 학원소요사태, 그리고 일부 정치인의 학원 내 정치집회 등 각종 사태에 대해 심각한 우려를 표명하였다. 신군부 세력은 "앞으로 이 같은 혼란 상태를 방치한다면 이는 안정과 질서를 바라는 대다수 국민의 여망을 등지는 것으로 국가안보적 차원에서 단호한 조치를 취할 것을 결의"하였다.[25]

이러한 신군부의 움직임에 대해, 정치권은 적극적으로 대응하기 시작하였다. 5월 14일 신민당 의원 66명은 '비상계엄해제촉구결의안'을 국회에 제출하였다. 김영삼과 김대중은 협력을 다짐하고 최규하 정부에 대해 비상계엄의 즉시 해제와 모든 정치범의 석방 및 복권, 정부주도 개헌포기와 정치일정의 연내완결 등 6개항의 시국수습안을 제시하였다. 여당인 공화당도 이에 동조하였다. 유정회 또한 가세할 움직임을 보이기 시작하였다. 이로써 5월 20일경으로 예정된 임시국회에서 '계엄해제안'이 처리될 가능성이 높아졌다. 이에 대하 최규하 정부는 국무총리의 담화를 통해 "모든 정치일정을 국회 등과 긴밀히 협의해 가면서 … 국민의 여망에 부응하겠다"는 입장을 취하였다.[26]

---

23) 사북사태는 국내 최대 민영탄광인 강원도 정선군 동원탄좌 광업소의 노동자가 어용노조와 임금인상문제로 인하여 벌인 노동자투쟁이다. 노동자들은 노조사무실, 광업소사무실, 정선경찰서 사북지서, 그리고 광업소 무기고와 예비군 무기고까지 점령하면서 4일 간(4월 21일~24일) 시위농성을 하였다.

24) 정상용(외). 1990. 『광주민중항쟁』, 109.

25) 『동아일보』, 1980년 5월 1일.

26) 『동아일보』, 1980년 5월 16일.

정부와 정당들의 평화적 문제해결의 모색에도 불구하고, 신군부는 사태의 무력적인 해결을 시도하였다. 대학가의 시위가 가열된 5월 12일에는 전군에 비상령을 내렸고 시위진압에 군병력(20사단)을 투입하였다. 5월 17일 10시, 신군부는 국방부에서 계엄사 전군지휘관회의를 개최하고, 비상계엄의 전국확대, 각급학교 휴교조치, 국회해산, 국가보위비상대책회의의 설치 등을 대통령에게 건의키로 결정했다. 무장 군인이 도열한 강압적 분위기 속에서, 최규하 대통령은 결국 신군부의 시국대책들을 국무회의에서 의결하였다. 이에 따라 5월 17일 자정을 기해 '학원소요와 북한의 동태'를 이유로 전국에 비상계엄령이 선포되었다.

5·17 계엄확대를 시작으로 신군부는 신현확 내각의 권한을 완전히 박탈하고 민주세력을 와해시켜 나갔다. 신군부는 5·18 계엄사령부에 의해 발표된 '계엄포고 10호'를 통해 모든 정치활동의 중지, 대학휴교, 옥내외 집회·시위의 금지, 전·현직 국가원수비방 금지, 직장이탈 및 파업의 불허, 언론사전검열 등의 조치를 취하는 한편 김대중을 비롯한 정치인 26명을 연행하였다.

한편 경찰은 5월 17일 오후 전국학생회장단의 학생대표 수십 명을 연행했고, 같은 날 자정을 전후해 전국적으로 민주인사들에 대한 예비검속을 실시하여 수백 명을 연행하였다. 또한 신군부는 5월 20일 오전 10시에 이미 소집 공고된 임시국회를 무산시키기 위해 국회의사당을 봉쇄하고 의원들의 등원을 저지하였다.[27] 이로써 12·12로 시작된 쿠데타가 5·17로 신군부집권의 1단계가 완성되었고, '서울의 봄'은 막을 내렸다.

그렇다면 왜 '서울의 봄'은 좌절되어야 했던가? 일부에서는 민주화운동의 좌절을 과격한 노동운동과 학생운동에 있다고 하지만, 사북사태를 제외하고는 결코 과격하지 않았으며, 그 지향점도 정치적이기보다는 순수 생존권 차원의 경제적 문제에 집중되어 있었다. 학생운동의 경우에도 쿠데타의 위험성을 인지하여 가두시위에 대한 자제력을 보여 주었으며, 행동보다는 사태의 추이를 관망하자는 온건론이 지배적이어서 '서울역 회군'이라는 결정을 내렸다. 그리고 신민당과 김영삼, 재야와 김대중, 공화당과 김종필, 최규하 정부 등 각각의 정치주체들 사이에 갈등이 존재했지만 선거를 통한 정권교체라는 공감대를 형성하고 있었다. 결국

27) 그들이 취한 정치활동금지와 국회개원저지는 헌법과 법률위반이었다. 1980년 당시 계엄법 제5조는 대통령이 비상계엄을 선포 또는 추인하였을 때에는 지체 없이 국회의 동의를 요구하여야 한다고 규정하고 있다.

민주화운동을 좌절시킨 책임은 전적으로 실질적 물리력을 독점한 신군부의 지배체제 구축계획에 있다고 보아야 할 것이다.

그러나 민주화 좌절의 원인을 신군부라는 현상적인 요인에 국한해서는 안 될 것이다. 1980년 민주화운동을 좌절시키는 데 작용한 다양한 메커니즘을 분석하는 것이 필요하다. 첫째로 문제가 되는 것은 한국자본주의의 취약성이다. 당시 한국자본주의는 저임금, 장시간노동, 민중배제 등에 의존하는 종속적 자본축적의 특성을 지니고 있었다. 따라서 한국의 자본주의는 민주화의 요구를 수용하고 자유민주주의를 허용하면서 동시에 국제경쟁력을 가지고 고도의 자본축적을 지속할 물적 토대를 갖추지 못하고 있었다.[28] 이와 더불어 10·26 이후 가뜩이나 경제위기를 겪고 있던 한국사회에서는 정상적 투자가 가능한 안정회복지향의 구조적 전환이 대내외적으로 요구되고 있었다.[29] 이런 요구를 신군부는 민주화세력 분쇄로 표출하였다.

둘째는 민주화운동세력의 취약성이다. 당시 노동운동과 농민운동 등 기층 민중운동은 분단 상황에 연유한 특수성, 그리고 국가의 억압적인 국가조합주의적인 통제 등으로 인하여 미발달된 상태였다. 비록 YH사건과 부마항쟁이 보여주듯이 민중운동은 유신체제에 충격을 가해 박정희 정권의 내부적 붕괴를 촉발하였고 이후 1980년 봄을 거치며 보다 폭발적인 형태로 터져 나왔으나, 그 힘은 여전히 미약했고 그 수준의 저급성으로 인해 기본적으로 경제조합주의적인 수준을 극복하지 못한 상태였다.[30] 그리고 중산층은 원칙적으로는 민주화를 바라면서도 학생들을 중심으로 한 민주화투쟁에 참여하지 않는 방관적 태도를 보이거나 경제회복을 위한 정치적 안정화를 암묵적으로 지지하는 태도를 취하고 있었다.[31]

셋째, '저항의 구심점'이 부재하였다. 저항의 구심점을 형성하기 위하여 학생의 민주화운동역량을 전 사회의 총체적 민주화 압력과 열기로 연계시켜야 했음에도 불구하고 신민당과 재야의 민주세력의 지도부는 분열하였다. 이런 분열은 정부진영 내의 개혁세력과의 타협을 통한 민주화이행을 효율적으로 추진하려는

28) 손호철. 1995.『해방 50년의 한국정치』. 서울: 새길, 161.
29) 당시 한국경제는 제2차 오일쇼크로 인해 엄청난 불황에 시달리고 있었고, 게다가 박정희 사망까지 겹치자 정치적 불안정을 이유로 한 국내외 자본의 투자기피 등으로 위기가 심화되고 있었다. 1980년 한국경제는 1960년대 경제개발계획 이후 처음으로 마이너스 성장을 기록하게 된다. 경제기획원. 1981.『경제백서』 참조.
30) 손호철. 1995.『해방 50년의 한국정치』, 163.
31) 김영명. 1992.『한국현대정치사』. 서울: 을유문화사, 350.

것도 아니고, 그렇다고 권위주의 진영의 전복을 통한 민주화전략도 아닌 어정쩡한 것이었다.[32)]

민주화의 실패에 대한 책임이 어디에 있든 '서울의 봄'은 역사적 필연과 우연이 함께 어우러져 만들어진 전환기적 산물이었다. 유신체제의 모순과 이에 대한 반유신 민주화투쟁의 결과라는 측면에서 보면 10·26에 이은 '서울의 봄'은 역사의 필연이었고, 돌발적인 대통령 유고사태에 따라 전개되었던 우리 정치와 사회의 대변혁이었다는 관점에서 보면 우연의 한 단면이었다.

'서울의 봄'은 결국 좌절되었고, 그 결과 5공화국이라는 또 다른 권위주의체제의 탄생으로 이어졌다. 그렇지만 단기적으로는 좌절된 민주화운동이었지만, '서울의 봄'이 7년 후의 6월 민주화운동으로 이어지는 역사적인 맥을 형성한다는 점에서 볼 때 그 의의는 자못 크다. '서울의 봄' 당시의 민주화 좌절의 경험은 후일 시민사회와 정치사회(야당) 간의 연대에 커다란 기여를 하였고, 5공화국 기간 동안 '민주 대 반민주' 대결구도를 형성해 가는 근거를 제공하였다.

제 3 절 광주항쟁

광주항쟁은 신군부의 권위주의의 복원에 정면으로 대항한 광주 시민들의 10일간의 민주화 투쟁이었다. 그것은 학생시위와 계엄군의 잔학한 진압, 계엄군의 퇴각과 시민공동체의 성립, 그리고 목숨을 건 시민투쟁과 계엄군의 무력진압 등 서로 다른 세 국면의 연속으로 전개되었다.

1. 광주항쟁의 전개과정

(1) 광주항쟁의 발단

1980년의 봄은 민주화운동의 분출기였다. 광주·전남지역 역시 예외일 수 없었다. 타 지역에 비해 산업기반이 취약하고 따라서 노동자들의 조직화가 미약한

32) 김영명. 1992. 『한국현대정치사』, 350.

광주·전남지역은 학생운동이 민주화운동의 기본 축을 형성하고 있었다. 이외에도 카톨릭농민회, 기독교농민회, YMCA 등의 종교단체나 민주청년협의회, 현대문화연구소, 녹두서점 등 재야 사회단체들이 있었지만, 이들은 대중적인 기반을 갖고 있지 않았다. 그러나 이들과 학생운동은 매우 밀접한 결속과 유기적인 연계를 맺고 있었다.

광주항쟁[33]의 최초의 도화선은 5월 18일 오전 전남대학교 교문 앞 시위에 대한 계엄군의 무자비한 탄압이었다. 당시 완전무장한 공수부대 1개 팀 8~9명이 전남대 정문을 통제하고 있었다. 이들은 광주지역으로 출동한 제7공수여단 병력으로, 이미 전날 밤 교내에 남아 있는 학생들을 무조건 체포하고 진압봉과 군화발로 초주검을 만들어 버린 직후였다. 5월 18일, 휴교령이 내려진 사실을 모르는 일부 학생들이 교문에 들어가려하자, 공수부대원들은 이들을 구타하였다. 휴교령이 내리면 아침 10시에 모인다는 행동지침이 있었기 때문에 학생들의 수는 순식간에 200여 명을 헤아렸다. 이들은 공수부대의 학교점령을 비난하는 구호를 외쳤다. 이에 공수부대원들은 무력진압을 개시하였다. 특수훈련을 받은 공수부대와 맨손인 학생들의 싸움은 일방적인 것이었다. 곤봉으로 가차 없이 머리를 내려치는 공수부대원들 앞에서, 학생들은 부상자 십여 명을 남긴 채 교문에서 쫓겨났다. 이는 즉시 시민·학생들의 거센 분노를 유발시켰고 광주항쟁의 시작으로 이어졌다.

학생들이 시내 중심가인 금남로를 향해 몰려가면서 소규모 가두시위가 발생하였고, 시위대는 순식간에 천여 명으로 늘어났다. 시위 참여자들은 '비상계엄 해제하라,' '김대중 씨 석방하라,' '휴교령을 철회하라,' '전두환은 물러가라,' '계엄군은 물러가라'는 구호를 외치기 시작했다. 이날 오후 3시쯤부터 시내에 투입되기 시작한 공수부대 7여단 소속 33대대와 35대대는 시내 도처에서 작전명령 '화려한 휴가'를 개시했다. 이때쯤 서울에서는 '광주의 혼란'과 '북괴의 심상치 않은 동태'를 이유로 제3공수여단, 제11공수여단, 육군 제20사단의 광주 투입이 결정되고 있었다.

이날 공수부대가 처음 투입된 곳은 광주시내의 공용터미널 근처였다. 공수부

33) 광주항쟁의 태동과 전개과정에 대해 다음의 자료를 참조: 광주광역시 5·18사료편찬위원회. 1997.『5·18광주민중항쟁』. 광주: 도서출판 고령; 5·18광주민중항쟁동지회. 1990.『부마에서 광주까지』. 광주: 샘물; 전남사회문제연구소(편). 1988.『5·18광주민중항쟁자료집』. 광주: 도서출판 광주; 황석영. 1985.『시대를 넘어 죽음을 넘어』. 서울: 풀빛; 조상용(외). 1990.『광주민중항쟁』. 서울: 돌베개; 김영택. 1988.『10일 간의 취재수첩』. 서울: 사계절; 서울지방검찰청·국방부검찰부. 1995. "5·18관련수사발표전문."『월간조선』 9월호.

대원들은 3~4명이 1개조가 되어 학생처럼 보이는 청년들을 무조건 쫓아가서 곤봉으로 구타하였다. 그들의 손에는 대검이 들려 있기도 했으며, 실제 대검에 찔린 사람도 부지기수에 달했다.[34] 당시 공수부대가 진입한 곳은 채 30분도 안되어 거리가 조용해졌으며, 길바닥에는 군데군데 핏물이 흥건히 고였다. 그들의 행동은 시위진압이라기보다는 광주시민을 상대로 한 '학살극'이라 불러야 할 만큼 무자비하고 광폭했다.

(2) 시민들의 저항(5월 19일~21일)

19일이 되면서 학생시위에 일반시민들이 합세하면서, 광주시민들의 목숨을 건 저항이 시작되었다. 오전 10시경, 3,000~4,000명 정도의 시민들이 금남로에 모여들었다. 분위기가 심상치 않게 돌아가자 경찰은 최루탄을 쏘며 군중의 해산에 나서기 시작했다. 전날과 마찬가지로, 11시 30분경 또다시 공수부대가 시위진압에 나서 잔인한 살육전이 전개되었다. 제11공수여단 3개 대대병력이 추가로 투입된 19일의 야만행위는 전날보다 더 잔혹한 것이었다. 그들은 남녀노소를 가리지 않았다. 항의하던 할아버지와 아주머니, 도망가던 여학생, 버스기사, 무등고시학원 창가에서 구경하던 어린 학원생들, 그 모두가 그들의 진압의 대상이었다. 오후에 접어들면서 시위는 보다 고양되어 질적인 변화를 보이기 시작했다. 시위의 양상은 수세에서 공세로 바뀌었으며, 시위의 중심세력이 대학생에서 시민대중으로 바뀌고 있었다.

이때부터 소수의 공수부대원들이 시민들의 공격을 받아 죽거나 다치는 현상이 나타나기 시작했다. 카톨릭센터에서, 양동시장에서, 그리고 시내 곳곳에서 일부 공수부대원들이 시민들의 공격을 받았다. 오후 4시경부터는 고등학생들까지 시위에 가담하였고, 시민들의 저항은 갈수록 거세졌다. 오후 4시 30분경에 공용터미널 근처에서 수많은 사상자가 발생하였다. 신군부는 광주지역의 상황을 배후조종세력에 의해 지역감정을 유발시키는 유언비어에 자극받아 일어난 폭력사태로 규정하고, 이에 대한 강경진압을 지시하였다. 그리고 기존의 제7공수 및 제11공수 이외에 제3공수여단 5개 대대병력을 광주에 증파하였다.

---

34) 제2군 계엄사령부의 '계엄상황일지'에 의하면, 5월 18일 하루 연행자는 대학생 114명, 전문대생 35명, 고교생 6명, 재수생 66명, 일반시민 184명 등 총 405명이었다. 그리고 5월 18일 부상자는 68명이 두부외상, 타박상, 자상 등을 입었고, 12명은 중태였다.

20일 오전, 고등학생들을 포함한 수많은 시민들이 시내 중심가인 금남로로 몰려나왔다. 시내의 도처에는 '투사회보'라는 지하유인물이 수천 매씩 뿌려지고 있었다.[35] 시민들은 현저히 증가된 공수부대 병력을 피해 수백 명 단위로 집결하여 시위를 벌였다. 오후가 되면서 전남도청 광장부근으로 모여든 시민들은 2~3만 명으로 늘어났다. 분노의 공감대로 뭉친 이들은 5·17 비상계엄확대조치가 신군부의 쿠데타임을 깨닫고 '전두환 물러가라'는 구호를 외치기 시작했다.

이날 오후 7시쯤, 공수부대의 만행에 격분한 시내버스와 택시 운전기사들은 시민들의 투쟁대열에 동참할 것을 결의하고 일제히 헤드라이트를 켜고 무등경기장을 출발하여 금남로로 들어섰다. 시민들은 차량시위대를 박수와 환호로 격려하였고, 도청광장과 전일빌딩 사이의 공수부대 저지선을 들파하기 위해 대형 버스 네 대를 앞세우고 전진을 시도하였다. 이에 공수부대는 장갑차로 바리케이트를 치고 닥치는 대로 운전기사들을 끌어내고 무자비한 폭력을 가했다. 이날의 차량시위는 광주시민들의 자발적인 항쟁을 새로운 단계로 고양시킨 최초의 계기였다. 20일 밤을 지나면서 도청과 광주역을 제외한 시내 대부분의 지역이 시민들의 결사적인 항쟁에 의해 '해방'되고 있었다. 이날 밤 광주상황을 단 1초도 방송하지 않고 팝송과 쇼를 내보내 분노의 표적이 되었던 KBS와 MBC 방송국이 불탔다. 이날 시민들은 밤새도록 시위를 벌였다.

항쟁 나흘째로 접어든 21일 오전 10시, 약 10만 명의 시위 인파가 금남로에 모여들었다. 이 무렵 '광주사태'는 "불순인물 및 고정간첩들이 … 여러분의 고장에 잠입, 터무니없는 악성 유언비어의 유포와 공공시설 파괴, 방화, 장비 및 재산 약탈행위 등을 통하여 계획적으로 지역감정을 자극선동하고 난동행위를 선도한 데 기인된 것"이라는 계엄사령관(이희성)의 담화문이 발표되었다.[36] 그리고 오후 1시경, 도청을 점령하고 있던 공수부대원들이 시위대를 향해 무차별 사격을 가했고 근처 고층빌딩 옥상에 배치된 저격병들이 시위주동자들을 향해 조준 사격하였다. 사격은 중지명령이 내려질 때까지 약 10분간 계속되었다. 금남로는 순식간에 피바다를 이루었고 부상자들의 신음으로 뒤덮였다.[37]

도저히 믿을 수 없는 사태가 벌어지자, 일부 시위대는 광주 근교의 화순·나

35) '투사회보'는 윤상원이 중심이 되어 광주지역의 사회운동 진영에서 정부의 거짓된 선무방송을 이겨내기 위하여 발행한 것이었다.

36) 『경향신문』, 1980년 5월 22일.

37) 이날 집단발포로 최소한 54명 이상이 사망하고 500명 이상이 부상당한 것으로 추정된다.

주·장성·담양·영광으로 달려가 각 지역의 지서와 예비군 무기창고에서 소총을 노획·무장하였다. 21일 오후 3시 20분경부터 계엄군과 이른바 '시민군'들 간의 시가전이 산발적으로 발생하기 시작했다. 그리고 오후 5시 30분 계엄군의 총퇴각이 결정되었다. 계엄군은 총을 무차별로 난사하면서 조선대 쪽으로 퇴각한 후, 어둠을 이용하여 외곽도로로 후퇴하였다. 계엄군 퇴각은 전술상의 철수작전이었다. 계엄군은 이미 '광주지역의 봉쇄－내부교란－최종진압'이라는 단계적 작전개념을 수립하고 있었다. 계엄군은 광주로 통하는 외곽도로를 차단하면서 광주－담양의 광주교도소 부근, 광주－화순간 지원동과 주남마을, 광주－나주간 송암동 일대에서 주민학살을 자행하였다.[38]

계엄군의 퇴각이 곧 바로 기존 행정체계의 전면적인 붕괴를 의미한 것은 아니었다. 물론 시내의 모든 질서가 '시민군'에 의해 자체적으로 유지되고 있었지만, 그것은 기존의 국가권력의 정당성이 상실되고 시민들의 자치가 이제 막 시작되었다는 것을 의미할 따름이었다. 도청과 시청의 행정기능은 불안정한 채로 여전히 유지되고 있었으며, 광주시의 검찰청·보안대·정보부 등을 통해 보안·정보업무가 정상적으로 이루어지고 있었다. 이들 기관은 시민들과 시민군의 동태를 중앙정부와 계엄사령부에 낱낱이 보고하고 있었다.

(3) 시민들의 자치(5월 22일~25일)

'해방' 광주의 첫날이 밝으면서 광주시민은 항쟁을 보다 조직화시켜 나갔다. 시위대는 계엄군의 반격에 대비하고 시내의 치안유지를 위해 자체조직과 병력을 통제하는 '시민군' 편성작업을 개시하였다. 시민군은 시내의 치안질서를 유지하기 위해 이유 없는 파괴행위를 금지시키고 경찰서와 은행, 관공서 등 주요 시설물에 경비조를 배치하였다. 차량통행증과 유류보급증을 발부하고 각종 차량에 번호를 붙여 시민들에게 교통편의를 제공하였다. 또한 시민군은 공수부대의 재진입에 대비하여 외곽지대에서 자체방위를 하였다. 그렇다고 항쟁지도부가 형성되었다고 할 수는 없었다.

이 같은 지도력의 공백상태에서 관료·신부·목사·변호사·기업가 등 20여 명으로 구성된 '5·18 수습대책위원회'(수습위)가 결성되었다.[39] 그리고 수습위는

---

38) 주민학살에 대한 자세한 내용은 정상용(외). 1990. 『광주민중항쟁』, 257~279 참조.

39) 정시채 부지사는 광주지역 유지들을 모아 사태추이와 수습방안을 논의한 끝에 친여성향의 지역

"유혈사태 방지와 질서유지"에 초점이 맞춰진 7개항의 수습대책을 계엄당국에 제안하였다.[40] 하지만 수습위의 대책안은 시민들의 요구와 큰 차이가 있었다. 거기에는 '계엄철폐'도 '전두환 퇴진'도 '김대중 석방'도 아무것도 포함되어 있지 않았다. 그럼에도, 계엄당국은 계엄분소장 개인 차원에서 과잉진압을 인정할 뿐, 무기를 회수·반납하고 치안을 계엄사에 맡겨야 한다는 입장을 고수하였다.

이 과정에서 학생들도 사태수습에 나서야 한다면서 '학생수습대책위원회'가 결성되었다. 이로써 수습위는 시민수습대책위원회와 학생수습대책위원회로 분화되었다. 시민수습위는 계엄사와 협상을, 학생수습위는 대민업무를 담당하였다. 학생수습위 역시 사태의 원만한 수습을 위해서는 무기를 회수해야 한다고 시민들을 설득하였다. 결국 시민·학생수습위의 노력으로 회수된 무기 1천여 정 중에서 2백 정을 가지고 계엄사에 반납한 후 연행자 33명의 신병을 인수하였다. 이를 계기로 이들 수습위원들은 무기반납 주장을 더욱 강력하게 제기하면서 계엄사와 협상을 계속 진행하였다.

이에 대해, 상당수의 시민들은 '굴욕적인 협상 결사반대'를 외쳤다. 23일 오전 11시 30분경, 도청 앞 광장에는 '제1차 민주수호범시민궐기대회'가 열렸다. 이날 궐기대회의 주도세력은 '녹두서점'과 '현대문화연구소'의 야학·문화·민주청협의 회원들로 당시 광주지역의 사회운동을 대표하는 세력이었다. 그들은 모두 끝까지 싸워서 민주주의를 수호해야 한다고 주장하였다. 이러한 입장은 당시 수습위의 대책안과는 전혀 다른 것이었다.

상이한 두 입장이 첨예한 대립을 보인 것은 항쟁 6일째인 5월 24일이었다. 이날 오전에 수습위는 그동안 계엄사 측과 협상한 내용 8개항을 인쇄하여 시내에 배포하였다.[41] 그러나 수습위의 협상안에 대해 대다수 시민들은 반발하였다. 24일 오후에 열린 '제2차 민주수호범시민궐기대회'에서는 수습위의 협상자세를 '투

유지와 재야인사를 참여시켜 수습대책위원회를 구성하였다. 그리고 수습방안으로 친여성향 유지들은 총기반납을, 재야인사들은 계엄당국의 사과를 주장했다.

40) 수습대책은 ① 사태수습 전에 군을 투입하지 말 것, ② 연행자의 전원 석방, ③ 군의 과잉진압 인정, ④ 사후보복금지, ⑤ 부상자 및 사망자 전원에 대한 치료 및 보상, ⑥ 전일방송은 즉시 재개하여 사실 보도를 함, ⑦ 이상의 요구가 관철되면 무장해제한다 등이었다. 전남사회문제연구소(편). 1988.『5·18광주민중항쟁자료집』, 124.

41) 그 내용은 계엄군이 시내에 한 명도 없으며, 계엄군이 과잉진압을 인정하여 연행자 927명 중에서 79명을 제외한 모든 사람을 석방하며, 보상계획을 수립하고 치료대책을 완비할 것이며, 사실보도에 노력하며, 폭도나 불순분자라는 용어사용을 중지하며, 비무장 민간인의 시외통행을 허용하고, 사태수습 후 보복금지 등을 협상한다는 것이었다. 정상용(외). 1990.『광주민중항쟁』, 280~281.

항주의적'이라고 비난하는 발언이 쏟아져 나왔다. 시민들의 수습위에 대한 불신과 분노는 '수습위 해체' 주장으로까지 확산되어 나갔다. 시민들의 의견을 수렴하여 민주화운동 진영은 수습위를 대체할 보다 견고한 항쟁지도부결성을 위한 준비조직을 만들었다.

(4) 결사항전(5월 26일~27일)

시민군의 무장해제와 거부를 둘러싼 팽팽한 대립은 계속되었다. 수습위는 여전히 무기회수를 위해 노력하고 있었으며, 이에 맞서 민주화운동 진영에서는 지역 내 재야인사들의 협조를 요청하였다. 당시 재야인사들은 남동성당에서 회합을 갖고 수습위에 참여키로 결정하여, 이날 수습위의 개편이 이루어졌다. 이들 재야인사들은 유혈사태에 대한 정부의 잘못 시인, 적절한 보상조치, 사후 보복금지 등을 수습방안으로 제시했다.[42] 그러나 권력장악이 목표인 신군부는 이를 거부하였다.

결국 5월 25일 밤 10시, 드디어 최후까지 투쟁할 것을 결의한 광주항쟁지도부가 탄생하였다. 새로운 지도부는 무기반납을 중단하고 체계적 투쟁활동을 위하여 역할을 분담했으며, 도청 내부의 행정체계를 바로 잡고, 시민생활의 정상화를 도모했다. 이들은 계엄군의 진압작전 실행 여부나 미국의 의도 등에 대하여 확실한 태도를 견지하지 못했지만, 만약의 사태에 대비하여 26일 '기동타격대'를 편성하였다. 반면 계엄군과 정부는, 한편으로는 최후의 진압작전을 점검하면서, 다른 한편으로는 시민군 내부의 교란작전과 항쟁지도부와 시민들의 분리를 시도하고 있었다.

이와 같이 상황이 급박하게 돌아가던 26일 오후 3시, 제5차 민주수호 범시민궐기대회가 개최되었다. 이 자리에서 새로 구성된 항쟁지도부가 계획했던 예비군 동원조직에 대한 발표가 있었고, 그에 대해 시민들은 적극 호응해 주었다. 항쟁지도부는 대회가 끝날 무렵, "오늘 밤에 계엄군이 공격해 올 가능성이 매우 크다"고 공식 발표했다.

26일 밤, 도청 안에서는 수습위원들이 계엄군의 진입작전을 알리면서 시민군들에게 도청에서 빠져나갈 것을 종용하였다. 이들의 종용으로 150여 명의 시민군이 도청을 떠났다. 항쟁지도부도 도청을 떠나는 사람들을 만류하지 않았다. 항쟁지도부는 이미 25일의 시민궐기대회에서 최후까지 싸울 수 있는 사람만 남아달

42) 정상용(외). 1990.『광주민중항쟁』, 284.

라고 당부한 바 있었다. 이렇게 해서 최후까지 도청에 남은 사람이 150여 명을 헤아렸다.

27일 0시 정각, 자정이 되자마자 도청 상황실의 시외전화가 끊겼다. 새벽 2시 30분, 항쟁지도부는 비상령을 내리고 계엄군의 진입을 알리기 위해 새벽 3시까지 광주시내 전역을 돌면서 가두방송을 했다: "시민 여러분, 지금 계엄군이 쳐들어오고 있습니다. 사랑하는 우리 형제, 우리 자매들이 계엄군의 총칼에 숨져가고 있습니다. 우리 모두 계엄군과 끝까지 싸웁시다. 우리는 광주를 사수할 것입니다. 우리는 최후까지 싸울 것입니다. 우리를 잊지 말아 주십시오."[43]

막강한 계엄군에 맞서 시내 곳곳에서 시민군의 항전이 벌어졌다. 이날 항전의 절정은 항쟁지도부가 있던 도청에서 이루어졌다. 도청의 인근에서 총성이 울려 퍼진 것은 새벽 3시 30분경이었고, 탱크를 앞세운 계엄군에게 도청이 완전 포위된 시각은 새벽 4시경이었다. 계엄군의 장갑차 위에서 서치라이트가 도청을 비추는 가운데 계엄군은 항복을 권유하는 최후통첩을 방송했다. 그 후 계엄군의 일제사격이 시작되고, 도청 뒷담을 통해 공수부대원들이 침투하였다. 시민군들이 하나둘 쓰러지고 최후의 방어선은 무너졌다.

오전 5시 10분 경, 마침내 동지들의 시체를 넘으면서 마지막 시민군들이 두 손을 들고 걸어 나왔다. 생존자는 '도청방황자,' '총기소지자,' '특수폭도' 등으로 분류되어 군부대로 이송되었다. 계엄군은 작전개시 약 4시간 만에 항쟁을 진압하였다. 이로써 열흘간의 광주항쟁은 막을 내렸다.

2. 광주항쟁의 발생 배경

광주항쟁의 발생 배경은 무엇인가? 이에 대해 다양한 시각과 해석들이 제시되어 왔다. 첫째, 항쟁 발생원인은 항쟁이 발생한 광주 전남지역의 특수성과 한국사회의 구조적 모순의 보편성 간의 상호관계를 어떻게 파악하느냐가 중요하다는 입장이다. 이는 지역의 특수성을 강조하는 입장과 계급적 차원에서 이해하는 입장이 양립하고 있다. 구체적으로, 지역특수성을 강조하는 입장은 항쟁의 지역적 성격을 가장 주요한 측면으로 간주하고 지역주민의 사회심리적 특성에 주목한다. 즉 1960년대 이래 박 정권의 편향적 지역개발에 따른 지역적 낙후성과 소

43) 광주광역시 5·18사료편찬위원회. 1997. 『5·18 광주민중항쟁』, 136.

외 심화현상을 배경으로 동향 정치지도자의 체포에 대한 지역민들의 저항으로 이해한다. 이에 비해, 계급적 차원의 구조적 모순에 주목하는 입장은 광주항쟁을 해방 이후부터의 계급지형 속에서 고찰해야 함을 강조한다. 즉 이 시각은 광주항쟁을 세계자본주의체제에 종속되어 있는 독점자본가계급과 이들을 돕는 강경 군부집단에 대항하여 농민·학생·중간계급을 포함한 범민주세력들의 투쟁으로 규정한다.[44]

둘째, 항쟁발생의 직접적 원인에 관한 문제로 군부계획설 또는 과잉진압설[45]과 민중주체의 능동적 대응을 강조하는 견해[46]가 양립하고 있다. 군부계획설은 박정희체제의 후계를 노리는 군부세력이 당시 성장하는 민중적 힘에 대해 자신들의 힘을 과시할 수 있는 계기를 필요로 했고, 그 일환으로 선택된 곳이 광주였다는 것이다. 이에 비해, 민중주체능동설은 당시 광주·전남의 사회변혁 운동세력이 가지고 있던 대중적 지도역량을 전국적인 수준에 비해 매우 높았던 것으로 평가하며, 이러한 역량이 민중의 투쟁의지를 고양시켰던 것으로 본다.[47]

최근에는 군부계획설과 민중주체능동설 각각의 입장에 대한 문제점을 밝히고 김대중 구속이라는 요인을 매개변수로 도입하여 광주항쟁의 발생 원인을 설명하고 있는 과잉진압론이 제기되었다. 즉 군부의 전략적 선택, 김대중 변수, 광주의 민중성을 결합시킴으로써 1980년 5월 항쟁은 한국사회의 모순들이 응집하여 폭발하였다는 것이다.[48]

---

44) 김진균·정근식. 1990. "광주 5월민중항쟁의 사회경제적 배경." 한국현대사사료연구소. 『광주 5월민중항쟁』. 서울: 풀빛, 67.

45) 박현채. 1990. "80년대 민족민주운동에서 5·18 광주민중항쟁의 의의와 역할." 『역사와 현장』. 제1호, 51; 박기덕. 2000. "민주화 과정에서 미국역할에 대한 국제비교: 한국과 필리핀을 중심으로." 한국정치학회 기획학술회의 논문집, 186.

46) 민중주체의 능동적 대응의 입장은 다시 광주·전남의 역사적 배경과 운동의 경험문제에 입각하면서 민중의 능동성을 강조하는 입장(이종범. 1985. "5·18의 영향·한계·계승." 『전대신문』. 1988년 5월 19일)과, 광주항쟁에서 노동자계급의 주도 및 기층민중의 계급적 진출을 강조하는 입장(이정로. 1989. "광주무장봉기에 대한 혁명적 시각전환." 『노동해방문학』 5월호)으로 구분된다.

47) 민중주체능동설은 군부계획설이 민중의 주체적·능동적 역할을 과소평가하고, 민중주체의 역사발전관을 오도할 가능성이 있다고 비판한다. 그러나 민중주체능동설은 당시 광주지역의 운동역량이 조직적·이념적으로 1970년대적 한계를 벗어나지 못했다는 점을 고려할 때, 현실에 대한 지나친 과장이라는 비판을 받고 있다.

48) 손호철은 군부의 전략적 선택, 김대중의 변수, 광주의 민중성이 결합함으로써, 1980년 5월 광주는 한국사회의 모순들이 응집되어 폭발한 결절점으로서 민중세력의 정면충돌이 광주항쟁을 분출시켰다고 보고 있다. 손호철. 1995. "80년 5·18항쟁: 민중항쟁인가, 시민항쟁인가?"『해방 50년의 한국정치』. 서울: 새길, 167~171.

이러한 쟁점들을 정리하여 광주항쟁의 발생 배경을 보면 다음과 같다.[49] 첫째, 1970년대 유신체제하에서 민중들의 고통과 불만, 민주화에 대한 욕구분출과 1980년 초기 민주화운동으로 인해 상대적으로 고양된 광주시민들의 정치의식이다. 특히 광주에서는 5월 15일과 16일 양일간 대학생들의 시위에 많은 시민들이 참여하였고, 이 같은 성숙된 정치의식과 학생－시민연대가 민주화운동의 추동력이 되었다.

둘째, 박정희 정권의 편향적인 지역개발정책으로 인해 상대적인 불만과 소외감의 심화이다. 외자의 무절제한 도입과 수출주도형 성장정책은 경제잉여의 해외유출을 증가시켰고, 산업구조의 파행성과 외채의 증대를 초래하였으며 농업의 파탄을 가져왔다. 동시에 이러한 축적구조는 지역간·부문간 불균등발전을 가속화했으며, 결국 광주 및 전라도지역의 상대적 소외를 심화시켰다.

셋째, 호남의 상징적인 인물로 받아들여지고 있던 김대중에 대한 탄압과 이에 대한 호남인의 민감한 반응이다. 독재 권력에 의해 소외당해 온 광주와 전라도 지역의 사람들은 이 지역출신으로 유신체제하에서 탄압을 받아 온 정치인 김대중에 대한 지지를 통해서 지역소외의 극복을 열망하였다. 즉 김대중에 대한 지지는 지역적 소외구조의 타파를 위해 지역 주민들이 택할 수 있었던 현실적 대안이었다. 그러나 신군부에 의해 김대중이 내란혐의로 구속되면서 시민들의 열망은 분노로 변하였다. 김대중이 구속되면서 지역주민들은 민주화에 대한 열망과 소외극복의 대안을 찾을 수 없게 되는 좌절감을 맛보게 되었고, 이는 신군부세력과 맞서 격렬한 투쟁을 벌이는 계기가 되었다.

넷째, 공수부대들의 잔인한 무차별 살상이다. 공수부대의 만행은 시민들을 하나로 묶는 시민봉기로 발전시켰다. 결국 봉기는 공수부대의 잔인한 살상에 대한 분노의 결과물이었고 학생들의 생명을 구하고자 하는 희생적 결단이었다.[50]

이와 같이 광주항쟁은 능동적으로 주어진 것이 아니라 그 시기에 집권을 노리는 반동세력의 선택이 더 규정적이었다고 할 수 있다. 그러나 광주항쟁은 단순히 공수부대의 잔인한 행동에 대한 공분에서 비롯된 것만은 아니다. 이 사건은 1980년 한국사회가 안고 있던 다양한 구조적 모순들과 연관되어 나타났다.

---

49) 전남사회문제연구소(편). 1988.『5·18광주항쟁자료집』, 265~276.

50) 항쟁에 참여한 사람들의 구호에 잘 나타난다. 항쟁 전에는 '계엄해제'와 '민주화 보장'이었는데 18일 이후 구호는 '죽은 시민·학생들의 피를 보상하라,' '살인마 전두환은 물러가라' 등으로 바뀌었다.

제 4 절 광주항쟁과 미국

광주항쟁 당시 미국은 어떠한 입장을 취했던가? 지금까지 공개된 자료에 의하면, 미국은 '신군부와의 관계정상화'와 '민주화 일정의 촉구'라는 이중정책을 펼쳤던 것으로 보인다. 그리고 두 개의 정책이 상충할 때, 미국은 신군부와 협조관계를 우선시하였다. 미국의 이러한 태도는 광주항쟁의 진압과정에서도 일관성 있게 나타났다.

1. 미국의 역할

1980년 5월 한국의 신군부세력이 당시 한국민의 민주화 열망과는 반대로 비상계엄령을 전국으로 확대하고 총검으로 군부독재를 재생산하려고 하였을 때, 그리고 그러한 신군부의 음모와 시민의 저항이 특히 광주에서 정면으로 충돌했을 때, 미국은 이 문제를 어떻게 인식하고 어떻게 행동했는가? 미국의 역할과 관련하여 기존 입장들은 광주항쟁 무책임론과 책임론으로 분류된다.

광주항쟁 무책임론은 미국과 한국사회의 지배세력에 의해 주장되었다. 미국이 광주항쟁에 개입하였다는 주장은 부당한 오해에서 기인한 것이라고 강변한다. 미국의 입장은 글라이스틴(William H. Gleysteen, 1978년 7월~1981년 8월 주한 미국대사로 근무)의 주장과 1989년 광주특위에 미국이 제출한 1980년 5월 광주에서 일어난 제반사건에 대한 '미국정부의 성명서'에 나타나 있다. 글라이스틴은 다음과 같이 주장하였다.[51)]

> 미국은 광주사태 발전에 관한 사전지식이 없었으며, 공수부대와 20사단의 투입에 관여할 권한을 갖고 있지 못했고, 20사단의 광주투입 승인도 한국군 공수대의 잔혹상이 발생한 뒤의 일이며, 그 목적도 광주지역에서의 질서를 회복하기 위해서였다. 또한 한국정부 당국과 항쟁지도부 간의 평화적인 협상을 지원하기 위해 합당한 모든 노력을 하였다.

51) 『동아일보』, 1986년 6월 13일.

미국이 주장한 논거는 다음과 같다: ① 미국이 한국군에 대해 가지고 있는 작전통제권은 지극히 제한적이며 형식적인 것에 불과하다; ② 미국은 공수부대의 잔혹한 진압행위를 몰랐다; ③ 미국은 공수부대의 잔학상을 알고 난 이후 폭력을 개탄하고 평화적 해결을 촉구했다; ④ 20사단 파견을 승인한 것은 협상이 결렬되었을 때에만 사용한다는 조건이었고, 20사단은 공수부대에 비해 폭동진압훈련을 잘 받은 부대여서 폭력을 덜 사용할 것이라고 믿었기 때문이다; ⑤ 협상의 기회를 주기 위해 최종적인 진압작전을 이틀간 연기시켰다. 미국은 처음부터 끝까지 배후에서 사태의 평화적 해결을 촉구하였을 뿐이다.

이에 비해, 민주화운동세력은 미국의 불개입설을 비판하면서 미국의 개입설을 주장한다. 이들은 한국군에 대한 미군의 작전통제권의 문제, 미국의 사전 인지 여부 문제와 20사단의 광주투입승인 문제, 평화적 해결에 대한 노력의 문제 등에 대해서 조목조목 비판한다.52)

첫째, 미국의 작전권의 범위에 대한 문제이다. 미국은 공수부대와 20사단 투입에 미국이 관여할 권한을 전혀 갖고 있지 않다고 주장한다. 즉 한미연합사령관이 한국군에 대한 작전통제권을 가지고 있으나, 한국군은 한미연합사에 '통고'만으로 작전통제권을 해제시키는 권리와 지휘권을 가지고 있다는 것이다.

그러나 미국의 주장과는 달리, 5월 16일 한미연합사령관은 육군참모총장이 소요사태의 악화에 따라 수도권 질서유지를 위하여 20사단 작전통제권 해제를 요청하자 이를 동의("agreed")한 것이 아니라 승인("approved")하였다.53) 그리고 5월 20일에는 20사단을 수도권이 아닌 광주소요를 진압하기 위해 광주로 투입해도 되겠느냐는 '문의'를 받고 미국정부와 협의한 후 그에 동의하였다. 뿐만 아니라, 5월 23일 육군참모총장은 한미연합사령관에게 33사단 1개 대대의 작전통제권 이양을 요청하여 한미연합사령관으로부터 승인을 받기도 하였다. 이런 사실에 비춰볼 때, 한국군에 대한 작전통제권은 한미연합사령관에게 있었고 20사단의 광주투입은 적어도 미국의 승인하에 진행된 것으로 보인다.54)

52) 5·18과 미국과의 관계에 대해서 분석한 주요 연구는 다음과 같다. 민족민주운동연구소. 1990. "미국의 '광주관련 답변서'를 통해 미국을 다시 본다." 『정세연구』 6월호, 75~86; 이삼성. 1989. "광주민중봉기와 미국의 역할." 『사회와 사상』 2월호, 43~47; 이삼성. 1989. "미국의 광주사태 무책임론을 반박한다." 『사회와 사상』 5월호, 72~98; 이삼성. 1996. "광주학살, 미국 신군부의 협조와 공모." 『역사비평』 가을호, 79~146.

53) 정상용(외). 1990. 『광주민중항쟁』, 254.

54) 박기덕. 2000. "민주화 과정에서 미국역할에 대한 국제비교: 한국과 필리핀을 중심으로," 189; 미

둘째, 미국의 사전 인지 여부이다. 미국은 계엄령확대 선포 직후 군부가 3김을 체포하자 즉각 이들의 석방을 요구했고, 또한 광주에서 한국 공수부대가 벌인 잔학한 진압행위를 일찍 알지 못했다고 주장한다. 그러나 미국개입설의 입장에선 미국이 한국에서 가동하고 있는 정보시스템을 통해 한국군의 이동상황을 파악했을 가능성이 높고, 미국의 사전 인지에 대한 부인은 그간 미국이 자주 사용해 왔던 '발뺌정책'의 하나일 뿐이라고 비판한다.[55] 그런데 미국무성 자료에 의하면, 미국의 사전 인지 사실이 구체적으로 드러난다. 당시 주한 미국대사인 글라이스틴은 미국무부에 보낸 전문에서 다음과 같이 말하고 있다.[56]

> 한국군부는 미군사령부에 다음과 같은 군대이동에 관해 협의했다. 제13공수여단을 5월 8일 임시 임무를 위해 서울 동남방의 특수전 센터로 이동할 것이다. 5월 10일에는 제11공수여단을 김포반도로 이동해 제1공수여단과 같은 위치에 있도록 한다. 총 2,500여 명에 달하는 이 두 여단은 학생시위 가능성에 대처하기 위해 서울지역으로 이동 중이다. 현재 포항에 주둔하고 있는 제1해병사단의 이동과 관련하여 제1해병사단은 연합사의 작전통제권하에 있으며, 따라서 부대이동시 미국의 승인이 필요하다. 한국군부로부터 요청은 없으나 요청을 받으면 유엔사령관은 동의해 줄 것이다.

요컨대 특전사는 한미연합사의 작전통제권 밖에 있으므로 이 부대들의 이동을 연합사령관에 통보하고 승인을 요청할 필요가 없었으나, 한국군부는 이를 통보하는 등 한국과 미국은 정보를 상호 긴밀하게 교환하고 있었다.

미국의 사전 인지는 5월 8일 글라이스틴 대사와 크리스토퍼 국무차관 간에 주고받은 문서에도 드러난다. 글라이스틴은 "한국정부가 절대적으로 필요할 경우 경찰을 군대로 보강하여 법과 질서를 유지하려는 비상계획에 대해 미국정부가 반대한다는 시사를 결코 주지 않을 것"이라고 다짐하고 있다.[57] 이에 크리스토퍼는 "우리는 법과 질서를 유지하기 위한 한국정부의 비상계획을 반대해서는 안 된

국 웬트워스공대의 조지 카치아피카스(George Katsiaficas) 교수는 2008년 5월 국제학술대회에서 "미국 의회의 속기록과 정부 문서를 확인한 결과, 미국은 철저히 자국의 이해에 따라 전두환 신군부의 광주 무력진압을 승인하였다"고 주장하였다. 즉 무력진압의 승인 대가로 한국정부의 신자유주의 수용, 원자력발전소와 서울지하철공사 등을 미국 기업이 수주할 수 있도록 협조하기로 했다는 것이다. 『미디어 오늘』, 2008년 5월 23일.

55) 이삼성. 1989. "미국의 무책임론을 반박한다," 80~81.

56) From Gleysteen to Secretary of State, 070906z, May 1980, "ROK shifts Special Forces Units."

57) From Gleysteen to Secretary of State, 081017z, May 1980, "Korea Focus Building Tensions and Concern over Student Issue."

다는 데 동의한다"고 밝히고 있다.[58]

셋째, 미국은 공수부대의 잔학상을 알고 난 이후 폭력을 개탄하고 평화적 해결을 촉구했다고 한다. 이에 대해, 비판론자들은 미국이 20사단의 파견을 승인한 것은 평화적 방법의 모색과는 거리가 먼 것이었다고 반박한다. 미국이 평화적 해결 의도가 있었다면 20사단 파견을 승인하지 않았어야 했음에도 불구하고, 20사단 파견을 승인한 것은 미국이 광주항쟁에 대한 신군부의 무력진압에 동조하였음을 의미하는 것이다.

넷째, 미국은 (계엄군과 수습위 간의) 협상이 결렬되었을 때에만 병력을 사용한다는 조건하에서 20사단 파견을 승인하였고, 20사단은 공수부대에 비해 폭동진압훈련을 잘 받은 부대여서 폭력을 덜 사용할 것으로 믿었기 때문에 승인하였다고 한다. 그러나 20사단의 광주투입은 공수부대를 20사단으로 교체한 것이 아니라 증원군의 파견이었다. 신군부세력은 공수부대로만 광주시민의 강력한 저항을 진압하지 못하여 진압부대의 보강이 필요했던 것이다. 결국 광주항쟁 진압부대로 제3, 7, 11 공수여단과 더불어 20사단도 동원되었다.

다섯째, 미국은 협상의 기회를 주기 위해 최종적인 진압작전을 이틀간 연기시켰다고 주장한다. 이에 대해, 비판론자들은 진압작전이 27일로 연기된 것은 글라이스틴의 노력에 의한 것이라기보다는 신군부와 미국 간의 주도면밀한 군사작전모의의 결과였다고 반박한다. 즉 미국의 항공모함 코랄시(Coral Sea)의 한국 근해 도착시간과 광주진압시점을 맞추기 위해 한미 양국 군부 간의 긴밀한 협의가 있었다는 것이다.[59] 미국정부는 북한군의 남침 징후가 전혀 없음에도 불구하고 광주항쟁이 더 격화될 경우 남침을 야기할 수 있다는 식의 경고를 하면서 조기경보기와 항공모함을 급파하여 신군부의 움직임에 동조하였으며, 이로써 신군부가 북한군에 대해서 전혀 신경을 쓰지 않고 항쟁을 진압할 수 있도록 도와주었다는 것이다.

광주항쟁에 미국이 개입하였는지의 여부는 정확한 자료에 의해 검증될 수 있을 것이다. 그런데 광주항쟁에 대한 일부 자료들만 공개될 뿐 전체적으로 자료가 공개되지 않고 있다. 언젠가는 광주항쟁 관련자료 공개가 이루어지겠지만 지금까지의 논의를 종합적으로 살펴볼 때, 미국은 한반도의 군사안보를 위한 신군

58) From Gleysteen to Secretary of State, 082057z, May 1980.
59) 이삼성. 1992.『미국의 대한정책과 한국민족주의』. 서울: 한길사, 140~141.

부와의 관계정상화와, 민주주의의 수호를 위한 민주화 일정 촉구라는 이중정책을 한국에서 펼친 것으로 보인다.[60] 그러나 미국은 두 개의 정책이 서로 상충할 때 한반도의 군사안보를 위한 신군부와 협조관계를 우선시한 것으로 판단된다. 이러한 태도는 5·18진압 여부에도 일관성 있게 나타났다. 요컨대 광주항쟁이 끝난 이후에도 미국은 한국에 중요한 것은 정치적 자유가 아니라 안보와 내부안정이라고 강조했다.[61] 그리고 8월 7일에는 미국이 전두환을 차기 대통령으로 지지하기로 결정했음을 발표하였다. 결국 미국은 자국의 국익과 직결되는 한반도 안보를 위해 민주화 요구를 짓밟은 군부세력을 지원했던 것으로 보인다.

2. 광주항쟁의 의의

광주항쟁에 대한 신군부의 유혈진압은 한국전쟁 이후 가장 큰 비극적 사건이었다. 비록 좌절된 민주화운동이지만, 광주항쟁은 크게 두 가지 점에서 한국 민주운동사에 획기적 전환점을 제공하였다.

그 하나는 광주항쟁이 한국 민주주의의 진전을 위한 역사적 추동력이 되었다는 점이다. 광주 시민들은 스스로의 희생을 통해 군부권위주의의 잔학성을 적나라하게 드러내 보임으로써, 민주주의의 소중함을 생생하게 일깨워주었다. 아울러 민주주의의 성취를 위해, 시민사회의 활성화를 통한 전국차원의 민주화운동의 절실함을 보여주었다. 이러한 교훈은 이후 1987년 6월항쟁이 유혈 없이 성공적으로 민주화 전환을 성취하는 데 크게 기여하였다.

다른 하나는 한국에서 미국의 역할에 대한 인식의 변화를 가져오는 계기가 되었다. 한국전쟁 이후 1980년에 이르기까지 대다수의 국민들은 한국과 미국의 관계를 혈맹관계로 인식하고 있었다. 그러나 광주항쟁 과정에서 미국이 신군부를 직·간접적으로 지원하였다는 사실이 알려지면서 친미주의적 인식은 서서히 부식

60) 1979년 12월 15일 글라이스틴 대사는 전두환과 만나 그 성향을 확인한 바 있으며, 1980년 2월 21일 아태담당 홀부르크 국무차관보가 미의회 증언을 통해 한국에 제공할 차관을 승인해 주도록 요구한 바 있다. 또한 위컴 사령관은 3월 7일 가진 기자회견에서 한국군은 "매우 안정되어 있으며 10·26이나 12·12사태 등을 통해서도 미국의 대한지원 공약은 기본적으로 아무 변화가 없다"고 밝혀 사실상 12·12 쿠데타를 승인하였다. 한국현대사 사료연구소. 1990. 『광주 5월민중항쟁』. 서울: 풀빛, 37~40.

61) 이삼성. 1997. "광주를 통한 한국민주주의에의 유혈통로와 미국의 위치: 1979~1980년 미국 대한정책의 치명적 비대칭성." 5.18 학술심포지움 발표자료집, 26.

되어 갔다. 이러한 인식의 변화는 반독재 민주화투쟁만으로 한국사회의 모순을 해결할 수 없다는 새로운 관점의 등장으로 이어졌다. 즉 남북분단을 극복하고 한반도 통일을 달성해야만 완전히 자유로운 사회를 이룩할 수 있다는 인식이 그것이었다. 이는 이후 6월항쟁 과정에서 미국 정부가 군부권위주의 세력에 적극적으로 정치개혁의 압력을 가하게 되는 배경이 되었다.

제 8 장

전두환 정권과 민주화운동

제 1 절 전두환 정권의 출범

신군부 세력은 국보위의 활동을 통해 정권장악을 위한 토대를 마련하였고, 이어 헌법개정과 국가보위입법회의를 통해 권위주의적 통치의 제도적 장치를 마련하였다. 또한 민정당과 관제야당들을 설립하여 정권의 공고화를 꾀하였다.

1. 국보위와 입법회의

광주항쟁을 유혈 진압한 신군부는 자신들의 정권장악을 뒷받침할 수 있는 제도적 장치를 강구하기 시작하였다. 이른바 '국가보위비상대책위원회'(국보위)와 '국가보위입법회의'(입법회의)의 결성이 그것이었다.

국보위는 1980년 5월 17일 전군주요지휘관회의에서 결성키로 결의된 사안으로, 5월 31일 국무회의 의결을 거쳐 대통령 자문보좌기관으로 출범하였다. 이는 공식적으로 한시적인 대통령 자문보좌기관의 성격을 띠고 있었으나, 실질적으로는 신군부의 정권장악을 위한 토대를 마련하기 위한 것이었다. 이러한 면모는 국보위 위원의 구성 및 국보위가 행한 업무 등에서 명백히 드러난다.

국보위 구성면에서, 비록 의장은 최규하 대통령이었으나, 실권을 행사하게 되어 있는 상임위원장에 당시 중앙정보부장서리를 겸임하고 있던 전두환 보안사령관이 취임하였다. 그리고 상임위원회 위원 총 30인 가운데, 현역 장성이 — 이기백(육군 소장) · 이광노(육군 소장) · 심유선(육군 소장) · 오자복(육군 소장) · 조영길(보사위원장, 해군 준장) · 이우재(육군 준장) · 이희근(공군 중장) · 신현수(육군 중장) · 차규헌(육군 중장) · 정원민(해군 중장) · 강영식(육군 중장) · 박노영(육군 중장) · 김윤호(육군 중장) · 권영각(육군 소장) · 김홍한(육군 소장) · 노태우(육군 소장) · 정호영(육군 소장) · 김인기(공군 소장) — 18인에 달하였다.[1)]

국보위가 실제 수행한 업무는 권력장악을 위한 정지작업이었다. 국보위는 업무목표를 ① 안보체제 강화, ② 경제난국 타개, ③ 정치발전 내용의 충실, ④ 사

1) 『매일경제』, 1980년 6월 5일.

회악 일소에 의한 국가규율의 확립으로 발표하였다.[2] 그러나 그것은 단지 형식적인 것이었을 뿐 실제 목적은 민족민주세력의 탄압과 공포정치를 통하여 정계와 재계를 개편함으로써 새로운 지배구조의 법적·제도적 장치들을 마련하는 것이었다.

국보위는 권력확보와 집권의 정당성 창출을 위하여 대규모 숙청과 기구개편을 단행하면서 신군부의 권력창출에 걸림돌이 되는 요소를 하나하나 제거하였다. 첫째, 1980년 6~8월에 걸쳐, 신군부는 국보위를 통해 정치적 반대세력과 정치적 경쟁자들을 배제하고 자신들이 안정적으로 권력을 유지·강화할 수 있는 조치들을 취하였다. 그들은 "정치풍토의 쇄신"이라는 구호를 내세우며, 이미 '내란음모사건'으로 구속된 김대중을 비롯한 정치적 반대세력의 주요 인사들을 수배·구속하였으며, 김종필을 비롯한 일부 유신 핵심세력들을 권력형 부정부패자로 낙인찍어 공직에서 사퇴시켰고, 김영삼 신민당 총재 및 다수의 정치인들을 정계에서 강제 은퇴시키고 정치활동을 규제하였다.

둘째, 신군부는 공직사회의 누적된 부정부패와 부조리를 척결한다는 명목으로 대대적인 숙청을 실시하였다. 당시 숙청된 사람은 입법부 11명, 사법부 61명, 행정부 5,418명, 국영기업체 금융기관 및 정부산하단체 등 127개 기관 임직원 3,111명 등으로 총 8,601명이었다. 신군부가 관료사회의 기강을 바로 잡는다는 명분을 내세웠지만, 이러한 조치는 기본적으로 관료사회에 공포분위기를 조성하여 그들에 대한 정치적 장악력을 확실히 하기 위한 조치였다.

셋째, 신군부는 국보위를 통해 사회개혁조치들을 단행하였다. 예컨대, 과외금지·대입본고사폐지·대학졸업정원제 등을 골자로 하는 '교육정상화 및 과열과외해소방안'을 발표하였으며, 조직폭력배·치기배 등 기타 퇴폐적인 각종 사회적 요소를 뿌리 뽑기 위한 사회악일소특별조치 등을 발표하였다. 이런 특별조치에 의하여 57,561명이 검거되었고, 그중 3,052명이 재판에 회부되고 38,259명이 이른바 '삼청교육'을 받았다. 이 밖에도 부정불량식품 및 약품 단속, 변칙해외체류자특별구제, 전과기록말소, 대학생 해외여행제한해제, 연좌제폐지 등을 실시하였다. 이러한 조치들은 신군부의 개혁적 이미지 창출을 위한 작업으로, 그들이 결여한 정치적 정당성을 구축하려는 의도였다.

이런 상황에서 1980년 8월 11일 전두환은 뉴욕타임스와의 회견에서 새 시대의 지도자가 필요함을 역설하였다. 전두환은 국보위를 통한 정권장악의 기초 작

2) 서울지방검찰청·국방부검찰부. 1995. "총구와 권력." 『월간조선』 9월호, 597.

업을 끝낸 후, 최종적으로 최고지도자로서 위치확보 작업에 나선 것이다. 신군부세력은 김정열을 앞세워 최규하 대통령 하야 설득작업에 들어갔으며, 1980년 8월 16일 최규하는 대통령을 사임하였다.[3] 형식상으로는 합법적 정권이양의 절차를 밟아 이루어졌다. 그렇지만 최대통령이 대권을 넘기는 방식이 하야 외에 다른 방법이 없었느냐에 대해서는 의문이 있다. 이를테면 단순한 하야 이외에 신속히 헌법을 개정한 뒤 물러나는 등 몇 가지 방안이 있었는데 8·16 하야는 가장 무기력한 선택이었기 때문이다.

최규하 대통령을 하야시킨 신군부세력은 1980년 8월 21일 전군주요지휘관회의에서 전두환을 국가원수로 추대하기로 결의하고서, 8월 22일에 전두환 대장의 전역식을 치렀다. 그 후 신군부세력은 8월 27일 통일주체국민회의에서 제11대 대통령으로 전두환 국보위 위원장을 선출하였다. 단독 출마한 그는 총투표자 2,525명 가운데 기권 1명을 제외한 만장일치로 선출되었다.

전두환을 대통령으로 선출한 신군부세력은 비록 형식적인 요건에 불과하더라도 헌법을 개정하여 새 공화국을 출범시키고 유신체제와의 차별성을 부각시킬 필요성 때문에 서둘러 헌법개정작업을 추진하였다. 그들은 그간 헌법개정작업을 준비해 온 개헌심의위원회의 헌법시안을 1980년 10월 9일 최종 확정하여 10월 23일 국민투표에서 전문과 본문 131조, 부칙 10조의 제5공화국의 헌법을 95.5%의 투표율과 91.6%의 찬성으로 통과시켰다. 새 헌법이 10월 27일에 공포·시행됨에 따라 기존 정당들은 자동 해산되고 통일주체국민회의도 폐지되었다. 그리고 부칙규정에 의하여 제10대 국회는 6년의 임기 중 채 2년을 채우지 못하고 임기를 종료하며 해산되었다.

전두환 대통령은 10대 국회가 해산됨에 따라, 제11대 국회의 최초 개원일 전까지 국회의 기능을 담당하는 '국가보위입법회의'(입법회의)를 10월 28일 발족시켰다. 입법의원으로 총 81명이 임명되었는데, 이들은 신군부의 원활한 집권 및 출범을 위한 법적 조치들을 마련하는 거수기에 불과하였다. 입법회의는 제11대

3) 최규하 대통령은 "진지한 토론을 통해 개헌안의 골격이 잘 잡아가고 있으며, 정치발전계획도 순조롭게 진행될 것으로 전망한다"면서 "학생집단시위와 광주사태에 대하여 국정의 책임자로서 정치 도의상의 책임을 통감해 왔고, 불행했던 우리 헌정사에 평화적 정권교체의 선례를 남기며, 시대적 요청에 따른 안정과 도의와 번영의 밝고 새로운 사회를 건설하는 역사적 전환기를 마련하기 위하여 대국적인 견지에서 대통령직을 물러난다"는 하야성명을 발표하였다. 『동아일보』, 1980년 8월 17일.

국회가 개원하기까지 156일 동안 활동하였다. 그 주요 활동 내용은 ① 기성 정치인의 활동을 8년간(1988년 6월 30일까지) 금지하는 것을 내용으로 하는 '정치풍토쇄신특별조치법'을 제정하여 구정치인 835명의 정치활동을 규제하였고, ② 집회·시위에 대한 규제를 강화한 '집회 및 시위에 관한 법률 개정안'을 통과시켰으며, ③ 반공법을 폐지하고 국가보안법을 강화시킨 '국가보안법 개정안'을 의결하였고, ④ 언론 규제를 강화시킨 언론기본법을 개정하였고, ⑤ 노동운동을 제약하는 노동조합법 개정안 등 5개의 노동관계법 및 개정안을 가결하였다. 이 외에도 입법회의는 국회의원선거에서 유효투표 2% 미만 득표 정당의 등록을 취소하는 정당법 개정안, 정치자금의 범위를 확대하고 중앙선거관리위원회의 감독 기능을 강화시킨 정치자금법 개정안, 상습범·범죄단체의 두목·심신장애자·마약중독자 등을 감호·교화한다는 보호처분제도와 사회보호법 등 총 210여 건에 달하는 의안을 처리하였다.[4)]

이는 1970년 후반부터 줄기차게 일어난 민주화투쟁과정에 대한 부정이었으며, 더 나아가 역사적 퇴보를 의미하는 것이었다. 특히 입법회의에 참여한 민간인사들의 역할은 군사정부의 정치적 정당성을 합리화시키는 것이었다. 형식적으로는 입법회의였으나 실제적으로는 군부의 폭력정치를 위장하기 위한 합법을 가장한 불법적인 바람막이에 불과하였다.[5)]

2. 민정당과 관제야당의 설립

신군부는 각종 법적 조치와 억압 장치를 통해 구정치인과 잠재적 도전세력의 발을 묶는 한편, 정권공고화를 위한 창당 작업에 착수하였다. 1980년 11월 21일 계엄사령부가 계엄포고령 제15호를 발표, 11월 22일부터 정당의 창설을 목적으로 하는 옥내집회를 허용함에 따라 그동안 금지되었던 정치활동이 부분적으로 허용되었다. 신군부 세력은 보안사 주도하에 구정치인·군출신 인사·신진 정치지망생 등을 끌어 모아, 11월 28일 창당선언을 하고 이듬해인 1981년 1월 15일 민주정의당을 창당하였다. 그리고 핵심 정치경쟁자들이 배제된 가운데 구신민당 10대의원 14명을 중심으로 민주한국당이 창당되었고, 민주공화당과 유신정우회 의원 등

4) 민주화운동기념사업회. 2010. 『한국민주화운동사 3』. 파주: 돌베개, 164.
5) 이남영. 1995. "전두환·노태우 정권의 성격과 리더십." 『한국현대정치사』. 서울: 법문사, 311.

구여권을 중심으로 한국국민당이 만들어졌다. 혁신정당으로 민주사회당이 결성되었다. 이렇게 하여 외형상 한국의 정당체제는 다당제의 모양을 갖추게 되었다.

다당제는 각 정치세력의 이해 및 이념 분화에 의한 것이 아니라, 신군부세력의 통치전략에 기인한 것이었다. 신군부세력은 야당의 힘을 분산시키기 위해 다당제 전략을 선택하였으며, 이를 실행하기 위해 주요 야당을 창당하는 데 직접 간여하였다. 뿐만 아니라, 신군부는 각 정당의 주요 당직을 친여 성향의 인사로 구성하거나 정치적으로 매수하여 야당의 '위성 정당화'를 꾀하였다. 그 결과, 이들 정당은 형식적으로 야당이라고는 하지만, 일종의 '관제정당'으로서 여당과 밀월관계를 유지하면서 전두환 정권의 체제정비에 협조하였다.[6] 이러한 현상은 1985년 신한민주당이 출현할 때까지 지속되었다.

전두환 정권은 국회의원 선거제도를 조작하여 민정당의 지배적 우위체제를 제도화하고자 하였다. 그 일환으로, 선거구를 지역선거구(184석)와 전국구(92석)로 나누고, 지역선거구에는 한 지역구마다 국회의원 2명을 선출하고, 재적의원의 1/3은 전국구 후보로 충당하였다. 한 선거구에서 의원 2명을 뽑는 것은 유신체제의 국회의원 선거제도를 답습하는 것이었으며, 의원 정수의 1/3을 전국구로 충원하는 것 역시 유신체제하에서 국회의원 1/3을 통일주체국민회의에서 선출하던 제도를 형식만 바꾸어 존속시킨 것에 불과하였다. 그리고 제1당이 전국구 의석의 2/3를 차지하고 그 나머지 의석을 제2당과 그 밖의 정당들이 의석비율에 따라 나누어 갖게 하였다. 이와 같은 전국구제도와 1선거구 2인 선출의 중선거구제는 국회에서 민정당의 절대 우위를 담보하는 제도적 장치였다.

정치풍토 정화를 위한 특별조치법을 통해 대부분의 정치지도자들의 정치활동을 금지시킨 가운데, 관제야당의 정당구조하에서 신헌법에 의한 대통령선거를 실시하였다. 대통령의 선출방식은 역시 대통령 선거인단에 의한 간접선거 방식을 채택함으로써 통일주체국민회의가 대통령을 선출하던 유신시대의 간선 제도를 답습하였다. 신군부는 전두환 후보의 당선을 보장하면서 동시에 경쟁이라는 절차적 합법성을 획득하기 위하여, 그리고 과거 유신체제하에서의 '단독출마 당선'이라는 부정적 이미지를 피하기 위해서 대통령 간선제를 채택하였다.

대통령 선거인단 선거는 1981년 2월 11일 실시되었다. 선거인단 선거에서 총유권자 19,967,287명 중 15,593,877명이 투표에 참여하여 78.1%의 투표율을 기

6) 김영명. 1992.『한국현대정치사』. 서울: 을유문화사, 360~362.

록하였다. 5,278명을 선출하는 대통령 선거인단 선거에서 9,283명의 후보가 출마하여 1.86:1의 경쟁률을 기록하였는데 그중 288명이 무투표 당선되었다.7) 그리고 1981년 2월 24일 계엄령이 전면 해제되고, 2월 25일 선거인단에 의한 제12대 대통령선거가 전국 77개 선거구에서 실시되었다. 이 날 선거는 사전에 정해진 시나리오에 의해 연출된 것으로, 민정당의 전두환 후보, 민주한국당의 유치송 후보, 한국국민당 김종철 후보, 민권당의 김의택 후보가 출마하였다. 그리고 예상된 것처럼 전두환 후보가 총 4,755표로 유효투표의 90.2%라는 압도적 지지를 얻어 당선되었다. 이에 따라, 전두환은 3월 3일 임기 7년 단임의 제12대 대통령에 취임하였다.

취임 직후 전두환 대통령은 제11대 국회의원선거가 3월 25일 실시될 것임을 공고했다. 선거가 공고되자 각 정당들은 국회의원 선거체제로 전환하면서 선거에 대비하였다. 후보자들이 3.44:1의 경쟁률을 보였는데 다당제임에도 불구하고 무소속이 16.5%를 차지하였다. 투표율은 78.4%이었는데, 여전히 도저촌고(都低村

표 8-1 제11대 국회의원선거의 정당별 득표율과 의석수

구 분		민주정의당	민주한국당	한국국민당	기타 정당	무소속
수도권	서울	34.6%(14)	23.9%(11)	12.0%(1)	19.7%(1)	9.9%(1)
	경기	38.7%(12)	23.1%(10)	10.4%(1)	20.5%(1)	7.4%(0)
충청권	충남	35.5%(8)	21.0%(5)	15.6%(2)	13.2%(0)	14.6%(1)
	충북	34.1%(4)	16.9%(1)	23.9%(3)	15.2%(0)	9.9%(0)
호남권	전남	31.0%(10)	22.1%(9)	15.2%(1)	24.8%(2)	6.9%(0)
	전북	38.0%(7)	22.2%(6)	11.0%(0)	21.4%(0)	7.4%(1)
영남권	부산	30.6%(6)	26.5%(5)	10.0%(0)	20.6%(1)	12.3%(0)
	경남	34.0%(10)	14.8%(1)	13.4%(3)	24.8%(3)	13.0%(3)
	경북	38.4%(13)	19.3%(5)	14.4%(5)	13.7%(0)	14.2%(3)
기 타	강원	45.9%(6)	22.4%(4)	17.3%(2)	11.1%(0)	3.3%(0)
	제주	23.9%(0)	19.3%(0)	0.0%(0)	7.3%(0)	49.5%(2)
전 국	지역구	35.6%(90석)	21.6%(57석)	13.3%(18석)	18.8%(8석)	10.7%(11석)
	전국구	61석	24석	7석	-	-
	합 계	151석	81석	25석	8석	11석

출처: 중앙선거관리위원회. 1981. 『제11대 국회의원선거 상황』, 101.

7) 중앙선거관리위원회. 1981. 『제12대 대통령선거총람』.

高)를 나타내었다. 정당별 지지율은 민주정의당 35.6%, 민주한국당 21.6%, 한국국민당 13.3%, 기타 정당 18.8%, 무소속이 10.7%를 기록하였다.

그러나 불합리한 전국구 의석배분제도 때문에 의석비율에는 커다란 차이가 나타났다. 민주정의당이 지역구 90석, 전국구 61석을 합쳐 151석을 확보함으로써 의원정수 276석의 과반수인 138석보다 13석을 더 얻어 원내 안정세력을 구축하였다. 민주한국당은 지역구 57석, 전국구 24석 등 총81석을, 그리고 한국국민당이 지역구 18석, 전국구 7석 등 총25석을 획득하였다. 그리고 무소속 11석, 기타정당이 8석을 획득하였다. 11대 총선결과의 두드러진 현상은 대도시에서의 여당의 압승으로 여촌야도(與村野都)현상이 완화되는 모습을 보였다. 대도시에서 여당은 33.5%의 지지율을, 야당은 24.6%의 지지율을 기록하였다.

제 2 절 권위주의적 통치과정

전두환 정권은 유신헌법에 버금가는 제5공화국 헌법을 기반삼아 폭압적 통치를 진행시켰다. 더불어 강력한 경제안정화정책을 실시하여 정권의 정당화를 꾀하였다.

1. 헌법적 특징과 권력구조

제5공화국의 권력구조는 유신체제에 못지않은 1인 지배체제였다. 대통령은 국가원수의 지위와 함께 여당 총재와 행정수반의 지위를 겸했을 뿐만 아니라, 입법부와 사법부도 거의 자의적으로 통제할 수 있었다. 대통령은 필요시에는 비상조치권(제51조) 및 계엄선포권(제52조)을 발동할 수 있으며, 국회도 해산할 수 있었다(제57조). 대통령의 국회해산권에 대응해서 국회는 대통령에 대해 탄핵소추 및 국정조사권을 발동할 수 있었지만, 그것은 형식적인 겉치레에 지나지 않았다.[8] 헌법규정에 따르면 국회는 재적의원 과반수의 출석과 출석의원 2/3 이상의

8) 김호진. 1994. "제 5공화국의 정권적 성격." 『5공평가 대토론』. 서울: 동아일보사, 102.

찬성으로 대통령에 대한 탄핵을 소추할 수 있었다(제101조). 그러나 현실적으로는 탄핵소추가 불가능하였다. 국회의원 선거법상, 특히 전국구배분제도 때문에 야당이 과반수 의석을 점유하기가 불가능할 뿐만 아니라 탄핵소추의 심사를 대통령이 임명하는 9명의 헌법위원들이 하도록 되어 있기(제112조) 때문이었다. 또한 국회의 회기를 150일로 한정하였기 때문에(제83조) 의정활동이 제약을 받았고, 유신시대와 마찬가지로 청와대와 안기부 그리고 보안사령부가 사실상 정국을 주도하면서 국회의 자율성은 거의 인정되지 않았다.

또한 5공화국 헌법은 정당에 대하여 정부가 간섭하고 통제할 수 있도록 하였다. 정부는 정당의 활동이나 목적이 민주주의 기본질서에 어긋날 때에는 심의를 거쳐 헌법위원회에 해산청구소송을 제기할 수 있었으며, 헌법위원회의 판결에 따라 정당의 존폐 여부가 결정되도록 하였다(제114조). 뿐만 아니라 사법부도 대통령이 마음대로 지배할 수 있게 되어 있었다. 대법원장은 국회의 동의를 얻어 대통령이 임명하고 대법원 판사는 대법원장의 제청으로 대통령이 임명하게 했으며 그 외의 법관은 대법원장이 임명케 함으로써(제105조), 사법부는 사실상 대통령의 뜻에 따라 움직이는 법관들로 구성할 수 있게 되었다. 따라서 모든 사법 활동은 정권의 이익을 우선하는 방향으로 이루어질 수밖에 없었다.

결국 제5공화국의 권력구조는 유신체제와 마찬가지로 대통령이 입법·사법·행정의 3권 위에 군림하면서 직속기관인 청와대비서실과 보안사 그리고 안전기획부를 통해 무한권력을 행사할 수 있도록 짜여졌다. 국회와 정당 등 정치영역은 철저히 무력화되었고 사법부 역시 행정부에 예속된 구조였다.[9] 따라서 제5공화국은 유신체제의 권위주의적 성격과 독재체제를 강화·계승한 정권에 불과하였다.

전두환 정권의 권력핵심세력은 군부엘리트와 이른바 TK세력이었다. 12·12 군사반란과 5·17 쿠데타를 주도한 신군부가 집권세력으로서 주요관직을 독점하였다. 군부엘리트 중에서도 보안사 소속의 장교들이 주축을 이루었는데,[10] 이들 군부엘리트들은 보안사·안기부·민정당 등 주요위치를 점령하였다.[11]

9) 김호진. 1994. "제5공화국의 정권적 성격," 102~103.

10) 5공화국의 모태역할을 담당했던 보안사령부는 군내의 정보나 수사뿐만 아니라, 시민사회 부문에 대한 사찰 및 수사기능도 담당하였다.

11) 5공화국 기간 동안 행정부 장·차관으로 등용된 사람들의 출신배경을 보면, 관료출신이 31.1%, 군출신 20.8%, 교수출신 19.8%, 언론인출신 6.6%, 국회의원 5.7%이다. 한배호. 1989. 『한국정치문화』. 서울: 박영사, 472~473.

한편 전두환 정권의 권력핵심세력 중 경남북 출신이 43.6%로 다른 지역보다 훨씬 많았다. 호남 출신은 9.6%로 영남과 비교할 때 엄청난 차이를 보였다. 또한 전두환 정권의 물질적 기반은 재벌이었다. 전두환 정권은 집권 직후 일부 자본가들을 부정축재자로 몰아붙여 응징하는 한편, 산업구조조정이라는 이름하에 인위적으로 업종을 통폐합하였다. 재벌들은 이러한 전두환 정권의 강압조치로부터 살아남기 위하여 정부정책에 순응하고 협조하지 않을 수 없었으며, 이는 곧 재벌이 전두환 정권과 지배연합을 형성하고 정경 유착관계를 유지하게 되었음을 의미하는 것이었다.[12] 이 밖에도 일종의 준국가기구에 가까운 반공연맹·재향군인회·새마을운동중앙본부·사회정화위원회 등이 정권의 안위를 위한 정치적 도구로 동원·활용되었다.

2. 억압적 지배과정

전두환 정권의 억압 기제는 안보이데올로기와 강제력이었다. 정권의 정당성을 설파하기 위해, 반공주의와 국가안보를 전면에 내세우면서 이데올로기적 지배를 강화하였다. 이를 위해 언론통폐합과 언론기본법을 제정하여 언론기관들을 국가기구의 감시체제에 예속시켜 지배 이데올로기의 정당성을 옹호토록 하였으며,[13] 문교부를 통해 국민윤리교육 및 군사훈련교육을 강화하도록 하여 각급 교육기관을 이념교육의 도구로 활용하였다. 이러한 반공 및 안보 교육은 과거 박정희 정권이 유신을 단행하면서 사용했던 이념적 지배와 크게 다르지 않은 것이었다.

전두환 정권의 본질적인 지배 수단은 폭력이었다. 먼저 전두환 정권은 대공관계법을 정비하여 반공법을 폐지하고 국가보안법을 강화하였다. 그리고 집회 및 시위에 관한 법·언론기본법·노동관계법·사회보호법 등을 제정하여 학생 및 재야세력의 집단행동을 규제하였다. 더불어, 권력의 정당성 확보를 위해 '사회정화'

12) 김호진. 1994. "제 5공화국의 정권적 성격," 108.

13) 5공화국의 지배세력은 이미 '언론의 자율정화와 언론인 자질향상 결의'를 신호탄으로 언론계 숙정을 시작하였다. '출판사 및 인쇄소의 등록에 관한 법률'을 통하여 출판사의 등록을 허가제로 만들면서 전국에서 주간 15, 월간 104, 연간 16 등 모두 172종의 등록을 취소하였다. 그 후 언론기본법을 통하여 언론사의 자격요건을 대폭 강화하여 언론에 대한 통제를 강화하였다. 이런 과정을 통하여 많은 언론인을 직장에서 추축하였고 많은 언론사를 강제로 통폐합하였다.

라는 이름하에 정치사회와 민간사회를 통제하였다. 이러한 '정화사업'은 관료집단 및 언론기관, 그리고 사회전반에 체제 순응적 태도를 강요하였다.[14)]

가장 무자비하고 대규모적인 숙청은 1980년 8월 4일 국보위가 발표한 '사회악 일소를 위한 특별조치'에 따라 이루어진 폭력배 소탕작전이었다. 문신이나 전과가 있는 사람들을 닥치는 대로 잡아들였을 뿐만 아니라, 민주노조 간부를 포함하는 상당수 민주인사들이 체포·구속되었다. 이 조치로 약 3천여 명에 달하는 시민들이 군부대에 수용되어 이른바 "몸과 마음과 정신을 맑게 한다"라는 삼청교육을 받았다.[15)] 이러한 '사회정화' 조치는 사회악 일소와 정의사회 건설을 위해 필요한 것이라고 선전하였지만, 실제로는 신군부의 권력기반 강화와 잠재적 반대세력 제거를 위한 것이었다. '정화작업'은, 5공화국 출범 이전에는 국보위가 그리고 5공화국 출범 이후에는 사회정화위원회가 업무를 주관함으로써, 전두환 정권이 붕괴될 때까지 지속되었다.

특히 전두환 정권의 노동 통제는 전면적인 것이었다. 1980년 12월 노사협의제도와 기업별 노조조직을 강요하는 노동관계법을 개정하여 국가의 노동통제를 더욱 체계화하였다. 국가·국공기업체·방위산업체·공공사업체, 그리고 국민경제에 중대한 영향을 미치는 사업체에서 근무하는 노동자의 단체행동권은 철저히 무시되었으며, 일반 노동자들의 노동 3권 역시 극도로 제약되었다. 그 결과 1979년 110만 명을 기록하던 노조원 수는 1983년 78만 5천 명으로 격감하였다.

3. 경제안정화정책

1980년대 초 한국경제는 중화학공업화에 대한 국가의 지나친 개입과 과잉투자, 그리고 세계적인 경제침체로 인하여 심각한 경제위기에 직면하였다.[16)] 그간

14) 김호진. 1994. "제5공화국의 정권적 성격," 103~106.

15) 삼청교육에 관한 자세한 내용은 다음을 참조. 류영근. 1988.『황무지가 장미꽃같이』. 서울: 목민; 김현철. 1987.『권력의 황혼』. 서울: 거름.

16) 1979년부터 시작된 경제의 침체는 1980년대의 초기에 위기상태에 빠진다. 1970년과 1978년 기간중 평균 9.8%이던 경제성장률은 1979년에 6.4%로 떨어지고, 1980년에는 한국 현대경제발달사에서 최초로 마이너스 성장(−6.2%)을 기록하였다. 국내 소비자물가 상승도 역사적 수치인 28.7%를 기록하였고, 무역적자는 1978년 17억 8천만 달러에서 1980년 2년 만에 44억 달러로 상승하였다. 해외부채는 1981년 320억 달러로 1978년의 3배가 되어 세계 3번째 채무국이 되었다. 한국은행. 1982.『조사통계월보』.

의 막대한 해외자본의 도입과 재정적자를 메우기 위한 과잉 통화공급, 그리고 수출진흥을 위한 원화의 평가절하는 극심한 인플레이션과 물가불안정을 야기하였고, 이는 궁극적으로 국내시장의 침체를 초래하였다. 전드환 정권의 대응책은 '경제안정화'정책이었다.

경제안정화정책은 과도한 인플레이션과 물가불안정을 교정하기 위한 것으로, 이를 통해 긴축재정·임금통제·통화통제 등을 시도하였다.[17] 첫째, 재정긴축을 위해 과감히 정부지출을 줄이는 방법을 사용하였다. 그 결과, 1981년 21.9%에 달하던 정부지출 증가율은 1984년에 0%로 감소하였다. 이러한 통계수치는 1962~69년 동안 평균정부지출 증가율이 28.9%였으며 1970~79년 기간에는 28.1%를 기록했다는 점을 고려할 때, 상당히 인상적인 결과라고 할 수 있다. 예산지출을 줄이기 위해 정부는 공무원의 임금동결, 공기업근로자의 조기퇴직 장려, 농민에 대한 보조금삭감 등을 시도하였다.

둘째, 노동자의 임금통제가 시도되었다. 1981~84년의 안정화정책이 추구되던 시기에 실질임금 상승률은 노동생산성을 훨씬 밑도는 것이었다. 임금상승을 억제하는 방안으로 노동운동을 탄압하였고, 동시에 노조와 타 사회세력과의 연대를 방지하고 노조를 고립·무력화시키는 노동억압전략을 채택하였다.

셋째, 통화공급량을 축소시켰다. 1977~78년 기간의 평균 통화공급성장률은 35%를 상회하였으나, 안정화정책의 시행 이후 1982년에는 27%, 1983년에는 15.2%, 1984년에는 7.7%로 감소하였다.

전두환 정권의 경제안정화정책은 성공적인 것으로 나타났다. 1980~81년에 20%를 상회하던 소비자물가지수 상승률이 1982년에는 7.3%로, 1983년에는 3.4%로, 1984년에는 2.3%로 격감하였다. 국제수지도 차차 호전되어, 1981년 46억 달러에 달하던 국제수지 적자가 1983년에는 16억 달러로 감소하였고, 1986년에는 46억 달러의 국제수지 흑자를 냈다. 그 결과, 1980년 마이너스를 기록했던 경제성장률은 차차 회복되어, 1982년에는 5.4%, 1984년에는 8.4%, 그리고 1986년에는 12.5%를 기록하였다.[18] 일반적으로 경제안정화정책은 정치적으로 매우 인기 없는 정책으로 알려져 있다. 따라서 정치적 위험을 동반하는 정책이다. 이러한 맥

17) Chung-in Moon. 1991. "The Politics of Structural Adjustment in South Korea: Analytical Issues and Comparative Implications." *Korea Journal 31:3*, 58~63.

18) 경제기획원. 1987. 『한국통계연감』.

락에서 볼 때, 전두환 정권의 성공적인 안정화정책 수행능력은 기본적으로 권위주의적이며 시민사회로부터 고도의 자율성을 누리는 강성국가(strong state)에 힘입은 바 크다 할 것이다.

제 3 절 정치적 자유화 조치와 신민당 돌풍

통치에 자신감을 얻은 전두환 대통령은 1982년 말부터 서서히 정치적 자유화조치를 취하였다. 이를 틈타, 권위주의 통치에 대항하는 민주화세력의 활동이 활발하게 전개되었으며, 이는 1985년 총선의 이른바 '신민당 돌풍'으로 이어졌다.

1. 정치적 자유화 조치

엄청난 물리력을 동원하여 체제안정을 꾀한 전두환 정권은 1982년 말부터 구정치인에 대한 사면과 학원자유화 등 매우 제한적인 정치적 자유화 조치를 취하기 시작하였다. 1980년 9월에 내란음모 혐의로 사형선고를 받았던 김대중에게 1982년 12월 형집행정지와 함께 미국 망명이 허용되었다. 이를 시작으로, 전두환 정권은 1983년 2월에 250명의 정치규제자들에 대한 사면을 발표하였고, 이어 1984년 2월에는 202명을, 그리고 동년 11월에는 추가로 14명을 사면하였다.[19] 이와 함께 1983년 12월 문교부는 학원자율화 조치를 발표하였다. 즉 해직교수의 복직 및 학원사태관련 제적생 1,363명에 대하여 복교를 허용하는 조치를 취하였으며, 학원투입 경찰병력의 철수가 발표되었다.[20]

이러한 통치 전략의 변화 이유는 다양한 요인들에서 비롯되었다. 첫째, 한국의 인권 문제를 둘러싼 미국의 끊임없는 압력이다. 미국 내의 각종 인권단체들과 인권운동가들의 한국 인권 상황의 개선을 위한 레이건 행정부에 대한 압력 및 로

19) Asia Watch Committee. 1986. *Human Rights in Korea*. New York, NY: Asia Watch Committee, 61.

20) Asia Watch Committee. 1986. *Human Rights in Korea*. 94.

비활동, 그리고 그에 따른 미국 정부의 전두환 정권에 대한 인권개선 요구로 전두환은 제한적이나마 자유화 조치를 취할 수밖에 없었다.

둘째, 1980년 이후 초기 몇 년간의 통치 경험에 바탕한 국정운영에 대한 전두환의 자신감이다. 경제안정화정책의 성공과 광범위한 억압력의 사용으로 정권이 안정적 국면에 들어섰다고 판단하였고, 강압적 통치에 대한 국민적 불만을 달래기 위한 일환으로 정권이 통제할 수 있는 범위 내에서 자유화 조치를 취할 필요성이 있었다.

셋째, 아시안 게임과 서울올림픽의 성공적인 개최를 위한 국가이미지 제고의 필요성이다. 한국은 1981년과 1983년에 각각 1986년 아시안 게임과 1988년 올림픽을 유치하는 데 성공하였다. 이에 따라, 전두환 정권은 국제적 체육행사인 아시안 게임과 올림픽의 성공적인 개최를 위해 한국이 정치적으로도 안정되어 있고 자유스럽다는 것을 국제사회에 과시할 필요가 있었다.[21)]

2. 저항운동의 확산

전두환 정권의 자유화 조치는 강력한 탄압 속에서 침묵하고 있던 민주세력이 활성화되는 계기로 작용하였다. 학생운동의 경우, 그동안 체포·구속·제적되었던 학생운동가들이 복교하면서, 1984년 3월부터 각 대학별로 학원자율화추진위원회(학자추) 혹은 학원민주화추진위원회(학민추)가 결성되었으며, 이를 바탕으로 학도호국단을 대체하는 자율적인 학생기구인 '총학생회'의 부활이 시도되었다. 그 결과, 학도호국단을 대체한 총학생회와 학자추는 각 학교별로 학생운동의 탄압 수단이었던 지도휴학 및 강제징집의 철폐, 졸업정원제와 상대평가제 폐지, 그리고 학내언론의 활성화 및 학자추의 인정 등 학내민주화 투쟁을 전개하기 시작하였다.[22)]

시간이 지나면서, 학내투쟁은 빠르게 사회민주화 투쟁으로 전환되어 갔다. '청계피복노조 합법성 쟁취대'의 결성을 계기로 탄생한 '민중지원 노학연대투쟁'과, '민주화투쟁학생연합'의 결성을 시발로 사회민주화투쟁을 위한 연대조직의 구

21) 전두환의 공보비서관으로 재직한 김성익의 보고에 의하면 올림픽의 성공적 개최는 전두환 정권의 정책목표 중 최상위 목표였다. 김성익. 1992. "전두환, 역사를 위한 육성증언 6·29전야의 고백." 『월간조선』 1월호.

22) 민주화운동기념사업회. 2010. 『한국민주화운동사 3』, 219~221.

성이 활발히 전개되었다. 1985년에 접어들면서 전국적인 연대조직인 '전국학생총연맹'(전학련)이 결성되었고, 산하에 '민족통일, 민주쟁취, 민중해방을 위한 투쟁위원회'(삼민투)가 결성되어 투쟁을 주도하였다. 이들은 1984년 11월 14일의 민정당사 점거사건과 5·18 광주민중항쟁기념투쟁, 1985년 5월 23일 미문화원 점거농성을 주도하였다.[23)]

이 시기의 학생운동은 몇 가지 점에서 과거와는 다른 양상을 보이고 있었다. 첫째, 반독재를 주장하면서도 과거와는 달리, 독재정권을 지원하는 미국에 대한 반미주의적 성격을 표출하였다. 둘째, 학생운동은 당시의 냉혹한 정세에 대한 대응방법, 기층 대중운동을 바탕으로 한 사회운동과 학생운동과의 관계 등을 고려하는 전반적인 민주변혁을 위한 민족민주운동으로 변화하기 시작하였다. 셋째, 과거 단일체적인 노선을 걷던 학생운동이 이 시기를 분기점으로 노선분화가 시작되었다.[24)]

구정치인, 지식인, 그리고 종교인이 중심이 되는 재야세력도 이 시기에 급속히 조직을 확대해 나갔다. 1983년 8월 서울과 워싱턴에서 "김대중, 김영삼 8·15 공동선언"이 동시에 발표되어, '서울의 봄' 이래 갈라섰던 동교동계와 상도동계 등 야당세력의 양대 진영이 힘을 합쳐 반독재투쟁을 벌이기로 합의하였다. 그러한 노력은 1984년 5월 '민주화추진협의회'(민추협)의 결성으로 이어졌다. 그리고 1984년 4월 문인들을 중심으로 한 '민중문화운동협의회'가 결성되었고, 동년 9월에는 과거 학생운동가 세력이 결집하여 '민주화청년연합'이 결성되었다.

이러한 부문별 저항운동은 부문간 통합작업으로 이어져 '민중민주운동협의회'(민민협)가 창설되었고, 바로 이어서 '민주통일국민회의'(국민회의)가 설립되어 재야는 전국적으로 이원화된 형태를 취하였다.[25)] 이는 다시 1985년 9월에 민민협과 국민회의가 통합하여 '민주통일민중운동연합'(민통련)을 결성함으로써 재야운동의 중심조직으로 등장하게 되었다.

노학연대투쟁에 힘입어 노동운동도 활발히 전개되기 시작하였다. 1983년 말

23) 한용(외).1988.『80년대 한국사회와 학생운동』. 서울: 청년사, 91~148.

24) 학생운동세력의 사회변혁에 대한 첨예한 대표적인 논쟁은 '무림－학림논쟁,' '야비－전망논쟁,' '깃발논쟁,' 'CNP논쟁' 등이 있다. 자세한 내용은 강신철(외). 1988.『80년대 학생운동사』. 서울: 형성사; 일송정 편집부(엮음). 1988.『학생운동논쟁사』. 서울: 일송정.

25) 민민협과 국민회의의 큰 차이점은 민민협이 대중노선을 표방하는 진보적 운동단체의 연합인 데 비해, 국민회의는 1970년대 이후의 재야 명망가들이 중심이 되어 결성된 단체라는 점이다. 조진경(외). 1987.『한국사회의 성격과 운동』. 서울: 공동체, 288.

의 '블랙리스트 철폐운동'으로부터 시작된 노동운동은 1984년 5월의 택시기사 파업, 1984년 9월 9일과 10월 12일의 '청계피복노조복구대회'의 개최, 1984년 하반기의 노동법개정운동 등으로 발전하였다. 1985년에 들어오면서 노동운동은 더욱 활성화되어 노동쟁의가 전년 같은 기간에 비하여 120% 증가하였다.

이 시기 노동운동은 과거와는 달리, 몇 가지 중요한 변화를 보여 주었다. 첫째, 노동운동의 구심점이 소규모의 경공업제품 수출산업의 여성근로자에서 대기업의 남성근로자로 이동하는 경향을 보였다. 둘째, 지역별-산업별 연계조직이 등장하였다. 셋째, 노동쟁의 내용이 임금인상과 근로환경의 개선으로부터 노동자의 권리라는 정치적 이슈로 변화하였다. 넷째, 재야 및 학생운동 세력과 노동운동 세력의 전략적 연계가 형성되면서 민주노동운동이 확산되기 시작하였다.[26)]

이 외에 농민의 생존권투쟁도 등장하였다. 당시 '거방농정'이라는 이름하에 진행된 농·축산물 수입개방의 확대와 하·추곡수매가 동결로 농민의 피해가 확대되는 실정이었다. 1984년 농가부채는 호당 3백만원을 넘어서고 있었다. 이렇듯 농촌의 파탄이 가속화되어 가는 과정에서 농민들의 항의시위가 나타나기 시작하였는데, 그 대표적 사례가 1983년의 농협조합장 직선제쟁취 백만서명운동, 1984년의 함평·무안 농민대회, 1985년의 소몰이투쟁 등이다.[27)]

3. 신한민주당의 돌풍

자유화조치로 인한 저항운동이 확산되는 가운데 제12대 국회의원선거를 맞이하였다. 전두환 정권은 제12대 총선을 집권 5년에 대한 평가이며, 정권 후반기의 정치적 안정을 다지는 중요한 의미를 지닌 선거로 판단하였다. 그래서 정부·여당은 엄청난 금품과 행정력을 총동원하여 선거에 임하였다.

민추협을 중심으로 한 야당 정치세력은 선거일까지 채 한 달도 남지 않은 1985년 1월 18일 '신한민주당'(신민당)을 창당하고서 제12대 국회의원선거에 참여하였다. 신민당은 창당선언문에서 "국민의 민주화 열망과 잠재해 있는 민주적 역량을 총집결하여 조국의 무궁한 발전과 참다운 민주통일을 실현시킬 수 있는 민

26) 마인섭. 1995. "자본주의적 발전과 민주화." 임현진·송호근. 『전환의 정치, 전환의 한국사회』. 서울: 사회비평사, 184~185.
27) 이정찬. 1990. "자주·대중노선의 정착과 농민운동의 전국단일조직 건설." 조희연(편). 『한국사회운동사: 한국변혁운동의 역사와 80년대의 전개과정』. 서울: 죽산, 193~196.

족의 주체세력으로서 모든 반민주세력과 요소들을 과감히 제거할 것"이며 "민중의 힘이 국가의 힘이요, 민중이 국가의 주인임을 보여줄 것"이라고 다짐한 뒤 "대통령중심제와 대통령직선제, 독재와 독선배제, 지방자치 조기실시, 언론기본법의 폐지, 군의 정치적 중립, 남북대화의 계속추진" 등을 정강정책으로 채택하였다.[28)]

기존 관제야당과 뚜렷이 구분되는 신민당의 등장은 자생적 야권과 재야의 민주화운동세력의 연합에 의한 강력한 정치적 반대세력의 등장을 뜻하는 것이었다. 다시 말해, 민주화라는 공동의 목표하에 야당과 운동권 간의 선거연합이 형성되었음을 의미했다. 이 같은 연합형성으로 정치사회 내부에 전략적 기지를 갖고 있지 못한 운동권은 정치적 파트너를 구하게 되었고, 시민사회에 조직화된 대중적 기초를 갖지 못한 야당은 사회적 파트너를 구하게 된 셈이었다.[29)] 선거에서 학생·재야운동가·노동운동가·지식인 등은 신민당이 돌풍을 일으킬 수 있도록 전단배포·유세참여·투표독려 등의 온갖 노력을 기울였다.[30)]

1985년 1월 30일 합동유세에 들어가면서, 신민당은 "직선제 개헌을 통한 민주정부수립"과 "광주항쟁 문제" 그리고 "쿠데타를 통해 집권한 전두환 정권의 정통성"을 주된 쟁점으로 부각시켰다. 이어 2월 8일 귀국한 김대중은 이른바 '신민당 바람'을 불러일으켜, 창당된 지 한 달이 채 안 되는 신민당이 제1야당으로 급부상하는 정치적 신화를 만들어 냈다. 이는 집권 민정당에게 심각한 충격을 안겨주었을 뿐만 아니라, 기존의 제1야당인 민한당을 공중분해의 위기로 몰아넣었다.

1985년 2월 12일 실시된 제12대 국회의원선거의 투표율은 84.6%를 기록함으로써, 5·16 이후 최고투표율을 나타내었다. 투표율의 급증은 소위 "신당바람"과 함께 당시의 높은 정치적 관심도를 반영한 것이었다. 선거결과를 보면(<표 8-2> 참조), 민정당이 35.3%, 신민당이 29.3%, 민주한국당이 19.7%, 한국국민당이 9.2%를 차지하는 득표율을 보였다. 제1당과 제2당의 득표율의 차이는 6%에 머물고 있다. 당선자수는 민정당이 148석으로 47%의 의석점유율, 신민당이 67석으로 27%의 의석점유율을, 민한당이 35석으로 14%의 의석점유율을, 국민당이 20석으로 8%의 의석점유율을 보였으며, 신정당, 신민주당이 각 1석, 무소속이 4석을 차

28) 중앙선거관리위원회. 1992. 『대한민국정당사 3』, 634~638.
29) 정관용. 1995. "80년대 한국사회 정치지형 변화의 배경과 성격." 조희연(편). 『한국사회운동사』. 서울: 한울, 124.
30) 마인섭. 1995. "자본주의적 발전과 민주화," 260.

표 8-2 제12대 국회의원선거의 정당별 득표율과 의석수

구 분		민주정의당	신한민주당	민주한국당	한국국민당	기타 정당	무소속
수도권	서울	27.4%(13)	43.2%(14)	20.0%(1)	2.4%(0)	3.4%(0)	3.7%(0)
	인천	37.1%(2)	37.4%(2)	22.1%(0)	3.4%(0)	0.0%(0)	0.0%(0)
	경기	34.3%(10)	28.1%(4)	20.6%(3)	13.6%(3)	1.2%(0)	2.1%(0)
충청권	충남	39.6%(8)	21.9%(4)	20.7%(4)	10.7%(0)	3.1%(0)	4.1%(0)
	충북	56.7%(4)	18.3%(2)	15.8%(1)	8.6%(1)	0.6%(0)	0.0%(0)
호남권	전남	35.7%(11)	25.4%(5)	18.1%(5)	10.2%(0)	7.6%(1)	3.0%(0)
	전북	36.8%(7)	26.5%(2)	18.9%(1)	11.8%(3)	6.0%(1)	0.0%(0)
경북권	대구	28.3%(2)	29.8%(2)	18.6%(1)	15.6%(1)	5.1%(0)	2.6%(0)
	경북	44.7%(10)	15.7%(4)	17.0%(3)	10.8%(1)	4.5%(0)	7.4%(2)
경남권	부산	27.9%(3)	37.0%(6)	23.6%(2)	10.4%(1)	0.6%(0)	0.4%(0)
	경남	39.9%(10)	23.4%(5)	19.9%(4)	10.8%(1)	5.0%(0)	0.9%(0)
기 타	강원	46.3%(6)	11.3%(0)	17.9%(1)	17.7%(4)	2.0%(0)	4.8%(1)
	제주	31.9%(1)	6.0%(0)	17.1%(0)	0.0%(0)	1.2%(0)	44.9%(1)
전 국	지역구	35.2%(87)	29.3%(50)	19.7%(26)	9.2%(15)	3.4%(2)	3.2%(4)
	전국구	61석	17석	9석	5석	-	-
	합계	148석	67석	35석	20석	2석	4석

출처: 동아연감. 1985.『제12대 국회의원총선거』, 82~83.

지하였다. 특히 서울의 경우, 12개의 지역구 중 6곳에서 신민당이 승리함에 따라, 민정당은 참패를 기록하였다. 그러나 전국구를 포함한 의석점유율은 민정당이 53%, 신민당이 24%, 민한당이 12%, 국민당이 7%를 차지하였다. 이러한 득표율과 의석률의 차이는 중선거구제도, 전국구 의석배분방식, 선거구 획정의 불합리성에서 기인한 것이었다.

민정당은 12대 총선에서 집권당에 유리한 선거법과 선거자금, 국가관료기구의 지원에 힘입어 국회에서 안정적 의석을 유지하였다. 그러나 민주한국당과 한국국민당과 같은 '위성정당'의 부진 그리고 신민당의 선전으로, 기존 민정당 중심의 '패권정당체제'는 붕괴될 수밖에 없었다. 비록 권력의 소재지를 변경시키지는 못했으나, 12대 총선은 민의의 소재지가 어디에 있는지를 밝혀 줌으로써 권위주의 정권의 정통성에 치명타를 가하였다.

12대 총선에서의 신민당 승리는 관제야당에 대한 선명야당의 승리이고, 유신

체제를 승계한 전두환 정권에 대한 반유신세력의 승리이며, 유화국면 이후 확대 조직화되기 시작한 시민사회의 승리라는 의미를 가지고 있다. 따라서 신민당의 승리는 양김과 민추협으로 대표되는 구정치권 세력의 승리만이 아니라 시민사회와 정치사회가 공동으로 일구어 낸 승리라고 평가할 수 있다. 이런 점에서 한국 민주화 과정에 있어 12대 총선이 갖는 정치적 의미는 다음과 같다.[31)]

첫째, 12대 총선을 앞두고, 민주화를 추진하려는 강력한 야당(신민당)이 출현함으로써 대안부재 상태에 있던 국민들에게 정치적 대안을 제시하여 주었다. 즉 신민당의 등장으로 국민들은 강력한 두 지도자(김대중·김영삼)를 가진 정치조직을 제도정치권 내에서 갖게 된 것이다.

둘째, 12대 총선은 제도권 내의 야당이 민주화 의제 및 민주화 이행전략을 수립하는 데 있어서 주도권을 잡게 된 역사적 계기가 되었다. 신민당은 대통령직선제 개헌안을 공약으로 내걸고 활동하였는데, 이는 1987년의 민주화 이행이 사회경제적 개혁보다는 정부형태 및 선거개혁에 한정된 절차적 민주화에 치중되는 배경적 요인이 되었다.[32)] 이는 역으로 신민당의 민주화 방법론이 사회변혁세력이 추진하는 민주화 방법론보다 더 많은 국민적 지지를 획득하고 있다는 것을 뜻했다.

셋째, 12대 총선에서의 신민당 급부상은 선거를 통한 민주화전략이 실현가능하다는 희망을 국민들에게 심어 주었다. 선거를 통한 민주화이행 전략은 신민당을 계급정당이 아닌 포괄정당(catch-all party)의 성격을 갖도록 하였다.

제 4 절 4·13 호헌조치와 6월항쟁

12대 총선 이후, 국회에서 헌법개정 논의가 시작되었다. 그러나 전두환 대통령의 '4·13 호헌조치'와 박종철 고문치사사건은 6월항쟁이라는 거대한 민주화운동으로 번져갔다. 이에 전두환 정권은 '6·29 선언'을 통해 위기의 정면 돌파를 시

31) 임혁백. 1993. "5공의 민주화투쟁과 직선제개헌." 『제5공화국 평가대토론』. 서울: 동아일보사, 464~466.

32) 최장집. 1989. "군부 권위주의체제의 내부모순과 변화의 동학 1972~86." 『한국현대정치의 구조의 변화』. 서울: 까치, 225.

도하였다.

1. 개헌운동과 4·13 호헌조치

12대 총선의 결과는 제도정치권 전반에 커다란 충격을 주었다. 사실상의 정치적 패배를 경험한 민정당은 1985년 2월 18일 노신영을 국무총리로 장세동을 국가안전기획부장으로 하는 12개 부처장관의 대폭 개각을 단행하였으며, 민정당 역시 노태우 서울올림픽조직위원장을 당대표위원으로 임명하는 등 내부적 개편을 단행하였다.

한편 기득권에 연연하던 관제 보수야당들이 정치적으로 몰락하였다. 1985년 3월 15일 김영삼·김대중이 신민당 중심의 야권통합을 결의한 이후 야권통합의 분위기가 확산되자, 1985년 4월 민주한국당 의원 30명, 한국국민당 의원 3명, 신민주당과 신정사회당 의원 각 1명, 그리고 무소속 의원 1명이 신민당에 입당하였다. 이로써 신민당은 재적의원 1/3이 넘는 103석을 확보함으로써 거대야당으로 발돋움하였다.[33]

이러한 상황에서 정치적 주도권을 행사할 수 있는 유리한 입지를 확보한 신민당과 재야 운동세력은 양심수·구속학생 석방 등 5개항의 해결을 정부에 촉구하는 등 대단히 빠른 속도로 직선제 개헌투쟁으로 이어지는 일련의 정치공세를 개시하였다. 이들은 선거인단에 의해 간접적으로 대통령을 선출하는 선거제도로는 합법적 정권교체가 불가능한 것으로 판단하였다. 이에 따라 1985년 후반기부터 1987년 6·29 선언이 있을 때까지 저항운동은 개헌이슈로 집약되어 표출되었다.[34]

신민당은 1985년 정기국회에서 '개헌을 위한 특별위원회'의 설치를 공식적으로 제안하면서 개헌문제를 정치적 쟁점으로 부상시켰다. 이에 전두환 대통령은 1986년 1월 16일 국정연설에서 88올림픽의 성공적 개최를 핑계 삼아, 1988년 평화적 정권교체가 끝나고 1989년에야 개헌을 논의할 수 있다고 밝힘으로써, 임기 내 개헌불가의 입장을 표명하였다. 이어 법무부는 헌법논의를 빙자한 범법행위에 대해 엄벌하겠다는 방침을 거듭 천명하였다. 그러자 1986년 2월 4일 서울대에서

33) 심지연. 2009.『한국정당정치사』. 서울: 백산서당, 349.
34) 중앙선거관리위원회. 1992.『대한민국정당사 3』, 34~47.

14개 대학의 학생 1천여 명이 모여 '파쇼헌법철폐투쟁대회 및 개헌서명운동추진본부 결성식'을 개최하였고, 2월 12일에는 신민당과 민추협이 공동으로 1천만 개헌서명운동을 전격적으로 개시하였다. 또한 3월 5일에는 민통련이 산하 23개 단체와 각계 민주인사 303인의 이름으로 '군사독재퇴진촉구와 민주헌법쟁취를 위한 범국민서명운동선언'을 발표하였다.

개헌서명운동이 급속히 확산되자, 전두환 대통령은 '임기내 개헌 불가'라는 당초 입장에서 물러나, 4월 30일 청와대에서 열린 3당대표 회담에서 국회가 합의한다면 임기 내 개헌에 반대하지 않겠다고 밝혔다. 이에 민정당과 신민당은 5월 27일 '국회헌법개정 특별위원회' 구성에 합의하였고, 6월 24일 국회는 '헌법개정 특별위원회 구성결의안'을 통과시켰다.[35]

그러나 개헌을 둘러싼 신민당과 민정당의 입장이 상이했던 까닭에, 개헌특위는 공전을 거듭하였다. 신민당은 대통령직선제 합의를 촉구하였고, 민정당은 의원내각제를 주장하였다. 양자의 입장이 평행선을 그으면서 개헌특위는 거듭된 파행으로 유명무실한 기구로 전락하는 양상을 보였다. 이 과정에서 7개항의 민주화조치가 선행된다면 내각제를 긍정적으로 검토하겠다는 이른바 '이민우 구상'이 12월 24일 발표되었다.[36] 이에 따라, 신민당은 대통령직선제를 주장하는 세력과 이민우 구상을 받아들이자는 세력으로 분열되어 한동안 혼란을 경험하였다. 신민당 내부의 혼란은 결국 1987년 4월 김대중·김영삼이 74명의 국회의원과 더불어 신민당을 탈당하여 신당(통일민주당)을 창당함으로써 마감되었고, 이에 따라 '이민우 구상'은 좌절되었다. 양김의 탈당과 통일민주당의 창당은 직선제 개헌을 제외한 어떠한 타협도 거부한다는 입장을 명확하게 표명한 것으로, 협상의 폭과 집권세력의 선택의 여지를 제한하였다. 더불어, 양김의 통일민주당 창당은 집권세력 내의 협상파의 입지를 약화시키고 강경파의 득세를 가져왔다.

기대를 걸었던 '이민우 구상'이 좌절되자, 집권세력은 여야합의에 의한 내각제 개헌을 포기할 수밖에 없었다. 이에 따라 집권세력은 직선제 개헌을 추진하든

35) 『경향신문』, 1986년 6월 25일.

36) 이민우 구상의 핵심적인 내용은 ① 지방자치제 실시, ② 언론 및 집회결사의 자유 등 기본권보장, ③ 공무원의 정치적 중립, ④ 국민에게 뿌리내린 2개 이상의 정당제도 정착, ⑤ 공정한 국회의원선거법, ⑥ 용공분자를 제외한 구속자 석방, ⑦ 사면복권 등 7개항의 민주화조치가 선행한다면 내각제 개헌을 긍정적으로 검토하겠다는 것이다. 중앙선거관리위원회. 1992. 『대한민국정당사 3』, 41~42.

지 현행 헌법을 고수하든지 양자택일의 기로에 놓이게 되었다. 선택은 오래 걸리지 않았다. 1987년 4월 13일, 전두환 대통령은 특별담화를 통하여 "평화적인 정부이양과 서울올림픽 등 국가대사를 성공적으로 치르기 위하여 국론을 분열시키고 국력을 낭비하는 개헌논의를 지양하고 민정당의 후임대통령 후보를 결정하겠다"는 호헌방침을 발표하였다.[37] 비록 4·13 호헌조치는 개헌논의를 일시적으로 봉쇄할 수 있었지만, 개헌 요구에 대한 억압적 봉쇄는 오래 가지 못했다. 오히려 분위기가 고조된 상황에서 출구가 막힌 개헌 요구는 4·13 호헌조치 이전보다 더 큰 위력으로 분출되었다.

2. 6월항쟁

6월항쟁은 독재와 민주의 대립이 가장 선명하게 드러난 국민적 민주항쟁이었다. 재야운동조직에서부터 보수야당까지 전두환 권위주의체제에 반대하는 모든 세력이 반독재 민주화투쟁전선으로 결집하였으며, 100만 이상의 시민 대중이 보름이 넘도록 전국적으로 격렬한 가두시위를 전개하였다.

(1) 국민운동본부의 결성

6월항쟁의 기폭제 역할을 한 사건은 전두환 대통령의 4·13 호헌조치와 5월 18일 폭로된 박종철 고문치사사건이었다. 두 사건은 독재정권의 파렴치함과 비도덕성을 적나라하게 보여준 상징적 사건으로, 그간 민주화를 향한 국민들의 억눌린 열망을 한꺼번에 분출시켜 마침내 6월항쟁을 촉발하는 도화선이 되었다.

전두환 대통령의 4·13 호헌조치가 발표되자, 전국경제인연합회 등 경제단체와 범여권 민간단체들은 이 조치를 구국적 선언으로 환영하였지만, 변호사·종교인·교수·문인 등 민주화세력은 호헌반대선언을 발표하였다. 특히 4월 21일 천주교 광주교구 신부 12명이 직선제 개헌을 위한 단식농성을 시작한 이래 단식농성은 각 교구로 확산되었고, 고려대 교수 30명의 시국성명과 재야인사 28명의 무기한 농성은 호헌반대투쟁을 더욱 고조시켰다. 4월 22일 이후에는 직선제 민주헌법 실현을 위한 서명운동에 광범한 계층이 동참하였다.[38]

---

37) 『동아일보』, 1987년 4월 14일.
38) 기사연. 1987. 『기사연리포트 1』, 12~13.

5월 18일, 천주교 정의구현사제단은 박종철 고문치사사건을 발표하였다.[39] 이 발표에 의하면, 1987년 1월 14일 서울대학교 학생 박종철이 치안본부 남영동 대공분실에서 심문을 받던 중 담당 수사관이 책상을 '탁' 치니 박종철 학생이 '억!' 소리를 내며 쓰러져 병원으로 옮겼으나 12시경 사망하였다는 치안본부의 발표는 고문치사를 은폐하기 위해 조작되었다는 것이다. 이후 박종철이 경찰의 고문으로 사망한 사실이 알려지면서, 민심은 걷잡을 수 없이 악화되기 시작했고, 4·13 호헌조치로 강경대치 상태에 있던 집권 권위주의세력과 민주화세력 간의 대결 양상은 제로섬 게임으로 치닫기 시작했다.

5월 27일 재야의 민주화세력은 통일민주당과 연대하여 '호헌반대·민주헌법 쟁취국민운동본부'(국민운동본부)를 결성하였다. 국민운동본부는 시민사회의 민주화세력뿐만 아니라 민추협과 통일민주당 등 정치단체까지 총망라한 광범위한 민주화 연합체였다. 국민운동본부의 발기인으로 지역대표 352명, 천주교·개신교·불교 등 종교계 대표 683명, 각계대표 1,016명, 그리고 정치인 213명 등 총 2,264명이 참여하였으며, 고문으로 함석헌·홍남순·강석주·문익환·윤공희·김지길·김대중·김영삼 등 8명이, 그리고 상임공동대표로 박형규·김승훈·지선·계훈제·이우정·송건호·박용길·고은·양순직·김명윤·한승헌 등 11명이 참여하였다.[40] 이날 결성대회에서 국민운동본부 발기인들은 "민주화는 우리의 손에 의해, 우리의 투쟁과 희생에 의해서만 이룩될 수" 있음을 선언하고, "모든 국민의 민주화 의지를 총집결하여 민주헌법 쟁취를 위한 운동을 힘 있게 조직하고 실천해 나갈 것임을" 다짐하였다.[41] 국민운동본부의 결성은 대중적 지지와 신뢰에 기초한 전국적인 민주화 투쟁의 정치적 구심점이 마련되었음을 뜻하였다.

(2) 6·10 국민대회

국민운동본부가 결성되자, 민주화운동은 가속적으로 활성화되었다. 6월 5일 국민운동본부는 독재 권력에 대한 "단호한 국민적 거부를 다짐하기 위해 6월 10일 민주헌법쟁취 국민대회를 개최"할 것임을 발표하였다.[42] 아울러 이날 국민운

---

39) 『동아일보』, 1987년 5월 19일.
40) 민주화운동기념사업회. 2010. 『한국민주화운동사 3』, 303~304.
41) 6월민주항쟁 10주년사업 범국민추진위원회. 1997. 『6월항쟁 10주년 기념자료집』. 서울: 사계절, 212.
42) 6월민주항쟁 10주년사업 범국민추진위원회. 1997. 『6월항쟁 10주년 기념자료집』, 226.

동본부는 '6·10 국민대회 행동요강'을 발표하였다. 그 내용은 ① 오전 10시 부문별로 국민대회를 개최하고 오후 6시 성공회 대성당에 집결하여 국민운동본부가 주관하는 국민대회에 참여, ② 오후 6시 국기하강식을 기하여 애국가를 제창하고 애국가가 끝난 다음 자동차는 경적을 울리고 전국의 사찰·성당·교회는 타종을 하고, 국민들은 민주쟁취의 결의를 다지는 만세삼창(민주헌법쟁취 만세, 민주주의 만세, 대한민국 만세) 혹은 1분간 묵념, ③ 오후 9시에서 9시 10분까지 소등을 하고 KBS·MBC 뉴스시청 거부, ④ 8일과 9일 양일 간 '6·10 국민대회'의 참여 권유 및 격려하는 '전국민 전화걸기 운동'의 전개 등이었다.[43)]

그러자 6월 8일 내무부장관과 법무부장관은 합동으로 '6·10 국민대회'의 원천봉쇄를 발표하고, 경찰력을 동원하여 재야인사들을 가택 연금하였다. 그리고 '국민대회'가 예정된 6월 10일 서울시내에 2만 2천여 명의 경찰을 배치하고 성공회 대성당 주변을 완전 통제하였다. 그럼에도 불구하고, 이 날 오후 1시부터 '호헌철폐'를 외치는 가두시위가 서울시내 곳곳에서 벌어졌고, 오후 6시 가택 연금을 피해 성공회 대성당에 잠입한 국민운동본부 간부들과 성공회 성직자 70여 명이 '국민대회'를 진행하였다. 애국가가 울려 퍼지고 성공회 대성당의 종소리가 타종되자, 이에 호응하여 부근을 지나던 차량들이 경적을 울렸고 시내버스 승객들은 '독재타도'를 외쳤다. 대학생들의 시위가 산발적으로 벌어지는 가운데 저녁 9시가 되자, 여러 아파트지역에서 국민대회에 소등으로 호응하였다. 이 날의 항의 시위는 부산, 광주, 익산, 인천, 대전 등 전국 22개 도시에서 동시다발적으로 발생했다.[44)]

'6·10 국민대회' 직후, 명동성당은 시위의 '태풍의 눈'이 되었다. 6월 11일 경찰에 쫓긴 시위대가 명동성당에서 연좌시위를 벌였고, 이에 동조하는 대학생들과 일반시민들이 명동성당으로 몰려들었다. 12일, 시위를 지지하는 이른바 '넥타이 부대'의 합류까지 더해져 명동 일대는 시위 인파로 가득하였다. 시위대에 대한 시민들의 동조는 시간이 갈수록 증가하여 명동에서 시청에 이르는 거리는 물론이고, 미문화원, 조선호텔, 프라자 호텔, 청계천 등지에서도 시위가 벌어졌다. 그리고 시위 현장 주변의 은행, 증권, 보험사에 근무하는 회사원들은 창을 열고 시위대를 향해 손을 흔들었고 '독재타도'를 함께 외쳤다. 이러한 양상은 명동성당 점

43) 6월민주항쟁 10주년사업 범국민추진위원회. 1997.『6월항쟁 10주년 기념자료집』, 241.

44) 민주화운동기념사업회. 2010.『한국민주화운동사 3』, 310~315.

거농성이 자발적으로 해산되던 6월 15일 이후에도 계속되었다.[45]

(3) 6·18 최루탄 추방 결의대회

6월 18일, 국민운동본부는 '최루탄 추방 결의대회'를 개최하였다. 이는 6월 9일 이한열이 경찰이 발사한 최루탄을 머리에 맞고 중태에 빠지면서 한국교회여성연합회 등 3개 여성단체가 6월 12일 최루탄 추방공청회를 개최한 것이 계기가 되었다.

18일, 전국 16개 도시에서 50여만 명이 참여하는 가운데, 최루탄 추방시위와 집회가 개최됐다. 서울에서의 집회는 "최루탄을 몰아내자," "호헌철폐" 등의 구호를 외치는 학생과 여성단체 회원들의 시위를 시작으로, 시내 곳곳에서 시민들이 합세한 시위대가 도로를 점거하고 대규모의 항의시위가 전개되었다. 이 와중에서 경찰버스와 예비군 수송버스가 전소되고 일부 경찰서와 파출소가 심하게 파손되었다. 이러한 양상은 전국의 대도시에서도 마찬가지였다.

이날 최대 시위는 부산에서 발생하였다. 오후 4시부터 학생·시민들이 시내의 서면 로터리에 집결하기 시작했고, 오후 7시경에는 8차선 도로 3km를 완전히 메울 정도로 시위 인파는 인산인해를 이루었다. 시위는 시간이 갈수록 격렬해지는 양상을 보였는데, 이 과정에서 파출소 12개소가 파손되었고 경찰버스 한 대가 전소되었다. 18일 자정을 넘어서면서 시위대는 대형 트럭과 트레일러 10여 대를 앞세우고 시청을 향했고, 그 뒤를 따라 200여 대의 택시가 합세해 차량시위를 전개하였다.[46]

경찰력만으로 시위대를 통제하기 어려운 상황으로 치닫게 되자, 전두환 대통령은 군대의 동원을 구체적으로 검토하기 시작했다. 6월 18일 밤 국방부와 육해공군 본부에 군 출동명령에 대비하라는 지시가 하달되었고, 19일 새벽 1시 각 군부대의 계엄기구 요원들이 비상 소집되었다. 그리고 6월 19일 오전 10시 대통령은 안기부장·국방부장관·육해공군참모총장·수방사령관·보안사령관 등 고위안보관계자들을 청와대로 불러 '비상조치'의 발동을 전제로 군 병력 배치계획을 결정·시달하였다.[47] 이러한 조치는 18일의 예비동원명령이 정식동원명령으로 전환

45) 민주화운동기념사업회. 2010.『한국민주화운동사 3』, 318~324.
46) 권영기·김동현·지해범. 1989. "군 3개사단을 투입하라!"『월간조선』, 107~108.
47) 김성익. 1992. "전두환, 역사를 위한 육성증언: 6·29 전야의 고백."『월간조선』 1월호, 368~377.

되었음을 의미했고, 명령이 취소되지 않는 한 1980년 광주항쟁처럼 학생·시민과 군대 간의 정면충돌이 불가피함을 뜻했다.

그러나 6월 19일 오후 4시 30분경, 군을 동원한 시위 진압계획은 돌연 유보되었다. 6월 19일 오후 2시 릴리(James Lilley) 주한 미국대사는 전두환 대통령에게 레이건 대통령의 친서를 직접 전달하면서, "군의 개입은 한미동맹관계를 위협하게 될 것"이라고 경고하였다.[48] 이러한 미국의 태도는 1980년 광주항쟁 기간의 그것과 대조적인 것으로, 미국은 1980년 광주유혈참사를 계기로 현재화되기 시작했던 한국민의 대미의식의 변화, 특히 반미주의(Anti－Americanism)의 출현에 주목하였다. 즉 미국은 이미 정당성을 상실한 전두환 정권을 지지할 경우 한국 내의 반미감정이 더욱 고조될 것이며, 결국 이러한 사태 발전은 미국의 국익에 결정적으로 반한다는 판단을 내리게 되었던 것이다.[49]

전국의 도시에서 격렬한 시위가 계속되는 가운데, 6월 24일 전두환 대통령과 김영삼 통일민주당 총재가 개헌을 둘러싼 협상을 진행하였다. 이 협상에서 김영삼은 ① 4·13 호헌조치의 철회와 ② 대통령 직선제 개헌을 하거나, 그렇지 않을 경우 직선제 개헌과 의원내각제에 대한 국민투표의 수용을 요구하였다. 그러나 4·13 호헌조치의 철회는 수용되었으나, 직선제 개헌 및 국민투표는 합의점을 찾지 못해 결국 양자회담은 결렬되었다.[50] 사태가 긴박하게 전개되자, 6월 25일 아·태지역 담당 국무차관보 시거(Gaston Sigur)가 급히 방한하여 군 동원의 반대와 평화적 해결을 통한 민주발전을 재차 강조하였다.[51]

(4) 6·26 국민평화대행진

전두환과 김영삼 간의 협상이 결렬되자, 국민운동본부는 23일에 이미 예고했던 "민주헌법쟁취를 위한 국민평화대행진"을 26일 오후 6시에 예정대로 실시한다고 발표하였다. 그리고 행동지침으로 지난 6·10 국민대회에서 채택했던 국기하강식에 맞춰 애국가 제창, 교회와 사찰의 타종, 차량들의 경적 울리기, 그리고 밤 9시를 기해 10분간 TV를 끄고 소등하기 등을 발표했다. 그리고 서울의 경우 동

48) 돈 오버도퍼. 1988.『두 개의 코리아』. 중앙일보사, 167.
49) 김용철. 2015. "한국의 민주화운동과 민주화: 성공과 좌절."『민주주의와 인권』 15권 3호, 301~302.
50) 민주화운동기념사업회. 2010.『한국민주화운동사 3』, 334.
51) 돈 오버도퍼. 1988.『두 개의 코리아』, 168.

대문, 서울시청, 안국동, 신세계백화점, 영등포시장 등 각 지역별로 모여 최종 집결지인 탑골공원으로 행진하도록 하였다. 부산은 부산시청, 광주는 전남도청, 대전은 대전역 광장을 집결장소로 정하고, 집결시간도 지역 실정에 맞춰 포항과 수원은 오후 7시, 성남은 오후 8시로 정했다.[52)]

26일의 국민평화대행진은 전국 34개 시 그리고 4개 군에서 동시다발적으로 전개되었다. 이날 시위는 대부분 지역에서 자정까지 계속되었고, 서울, 부산, 광주, 전주, 인천 등지의 대도시에서는 새벽까지 지속되었다. 대규모 대중집회와 시위행렬로 대도시와 지방 곳곳의 도심 교통이 마비되었고, 경찰은 시위대의 규모에 밀리는 양상을 보였다. 27일과 28일에도 서울을 비롯한 지방의 대도시에서는 격렬한 시위가 그치지 않고 이어졌다. 이제 경찰은 시위대를 막기엔 이미 지칠 대로 지쳐 있었다. 이러한 상황에서 전두환 정권에게 남아 있는 마지막 옵션은 군대를 동원하거나, 직선제 개헌을 수용하는 것이었다.

(5) 6·29 선언

6월 29일 오전 9시 5분 민정당 중앙집행위원회 회의에서 노태우 대표는 이후 '6·29 선언'이라고 불리는 특별선언문을 낭독하였다. 8개 항으로 구성된 6·29 선언의 내용은 다음과 같다.[53)]

첫째, 여야 합의하에 조속히 대통령직선제 개헌을 하고 새 헌법에 의한 대통령선거를 통해 1988년 2월 평화적 정부이양을 실현한다.
둘째, 자유로운 출마와 공정한 경쟁이 보장되도록 대통령선거법을 개정한다.
셋째, 김대중을 사면·복권하고, 시국관련 사범들을 석방한다.
넷째, 국민기본권을 신장시키고 인권침해를 시정하기 위해 제도적 개선을 촉구한다.
다섯째, 언론자유의 창달을 위해 관련제도와 관행을 획기적으로 개선한다.
여섯째, 지방자치제, 대학의 자율화, 교육자치제를 조속히 실현한다.
일곱째, 정당의 건전한 활동을 보장하며, 대화와 타협의 정치풍토를 마련한다.
여덟째, 과감한 사회정화 조치를 강구한다.

---

52) 민주화운동기념사업회. 2010.『한국민주화운동사 3』, 332~333.
53)『동아일보』, 1987년 6월 29일.

6·29 선언에 대해 민주화 진영은 즉각적으로 환영의 뜻을 밝혔다. 일반시민들은 일제히 환호하였고, 국민운동본부는 "국민의 뜻을 겸허하게 받아들이기로 결정한 것을 환영한다"는 성명을 발표하였다.[54] 또한 민주통일당 김영삼 총재는 6·29 선언을 "국민에게 희망을 안겨주는" 조치라고 환영했고, 김대중 민추협 공동의장 역시 "고무적인 발표로 환영한다"고 논평하였다.[55] 이로써 국민운동본부를 구심체 삼아 격렬하게 전개되던 6월항쟁이 마무리되었다.

3. 6·29 선언의 정치적 의미

6·29 선언은 민주화세력에게는 민주화 투쟁의 승리를 의미하지만, 권위주의세력에게는 정권붕괴 위기의 우회를 뜻했다. 즉 그것은 민주화 개방(democratic opening)을 가져왔지만, 권위주의세력의 정권재창출 가능성을 제고시킬 수 있는 새로운 정치적 국면의 도래를 의미하였다.

왜 권위주의 세력은 직선제 개헌을 수용하였는가? 가장 근본적인 원인은 권위주의 지배세력이 군대의 동원에 실패했다는 점이다. 6월 19일 오후 4시 30분경, 전두환 대통령이 군대 동원령을 돌연 중단시킨 데에는 대체로 두 가지 요인이 작용하였다. 그 하나는 미국 정부의 군대동원 반대 및 민주화 수용의 압력이 매우 강력하였기 때문이고, 다른 하나는 군 병력을 통한 시위진압에 대해 다수의 군 지휘관들이 반대 의견을 피력하고 있었기 때문이다.[56] 때문에, 도시중산층을 비롯한 거의 모든 사회계층이 민주화 시위에 동참하고 있는 상황에서, 전두환을 비롯한 집권세력들은 군대 동원을 통한 정권재창출이 더욱 심각한 정권적 차원의 위기를 자초할 수 있다는 판단을 하였던 것이다.

군 동원이 어려운 상황에서 전두환 대통령은 차선책을 모색할 수밖에 없었다. 차선책은 직선제 개헌이라는 제한적인 절차적 민주주의를 허용함으로써, 국민적 저항을 약화시키고 민주화 엘리트의 내부분열을 유인하여 정권재창출을 도

54) 『동아일보』, 1987년 6월 29일.
55) 『경향신문』, 1987년 6월 29일.
56) 6월항쟁이 전개되는 동안, 보안사령관을 비롯한 다수의 지휘관들은 '군 출동 불가'라는 반대 의견을 강력하게 피력하였던 것으로 알려졌다. 권영기·김동현·지해범. 1989. "군 3개사단을 투입하라!" 『월간조선』, 112. 그리고 이러한 일부 지휘관들의 군동원 반대 의견에 대해, 당시 전두환 대통령은 군부에 의한 역쿠데타 가능성을 우려하였다. 김성익. 1992. "전두환, 역사를 위한 육성증언: 6·29 전야의 고백," 386.

모하는 것이었다. 구체적으로, 당시 전두환 대통령은 김대중을 사면·복권하면 김대중이 필히 대통령선거에 출마할 것이며, 이렇게 되면 김영삼·김대중 간의 분열을 조장·활용하여 선거를 통해 정권재창출을 꾀할 수 있다는 정치적 계산을 하고 있었다.[57] 즉 대통령 직선제를 어쩔 수 없이 양보하지만, 양김의 분열과 정부·여당의 막강한 조직력과 자금력으로 대통령 직선제를 통한 선거경쟁에서 승리할 수 있다고 판단하였다.

그렇다면, 왜 민주화세력은 6·29 선언을 수용했는가? 통일민주당을 비롯한 양김이 6·29 선언을 받아들인 이유는 제도권 야당과 사회변혁세력이 공동으로 기획하고 조직한 6월항쟁이 독재정권으로 하여금 민주적 선거절차의 회복에 동의케 하는 데 충분할 정도로 강력했을지 모르나, 독재정권을 붕괴시키기에는 충분치 못하다는 판단 때문이었다. 강력한 군부가 존재하고 있는 나라에서 정권의 무조건적인 항복을 요구할 경우, 권위주의세력은 마지막 무기인 군대를 동원할 가능성도 있기 때문이었다. 따라서 민주화세력은 6·29 선언을 수용했던 것이다.

전두환 집권세력이 노린 6·29 선언의 정치적 효과는 순차적으로 나타났다. 우선 사회변혁을 주장하는 재야와 절차적 민주주의의 회복을 주장하는 야당세력을 분리시키는 효과를 가져왔다. 야당과 재야의 분리는 민주항쟁의 열기를 선거분위기로 전환시켜 6월항쟁과 같은 거리투쟁의 정치적 분위기를 현저하게 축소시켰고, 이는 재야세력의 정국주도권 상실로 이어졌다. 야당은 개헌을 통한 집권가능성이 열린 이상, 그동안의 장외투쟁의 길을 계속 고수할 필요가 없었다. 야당은 전두환 정권과의 협상에서 유리한 조건을 얻어내 다음 선거에서 집권할 수 있는 가능성을 확보하는 것이 그들의 최대 관심사항이었던 것이다.

야당과 재야의 분리와 함께, 국민운동본부로부터 중간계급의 이탈이 급속하게 이루어졌다. 이들은 이미 획득한 정치적 민주화의 실현 가능성이 장외투쟁의 지속으로 무산될 수 있다는 점을 우려하였다. 이러한 현상은 6·29 선언을 통한 독재정권의 위기극복 전략이 효과적으로 달성되고 있음을 뜻했다.

57) 김성익. 1992. "전두환, 역사를 위한 육성증언: 6·29 전야의 고백," 384.

제9장

노태우 정부:
5공청산과 보수대연합

제 1 절 보수적 민주화이행

6월항쟁의 결과물인 6·29 선언은 권위주의에서 민주주의로의 체제변동의 길을 열었다. 그러나 뒤이은 '노동자 대투쟁'에도 불구하고, 한국의 민주화는 지극히 보수적인 것이었다. 개정헌법은 민주화운동세력이 배제된 채 제도권의 보수엘리트들에 의해 작성되었다. 또한 대선과정을 거치면서 민주화운동세력마저 분열하였고, 그 결과는 권위주의세력의 재집권이었다.

1. 노동자 대투쟁

6·29 선언 이후, 가장 두드러진 변화는 정치적 공간의 상대적 확장과 시민사회에 대한 국가통제력의 약화다. 정치환경의 극적인 변화에 대해 가장 민감하게 반응한 집단은 노동자들이었다. 그동안 개발독재체제하에서 억눌리고 수탈당해 온 노동자들의 불만이 민주화개방을 틈타 자연스럽게 분출되었다.

이른바 '7~9월 노동자 대투쟁'의 도화선은 그동안 노조조직을 금기시해 왔던 현대재벌의 울산 현대엔진에서 시작되었다. 현대엔진 공장에서의 노조결성을 신호탄으로, 울산 전역은 곧바로 노동자투쟁에 휩싸였고, 투쟁의 불길은 부산·거제·마산·창원으로, 그리고 서울·인천·부천·안양·군포·성남 등 수도권으로 확산되었다. 또한 업종별로 볼 때, 제조업을 중심으로 운수업, 광업, 사무판매, 서비스직에 이르는 광범위한 노동자들이 '대투쟁'에 합류하였다.[1)]

'노동자 대투쟁'은 1960년대 이래 한국자본주의 성장의 객관적인 조건을 반영한 결과였다. 한국자본주의의 성장은 계급구조면에서 노동자의 비중을 빠르게 증대시켰으나, 국가의 노동억압정책으로 인해 노동자들은 여전히 열악한 노동환경에서 장시간 노동과 저임금을 감내해야 했다. 이러한 배경에서, '노동자 대투쟁'은 정치변동과정에서 현저히 느슨해진 국가통제력을 틈타 노동자들의 불만이 한꺼번에 분출된 정치현상이었다.

1) 3,458건 중 제조업이 1,827건으로 가장 많았고 그 다음이 운수업 1,265건, 광업 127건, 기타 239건이었다. 한국기독교사회문제연구원. 1988. 『87 노동사회사전』. 서울: 민중사, 15.

노동자 대투쟁은 약 3개월 동안 격렬하게 진행되었다. 대투쟁 기간 동안, 노동쟁의는 7월에 86건, 8월에 2,552건, 그리고 9월에 703건 등 총 3,341건이 발생하였다. 이는 1981~86년 사이에 발생한 노동쟁의 1,026건의 3.3배에 달하는 것이며, 나아가 산업화가 본격적으로 진행되었던 1960년대 초부터 민주화 개방 이전인 1986년까지 발생한 총 노동쟁의 3,084건을 상회하는 대규모의 노동자 투쟁이었다.[2)]

이 시기의 노동운동은 다음과 같은 특징을 보였다. 첫째, 전국적이고 전 산업에 걸쳐 단기간에 집중적으로 터져 나온 비조직적이며 자연발생적 노동운동이었다. 둘째, 투쟁의 형태는 작업거부, 농성, 시위 등 비합법적 집단행동으로 시작하여 최종적으로 경영진과 협상하는 '선파업－후협상'의 모습을 보였다. 셋째, 그럼에도 불구하고 노동자들의 요구 내용은 정치적 의제보다는 임금인상, 인간적 대우, 노동조건의 개선, 어용노조의 퇴진 등과 같은 경제적 이슈 및 개별사업장 차원의 이슈가 대부분이었다. 넷째, 남성근로자가 주를 이루는 대기업 사업장(1,000명 이상의 사업장의 경우 75.7%가 쟁의에 돌입)이 노동자 대투쟁을 주도하는 양상을 보였다.

비록 1987년 노동자의 실질임금상승률은 1986년의 6.2%보다 약간 높은 8.3%로 높아졌으나, 대투쟁은 노동자의 사회적 시민권을 향상시키는 데까지 이르지 못하였다. 이는 기본적으로 노동운동 역량이 매우 취약한 탓이기도 하지만, 이 기간 대부분의 노동쟁의가 지역별·산업별 연대 없이 기업별 노조의 틀 안에서 이루어졌으며, 민중운동과의 연대나 사회적 지지를 이끌어내려는 노력 역시 매우 미진했기 때문이다.[3)] 그 결과 1987년 대선 정국이 시작되는 10월에 이르자, 그 세가 급속히 퇴조하였다.

2. 헌법개정

6·29 선언으로 정치의 장은 거리에서 국회로 이동하였다. 여야는 국회에서 합의에 의하여 대통령 직선제를 채택하는 헌법개정안을 작성하기로 동의하였다. 헌법개정협상에서 여야는 대통령의 권력집중과 독재가능성을 배제하기 위한 권

2) 김용철. 2017. 『한국의 노동정치: 변화와 동학』. 파주: 마인드탭, 167.

3) 민주대연합의 구심점인 국민운동본부는 노동자 대투쟁 때는 전혀 지도력을 발휘하지 못하였다.

력분산, 기본권 신장, 사법권 독립의 강화, 의회 활성화 등에 있어서는 대체적으로 그 의견을 같이 했다. 그러나 대통령 임기와 부통령제 채택 등 통치구조와 관련된 다수의 세부내용에 대해서는 뚜렷한 차이를 보였다. 예컨대, 민정당은 대통령의 6년 단임제를 주장하고 부통령제 채택에는 반대했으나, 통일민주당은 임기 4년의 대통령 중임제와 부통령제의 신설을 주장했다.

결국 헌법개정을 둘러싼 줄다리기는 단일개헌안 작성을 추진하기 위한 현실적인 방안으로, 7월 24일 민정당과 통일민주당은 각각 4인의 대표로 구성되는 '8인 정치회담'의 설치에 합의하였다. 이후 양당은 '8인 정치회담'을 통해 개헌관련 쟁점들을 절충하였고, 국회의 '헌법개정안 기초소위원회'는 '8인 정치회담'의 협상결과를 토대로 헌법개정안을 작성하였다.[4] 그리고 9월 17일 최종 헌법개정안을 국회 본회의에 제안하였으며, 그 결과 재적의원 272명 중 출석 258명, 찬성 254명, 반대 4명의 압도적 다수로 개헌안이 의결되었다. 이후 10월 27일 개정헌법안이 국민투표에 부쳐졌으며, 유권자의 78.2%가 투표에 참여하여 93.1%의 지지로 제9차 개정헌법이 확정되었다. 그리고 대통령은 이를 10월 29일 공포하였다.

제9차 개정헌법은 국민기본권의 강화, 권위주의적 통치의 종식, 그리고 과거 헌정사에 드러났던 절차적 위헌성을 극복한 민주적 개정헌법이라는 긍정적인 의미를 지닌 것이었다. 먼저 헌법전문에는 제5공화국 헌법에서 삭제되었던 4·19정신이 복원되었다. 즉 헌법전문에 '불의에 항거한 4·19 민주이념의 계승 및 조국의 민주개혁의 사명'을 명시함으로써 독재권력에 대한 국민의 저항권을 정당화했다. 둘째, 통치구조와 관련하여, 개정헌법은 대통령직선제를 채택함으로써 일반시민들의 정부선택권을 보장하였다. 더불어 대통령의 비상조치권, 국회해산권 등을 폐지하여 대통령의 권한을 축소하였고, 국회 임시회의 소집요건을 완화하고 국회의 국정감사권을 부활하여 의회의 대정부 견제기능을 강화하였다. 나아가 지방자치 실시를 명문화함으로써 중앙권력의 분권화가 도모될 수 있도록 했다. 셋째, 과거 헌법에 비해 국민의 기본권 및 사회경제적 권리를 강화했다. 즉 국민의 신체와 생명에 대한 보호, 표현의 권리, 노동 3권의 실질적 보장과 최저임금제 보장 등 기본적 인권과 관련한 항목들이 보완되었다.

---

4) 민주정의당 측의 권익현·윤길중·최영철·이한동 의원과 통일민주당 측의 이중재·이용희·김동영·박용만 의원이 참여한 가운데, 양당의 개헌시안 중 110개의 쟁점사항을 놓고 1987년 7월 31일부터 세 차례에 걸친 협의 끝에 8월 31일 부칙을 제외한 전 항목에 대해 완전 합의하였다.

개정헌법은 기본적으로 민주적 절차성을 강화하는 성격을 지닌 것이었지만, 개헌과정의 폐쇄성과 개헌내용의 제한성이라는 문제점을 내재하고 있었다. 우선, 헌법 개정작업이 전적으로 제도권 정치집단에 의해 이루어졌다. 6월항쟁의 주역이었던 '국민운동본부'는 개헌협상에서 배제되었고, 일반시민들의 참여 역시 최대한 제한되었다. 실제로 국회는 예정되어 있던 지역공청회를 단 한 차례도 시행하지 않았다. 그 결과, 헌법개정의 의제는 경제민주화(소득재분배, 사회복지, 독점자본의 규제 등) 및 이념적 스펙트럼의 확장과 같은 보수적 게임규칙의 근본적 수정보다는 대통령임기 및 권한, 집권가능성에 영향을 미치는 제도적 절차, 국회의 권한 강화 등과 같은 형식절차 및 권력구조에 집중되었다.[5)]

3. 대선정국과 민주화세력의 분열

여야 간 개헌협상이 타결되자, 정국은 곧바로 본격적인 대통령선거에 돌입하였다. 이에 따라 국민의 관심은 당연히 민주화세력을 대표하는 대통령후보 문제에 집중되었다. 이미 대통령후보가 결정된 권위주의세력과의 선거대결을 앞두고, 민주화세력의 후보단일화는 한국 민주주의의 확실한 승리를 보장하는 것으로 인식되었다.

그러나 민주화세력의 후보단일화는 달성되지 못한 채, 민주화 진영은 분열과 대립을 거듭하였다. 분열의 첫 단계는 6·29 선언 및 노동자 대투쟁에 대한 평가와 전략을 둘러싼 것이었다. 이 분열로 인해 민주대연합에서 중간계급과 야당이 이탈하는 현상을 초래하였다. 두 번째 단계는 김대중과 김영삼 간의 대립과 이에 따른 재야세력의 지역주의적 분열이었다.

1983년 8월 15일 공동선언 이후 '양김 협조론'을 강조했던 김대중과 김영삼은 1987년 12월 대통령선거를 앞두고 분열하였다. 통일민주당 내에서 파당적 우세를 지키고 있던 김영삼은 당내 경선을 통한 후보단일화를 주장했고,[6)] 김대중은 전국적 지지 유세를 벌여 그 과정에서 표출되는 지지도를 가지고 누가 후보를 양

5) 최장집. 2005. 『민주화 이후의 민주주의: 한국민주주의의 보수적 기원과 위기』. 서울: 후마니타스, 136~137.

6) 이에 대해 김대중은 김영삼 총재에게 92개 지구당 중 6월항쟁으로 중단된 '36개 미창당 지구당 정비'요구를 하였다.

보할 것인지 결정하자고 주장했다.[7] 1987년 9월 29일 김대중과 김영삼 간에 후보단일화 담판이 결렬된 이후 10월 10일 김영삼은 공식적으로 대통령 출마선언을 하였으며, 그 후 11월 9일에 통일민주당의 대통령 후보로 추대되었다. 이에 대응하여, 김대중은 통일민주당을 탈당하여 10월 28일 평화민주당 창당선언을 하였고,[8] 11월 12일 평화민주당은 김대중을 대통령 후보에 추대함으로써 양김의 출마는 공식적으로 확정되었다.

재야운동권 역시 야권후보의 단일화 문제에 대한 현실적인 대안을 제시하지 못했다. 이들조차도 후보단일화에 대한 입장을 둘러싸고 비판적 지지론, 후보단일화론, 독자후보론으로 분열하였다.[9] 후보 문제를 둘러싸고 민족민주운동권 내 분열이 본격화된 계기는 10월 13일 민통련의 김대중에 대한 비판적 지지선언 때문이었다. 이후 이 흐름은 학생운동조직인 서대협·전대협으로 이어져 이른바 '비판적 지지론'으로 불렸다. 이에 반발하여 형성된 두 번째의 흐름은 '후보단일화론'으로 실용적인 입장에서 어느 후보가 지지도가 높은가라는 기준을 제시하였지만, 이는 사실상 김영삼을 민주화 진영의 후보로 추대하자는 입장이었다.[10] 이러한 두 흐름과 달리, '제헌의회' 계열과[11] 인천지역 민주노동연맹 등은 재야 운동권의 독자적 후보 출마를 주장하는 '독자후보론'을 제시하였다. 이들은 백기완을 대통령후보로 추대하였지만, 백기완은 마지막까지 양김에게 후보단일화를 촉구하였다.[12]

그러나 중요한 사실은 이러한 재야의 전략적 논의의 이면에는 지역주의적 고려가 강력하게 작용하고 있었다는 점이다. 요컨대, 1987년 대선 당시 재야인사들과 양김의 개인적 친밀성이 비판적 지지세력, 후보단일화세력, 독자후보세력 등으로 재야를 분열시키는 한 원인이 되었다.[13] 결국 재야세력 역시 지역주의적

7) 당내 기반이 약한 김대중은 9월 8일 광주 방문을 시작으로 일련의 지방방문을 추진하였다. 이에 김영삼은 '김대중의 지방방문 자제'를 요구하였다.

8) 창당선언 직후, 10월 29일 통일민주당 내 동교동계 의원 24명과 무소속 1명, 각계 인사 등 총 51명으로 창당준비위를 구성과 함께 당명을 '평화민주당'으로 정하였다. 평화민주당은 11월 12일 공식 출범하였다.

9) 최문성. 1992. "한국의 정치민주화(6공)의 사회경제적 배경과 그 과정." 『21세기 한국의 정치와 경제』. 서울: 서울대학교 한국정치연구소, 106.

10) 최문성. 1992. "한국의 정치민주화(6공)의 사회경제적 배경과 그 과정," 106~107.

11) '제헌의회' 계열은 한국사회가 해소해야 할 가장 시급한 과제로 계급모순을 증폭시키는 "신식민지 국가독점자본주의"의 타파와 그 상부 구조적 표현인 '군부독재'의 타도를 주창하였다.

12) 손호철. 1994. "14대 대통령선거와 민중운동: 평가와 전망." 『전환기의 한국정치』. 서울: 창작과비평사, 225~226.

13) 양재원. 1994. "재야는 어디로 가고 있는가." 『말』 10월호, 84.

대결구도에서 벗어나지 못하고 분열하였다.[14)]

김영삼과 김대중 간의 분열은 정치권으로만 한정되지 않았다. 양김의 분열에 따라 국민들도 지역적으로 분열되었다. 양김의 지역적 기반이 영남과 호남으로 분리됨으로써 영남은 김영삼을, 호남은 김대중을 지지하게 되었고, 양김의 분열과 대립이 심화됨에 따라 영호남 간의 감정적 대립도 심화되었다.

4. 第13대 대통령선거

1987년 11월 16일, 대통령 선거일이 12월 16일로 공고되면서 본격적인 선거전이 시작되었다. 민주화세력이 분열된 상황에서 6·29 선언을 통해 위기 국면을 역전시킨 전두환 정권은 권력의 재생산에 심혈을 기울였다. 그것은 권력의 연장이라는 문제뿐만 아니라, 개인적인 안위와도 직결되는 문제였기 때문이었다. 대통령 선거일정이 결정되기 훨씬 이전인 1987년 8월 5일 전두환의 민정당 총재직 사퇴에 이어, 노태우 대표가 민정당 총재에 취임함으로써 여권은 대통령 후보로서 노태우를 일찌감치 부각시켰다. 이어 9월 노태우 후보의 미국과 일본 방문을 통해, 권위주의세력은 노태우를 우방이 인정하는 대통령 후보로 선전하였다.[15)]

선거유세가 대규모 군중집회 중심으로 전개되면서, 유세장 분위기는 지역감정의 격화와 언론의 선거운동 관여 등 전례를 찾기 힘든 흑색선전이 난무하였다.[16)] 특히 지역감정 격화로 상대방 후보의 지역 연고지에서 유세 때마다 거의 빠짐없이 폭력사태가 발생하였다. 이는 각 후보들의 출신지역에서의 지지도를 강화시켰지만, 역으로 지역 간의 반목을 심화시켰다.[17)]

노태우 후보는 지역감정을 통한 지지 획득뿐만 아니라, “안정이냐 혼란이

14) 정대화. 1995. “한국의 정치변동: 1987~1992.” 서울대학교 박사학위논문, 147~148.

15) 오병상. 1995. 『청와대비서실』. 서울: 중앙일보사, 101~102.

16) 김영삼 후보에 대해서는 여성편력과 통일교 자금수수설 등이, 그리고 김대중 후보에 대해서는 『동교동 24시』 및 『88년 야당집권, 악몽의 시나리오』 등 책자의 대량 살포를 통해 집중적으로 흑색선전이 이루어졌다.

17) 11월 1일 김대중의 부산유세가 끝난 뒤 숙소인 국제호텔 앞에서 신원을 알 수 없는 괴청년 3백여 명이 난동을 부린 것을 필두로, 11월 14일 김영삼의 광주유세는 군중의 방해로 무산되었고, 이어 11월 15일 김영삼은 창원집회에서 ‘광주 사람들을 부끄럽게 만들어 주자’고 발언함으로써 지역감정을 부추기는 결과를 가져왔다. 같은 날 김대중의 대구연설에서 또다시 군중들의 연설 방해 소동이 벌어졌다. 야당의 유세장 폭력사태와 함께, 노태우의 11월 29일의 광주유세, 12월 10일의 군산과 전주유세가 지역주민들의 시위로 무산되었다.

냐," "야당이 집권하면 나라가 떠내려간다," "3김 청산" 등의 기치를 내걸고 지지를 호소하였다. 아울러 군인 출신 대통령이라는 부정적 이미지를 없애기 위해 "위대한 보통사람의 시대"라는 선거 구호를 내세웠다. 그리고 선거 막바지에 이르러서는 언론을 동원하여 야당의 집권이 가져올 혼란과 불안정을 간접적으로 선전함으로써, 노태우의 안보논리와 정권안정화의 논리를 부각시켰다.[18)]

김영삼 후보는 '군정종식'을 구호로 내걸었다. 그리고 11월 9일 정승화 전 육군참모총장의 입당을 계기로 '12·12 공방'을 불러일으킴으로써 노태우 후보를 궁지에 몰아넣었다. 여세를 몰아 김재춘 전 중앙정보부장, 김종배 광주항쟁 당시 시민학생총위원장, 김상현 전 의원을 비롯한 동교동계 인사와 무소속 의원 등을 입당시킴으로써 통일민주당은 기세를 올렸다. 한편, 김대중 후보는 '문민정부수립'을 기치로 내걸고, 중소상공인·노동자·농어민·중산층의 권익보호를 위한 정책을 약속하였다. 그리고 광주항쟁 당시 현지 사단장이었던 정웅 장군을 영입, 광주문제를 집중거론하면서 노태우 후보를 공격하였다.

드디어 12월 16일 투표가 실시되었다. <표 9-1>에서 보는 바와 같이 투표율은 89.2%로서 제3공화국 기간에 치러진 5대 대선(85.0%), 6대 대선(83.6%), 7대 대선(79.8%)보다 훨씬 높았다. 이는 16년 만에 실시되는 대통령 직선이라는 점과 민주화에 대한 높은 관심에서 비롯된 것이라 할 수 있다. 후보자별 득표율을 보면 민정당의 노태우 후보가 36.6%, 민주당의 김영삼 후보가 28.0%, 평민당의 김대중 후보가 27.1%, 공화당의 김종필 후보가 8.1%를 획득하였다. 이로써 역대 대통령 선거에서 가장 낮은 득표율로 노태우 후보가 제13대 대통령에 당선되었다.

결국 6월항쟁은 선거를 통한 권위주의세력의 재집권으로 귀결되었다. 노태우 후보의 승리는 야권의 후보단일화 실패에 기인한 것이었다. 이외에도 선거과정에서 나타난 지역주의적 투표행태, 부정선거의 만연, 언론의 편파보도, 민주화를 중심으로 한 선거쟁점의 희석화 등이 야권의 대선 패배를 초래한 요인들이라고 할 수 있다.

제13대 대통령선거의 가장 특징적인 점은 지역주의적 투표행태였다.[19)] 이러한 사실은 노태우 후보가 자신의 연고지인 대구와 경북에서 각각 70.7%와 66.4%

18) 당시 일부 TV 방송국에서는 '민중민주주의란 무엇인가,' '속(續)동토의 광란,' '진단-87 필리핀 어디로 가나,' '선거 후를 생각한다,' '선거유세 이대로 좋은가' 등을 방영하였다.

19) 한국사회학회(편). 1990. 『한국의 지역주의와 지역갈등』. 서울: 성원사.

표 9-1 제13대 대통령선거의 후보자별 득표율

구 분		민주정의당 노태우	통일민주당 김영삼	평화민주당 김대중	신민주공화당 김종필	기 타
수도권	서울	30.0	29.1	32.6	8.2	0.1
	인천	39.4	30.0	21.3	9.2	0.1
	경기	41.5	27.5	22.3	8.5	0.2
	계	37.8	27.2	26.9	8.0	0.1
충청권	충남	26.2	16.1	12.4	45.0	0.3
	충북	46.9	28.2	11.0	13.5	0.4
	계	33.1	20.1	11.9	34.6	0.3
호남권	광주	4.8	0.5	94.4	0.2	0.1
	전남	8.3	1.1	90.3	0.3	0.1
	전북	14.1	1.5	83.5	0.8	0.1
	계	9.9	1.2	88.4	0.5	0.1
경북권	대구	70.7	24.3	2.6	2.1	0.3
	경북	66.4	28.2	2.4	2.6	0.4
	계	68.1	26.6	2.5	2.4	0.4
경남권	부산	32.1	56.0	9.1	2.6	0.2
	경남	41.2	51.3	4.5	2.6	0.4
	계	36.6	53.7	6.9	2.1	0.3
기 타	강원	59.3	26.1	8.9	5.4	0.3
	제주	49.8	26.8	18.6	5.5	0.3
	계	57.3	26.3	10.9	5.2	0.3
전 국		36.6	28.0	27.1	8.1	0.2

출처: 중앙선거관리위원회. 1988.『제13대 대통령선거총람』, 94~95.

를, 김영삼 후보가 부산과 경남에서 각각 56%와 51.3%를, 김대중 후보가 광주·전북·전남에서 각각 94.4%, 83.5%, 90.3%를, 김종필 후보가 충남에서 45%를 획득한 것을 통해 알 수 있다. 각 후보자들은 자신의 출신지역에서 절대적인 지지를 받았지만, 어느 누구도 전국적인 지지기반을 획득하는 데는 실패하였다. 그 결과 낮은 득표율에도 불구하고 비교적 전국적으로 고른 지지를 받은 노태우 후보의 당선이 가능하였다.

제 2 절 여소야대와 5공청산

13대 대선처럼, 양김의 분열로 야권통합이 무산된 채 치러진 제13대 총선에서 집권 민정당이 헌정사상 처음으로 과반수의석 확보에 실패함으로써 '여소야대' 국회가 구성되었다. 여소야대 국회는 야권의 정책연대를 유인하였고, 5공비리와 광주항쟁을 둘러싼 국회청문회를 통해 여권을 압박했고, 이에 대해 집권세력은 '공안정국'으로 대응했다.

1. 제13대 국회의원선거 : 여소야대 국회

13대 총선은 새 선거법하에서 치러졌다. 1988년 3월 개정된 국회의원선거법은 ① 국회의원 정수를 기존의 276명(지역구 184, 전국구 92)에서 299명(지역구 224, 전국구 75)으로 늘리고, ② 기존 중선거구(1구 2인 선출)에서 소선거구(1구 1인 선출)로 변경하며, ③ 전국구 의석은 지역구 의석 5석 이상을 획득한 정당에게 배분하되, 제1당의 지역구 의석이 50% 미만일 경우 전국구 의석 1/2을 배분하고, 그 밖의 경우 지역구 의석 비율로 배분한다는 내용이었다.[20]

4월로 예정된 제13대 총선을 대비하여, 양김의 분열로 대통령선거의 패배를 자초했던 야당 및 재야는 야권통합을 시도하였다. 1월 15일 재야인사 53명은 서울의 '기독교 100주년 기념관'에서 기자회견을 갖고 '범민주정치세력 통합추진협의회' 구성을 제의하였다.[21] 이에 통일민주당과 평민당은 야권통합기구 합동회의를 갖고서 야권통합원칙에 잠정 합의하였으나, 양당은 통합 후의 지도체제 문제와 양김의 거취문제에 대한 갈등으로 인해 통합 시도는 무산되고 말았다. 결국 13대 총선에서도 대통령선거 때와 마찬가지로 4당 간의 접전이 불가피하였다.

1988년 4월 26일, 제13대 국회의원선거가 실시되었다. 이 선거에는 14개 정당이 935명의 지역구 후보자와 173명의 전국구 후보자를 냄으로써, 제3공화국의

---

20) 김욱. 2016.『노태우, 김영삼 정부의 선거』. 파주: 마인드탭, 60

21) 이들은 성명서에서 ① 제 야당을 군소정당화하여 분열통치하려는 보수연합구도의 거부, ② 총선에서 민정당 후보를 낙선시키는 운동의 전개, ③ 국민적 지지에 기초한 민주정당의 발전을 도모하기 위한 범민주정치세력의 통합을 제의하였다.

6대 총선 이래 가장 많은 정당이 선거에 참여하였다. 특히 운동권의 일부가 과거 재야라는 틀에서 벗어나 제도 정치권에로 진입을 시도하였는데, 이들은 평민당에 입당하여 총선에 참여한 그룹, 한겨레민주당을 창당하여 참여한 그룹, 그리고 민중의 당을 창당하여 참여한 그룹으로 세분되었다. 이러한 정당 및 후보자의 난립 현상은 야당 단일화 실패와 기성정치인에 대한 불신에 따른 정치적 욕구의 분출에 기인하였다.

총선 결과는 일반의 예상을 완전히 뒤엎은 것으로, 여당은 제1당이 되었으나 과반수 의석확보에 실패하였다. 지역구에서 민정당은 34.0% 득표와 87석을 확보하는 데 그쳤고, 평민당·통일민주당·공화당은 각각 54석(19.3%), 46석(23.8%), 27석(15.6%)을 얻었다. 여기에 전국구 75석을 배분한 결과, 민정당 125석, 평민당 70석, 통일민주당 59석, 공화당 35석, 한겨레민주당 1석, 무소속 9석의 의석분포를 보여 주었다. 특히 통일민주당에 비해 득표율은 낮았음에도 불구하고, 평민당이 보다 많은 당선자를 낸 것은 영남지역에서 통일민주당 표의 분산과 호남지역에서의 평민당 몰표현상에 기인하였다. 이로써, 헌정사상 처음으로 '여소야대'의 국회가 형성되었다. 그리고 평민당이 서울지역에서 17석을 확보한 데 힘입어 제1야당으로 야대정국을 주도할 수 있게 되었고, 통일민주당은 제3당으로 전락하였으며, 공화당은 제4당으로 의회에서 캐스팅 보트(casting vote)를 쥐게 되었다.

13대 총선은 지역 몰표현상이 당락에 가장 큰 영향을 미치는 변수임을 확인시켰다. 1987년 대선에서 나타났듯이, 4개 주요 정당들은 자당 최고지도자의 연고지역에서 현저히 높은 지지를 받았다. 즉 지역주의가 유권자들이 후보자를 선택하는 데 있어서 가장 중요한 기준으로 작용하였다. 따라서 후보자들은 득표를 위해 자당 최고지도자의 후광을 업는 '옷자락 효과'(coattail effect)를 철저히 이용하였다.[22] 그 결과, 평민당은 광주와 전남·북의 36개 의석을 거의 석권하였고, 민정당은 대구의 8석을 모두 차지했으며, 통일민주당은 경남과 부산의 37석 중 23석을, 공화당은 충남의 18개 의석 중 13개 의석을 차지하였다. 결국 민족민주운동세력의 희생과 노력에 의하여 이룩된 민주화투쟁의 정치적 성과는 기성정치권이 나눠가졌고, 민족민주운동권은 야권의 후보단일화 실패에서 기인한 분열의 상처만을 끌어안게 되었다.[23]

22) 박찬욱. 1993. "선거과정과 대의정치." 이남영(편). 『한국의 선거』. 서울: 나남, 198.
23) 정관용. 1992. "1988년 4·26총선." 『역사비평』 제16호, 79~80.

표 9-2 제13대 국회의원선거의 정당별 득표율과 의석수

구 분		민주정의당	평화민주당	통일민주당	신민주공화당	기 타
수도권	서울	26.2%(10)	27.0%(17)	23.4%(10)	16.1%(3)	7.3%(2)
	인천	37.5%(6)	14.1%(0)	28.3%(1)	15.5%(0)	4.6%(0)
	경기	36.1%(16)	15.9%(1)	22.9%(4)	18.2%(6)	6.9%(1)
	계	30.4%(32)	22.3%(18)	23.7%(15)	16.7%(9)	6.9%(3)
충청권	충남	30.2%(2)	3.8%(0)	15.0%(2)	46.5%(13)	4.5%(1)
	충북	43.6%(7)	0.4%(0)	16.0%(0)	33.3%(2)	6.7%(0)
	계	34.7%(9)	3.0%(0)	15.3%(2)	42.1%(15)	4.9%(1)
호남권	광주	9.7%(0)	88.6%(5)	0.4%(0)	0.6%(0)	0.7%(0)
	전남	22.9%(0)	67.9%(17)	0.8%(0)	1.3%(0)	7.1%(1)
	전북	28.8%(0)	61.5%(14)	1.3%(0)	2.5%(0)	5.9%(0)
	계	23.0%(0)	69.1%(36)	0.9%(0)	1.6%(0)	5.4%(1)
경북권	대구	48.2%(8)	0.7%(0)	28.4%(0)	13.2%(0)	9.5%(0)
	경북	51.0%(17)	0.9%(0)	24.5%(2)	16.0%(2)	7.6%(0)
	계	49.9%(25)	0.8%(0)	26.1%(2)	14.9%(2)	8.3%(0)
경남권	부산	32.1%(1)	1.9%(0)	54.3%(14)	6.8%(0)	4.9%(0)
	경남	40.2%(12)	1.0%(0)	36.9%(9)	10.3%(0)	11.6%(1)
	계	36.1%(13)	1.5%(0)	45.7%(23)	8.6%(0)	8.1%(1)
기 타	강원	43.6%(8)	4.0%(0)	21.6%(3)	20.2%(1)	10.6%(2)
	제주	36.0%(0)	6.0%(0)	27.1%(1)	3.4%(0)	27.5%(2)
	계	42.0%(8)	4.4%(0)	22.8%(4)	16.6%(1)	14.2%(4)
전 국	지역구	34.0%(87석)	19.3%(54석)	23.8%(46석)	15.6%(27석)	7.3%(10석)
	전국구	38석	16석	13석	8석	0석
	합계	125석	70석	59석	35석	10석

출처: 중앙선거관리위원회. 1988. 『제13대 국회의원선거총람』, 92~94.

2. 5공청산

여소야대 국회의 출현은 의회 내에서 야당의 위상 및 행정부-입법부의 관계에 큰 변화를 가져왔다. 즉 의정활동에 있어서 야당의 역할 제고와 더불어, 국회가 기존의 '통법부'에서 진정한 입법부로 거듭날 수 있는 계기로 작용하였다. 게다가 여소야대 정국은 대선 패배로 잠시 정치일선에서 물러나 있던 양김을 다시 정치현장에 복귀시켰다.

연합전선에 따른 야3당의 정국주도 현상은 1988년 11월 개최된 국회청문회에서 그 절정을 이루었다. 구체적으로, 제5공화국에서의 권력형 비리를 조사하기 위한 '5공비리' 청문회, 5·18의 진실 규명을 위한 '광주항쟁' 청문회, 신군부의 '언론탄압 진상규명' 청문회 등이 그것이다.

이 가운데 가장 국민들의 이목을 집중시킨 것은 '광주항쟁' 청문회였다. 1980년 5월 광주의 유혈사태를 다룬 광주청문회의 핵심 쟁점은 5공 출범의 합법성 및 정통성 여부를 비롯한 신군부의 집권시나리오에 대한 진상과 평가에 대한 것이었다. 야당은 5·18 문제를 12·12 군사반란 이래 정교하게 짜여진 신군부의 집권시나리오에 따른 5·17 쿠데타의 희생이라는 관점으로 접근하였고, 반면 민정당은 신군부와 시위대 모두를 문제 삼는 양비론적 입장을 고수했다. 따라서 12·12 군사반란, 5·17 쿠데타, 김대중 사건 등의 정치적 의도와 성격을 규정하는 데 있어서 여야의 평가가 크게 엇갈렸다.

전반적으로 광주청문회과정에서 나타난 특징적인 양상은 세 가지로 요약된다. 첫째, 노태우 대통령이 12·12에서 5·18에 이르기까지 초헌법적 권력장악 과정을 주도했던 신군부의 제2인자였던 관계로, 집권당인 민정당은 문제의 소재와 책임이 확대되는 것을 최대한 억제하려고 했다. 둘째, 평민당을 제외하면 다른 야당의 활약이 극히 미미했다. 셋째, 밝혀진 진상에 따른 관련자의 처벌과 광주항쟁에 대한 명예회복이 사실상 이루어지지 못했다. 따라서 광주문제는 이후에도 계속해서 정치권, 특히 집권세력의 부담으로 남게 되었다.

광주청문회와 함께, 국민의 관심을 집중시킨 또 다른 청문회는 '5공비리 청문회'였다. 이 청문회에서 다뤄진 주요 주제와 쟁점은 대체적으로 세 부분이었다.[24] 첫째, 5공화국 수반이었던 전두환을 포함하여 그의 친인척의 비행과 부정에 대한 진상규명과 처벌에 관한 것이었다. 둘째는 일해재단 설립과 관련해 대통령 퇴임 후 전두환의 정치적 영향력 행사 의도에 대한 진상조사 활동이다. 셋째는 정경유착과 정치자금의 강제모금 그리고 부실기업처리문제의 정치 보복적 성격에 대한 진상조사였다. 그 밖에 문공위는 언론청문회를 통해 5공 초기의 언론통폐합과 언론인 강제해직의 진상을 조사했다.

전반적으로 5공비리 청문회에서는 광주청문회에서와는 달리, 정부·여당은 일부 관련자를 사법처리하고 관련 증인들에 대해 야당들이 공세를 펴는 것에 대

24) 오병상. 1995. 『청와대비서실』, 213.

해 군이 반대하지 않는 등 상대적으로 포용적인 자세를 보여준 것이 특기할 만하다. 이러한 정부·여당의 태도는 무엇보다 노태우 정부가 전임 전두환 정권의 영향력에서 벗어나 자신의 권력기반을 공고하게 하려는 정치적 계산에 따른 것이었다. 그러나 청문회 과정이 TV를 통해 생중계되는 가운데 엄청난 불법과 비리가 밝혀짐에 따라 국민의 공분이 높아지자, 정부·여당은 1988년 11월 23일 전두환의 대국민사과 성명과 백담사 은둔을 계기로 5공비리 문제를 종결하는 데 급급하였다.[25)]

한편 평민당에 이어 제2야당이었던 통일민주당 역시 광주청문회 때와는 달리, 5공비리 분야에서는 평민당과 함께 매우 적극적인 청문회 활동을 전개하였다. 그러나 5공비리 청문회는 애초부터 매우 제한적인 성격을 갖고 출발했기 때문에 권력의 핵심부분에까지 조사가 확대되지 못하였다. 예컨대, '성역논쟁'을 불러일으켰던 정치자금과 관련된 조사가 실질적으로 이루어지지 못했으며, 국가보안법, 노동관계법, 집회 및 시위 관련법 등 권위주의적 제도와 관련한 법제도적 청산을 청문회 활동에 포함시키지 않음으로써 근본적인 한계를 노출하였다.

3. 시민사회의 활성화와 공안정국

1988년에 들어서면서 재야 진영은 1987년 대선 패배의 침체를 극복하고 민족민주운동의 활로를 개척하기 위한 대안을 여러 차원에서 모색하였는데, 그중 하나의 대안이 통일운동의 활성화였다. 이에 따라, 1988년 올림픽의 남북공동개최로 통일을 앞당기려는 조국통일촉진운동이 활발하게 전개되었다. 학생과 재야세력들은 미군철수, 한반도의 비핵지대화, 휴전협정의 평화협정으로의 대체, 남북 불가침협정의 체결, 연방제통일 등을 주창하기 시작하였다.[26)] 전대협 주도로 1988년 6월 10일과 8월 15일에 각각 시도된 학생들의 평양행 기도와 판문점에서의 농성은 국민들의 초미의 관심사가 되기도 하였다.

또한 재야세력은 1989년 1월 21일 민족민주운동세력의 연합체인 '전국민족

25) 노태우 정권에 들어 5·6공 세력 간의 권력투쟁 등으로 문제가 발생하자, 전두환은 1988년 4월 13일 국가원로자문회의 의장직과 민주정의당 명예총재직에서 사퇴했다. 이후 국회 청문회가 진행되고 5·18 광주유혈 진압과 5공 비리에 대한 진상 규명 및 책임자 처벌에 대한 국민적 요구가 증폭되자, 전두환은 1988년 11월 23일 대국민 사과성명과 자산헌납을 발표하고 강원도 백담사에 정치적으로 '유폐'되었으며, 1990년 12월 30일 백담사에서 나왔다.

26) 함운경(외). 1988. 『현단계 통일운동론 1』. 서울: 친구.

민주운동연합'(전민련)을 결성하였다. 이는 당시 260여 개 진보적 정치·사회세력을 망라한 최대의 범운동세력의 연합체였다. 전민련은 5공청산, 광주학살 책임자 처단, 반민주악법 개폐투쟁, 조국통일 촉진투쟁 등을 과제로 채택하였고, 조직적 측면에서는 부문운동을 활성화함으로써 기층 민중들의 정치참여의 폭을 확대하려고 노력하였다.

노동부문의 경우, 1987년 7~9월 노동자대투쟁 이후 기존 한국노총 산하의 노조와 구분되는 이른바 '민주노조'의 광범위한 결성이 진행되었다. 이들은 지역별 노조협의회 및 업종별 노조협의회를 조직하여 민주노조운동의 확대를 꾀하였으며, 1988년 말 '지역·업종별 노동조합전국회의'를 결성하였다. 그리고 1990년 1월에는 전국 770여 개 단위노조의 약 20만 명의 노동자들이 참여하는 '전국노동조합협의회'(전노협)를 출범시켰다. 전노협은 노동자의 "경제적·정치적 지위향상"과 군부정권과 자본가들로부터의 "노동해방"을 주창하면서 기존의 한국노총과 대립하였다.[27]

초·중·고등학교 교사들 역시 자신들의 조직체를 결성하여 기존의 관제조직인 대한교련과 대립하였다. 교사들은 1987년 9월 '전국교사협의회'(전교협)를 결성하여, 민족·민주·인간화 교육실천을 위한 참교육운동을 전개하였다. 전교협은 결성 1년 만에 전국교사의 10%에 해당하는 약 3만여 명의 회원을 확보하였다. 이들은 문교부와 대한교련을 교육의 자주성을 방해하는 "모리배"로 간주하면서, 1989년 5월 교육민주화를 위한 교사들의 전국적 조직인 '전국교직원노동조합'(전교조)을 결성하였다.[28]

농민부문의 경우, "수세거부 수리청신설," "농축산물 수입개방저지," "자주농협 쟁취," "농지소유권 반환," "농축산물 제값 받기" 등 이슈를 중심으로 한 농민운동들이 활발하게 전개되었다. 이러한 농민운동의 활성화는 농민단체의 연대 및 전국 차원의 조직화로 발전되었으며, 이는 1990년 4월 '전국농민회총연맹'의 결성과 산하 지역단위 '농민회'의 지속적 조직화로 이어졌다.[29]

---

27) 김용철. 1996. "한국의 민주화 이행과 시민사회의 역동." 한홍수(편), 『한국정치동태론』. 서울: 오름, 329.

28) 동아일보사. 1990. "전국교직원노동조합 결성선언." 『선언으로 본 80년대 민족·민주운동』. 서울: 동아일보사, 217~218; 전진우. 1989. "폭발직전! 노동자·농민·교사들의 민주화 욕구." 『신동아』. 1월호, 389~400.

29) 김준. 1995. "농민운동 조직화의 양상과 운동의 지속성." 『현대사회과학연구』 제6권, 221~249.

또한 도시빈민부문에서도 조직화가 이루어졌다. 예컨대, 정부의 도시재개발 사업의 일환인 무허가주택철거에 대해 '서울철거민협의회'(서철협)를 조직하여 "철거반대투쟁"을 전개하였고, 1988년 서울 올림픽을 앞두고 도시노점상연합회는 "노점상생존권수호결의대회," "노점상양성화를 위한 대토론회" 및 평화대행진 등의 대중 집회를 개최하였다. 이들 도시빈민조직체들은 1989년 11월 '전국빈민연합'(전빈련)의 결성으로 이어졌다.[30]

민족민주세력의 활성화와 함께, 이 시기에 중간계급을 기반으로 한 시민운동 단체들이 결성되었다. 예컨대, 변호사들의 기본권보호와 정의사회의 실천을 목적으로 한 '민주사회를 위한 변호사 모임'이 1988년 5월에 결성되었고, 인도주의적 보건의료의 확립을 위한 의사들의 모임인 '인도주의실천의사협의회'가 1987년 11월에 조직되었다. 또한 환경보호를 위한 '공해추방운동연합'이 1988년 9월에 창립되었고, 경제적 문제점들의 개선을 목적으로 하는 '경제정의실천 시민운동연합'이 동년 11월에 출범하였다. 이들 단체들은 조직 면에서, '민중해방' 운동을 대표하는 전국연합에 가입하지 않았으며, 그 실천 목표도 기존의 사회변혁세력과는 명확히 구분되는 초계급적이며 비정치적인 성격을 띠었다. 또한 그 실천 방법 역시 혁명적인 것보다는 점진적 개혁을 표방하였다.[31] 이러한 시민운동단체의 출현으로 시민사회 영역에서 급진민중운동의 단일 헤게모니는 서서히 약화되기 시작했고, 양자의 상호경쟁 관계가 조성되기 시작하였다.

한편, 학생 및 재야의 급진적 통일운동과 반정부투쟁은 1989년 3월 문익환 목사와 서경원 의원(평민당)의 방북사건, 5월 부산 동의대사건, 그리고 7월의 임수경 밀입북사건 등을 거치면서 절정을 이루었다. 그러나 이 사건들은 소위 '공안정국'을 탄생시키는 데 결정적인 역할을 하였다. 일련의 과격한 사회변혁운동은 시민사회 내의 중산층의 위기의식을 부채질하였다. 이러한 상황전개는 민중운동으로부터 일반시민들의 급격한 이탈을 낳았고, 이는 경제적 불안정 조짐의 등장으로 더욱 강화되는 경향을 보였다. 즉 급진세력의 과격화 및 중산층의 위기의식에 따른 국가의 '총체적 위기론'은 당시 수세적 입장에 있던 국가와 자본가들을 공세적 입장으로 전환시키는 결정적 요인으로 작용하였다. 이른바 '공안정국'의

30) 양연구. 1990. "도시빈민운동의 태동과 그 발전과정." 조희연(편). 『한국사회운동사: 한국변혁운동의 역사와 80년대의 전개과정』. 서울: 죽산, 223~242.
31) 김용철. 1996. "한국의 민주화 이행과 시민사회의 역동," 330.

탄생은 국가의 시민사회에 대한 선별적 공세의 개시를 의미하였다. 즉 민중운동의 활성화 및 과격화에 따른 중산층의 위기의식을 활용하여, 국가는 안기부·검찰·경찰·보안사 등으로 공안합수부를 구성하였다. 공안합수부는 좌경세력의 발본색원이란 명분을 내걸고 6·29 선언 이후 활성화되고 있던 재야운동권에 대한 각개격파식의 탄압을 가하기 시작하였다.

국가의 시민사회에 대한 공세는 사회변혁세력을 대상으로 한 다분히 선별적인 것이었으며, 그 전략은 억압적 배제와 헤게모니적 유인이라는 선택적 구사로 구체화되었다.[32] 억압적 배제전략이 노동관계법·교육공무원법·국가보안법 등의 법적 수단의 활용과 안기부·보안사·검찰·경찰 등의 정보기관 및 공권력에 의한 직접적 물리적 억압으로 사회변혁세력을 대상으로 구사되었다면, 헤게모니적 유인전략은 이데올로기적·담론적 수단(예: 총체적 위기론, 무노동·무임금론 등)을 통해 변혁세력을 시민사회의 여러 계층 및 계급과 분리·고립시키는 것으로 변혁세력에 대해서는 간접적 배제를 의미하며 일반 시민들에게는 간접적 포섭을 의도한 것이었다. 이러한 국가의 선택적 공세는 1988년 이후 급속히 성장한 민중부문에 상당한 타격을 주었다. 예컨대, 교육공무원법을 비롯한 법조항에 의거, 전교조에 가입한 교사 1,500여 명이 강제 해직되었으며 107명이 구속되었다.[33] 노동부문의 경우, 현대중공업의 장기파업을 비롯한 노동현장 및 전노협에 대한 빈번한 공권력 사용은 민주노조운동을 극도로 위축시켰다.

뿐만 아니라, 공안정국을 통하여 노태우 정부는 여소야대 정국의 무력화를 시도하였다. 방북사건을 이용하여 평민당과 김대중에 대한 공세를 강화하였고, 야3당의 분열을 기도하여 야권의 동의 없이 해결할 수 없는 쟁점들을 — 국내경기의 하락과 중간평가, 지방자치제실시, 5공청산 등 — 받아들이도록 유도하였다. 결국 야당은 이러한 시도에 굴복하고 중간평가의 무기한 연기, 5공청산 및 광주문제의 매듭을 받아들였다.

32) 김용철. 1996. "한국의 민주화 이행과 시민사회의 역동," 331~332.
33) 전국교직원노동조합. 1994. 『전교조 5년의 현황과 전망』. 서울: 전교조.

제 3 절 보수대연합과 선거정치

1990년 초, 노태우 대통령은 3당합당을 성사시켜 '여소야대' 국회를 '여대야소' 국회로 전환시켰다. 그러나 1992년 3월에 치러진 14대 총선에서 민자당의 패배는 또다시 분점정부를 초래하였다. 이후 동년 12월의 14대 대선에서 민자당의 김영삼 후보는 민주당의 김대중 후보를 누르고 대통령이 당선되었다.

1. 3당합당: 민자당의 탄생

1990년 1월 22일 민정당 총재인 노태우 대통령, 김영삼 민주당 총재, 김종필 공화당 총재 등 3인은 '새로운 역사 창조를 위한 공동선언'의 발표와 함께 3당합당을 단행하였다.[34] 그들은 합당의 명분을 무엇보다도 4당 구조에 의한 정치적·경제적 불안정과 향후 정치지형을 보수 대 혁신의 구도로 설정하기 위한 방편에서 찾았다. 나아가 이들은 3당합당이 남북통일에 대비한 '구국적 차원의 결단'이라고 주장하였다.

> 4당으로 갈라진 현재의 구조로는 나라 안팎의 도전을 효율적으로 헤쳐 나라의 밝은 앞날을 개척할 수 없다 … 자유와 민주의 이념을 함께 나누며 정책노선을 같이하는 정치세력이 뭉쳐 정책중심의 정당정치를 실현하여 … 당파적 이해로 분열, 대결하는 정치에 종지부를 찍기로 했다.[35]

3당합당 발표와 더불어, 1990년 2월 9일 '민주자유당'(민자당)이 창당되었다. 민자당은 총재 노태우, 대표최고위원 김영삼, 최고위원 김종필을 중심으로 지도체제를 구성하였다. 그 결과 민자당은 총의석수 299석 가운데 215석을 확보, 개헌선인 원내 2/3 이상의 의석을 보유하게 되었다.[36] 반면에 종래 제1야당으로 여

34) 3당합당에 관한 자세한 내용은 다음 자료를 참조. 이용호. 1995. 『청와대 극비문서』. 경향신문사; 이병도. 1991. 『YS대권전쟁』. 서울: 범조사; 문용직. 1993. "1990년 3당합당의 분석." 『한국과 국제정치』 9권 1호.

35) 『동아일보』, 1990년 1월 23일.

36) 신당은 합당발표 당시의 원내의석 분포를 그대로 보유한 채 합당이 성립되면 총 221석(민정

소야대 정국에서 막대한 영향력을 발휘하던 의석 70석의 평민당은 상대적으로 그 역할이 약화되었다. 이에 따라 기존의 여소야대 원내 세력분포는 거대 여당과 왜소 야당으로 바뀌게 되었다.

3당합당은 정당간 연합을 통한 새로운 정당체계의 형성이라는 외형상의 단순한 변화 이상의 의미를 내포하였다. 그것은 3당 지도자들의 면밀한 정치적 계산을 바탕으로 성립된 것으로, 앞으로 전개될 각 정파들의 위상 및 정치권력의 향배와 밀접한 관련이 있었다. 이는 당시 4당체제하의 정치적 상황을 검토해 볼 때 보다 명확하게 이해된다.[37)]

먼저 당시 민정당은 집권당임에도 불구하고, 여소야대 국회로 인하여 '5공청산'과 중간평가 문제 등 다방면에서 수세에 처해 있었다. 따라서 민정당은 노태우 대통령의 잔여임기 동안 정국을 안정적으로 운영해 나가기 위해서는 적어도 국회 내에서 다수를 확보해야 할 필요가 있었다. 더불어, 노태우 대통령은 퇴임 후 자신의 신변 보장 및 정권재창출을 위한 정치적 대안을 필요로 하였다. 이를 위해 집권세력은 의원내각제 개헌을 최선의 전략으로 보았으며, 이를 위해 국회에서의 개헌안 통과에 필요한 의석 확보가 절대적이었다.

한편 공화당은 제4당이라는 정치적 열세를 극복할 필요가 있었다. 자생적으로 집권 가능성이 희박한 김종필 총재와 공화당에게 민정당의 내각제개헌 카드는 매우 매력적인 것이었다. 즉 권력공유가 가능한 의원내각제가 실현될 경우, 통합 신당 내의 정치적 역학을 활용하여 김종필은 자신의 정치적 입지를 넓힐 수 있을 것으로 전망하였다.

다른 한편 당시 제3당인 민주당은 제1야당인 평민당에 주도권을 빼앗긴 상태에 있었고, 동해 보궐선거에서의 후보자 매수 사건 및 영등포 보궐선거에서의 패배 등으로 정치적 전망이 불투명하였다. 뿐만 아니라, 더욱 중요한 요인은 정치적 경쟁과 대권에 대한 집념으로 집약되는 김영삼과 김대중의 오랜 정치적 관계이다. 특히 지난 1987년 대통령선거에서의 후보단일화 실패와 대선 후 야당통합 실패로 인해 양자 간에는 깊은 불신이 자리하고 있었다. 이러한 상황에서 당

127, 민주 59, 공화 35)을 확보하게 된다. 그러나 민주당의 이기택, 노무현, 김정길, 김광일 의원 등이 신당 불참을 잇달아 선언하여 합당 당시 총 217석이 되었다.

37) HeeMin Kim. 1997. "Rational Choice Theory and Third World Politics." *Comparative Politics* 30:1, 88~97; 김용호. 1994. "민주화와 정당정치." 안청시(외)『전환기의 한국민주주의, 1987~1992』. 서울: 법문사, 126~127.

시 김영삼은 차기대권 경쟁에서 제3당의 위치에서 도전해야 하는 불리한 입장에 있었다. 불리한 정치적 상황을 돌파하기 위한 전략으로 김영삼은 민정당과의 합당을 긍정적으로 평가하였다. 즉 민정당 내에 차기 대권에 도전할 전국적 명성을 가진 인물이 부재한 까닭에, 김영삼은 민정당과 합당할 경우 보다 유리한 정치구도하에서 차기대권에 도전할 수 있다고 판단하였다.

결국 3당합당으로 이어진 정계개편은 민자당이라는 거대여당의 출현으로 잠재적으로 정국의 안정을 도모할 수 있는 정치적 구조를 창출했다는 점에서 긍정적으로 평가할 수 있을지 모르나, 다음의 몇 가지 측면에서 향후 한국정치 발전에 부정적 영향을 미칠 수 있는 요소들을 담고 있었다.

첫째, 3당합당은 기본적으로 민주적 정당정치의 확립과 발전에 역행하는 퇴행적 현상이었다. 3당통합은 여소야대 상황을 일거에 역전시킨 사건으로, 유권자의 의사와는 무관하게 소수의 정치엘리트 간의 비밀협약에 의한 정치적 담합의 성격이 강하였다. 비록 3당통합의 명분을 "정치안정과 지속적 경제발전을 위한 구국의 대결단"이라고 내걸었으나, 실제로는 국민의 의사를 배반하고 정당정치의 책임성(accountability)을 저버린 소수엘리트의 정치적 야합이었다.[38]

둘째, 3당합당은 의회 구도의 보수화를 촉진하여, 민주주의 이행 이후 시민사회의 고조된 개혁 열기를 의회에서 차단시키고, 동시에 보수적 헤게모니를 구축하고 강화시키려는 집권세력의 전략적 실천이었다. 1988년 총선부터 1989년 공안정국에 이르기까지 시민사회는 진보적 개혁의 열기로 가득하였다. 그리고 정치사회를 대표하는 의회 내에는 여소야대 정국을 통하여 권위주의 국가와 정치과정을 개혁하려는 엄청난 압력이 분출되었다. 이에 대한 지배세력의 움직임은 공안정국과 3당합당으로 나타났다. 즉 공안정국의 전략이 국가의 헤게모니를 동원하여 시민사회의 민주화 열기와 의회에서의 개혁의지를 급격히 냉각시키는 것이었다면, 3당합당의 전략은 보수주의적 권위주의와 보수주의적 자유주의의 결합을 실현하여 정책·이념적 정향 및 엘리트구조에서 고도의 연속성을 갖는 제한된 민주화 이행을 위한 조치였다.

셋째, 3당합당은 '호남 대 비호남'이라는 변형된 지역갈등구조를 잉태하고 있었다.[39] 3당합당은 노태우의 대구·경북지역, 김영삼의 부산·경남지역, 그리고 김

38) 신명순. 1993.『한국정치론』. 서울: 법문사, 171.

39) 정해구. 1996. "4·11총선 분석과 97대선 전망: 지역주의를 중심으로."『정치비평』. 서울: 푸른솔,

종필의 충남지역 등 세 지역의 연합을 의미한다는 점에서 비호남 지역패권연합이라 할 수 있었다. 이는 기존의 '영남 대 호남'이라는 지역갈등구조의 변형으로, 호남과 김대중의 고립을 구조적으로 강요함으로써 지역갈등구조의 약화 및 희석보다는 확대재생산을 촉진하는 요소를 지니고 있었다.

2. 야당통합과 지방의원선거

1991년 3월 26일과 6월 20일 구·시·군의원 선거와 시·도의원 선거가 각각 실시되었다. 이는 1961년 5·16 쿠데타로 중단된 지방자치를 30년 만에 부활시킨 것이다. 그러나 그것은 자치단체장을 여전히 정부에서 임명하고 지방의원만을 주민이 직접 선출하는 불완전한 것이었다.[40)]

지방의원 선거는 '풀뿌리 민주주의'의 출발이라는 당위적인 기대와 현실정치의 반영이라는 엇갈린 구도 속에서 실시되었다. 지방의원 선거의 당위성은 지방자치의 주체인 '민초'들의 적극적 참여로 중앙정치의 폐해를 불식시키는 계기를 만들고, 공정한 선거를 통해 지역주민의 기대에 부응하는 책임정치를 실현한다는 것이다.

그러나 여야의 관심은 이러한 당위성보다는 지방자치가 기존의 중앙정치에 미치는 파장에 집중되었다.[41)] 중앙집권에 의한 패권적 지위를 확보하고 있는 정부·여당의 경우, 자방자치의 실시가 지역적 권력기반의 약화를 초래할 수도 있다는 점을 염려하였다. 이에 따라 집권세력은 기존의 관료집단과 친여세력이 장악하고 있는 지역사회의 지배구조를 지방자치를 통해 그대로 흡수하고자 하였으며, 이를 위해 지방선거에 있어서 가급적 정당이 배제되어야 한다는 입장을 취하였다. 반면에, 야당은 3당합당으로 왜소화된 야당세를 지방선거를 통해 만회하고, 이를 장차 정권교체의 기반으로 삼고자 하였다.

61~63.

40) 1988년 4월에 개정된 지방자치법의 주요 골자는 다음과 같다: ① 지방자치단체의 종류를 광역자치단체와 기초자치단체로 구분한다; ② 지방선거의 선거권은 20세 이상, 피선거권은 지방의회의원이 25세 이상, 기초자치단체장이 30세 이상, 광역자치단체장이 35세 이상으로 한다; ③ 지방의회의원과 자치단체장의 임기는 4년으로 한다; ④ 지방자치단체장은 선거에 의해 선임하되, 법률이 제정될 때까지 대통령이 임명한다; ⑤ 지방의회의 구성은 기초자치단체부터 실시하며, 광역자치단체 의회는 기초자치단체 의회 구성일로부터 2년 이내에 구성토록 한다.

41) 안청시·김만흠. 1994. "지방자치와 지방선거." 안청시(외). 『전환기의 한국민주주의, 1987~1992』. 서울: 법문사, 284~285.

이러한 배경에서, 지방의원 선거를 앞두고 야권 통합의 움직임이 다시 일기 시작하였다. 3당합당 직후인 1990년 초, 평민당과 민주당은 재야의 야권통합추진회의와 함께 통합추진위원회를 구성한 후, 서울에서 대중집회를 개최하여 3당합당의 부당성을 국민들에게 직접 호소하였다. 그러나 야권 공조에도 불구하고, 야권통합은 쉽게 달성되지 못하였다. 야권통합 협상과정에서 평민당은 '선통합－후조직정비'를 주장하였으나, 민주당은 사전에 지도체제 및 지구당 조직책의 지분 비율을 결정해야 한다고 맞섬으로써 통합협상은 지지부진하였다. 그러나 1991년에 접어들면서, 평민당이 신민주연합과 합당하여 신민주연합당(신민당)이 발족하고, 총재에 김대중을 선출하였다. 이는 다가오는 지방의원 선거에 대비한 것이었다.

시·군·구의 기초의원 선출을 위한 지방선거가 3월 8일 공고되자, 10,159명의 후보자가 등록하여 평균 2.4대 1의 경쟁률을 보였다. 그리고 3월 26일에 실시된 선거는 55%의 매우 저조한 투표율을 기록하였다.[42] 그러나 후보자들은, 시·군·구 기초의원의 정당공천 금지규정과는 무관하게, 60%가량이 정당의 '내천'을 받은 후보자들이었고, 당선자 중에서는 민자당 2,142명(49.8%), 평민당 785명(18.2%), 민주당 33명(0.8%) 등 전체 당선자의 68.8%인 2,960명이 정당 내천자들이었다.[43] 또한 전체의석의 31.2%를 차지하는 1,343명의 무소속 당선자 중 과반수가 친여 성향임을 감안한다면, 여권이 전체적으로 70% 이상을 획득한 것으로 평가되었다.[44] 그 결과 민자당은 전체 260개 지방의회의 73%인 190개를 장악한 반면, 야당은 주로 호남지역에 국한해서 오직 19%만을 장악함으로써 3당합당 이후 야당의 정치적 위상이 현저히 약화되었음을 확인시켜 주었다.

시·도 광역의원 선거에서도 마찬가지였다. 광역의원 선거는 6월 20일 실시되었는데, 총 2,885명의 후보자가 등록하여 3.3:1의 경쟁률을 보였다. 전국에서 총 866명의 광역의원을 선출하는 시·도의원 선거에는 정당공천제가 허용되어 시·군·구 기초의원 선거보다는 비교적 활기를 띠었다. 즉 각 정당들은 광역의회 의원선거를 단순한 지방선거라기보다는 3당합당 이후의 정치활동에 대한 중간평가의 기회로, 그리고 앞으로 있을 국회의원 선거와 대통령선거에서의 가능성을 타진하는 기회로 바라보았다.

42) 『동아일보』, 1991년 3월 27일.
43) 중앙선거관리위원. 1991. 『구·시·군의회의원 선거총람』, 100~102와 115.
44) 『한겨레신문』, 1995년 3월 10일.

시·도의원 선거는 58.9%의 투표율을 기록하였다. 개표 결과, 민자당은 광주·전남북·제주를 제외한 11개 시·도의회에서 과반수에 달하는 564석을 차지했으며, 부산의 경우 50개 의석 모두를 휩쓸었다. 신민당은 전국적으로 165석, 민주당은 21석을 얻는 데 그쳤다. 그리고 민중당은 1석을, 무소속 115석을 획득하였다. 정당별 득표율을 보면 민자당 41%, 신민당 22%, 민주당 14%로 야권의 분열이 민자당의 압승에 결정적 기여를 한 것으로 드러났다.[45]

지방의원 선거결과는 신민당과 민주당에게 야당통합 없이는 1992년에 예정된 총선과 대선에서 거대여당의 독주를 견제할 수 없다는 인식을 심어주었다. 야권통합을 위한 막후협상 끝에, 1991년 9월 10일 드디어 신민당과 민주당은 합당에 합의하였다. 이로써 1990년 1월의 3당합당으로 거대여당이 출현한 이래, 1년 반 만에 야권통합운동이 결실을 보게 되었다. 통합선언에서 양당은 ① 통합당의 명칭은 민주당으로 하며, ② 김대중과 이기택을 공동대표로 하며, ③ 지도체제는 최고위원 10명의 집단지도체제로 하되 양측 5명씩 동수로 구성하며, ④ 중앙당의 당직 배분은 신민 6, 민주 4의 비율로 하며, 재야인사는 각 지분 내에서 영입할 것임을 발표하였다.[46]

3. 제14대 국회의원선거: 여소야대의 재현

14대 총선이 민자당과 민주당 간의 경쟁이 될 것이라는 일반의 예상을 뒤엎고, 선거경쟁에서 통일국민당이 선전한 것으로 나타났다. 정주영 현대그룹 명예회장은 1992년 1월 10일 통일국민당 창당 발기인대회를 갖고 본격적인 정치행보를 시작하여, 2월 8일 통일국민당을 결성하였다. 1992년 1월 8일 창당 기자회견에서 정주영은 노태우 대통령의 아킬레스건인 정치자금을 폭로함으로써, 자신이 노태우 정부를 위협하는 '반정부 인사'라는 이미지를 부각시켰다.

원래 정주영과 노태우 정부 간의 관계는 비교적 순조로웠다.[47] 그러나 이들

45) 『동아일보』, 1991년 6월 22일.
46) 『동아일보』, 1991년 9월 6일.
47) 노태우 정부와 현대 간의 갈등에 대한 자세한 분석은 다음 글들을 참조. 손호철. 1993. "국가론의 시각에서 본 6공-현대갈등." 『전환기의 한국정치』. 서울: 창작과비평사, 159~174; 이국영. 1992. "6공-현대의 격돌: 국가계급과 대자본의 갈등." 『사회평론』 169~181; 최진섭. 1992. "정주영-노태우 갈등으로 본 한국국가성격." 『말』 4월호.

의 밀월관계는 재벌들의 비업무용 부동산을 강제 매각시키는 것을 골자로 하는 1990년 '5·8대책'이 발표된 이후 균열이 가기 시작하였다. 그리고 민자당 출범 이후 전개된 일련의 정국 혼란, 특히 민자당 내 계파 간의 이전투구식의 권력투쟁은 애초 3당합당을 막후에서 지원해 이를 성사시킴으로써 일본식의 정경유착 구조를 한국에 완성시키려 했던 정주영 등 재계의 희망을 깨뜨리는 것이었다. 결국 정주영은 다른 방식으로 정경유착 구조를 만들려 하였고, 그것은 독자적인 정당창당으로 나타났다.

민자당 선거전략의 핵심은 '야당바람'을 차단함과 동시에 인물과 조직을 기반으로 지역구 차원의 개별적 선거운동의 강화였다. 그리고 여당 비판적 성향이 강한 수도권과 민주당의 지지기반인 호남지역을 겨냥하여 '수도권 대책위원회'와 '호남대책 특별위원회'를 구성하였으며, 친여 성향의 보수적 유권자를 겨냥하여 '정치안정'을 강조하는 한편, 노태우 정부의 정책적 성과들 — 민주화 성취, 주택 200만호 건설, 남북합의서 체결 — 을 부각시켰다.[48]

민주당은 여당에 비해 상대적으로 약한 조직력을 고려하여, '야당 바람'의 재연과 야당지지 성향이 높으면서 정치적 무관심을 강하게 보이는 20~30대 유권자들의 선거참여를 적극 유도한다는 총선 전략을 채택하였다. 야당 바람의 재연을 위해 민주당은 '3당합당의 부도덕성,' '최악의 물가고,' '민생치안의 부재,' '자치단체장 선거연기,' '수서비리' 등을 중심으로 정부·여당의 실정을 집중적으로 공략하였다.[49]

국민당은 당대표의 고향인 강원도와 현대계열 기업들이 집중되어 있는 지역을 일차적인 연고지역으로 삼았으며, 물가불안 및 경기침체에 불만을 지닌 계층을 대상으로 기업경영에 성공한 인물이 이끄는 "경제를 아는 정당"임을 부각시켰다. 또한 '재벌당'이라는 부정적인 이미지를 불식시키고, 권력에 의해 '탄압받는 정당'이라는 이미지 구축을 위해 정부와 여당에 대해 매우 공격적인 선거전략을 구사하였다.[50]

3월 24일 실시된 14대 총선 결과의 특징은 ① 민자당의 과반수의석 확보 실패, ② 민주당의 약진, ③ 통일국민당의 선전, ④ 지역주의적 투표행태 등으로 요

48) 정영국. 1992. "14대 국회의원 선거과정의 특징: 3개 선거구 참여관찰 사례를 중심으로."『선거와 한국정치』. 서울: 한국정치학회, 113~114.
49) 정영국. 1992. "14대 국회의원 선거과정의 특징," 115.
50) 정영국. 1992. "14대 국회의원 선거과정의 특징," 116~118.

표 9-3 제14대 국회의원선거의 정당별 득표율과 의석수

구 분		민자당	민주당	통일국민당	기타 정당	무소속
수도권	서울	34.8%(16)	37.2%(25)	19.1%(2)	4.7%(1)	4.2%(0)
	인천	34.3%(5)	30.7%(1)	20.4%(0)	7.1%(0)	7.5%(1)
	경기	37.1%(18)	31.8%(8)	19.6%(5)	3.7%(0)	7.8%(0)
충청권	대전	27.6%(1)	25.5%(2)	21.3%(0)	1.8%(0)	23.8%(2)
	충남	43.4%(7)	20.1%(1)	16.0%(4)	3.0%(0)	17.5%(2)
	충북	44.6%(6)	23.8%(1)	21.5%(2)	3.6%(0)	6.5%(0)
호남권	광주	9.1%(0)	76.4%(6)	3.9%(0)	1.5%(0)	9.1%(0)
	전남	25.2%(0)	61.6%(19)	5.0%(0)	0.8%(0)	7.4%(0)
	전북	31.8%(2)	55.0%(12)	4.8%(0)	1.3%(0)	7.1%(0)
경북권	대구	46.9%(8)	11.8%(0)	28.6%(2)	3.9%(0)	8.8%(1)
	경북	49.0%(14)	6.8%(0)	17.7%(2)	2.5%(0)	24.0%(5)
경남권	부산	51.8%(15)	19.4%(0)	10.2%(0)	3.4%(0)	15.2%(1)
	경남	45.6%(16)	8.7%(0)	20.4%(3)	2.9%(0)	22.4%(4)
기 타	강원	38.8%(8)	11.7%(0)	31.9%(4)	3.6%(0)	14.0%(2)
	제주	34.1%(0)	19.9%(0)	-	-	46.0%(3)
전 국	지역구	38.5%(116석)	29.2%(75석)	17.4%(24석)	3.4%(1석)	11.5%(21석)
	전국구	33석	22석	7석	0석	0석
	합계	149석	97석	31석	1석	21석

출처: 중앙선거관리위원회. 1992. 『제14대 국회의원선거총람』, 110~112.

약된다. <표 9-3>에서 보듯이, 유권자의 71.9%가 투표한 결과, 민자당이 전체 의석의 절반에서 1석이 모자라는 149석을 얻어 3당합당 직후의 215석에 비해 무려 66석이 감소하였고, 민주당은 97석을 차지하여 13대 총선 때보다 27석이 증가하였다. 신생정당인 통일국민당은 원내교섭단체 구성에 필요한 20석을 능가하는 31석을 차지하였고, 기타 정당이 1석 그리고 무소속이 21석을 획득하였다.

민자당의 패배는 3당합당과 그에 따른 당내 계파 간의 파벌싸움, 인사편중과 파벌안배에 따른 공천, 경제시책의 비일관성, 수서사건을 비롯한 공직자 비리와 사회기강의 해이, 국민경제의 불안정과 경제침체, 그리고 장래의 희망적 비전의 부재 등 거대여당의 횡포와 정책 부재에 대한 국민들의 실망에서 기인하였다.[51] 민주당의 약진은 서울과 호남지역에서의 압승에 힘입은 바 크다. 그리고 창당한

51) 구범모. 1992. “14대 총선의 정치사회적 의미.” 『선거와 한국정치』. 서울: 한국정치학회, 9.

지 두 달 만에 제3당의 위치를 차지한 통일국민당의 경우, 막대한 선거자원을 바탕으로 "여당을 싫어하고 야당을 못미더워하는" 유권자들의 정치의식을 효과적으로 파고든 선거전략에 힘입은 바 컸다.

4. 제14대 대통령선거 : 김영삼의 승리와 김대중의 패배

대통령선거를 앞두고 민자·민주·국민 3당은 모두 승리를 장담하면서 다양한 선거구호와 전략을 개발하였다. 먼저 민자당은 김영삼 후보의 승리를 자신했는데, 이러한 자신감은 기본적으로 3당합당을 통해 재편된 '호남 대 비호남'의 정국구도, 전통적으로 집권여당이 지니고 있는 조직 및 자금력 등의 각종 프리미엄, 그리고 김영삼 후보가 나름대로 40년의 정치생활을 통해 다져온 지지기반 등에서 비롯되었다. 민자당은 '안정이냐 혼란이냐'는 구호를 내세워 안정희구 세력을 겨냥하였고, '한국병 치유' 및 '신한국 건설'이라는 구호로 변화추구 세력을 포섭하는 양면전략을 전개하였다.

그러나 이러한 민자당의 낙관은 선거운동과정에서 불어 닥친 '정주영 바람'으로 인해 주춤거렸다. 이에 당황한 민자당은 현대그룹에 대한 수사와 금권선거 규탄공세를 통해 정주영 후보의 상승세에 대처하였다. 다른 한편 민자당은 일관되게 이른바 '색깔논쟁'으로 민주당의 김대중 후보를 공략했다. 이는 과거 20여 년 동안 줄곧 김대중 후보를 괴롭혀온 그의 사상문제를 물고 늘어지는 것이었다. 1992년 9월부터 터지기 시작한 간첩단 사건은 교묘한 여론조작과 함께 김대중 후보의 비서와 부대변인의 구속으로 이어졌고, 이로 인해 민주당의 '간첩단 연루설'은 걷잡을 수 없이 퍼져 나갔다. 민주주의민족통일전국연합(전국연합)이 민주당과의 정책연합을 통해 김대중 후보를 지지하자, 정부·여당은 김대중 후보에 대한 사상공세 — 전국연합의 일부가 북한을 신봉하는 주사파인데 어찌 주사파와의 결합이 가능하느냐 — 를 더욱 강화했다. 심지어는 김대중 후보가 주사파와 김일성의 지령을 받는 것처럼 그린 선전 책자까지 등장하기도 하였으며, 선거가 막바지에 이르자 김영삼 후보가 직접 나서서 "민주당은 김일성 노선을 추종하는 전국연합과 손을 잡았고 평양방송은 김영삼을 낙선시키라고 선동하고 있다"고 노골적으로 김대중 후보를 공격하였다.[52)]

52) 한국정치연구회. 1993. 『한국현대사』. 서울: 녹두, 281.

이에 반해 민주당의 선거전략의 핵심은 이른바 '뉴 DJ플랜'이었다. 민주당은 그동안의 여론조사를 통해 실제와는 무관하게 스스로를 중산층으로 여기는 '의사(擬似) 중산층'이 의외로 광범위하다는 점에 주목했다. 이에 민주당은 김대중 후보의 과격 이미지를 불식시키고 온건 이미지를 부각시켜 중산층을 집중 공략하는 선거전략을 전면에 내세웠다. 이를 위해 김대중 후보는 '민주 대 반민주'의 구도로 선거 국면을 이끌기보다는 온건 이미지 및 점진적인 개혁을 강조했다. 민주당은 여론조사를 통해 김대중 후보가 김영삼 후보에게 상당히 뒤지고 있음을 알고 있었다. 하지만, 민자당의 내분과 정주영 바람, 여타 후보에 비해 상대적으로 우세한 김대중 후보의 자질 등에 내심 기대를 걸고 있었다. 김대중 진영의 당선을 위한 표 계산은 1987년의 '4자 필승론'과 유사했다.[53] 민주당은 정주영 후보가 무주공산이 된 대구·경북과 강원 지역에서 김영삼 후보의 표를 잠식하고, 김대중 후보가 수도권에서 10% 정도의 표 차이로 김영삼 후보에 앞선다면 신승할 수 있다는 계산을 하고 있었다. 따라서 민주당은 뉴 DJ플랜과 아울러 청년층·부동층이 집결한 수도권에 총력을 기울였다.

한편 국민당은 지난 14대 총선에서의 선전을 바탕으로 이번 대선에서 승리를 꿈꿨다. 국민당은 현대그룹의 조직력과 자금력, '경제대통령'으로서의 정주영 후보의 이미지 구축 등을 무기로 선거에 임했다. 반(反)양김 분위기와 김복동·박철언·이종찬 등의 합류에 힘입어, 국민당 지도부는 승부를 겨뤄 볼 만한 선거로 판단하였다. 그러나 선거운동이 진행되면서 민자당이 김영삼 후보 당선을 위한 최대의 관건으로 정주영 후보에 대한 견제가 필수적임을 판단하고, 국민당의 금권선거를 집중 공격하자 정주영 바람은 주춤해졌다.

선거 결과는 당초 일반의 예상에서 크게 빗나가지 않았다. 12월 18일 실시된 대통령선거는 투표율 81.9%를 기록하였다. 후보별 득표율은 민자당의 김영삼 후보 42%, 민주당의 김대중 후보 33.8%, 국민당의 정주영 후보 16.3%, 신정당의 박찬종 후보 6.4%, 그리고 백기완 후보 1.0% 등이었다. <표 9-4>에서 보듯이, 14대 대선은 집권세력의 완승과 제도권 야당들의 패배, 그리고 진보적 민주진영의 실패로 마감되었다.

53) 1987년 대선에서의 김대중 후보 진영의 '4자 필승론'이란 노태우·김영삼 후보가 각기 영남지역을 반분하고 김종필 후보가 충청지역을 석권한다면, 김대중 후보는 호남을 독식하고 서울을 비롯한 수도권에서 승리할 수 있기 때문에 최종적으로 대통령에 당선될 수 있다는 것이었다.

표 9-4 제14대 대통령선거의 후보자별 득표율

구 분		민자당 김영삼	민주당 김대중	국민당 정주영	신정당 박찬종	대한당 이병호	무소속 김옥선	무소속 백기완
수도권	서울	36.4	37.8	18.0	6.4	0.1	0.2	1.1
	인천	37.3	31.7	21.4	7.9	0.1	0.4	1.2
	경기	36.3	32.0	23.1	6.9	0.2	0.4	1.1
충청권	대전	35.2	28.7	23.3	11.2	0.2	0.4	1.0
	충남	36.9	28.6	25.3	6.7	0.4	1.0	1.1
	충북	38.3	26.0	23.9	9.4	0.6	0.6	1.2
호남권	광주	2.1	95.9	1.2	0.4	0.01	0.2	0.2
	전남	4.2	92.1	2.1	0.6	0.1	0.6	0.3
	전북	5.7	89.1	3.2	0.8	0.1	0.7	0.4
경북권	대구	59.6	7.8	19.4	11.8	0.1	0.2	1.1
	경북	64.7	9.6	15.7	8.2	0.2	0.4	1.2
경남권	부산	73.3	12.5	6.3	6.6	0.1	0.2	1.0
	경남	72.3	9.2	11.5	5.5	0.1	0.3	1.1
기 타	강원	41.5	15.5	34.1	6.8	0.4	0.5	1.2
	제주	40.0	32.9	16.2	8.8	0.2	0.5	1.4
전 국		42.0	33.8	16.3	6.4	0.1	0.4	1.0

출처: 중앙선거관리위원회. 1993. 『제14대 대통령선거총람』, 144.

김영삼의 승리와 김대중의 패배의 최대 요인은 지역주의적 투표행태였다. 김영삼 후보의 부산(73.3%), 경남(72.3%), 대구(59.6%), 경북(64.7%)과 김대중 후보의 광주(95.9%), 전남(92.1%), 전북(89.1%)에서의 득표율은 각각 자신의 전국득표율 42%와 33.8%를 크게 상회하였다. 광주·전남·전북에서 김대중 후보는 경이적인 득표율을 기록했음에도 불구하고, 영남지역에서의 김영삼 후보에 대한 몰표(영·호남에서만 두 후보의 표 차이는 137만 표)는 김영삼 후보 당선에 결정적인 영향을 미쳤다.[54)]

둘째, 정부와 민자당의 색깔론 공세이다. 정부·여당은 '간첩단 사건,' '남한조선노동당사건' 등을 터뜨려, 민주당의 김대중 후보를 공격하는 자료로 활용하였다. 민자당의 색깔론은 국민들의 안보의식과 현상유지 성향을 부추겼다. 그 결

54) 호남에서의 몰표에도 불구하고 김대중 후보가 김영삼 후보에게 패배하자, 호남지역 유권자들 사이에는 호남사람이 영남사람보다 수적으로 열세이기 때문이라면서 "아이를 많이 낳아야 한다"는 주장이 나오기도 하였다.

과, 김대중의 지지기반이었던 서울을 비롯한 수도권지역에서도 김대중 후보는 예상한 만큼의 표를 얻지 못했다.

셋째, 기대에 못 미친 미약한 '정주영 바람'이다. 정주영 후보는 14대 총선에서 국민당이 획득한 지지율 17.4%에도 못 미치는 16.3%의 지지율을 얻는 데 그쳤다. 정주영 후보는 그의 출신지인 강원 지역에서조차 득표율에서 김영삼 후보에게 약 7%가량 뒤졌으며, 전국 어느 지역에서도 1위를 차지하지 못하는 한계를 드러냈다. 물론 여기에는 정권 차원의 외압도 주요한 변수로 작용하였다. 그리고 막판까지 폭로전으로 일관한 선거전술상의 오류, 현대그룹이라는 비정치 조직이 선거운동을 주도하기에는 역부족일 수밖에 없는 조직상의 한계, 그리고 당직자들 간의 불협화음 등이 감표 요인으로 작용하였다. 결국 선거운동 초반의 '정주영 바람'은 한낱 거품에 불과한 것으로 판명되었다.

반면 신정당의 박찬종 후보는 조직력과 선거자금의 절대적 열세 그리고 언론의 무관심에도 불구하고, 13대 대선 때 김종필 후보의 8.1%의 득표율에 버금가는 6.4%를 획득하는 선전을 했다. 박찬종 후보의 선전은 사표방지라는 유권자의 심리를 감안할 때, 그의 일관된 주장인 양김 구도의 청산과 세대교체에 호응하는 상당한 지지세력이 존재하고 있음을 보여주었다. 이에 비해, 민중 진영의 백기완 후보는 1%를 얻는 데 그침으로써 진보세력의 대중적 지지확보에는 아직 한계가 있음을 드러냈다.

제10장

문민정부:
개혁정책과 외환위기

제 1 절 문민정부의 정치개혁

1993년 2월 25일 김영삼 정부가 출범하였다. 김영삼 정부는 1961년 군사쿠데타에 의해 군부권위주의체제가 시작된 이래 32년 만에 부활된 문민정부이다. 이 점에서 김영삼 정부의 개막은 김영삼 자신과 모든 국민들에게 감동으로 다가왔고, 국민들이 문민정부에 기대하는 변화와 개혁은 실로 컸다. 이를 의식하듯이 김영삼 대통령은 그의 취임식 연설에서 다음과 같은 포부를 밝혔다.

> 저는 신한국 창조의 꿈을 가슴 깊이 품고 있습니다. 신한국은 보다 자유롭고 성숙한 민주사회입니다. 정의가 강물처럼 흐르는 사회입니다. 더불어 풍요롭게 사는 공동체입니다. 문화의 삶, 인간의 품위가 존중되는 나라입니다. 갈라진 민족이 하나 되어 평화롭게 사는 통일조국입니다.[1)]

김영삼 대통령은 급변하는 세계질서에 적응하고 '신한국' 건설을 향해 나아가기 위해서는 우리 사회가 앓고 있는 '한국병'의 치유가 필수적임을 강조하였다. '한국병'이란 지난 30여 년 동안 누적되어 온 개발독재의 비정상적인 유산 — 군부권위주의의 잔재, 정경유착(政經癒着), 부정부패 — 을 지칭하였다.

1. 권위주의 유산의 청산

권위주의의 청산은 비정상적이고 정당성이 결여된 군부 권위주의체제를 해체하고 진정한 의미의 자유민주주의를 실현하기 위한 목적으로 실시되었다. 먼저 권위주의 청산작업은 청와대 안팎의 잔재 청산으로부터 시작되었다. 1993년 2~3월에 걸쳐, 청와대 앞길과 인왕산의 등산로를 완전 개방하고 청와대 주변의 안전가옥 12개소를 철거하였다. 그리고 지방 청와대 5개소를 문화복지 시설로 활용토록 하였고, 대통령의 하계 별장 등 6개소를 국민들에게 개방하였다.[2)]

둘째, 과거 무소불위의 권한을 행사하던 권력기관들의 기능과 기구를 개편하

1) 대통령비서실. 1994. 『김영삼 대통령 연설문집 1』, 56.
2) 공보처. 1996. 『신한국 3년』, 167.

여 권위주의적 색채를 제거하였다. 예컨대, 대통령은 첫 국무회의부터 안기부장과 경호실장의 국무회의 참여를 금지시켰다. 1994년 1월 국가안전기획부법을 개정하여 안기부의 정치관여 및 월권행위를 방지하고 국회 정보위원회에서 안기부의 운영을 감독하고 예산을 심의하도록 하는 제도적 장치를 마련하였다. 또한 청와대 경호실에 대해서 경호실장의 직급을 차관급으로 낮추고, 인사 및 업무영역을 조정하여 월권행위를 방지토록 하였다.

셋째, 군부개혁을 단행하였다. 우선 군 지휘계통을 어지럽혔던 군부 내의 사조직인 '하나회'를 제거하였고, 여기에 주도적으로 참여한 인사들에 대해 보직을 이동시키거나 전역 등의 인사 조치를 단행하였다. 그리고 권위주의 통치의 핵심기관이었던 국군기무사에 대하여 조직상의 개혁을 단행하였다. 즉 기무사령관의 직급을 하향 조정하였고, 대통령 직보체제를 철폐하여 국방장관에게 보고토록 하였으며, 기무사 내의 대민정보를 취급하는 정보처를 폐지하였고, 기무사 기관요원의 감축과 함께 지방도시에 배치된 사무실의 영내 철수를 시행하였다.

2. 부정부패의 척결

'깨끗한 정부' 그리고 '깨끗한 정치'의 실현을 위한 일련의 정치개혁이 시도되었다. 김영삼 대통령은 취임 이틀 만에 자신의 직계가족의 재산을 전격적으로 공개하였고, 이어 3월 4일 기자간담회에서 "임기중 단 1전의 정치자금도 수수하지 않겠다"고 선언하였다. 법적인 의무는 없지만 대통령의 선례에 따라 장·차관 및 청와대 비서진들이 재산을 공개하였고, 이어 국회의원들의 재산공개가 뒤따랐다. 이를 계기로 1993년 5월 임시국회에서 '공직자윤리법'을 개정하여, 입법부·사법부·행정부 및 공공기관 종사자 9만여 명이 의무적으로 재산을 등록하도록 하였다. 이 가운데 정무직 공무원, 지방자치단체의 장, 지방의회의 1급공무원, 고등법원 부장판사 이상의 법관, 검사장급 이상의 검사, 중장 이상의 장성, 치안감급 이상의 경찰공무원 등은 등록재산을 공개토록 하였다.[3)]

재산공개는 공직자와 정치인들의 재산형성 과정의 도덕성에 대한 논란을 불러일으켰고, 이 과정에서 박준규 국회의장의 의장직 사퇴, 민자당의원 4명의 의원직 사퇴, 박양실 보사부장관과 김상철 서울시장 그리고 차관급 인사 5명이 사

3) 공보처. 1997. 『변화와 개혁: 김영삼 정부 국정 5년 자료집 4』, 44.

임하였다.[4] 재산공개에 뒤이어 '슬럿머신' 사건으로 박철언 의원, 이건개 대전고검장, 엄삼탁 병무청장 등 구정권의 핵심 인사들이 사법처리되었다. 또한 군의 인사 비리가 발각되어 이종구·이상훈 전 국방장관, 김종호·김철우 전 해군참모총장, 한주석·정용후 전 공군참모총장 등이 구속되었고, 부정부패 혐의로 민자당 내 민정계의 대부였던 박태준 전 포철회장과 김종휘 전 외교안보수석이 수배되었다. 또한 대통령 취임 1년 기간 동안, 1,363명의 비위공무원이 파면·해임·면직되었고, 민간부문에서 불법 호화별장으로 인해 31명이, 부동산투기로 64명이, 법조비리로 602명이 구속되었다.[5]

이와 함께 '깨끗한 정치'의 실천을 제도적 차원에서 공고히 하기 위해 일련의 개혁조치가 취해졌다. 첫째, 김영삼 대통령은 1993년 8월 12일 '금융실명거래 및 비밀보장에 관한 긴급재정경제명령'을 통해 '금융실명제'를 전격적으로 도입하였다. 금융실명제의 실시는 자금 흐름의 투명성을 제고하고 음성소득과 불건전 자금거래를 차단하는 효과를 지니는 까닭에, 한국사회의 뿌리 깊은 정경유착, 부정부패, 지하경제의 근절이 기대되었다.[6] 둘째, 금융실경제의 후속 조처로서, 부동산에 대한 등기는 반드시 실소유자의 명의로만 하게 하는 '부동산실명제'가 1995년 7월 1일을 기해 실시되었다. 즉 부동산투기와 조세포탈 그리고 재산은닉 등의 수단으로 악용되어 온 명의신탁(名義信託) 제도를 금지함으로써 경제정의를 실현코자 하였다. 셋째, 1994년 3월 '공직선거 및 선거부정방지법'과 '정치자금법'이 제·개정되었다. 통합선거법은 기존의 각종 선거법들을 단일 법률로 체계화하여 각종 공직선거의 효율적인 관리를 시도하였다.[7] 개정된 정치자금법은 음성적

4) 한국일보사. 1994.『한국연감』, 211.
5) 한국일보사. 1994.『한국연감』, 220.
6) 원래 금융실명제는 1982년 5월에 발생한 장영자 어음사기 사건을 계기로 전두환 정부에 의해 1983년부터 실시하려고 했으나, 당시 집권·여당 내에서 정치·경제적 후유증이 우려된다는 반론이 제기되어 유보되었다. 1차 유보 이후, 1988년 10월 노태우 정부는 1991년 1월 1일부터 금융실명제의 전면실시를 예고하였다. 그러나 이후 한국경제가 침체되면서 금융실명제의 실시는 다시 유보되었다.
7) 통합선거법은 선거운동방법의 다양화(언론매체를 통한 연설 및 광고의 허용, 가두연설의 무제한 허용과 정당 및 후보자의 연설회 횟수 확대, 특정단체에 의한 후보자 대담 및 토론회 허용), 불법선거운동에 대한 규제 및 제재강화, 선거운동기간의 축소(대통령선거는 29일에서 26일로, 국회의원선거는 18일에서 17일로, 지자체장 선거는 19일에서 17일로, 지방의회의원 선거는 19일에서 14일로 축소), 선거공영제 확대(선거벽보 부착 및 철거비용, 소형인쇄물 발송요금, 합동연설회 개최비용 등을 국가 및 지방자치단체가 부담), 법정선거비용 제한, 후보여건을 강화하였다. 동아일보사. 1995.『동아연감』, 531.

정치자금의 정치권 유입을 차단하고 투명한 정치자금 조성을 목적으로 기존의 후원회제도 및 정당에 대한 국고보조금을 확대하였고, 선거관리위원회에 정당의 정치자금 사용내역 실사권을 부여하였다.[8)]

3. 역사 바로 세우기

한국 현대사의 분수령이 되었던 과거 주요 사건에 대한 역사적 재평가 작업이 단행되었다. 이른바 '역사 바로 세우기' 사업으로 불리는 한국 현대사에 대한 재평가 작업은 김영삼 정부가 6공화국의 제2기 정부가 아니고 민주화의 정통성을 지닌 진정한 문민정부라는 점을 부각시키기 위한 작업이었다. 역사재평가 사업의 주요 대상은 1960년의 4·19, 1961년의 5·16, 1979년의 12·12, 그리고 1980년의 5·17과 5·18이었다.

문민정부는 자신의 뿌리를 1960년의 '4월혁명'에서 찾았다. 즉 새 정부는 불의에 항거하여 민주주의를 수호하기 위해 일어선 4·19의 민주이념 실천과제를 물려받은 정부임을 자임하였다.[9)] 1993년 김영삼 대통령은 과거 군사정권하에서 위축되었던 4·19정신의 복원을 선언하고, 4·19 기념식을 정부 차원에서 거행하였다. 이에 따라 1995년 1월에는 4·19 묘역의 국립묘지로의 승격 및 4·19 유관단체들의 국가보훈단체 우대 등을 결정하였다.[10)] 이와 더불어, 5·16을 32년간의 군부정권을 가능케 하였던 '쿠데타'임을 분명히 하였다.

이에 비해, 문민정부의 12·12, 5·17, 그리고 5·18에 대한 역사재평가 작업은 상대적으로 소극적이었다. 1993년 5월 13일 김영삼 대통령은 '5·18 특별담화'에서 문민정부가 "광주민주화운동의 연장선에 있는" 정부임을 분명히 하였으나, 5·18에 대한 진상규명과 책임자 처벌은 "훗날의 역사"에 맡기자고 제의하였다.[11)] 이에 대해 1993년 5월 정동년(당시 5·18 광주민중항쟁연합 상임의장) 등 5·18 관련인사들은 전두환·노태우 등 1980년 신군부 핵심인사들을 내란죄로 고발하였고, 동년 7월 정승화 전 육군참모총장 등 22인이 이들을 군 형법상 반란 등의 혐의로 서울지검에 고발하여 검찰에 의한 수사를 유도하였다. 그러나 검찰은 대통

8) 동아일보사. 1995. 『동아연감』, 531.
9) 공보처. 1997. 『변화와 개혁: 김영삼 정부 국정 5년 자료집 1』, 20~21.
10) 공보처. 1997. 『변화와 개혁: 김영삼 정부 국정 5년 자료집 1』, 43.
11) 대통령비서실. 1994. 『김영삼 대통령 연설문집 1』, 185~188.

령이 '5·18 특별담화'에서 밝힌 '역사의 심판'을 의식하지 않을 수 없었다. 그 결과 검찰은 군사반란죄에 대해 1994년 10월 29일 기소유예 불기소 결정을, 내란죄에 대해서는 1995년 7월 18일 공소권 없음을 이유로 불기소 결정을 내렸다. 이로써 신군부에 대한 사법심사가 불가능하게 되었다.

1995년 10월 19일 정기국회에서 박계동 의원(민주당)의 노태우 전 대통령 비자금계좌 폭로는 12·12, 5·17, 5·18의 진상규명과 처벌 문제에 대한 정부의 기존 태도를 전격적으로 변화시키는 계기가 되었다. 검찰 수사에서 금융기관에 숨겨두었던 노태우의 비자금이 속속 확인됨에 따라, 10월 27일 노태우는 '대국민 사과문'을 통해 "재임중 5,000억원의 통치자금을 조성해 현재 1,700억원이 남았다"고 밝혔다. 그리고 노태우의 '대국민 사과문' 발표 직전, 김대중이 "14대 대선 기간 중에 당시 노태우 대통령으로부터 20억원을 받아 선거운동자금으로 사용했다"고 밝히자, 문제의 초점은 1992년 대선 당시 김영삼 후보의 노태우로부터 대선 지원 자금 수수 여부로 옮겨갔다. 이에 대해 김영삼 대통령은 10월 31일 "이번 사건을 계기로 문민정부의 도덕성을 실감케 하겠다"는 의지를 밝히고, 11월 16일 노태우를 구속하였다.[12] 나아가 11월 24일 대통령은 민자당에 '5·18 특별법' 제정을 지시함으로써,[13] 12월 19일 국회에서 '5·18 민주화운동 등에 관한 특별법'과 '헌정질서파괴범죄의 공소시효 등에 관한 특례법'을 통과시켰다. 이에 따라 검찰은 12·12와 5·18 관련 인사들에 대한 재수사에 돌입하였고, 최종적으로 신군부 인사들에 대한 사법적 심판을 내림으로써 "성공한 쿠데타도 처벌된다"는 선례를 남기게 되었다.

4. 정치개혁의 성격

문민정부 정치개혁의 방향은 크게 권위주의 잔재의 청산, 부정부패의 척결,

12) 동아일보사. 1996. 『동아연감』, 110~112.

13) 김영삼 대통령은 1995년 12월 12일 담화를 통해 5·18 특별법 제정의 동기를 다음과 같이 밝혔다. "저는 대통령에 취임한 후 대화합을 이루어 국가발전에 필요한 국민 역량을 결집하기 위해 … 지난 시대의 어두움을 역사의 심판에 맡기자고 국민 여러분에게 호소했던 것입니다. 여기에는 잘못을 저지른 당사자들이 당연히 국민과 역사 앞에 참회하고 용서를 비는 반성의 길을 걸을 것이라는 기대가 담겨 있었습니다. 그러나 이러한 국민의 기대는 물거품이 되었습니다. 전직 대통령의 상상을 초월하는 규모의 부정축재는 온 국민에게 충격을 주었으며, … 과거의 잘못에 대해 스스로 뉘우치고 용서를 빌기는커녕 오히려 역사를 되돌리려는 파렴치한 언행은 온 국민을 분노케 했습니다." 대통령비서실. 1996. 『김영삼 대통령 연설문집 3』, 547~548.

민주적 정통성확립을 통한 민주주의 공고화(democratic consolidation)로 압축된다. 예컨대, 하나회의 해체, 기무사의 개혁, 12·12와 5·18 관련자 처벌 등 군에 대한 문민통제의 강화는 군부권위주의로의 회귀 가능성을 완전히 제거했다는 점에서 민주주의 공고화를 위한 기본조건을 제공하였다. 이와 더불어 축재 의원의 숙청, 공직자 재산공개와 윤리법의 강화, 금융실명제를 통한 정경유착의 단절 시도, 음성적 정치자금 거부선언 등은 한국정치의 중요한 발전임에 틀림없다.

그럼에도 불구하고, 문민정부의 민주주의 공고화를 위한 개혁정책은 그 내용상 매우 소극적이며 제한적인 성격을 띤 것이었다.[14] 민주주의 공고화의 개념은 소극적 공고화(negative consolidation)와 적극적 공고화(positive consolidation)로 대별된다. 전자가 군부쿠데타 혹은 반정부 활동으로 인한 신생민주주의의 '갑작스런 사망'(sudden death)을 방지하기 위해 정치경제적 권력의 광범한 사회적 분산을 통한 민주적 공동체의 기반을 강화하는 것이라면, 후자는 신생민주주의 '점진적 사망'(slow death)을 낳는 자유헌정주의(liberal constitutionalism)적 공간의 부식을 막기 위해 민주주의의 제도적 절차와 문화적 규범을 확립함을 뜻한다.[15] 이 같은 기준에서 볼 때, '깨끗한 정치'를 위한 공직사회에서의 부정부패 척결, 권위주의적 잔재청산, 하나회의 제거와 군부개혁 등은 소극적 공고화에 초점이 맞춰진 것이었다. 반면, 과거 권위주의 체제하에서 배제되고 소외되었던 사회계층에 대한 정책적 고려는 개혁의 대상에서 제외되었다. 예컨대, 국가보안법, 노동관계법, 전교조 문제 등 대 민중부문 정책은 과거 권위주의 정권과 별다른 차이점을 보이지 않았다. 진보적 사회세력은 여전히 용공주의 혹은 좌파 급진주의와 동일시되어, 이념적인 측면에서 이들의 정치참여의 허용 폭을 매우 협애한 상태로 방치하였으며, 경우에 따라 이들의 사회운동은 강력한 탄압의 대상이 되었다. 이 점에서 문민정부의 정치개혁은 기본적으로 대단히 '보수적'인 것이었으며, 제한된 테두리 안에서 행해진 개혁이었다.

또한 개혁정책의 수단이라는 측면에서 문민정부의 개혁 스타일은 정치세력

14) 최장집. 1996. "김영삼 정부의 초기개혁과 한국민주주의의 성격."『한국민주주의의 조건과 전망』. 서울: 나남, 271~279; 손호철. 1997.『현대한국정치: 이론과 역사』. 서울: 사회평론, 455~458.

15) Pridham, Geoffrey. 1995. "The International Context of Democratic Consolidation: Southern Europe in Comparative Perspective." In Richard Gunther, P. Nikiforos Diamandouros, and Hans-Jürgen Puhle. eds. *The Politics of Democratic Consolidation: Southern Europe in Comparative Perspective*. Baltimore, MD: Johns Hopkins University Press, 168~169.

간의 타협과 조정을 우회하는 '위임주의'(mandatism)적 성향이 강하였다. 예컨대, 정치인들의 재산공개에서부터 금융실명제의 전격적인 실시, 5·18 특별법 제정, 그리고 이후 1996년의 노동법 개정에 이르기까지 국가의 정치적 활동과 정책은 대통령의 특별지시로 단행되었다. 이 과정에서 시민사회와 국가를 매개하는 정당 및 의회정치 과정이 자주 생략되고 무시되었다. 이러한 점에서 문민정부는 "권위주의적 유산을 개혁하기보다는 이를 오히려 안정화시키는 결과"를 초래하여 민주주의의 절차적 측면을 후퇴시키는 양상을 보이기도 하였다.16)

제 2 절 정계의 재편성

민자당에서 뛰쳐나온 김종필이 1995년 3월 자민련을 창당하였고, 정계은퇴를 선언하였던 김대중이 1995년 지방선거를 계기로 정계에 복귀하고 국민회의를 창당함으로써, 정계는 다시 김영삼의 신한국당, 김대중의 국민회의, 김종필의 자민련에 의해 주도되었다.

1. 김종필 : 자민련 창당

문민정부 출범 후 2년 동안 민자당은 김종필 대표체제를 유지하였다. 비록 계파 간의 이해대립은 끊이지 않았지만, 김종필 대표체제하에서 민자당은 3당합당의 한 축이 무너질 정도의 심각한 갈등은 없었다. 그러나 1995년 1월 19일 김종필이 민자당 대표위원직을 사퇴함으로써 민자당의 이른바 '한 지붕 3가족' 체제는 그 막을 내렸다.

김종필의 사퇴는 민자당 내의 집권 핵심세력인 민주계가 공화계를 축출한 것으로 평가되었다. 문민정권 창출의 핵심인 민주계는 공화계의 리더인 김종필을 지난 2년 간 당대표 자리를 보장해 준 것으로 1992년 4월 민자당의 대통령 후보경선과정에서 공화계에게 진 '정치적 채무'를 충분히 갚았다고 판단하였다. 그리

16) 박상훈. 1996. "문민정치, 그 지배의 정치경제학." 『정치비평』, 서울: 아세아문화사, 205.

고 '구시대의 정치'로 상징되는 이른바 '3김 정치'를 이번에 마감해야 한다는 김영삼 대통령의 의지가 '김종필 축출'을 구체화하였다.[17)]

민자당 내 민주계의 김종필 축출 움직임은 1994년 12월 김영삼 대통령이 전당대회 소집방침을 밝히면서 시작되었다. 민자당 총재의 전당대회소집 언급 직후, 민주계의 최형우 의원이 대표위원제를 없애고 3명의 부총재를 경선을 통해 선출하는 방안을 제의하여 사실상 김종필 대표의 퇴진을 주장하였다. 김종필의 강한 반발에도 불구하고, 김영삼 총재를 비롯한 민주계의 퇴진압력은 끊이지 않았다. 당내 기반이 미약한 김종필로서는 퇴진압력에 대해 더 이상 저항할 여력이 없었다.

1995년 2월 9일 김종필은 민자당을 탈당하고 새로운 정당을 창당할 것임을 공식 선언하였다. 김종필과 함께 민자당을 동반 탈당한 의원 5명과 무소속의 김용환·유수호·정태영·김진영 의원 등이 충청지역을 기반으로 한 보수정당 설립작업에 착수하여, 1995년 3월 30일 김종필 총재·박준규 최고고문의 단일지도체제로 의원내각제 및 보수주의 정당을 표방하는 자유민주연합(자민련)을 출범시켰다. 그리고 동년 5월 16일 자민련은 신민당[18)]과의 통합을 통하여 한영수·김동길·양순직 의원 등의 8명의 의원을 영입하였다. 이로써 자민련은 민자당·민주당에 이어 원내 제3당으로 그 위상을 굳히게 되었다.

1995년 지방선거를 앞둔 상황에서 자민련의 출범은 중요한 정치적 의미를 내재하고 있었다. 자민련이라는 충청지역 연고정당의 출현은 3당합당 이후 전개되어 왔던 '호남 대 비호남' 구도가 와해되었음을 뜻하였다. 이는 민자당에게 충청표의 상실 가능성으로 다가왔고, 김대중과 민주당에게는 새로운 선거지형이 조성되고 있음을 의미하였다.

2. 제1회 전국동시지방선거

1991년 3월과 6월에 실시된 지방의원 선거를 지방자치 부활의 계기로 본다

17) 이병선. 1995. "김영삼·김종필의 밀어내기-버티기 대결."『말』2월호, 32~35.

18) 신민당은 당시 김동길 대표가 이끌던 국민당과 박찬종 대표가 이끌던 신정당이 통합하여 1994년 7월 16일 출범하였다. 국민당과 신정당의 통합은 상호 공생적 측면이 강한 것으로, 당시 국민당은 비록 의석수에서 신정당보다 많았지만 박찬종이라는 대중적 '스타'가 필요하였고, 신정당의 박찬종 대표는 1995년 지방선거에서 서울시장 출마를 위해 국민당의 세를 필요로 하였다.

면, 1995년 6월 27일 실시된 제1회 전국동시 지방선거는 기초의원과 광역의원뿐만 아니라, 기초단체장과 광역단체장을 포함한 네 가지 선거를 동시에 실시한다는 점에서 지방자치의 본궤도 진입이라는 헌정사적 의미를 지니고 있었다. 특히 제1회 지방선거는 민자당의 지역패권연합의 한 축이 두너지고, 개혁사정(司正)의 후유증으로 인한 대구·경북 지역의 '반민자·비민주' 정서가 형성된 가운데 실시되는 최초의 선거인 까닭에 그 귀추가 주목되었다.

선거유세 기간 동안 정당들은 나름의 구호를 개발하여 자당 후보들을 지원하였다. 자민련은 '충청도 핫바지론'을 내세우며 충청 지역을 진원지로 자민련 바람을 일으키려 하였다. 여기에 1992년 대선 직후 정계은퇴를 선언하였던 김대중이 '지역등권론'을[19] 주장하면서 사실상 현실정치의 전면에 나서자, 선거 국면은 일거에 지역주의 바람에 휩싸였다. 이에 민자당은 한편으로 야당들의 주장이 지방자치를 중앙정치에 예속시키려는 저급한 정치논리에 불과한 것으로 비난하고, 다른 한편으로 '세대교체론'을 내세워 양김의 퇴진을 요구함으로써, 자민련과 민주당의 공세에 적극적으로 대응하였다.

선거결과는 민자당의 패배로 나타났다(<표 10-1> 참조). 전체 15개 광역단체장 선거에서 민주당과 자민련이 각각 4명을 당선시켰으나, 집권당인 민자당은 5명을 당선시키는 데 그쳤다. 총 230개 기초단체장 선거에서 민자당은 70명의 당선자를 낸 반면, 민주당과 자민련은 각각 84명과 23명을 당선시켰다. 그리고 광

표 10-1 제1회 지방선거의 정당별 당선자 수

		민자당	민주당	자민련	무소속
광역단체장(15명)		5	4	4	2
기초단체장(230명)		70	84	23	53
광역의원	지역구(875명)	286	352	86	151
	비례대표(97명)*	49	38	8	-

참고: 비례대표 정원은 97명이지만 당선자가 95명인 것은 민주당 추천 후보자 수가 정수에 미달(인천 2명 중 1명, 경북 3명 중 2명 추천)했기 때문임.
출처: 중앙선거관리위원회. 1995.『제1회 전국동시지방선거총람』, 167.

19) 당시 김대중이 주장한 '지역등권론'이란 지역 간의 정당하고 균등한 몫이 보장되어야 한다는 내용이다.

역의회 의원의 지역구 당선자를 보면, 민자당이 286명인 데 비해, 민주당은 352명, 자민련은 86명에 이르렀다.

민자당 참패의 가장 큰 요인은 지역분할구도가 3당합당 이전의 상태로 회귀하였다는 점이었다.[20] 즉 민자당은 김영삼 대통령의 연고지역인 부산·경남지역에서, 민주당은 김대중의 연고지인 호남지역에서, 자민련은 김종필의 연고지인 대전·충남지역에서 압승하였으며, 무(無)연고지이자 '반민자·비민주' 정서가 확산된 대구·경북지역에서는 무소속 후보들이 약진하는 양상을 보였다.

그렇다고 민자당의 참패가 전적으로 지역주의적 선거행태의 심화에 기인한 것만은 아니었다. 문민정부의 정책실패도 민자당의 선거 패배에 중요한 요인으로 작용하였다. 지역주의적 투표행태가 비교적 약한 서울에서의 선거결과는 이러한 측면을 선명하게 보여준다. 서울시장선거에서 민자당의 정원식 후보는 20.7%의 득표율로, 민주당 조순 후보의 42.4%와 무소속 박찬종 후보의 33.4%에 이어 3위를 하는 수모를 겪었다. 또한 민자당은 서울의 구청장 25명 중 2명, 그리고 시의원 133명 중 11명밖에 당선자를 내지 못했다. 나머지는 모두 민주당이 석권하였다. 이러한 집권당의 패배 이면에는 문민정부에 대한 국민적 실망—각종 대형사고로 인한 정부의 위기관리능력에 대한 의구심, 집권세력의 일방적 개혁추진에 대한 냉소주의, 대북정책의 혼선과 일관성의 결여, 거듭된 인사 실패, 주요 정책결정에 있어서 사조직에의 의존 등—이 자리하고 있었다.

3. 김대중 : 정계복귀와 새정치국민회의 창당

김대중의 정계복귀는 점진적으로 이루어졌다. 1993년 말까지만 하더라도 김대중은 "작전상 (정계를) 은퇴한 것이 아니다"고 거듭 밝히면서 자신의 정계복귀를 부정하였다.[21] 그러나 문민정부에 대한 국민적 지지율의 하락과 민주당을 비롯한 야권의 지도력 부재로 인한 방향감각의 상실은 김대중의 정계복귀를 부추겼으며, 여기에 김영삼 대통령의 정치적 홀대에 따른 김대중의 개인적 반감은 그의 현실정치에 대한 관심과 의욕을 상승시켰다. 이에 따라 1994년 초 순수한 연구기관으로 출발하였던 아태평화재단은 차츰차츰 그 성격이 김대중 이사장의 정

20) 조희연. 1995. "현단계 한국정치의 균열구조와 그 변화 전망."『동향과 전망』가을호, 162~163.
21) 동아일보사. 1996.『동아연감』, 609.

계복귀를 위한 디딤돌로 변해 갔다. 김대중 이사장은 민주당 내 최대 계파인 동교동계를 막후에서 지휘하였고, 마침내 제1회 지방선거에서 민주당 후보들의 지원유세에 나섬으로써 사실상 정치활동을 재개하였다. 그러나 당시만 해도 김대중 이사장이 1996년에 있을 15대 총선에서 민주당의 기반을 확고히 한 뒤에 정계에 공식적으로 복귀할 것이라는 예상이 우세하였다.

그러나 일반의 예상과는 달리, 김대중은 지방선거가 끝난 직후인 1995년 7월 18일 기자회견을 통해 자신의 정계복귀를 공식적으로 선언하였다. 이와 동시에 그는 민주당과 결별하고 새로운 정당을 출범시킬 예정임을 밝혔다. 그의 정계복귀 시기를 앞당기고 신당 창당의 결심을 촉발한 직접적 계기는 지방선거과정에서 나타난 이기택 민주당 총재와의 갈등과 지방선거에서의 압승이었다. 지방선거과정에서 김대중 이사장과 이기택 총재는 경기도지사 후보선정을 놓고 심한 마찰을 빚었다. 두 사람의 대립은 결국 후보경선 장소에서 폭력사태를 낳는 최악의 상태로 치달았고, 이때부터 김대중 이사장은 더 이상 이기택 총재와 함께할 수 없다는 판단을 내렸던 것으로 보아진다.[22] 또한 지방선거에서 민주당의 승리는 그의 정계복귀에 대한 자신감을 불러일으켰다. 특히 김대중 자신이 심혈을 기울인 서울시장선거와 인천·경기의 기초단체장선거에서의 압도적인 승리는 그의 정계복귀 결심을 굳히는 데 결정적 요인으로 작용하였다.

동교동계를 중심으로 1995년 8월 11일 신당창당발기인대회가 개최되었고, 9월 5일에는 새정치국민회의(국민회의)가 창당되었다. 국민회의 출범에 대한 정부·여당과 언론 그리고 일부 민주당 의원들의 태도는 매우 비판적이었다. 김대중의 정계복귀는 "대권욕을 위해 역사와 국민을 기만한 부도덕한 결정"이며, 국민회의 출범은 민주당 의원들에게 "줄서기와 이합집산의 구태"를 강요하는 정치적 퇴보라고 비난하였다.[23] 이러한 비판은 일부 호남출신 의원들 사이에서도 터져 나왔는데, 당시 홍영기·김원기·박석무·홍기훈·황의성 등 5명의 의원들은 국민회의 출범을 야권분열로 규정하고 끝내 민주당에 잔류하였다. 그 결과 민주당 95명의 현역의원 중 53명이 국민회의를 택하였고 민주당에는 42명이 잔류하였다. 그러나 민주당 잔류의원 중 12명은 전국구의원으로 탈당을 할 경우 의원직이 자

22) 김대중 아태평화재단 이사장과 이기택 민주당 총재와의 갈등에 대해서 다음을 참조. 김경환. 1995. "김대중과 이기택과 민주당, 선택의 날이 다가온다."『갈』1월호, 54~61.
23) 동아일보사. 1996.『동아연감』, 612.

동 박탈되기 때문에 탈당을 유보한 상태였다. 따라서 실제 민주당 잔류의원은 30명이었다.

제1야당에서 제2야당으로 그 위상이 낮아진 민주당은 당의 정상화와 세력 확장을 위한 길을 모색하였는데, 이 과정에서 '3김 정치의 청산'과 '지역할거구도의 타파'를 외치는 '개혁신당'[24)]과의 통합을 추진하였다. 양당은 몇 차례의 통합 협상을 거쳐, 1995년 12월 '통합민주당'을 출범시켰다.

4. 김영삼 : 신한국당 출범

김종필 대표의 축출과 뒤이은 자민련의 출범, 그리고 제1회 지방선거에서 참패는 민자당에 상당한 충격을 안겨 주었다. 또한 지방선거 직후 김대중의 정계복귀와 국민회의의 출범은 민자당의 위상을 위협하는 새로운 변수로 등장하였다.

이러한 상황변화에 대응하여, 민자당 총재인 김영삼 대통령은 지방선거 패배의 충격을 완화하고 1996년 총선에 대비하기 위한 몇 가지 조처를 취하였다. 먼저, 지방선거 직후인 1995년 8월 21일 김윤환 사무총장을 신임 대표위원으로 지명하였고, 이어 신임 사무총장에 강삼재, 정책의장에 김종호, 대변인에 손학규 의원 등을 임명하여 지방선거 패배의 충격에서 벗어나고자 하였다. 그리고 12월 6일에는 노태우 정부 시절 3당합당으로 탄생했던 민자당을 '신한국당'으로 당 명칭을 바꿔, 문민정부시대의 지배정당으로서의 새로운 이미지를 부여하고자 하였다. 이와 더불어, 보수층과 구여권의 인사를 영입하여 1996년 총선에 대비하였다. 예컨대, 신한국당은 1996년 1월 17일 박찬종을 전격적으로 영입하였고, 1월 22일에는 문민정부 출범 이후 김영삼 대통령과 불화 끝에 총리직을 사퇴한 이회창을 입당시켰으며, 곧이어 이홍구 전 총리를 영입대열에 합류시켰다. 그리고 2월 6일에는 전당대회를 개최하여, 대통령중심제 고수를 당론으로 정하고 김영삼 대통령 재임중 어떠한 개헌도 반대할 것임을 분명히 하였다. 이로써 신한국당은 지방선거를 거치면서 다시 형성되기 시작한 이른바 '3김 시대'라는 정치적 지형의 등장에 대처하기 위한 전열 재정비를 끝마쳤다.

---

24) 개혁신당은 '3김정치청산'과 '지역할거구도의 타파'라는 정치적 목표를 내걸고 장을병·홍성우·홍기표·서경석 등이 중심이 되어 1995년 11월 창당되었다.

5. 제15대 국회의원선거

1996년 4월 11일 실시된 제15대 총선은 문민정부의 개혁정책에 대한 중간평가적 성격과 2년 후에 있을 대통령선거의 디딤돌 역할을 하게 된다는 정치적 의미 때문에 선거가 시작되기 전부터 많은 주목을 받았다. 이러한 15대 총선의 의미를 의식해서, 각 정당들은 나름의 선거전략 및 논리를 개발하여 유권자들에게 자당 후보의 지지를 호소하였다.

우선 야당들은 이번 총선을 김영삼 정부에 대한 중간평가로 규정하여, 정부와 정부정책을 비판하는 네거티브 캠페인을 전개하였다. 국민회의는 현 정부를 "독단·독주·독선"의 폐단에 빠져 여야 대화의 실종, 편협된 인사정책, 일관성 없는 외교·대북정책, 중소기업의 몰락 등의 정책실패를 가져왔다고 비판하면서, 정부·여당을 견제하기 위해서는 국민회의가 1/3의 의석을 가져야 한다고 역설하였다. 또한 자민련은 무소불위한 김영삼 대통령의 절대권력이 오늘날 사회전반에 걸친 불안을 초래한 근본 원인으로 평가하면서, 선거를 통해 '문민독재'를 심판하고 내각책임제 도입을 위해 자민련을 지지해 줄 것을 호소하였다. 반면 통합민주당은 김영삼 정부의 개혁 및 부패정치 청산 실패는 기본적으로 오랜 기간 동안 구조화된 "3김의 부패사슬"에서 비롯되었다고 주장하면서, 3김 정치를 청산하고 깨끗한 정치를 이루기 위해서는 민주당 후보가 당선되어야 한다고 강조하였다.[25)]

이에 대해 신한국당은 15대 총선이 현 정부에 대한 중간평가 차원이 아닌, 한국정치의 고질적 병폐로 남아있는 지역주의정치와 1인 보스정치를 조장하는 양김(김대중·김종필)에 대한 최종적 심판이 되어야 함을 역설하였다.[26)] 아울러 문민정부의 지속적인 개혁과 정국의 안정을 위해 집권당의 국회 과반수의석 확보가 필수적임을 강조하면서 신한국당 후보들에 대한 전폭적인 지지를 호소하였다.[27)]

1996년의 15대 총선은 1997년 대선의 전초전이라는 인식 때문에 초반부터 정당들 간의 선거전은 뜨거웠으며, 이와 더불어 이른바 "장풍"과 "북풍"이라는 의외의 사건이 개입되면서 정당간의 상호비방 선거운동으로 혼전을 거듭하였다.[28)]

25) 『경향신문』, 1996년 3월 30일; 1996년 4월 5일; 1996년 4월 11일.
26) 『경향신문』, 1996년 4월 5일.
27) 『동아일보』, 1996년 4월 10일.
28) 이른바 "장풍"이란 직위를 이용해 각종 인사청탁과 이권개입을 통해 뇌물을 수수한 장학노(청와대 제 1부속실장)가 3월 23일 검찰에 구속된 데서 비롯되었다. 이는 야당들의 문민정부의 도

개표 결과, 139석을 획득한 신한국당이 제1당이 되었고, 국민회의·자민련·통합민주당이 각각 79석, 50석, 15석을 획득했다(<표 10-2> 참조). 집권당이 참패할 것이라는 일반의 예상과는 달리 신한국당은 제1당을 유지하였으나, 의석은 과반수에 조금 못 미치는 것이었다. 국민회의와 자민련은 애초 예상에 못 미치는 의석을 획득하였으나, 선거 직전의 의석보다 대폭 증가하였다. 그리고 1995년 제1회 지방선거 때까지만 하더라도 제2당이었던 통합민주당은 연이은 분당과 선거 참패로 제4당으로 전락하였다. 이 점에서 15대 총선 결과는 대체로 신한국당의 승리, 자민련의 선전, 개헌저지선 확보를 달성치 못한 국민회의의 부진으로 평가

표 10-2 제15대 국회의원선거의 정당별 득표율과 의석수

지 역		신한국당	국민회의	통합민주당	자민련	기타·무소속
수도권	서울	36.5%(27)	35.2%(18)	13.5%(1)	11.3%(0)	3.5%(1)
	경기	33.2%(18)	27.4%(10)	13.9%(3)	18.6%(5)	6.6%(2)
	인천	38.2%(9)	29.5%(2)	11.0%(0)	14.5%(0)	5.9%(0)
충청권	대전	21.4%(0)	11.4%(0)	12.6%(0)	49.8%(7)	4.1%(0)
	충남	28.9%(1)	6.1%(0)	7.9%(0)	51.2%(12)	5.5%(0)
	충북	31.5%(2)	8.9%(0)	8.9%(0)	39.4%(5)	10.9%(1)
호남권	광주	7.5%(0)	86.2%(6)	2.0%(0)	0.8%(0)	3.4%(0)
	전남	17.7%(0)	71.0%(17)	1.3%(0)	0.8%(0)	9.3%(0)
	전북	23.4%(1)	63.7%(13)	5.8%(0)	0.5%(0)	5.7%(0)
경북권	대구	24.5%(2)	1.4%(0)	4.0%(0)	35.8%(8)	29.7%(3)
	경북	34.9%(11)	1.6%(0)	6.9%(1)	20.6%(2)	33.3%(5)
경남권	부산	55.8%(21)	6.4%(0)	18.8%(0)	5.5%(0)	11.7%(0)
	경남	46.5%(17)	4.2%(0)	14.7%(2)	4.7%(0)	28.7%(4)
기 타	강원	37.3%(9)	6.7%(0)	14.5%(2)	23.6%(2)	17.7%(0)
	제주	37.2%(3)	29.4%(0)	2.0%(0)	1.2%(0)	30.2%(0)
전 국	지역구	34.5%(121석)	25.3%(66석)	11.2%(9석)	16.2%(41석)	11.8%(16석)
	전국구	18석	13석	6석	9석	0석
	합계	139석	79석	15석	50석	16석

출처: 중앙선거관리위원회. 1996. 『제15대 국회의원선거총람』, 140~142.

덕성을 공격하는 호재로 이용되었다. 그리고 "북풍"이란 선거운동 기간인 4월 4일 북한의 돌출행동(비무장지대의 불인정 선언)에서 비롯된 것으로, 이는 안정희구의 보수세력을 집권당 지지로 이끌어 들이는 호재로 작용했다.

되었다.

신한국당의 승리는 이른바 '수도권 대반란'에 힘입은 바 컸다. 전통적으로 서울과 수도권은 독재정치에 저항하는 비판적 의식 및 활동의 진원지이자 야당이 선거에서 강세를 보여 왔던 지역이다. 그러나 이번 15대 총선에서는 신한국당이 수도권 지역에서 압승을 거두었다. 예컨대, 서울의 총 47개의 지역구에서 신한국당은 과반수를 훨씬 상회하는 27석을 획득하였는데, 이는 신한국당의 전신인 민자당이 1992년 14대 총선에서 획득한 16석보다 무려 11석이 증가한 것이었다. 반면 전통적으로 강세를 보여 왔던 국민회의는 18석을 얻는 데 그쳤다. 수도권에서의 집권당의 승리는 대체로 야당지지 성향이 비교적 높은 20~30대 젊은층의 낮은 투표율 그리고 통합민주당과 국민회의 후보의 병립에 기인했다.[29)]

지역주의의 관점에서 볼 때, 15대 총선 결과는 지난 1988년 13대 총선에서 형성되었던 4당체제의 변형으로 드러났다. 당시 민정당·평민당·통일민주당·공화당이 각 연고지역을 장악한 상태에서 수도권지역을 적절하게 균점했던 4당 지역분할구도는 이번 15대 총선에서 다시 재현되었다. 다만 정치적 구심점을 상실한 대구·경북 지역이 자민련과 신한국당에 의해 분점되고, 수도권 지역에서 국민회의가 패배하면서 집권당인 신한국당의 세가 강해졌다는 차이가 있을 뿐이었다. 다시 말해, 이른바 TK세력이 경북의 신한국당과 대구의 자민련으로 분할된 상황에서 과거의 4당체제가 신한국당·국민회의·자민련의 3당체제로 재편된 것이다. 이는 내용적으로 대구·경북지역에 뚜렷한 맹주가 없는 상태에서 '3김 시대'가 재현되었음을 의미했다.

제 3 절 정책실패와 외환위기

1997년 발생한 외환위기는 국민경제를 일시에 위기국면으로 몰아넣었다. 이는 문민정부가 수립하고 실시한 '신경제정책'의 전반적 실패를 의미한 것이었다.

29) 정대화·안상종. 1996. "15대 총선 분석과 평가: '수도권 대반란'의 해석과 지역주의 문제를 중심으로." 『동향과 전망』 여름호, 102~108.

경제위기에 직면한 정부는 1997년 11월 21일 국제통화기금(IMF)에 구제금융을 요청하였다.

1. 외환위기의 발생과정

현상적으로 1997년 외환위기의 시발점은 1월 23일 발생한 한보철강의 부도였다. 건설사업을 기반으로 출발하였던 한보그룹은 세계적으로 하강국면 추세에 있던 철강산업에 투자하였다. 한보는 막대한 자금을 국내 은행으로부터 조달하였고, 이 과정에서 정치인과의 비리 그리고 부실 경영으로 엄청난 빚을 떠안게 되었다. 눈덩이처럼 증가하는 부채와 하강추세의 경제로 인해 한보는 1996년 2/4분기부터 부도위기에 직면하였고, 금융기관들은 한보에 비상융자금을 제공하였다. 그러나 한보는 끝내 도산하고 말았는데, 도산 직전 한보가 갚아야 할 부채는 약 5조원에 달하였다.

'한보사태'는 정치적으로 상당한 파장을 가져왔지만,[30] 국민경제가 위기로 치달을 정도는 아니었다. 한보그룹이 국제 투자가들에게 잘 알려지지 않은 탓도 있었지만, 세계 제2위를 자랑하는 포항제철이 한보철강을 흡수하여 국민경제에 미치는 손상을 최소화할 것이라는 기대감이 있었기 때문이었다. 그러나 이러한 낙관론은 대기업들의 연이은 도산으로 곧 무너져 버렸다. 한보 부도에 이어, 3월에는 삼미그룹이, 4월에는 진로그룹이, 5월에는 대농과 한신공영이 자금난으로 법정관리 및 화의 신청에 들어갔다. 대기업의 부도 행렬은 여기에 그치지 않았다. 7월에 접어들면서 기아가 도산하였다.

특히 기아의 부도는 국내외적으로 큰 파장을 불러왔다. 기아는 당시 재계 순위 8위인 대기업이었고, 국제적으로 자동차 산업으로 상당한 명성을 지닌 회사였다. 기아의 도산은 이제 국내 어느 기업도 부도로부터 안전할 수 없다는 불안감을 가져왔고, 대외적으로 외국인 투자가 및 투자기관들이 한국의 국제신인도를 의심케 하는 계기가 되었다.

30) '한보사태'란 한보그룹 총수(정태수)가 은행대출을 받기 위해 정치권에 거액의 뇌물을 제공한 일련의 금융비리 사건이다. 1997년 1월 한보철강이 부도 처리되자, 야당을 비롯한 언론과 시민단체들이 한보특혜대출의 배후로 김영삼 대통령의 차남인 김현철을 지목하였으나, 검찰은 몇몇 의원만을 기소하는 선에서 수사를 종결하였다. 이에 국회가 직접 나서서 국정조사(1997년 3~5월)를 진행했으나, 극심한 여야 대립으로 인해 국정조사는 파행으로 마감되었다.

대기업의 연이은 도산으로 1997년 9월 말까지 국내 25개 일반은행과 6개 특수은행이 이자를 받지 못하거나 원금을 떼이게 된 무수익 여신은 무려 28조 2,346억원에 달했다.[31] 부실여신으로 경영위기에 직면한 것은 은행만이 아니었다. 정부의 느슨한 감독하에서 마구잡이 경영을 해온 종합금융사(종금사)들의 부실은 더욱 깊었다. 단기로 조달한 외화를 장기로 동남아시아에 투자한 종금사들은 1997년 7월 태국의 금융위기와 8월 인도네시아의 경제위기가 발생하면서 부실기관으로 전락하였다. 또한 10월에 발생한 홍콩 증권시장의 주가폭락은 사태를 더욱 악화시켰다. 홍콩 사태를 계기로 외국 금융기관과 투자가들은 본격적으로 투자자금을 회수하기 시작했다. 1996년 말 844원이었던 (미국 달러화에 대한) 원화 환율은 1997년 10월 말 965원으로 급등하였다. 국제신용평가기관인 무디스(Moody's)와 스탠다드 앤 푸어스(Standard & Poor's)는 한국의 신용등급을 일제히 낮추기 시작하였고, 환차손을 우려한 외국인들은 10월 한 달 동안 약 9,641억원에 달하는 주식을 매도하였다. 그 결과 1996년에 평균 651을 기록하던 주가지수는 400선 아래로 곤두박질하였다.

외국투자기관들의 자금회수가 시작된 가운데 국책은행들마저도 신용등급 하락으로 인해 해외차입이 사실상 불가능해짐에 따라서, 외환시장에서는 극심한 달러 부족현상이 나타났다. 1997년 10월 말 223억 달러였던 가용 외환보유고는 불과 1개월이 지난 11월 말에 73억 달러로 급전직하하였다. 환율을 방어하기 위해 정부는 11월 한 달 동안 150억 달러를 쏟아부었지만 환율의 폭등과 외환의 고갈을 제어할 수 없었다. 이에 따라 정부는 11월 21일 공식적으로 국제통화기금에 구제금융을 요청하였다.[32]

---

31) 동아일보사. 1998.『동아연감』, 56.

32) IMF는 구제금융의 제공조건으로 한국에 다음과 같은 구조개혁 프로그램 실행을 요구하였다. 첫째, 현 위기를 극복하기 위해서 무엇보다도 긴축적인 통화정책과 재정정책을 통해 물가안정과 환율안정을 꾀해야 한다. 통화정책과 관련하여 이자율 상승을 충분히 허용해야 하며, 이를 위해 통화 공급을 축소해야 한다. 재정정책도 통화관리의 부담을 덜고 구조조정 비용을 감당하기 위해 긴축적으로 운용되어야 하므로 균형예산 혹은 최소한의 적자만을 허용한다. 둘째, 금융기관의 구조개혁과 관련하여 독립적인 금융감독기관을 설립하여 금융기관의 건전성을 감독하고 투명성을 제고토록 한다. 또한 생존 불가능한 금융기관의 퇴출과 자력갱생이 가능한 금융기관을 위한 대책을 수립하며, 금융기관의 위험관리능력을 제고한다. 모든 금융기관들은 BIS비율을 확보해야 하며, 이를 위한 일정표를 작성토록 한다. 그리고 재무제표 등 회계를 투명화하고 철저한 감사를 받도록 한다. 이와 함께 한국은행의 독립성이 보장되어야 하며, 금융기관의 퇴출 및 인수·합병에 외국기관들이 국내기관들과 동등한 자격으로 참여할 수 있도록 한다. 셋째, 무역자유화를 촉진하기 위해 무역관련 보조금, 수입허가제도, 수입다변화 규정 등을 폐지한다. 또한

2. 외환위기의 발생 원인

외환위기의 원인에 대한 논의는 대체로 3가지로 요약된다. 첫째, 동남아시아 국가들의 외환위기로 인한 국제금융시장의 불안정성이 한국경제가 외환위기에 직면하게 된 결정적 요인이었다고 주장하는 '충격론'이다. 둘째, 외환위기의 원인이 외생적인 충격보다는 국내의 구조적 요인에 기인한다는 '구조론'이다. 셋째, 외환위기의 징후에 대한 정부의 부적절한 대응 때문에 외환위기가 발생했다는 '정책실패론'이다.[33)]

위의 주장들은 외환위기 발생요인의 일면만을 배타적으로 강조한 것으로 보아진다. 한국의 외환위기는 위의 3가지 요인들의 복합적 상승작용의 결과였다. 즉 한국경제의 구조적 부실이 외환위기의 배경적 요인으로 작용하였다면, 국제금융시장의 충격은 외환위기를 부추기는 상황적 요인으로 작동하였으며, 그리고 정부의 정책실패는 구조적·상황적으로 잠재하고 있는 외환위기를 촉발시키는 요인으로 작용하였다.

(1) 한국경제의 구조적 취약성

지난 30여 년간 한국경제는 정부주도 및 재벌중심의 '압축적' 산업화 과정을 밟아 왔다. 그것은 '한강의 기적'으로 일컬어질 만큼 급속한 경제성장의 과정이었으나, 다른 한편으로는 왜곡된 경제질서의 심화 과정이기도 했다. 다시 말하면, 외형적·총량적 경제성장 앞에서 시장의 내적 질서 및 인프라스트럭처(infrastructure)는 무시되어 왔다.[34)]

자본자유화를 가속화하기 위해 인수·합병에서 외국인들에게 동등한 자격을 허용하고 외국인의 주식소유 제한을 폐지한다. 더불어 민간 기업들이 해외에서 직접 차입하는 것에 대한 제한을 철폐한다. 넷째, 기업의 지배구조는 독립적인 외부감사 및 결합재무제표 작성 등에 의한 투명성 제고, 은행의 경영 및 대출에 대한 정부개입의 배제, 그리고 대출금 할당의 즉각적인 폐지 등을 통해 개선한다. 기업의 부채비율을 낮추고 그룹 내의 상호지급보증관행을 개선한다. 또한 시장원리를 강화하기 위해 파산조항이 정부의 개입 없이 자동적으로 작동할 수 있게 하며, 금융거래의 투명성 제고를 위해 금융실명제는 몇 가지 유보조항을 달더라도 그 기본 골격은 유지한다. 다섯째, 실업보험을 강화하면서 노동시장의 유연성을 높여야 한다. International Monetary Fund. 1997. "Republic of Korea: IMF Stand-By Arrangement: Summary of the Economic Program," http://www.imf.org/external/np/oth/korea.htm.

33) 김동원. 1998. "경제위기의 원인: 내우외환의 전개과정." 이병천·김균(편). 『위기, 그리고 대전환: 새로운 한국경제 패러다임을 찾아서』. 서울: 당대, 237~246.

34) 정운찬. 1988. "한국자본주의의 전환을 위한 제언." 『당대비평』 가을·겨울 합본호, 251~258.

정부주도의 대기업중심 산업화전략은 '대마불사(大馬不死)'라는 관행을 한국경제에 자연스럽게 자리 잡게 하였다. 즉 아무리 효율적이라도 규모가 작은 기업은 항상 퇴출의 위협에 노출된 반면, 규모가 큰 기업은 결코 도산하지 않는 신화를 창조해 왔다. 이는 재벌들의 중복과잉투자를 촉진시키는 요인으로 작용하였고, 재벌의 중복과잉투자는 한국경제의 체질을 허약하게 만들었다.

'대마불사'(大馬不死)의 관행은 재벌그룹 내의 교차소유구조를 심화시켰으며, 동시에 대기업의 재무구조를 악화시켰다. 재벌들은 그룹 내 기업의 주식을 교차소유함으로써 적은 비용으로도 많은 계열사를 거느리는 것이 가능하였다. 왜냐하면 재벌의 투자계획이 건전하지 않더라도, 모기업(母企業)의 손실을 우려한 정부에 의해 투자손실이 보전될 것이 확실하다면, 금융기관은 정부의 손실보전을 담보 삼아 자금을 무한히 제공하였기 때문이다. 그 결과 한국의 대기업들은 은행빚으로 손쉽게 외형을 확대할 수 있었고, 이 때문에 기업들의 부채비율은 기형적으로 높아질 수밖에 없었다.

또한 금융기관들도 정부의 지원이 있는 한 절대로 도산하지 않는다는 믿음을 갖게 되었다. 위험도가 높은 투자계획에 자금을 지원해도 손실이 정부에 의해 보전되므로, 금융기관들은 비록 기업의 기대수익률이 낮더라도 아무런 거리낌 없이 대기업에 투자자금을 지원하였다. 이러한 정부－재벌－금융기관의 비효율적·비합리적 역학관계는 한국경제에 큰 부담을 초래하였고, 이는 1990년대 초반부터 더욱 심해졌다. 권위주의 정권하에서는 과잉투자의 문제가 정부의 산업합리화 정책을 통해 비록 사후적이지만 신속히 해결될 수 있었다. 그러나 이후 금융자율화 과정에서 정부의 금융기관 경영에 대한 규제가 완화되면서 정부의 영향력이 상대적으로 줄어들자, 재벌들은 투자결정에 대한 주도권을 장악하기 시작했다. 특히 김영삼 정부의 자유시장주의적 경제정책은 재벌들로 하여금 지속적으로 '몸집불리기'에 전념하도록 유인하였다. 그 결과 과잉중복투자에 따른 기업의 높은 부채/자본 비율, 그리고 금융기관들의 도덕적 해이(moral hazard)라는 비정상적 경제구조 및 질서가 초래되었다.

(2) 국제금융시장의 충격

기업의 부채/자본 비율이 높은 고부채(high debt model) 금융구조는 현금 흐름이나 은행 또는 유가증권을 통한 자본공급을 위축시키는 외부충격에 매우 취약하다.35) 절대 망하지 않을 것 같았던 한보가 도산하자, 대기업들에게 무분별하게 자금을 대 주었던 금융기관들이 대출자금을 경쟁적으로 회수하는 악순환이 발생하였다. 여기에 동남아시아 국가들의 금융위기로 인한 국제금융시장의 불안정은 한국경제에 전염(contagion effect)되면서 상당한 악조건으로 작용하였다.

1997년 7월 동남아 금융위기가 발생하고 10월 홍콩과 싱가포르의 국제금융시장이 경색되면서, 8월부터 한국의 종금사들은 단기 외자 차입에 어려움을 겪기 시작했다. 당시 10월 말을 기준으로 전국 30개의 종금사들이 국제금융시장에서 빌려온 외화 자금은 약 200억 달러에 이르렀는데, 이 가운데 1년 미만인 단기자금이 129억 달러로 빌린 자금의 64.4%를 차지하였다. 반면 종금사들이 1년 이상 장기로 동남아에 대출해 준 액수는 168억 달러로 빌려 온 자금의 83.7%에 이르렀다. 이에 따라 단기로 빌려온 외화의 75.2%인 97억 달러를 장기로 대출해 준 상태였다.36) 외국 금융기관들은 종금사들의 상환연장 요청을 거부하고 자금을 서둘러 회수하기 시작하였다. 이와 동시에, 한국 기업들의 과다차입 행태와 투명성 부족, 금융시스템 문제 등을 들어 국제금융기관들은 한국을 자금회수 대상국으로 지목하였다. 그 결과 국책 은행의 외화 차입마저 어렵게 되었다.37) 이로써 한국은 외환의 단기적인 수급불균형 현상에 직면하게 되었다.

(3) 정부의 대응 실패

1997년 8~10월의 기간은 정부가 경제위기를 예방할 수 있었던 중요한 시기였다. 그러나 정부의 대응정책의 실패는 외환위기를 결정적으로 촉발시켰다.38) 첫째, 정부의 경제상황에 대한 효과적인 감독기능의 실패이다. 위기는 발생 이전에 통상 그 징후들을 보이기 마련이다. 외환위기가 발발하기 수개월 전부터 싱가포르, 홍콩, 동경 외환시장에서는 이미 한국의 외환위기가 공공연히 거론되고 있었다. 그럼에도 불구하고, 한국의 정보기관을 포함한 관계부처들은 이를 적시에 감지하지 못하였다. 뿐만 아니라 이들 정부기관들은 외환위기의 본질을 이루는 단기 외채의 규모 및 대기업들의 현지금융 및 상호지불보증 규모조차 제대로 파

35) Robert Wade and Frank Veneroso. 1998. "The Asian Crisis: The High Debt Model Versus the Wall Street–Treasury–IMF Complex." *New Left Review* 228, 7.

36) 『한겨레』, 1997년 11월 20일.

37) 『경향신문』, 1997년 11월 15일.

38) 문정인. 1998. "1997년 한국의 경제위기와 민주주의." 『아시아태평양지역연구』 1권 1호, 59~61.

악하지 못하고 있었다. 한국의 외채 규모가 1,500억 달러이고 현지금융 및 지급보증 규모가 약 500억 달러에 이르고 있음이 밝혀진 것은 김대중 정부가 들어선 이후였다. 당시 주무부처의 이경식 한국은행 총재와 강경식 재정경제원 장관이 각각 10월과 11월에 들어서야 뒤늦게 사태의 심각성을 인지하였던 것이다.[39]

둘째, 경제위기의 징후가 나타나기 시작한 시점에서, 대응책을 모색해야 할 재정경제원과 한국은행은 1997년 정기국회에 상정된 이른바 금융관련법안의 제·개정을 둘러싸고 치열한 상호공방전을 치르고 있었다. 즉 증권감독원과 보험감독원 그리고 한국은행 산하의 은행감독원을 금융감독원으로 통합하여 이를 재정경제원 산하에 두는 '금융감독기구설치법'의 제정을 둘러싸고, 재정경제원 관리들은 법안 관철을 위해 대국회 로비에 시간을 보내고 있었으며, 한국은행원은 증권 및 보험감독원 직원들과 연대시위를 통하여 동 법안 제정 저지 활동에 몰두하였다.[40] 외환위기 징후들에 대해 논의하고 분석하여 그 처방책을 내놓아야 할 두 주무부처가 '밥그릇 다툼'에 몰두함으로써 위기는 가속화될 수밖에 없었다.

셋째, 김영삼 대통령의 지도력 부재이다. 정책 사안에 대한 지도자의 이해와 관심은 모든 정부정책의 우선순위를 결정한다. 경제에 대한 이해가 모자랄 때, 경제정책은 뒷전에 머물게 되고 일관성과 합리성을 결여하게 된다. 불행히도 김영삼 대통령은 경제에 대한 이해가 깊지 못했다. 대통령의 경제정책에 대한 지도력 실종을 보여주는 가장 명시적인 대목은 부실기업처리 문제였다. 한보철강의 파산과 그와 관련된 정치부패 실상은 한국의 국제신인도를 크게 하락시켰다. 한보 사건이 채 종결되지 않은 상황에서 기아자동차 부도사건이 발생했을 때, 정부는 3개월 이상을 무결정 상태로 이를 방치해 둠으로써 정부의 경제관리 능력에 대한 국제경제계의 의구심을 심화시켰다. 그 결과 한국의 국제신임도는 더욱 악화되었고, 해외자본의 신규 유입은 고사하고 이미 들어와 있던 해외자본까지도 떠나게 하는 사태를 유발하고 말았다. 지도자의 신속하고 과감한 결단이 요구되는 상황에서, 김영삼 대통령의 경제에 대한 무지에서 비롯된 우유부단은 외환위기를 낳는 원인으로 작용하였다.

39) 『한겨레』, 1999년 1월 27일.
40) 『한겨레』, 1997년 11월 13일, 1997년 11월 16일.

3. 외환위기의 정치경제적 함의

문민정부 초기 한국경제는 경제성장의 둔화, 임금 및 부동산 가격의 급등, 그리고 사회간접자본의 부족 등으로 제조업 분야의 경쟁력 약화 현상이 두드러지게 나타나고 있었다. 대외적으로는 지역별 블록화 및 우루과이라운드 등 새로운 국제통상질서가 모색되고 있었고, 1995년 1월에는 세계무역기구(WTO)가 출범함으로써 한국에 대한 농산물 및 금융시장에 대한 개방 압력이 가중되고 있었다. 다시 말하면, 외부조건으로서 세계화와 내부의 질서원리로서 경제적 자유주의의 요구는 과거 30년 동안 한국경제를 이끌어 왔던 국가주도적, 재벌중심적, 노동배제적 축적전략의 작동을 어렵게 만들었다.

기존의 축적전략이 한계에 직면함에 따라, 문민정부는 출범 직후 ① 공정하고 투명한 경제질서 확립을 통한 경제정의 실현, ② 민간주도의 경제운용으로 자율과 창의성이 존중되는 경제구조의 확립, ③ 각종 제도의 혁신적 개선을 통한 경제효율성과 국제경쟁력 강화 등을 주요 목표로 하는 '신경제 5개년계획'을 수립하고 경제개혁에 착수하였다. 그리고 1994년 이후 개방화·세계화가 정부의 지배적 담론으로 등장하면서, 자본의 자유화 및 국제무역의 개방을 중심으로 한 신자유주의적 경제개혁 분위기가 빠르게 조성되었다. 그 일환으로 금융실명제, 부동산실명제, 금융자율화, 자본개방, 경제규제완화 등 각종 제도개혁들이 차례로 실시되었다.

그러나 1997년 11월 한국의 외환위기는 문민정부가 수립하고 실시한 '신경제정책'의 전반적 실패를 의미하였다. 외환위기의 전개 과정과 원인 분석에서 보여주듯이, 관치금융과 정경유착, 대기업의 부당한 내부거래 및 재무제표의 불투명성 등은 한국기업의 지배적인 관례로 여전히 남아 있음을 확인해 주었다. 특히 제도적·자율적 통제시스템을 채 갖추지 못한 상태에서 정부의 어설픈 개방화·세계화 정책은 국내 금융기관들의 무분별한 외자도입 및 해외진출을 부추겼고, 그 과정에서 정부–재벌–금융기관의 비효율적·비합리적 역학관계는 더욱 심화되었다. 동시에 1996년 12월 26일 '노동법파동'에서 보여주었듯이, 정부의 저돌적인 노동시장 유연화정책은 절차적 민주주의의 퇴보와 더불어 노동자들의 심한 반발을 초래하였다.[41] 이는 초기 문민정부의 건전한 경제질서 형성을 위한 개혁 의도

41) Yong Cheol Kim. 1998. "Industrial Reform and Labor Backlash in South Korea: Genesis,

가 재벌의 저항과 정부 내 보수세력의 반발로 시간의 흐름에 따라 약화 내지 실종되었음을 의미한다.42)

제 4 절 제15대 대통령선거: 평화적 정권교체

15대 대선은 김대중·이회창·이인제의 3자 경쟁구도로 전개되었다. 이 경쟁에서, 자민련의 김종필과 이른바 'DJP연합'을 성사시킨 국민회의의 김대중 후보가 최종 승자가 되었다. 이는 한국 헌정사상 최초의 평화적 정권교체로, 한국 민주주의의 공고화를 다지는 기초가 되었다.

1. 3자 경쟁구도의 형성

제15대 대통령선거를 앞두고 각 당은 대통령후보 경선과정에 돌입하였다. 국민회의는 1997년 5월 19일 개최된 당내 경선을 통해 김대중 총재를, 그리고 자민련은 6월 24일 김종필 총재를 각각 대통령후보로 선출하였다. 이어 신한국당과 민주당도 각각 7월 21일과 8월 8일 전당대회를 개최하고 이회창과 조순을 대통령후보에 선출하였다.

그러나 국민회의·자민련·민주당의 후보 경선과정과는 달리, 신한국당의 경선과정은 이회창의 당 대표직 사퇴문제를 둘러싸고 상당한 내부갈등을 표출하였다. 즉 경선 주자들은 공정한 경선을 위해 이회창의 당 대표직 사퇴를 요구하였으나, 이회창은 이를 거부하였다. 그러자 신한국당 내 민주계 인사들은 6월 3일 '정치발전협의회'를 발족하여 이회창 노선을 견제하였고, 민정계 인사들은 6월 17일 '나라회'를 결성하여 이회창 대표를 지지하였다. 경선과정이 심각한 파열음을 내면서 계파 간의 대립으로 심화되자, 이회창은 7월 1일 신한국당 대표직을 사퇴

Escalation, and Termination of the 1997 General Strike." *Asian Survey* 38:12, 1142~1160.

42) 김상조. 1998. "김영삼 정부의 개혁실패와 경제위기." 이병천·김균(편). 『위기, 그리고 대전환』. 서울: 당대, 176~206.

할 수밖에 없었다.

신한국당은 전당대회를 통해 참석 대의원들의 60%의 지지를 획득한 이회창을 대통령 후보로 선출하였으나, 경선과정에서 겪은 당내 갈등의 후유증은 심각하였다. 당내 결속이 제대로 이루어지지 않은 상태에서 터져 나온 이회창 후보 아들의 병역면제 시비로 인해 이회창 후보의 지지율이 급속히 하락하자, 경선 후보자였던 이인제 경기도지사가 신한국당 후보교체의 필요성을 공개적으로 제기하였다. 급기야 이인제는 9월 13일 신한국당 탈당과 대선 출마를 선언하였다. 그리고 이인제는 11월 5일 신한국당을 탈당한 이만섭 고문을 총재로, 그리고 장을병 의원을 최고위원으로 하는 국민신당을 창당하여 대선 출마 준비를 완료하였다.

일단 대선 후보자들이 결정되자, 각 당은 대선 승리를 위한 정당 간의 합종연횡 작업에 돌입하였다. 먼저 국민회의와 자민련 간의 후보 단일화 협상이 비밀리에 진행되었다.[43] 양당은 7월 22일 단일화협상을 위한 소위원회를 구성하고 본격적인 대화를 시작하였다. 국민회의 협상대표인 한광옥 의원과 자민련 협상대표인 김용환 부총재는 10월 26일 마침내 내각제를 매개로 한 후보단일화 협상을 사실상 매듭짓고 '대통령 후보에 김대중, 총리에 김종필'이라는 원칙에 합의하였다. 그리고 11월 3일 양당은 '야권후보 단일화합의문 서명식'을 가졌으며,[44] 11월 6일 김대중·김종필은 정권교체와 내각제 개헌을 위한 이른바 'DJP연합'을 공식 선언하였다.

이에 대응한 신한국당과 민주당의 연대는 합당 방식으로 이루어졌다. 민주당 조순 후보의 지지율이 정체상태를 벗어나지 못하자, 10월 14일 조순 후보는 후보사퇴의 가능성을 언급하였고, 이에 이회창 후보는 "3김 청산의 원칙에 뜻을 같이 하는 세력이라면 합당도 고려할 수 있다"고 화답하였다. 11월 5일 민주당은 이회창 후보와 연대의사를 공식 표명하였고, 11월 7일 양당 후보는 신한국당-민주당의 통합에 합의하였다. 그리고 최종적으로 11월 21일 양당은 합동회의를 개최하여 당명을 '한나라당'으로 하는 합당을 의결한 후, 이회창을 대통령 후보로 그리고 조순을 총재로 선출하였다. 이로써 대선경쟁은 국민회의의 김대중, 한나라당

43) 김성호·백기철. 1998. 『김대중 집권비사』. 서울: 한겨레신문사, 52~65.

44) 양당 합의문에 의하면, 대통령 후보는 김대중으로 단일화하되, 집권할 경우 실질적인 각료 임명제청과 해임건의권을 갖는 실세 총리는 자민련이 맡도록 하며, 내각제 개헌(독일식 순수내각제)을 대선공약으로 채택하고 집권 후 양당 동수로 내각제개헌추진위를 구성하여 1999년 말까지 개헌을 완료키로 하였다. 김용철. 2007. "개헌논의체제의 민주화." 『정치·정보연구』 10권 2호, 103.

의 이회창, 그리고 국민신당의 이인제 등을 주요 축으로 하는 3자 경쟁구도로 압축되었다.

2. 선거전의 주요 이슈

제15대 대통령선거에서 한국 선거사상 최초로 후보자들 간의 TV토론이 실시되었다. 공식적으로는 법정선거기간 동안 공영방송사에 의해 주관된 3차례의 합동토론회를 의미하는 것이었지만, 통합선거법에서 법정선거기간 이전이라도 언론사가 주관하는 초청토론회는 가능하도록 되어 있어 실제로 이번 선거전에서 100여 회에 이르는 TV토론회가 개최되었다.[45] 따라서 선거전은 법정선거일이 시작되는 11월 26일 훨씬 이전부터 시작되었다.

대선 후보들은 언론사 초청대담을 통해 이번 선거에 대한 정치적 의미를 부여하였는데, 김대중 후보는 자신의 '수평적 정권교체론'과 자민련의 '내각제를 위한 정권교체론'을 접목하여 정권교체의 필요성을 강조하였다. 즉 내각제는 정권교체를 위한 현실적 대안이며 21세기형 정치를 위한 제도임을 역설하였다. 이에 대해 이회창 후보는 '3김 청산'을 내세우며, 국민회의-자민련의 연대는 3김 시대 연장을 위한 정치적 야합에 불과하다고 선전하였다. 그리고 이인제 후보는 한나라당도 3김 정치의 유산이 낳은 수구 정당임을 강조하면서 진정한 3김 청산은 세대교체를 통해서만 가능하다는 논리를 전개하였다.

이와 더불어 상대 후보자들에 대한 폭로전과 흑색선전이 전개되었다. 먼저 국민회의는 7월 23일 임시국회 대정부 질의를 통해서 이회창 후보 두 아들의 병역면제 판정에 대한 의혹을 제기하여, 이회창 후보의 '대쪽' 이미지에 상당한 손상을 주었다. 이에 대해 이회창 후보측은 10월 7일 기자회견을 통해 이른바 'DJ 비자금' 의혹을 증폭시켰고, 11월부터 대선 직전까지 '오익제 밀입북' 사건을 빌미로 김대중 후보의 사상문제를 꾸준히 제기하였다.

또한 11월 21일 한국정부의 IMF 구제금융 요청을 계기로 경제위기 및 IMF 관리체제에 대한 논쟁이 선거전의 주요 이슈로 등장하였다. 이와 관련하여, 김대중 후보는 "국가경제를 파탄에 빠뜨린 것은 김영삼 정부와 그에 깊숙이 관여하고 혜택을 받은 이회창 후보와 한나라당"이라는 '경제파탄 책임론'을 주장하였다. 반

45) 황근. 1998. "제15대 대통령선거와 미디어 정치." 『동향과 전망』 37, 106.

면 이회창 후보는 "김대중 후보가 IMF와의 재협상을 주장하는 바람에 외환위기가 심화됐다"고 반격을 가하였고, 이인제 후보는 IMF와의 다단계 협상론을 주장하였다.[46)]

3. 선거결과와 특징

1997년 12월 18일에 실시된 대통령선거는 마지막 순간까지 예측을 불허하는 치열한 경합을 보였다. 선거 결과, 야당인 국민회의의 김대중 후보가 유효투표의 40.3%를 획득하여 38.7%를 얻은 신한국당의 이회창 후보를 39만여 표 차이로 누르고 대통령에 당선되었다.

김대중 후보의 승리는 대체로 다음 몇 가지 요인에 기인하였다. 첫째, 자신의 지역적 지지기반인 호남에서 변함없이 압도적인 지지를 받았다는 점이다. 둘째, 보수적 성향의 자민련과의 지역적 정치연합을 성사시킴으로써, 충청지역의 보수적인 유권자들을 대거 흡수했다는 점이다. 셋째, 여당 후보(이회창과 이인제)의 병립으로 김대중 후보에게 가장 유리한 대결구도가 형성되었다. 실제로 이인제 후보는 역대 선거에서 여당을 지원했던 영남과 강원 지역에서 상당 수준의 표를 획득함으로써 결과적으로 이회창 후보의 표를 잠식하는 효과를 가져왔다. 넷째, 선거 때마다 김대중 후보를 괴롭혔던 이른바 '색깔시비' 및 '북풍'이 이번 선거에서는 위력을 발휘하지 못하였다.

또한 이번 선거결과의 최대의 특징은 표의 '동서현상'이 등장했다는 점이다.[47)] <표 10-3>이 명확히 보여주듯이, 이회창 후보는 동부지역(부산, 대구, 울산, 강원, 경북, 경남)에서 김대중 후보보다 많은 지지율을 획득한 반면, 김대중 후보는 서부지역(서울, 인천, 광주, 대전, 경기, 충북, 충남, 전북, 전남, 제주)에서 상대 후보보다 더 많은 지지를 받았다. 이는 김대중 후보가 1990년 당시 3당합당의 주체였던 김종필과 연대함으로써 영남의 고립화를 전략적으로 활용하는 '역 3당합당'의 '역 지역주의' 전략을 구사함으로써 선거에 승리했음을 보여준다.

15대 대선은 건국 이후 최초로 여·야간 평화적 정권교체라는 기록을 남겼다. 적어도 두 차례의 평화적 정권교체가 진행되었을 때 비로소 민주주의 공고화

46) 동아일보사. 1998. 『동아연감』, 31.
47) 정대화. 1998. "제15대 대통령선거 결과에 대한 실증적 연구." 『동향과 전망』 37, 59.

표 10-3 제15대 대통령선거의 후보자별 득표율

구 분		한나라당 이회창	국민회의 김대중	국민신당 이인제	국민승리21 권영길	공화당 허경영	바른나라 정치연합 김한식	통일한국당 신정일
서부지역	서울	40.9%	44.9%	12.8%	1.1%	0.1%	0.2%	0.1%
	인천	36.4%	38.5%	23.0%	1.6%	0.1%	0.2%	0.1%
	경기	35.5%	39.3%	23.6%	1.0%	0.2%	0.2%	0.2%
	충북	30.8%	37.4%	29.4%	1.3%	0.4%	0.3%	0.4%
	충남	23.5%	48.3%	26.1%	1.0%	0.3%	0.4%	0.4%
	대전	29.2%	45.0%	24.1%	1.2%	0.2%	0.2%	0.1%
	전북	4.5%	92.3%	2.1%	0.4%	0.1%	0.4%	0.2%
	전남	3.2%	94.6%	1.4%	0.2%	0.1%	0.4%	0.2%
	광주	1.7%	97.3%	0.7%	0.2%	0.0%	0.1%	0.0%
	제주	36.6%	40.6%	20.5%	1.4%	0.2%	0.3%	0.5%
동부지역	강원	43.2%	23.8%	30.9%	1.0%	0.4%	0.2%	0.5%
	경북	61.9%	13.7%	21.8%	1.5%	0.3%	0.2%	0.8%
	대구	72.7%	12.5%	13.1%	1.2%	0.1%	0.1%	0.3%
	경남	55.1%	11.0%	31.3%	1.7%	0.2%	0.1%	0.5%
	부산	53.3%	15.3%	29.8%	1.2%	0.1%	0.1%	0.2%
전 국		38.7%	40.3%	19.2%	1.2%	0.2%	0.2%	0.2%

출처: 중앙선거관리위원회. 1998.『제15대 대통령선거총람』, 140~141.

가 이루어진 것으로 간주할 수 있다고 한다면,[48] 15대 대선은 또 다른 정권교체를 가져온 2007년의 제17대 대선과 함께 한국 민주주의의 공고화에 기여한 선거로 평가할 수 있을 것이다. 하지만, 15대 대선은 지역주의 선거행태가 여전히 대선 결과를 규정하는 핵심 변수임을 보여줌으로써, 한국사회에 지역주의 정치구도가 고착화되었음을 확인해주는 선거였다. 이에 비해, 노동계의 지지를 업고 출마한 국민승리21 권영길 후보의 득표율이 1.2%에 불과했다는 점은 한국노동의 정치세력화는 요원함을 보여주었다.

48) Samuel P. Huntington. 1991. *The Third Wave: Democratization in the Late Twentieth Century*. Norman, OK: University of Oklahoma Press.

제11장

국민의 정부: 경제위기극복과 대북포용정책

제 1 절 '국민의 정부'의 출범: 의미와 비전

김대중 후보의 대통령 당선을 두고, 당시 언론들은 "고질적 지역감정과 색깔론적 한계"를 극복한 선거로, 그리고 "한국정치발전의 새로운 이정표"로 묘사하였다. 그러나 무엇보다도 중요한 점은 헌정사상 처음으로 야당후보가 여당후보를 누르고 대통령에 당선되었다는 사실이다. 이는 '민주주의 공고화'라는 관점에서 한국 민주주의를 한 차원 제고시키는 역사적 의미를 지닌다. 한국 민주주의의 공고화는, 1987년의 민주화 이행에도 불구하고, 여전히 불투명한 상태였다. 민주화 세력의 분열에 따른 1988년 노태우 정부의 탄생, 그리고 권위주의 세력과의 정치적 연합(3당합당)을 통한 1993년 김영삼 정부의 출범은 한국정치가 여전히 권위주의 세력의 직·간접적인 영향력하에 있음을 의미하고 있었다. 따라서 1998년 김대중 정부의 탄생은 민주화 이행 이후 처음으로 민주화 세력이 권위주의 세력의 도움 없이 집권할 수 있음을 보여주는 중요한 사건이었다.

하지만, '국민의 정부'의 앞에는 험난한 난관들이 기다리고 있었다. 1960년대 이래 한국정치는 지역적으로 영남세력에 의해, 이념적으로 보수세력에 의해 이끌어져 왔다. 이 점에서 김대중 정부는 소수파 정부였으며, 영남 및 보수 세력의 도전은 만만치 않을 것으로 예상되었다. 또한 '국민의 정부'는 내부적으로도 갈등의 소지를 안고 있었다. 'DJP 선거연합'은 향후 의원내각제 개헌논의를 둘러싼 잠재적 갈등요인을 내재하고 있었으며, 동시에 개혁성향의 국민회의와 보수성향의 자민련 간의 정책노선을 둘러싼 갈등의 소지를 안고 있었다. 무엇보다도 '국민의 정부'의 최고 현안은 경제위기의 극복이었다. '신자유주의적' 경제개혁 노선은 엄청난 국민적 고통을 요구하기 때문에, 노동자들의 반발과 진보세력의 저항이 거셀 것으로 예상되었다.

김대중 정부가 풀어가야 할 과제는 ① 과거 권위주의 시대의 기득권 구도를 타개하고 민주주의를 정착·심화하는 것이고, ② 경제안정과 성장을 이루면서 복지사회를 건설하는 일이며, ③ 지역간·계층간의 갈등과 분열을 극복하여 사회통합을 이루는 것이고, 그리고 ④ 이를 기반으로 한반도 평화통일의 토대를 마련하는 일이었다.[1] 이를 위해, 1998년 2월 25일 김대중 대통령은 취임사에서 '민주주

1) 최장집. 1988. "한국 정치경제의 위기와 대안 모색: 민주적 시장경제를 중심으로." 『계간사상』

의와 경제발전의 병행'을 제시하였다.[2)]

> '국민의 정부'가 당면한 최대의 과제는 우리의 경제적 국난을 극복하고 우리 경제를 재도약시키는 일입니다. '국민의 정부'는 민주주의와 경제발전을 병행시키겠습니다. 민주주의와 시장경제는 동전의 양면이고 수레의 양 바퀴와 같습니다. 결코 분리해서는 성공할 수 없습니다. 민주주의와 시장경제를 다 같이 받아들인 나라들은 한결같이 성공했습니다.

'민주주의와 경제발전의 병행'은 '국민의 정부'의 비전이자, '대안적 발전의 길'을 찾아가는 출발점을 의미하였다. 김영삼 정부의 가장 큰 실패는 민주주의와 경제발전이 병립할 수 있는 새로운 모델을 창출하지 못했다는 데 있었다. '권위주의 청산' 및 '역사 바로 세우기' 그리고 '군부의 탈정치화' 등의 정치개혁은 상당한 성과를 거두었으나, 시장 효율성을 중심으로 한 박정희식 물량적 경제모델은 여전히 지속되었다. 그 결과 민주주의의 의미와 가치가 경제적 효율성에 종속되는 현상을 초래하였고, 그 최종적 귀착점은 민주화의 지체와 경제위기였다. 즉 김영삼 정부는 민주화와 경제발전 모델을 하나의 틀 내로 통합해 내는 데 실패했던 것이다. 이러한 의미에서, 김대중 대통령은 취임사에서 '민주주의와 경제발전의 병행'을 강조하였던 것이다.

이와 더불어, 김대중 대통령은 한반도 평화정착을 위한 대북포용정책이라는 비전을 제시하고 나섰다. 대북정책에 있어 김영삼 정부는 남북관계의 근본적 개선보다는 과거 냉전논리에 입각한 흡수통일을 지향하였다. 따라서 남북관계는 여전히 불신과 대립을 거듭하였다. 이 상황에서 남북관계 개선은 김대중 대통령의 커다란 관심사항이 되지 않을 수 없었다. 그는 취임사에서 남북관계는 화해와 협력, 그리고 평화 정착에 토대를 두고 발전시켜 나갈 것임을 천명하였다.[3)] 즉 확고한 안보를 바탕으로 남북간 교류와 협력을 적극 활성화해 나감으로써 북한의 긍정적인 변화를 지원하고 남북관계를 개선해 나가겠다는 것이었다.

이는 전임 정권들의 대북정책과는 상이한 것으로, 과거의 정권들은 한결같이

여름호, 34.

2) 대통령비서실. 1992. 『김대중 대통령 연설문집』, 62.

3) 이른바 '대북3원칙'으로, 그 내용은 다음과 같다. 첫째, 평화를 파괴하는 일체의 무력도발을 허용하지 않으며, 둘째, 북한을 해치거나 흡수하려고 하지 않고, 셋째, 가능한 분야부터 남북간 화해와 협력을 추진해 간다. 통일부. 1999. 『평화와 화해협력을 위한 대북정책과 남북현안에 대한 입장』, 11.

남한이 한반도의 유일한 합법국가라는 관점에서 대북정책을 마련해 왔었다. 따라서 그동안 남한의 대북정책은 그 명칭이나 내용에 상관없이 사실상 북한의 존재를 무력화하여 흡수통일하려는 데에 목표를 두고 있었다. 이에 비해, 김대중 정부는 과거 정권의 대북정책이 오히려 남북한 관계를 악화시켰던 것으로 보았다. 김대중 정부의 대북정책은, 반세기 이상 대립과 반목을 거듭해온 남북한 관계에서 조기에 통일을 이룩하는 데 주력하기보다는 평화정착의 기반 위에서 남북 간의 화해를 도모하고 차분하게 협력을 추진하는 것이 보다 현실적이라는 인식에 바탕하고 있었다.

제 2 절 경제위기와 경제개혁

국제통화기금(IMF)은 구제금융을 제공하는 대신에, 한국 정부에게 신자유주의 경제정책의 수용을 요구하였다. 이에 김대중 정부는 경제규제 철폐, 대외시장 개방, 민영화, 부실기업의 퇴출 및 기업경영의 투명성 제고, 노동시장 유연화 등의 신자유주의적 정책 패러다임에 기초하여 기업·금융·공공·노동 등 4개 부문의 경제개혁에 착수하였다.

1. 기업개혁

당시 기업들은 경제위기를 초래한 핵심 행위자로 간주되었다. 특히 대기업들의 비효율적 투자, 기업경영의 투명성 결여, 선단식 경영, 기형적인 기업지배구조 등은 개혁의 주요 대상으로 평가되었다. 이에 따라 정부는 1998년 1월 기업경영의 투명성제고, 상호지급보증의 금지, 재무구조의 개선, 핵심기업의 선정과 중소기업과의 협력강화, 지배주주와 경영자의 책임강화라는 이른바 '기업구조개혁 5대 과제'를 설정하고, 본격적으로 기업구조개혁에 착수하였다.[4)]

4) Chung－in Moon and Jongryn Mo. 2000. *Economic Crisis and Structural Reforms in South Korea: Assessments and Implications*. Washington, D.C.: The Economic Strategy Institute, 28~31.

우선, 기업경영의 불투명성을 시정하기 위해 정부는 30대 재벌을 대상으로 1999년도부터 모든 계열회사를 연결하는 결합재무제표를 작성토록 하여 재벌기업의 경영 상태에 대한 정확한 정보를 제공하도록 조처하였다. 그리고 1998년 2월 외부감사법 제정을 통하여, 상장법인과 30대 재벌의 경우 공인회계사가 회사로부터 독립하여 감사업무를 수행할 수 있도록 하였으며, 특히 지배주주가 아닌 주주대표 및 주거래은행 등이 참여하는 '감사인 선임 위원회'를 구성토록 하였다.

둘째, 그룹내 계열사 사이의 상호채무보증 관행은 기업의 과다차입을 낳았고, 금융기관의 건전한 여신심사를 가로막는 걸림돌이 되어 왔다. 따라서 정부는 기업들의 과다차입을 억제하기 위해, 1998년 2월 14일 법인세법의 개정을 통해 기업이 부채상환을 위해 부동산을 매각할 경우 양도차익에 대한 세금을 면제하는 인센티브를 제공하기로 하였으며, 반면 2000년부터 자기자본의 5배가 넘는 과다차입금에 대한 이자를 손비로 인정하지 않기로 하였다. 이와 더불어, 정부는 1998년 2월 18일 공정거래법의 개정을 통해, 1998년 4월 1일부터 신규 채무보증을 금지하였으며, 기존의 채무보증에 대해서도 2000년 3월까지 완전히 해소하도록 하였다.

셋째, 기업들의 취약한 재무구조의 개선을 위해, 정부는 금융부채가 많은 기업에 대하여 1998년 4월까지 주거래은행들과 재무구조개선 약정을 체결토록 하였는데, 모두 64개 기업들이 이 프로그램에 참여하였다. 그리고 5대 재벌에게는 1999년 말까지 평균부채비율 200% 이내로 낮출 것을 요구하였다. 이와 더불어, 정부는 금융기관으로 하여금 부실기업을 신속히 퇴출하도록 하였고, 재벌기업들의 업종전문화를 유도하였다. 실제로 은행은 1998년 6월 18일 5대 재벌의 계열사 20개를 포함한 55개 기업을 퇴출대상으로 결정하였다. 한편 부실기업 가운데 회생 가능한 기업에 대해서는 채권금융기관과 기업의 자율적 협의를 거쳐 기업개선작업(workout)에 들어가도록 하였다.

마지막으로, 정부는 기업지배구조의 개선을 추진하였다. 특히 대기업들이 개선의 주요 대상이 되었는데, 그들의 문제점은 재벌총수 및 그의 가족이 10% 미만의 지분을 보유하면서도 복잡하고 간접적인 상호지분 보유를 통해 전 계열사를 장악하고 있으며, 동시에 소유자이자 경영자인 재벌총수의 법적 책임관계가 모호하다는 점이었다. 이로 인해, 재벌총수가 주주 및 채권자 등 외부 이해관계인의 견제를 거의 받지 않고 절대적인 권한을 행사하는 관행이 제도화되었고, 때로는 소액주주의 이익을 희생시키면서 자신의 이익에 부합되도록 내부거래의 이전가격을 결정하거나 자신의 만족을 위한 팽창적인 사업전략의 추진 등을 가능하게 하였다. 따라서 정부는 최고경영진에 대한 감시를 활성화하기 위해, 주식시장 상장회사들에게 사외이사를 의무적으로 선임토록 하였다. 이와 더불어 1999년 3월 소액주주의 권한 행사 요건을 완화했는데, 그동안 경영부실에 대해 회사발행주식의 1% 이상을 소유한 주주만이 소의 제기를 청구할 수 있던 것을 0.01% 이상만 보유해도 가능하게 하였다.

김대중 정부가 추진한 기업개혁은 일부 잠재적 부실기업들의 정리, 기업지배구조 개선을 위한 제도적 개선조치들의 마련, 기업부채비율의 개선, 상호채무보증의 해소 등 상당한 성과를 거두었다. 그러나 기업개혁의 노력에도 불구하고, 종래의 소유지배 구조는 여전히 온존하였고, 재벌의 족벌경영 및 선단식 경영 역시 그대로 유지되었으며, 대기업들의 독과점적 위치와 경제력 집중은 더욱 강화되는 현상을 보였다.

2. 금융개혁

금융개혁의 기본 방향은 자율적이며 안정적인 금융시스템의 구축이었다. 이와 관련하여, 정부는 두 가지 현안에 직면하고 있었다. 그 하나는 약 1백조원으로 추정되는 부실채권을 신속히 정리하는 것이고, 다른 하나는 금융시스템의 회복을 위해 전반적인 구조개혁을 단행하는 일이었다.[5)]

이를 위해, 김대중 정부는 다양한 방면에서 불안정한 금융시장을 정상화시키는 획기적 조치를 강구해야만 했다. 구체적으로, 먼저 회생 가능한 금융기관은 강력한 자구노력을 전제로 부실채권을 매입해주고, 반면 회생 불가능한 기관은 조기에 정리할 필요가 있었다. 둘째, 금융산업에 대한 사전규제를 사후 감독체제로 전환하고 진입과 퇴출을 자유롭게 하여 적자생존의 원칙을 확립하여, 금융기관들의 투명성·책임성·건전경영을 확보할 필요가 있었다. 셋째, 외국인 투자를 유인하기 위해 금융시장에 대한 지속적인 규제완화와 자유화조치가 필요하였다. 마지막으로, 정부는 이러한 개혁조치들을 실행에 옮길 수 있는 제도적 능력을 갖

5) Chung-in Moon and Jongryn Mo. 2000. *Economic Crisis and Structural Reforms in South Korea: Assessments and Implications*, 27~28.

추어야 했다.

특히 금융구조개혁을 주도할 정부의 제도적 능력은 매우 중요한 대목이었다. 다행히도, 1997년 12월 김영삼 정부하에서 제정된 13개의 금융개혁 법안들이 김대중 정부가 금융개혁을 추진할 수 있는 법적·제도적 근거를 이미 마련해 놓고 있었다. 이를 바탕으로, 김대중 정부는 보다 체계적이고 종합적인 차원에서 금융감독을 수행할 수 있도록 1998년 4월 재정경제부·은행감독원·증권감독원·보험감독원으로 분산되어 있던 금융 감독 기능을 금융감독위원회 및 금융감독원으로 통합하였다.

동시에 김대중 정부는 부실금융기관들을 퇴출시켰다. 1998년 1월, 정부는 제일은행과 서울은행에 3조원을 출자하여 이들을 사실상 국유화하고, 이후 국제입찰을 통해 매각할 방침임을 밝혔다. 그리고 4월에는 BIS 기준 자기자본비율이 8%에 미달하는 12개 은행에 대해 경영정상화 계획서를 제출토록 했으며,[6] 이를 토대로 경영정상화가 곤란하다고 판단된 5개 은행(동화·동남·대동·경기·충청)을 퇴출시켰다. 그리고 BIS 비율 8%에 미달하지만 경영정상화가 가능하다고 판단되는 7개 은행(조흥·상업·한일·외환·평화·충북·강원)에 대해서는 증자나 합병, 감자, 점포·조직·인력의 감축 등을 통한 경영정상화를 촉구하였다.

이와 더불어 비은행 금융기관에 대한 구조조정이 병행되었다. 먼저 외환위기의 주요 요인으로 지목되었던 종합금융사가 정리되었는데, 총 30개의 종금사 중 18개사가 인가 취소되거나 합병되었다. 보험사의 경우, 1998년 6월 22개 보험사가 제출한 경영정상화 계획의 평가와 자산 실사를 통해 경영정상화가 불가능한 4개 생명보험사를 퇴출시켰으며, 16개의 생명보험사에 대해서는 경영개선명령이 내려졌고, 2개의 보증보험사에 대해 합병 명령이 취해졌다. 그리고 총 25개의 리스사에 대해서는 모은행 주도하에 구조조정을 추진토록 하였으며, 이 과정에서 회생 불가능한 10개의 리스사가 정리되었다. 그리고 정부는 폐쇄된 금융기관을 대신해 예금지급을 위해 7.7조원을 출원하였다.

그러나 대대적인 금융기관의 구조조정과 공적자금의 투입만으로 부실 금융기관들을 정상화시킬 수는 없었다. 해외투자자들의 신뢰를 회복하기 위해서 남아

6) BIS 자기자본비율(BIS capital adequacy ratio)이란 국제결제은행(Bank for International Settlement)이 정한 은행의 위험자산(부실채권) 대비 자기자본비율을 의미하는데, 이는 1988년 7월 각국 은행의 건전성과 안정성 확보를 위해 마련되었다. 이 기준에 따라 적용대상 은행은 위험자산에 대하여 최소 8% 이상의 자기자본을 유지하도록 하였다.

있는 부실채권을 회수하기 위한 더 많은 공적 자금의 투여가 절대적으로 필요했다. 따라서 성업공사가 금융기관으로부터 총 44.1조원의 부실채권을 인수하였다. 그 결과 일반은행의 BIS 비율은 개선되었고, 한국의 국가신용도에 대한 외국 신용평가기관들의 평가는 상향조정되기 시작했다.

3. 노동개혁

노동개혁의 목표는 노동시장의 유연성을 제고하는 것이었다. 노동시장의 유연화는 노동시장의 환경변화 및 수요변화에 대응하여 신속하게 고용·임금·노동시간을 탄력적으로 조정할 수 있는 노동시장의 능력을 의미한다. 따라서 노동시장 유연성의 제고는 기업들에게 시장 상황에 쉽게 적응할 수 있게 함으로써 기업의 경쟁력을 향상시킬 수 있는 장점을 지니고 있으나, 동시에 실업자 및 비정규직의 양산 등 고용불안정을 증대시킬 가능성도 함께 안고 있었다.

사회복지체계가 부재한 상황에서, 노동시장의 유연성 제고정책은 엄청난 노동의 저항이 예상되는 사항이었다. 즉 노동의 동의 없는 정리해고제의 실시는 위기에 처한 한국경제를 돌이킬 수 없는 상황으로 몰아갈 가능성이 높았다. 노동의 저항을 피하기 위해, 정부는 한국노총과 민주노총에 'IMF(위기) 극복을 위한 노사정협의회' 구성을 제안하였다. 그리고 1998년 1월 15일 대통령 자문기구 형태로 노사정위원회가 발족되었다.

몇 차례의 난항이 있었지만, 정부의 노력은 상당한 성과를 거두었다. 1월 20일, 노·사·정이 "IMF 체제하의 경제위기 극복을 위해 불가피하게 요구되는 고통을 공정하게 분담"한다는 '제1차 노사정 공동선언문'이 작성되었다. 그리고 2월 9일에는 '제2차 공동선언문'으로 알려진 '경제위기 극복과 재도약을 위한 노사정 공동선언문'이 발표되었다. 합의 내용에 의하면, 노동은 정리해고제의 조기실시 및 파견근로제의 법제화를 허용하는 대신, 국가는 노조의 정치활동을 보장하고, 공무원·교원의 단결권을 허용하며, 실업자에 대해 초기업 단위노조 가입자격을 인정하고, 동시에 고용안정 및 실업대책과 사회보장제도를 확충하며, 기업은 기업재무구조를 개선하여 기업의 경영투명성을 확보하며, 구조조정의 실행을 통해 기업의 경쟁력을 강화한다는 것이었다.[7)]

7) 김용철. 2017. 『한국의 노동정치: 변화와 동학』. 파주: 마인드탭 245.

2월 13일, 노사정위원회의 잠정합의안을 근거로 노동시장 유연성 확보를 위해 시급하다고 판단되는 노동관련법들이 제정 혹은 개정되었다. 개정된 정리해고법은 기업의 양도·인수·합병을 고용조정의 요건에 포함시켰으며, 그 시행 시기도 공포 즉시 가능토록 하였다. 새로 제정된 '파견근로자 보호에 관한 법률'은 전문 기술직의 경우 최장 2년, 단순업무의 경우 최장 6개월 동안의 파견근로를 허용하였다. 이와 더불어, 노동시장 유연화에 따른 부작용을 최소화하기 위한 법들이 제정 혹은 개정되었다. 즉 '고용보험법' 및 '고용정책 기본법'의 개정을 통해 실업자에 대한 지원 강화 및 실업대책사업을 확대하였고, 기업 파산시 퇴직 노동자의 최종 3개월분 및 최종 3년 간의 임금 및 퇴직금의 지급을 규정한 '임금채권보장법'이 제정되었으며, '공무원직장협의회 설립·운영에 관한 특별법'을 제정하여 6급 이하의 공무원들의 직장협의회 설립을 허용하였다.[8]

김대중 정부의 노동개혁에서 가장 주목할 점은 노동이 국가와 자본에 대해 동등한 지위를 갖는 정당한 행위자로서 그리고 경제구조개혁의 정책 파트너로서 격상되었다는 점이다. 노사정 협의체제는 과거의 수직적이고 대립적인 국가-노동 및 노동-자본 관계에서 탈피하여 수평적이며 협조적인 국가-노동 및 노동-자본 관계를 형성해 간다는 것을 요체로 하고 있었다. 달리 표현하면, 노동은 국가의 경제개혁에 협조하는 대신에 국가는 노조의 정치활동 및 정책결정과정의 참여를 보장하며, 자본은 구조조정을 통해 기업의 경영투명성 및 경쟁력을 강화하여 구조조정과정에서 노동과의 공정한 고통분담을 꾀함으로써, 현 경제위기를 극복해 간다는 것이다. 이는 사회경제적 이슈를 둘러싼 국가·노동·자본 간의 '정치적 교환'(political exchange)을 약속한 사회협약의 성격을 띤 것으로, 유럽의 사민주의체제에서 발견되는 민주적 코포라티즘(democratic corporatism)을 모델로 한 것이었다. 그러나 한국의 노사정 협의체제는 기본적으로 계급타협의 제도적·이념적·물질적 토대가 결여된 상태에서 갑작스럽게 출범했기 때문에, 시간이 흐를수록 국가와 노동, 그리고 노동과 자본의 대립이 빈번히 표출되었다. 그 결과, 노사정 협의체제는 오래지 않아 교착상태에 빠지기 시작하였다.[9]

8) 문정인·김용철. 2000. "구조개혁의 정치경제: 정치적·제도적 제약을 중심으로." 『IMF체제 이후의 한국정치의 비전과 전략』. 서울: 국회사무처, 236.
9) 김용철. 2017. 『한국의 노동정치: 변화와 동학』, 11장.

4. 공공부문개혁

공공부문개혁의 주요 목표는 ① 작지만 강한 정부, ② 경쟁과 성과원리 도입, ③ 고객중심의 행정, ④ 전자정부의 구현으로 요약된다. 첫째, '작지만 강한 정부'의 실현을 위해, 정부는 중앙정부, 지방정부, 공기업, 산하기관 등 전 공공부문에 걸쳐 구조조정을 실시하였다. 그 결과, 1997년 말 정원(70만 명, 교원, 경찰 제외)의 20%에 해당하는 14만 1천 명의 인력을 감축하였고, 정부조직 전반에 걸쳐 전체 과 단위 조직의 20%인 1,300여개 과를 감축하였다. 아울러 공기업의 방만하고 비효율적인 경영관행을 근본적으로 개선하기 위해 1998년 당시 24개 공기업 중에서 기업성이 강한 11개 공기업 — 포항제철, 국정교과서, 한국종합화학, 한국중공업, 한국통신, 담배인삼공사 등 — 을 선정하여 민영화를 완료하였다.

둘째, '경쟁과 성과원리 도입'을 위해 정부는 개방형 직위제를 도입하였다. 중앙부처 국장급 이상 직위 732개 중 132개를 개방형 직위로 지정하여 충원 시 민간전문가 및 관련 공무원이 응모토록 하고, 응모자 중에서 적격자를 선정·임명토록 하였다. 보수에 있어서도 연공서열에 따라 획일적으로 주어지던 급여를 국장급 이상의 경우 매년 성과평가를 통해 보수 인상률을 차등 적용토록 하였고, 과장급 이하 공무원은 매년 1회 업무실적을 평가하여 성과상여금을 차등 지급토록 하였다.

셋째, '고객중심의 행정'을 구현하기 위해 공공부문의 내부적인 효율성 제고와 함께 대국민 행정체계를 개선하였다. 먼저 일선 지방행정기관에서의 인·허가 등 민원처리 진행상황을 인터넷상에 공개하고, 민원신청에 필요한 증명서류도 감축함으로써 민원인의 편의를 크게 증진시켰다. 아울러 국민이 체감하는 민생개혁을 추진하였는데, 행정 편의주의적 증명서류를 대폭 축소하였다. 예컨대, 민원처리시 정부가 요구하는 각종 증명서류 중 신분증으로 확인 가능한 서류(주민등록등본 등)를 우선 폐지하여 연간 1천만 통 이상의 관련 증명서류를 감축하였다. 또한 국민이 자주 제기하는 질의민원 발생을 최소화하기 위해, 질의·답변을 유형화하여 각 부처 홈페이지에 사전 게재토록 하였다. 그리고 시민단체와의 연대를 강화하여 민생개선을 내실화하였다. 시민단체와의 공공부문개혁 네트워크를 구축하여 분기별 '행정개혁 시민제안대회'의 개최 및 7대 민생분야(식품·위생, 교통, 복지, 건축, 세무, 환경, 민원)를 집중적으로 개선하였다.

넷째, 정보통신기술을 활용한 전자정부의 구현을 시도했다. 국민들은 누구나 언제든지 안방에서 원하는 민원서비스를 전자적으로 공급받을 수 있는 G4C (Government for Customers) 프로젝트를 완료하여 주민, 부동산, 자동차 등과 같은 주요 분야 민원서비스에 대한 전자적 제공이 가능하게 되었다. 또한 정부-기업 간 전자조달시스템 구축(G2B: Government to Business)을 통해 기존의 수기식 입찰방식에서 온라인 입찰이 가능하도록 하였다. 더불어 정보통신기술을 활용하는 '능률정부' 구현을 위해 기획예산처와 모든 부처들 간에 예산업무정보망을 구축하여 52개 부처의 예산요구 서류를 전자문서로 대체하였고, 각종 재정정보의 데이터베이스를 구축하여 효율적 예산편성 및 성과관리를 구현하였다. 또한 지식을 체계적으로 생산·축적·활용하는 '지식정부' 구현을 위해 생산되는 모든 지식과 정보를 컴퓨터에 보관하여 전 직원이 공유하는 '지식관리시스템'을 도입하였고, 공무원의 정보화 능력을 제고하기 위해 수요자 특성에 맞는 다양한 교육과정을 개발하여 교육하였으며, 중앙 및 지방의 행정공무원 전원에게 e-mail 주소를 보급하였다.[10]

5. 경제개혁의 성과와 한계

김대중 정부의 경제개혁은 상당한 성과를 거두었다.[11] 첫째, 국민경제는 1998년의 극심한 경기침체를 벗어나 대외여건의 불안 속에서도 여타 아시아 외환위기 국가에 비해 빠른 회복세를 보여 주었다. 또한 지속적인 경상수지 흑자와 외국인 투자유입으로 외환시장이 안정되고 유동성 위기 재발 가능성이 낮아졌으며, 저금리·저물가 기조가 정착되었다.

둘째, 금융권에 대한 시장의 신뢰가 회복되었다. 정부와 금융권의 노력으로 상당 규모의 부실 자산의 정리와 부실 금융기관이 퇴출되어 금융기관의 건전성이 제고되었으며, 시장참여자의 위험에 대한 인식이 완화되어 시장안정에 기여하게 되었다. 또한 수익다변화 및 구조조정을 통한 비용절감으로 은행들의 수익성, 생산성 및 효율성이 향상되었다.

10) 이계식. 2003. "공공부문개혁의 성과와 과제." 『경제학연구』 한국경제학회 창립 50주년 기념호, 187~192.
11) 이상제·김우진. 2003. 『국민의 정부 5년: 금융·기업 구조개혁 종합평가』. 서울: 한국금융연구원, 8~17.

셋째, 기업건전성이 제고되었다. 대기업 부채비율 규제와 상호채무보증 금지 등 정부의 적극적인 기업구조조정의 추진은 금융시장의 신용평가기준을 향상시켜 기업 스스로 재무구조를 건전화하려는 노력으로 이어졌다. 또한 결합재무제표 제도를 도입·시행함으로써 기업회계의 투명성이 향상되었고, 해외 투자자의 신뢰가 회복되었다.

이러한 성과에도 불구하고, 정부의 경제개혁정책은 몇 가지 한계점을 지니고 있었다. 구조조정 과정에서 심화된 재벌의 금융지배, 지역·산업·기업 간 불균형, 잔존하는 금융·기업의 잠재적 부실요인 등이 그것이다 그 가운데, 가장 심각한 현상은 사회양극화 현상의 등장이었다. 경제 전 부문에 걸친 구조조정의 진행은 기업의 도산과 정리 및 퇴출 그리고 기구의 축소, 은행의 합병, 공기업의 민영화 내지 통폐합 등과 같이 인력의 감축에 초점이 맞추어졌다. 따라서 실업률이 큰 폭으로 증가할 수밖에 없었다. 뿐만 아니라, 대규모의 비정규직 노동자들이 등장하였고, 많은 노동력이 새로운 취업의 기회를 갖지 못한 채 방치됨으로써, 노동자들의 소득이 감소하고 소득의 분배가 급속히 악화되었다. 그 결과, 중산층의 붕괴를 우려할 정도로 사회적 양극화 문제가 심각한 현안으로 급부상하였다.

제 3 절 낙천·낙선운동과 16대 총선

총선시민연대의 낙천·낙선운동은 정당들에게 공직후보 결정과정을 민주적이며 개방적인 방식으로 전환할 것을 촉구하는 시민운동이었다. 낙천·낙선운동은 상당한 성과를 거둔 것으로 평가되었다. 그럼에도 불구하고, 16대 총선의 결과는 한나라당이 영남권을 그리고 민주당이 호남권을 석권하는 지역대립구도가 여전한 것으로 드러났다.

1. 낙천·낙선운동

1990년대 들면서 시민·사회단체들은 정치개혁 차원에서 공명선거감시, 후보자검증, 정책캠페인 등의 활동을 전개해 왔다. 그러나 1991년 지방의원선거, 1995년 지방선거, 1996년 총선, 1997년 대선에서 이런 활동은 국민적 관심과 참여를 이끌어내지 못하였다. 기존의 운동 실패 경험들은 새로운 운동전략을 요구하였다. 즉 시민단체 수준에서 공직 후보자에 대한 직접적인 반대 의사 표명이 그것이었다. 사실 이러한 전략은 이미 1990년대 중반부터 제기되고 있었다. 1995년 지방선거부터 낙선운동에 대한 참여연대의 검토와 제안이 있었으나, 당시에는 대다수의 시민단체가 낙선운동의 위법성 문제와 정치적 부담 등을 이유로 매우 소극적이었다.

그러한 가운데, 1999년 40개 시민단체는 국회의 국정감사를 모니터하기 위해 '국감시민연대'를 결성하고, 국회 상임위원회에 대한 방청 모니터를 통해 'BEST 및 WORST' 의원을 선정·발표하는 것과 함께 국정감사의 문제점을 지적하여 생산적인 국회를 견인하기 위한 활동을 준비하였다. 그러나 여야를 비롯한 제도정치권은 이에 반발하여 시민단체들의 국회 상임위원회의 방청 자체를 불허하였다. 이 과정을 통해 국회감시활동을 전문적으로 하는 시민단체뿐만 아니라, 환경·여성 등 다양한 분야에서 개별적으로 활동하고 있던 시민단체들은 보다 강력한 정치개혁운동을 위해서는 시민단체들의 연합활동이 필수적이라는 공감대를 형성하게 되었다. 그 결과 1999년 12월 정기국회 이후 수차례의 준비모임을 거쳐 낙천·낙선운동의 전략이 논의되었고, 2000년 1월 12일 정당개혁과 부패정치인의 퇴출을 목표로 전국 473개 단체가 참여한 '총선시민연대'(총선연대)를 결성하였다.[12)]

총선연대의 정치개혁을 위한 활동은 낙천자 명단의 발표로부터 시작되었다. 2000년 1월 24일 제1차 낙천자 명단(67명)이 발표되었고, 2월 2일엔 제2차 낙천자 명단(48명)이 발표되었다. 명단 발표 이후 4월 초까지, 총선연대는 선거법 개정운동 및 밀실공천 철회운동 등 다양한 정치개혁 캠페인을 전개하였고, 일반시민들의 광범한 지지를 받으면서 총선연대에 가입한 시민·사회단체의 수는 1,000여 개로 증가하였다. 4월로 접어들면서, 총선연대의 캠페인은 낙선운동에 집중되었다. 4월 초, 낙선자 명단(86명)이 발표되었고, 그 가운데 22개 지역을 집중 낙선운동 지역으로 선정하였다. 총선연대 대표단이 각 지역을 분담하여 유세장 방문, 가두선전, 자전거 캠페인, 유권자에게 전화걸기 등을 통해 부패정치인의 낙선

12) 하승창. 2001. 『하승창의 NGO 이야기』. 서울: 역사넷, 168~169.

운동을 전개하였다.[13]

총선연대의 낙천·낙선운동은 오프라인 공간뿐만 아니라, 온라인 공간에서도 시민들의 적극적인 지지를 받았다. 사이버 총선연대의 홈페이지가 개설된 1월 12일부터 4월 18일까지 네티즌들의 접속 건수는 무려 92만 5천 건에 달했고, 게시물의 수도 4만 5천 건에 이르렀다. 하루 평균 접속자 수는 1만 3천 명을 기록하였으며, 일일 게시물의 수는 평균 660건에 달하였다. 또한 사이버 총선연대 게시판을 통해 낙천·낙선운동 지지서명에 참여한 네티즌의 수는 2만 8천여 명에 달했다. 낙천·낙선운동의 성과는 기대를 뛰어넘는 것이었다. 낙선대상 후보자 86명 가운데 59명(68.6%)이 총선에서 낙선하였고, 특히 중점 낙선 대상자 22명 가운데 15명(68.2%)이 낙선하였다.[14]

2000년 16대 총선을 전후로 전개된 낙천·낙선운동은 정당개혁을 캠페인의 대상으로 하였다는 점에서 매우 획기적인 개혁운동이었다. 즉 낙천·낙선운동은 민주화 이후 줄곧 비민주적인 방식으로 진행되어 온 정당의 공직후보 공천과정을 비판하고, 이를 민주적이며 개방적인 방식으로 전환할 것을 촉구하는 시민운동이었다.

2. 제16대 국회의원선거

낙천·낙선운동이 전개되는 가운데, 2000년 4월 13일 제16대 총선이 치러졌다. 총선에는 집권당인 새천년민주당, 당시 내각제 개헌 갈등으로 새천년민주당과의 공조를 파기한 자유민주연합, 제1야당인 한나라당, 그리고 한나라당 공천과정에 탈락한 인사와 여러 계파 인사들이 만든 민주국민당 등이 경쟁하였다.

집권당인 국민회의는 2000년 1월 20일 당명을 '새천년민주당'으로 바꾸고, "중산층과 서민을 대변하는 개혁정당, 인권과 복지를 중시하는 정당, 지역구도를 타파하는 전국정당"을 추구하는 '개혁적 국민정당'임을 표방하였다.[15] 그리고 '안정 속의 개혁'을 선거운동 슬로건으로 채택하였는데, 이는 외환위기로 촉발된 경제위기의 극복과 경제개혁의 완수를 위해 정치적 안정이 필요하며, 정치적 안정

13) 하승창. 2001. 『하승창의 NGO 이야기』, 174.
14) 총선시민연대. 2000. 『총선시민연대백서』. 서울: 총선시민연대, 788.
15) 중앙선거관리위원회. 2016. 『대한민국선거사 제7집』, 134~135.

을 위해서는 선거에서 다수 의석을 획득해야 한다는 논리였다. 또한 지역별로 차별화된 선거전략을 전개하였다. 기업들이 집중된 인천·경기에서는 중소기업육성정책을, 보수 성향이 강한 강원도에서는 '안보와 안정'을, 영남에서는 지역감정 타파와 한나라당의 IMF 경제위기 책임론을, 충청에서는 '내각제 개헌 불가론'과 'JP 은퇴론'을 주장하며 지역민들의 지지를 호소하였다.[16]

한나라당은 이번 총선을 김대중 정부의 중간평가로 규정하고, 정부의 실책을 집중적으로 부각시키는 선거전략을 채택하였다. 한나라당은 '국가채무 증가론' 및 '국부유출론' 등 김대중 정부의 경제정책의 문제점을 비롯한 각종 구조조정정책의 부작용, 그리고 정부·여당의 국정운영 과정에서 분출된 각종 의혹사건이나 실정에 대해 적극적인 공세를 펼쳤다. 이와 더불어, 새천년민주당의 지역별로 차별화된 선거전략에 대응하여, 한나라당 역시 지역별 선거전략을 구사하였다. 영남에서는 정부 인사정책의 '호남 편중'을, 호남에서는 지역감정의 해소를, 강원에서는 햇볕정책의 부당성을, 충청에서는 이른바 충청인들의 지역정서를 자극하는 '곁불론'(충청도는 결코 정치의 주역이 된 적이 없고, 역대 정권에서 곁불만 쬐어왔다)을 들고 나왔다.[17]

자유민주연합은 내각제 개헌이 무산되고[18] 새천년민주당과 한나라당 간의 대치정국 속에서 그 정체성이 퇴색돼 가면서, 연고지역인 충청권에서조차 확고한 지지를 확신할 수 없는 불리한 상황에 몰려 있었다. 더욱이 김종필 전 총리를 포함한 자유민주연합 소속의 다수 중진의원들이 2000년 1월의 총선연대의 낙천대상으로 선정돼, '구시대인물 정당'이란 국민적 인식을 벗어나기가 더욱 어렵게 됐다. 뿐만 아니라, 자민련은 한편으로는 영남권에서 반JP정서가 급속히 확산돼 우호적 지역기반을 상실할 위기에 놓였으며, 다른 한편으로는 시민단체의 낙천운동에 집중적인 타깃이 됨으로써 수도권에서의 선전도 기대하기 어려운 상황에 직

16) 중앙선거관리위원회. 2016.『대한민국선거사 제7집』, 165.

17) 중앙선거관리위원회. 2016.『대한민국선거사 제7집』, 167~168.

18) 1999년에 들어서면서, 김종필과 자유민주연합은 내각제 개헌약속을 지킬 것을 요구하였다. 이에 청와대와 민주당은 ① 현실적으로 한나라당의 도움을 받지 않고는 개헌의석을 확보하기 어렵고, ② 경제위기 극복을 위해 모든 힘을 집중해야 할 상황이기 때문에, 시기적으로 개헌작업은 바람직하지 못하다는 이유로 개헌에 대해 반대하는 입장을 취했다. 그 결과, DJP의 내각제 개헌 약속도 폐기될 수밖에 없었고, 이에 따라 자유민주연합은 2000년 2월 24일 새천년민주당과의 공조를 공식 파기하는 대국민 선언문을 발표하였다. 김용철. 2007. "개헌논의 체제의 민주화: 민주화 이후 개헌논의를 중심으로."『정치·정보연구』10권 2호, 104.

표 11-1 제16대 국회의원선거의 정당별 득표율과 의석수

구 분		한나라당	민주당	자민련	민국당	기타 정당	무소속
수도권	서울	43.3%(17)	45.1%(28)	4.7%(0)	1.3%(0)	4.0%(0)	1.6%(0)
	인천	41.7%(5)	40.6%(6)	12.1%(0)	1.2%(0)	1.2%(0)	3.2%(0)
	경기	39.1%(18)	40.9%(22)	12.4%(1)	1.6%(0)	1.3%(0)	4.7%(0)
충청권	대전	23.3%(1)	28.5%(2)	34.3%(3)	0.9%(0)	3.1%(0)	9.9%(0)
	충남	17.4%(0)	30.1%(4)	39.2%(6)	1.1%(0)	7.3%(1)	4.9%(0)
	충북	30.6%(3)	31.3%(2)	29.5%(2)	0.7%(0)	0.8%(0)	7.1%(0)
호남권	광주	3.3%(0)	69.9%(5)	0.3%(0)	0.4%(0)	0%(0)	26.1%(1)
	전남	4.1%(0)	66.4%(11)	1.6%(0)	0.5%(0)	0%(0)	27.5%(2)
	전북	3.6%(0)	65.4%(9)	3.4%(0)	0.2%(0)	0%(0)	27.4%(1)
경북권	대구	62.9%(11)	10.9%(0)	10.2%(0)	6.2%(0)	0.6%(0)	9.2%(0)
	경북	52.5%(16)	14.7%(0)	14.0%(0)	10.1%(0)	0.3%(0)	8.4%(0)
경남권	부산	60.3%(17)	15.0%(0)	1.6%(0)	14.9%(0)	0.7%(0)	7.5%(0)
	울산	41.7%(4)	9.6%(0)	3.1%(0)	4.0%(0)	17.2%(0)	24.4%(1)
	경남	53.7%(16)	11.8%(0)	3.3%(0)	6.3%(0)	3.0%(0)	21.9%(0)
기 타	강원	38.6%(3)	36.5%(5)	10.2%(0)	6.5%(1)	0.1%(0)	8.1%(0)
	제주	44.2%(1)	49.4%(2)	0.6%(0)	0.4%(0)	0.1%(0)	5.3%(0)
전 국	득표율	39.0%	35.9%	9.8%	3.7%	1.8%	9.4%
	지역구	112석	96석	12석	1석	1석	5석
	전국구	21석	19석	5석	1석	0석	0석
	합계	133석	115석	17석	2석	1석	5석

출처: 중앙선거관리위원회. 2000. 『제16대 국회의원선거총람』.

면하였다. 그러나 자유민주연합은 이러한 국면을 당 쇄신이나 인물교체를 통한 극복이 아니라 한나라당 중진인 이한동 의원의 영입, 시민단체의 낙천운동에 대한 '음모론 제기,' '공동정부 탈퇴,' '야당선언' 및 '충청권 지역정서 자극' 등 지극히 임시방편적 대응으로 일관하였다.

선거결과는 한나라당 133석, 새천년민주당 115석, 자유민주연합 17석, 민주국민당 2석, 한국신당 1석, 무소속 5석으로 나타났다. 즉 16대 총선은 한나라당과 새천년민주당의 공동승리, 자유민주연합의 몰락, 민주국민당의 참패로 귀착되었다. 민주노동당의 경우, 창원과 울산 등에서의 선전에도 불구하고, 기성정치의 벽을 넘어서는 데 실패하였다.

16대 총선의 가장 큰 특징은 선거운동기간에 총선연대의 낙선운동이 전개되었다는 점이다. 당시 선거에서 총선연대가 선정한 86명의 낙선대상자 중 69%인 59명이 탈락하였다. 그러나 낙선운동의 성공은 유권자의 폭넓은 참여를 유도하는 데까지 이르지는 못하였다. 역대 선거사상 가장 낮은 57.2%라는 투표율을 기록한 이번 선거에서 유권자들은 극단적인 정치적 무관심을 표출하였다. 특히 젊은층의 무관심이 매우 높았다.[19]

16대 총선의 또 다른 특징은, 한나라당과 새천년민주당이 각각 영남과 호남을 기반으로 한 양당구도를 형성한 것에서 알 수 있듯이, 지역주의 문제라 할 수 있다. 한나라당은 영남권 전체 의석 65석 중에서 무소속 1석을 제외한 64석을 '싹쓸이' 하였다. 새천년민주당 역시 호남의 전체 의석 29석 가운데 무소속 4석을 제외한 25석을 가져갔다. 호남에서 무소속이 4명이나 당선된 것을 들어 지역주의의 완화나 김대중 대통령의 영향력 약화로 해석할 수는 없다. 왜냐하면 선거운동 과정에서 이들 무소속 의원들은 당선될 경우 새천년민주당에 입당할 것을 약속한 후보들이었기 때문이다.

다른 한편, 충청권의 투표결과는 정당별 당선자 분포도 및 득표율에서 한나라당, 새천년민주당, 자유민주연합으로 크게 3분 되었다. 이는 충청지역을 연고로 하고 있는 '이회창, 김종필, 이인제' 3인 간의 경쟁구도의 반영이었다. 특히 충청지역 선거는 김종필 자유민주연합 명예총재와 이인제 새천년민주당 선대위원장 간의 대결, 즉 '지는 해'와 '뜨는 해'의 대결로 비유되기도 하였다. 이 점에서 충청권의 선거결과는 지역주의 완화가 아니라, 지역 대표주자가 결정되기 전까지의 과도기적 현상으로 평가되었다.[20]

19) 국회의원 총선거를 기준으로 할 때 1985년 2·12총선에서 84.6%를 기록했던 투표율은 그 후 점차적으로 낮아져 1988년의 13대 총선에서는 75.8%, 1992년의 14대 총선에서는 71.9%, 1996년의 15대 총선에서는 63.9%를 기록했다.

20) 정영국. 2003.『한국의 정치과정』. 서울: 백산서당, 203.

제 4 절 대북포용정책과 6·15 공동선언

김대중 정부의 대북포용정책은 강력한 대북 억제력을 바탕으로 국가안보를 확실히 보장하면서 화해와 협력을 통해 '전쟁이 아닌 평화,' '대결이 아닌 화해,' '반목이 아닌 협력'을 지향한 정책이었다. 포용정책의 지속적 추진으로 남북한 관계에는 괄목할 만한 변화가 일어났다. 그 대표적인 사례가 1998년 11월부터 시작된 금강산 관광사업과 2000년 6월의 남북정상회담 개최와 '6·15 남북공동선언'의 발표였다.

1. 김대중 정부와 햇볕정책

김대중 대통령은 1970년대부터 한반도 통일문제에 대해 진지하게 고민해 온 정치인이었다. 1971년 김대중은 야당 대통령 후보로서 한반도에서의 긴장완화와 전쟁방지를 위한 평화공존 방안으로 '3단계 통일방안'을 제시하였다.[21] 또한 1990년 사회주의체제의 붕괴 이후 탈냉전 상황에서 김대중 당시 아태평화재단 이사장은 "북한에 대한 새로운 접근"이라는 제목의 연설(1993년 8월, 영국 런던대학교)을 통해 대북포용정책의 구체적 내용을 담은 기본방향을 제안하였다.[22] 그리고 1994년 5월에는 미국 프레스센터 연설을 통해 "북한 핵문제의 일괄타결 방안"을 선도적으로 제시하여 당시 지미 카터(Jimmy Carter) 전 미국 대통령의 방북이 실현되었고, 궁극적으로는 북·미 제네바합의를 이끌어 내는 데 결정적인 기여를 하였다.[23]

21) '3단계 통일방안'이란 '제1단계: 평화적 공존 → 제2단계: 평화적 교류 → 제3단계: 평화적 통일'을 말한다. 구체적으로, 제1단계는 남북한이 평화공존을 위해 동족끼리 전쟁을 하지 않는다는 것을 약속하는 동시에 전쟁억제와 긴장완화를 위해 모든 노력을 경주하는 단계이다. 제2단계는 남북한이 평화적 교류를 확대시켜 남북의 민족동질성과 동포애가 회복되고, 신뢰를 쌓는 단계이다. 제3단계는 통일에 대한 민족적 합의를 도출하여 평화적 통일을 달성하는 단계이다.

22) 그 주요 내용은 ① 화해와 협력의 방향으로 노력, ② 민족자주와 자결의 입장에서 통일문제 해결, ③ 흡수통일정책의 공식적·실제적 포기 천명, ④ 북한의 경제발전 지원 및 북한 핵문제 해결을 위한 국제기구와의 협력 강화, ⑤ 북한내 온건파의 입지 강화, ⑥ 남북한의 점진적 사회통합을 위한 구체적 방향 제시의 필요 등이다.

23) 북·미 제네바합의는 1994년 10월 21일 북한과 미국 간에 체결된 외교적 합의이다. 그 주요 내

국민의 정부는 전임 정부들과 분명하게 구분되는 통일정책을 추진하였다. '햇볕정책'[24]으로 불리는 대북포용정책의 기본 목표는 ① 남북 간의 '평화·화해·협력'의 실현을 통해 분단의 현실을 평화적으로 관리하며, ② 북한이 스스로 변화할 수 있도록 여건을 조성해 주자는 데 있었다. 이러한 목표의 실현을 위해 김대중 정부의 햇볕정책은 3대원칙, 추진기조, 추진방향 등을 구체화하였다.[25]

첫째, 대북포용정책의 3대원칙으로 ① 햇볕정책은 평화를 파괴하는 일체의 무력도발의 불용원칙, ② 흡수통일의 배제원칙, ③ 화해와 협력의 적극추진원칙을 제시하였다. 둘째, 대북정책의 추진기조로 ① 안보와 화해협력의 병행추진, ② 평화공존과 평화교류의 우선 실현, ③ 화해와 협력으로 북한이 변화할 수 있는 여건 조성, ④ 남북간 상호 이익의 도모, ⑤ 남북 당사자 해결 원칙 아래 국제적 지지 확보, ⑥ 국민적 합의 등을 설정했다. 셋째, 햇볕정책의 추진 방향은 현실주의적·실용주의적인 평화정착의 차원에서 ① 남북대화를 통한 '남북기본합의서'의 이행·실천, ② 정경분리원칙에 입각한 남북경협의 활성화, ③ 남북이산가족문제의 우선적 해결, ④ 북한의 식량문제 해결을 위한 대북지원의 탄력적 제공, ⑤ 대북경수로 지원사업의 차질 없는 추진, ⑥ 한반도 평화환경의 조성 등 6가지로 요약되었다.

햇볕정책은 남북 간의 긴장을 조성하는 사건이 발생하여 비판을 받을 때마다 다소 속도조절을 하는 모습을 보였지만,[26] 그 기조는 변하지 않고 유지되었다. 대통령은 대북정책을 이끄는 구심점 역할을 유지하면서, 대북정책 최고결정기구인 국가안보회의(NSC)를 제도화하여 적극적으로 활성화시켰다. 통일부는 임

용은 북한 핵개발 포기, 북·미관계의 개선, 북한에 대한 에너지 공급, 한반도의 평화 등이다. 이는 1989년 북한(영변 원자력연구소)에 플루토늄 재처리 시설이 확인되고 1993년 북한이 핵확산금지조약(NPT)의 탈퇴를 계기로, 북·미간 군사적 충돌 위기의 고조가 배경이 되었다. 즉 제네바합의는 핵 동결과 관련된 북한의 이행사항, 그리고 경수로 지원 및 대체에너지 제공, 북·미관계의 진전 등에 관한 미국의 이행사항이 사안별·시기별로 연계된 이행계획표라고 말할 수 있다. 『중앙일보』, 1994년 10월 22일.

24) 국민의 정부는 대북정책을 '대북포용정책'으로 명명했고, 나중에 '대북화해협력정책'으로 그 명칭을 변경하였다. 대북화해협력정책은 '햇볕정책'이란 별칭으로 더 널리 알려져 있다.

25) 통일부. 1998.『대북정책 해설 자료: 햇볕정책의 의미와 추진 방향』. 서울: 통일교육원.

26) 북한의 강릉 잠수함 사건(1996년 9월 18일), 서해 교전사태(2002년 6월 29일), 금강산 민영미 씨 억류사건(1999년 6월) 등은 남북관계의 긴장을 고조시켰던 사건들이었다. 또한 금창리 핵사찰 사건과 북한의 광명성 1호 발사 등은 남북한을 포함해 전 세계적으로 이목을 집중시켰던 사건이었다. 이러한 사건들에도 불구하고 김대중 정부는 금강산관광을 지속시켰고, 북한에 대한 포용정책을 유지하였다.

동원 장관이 두 차례나 책임을 맡으면서 대북정책의 실질적인 주도 및 조정기능을 담당하였다. 임동원은 외교안보수석, 통일부장관, 국정원장, 통일외교안보 특보 등을 맡으며, 대통령의 뜻을 대변해 햇볕정책을 이끌어가는 역할을 하였다. 국정원은 1998년 베이징 쌀·비료회담 때부터 2000년 정상회담 예비접촉에 이르기까지 여전히 막후의 주역으로 활동하였다. 외교통상부는 대북정책에 관해 관련국과의 조율을 중요시하였으며 햇볕정책에 대하여 미국과 주변국의 지지를 이끌어내는 역할을 담당하였다. 김대중 정부에서는 통일부, 외교통상부, 국정원 세 부처가 대북정책에 있어 고유의 역할을 담당하지만, 햇볕정책에 대해서는 이견이 없이 협력하는 모습을 보였다. 야당들과 일부 언론들은 햇볕정책에 대한 비판적 입장을 취하였지만, NGO들의 대북정책에 대한 참여가 이전 어느 정부 때보다 두드러졌다.

2. 6·15 공동선언

2000년 6월 김대중 대통령은 평양을 방문, 북한 김정일 국방위원장과 분단 역사상 최초의 남북 정상회담을 갖고 6·15 남북공동선언을 합의·발표했다. 남북정상회담은 1970년 북한을 협상의 상대로 사실상 인정한 이래 30년 만에, 그리고 남북이 화해·협력하기로 약속한 남북기본합의서를 채택·발효시킨 지 8년 만에 성사된 남북정상회담이었다.

김대중 정부의 일관된 화해협력정책의 추진은 남북한 접촉과 교류의 증가로 이어졌고, 특히 2000년 3월 정주영 현대그룹 회장의 경협사업 추진, 그리고 2000년 3월 김대중 대통령의 베를린선언은 북한 지도층에게 남북경제협력에 대한 기대감을 제고시켰다. 이러한 노력들을 배경으로 역사적인 남북정상회담이 개최되었고, 6·15 남북공동선언이 채택되었다.[27]

6·15 남북공동선언(전문)

조국의 평화적 통일을 염원하는 온 겨레의 숭고한 뜻에 따라 대한민국 김대중 대통령과 조선민주주의 인민공화국 김정일 국방위원장은 2000년 6월 13일부터 15일까지 평양에서 역사적인 상봉을

27) 임동원. 2008. 『우리는 무엇을 할 것인가』. 서울: 프레시안 북, 300~303.

하였으며 정상회담을 가졌다.

남북정상들은 분단역사상 처음으로 열린 이번 상봉과 회담이 서로의 이해를 증진시키고 남북관계를 발전시키며 평화통일을 실현하는 데 중대한 의의를 가진다고 평가하고 다음과 같이 선언한다.

1. 남과 북은 나라의 통일문제를 그 주인인 우리 민족끼리 서로 힘을 합쳐 자주적으로 해결해 나가기로 했다.
2. 남과 북은 나라의 통일을 위한 남측의 연합제 안과 북측의 낮은 단계의 연방제 안이 서로 공통성이 있다고 인정하고 앞으로 이 방향에서 통일을 지향시켜 나가기로 했다.
3. 남과 북은 올해 8·15에 즈음하여 흩어진 가족, 친척방문단을 교환하며 비전향 장기수문제를 해결하는 등 인도적 문제를 조속히 풀어나가기로 하였다.
4. 남과 북은 경제협력을 통하여 민족경제를 균형적으로 발전시키고 사회, 문화, 체육, 보건, 환경 등 제반분야의 협력과 교류를 활성화하여 서로의 신뢰를 다져나가기로 하였다.
5. 남과 북은 이상과 같은 합의사항을 조속히 실천에 옮기기 위하여 빠른 시일 안에 당국 사이의 대화를 개최하기로 하였다.

김대중 대통령은 김정일 국방위원장이 서울을 방문하도록 정중히 초청하였으며 김정일 국방위원장은 앞으로 적절한 시기에 서울을 방문하기로 하였다.

2000년 6월 15일

대 한 민 국	조선민주주의인민공화국
대통령 김대중	국 방 위 원 장 김정일

5개항의 합의사항이 담긴 '남북공동선언'은 그간 남과 북이 각각 추구해 온 대북 혹은 대남 정책의 중대한 방향전환의 약속을 의미하는 것이었다. 이러한 상징성을 바탕으로 공동선언 각 항목을 통한 역사적인 의미를 살펴보면 다음과 같다. 첫째, '자주적 통일'로 요약되는 1항은 사실상 남북 사이의 핵심 사안인 통일문제를 다루고 있다는 점에서 주목받는 대목이다. 이는 남과 북이 상대방을 서로 배제하지 않는 당사자 해결원칙으로 통일문제를 풀어 가기로 합의한 것이며, 또한 우리 정부가 견지해온 그간의 흡수통일노선에 입각한 대북고립정책의 포기를 뜻하는 것이었다. 마찬가지로 북한 역시 남한 배제의 '통미봉남'(通美封南) 노선을 폐기함을 뜻하는 것으로서, 결국 한반도 문제의 '한반도화'라는 새로운 대원칙에

남북이 합의했다는 역사적 의미를 지닌다.

둘째, '북측의 연방제와 남측의 연합제 안(案)에 공통성이 있음을 인정하고 이 방향에서 통일을 지향하기로 했다'의 제2항은 분단 55년 만의 극적인 만남에서 실무적이고 각론적인 합의사항이 아닌 통일방안과 관련한 굵직한 합의내용이 포함되어 있는 부분이다.[28) 이는 급격하고 과도한 '제도적' 통일을 뒤로 미루고 대신에 분단의 피해를 줄이고 고통을 경감하는 차원에서 상호 체제인정과 평화공존 그리고 화해와 협력을 이루는 이른바 '사실상의 통일' 방식에 남북이 현실적으로 동의했음을 의미하는 것이다.

셋째, 이산가족 상봉과 비전향 장기수 등 '인도적 문제'를 조속히 해결하기로 합의한 공동선언 3항은 정상회담의 가시적 실질조치로서 구체적 성과를 담보하는 합의를 도출해 냈다는 의미를 가진다.

넷째, 공동선언 4항은 호혜적 차원에서 이미 진행 중인 남북경협과 교류의 활성화를 남북정상이 공식적으로 합의함으로써 남북 모두가 혜택을 받는 상호이익을 도모할 것임을 확인하였다. 아울러 인적·물적 자원의 원활한 교류를 통해 남북한 간의 긴장을 완화하고 이질성을 해소하면서, 향후 통일에 대비하는 남북공동체의 토대를 마련할 수 있는 계기를 조성하였다.

다섯째, 제5항은 정상회담 합의를 실천하려는 당국간 대화라는 액면 그대로의 의미 외에도 그동안 두절되었던 남북대화의 상시화를 가능케 하는 합의라는 점에서 큰 성과로 평가될 수 있다.

결국 6·15 공동선언은 그간의 적대적 대결관계를 청산하고 화해적 공존관계의 첫발을 내딛음으로써 상호 체제인정과 평화공존에 토대한 남북간 평화와 화해와 협력의 실질적 토대를 마련했다는 종합적 의미를 갖는다고 할 수 있다.[29)

28) 개념적으로 연합제와 연방제는 유사점과 차이점을 동시에 갖는다. 연합제 혹은 국가연합(confederation)은 회원국들이 각자의 주권을 보유하지만 국제조약에 의해 자발적으로 자신의 주권을 제한하는 것을 수용하는 국가들의 결합체라면, 연방제(federation)는 복수의 국가가 공통의 목적을 실현하기 위해 연방결성조약 혹은 연방헌법의 제정을 통해 설립된 권력통일체이다. 따라서 국가연합과 연방제 모두 복수국가의 결합이라는 공통점을 지니지만, 국가연합은 결합의 정도가 느슨한 데 비해 연방제는 결합의 정도가 강하다. 정성장, "연방제와 연합제의 공통점과 차이점은 무엇인가?" 『민족21』 7월호, 34~39.

29) 김근식. 2006. "남북정상회담과 6·15 공동선언: 분석과 평가." 『북한연구학회보』 10권 2호, 43~51.

제5절 제16대 대통령선거

16대 대선은 한나라당의 이회창 후보와 새천년민주당의 노무현 후보의 대결로 압축되었다. 이회창 후보의 대세론에도 불구하고, 노무현 후보가 승리하였다. 노무현 후보의 대통령 당선은 수도권 및 충청권에서의 승리와 호남권에서의 압승에 기인한 것이었지만, 정치적 변화를 갈망하는 시민사회의 질적 변화가 없었다면 불가능한 일이었다.

1. 대선후보 선출과정 : 국민참여경선제 도입

정당후보 선출방법의 측면에서, 제16대 대선의 선거과정은 이전의 대선과는 뚜렷이 구별되었다. 과거 한국의 정당들은 자당의 대통령후보 선정과정에 일반당원 및 국민들의 참여를 배제시켜 왔었다. 특히, 과거 여당의 대통령 후보자는 현직 대통령의 의도에 의해 대부분 결정되었다. 그러나 2002년 16대 대선을 앞두고 새천년민주당과 한나라당 모두 '국민참여경선'이라는 대선후보 선출방법을 도입하여, 일반당원뿐 아니라 비(非)당원인 일반국민까지도 참여시켜 파격적인 상향식 공천을 시도하였다.

여당인 새천년민주당의 경우 대선후보 선출과정은 미국의 예비선거와 유사한 선출방식으로 일정부분 유권자들을 후보경선과정에 참여시키고, 대선후보 경선을 전국 16개 주요 도시들을 순회·경선을 통해 국민적 관심을 극대화시키고자 하였다. 이에 대응하여 한나라당도 '국민참여' 선출방식을 도입하였으나, 이회창 총재가 당권을 장악하고 있었던 까닭에 한나라당의 전국 주요도시 순회를 통한 '국민참여경선'은 새천년민주당의 경우와 달리 국민적 관심을 유인할 수 없었다.

새천년민주당의 경우, 당원인 대의원뿐만 아니라 일반시민도 대통령 후보 선출과정에의 참여를 허용하였다. 즉 자당의 대선후보 선정과정에 참여를 원하는 일반시민들은 추첨을 통해 국민경선 대의원으로 위촉되었다. 그 결과, 일반당원과 대의원 3만 5천 명 및 국민참여 대의원 3만 5천 명 등 합계 7만 명의 선거인단이 새천년민주당 대통령 후보 선출에 참여하였다.[30] 민주당과 한나라당의 경선 과정은 2002년 3월부터 4월까지 2개월 동안 진행되었으며, 양당 모두 경선과정은 16개 시도별로 순회·투표하고 마지막 서울에서 경선하여, 다수 득표자를 대통령 후보로 결정하였다.

새천년민주당의 국민참여경선에 김근태, 김중권, 노무현, 유종근, 이인제, 정동영, 한화갑 등 7명이 나섰다. 경선이 시작되기 전까지, 이인제 후보의 '대세론'이 경선 분위기를 지배하였다. 첫 경선지는 제주도였다. 7인의 주자들에게 첫 경선에서의 승리는 중요한 전략적 의미를 지니고 있었다. 이인제 후보에게는 '대세론'을 굳히는 기회였고, 나머지 후보들에게는 '대안론'을 펼쳐 갈 수 있는 기회였다. 3월 9일 한라체육관에서 실시된 제주 경선은 조직 동원력에서 타 후보들을 압도한 한화갑 후보가 1위를 차지하였다. 그러나 다음날 벌어진 울산광역시 경선에서는 당초 예상을 깨고 노무현 후보가 '대세론'의 이인제 후보를 꺾고 1위를 차지하였다. 연이어 광주 경선에서도 노무현 후보가 1위르 부상하면서, 경선 상황은 이인제 후보에서 노무현 후보로 급격히 반전되어 갔다. 노무현 후보의 배후에는 노사모(노무현을 사랑하는 사람들의 모임)가 있었다.[31] 노사모 회원들이 후보 선출을 위한 국민참여경선에 적극적으로 참여함으로써 노무현 대안론이 급부상하는 동인으로 작용하였던 것이다. 특히 호남민심은 일거에 이인제에서 노무현으로 돌아서는 모습을 나타냈다. 경선 중반에 들어서면서 후보사퇴를 선언한 경선

---

30) 새천년민주당의 공모 국민선거인단은 총 3만 5천 명으로 전체 선거인단의 50%나 되었다. 그리고 나머지 50%(3만 5천 명)는 대의원 20%(1만 4천 명)와 일반당원 30%(2만 1천 명)로 구성하였다.

31) '노사모'는 정치인 노무현의 온라인 팬클럽이자 자발적 결사체이다. 2000년 4월 치러진 16대 총선에서 노무현 후보가 낙선하자, 그의 인터넷 홈페이지(www.knowhow.org)에 전국의 네티즌들이 의견을 개진하던 중, 4월 15일 '늙은 여우'의 필명을 가진 네티즌이 '노무현 팬클럽' 결성을 제안했다. 이에 호응한 네티즌들의 동의로 '노무현 팬클럽 임시 게시판'을 개설하였고, 2000년 5월 17일 노사모 공식 홈페이지(www.nosamo.org)가 오픈되었다. 정치인 노무현이 일반인들의 관심을 끈 것은 16대 총선에서 그가 지역주의 극복과 동서화합을 주창하면서 당선이 유력한 지역구(서울시 종로구)를 스스로 포기하고 부산에서 출마해 낙선했기 때문이다. 이런 정치적 행보는 새로운 정치를 갈망하는 젊은 세대에게 깊은 인상을 남겼고, 그의 낙선을 안타깝게 여기던 네티즌들이 자발적으로 노사모를 결성하게 되었다. 흥미로운 사실은 노사모의 결성이 기존 정치조직이나 시민단체와는 달리 오프라인이 아닌 온라인에서, 그리고 위로부터가 아닌 아래로부터 자발적으로 이루어졌다는 것이다. 16대 대선 기간 내내 노무현은 여러 가지 정치적 위기에 직면하여 불안한 상태의 연속이었다. 노사모가 주목받는 이유는 불리한 상황에 처한 노무현을 다양한 형태의 정치참여로 지원했고, 그것이 성공했기 때문이다. 노사모의 활동에서 온라인 공론장의 역할은 결정적이었다. 노사모는 자신들이 지지하는 노무현에 대한 효과적인 정치적 지원뿐만 아니라 숙의민주주의 발전을 위한 새로운 형태의 정치적 실험을 시도했다.

자들이 등장하고 이인제 후보마저 사퇴하자, 이제 경선은 노무현과 정동영의 경쟁으로 좁혀졌다. 경선 결과는 노무현의 압도적인 승리였다. 노무현 후보가 17,568표(72.2%)를 획득하여, 6,767표(28.8%)를 얻은 정동영 후보를 누르고, 새천년민주당의 제16대 대통령 후보로 확정되었다.

하지만 경선 이후, 고공행진을 하던 노무현의 지지율은 빠르게 내림세로 돌아섰다.[32] 이에 노무현은 대선 전초전의 성격을 띤 2002년 6월의 제3회 지방선거를 앞두고 영남 지역에서 광역단체장을 한 명도 당선시키지 못할 경우 대선 후보 재신임을 받겠다고 공언하였다. 그러나 선거 결과는 호남과 제주를 제외한 전 지역에서 새천년민주당의 참패였다. 이를 계기로 노무현 후보에 대한 당의 신뢰가 흔들리기 시작했으며, 이는 마침내 '후보 재신임'을 둘러싼 '친노 대 반노' 진영 간의 갈등으로 번져갔다.

반노 진영은 당시 월드컵 축구대회를 통해 젊은 층으로부터 인기를 얻은 무소속 정몽준을 노무현 후보의 대안으로 판단하고 있었다. 반노 진영의 '노무현 흔들기'에 대항하여, 2002년 9월 30일 친노 진영이 반노 진영을 배제한 선대위를 발족시키자, 반노 진영의 34명의 의원들은 '후보단일화추진협의회'(후단협)를 발족시켜 '정몽준과의 후보단일화'를 요구하며 탈당을 선언하는 등 행동을 보다 구체화했다. 노무현 후보는 당내 갈등을 타개하기 위해, 11월 3일 국민통합21(10월 17일 창당) 정몽준 대표에게 국민참여경선을 전제로 '후보단일화'를 공식 제안하였다. 이때부터 노무현 후보와 정몽준 대표 사이에 후보단일화를 위한 협상이 개시되었다. 그러나 양측 실무협상단이 난항을 겪자, 11월 22일 노무현 후보는 정몽준 대표와의 단독회담을 통해 '여론조사를 통한 후보단일화'에 전격 합의하였다. 그리고 11월 24일, 전화여론조사 결과, 노무현은 새천년민주당의 대통령 후보로 다시 확정되었다.[33]

한나라당의 경우, 처음엔 후보 경선 없이 단합된 모습으로 이회창 후보를 대통령 후보로 옹립하려는 분위기였다. 그러나 박근혜 의원이 당 개혁을 주장하면

32) 노무현의 지지율 하락이 집중적으로 발생한 2002년 4월 하순부터 5월 말까지의 기간은 김대중 대통령의 아들이 비리에 연루되면서 '정권심판론'이 팽배해졌고, 노무현 후보의 김영삼 전 대통령 방문을 계기로 '3김시대의 연장' 및 '지역주의 정당체제의 조장'이라는 비판적 여론이 등장하였으며, 더불어 이회창 후보가 한나라당의 대선 후보로 확정된 시기였다.

33) 김용철·형은화. 2015. "열린우리당의 등장과 해체: 정당개혁의 역설." 『한국지방정치학회보』 5집 2호, 29.

서 탈당하여 한국미래연합(2002년 5월 17일)을 창당하였고, 새천년민주당이 먼저 국민경선으로 국민의 관심을 끌자, 한나라당도 국민경선을 통해 후보자를 결정하는 방향으로 의견이 모아지게 되었다. 한나라당은 선거인단의 규모를 5만 명으로 하고 전체 선거인단의 50%에 해당하는 2만 5천 명을 공모, 선거인단으로 구성하였다. 나머지는 전체 30%인 1만 5천 명은 대의원에서, 그리고 전체 20%인 1만 명은 당원 가운데서 선거인단을 선정하였다. 선거인단 구성은 지역별, 인구비례로 선정되었다. 또한 성별, 연령별 대표성도 함께 고려하였다.[34] 2002년 4월부터 시작된 한나라당 대통령 후보 경선에는 이회창 총재를 비롯해서 이부영, 이상희, 최병렬 후보가 출마하였지만, 애초 예상했던 대로 이회창 후보가 총 68%의 득표율을 획득하여 한나라당 대통령 후보로 선출되었다.

2. 선거전의 주요 이슈

대선은 새천년민주당 노무현 후보와 한나라당 이회창 후보 간의 치열한 대결로 압축되었다. 선거운동기간 동안, 두 후보가 채택한 선거전략과 핵심 쟁점들은 다음과 같다.

첫째, 한나라당은 16대 총선(2000년 4월 13일), 제3회 지방선거(2002년 6월 13일), 그리고 재·보궐선거(2002년 8월 8일)의 승리로 이른바 '이회창 대세론'을 확산시키면서 승리를 확신하는 분위기였다. 한나라당 입장에서는 새로운 선거전략을 구상하기보다는 당시의 선거분위기를 지속시켜 나가는 것이 가장 안전하고 확실한 대선 승리의 방안이라고 생각하고 있었다. 또한 대통령선거가 일정부분 현 정권에 대한 회고적 평가의 성격을 지니고 있음을 고려할 때, 한나라당은 유권자들에게 현 정부의 정책실패를 강조하는 선거전략을 채택하였다. 이에 따라 한나라당과 이회창 후보는 '부패정권 심판론' 및 '정권교체'와 같은 김대중 정부의 실정(失政)을 부각시키는 네거티브 캠페인에 치중하였다.[35]

반면 새천년민주당은 계속된 선거 패배를 만회할 수 있는 적극적인 방안을 강구해야 할 절박한 입장에 처해 있었다. 따라서 새천년민주당의 선거전략은 '새

34) 김영태. 2003. "16대 대선후보 선정 및 후보단일화과정에 대한 분석." 2003년 한국정치학회 춘계 학술회의 논문, 10~11.

35) 안병진. 2003. "16대 대선 캠페인 평가: 현대적 포퓰리즘의 등장." 김세균(편). 『16대 대선의 선거과정과 의의』. 서울: 서울대학교 출판부, 51~79.

로운 정치'에 대한 국민적 열망을 보여준 국민경선제의 성과를 계속 이어가는 것이었다. 이를 위해, '낡은 정치 청산론'을 내세웠고, 선거대책본부 산하에 '국민참여운동본부'를 설치하여 '개혁과 통합' 및 '미래가치'에 동의하는 유권자들을 대상으로 자발적인 수평적 선거네트워크 구축에 주력하였다. 이는 국민참여경선제의 성격을 이어가고자 하는 의도에서 기획된 국민참여형 선거캠페인으로, 포퓰리즘적 선거전략에 기반한 포지티브 캠페인이라는 특징을 띠고 있었다.[36]

둘째, 북한 핵문제를 둘러싸고 이회창 후보와 노무현 후보 간에 열띤 공방이 벌어졌다. 이회창 후보는 북한 핵문제를 대화와 평화적 방법으로 풀어야 한다는 데는 동의하나, 핵문제가 해결되기 전까지는 우리의 대북 현금지원을 중단하고, 대북지원 및 경협을 핵문제와 연계하여 북한의 핵개발 포기를 유도해야 한다는 입장이었다. 그는 햇볕정책을 정면 비판하면서, 북한의 핵사찰 수용이 없을 경우 대북지원의 전면 중단을 요구했다. 또한 그는 북한이 1994년 북·미 제네바협상에서 경수로와 중유 등을 받기만 하고 핵무기 개발을 계속한 사실을 환기시키면서, 핵문제 해결과 대북지원을 적절히 연계하는 전략이 적극 검토되어야 한다고 주장했다.

이에 대해 노무현 후보는 북한의 핵개발은 결코 용납할 수 없으나, 북한에 대한 압력행사보다는 대화와 설득으로 핵문제를 풀어가야 한다는 입장을 견지했다. 그는 남북대화가 끊기면 북·미 간에 다툼이 생길 때 남한이 조정할 방법이 없어지며, 이회창 후보가 강조한 남북간 상호주의는 신뢰구축을 어렵게 만들 수 있다고 반박하였다. 또한 노무현 후보는 서해 교전 및 북한의 핵개발 등 북한의 도발행위에 대해 비판하면서도, 그렇게 된 원인을 살펴보아야 한다는 입장이었다. 가령 북한 핵동결을 약속한 북·미 제네바합의는 북·미 양측이 모두 준수하지 않은 측면이 있다는 것이었다.[37]

셋째, '신행정수도건설'을 둘러싼 두 후보 간의 치열한 공방전이다. 이는 12월 6일 노무현 후보가 충청권에 '신행정수도'를 건설할 것임을 대선 공약으로 제시하면서,[38] 주요 선거 쟁점으로 등장하였다. 왜냐하면 이 이슈는 충청권 유권자

36) 안병진. 2003. "16대 대선 캠페인 평가: 현대적 포퓰리즘의 등장," 51~79.

37) 정주신. 2007. "한국 16대 대선 후보들의 대북정책 비교." 『한국동북아논총』 43집, 233~234.

38) 노무현 후보는 "자신이 집권하면 즉각 장관급을 위원장으로 하는 민관 합동 '신행정수도건설추진위원회'를 대통령직속기관으로 설치하여 1년 이내에 수도건설계획 및 입지선정을 완료하고 2003년 말까지 입지선정보고서를 제출하겠다"고 밝혔다. 구체적으로, 신행정수도에는 청와대와

의 '표심'에 결정적인 영향을 미칠 수 있는 공약이었기 때문이었다. 특히 제15대 대선에서 김대중 후보의 'DJP연합'이 김 후보의 당선에 크게 기여하였다는 점을 감안할 때, 노 후보의 '신행정수도'의 충청권 이전 공약은 제16대 대선의 여야 후보 간의 당락을 가름하는 중대 이슈로 인식되었다. 이에 대해 이회창 후보는 행정수도 지방이전을 반대하며 기능에 따라 부처를 지방으로 이전하겠다는 입장을 밝혔다. 행정수도를 충청권으로 이전하면 수도권 공동화로 땅값 및 집값이 폭락하고 금융기관의 담보대출 회수로 신용대란이 우려되며 40조원의 이전비용이 필요하고 통일을 대비해서라도 행정수도 이전은 반통일적 행위라고 주장하였다.[39]

3. 선거결과와 특징

2002년 12월 19일에 실시된 대선에서 유권자의 투표참여율은 70.8%였다. 투표 결과, 노무현 후보가 전체 투표자의 절반에 가까운 48.9% 득표로 46.6%를 득표한 이회창 후보에게 2.3%포인트(570,980표)의 근소한 차이로 누르고 당선되었다. 한편 민주노동당 권영길 후보의 경우, 1997년 15대 대선에서 1.2%를 기록했으나 이번 16대 대선에서는 약 100만 표에 가까운 3.9%의 지지율을 획득하면서 주목을 받았다.

16대 대선의 특징은 다음 몇 가지로 요약된다. 첫째, 선거사상 처음으로 후보자에 대한 유권자들의 세대간 대결 양상이 빚어졌다. 즉 20~30대 등 젊은 세대는 개혁 성향의 노무현 후보를, 50~60대 등 안정을 바라는 중장년 세대는 보수 성향의 이회창 후보를 지지하였다.[40]

둘째, 16대 대선은 미디어와 인터넷을 통한 선거운동이 자리를 잡아가고 있음을 보여주었다. 금권·관권선거의 폐해가 크게 줄고 동원형의 거리유세보다는 미디어선거와 인터넷선거가 위력을 발휘하였다. TV토론은 유권자의 선택에 큰 영향을 미쳤으며, 후보자의 자질과 능력을 파악하는 데 많은 도움을 주었다. 특히 노무현 후보의 '팬클럽'인 '노사모'의 등장과 활동은 과거 대선에서 찾아볼 수

중앙청은 물론 국회까지 이전하고, 중앙 행정기관의 부속기관 및 다른 행정기관은 최대한 각 지역에 고루 분산 배치하겠다는 내용의 공약이다. 『조선일보』, 2002년 12월 9일.

39) 『동아일보』, 2002년 12월 13일.

40) 강원택. 2003. "2002년 대통령 선거와 세대 요인." 『한국의 선거정치: 이념, 지역, 세대와 미디어』. 서울: 푸른길, 287~333.

표 11-2 제16대 대통령선거의 후보자별 득표율

구 분		한나라당 이회창	민주당 노무현	하나로연합 이한동	민주노동당 권영길	사회당 김영규	호국당 김길수
수도권	서울	45.0%	51.3%	0.2%	3.3%	0.1%	0.1%
	인천	44.6%	49.8%	0.3%	5.0%	0.1%	0.2%
	경기	44.2%	50.7%	0.5%	4.4%	0.1%	0.2%
충청권	대전	39.8%	55.1%	0.3%	4.4%	0.1%	0.2%
	충남	41.2%	52.1%	0.5%	5.4%	0.1%	0.5%
	충북	42.9%	50.4%	0.4%	5.8%	0.1%	0.4%
호남권	광주	3.6%	95.2%	0.1%	1.0%	0.0%	0.1%
	전남	4.6%	93.4%	0.2%	1.1%	0.1%	0.6%
	전북	6.2%	91.6%	0.2%	1.4%	0.1%	0.5%
경북권	대구	77.8%	18.7%	0.1%	3.3%	0.1%	0.1%
	경북	73.5%	21.7%	0.2%	4.3%	0.1%	0.2%
경남권	부산	66.7%	29.9%	0.1%	3.1%	0.1%	0.1%
	울산	52.9%	35.3%	0.2%	11.4%	0.1%	0.1%
	경남	67.5%	27.1%	0.2%	5.0%	0.1%	0.2%
기 타	강원	52.5%	41.5%	0.4%	5.1%	0.1%	0.4%
	제주	39.9%	56.1%	0.3%	3.3%	0.1%	0.4%
전 국		46.6%	48.9%	0.3%	3.9%	0.1%	0.2%

출처: 중앙선거관리위원회. 2002.『제16대 대통령선거총람』, 277~278.

없었던 새로운 현상이다.

셋째, 노무현 후보가 전통적으로 한나라당 강세 지역인 영남에서 일정한 지지율을 획득하기는 하였지만, 호남지역에서 90%가 훨씬 넘는 득표율을 보임으로써 유권자들의 지역주의 투표행태가 여전함을 보여주었다.

제12장

참여정부: 개혁 그리고 좌절

제 1 절 참여정부의 비전과 성격

참여정부는 국민의 자발적·능동적 참여를 기반으로 국정을 운영하겠다는 강한 의지를 표명했으며, 이를 위해 3대 국정목표를 제시하였다. 참여정부는 탈권위주의를 통해 한국 민주주의의 질적 공고화를 추구하였다.

1. 참여정부의 비전

노무현 대통령의 취임사는 구시대를 마감하고 새 시대를 여는 정부가 되겠다는 결의로 가득하였다.

> 새 정부는 개혁과 통합을 바탕으로 국민과 함께하는 민주주의, 더불어 사는 균형발전사회, 평화와 번영의 동북아시대를 열어 나갈 것입니다. 이러한 목표로 가기 위해 저는 원칙과 신뢰, 공정과 투명, 대화와 타협, 분권과 자율을 새 정부 국정운영의 좌표로 삼고자 합니다.[1)]

노무현 정부는 2008년 2월까지 5년간 국정을 책임질 정부의 명칭을 '참여정부'로 명명하였다. 이는 국민의 자발적이며 능동적 참여를 기반으로 국정을 운영하겠다는 강한 의지의 표시였다. 이를 위해, 노 대통령은 '국민과 함께하는 민주주의'를 제1의 국정목표로 설정하였다. 권위주의와 지역 할거주의를 타파하고, 일반국민들이 정치적 의사결정과정에 자발적으로 참여하는 '참여민주주의'의 성취, 질 높은 민주주의로 나아갈 것임을 강조하였다.

제2의 국정목표로 노 대통령은 '더불어 사는 균형발전 사회'를 제시하였다. 그는 한국사회가 직면한 구조적 문제점들로 지역불균형의 심화와 사회통합능력의 저하 등을 지적하였다. 이를 극복하기 위해, 노무현 정부는 '지방분권과 국가균형발전,' '자유롭고 공정한 시장질서의 확립,' '참여복지와 삶의 질 향상,' '국민통합과 양성평등의 구현,' '사회통합적 노사관계의 구축'이라는 구체적인 국정과제를 제시하였다.

---

1) 『동아일보』, 2003년 2월 26일.

노무현 대통령이 제시한 제3의 국정목표는 '평화와 번영의 동북아시대'였다. 이는 참여정부의 통일외교안보정책과 21세기 한국과 동아시아가 나아갈 비전을 제시한 것이다.[2] '평화와 번영의 동북아시대'는 크게 4개의 개념 및 논리구조를 갖고 있다. 첫째, 동북아시대의 도래; 둘째, 한반도와 동북아의 평화정착; 셋째, 한반도와 동북아의 공동번영; 마지막으로 동북아시대에서 한국의 중심적 역할이다. 이러한 개념 및 논리는 다양한 방식으로 결합하여 "동북아의 조화로운 지역질서와 공동체 형성을 위한 지역전략이자, 한반도의 영속적인 평화체제를 구축하기 위한 한반도전략이며, 국가적 역량과 국제경쟁력 강화 그리고 온 국민의 상호협력과 국민복리를 위한 국가전략" 등 다양한 성격을 띠고 있었다.[3]

요컨대, 노무현 대통령의 비전은 '무원칙과 몰상식'의 세상을 '원칙과 상식'이 통하는 세상으로 바꾸는 것이었다. 이는 반칙과 특권의 타파, 정경유착 및 권언유착의 단절, 지역주의 및 권위주의 타파, 사정기관의 정치적 중립화, 당내 민주주의 정착, 국가기관에 대한 도덕적 신뢰 회복, 의문사 및 과거사 진상 규명 등으로 요약되었다. 이를 바탕으로 냉전·반공주의의 잔재 청산, 남북 화해 및 협력체제 정착을 통한 동북아 평화체제 구축과 상호 대등하고 호혜적인 한·미관계를 추구하고자 하였다.

2. 참여정부의 성격

정치개혁의 측면에서, 한국 민주주의의 질적 향상에 역점을 둔 참여정부의 노선은 김대중 정부의 '계승'과 '극복'이라는 역설적인 정치적 상황에 직면하고 있었다. 참여정부의 출범은 싫든 좋든 '김대중 정부의 2기'라는 성격을 지니고 있었다. 노무현은 김대중 정부의 탄생에 기여한 민주당 당원이었고, 김대중 정부에서 해양수산부 장관을 지낸 정치인이었으며, 새천년민주당의 대선 후보로 출마하여 대통령에 당선되었기 때문이다.

다른 한편, 참여정부의 출범은 '3김시대의 마감'을 의미하고 있었다. '3김 정치'는 지역주의에 기반을 둔 '1인 사당정치' 및 '제왕적 대통령'이라는 권위주의적 유습을 지니고 있었고, 이는 한국정치의 민주화를 가로 막은 중요 요인으로 평가

2) 제16대 대통령직인수위원회. 2003. 『제16대 대통령직인수위원회 백서: 대화』, 233~236.

3) 배기찬. 2008. "동북아시대구상의 현실과 과제." 『한국과 국제정치』 24권 1호, 148~152.

되어 왔다. 요컨대, 참여정부는 김대중 정부를 계승하고 있지만, 제왕적 통치구조의 타파라는 측면에서 김대중 정부를 포함한 전임 정권들의 권위주의적 유습을 극복해야 하는 현실적 난제에 직면해 있었다.

이 점에서 참여정부의 구체적 과제는 한국사회에 내재되어 있는 권위주의를 제거함으로써 진정한 민주주의를 성취하는 것이며, 지역주의에 기초한 정당정치를 타파하여 이념과 정책에 기초한 정당정치를 실현함으로써 한국 민주주의의 질적 공고화를 꾀하는 것이었다. 달리 표현하면, 참여정부가 제시한 정치개혁의 과제는 '한국사회의 전면적 구조개혁'이었고, 그것의 중심은 '보수적' 정치구도의 타파였다.

그러나 정치현실은 참여정부에 매우 불리한 것이었다. 집권당인 새천년민주당은 노무현의 노선을 지지하는 친노(親盧) 세력과 그의 노선을 비판·반대하는 비노(批盧)·반노(反盧) 세력으로 갈라져 갈등을 거듭하고 있었다. 친노 세력은 노무현 대통령의 개혁노선에 적극적 지지를 보내고 있었지만, 비노·반노 세력은 회의를 품고 있었다. 뿐만 아니라, 보수적 정치세력과 사회집단들의 엄청난 저항이 예상되었다.

한편 참여정부는 기본적으로 신자유주의적 기조를 유지하고 있다는 점에서 김영삼 및 김대중 정부를 계승하고 있었다.[4] 참여정부의 경제정책은 성장과 분배의 선순환, 성장을 위한 기업활성화 및 물적·인적·과학기술적 인프라의 구축, 분배를 위한 다양한 사회 안전망의 확충, 투명하고 공정한 시장질서 구축을 위한 기업과 금융의 지속적 구조조정, 농어촌 정책의 시장지향성 제고 등으로 요약될 수 있다.[5] 비록 성장과 분배를 동시에 강조하고 있지만, 참여정부는 ① 대기업과 부유층의 세금을 줄여 소비를 늘리고 투자를 활성화하고자 하였으며, ② "자유롭고 공정한 시장질서의 확립과 기업하기 좋은 나라를 실현하기 위해" 규제 완화와 자본시장의 개방, 그리고 공기업의 민영화를 추구하였고, ③ 노동시장의 유연화를 지향하고 있다는 점에서 신자유주의적 정책기조에 기반하고 있었다.[6]

또한 통일외교정책의 측면에서, 참여정부는 '한반도 평화체제의 구축'을 추구하는 김대중 정부의 노선을 이어받고 있었다. 즉 대한민국의 국제적 지위에 걸맞

4) 장상환. 2005. "참여정부 경제정책 2년 비판." 『문화과학』 43호, 69~90; 이정환. 2005. "노무현은 이헌재에게 왜 매달리나." 『월간 말』 224호, 54~59.

5) 나성린. 2003. "새 정부 경제정책 방향과 과제." 『재정포럼』 81호, 2.

6) 제16대 대통령직인수위원회. 2003. 『제16대 대통령직인수위원회 백서: 대화』, 81.

게 평등하고 상호호혜적 한·미관계를 이루어내고, 비정상적인 정전상태를 끝내고 한반도를 비핵평화지대로 만들어 동북아의 중심국가로 거듭나려는 참여정부의 정책목표는 김대중 정부의 통일외교정책을 확장·발전시킨 것이었다.[7)]

전체적으로, 초기 참여정부는 탈권위주의를 통한 '참여민주주의'의 구현을 강조하고 있다는 점에서 매우 진보적이며 혁신적인 성격을 띠고 있었다. 그러나 평화통일정책을 추구한다는 점에서, 그리고 신자유주의적 경제운영기조에 바탕을 두고 있다는 점에서, 김대중 정부의 노선을 계승하고 있었다.

제 2 절 대통령 탄핵소추와 17대 총선

새천년민주당의 주도권을 둘러싼 구주류와 신주류의 갈등은 당내 분열로 이어졌고, 그 결과 열린우리당이 창당되었다. 한편 한나라당, 새천년민주당, 자민련 등 야 3당은 헌정사상 최초로 대통령의 선거법 위반을 이유로 국회에서 탄핵안을 가결시켰다. 그러나 국회의 탄핵소추안 의결은 국민적 저항을 초래하였다. 탄핵정국 속에서 치러진 17대 총선의 결과는 열린우리당의 압승, 한나라당의 선전, 새천년민주당과 자민련의 몰락으로 나타났다.

1. 열린우리당의 창당

16대 대선의 당내 경선과정에서 배태된 새천년민주당(민주당)의 '친노·비노' 갈등은 대선 이후 재점화되었고, 이는 당 개혁과 지도부의 거취 문제를 둘러싸고 '신주류'(친노 진영)와 '구주류'(반노 진영) 간의 싸움으로 더욱 격화되었다.[8)] 결국 신주류가 2003년 11월 11일 열린우리당을 창당함으로써, 민주당의 분당 사태로 이어졌다.

7) 동북아시대위원회. 2005. 『평화와 번영의 동북아시대구상』, 7.
8) 대선 직후 당내 세력구도는 크게 달라졌다. 노무현의 당선에 힘입어 당내 '비주류'였던 친노 진영은 '신주류'로 부상하였고, '주류' 세력이었던 반노 진영(동교동계)는 '구주류'로 전락하였다.

그 첫 번째 계기는 노무현 당선자의 발언이었다. 2003년 1월, 민주당 신년하례식에서 노무현 당선인은 '내부혁신'과 함께하는 개혁을 강조하면서, 당내 인적 청산에는 반대하지만 국민의 요구를 잘 파악해서 새로운 지도부를 구성할 것을 요구하였다.[9] 이러한 당선자의 언급 직후, 당내 신주류 세력으로 부상한 친노 그룹은 '새천년민주당의 발전적 해체'를 주장하며 지도부의 사퇴와 정치개혁의 당위성을 역설하였다. 그러나 구주류는 이 같은 신주류의 주장이 개혁을 구실로 당을 장악하고 자신들을 제거하기 위한 의도로 파악하고, 실력대결도 불사한다는 입장을 취하였다. 하지만 신주류의 거센 사퇴 압력에, 2월 3일 한화갑 민주당 대표는 대표직을 내려놓아야 했다. 그 결과, 신주류 진영의 정대철이 대표직에 취임함에 따라 민주당 내부 갈등은 가라앉는 듯하였다.

그러나 2003년 2월 10일 '당 개혁을 위한 특별위원회'(당개혁특위)가 발표한 민주당 개혁안은 신주류와 구주류 간의 갈등을 또다시 촉발시켰다. 개혁안의 주요 내용은 ① 최고위원제를 폐지하고 64명으로 구성된 중앙위원회와 원내대표로 이원화하는 집단지도체제의 강화, ② 중앙당 축소 및 원내정당화, ③ 기간당원제의 도입, ④ 지구당위원장제의 폐지 및 상향식 공천의 제도화 등이었다.[10] 개혁안의 내용은 당내 권력구조의 재편을 겨냥한 매우 민감한 사항들이었다. 특히 쟁점이 된 부분은 지구당 위원장제를 폐지하되, 지구당을 책임지는 운영위원장은 5년 동안 공천경선 출마를 금지한다는 규정이었다. 이는 사실상 현 지구당위원장의 기득권 해체를 뜻하였다. 신주류의 입장에서 볼 때, 새천년민주당 대선 승리의 요인이며 '국민참여형 정당' 구축의 초석인 '상향식 공천'을 위해 지구당 위원장제를 폐지하고 지구당을 중립적으로 관리만 하는 운영위원장제를 도입하여 당원들의 권리를 강화하는 것은 당연한 것이었다. 그러나 그것이 갖는 의미는 단순한 제도의 변화가 아닌 '인적 청산'의 성격이 강했다. 이는 당내 주류세력의 교체를 넘어, 17대 총선에서의 공천과 직결된 문제였기 때문에 구주류 측의 강한 반발을 불러왔다. 이에 따라, 신·구주류 간 이견 조정을 위해 '당 개혁안 조정위원회'가 구성되었으나, 구주류의 강력한 저항으로 개혁안은 결렬되었다.[11] 이로써 구주류에 대한 신주류의 불신과 불만은 더욱 커져 갔다.

---

9) 『경향신문』, 2003년 1월 3일.

10) 『경향신문』, 2003년 2월 10일.

11) 김용철·형은화. 2015. "열린우리당의 등장과 해체: 정당개혁의 역설." 『한국지방정치학회보』 5집 2호, 31.

신·구주류의 갈등은 2003년 4월 24일 실시 예정인 재·보궐선거 후보공천 문제를 둘러싸고 또다시 촉발되었다. 논란은 선거 승리를 위해 개혁국민정당(개혁당)과[12] 연합후보를 내자는 신주류 측의 주장에 구주류가 반발하면서 시작되었다. 신주류는 개혁당이 민주당의 외연을 넓힐 수 있는 공조 세력임을 강조하였고, 구주류는 민주당과 개혁당의 관계가 불분명하기 때문에 민주당이 공천을 포기할 수 없다는 입장이었다. 하지만 민주당은 유시민이 출마하는 지역구(고양시 덕양갑)에서 후보 공천을 포기하였고, 이에 따라 민주당은 사실상 개혁당과 연합공천을 하였다.

재·보궐선거의 결과는 민주당의 참패였다.[13] 민주당의 선거 패배에 대해, 신주류는 지지부진한 정당개혁에 유권자들이 실망했기 때문이라고 구주류를 비난하였고, 구주류는 신주류의 독선과 분열적 행태가 초래한 결과라고 신주류를 비난하였다. 이로써 신·구주류의 갈등은 돌이킬 수 없을 정도로 격화되고 있었다.

거듭된 내분으로 신주류 그룹은 구주류와 더 이상 함께할 수 없다는 공감대를 형성하였다. 2003년 4월 28일, 정동영·천정배·신기남 등 신주류 의원 22명은 '신당창당 결의문'[14]을 발표하고 당내 신당추진위원회의 구성을 촉구하였다. 이들의 시나리오는 현 정당지도부를 신당추진기구로 대체한 뒤 새천년민주당을 발전적으로 해체하고, 개혁정당의 창당에 동의하는 모든 세력들이 참여하는 신당을 만든다는 것이었다. 이러한 신당파의 행동에 대항하여, 박상천·정균환·김옥두 등 구주류 세력은 민주당 사수를 결의하였다.

당내 주도권을 둘러싼 구주류와 신주류의 첨예한 대립은 9월 초에 이르면서, 결국 신당파 중심의 친노 세력이 민주당을 이탈하여 새로운 정당을 창당하는 것으로 마무리되었다. 9월 17일, 그간 신당에 대해 언급을 자제해 오던 노무현 대

12) 개혁당은 2002년 11월 16일 유시민, 명계남, 문성근 등 친노 성향의 정치집단이 중심이 되어 창당되었다. 개혁당은 반부패, 국민통합, 참여민주주의, 인터넷을 기반으로 하는 정당이라는 기치를 내걸고 16대 대선에서 노무현 후보를 지지했다.

13) 4·24 재·보궐선거 결과, 3곳의 국회의원 재보선에서 개혁당과의 연합공천 후보(유시민)를 낸 고양시 덕양 갑만 승리하였고, 나머지 2곳은 패배하였다. 원래 3곳 모두 민주당 의원 지역구였던 까닭에, 선거 패배의 충격은 더욱 컸다. 뿐만 아니라, 민주당은 기초단체장 및 기초의회 선거에서도 전패했다. 심지어 민주당의 지지기반이라고 할 수 있는 전남 진도의 도의원 선거에서도 무소속에게 패배했다.

14) 결의문의 내용은 다음과 같다: ① 모든 기득권을 포기하고 민주당 내외의 정치개혁과 국민통합에 동의하는 세력이 모인 신당을 창당한다; ② 이를 위해 당내에 신당추진위원회를 구성한다; ③ 민주당은 발전적으로 해체한다.『서울신문』, 2003년 4월 29일.

통령은 "나는 민주당이 갈라지기를 바라는 것이 아니라 개혁되기를 바라는데, 개혁을 찬성하는 사람과 찬성하지 않는 사람이 있다 보니까 자연스럽게 갈라지는 것"이라고 발언함으로써, 대통령 자신이 사실상 신당 창당을 지지하고 있음을 분명히 하였다.[15] 9월 20일 신당파 의원 40명은 민주당을 탈당해 독자적으로 원내 교섭단체(국민참여통합신당)를 구성하였고, 9월 29일 노무현 대통령 역시 민주당을 탈당했다. 그리고 2003년 11월 11일, 국민참여통합신당 의원들은 한나라당 탈당 의원 5명(이부영·이우재·안영근·김부겸·김영춘)과 개혁당 의원 2명(김원웅·유시민)과 합세하여 총 47석의(원내 제3당) 열린우리당을 창당하였다.

민주당은 열린우리당에 대해 '배신과 분열의 정당'이라고 비난하였으며, 열린우리당도 민주당에 대해 '기득권에 집착한 호남당'으로 비하하였다. 이로써 두 당은 향후 정국현안을 놓고 대립할 수밖에 없는 상황으로 치달았다.

2. 대통령 탄핵소추

2004년 3월 12일, 민주당은 한나라당과 공조하여 국회에서 대통령 탄핵소추안을 가결시켰다. 그러나 탄핵소추안은 엄청난 국민적 공분을 불러일으켰으며, 5월 14일 헌법재판소는 탄핵소추안을 기각하였다.

(1) 국회의 탄핵소추

분당 과정에서 노무현 대통령의 신당 지지발언과 민주당 탈당에 대해 극도의 배신감을 느낀 민주당은 한나라당과의 공조를 통해 반(反)노무현 전선을 구축하기 시작했다. 이 같은 움직임이 처음 가시화된 것은 2003년 9월 26일 정부가 제출한 윤성식 감사원장 임명동의안이었다. 이때 민주당은 한나라당과 공조하여 감사원장 인준을 부결시켰다.[16] 뿐만 아니라, 2003년 11월 한나라당과 민주당이 통과시킨 '대통령 측근비리 조사를 위한 특검법'에 대해 노무현 대통령이 거부권

15) 『동아일보』, 2003년 9월 18일.

16) 당시 감사원장 인준부결에 대해 한겨레의 사설은 다음과 같이 언급하였다: "한나라당과 민주당이 '이심전심 공조'를 통해 인준을 거부한 것은 정략적 고려와 감정적 선택이 뒤섞인 횡포로밖에 해석할 수 없다. … 민주당도 노 대통령에 대한 배신감과 불만에서 비롯된 한나라당과의 명분 없는 공조가 과연 정치 발전에 도움이 된다고 여기는지 답변해야 한다." 『한겨레』, 2003년 9월 27일.

을 행사하자, 양당은 12월 국회에서 법안을 재의결하여 대통령의 거부권을 무력화시켰다.

민주당의 한나라당과의 공조는 이에 그치지 않았다. 2004년 3월 12일, 민주당과 한나라당은 국회에서 대통령 탄핵소추를 강행하였다. 탄핵소추 사유는 대통령이 17대 총선을 앞두고 열린우리당 지지를 호소하는 발언을 함으로써 헌법과 법률을 위반했고, 대통령 측근들이 불법자금과 뇌물수수에 관련돼 있으며, 대통령의 거듭된 말 실수,[17] 위헌적 재신임 국민투표 제안, 총선 올인 작전 등의 부당 행위 등이 국민경제를 파탄시켰다는 것이다.

특히 민주당과 한나라당은 총선과 관련된 노무현 대통령의 발언—"민주당을 찍는 것은 한나라당을 돕는 것이다"(2003년 12월 24일, 청와대 오찬 비공식 발언), "개헌 저지선까지 무너지면 그 뒤에 어떤 일이 생길지는 나도 정말 말씀드릴 수가 없다"(2004년 2월 18일, 경기·인천지역 기자회견), "국민들이 총선에서 우리 열린우리당을 압도적으로 지지해줄 것을 기대한다"와 "대통령이 뭘 잘해서 열린우리당이 표를 얻을 수만 있다면, 합법적인 모든 것을 다하고 싶다"(2004년 2월 24일, 방송기자클럽 특별기자회견)—에 주목하였다. 대통령의 발언에 대해, 야당들은 "공무원이 특정 정당을 지지하는 것은 선거에서의 중립의무의 위반"에 해당한다고 주장하며 대통령의 공식적인 사과를 요구했으나, 노 대통령은 이에 응하지 않았다. 이에 이들은 노무현 대통령이 선거법을 위반하였다는 이유로 탄핵소추안을 통과시켰다. 대통령 탄핵소추는 한나라당과 민주당 의원 157명이 발의하였고, 참석의원 195명 중 193명의 찬성으로 탄핵안이 가결되었다. 이는 헌정사상 최초로 현직 대통령에 대한 탄핵소추안이 국회를 통과한 것으로, 이로 인해 노무현 대통령의 직무가 정지되었고 고건 국무총리가 대통령 권한대행이 되었다.

(2) 탄핵반대운동

한나라당, 민주당 그리고 자민련 등 야 3당의 공조 속에서 국회에서 진행된 대통령 탄핵소추 의결은 엄청난 국민적 저항을 초래했다. 동아일보의 조사에 의하면, 탄핵안 처리가 잘못된 일이라는 여론이 75%에 달하였다. 구체적으로, 20대

17) 대표적인 실언으로는 2003년 5월 광주에서 "대통령직을 못해 먹겠다는 위기감이 든다," 10월 "측근 비리로 인한 대통령의 재신임을 묻겠다," 12월 대통령과 4당 대표회담에서 "불법선거 자금이 한나라당의 1/10이 넘으면 대통령직을 사임하고 정계를 은퇴하겠다" 등의 발언이 있었다.

와 30대 연령층의 80%, 40대는 75.8%, 50대 이상은 57.3%가 탄핵소추를 부정적으로 평가하였다.[18] 국회의 탄핵소추안의 통과에 대해 열린우리당은 물론, 시민단체들도 거세게 반발하였다. KBS, MBC 등 방송매체와 열린우리당이 탄핵소추안 통과를 '의회 쿠데타'로 규정하는 가운데, 일반시민들의 탄핵반대서명운동과 대규모 촛불시위가 전국에서 연일 계속되었다.

2004년 3월, 탄핵에 항의하는 촛불시위는 일반의 예상을 뛰어넘은 대규모였다. 각종 NGO, 노동조합, 온라인 커뮤니티 등 550여 개의 시민사회단체들이 탄핵 무효를 주장하였다. 그들은 탄핵을 국회 내 반노집단들이 행한 '다수의 횡포'로 규정하면서, 서울 도심지에서 한 달 동안 촛불시위를 전개하였으며, 네티즌들은 온라인에서 국회의 탄핵안 통과에 대해 거세게 항의하였다.

특히 온라인의 항의운동은 매우 인상적인 것이었다. 수천 개의 항의 글이 주요 인터넷 포털사이트인 다음(Daum), 네이버(Naver), 야후(Yahoo) 등에 게재되었고, 야 3당의 '횡포'를 비난하였다. 네티즌들은 대통령의 탄핵에 동의한 193명의 의원 명단을 온라인에 게시하고, 4월에 있을 제17대 총선에서 이들을 낙선시키자고 호소하였다. 더불어, 이들은 온라인 게임인 '스타크래프트'(Starcraft)를 이용하여 열린우리당이 야당을 누르고 승리하는 패러디를 온라인 공간에 유포시켰으며, 온라인과 오프라인 상에서 '탄핵무효 1,000만명 서명캠페인'을 벌였다. 탄핵에 대한 부정적인 여론과 시위가 총선 분위기를 압도하자, 한나라당 소속의 일부 공천자들이 당 지도부에게 공개적으로 탄핵철회 권고를 요구하는 상황이 연출되기도 하였다.[19]

5월 14일 오전 10시, 헌법재판소는 탄핵소추안을 기각한다는 판결을 내렸다. 헌법재판소는 탄핵소추가 국회 의사결정의 자율권에 의해 적법하게 진행·결정되었다는 사실을 인정하였다. 또한 "노무현 대통령의 선거법 위반혐의는 인정되지만, 대통령이 물러날 만큼 중대 사안은 아니다"고 기각 이유를 설명하였다.[20] 결국 한나라당과 민주당의 대통령 탄핵안 가결은 국민들의 여론을 무시한 처사였으며, 민심을 이반한 이러한 행위는 17대 총선에서 열린우리당에게 압승을 안겨주었다.

18) 『동아일보』, 2004년 3월 21일.

19) Yong Cheol Kim and June Woo Kim. 2009. "South Korean Democracy in the Digital Age: The Candlelight Protests and the Internet." *Korea Observer* 40:1, 70~71.

20) 헌법재판소의 판결문(2004헌나1) 참조.

3. 제17대 국회의원선거

17대 총선은 1인 2표제를 통한 비례대표제가 처음 도입되고, 이른바 '탄핵역풍'이 거세게 부는 가운데 치러졌다. 선거결과는 열린우리당의 압승과 민주노동당의 의회진출, 그리고 한나라당의 패배와 새천년민주당의 참패로 마감되었다.

(1) 선거법개정: 비례대표제의 도입

2004년 3월 9일, 국회는 부패정치의 원천인 '돈 선거'의 추방 및 깨끗하고 공정한 선거문화의 정착을 위해, 공직선거법, 정치자금법, 정당법 등 3대 정치관계법 개정안을 통과시켰다. 이에 따라 17대 총선은 새로운 선거규칙에 의해 치러지게 되었다. 개정된 정치관계법의 주요 내용을 살펴보면 다음과 같다.[21]

첫째, 1인 2표제와 정당명부식 비례대표제를 도입하였다. 이는 한국 선거사상 처음 도입된 제도로, 전체 299개 가운데 243개는 지역구 의석으로, 나머지 56개는 비례대표 의석으로 할당하였다. 그리고 유권자는 1인 2표제를 통해 한 표는 지역구후보에게, 다른 한 표는 정당에게 투표하도록 하였다. 또한 비례대표 56석의 경우 정당득표율에 따라 비례대표의석을 배분하되, 지역구 후보 투표에서 5석 이상의 의석을 점유한 정당 또는 정당투표에서 3% 이상 획득한 정당에 한해 의석을 배정하도록 하였다. 아울러 여성의 의회진출 기회를 확대하기 위해 정당은 비례대표 국회의원 후보자들 중 50%를 여성으로 추천하도록 규정하였다.

둘째, 정당법을 개정하여 정당의 지구당을 폐지하도록 하였다. 또한 중앙당의 유급사무직원 수는 150인 이내에서 100인 이내로 축소하도록 하였으며, 시·도당의 유급사무직원 수도 5인을 초과할 수 없도록 규정하였다. 이는 '고비용 저효율'의 정치구도를 타파하고 '원내정당'을 지향한다는 명분에 기초한 것이었다.

셋째, 예비후보자 제도를 도입하였다. 이는 현직후보에게 일방적으로 유리한 기존 선거관행을 변경하여 선거경쟁의 공정성을 제고하기 위해 도입되었다. 즉 예비후보자 제도를 마련함으로써, 출마를 원하는 사람들은 선거일전 120일부터 선거관리위원회에 예비후보로 등록할 수 있도록 하고, 등록된 예비후보들은 제한된 인원(3인 이내 선거사무원 선임)과 범위(예비후보자의 명함 직접 배부, 전자우편 발송, 홍보물 1회 우편발송) 내에서 선거운동과 정치자금모금이 가능하도록 하였다.

21) 지병근. 2016.『김대중·노무현 정부 시기의 선거』. 파주: 마인드탭, 131~134.

넷째, 인터넷 홈페이지를 이용한 상시 선거운동을 허용하였다. 대신 '동원선거' 및 '금권선거'를 방지하기 위해 후보자들의 정당연설회 및 합동연설회를 폐지하였다. 이와 더불어, 식사나 향응, 금품을 제공한 후보자 및 이를 받은 유권자에게 50배의 과태료를 부과하는 내용을 신설하였다.

(2) 제17대 국회의원선거

변경된 선거제도하에서 2004년 4월 15일 제17대 총선이 실시되었다. 총선 구도는 여당의 '탄핵심판론'과 야당의 '거여견제론' 간의 대결로 압축되었다. 비록 선거운동과정에서 당시 열린우리당 대표인 정동영의 '노인 폄하' 발언이 의석의 균형을 가져오게 만든 요인이 되었지만,[22] 탄핵 이슈가 유권자들의 투표선택을 결정하는 중대 변수가 되었다.

선거 결과, 과거 지역주의적 경쟁구도하에서 한국정치를 이끌어 온 정치세력들의 퇴조가 두드러졌다. 한나라당은 지역구 지지율 37.9% 그리고 비례대표 지지율은 35.8%를 획득하였다. 그 결과, 16대 국회에서 133석이었던 의석은 121석으로 감소하여, 한나라당의 정국 주도력은 크게 약화되었다. 그리고 새천년민주당과 자민련은 각각 9석과 4석을 획득하여 군소정당으로 추락하였다. 반면 열린우리당은 지역구 지지율 42%와 비례대표 지지율 38.3%를 획득하였다. 그 결과, 16대 국회에서 49석의 정당에 불과했던 열린우리당은 17대 총선에서 152석을 확보함으로써 과반수 의석에서 2석을 초과하는 제1당으로 부상하였다. 민주노동당은 지역구에서 2석을 획득하고 정당투표에서 8석을 얻어 총의석 10석을 확보하여 의회 진출에 성공하였다. 특히 민주노동당은 1인 2표제의 도입으로 비례대표 지지율이 13%를 얻어 원내 제3당으로 부상하였다.

뿐만 아니라, 제17대 총선의 당선자 가운데 정치신인이 63%를 차지하였고, 현역의원 출마자들은 겨우 1/3 정도가 재선에 성공하였다. 이러한 의석분포의 급격한 변화는 유권자들의 강력한 정치적 변화 욕구에 기인한 것으로, 총선 직전의 대통령 탄핵안 가결이 정치적 변화의 필요성을 촉발시킨 가장 강력한 원인이 되었다.[23]

22) 2004년 총선 당시 열린우리당 의장이었던 정동영 대표는 3월 26일 대구에서 "60~70대 이상은 투표하지 않아도 괜찮다. 그 분들은 집에서 쉬셔도 된다"는 노인 비하 발언으로 물의를 빚어 당 의장과 비례대표 의원직을 사퇴하였다.

23) 강원택. 2004. "탄핵정국과 17대 총선."『17대 총선분석: 대통령 탄핵과 향후 정국의 전망』. 한국

표 12-1 제17대 국회의원선거: 지역구와 비례대표

구 분		열린우리당	한나라당	민주노동당	새천년민주당	자유민주연합	기타·무소속
지역구의 정당별 득표율과 의석수							
수도권	서울	42.9%(32)	41.3%(16)	3.5%(0)	9.8%(0)	0.7%(0)	1.8%(0)
	인천	44.7%(9)	39.0%(3)	7.4%(0)	5.2%(0)	0.7%(0)	3.0%(0)
	경기	45.7%(35)	40.7%(14)	4.1%(0)	6.7%(0)	0.7%(0)	2.1%(0)
충청권	대전	45.8%(6)	22.4%(0)	1.5%(0)	3.3%(0)	22.1%(0)	4.9%(0)
	충남	38.9%(5)	15.8%(1)	2.2%(0)	3.7%(0)	33.7%(4)	5.7%(0)
	충북	50.5%(8)	32.6%(0)	3.3%(0)	1.0%(0)	9.2%(0)	3.4%(0)
호남권	광주	51.0%(7)	0.1%(0)	5.6%(0)	36.4%(0)	0.4%(0)	6.5%(0)
	전남	46.9%(7)	0.8%(0)	2.6%(0)	38.4%(5)	0.6%(0)	10.7%(1)
	전북	64.6%(11)	0.1%(0)	4.6%(0)	18.7%(0)	0.1%(0)	11.9%(0)
경북권	대구	26.8%(0)	62.4%(12)	2.6%(0)	1.8%(0)	0.5%(0)	5.9%(0)
	경북	25.8%(0)	54.6%(14)	3.4%(0)	0.4%(0)	0.6%(0)	15.2%(1)
경남권	부산	38.9%(1)	52.5%(17)	2.9%(0)	0.8%(0)	0.3%(0)	4.6%(0)
	울산	28.1%(1)	36.3%(3)	18.0%(1)	0.6%(0)	0.8%(0)	16.2%(1)
	경남	34.4%(2)	47.7%(14)	8.4%(1)	0.6%(0)	0.6%(0)	8.3%(0)
기 타	강원	38.8%(2)	43.4%(6)	4.2%(0)	6.4%(0)	0.2%(0)	7.5%(0)
	제주	49.4%(3)	40.2%(0)	3.4%(0)	3.8%(0)	0.6%(0)	2.6%(0)
전 국	득표율	42.0%	37.9%	4.3%	8.0%	2.7%	5.1%
	의석수	129석	100석	2석	5석	4석	3석
비례대표의 정당별 득표율과 의석수							
득표율		38.3%	35.8%	13.0%	7.1%	2.8%	3.0%
의석수		23석	21석	8석	4석	0석	0석
정당별 의석수: 지역구+비례대표							
총 합		152석	121석	10석	9석	4석	3석

출처: 중앙선거관리위원회. 2004. 『제17대 국회의원선거총람』, 401~405.

제17대 총선의 당선자 299명 가운데 39명(13%)의 여성 후보자가 의회 진출에 성공하여, 16대 총선 결과(당선자 273명 가운데 여성이 16명(5.9%))에 비해, 여성 의원의 비율이 크게 상승하였다. 이는 개정된 선거법의 효과로 정당들이 비례대표 의석의 절반을 여성에게 할당하였기 때문이다. 그 결과, 여성 당선자 39명 가운데 29명이 비례대표로 당선되었다. 그리고 지역주의적 투표행태는 약간 완화

정치학회 특별학술회의 발표 자료집, 5.

되는 양상을 보였다. 비록 표가 동서로 양분되는 현상이 있었지만, 자민련과 새천년민주당이 몰락하고, 열린우리당이 영남에서 4석을 확보하였다. 또한 정당투표에서도 열린우리당과 민주노동당이 전국적으로 고른 지지를 획득한 것은 지역주의에 기반한 투표행태가 약간 수그러들었음을 보여주었다.

제17대 총선은 대통령에 대한 야 3당의 탄핵소추 가결로 말미암아 그 역풍이 작용하여 열린우리당이 원내 제1당으로 부상할 수 있었다. 그렇지만 선거의 결과는 균형 잡힌 여대야소, 상대적으로 늘어난 여성 지도자들의 원내 진입, 개혁 내지 진보적인 정치신인의 대거 입성, 새천년민주당과 자민련의 몰락, 진보세력인 민주노동당의 원내 진입 등으로 요약될 수 있다.

제 3 절 개혁정책과 지방선거의 참패

참여정부는 국가보안법 폐지 등 4대 개혁입법을 비롯하여 국가균형발전정책 및 신행정수도건설,[24] 사회복지정책의 확대 등 개혁정책을 추진하였다. 그러나 지지기반의 취약성, 대통령의 경솔한 발언, 국민과의 의사소통 실패 등은 진보성향 지지층의 이탈 및 보수언론의 공세를 초래하였다. 이에 따른 국민들의 실망은 참여정부의 지지율 하락으로 나타났으며, 제4회 지방선거에서 열린우리당의 참패로 이어졌다.

1. 개혁정책

참여정부는 정치·경제·사회·문화 등 전 영역에서 개혁을 추구하였다. 개혁의 핵심은 정치과정에의 국민참여 강화와 권력의 수평적·수직적 분권화 등으로 요약되는 탈권위주의와 참여민주주의였으며, 그러한 개혁의 출발점은 권위주의적

24) 노무현 정부는 지역주의 극복을 위해 '국가균형발전'을 주요한 국정목표 가운데 하나로 설정하였고, 그 일환으로 행정수도 이전, 공기업 및 공공행정기관 지방이전, 지방혁신도시 건설 등의 정책을 추진하였다.

사회질서 및 국정운영의 타파였다.[25)]

첫째, 당정분리와 선거개혁이다. 노 대통령은 대통령 리더십과 집권당(열린우리당) 리더십의 분리를 통해 정당 민주주의 및 의회 민주주의의 질적 향상을 꾀하고자 하였다. 이를 위해 대통령은 집권당의 총재직 및 주요 당직에 대한 인사권을 스스로 포기하는 당정분리를 수용하였다. 사실 당정분리는 새천년민주당에서 열린우리당으로 넘어올 때 자랑할 만한 개혁적 조치들 가운데 하나였다. 당정분리의 핵심은 대통령에게 주어졌던 집권당의 '공천권'을 당의 지도부에 넘기고, 나아가 대통령이 사무총장을 통해 집권당을 지배하는 권위주의적 당·청 관계를 청산하는 것이었다. 한편 2003년 3월, 국회는 정치개혁을 통해 금권선거와 관권선거를 불식시키려는 의도로 공직선거법, 정치자금법, 정당법의 개정을 여야 합의하에 이끌어 냈다. 노 대통령은 개정 선거법을 지지하였으며, 집권당인 열리우리당의 국회의원 공천에도 일절 개입하지 않음으로써 당정분리 원칙을 고수하였다.

둘째, 정부 권력기관의 사병화 포기이다. 노 대통령은 국가정보원, 검찰, 경찰, 국세청 등 4대 권력기관의 의사결정과 정책집행에 대한 대통령의 영향력을 스스로 억제함으로써, 이들 기관들의 정치적 자율성과 중립성의 제고를 시도하였다. 노 대통령은 권력의 도구이자 축으로 표현되는 검찰 및 국가정보원의 장악을 통한 공작정치의 관행을 스스로 금지시켰다. 이는 권력기관들에 대한 사병화의 포기를 의미하며, 결과적으로 이들 기관들의 '정상화'로 이어졌다.

셋째, 분권형 국정관리이다. 노 대통령은 집권 초기부터 '시스템에 의한 국정운영'을 강조하였다. 과거 제왕적 대통령들의 폐단으로 지적되어왔던 '인치(人治)'의 부작용을 방지하고, 새로운 시스템에 의해 국정을 효율적으로 운영하겠다는 것이 그의 생각이었다. 이를 위해, 대통령은 청와대 비서실의 권력남용을 막고 국정운영의 효율화를 위해 '분권형 국정운영'을 일관되게 추진하였다. 분권형 국정관리 원칙에 따라, 국무총리실이 신행정수도건설, 한·일협정관련 문서공개, 광복 60주년 기념사업 등을 직접 관장하였으며, 내각 운영에 있어서도 '부문별 책임장관제'가 도입되어 분권적 국정운영을 강화하였다.[26)] 아울러 중앙권력의 과감

25) 함성득. 2005. "노무현 대통령의 집권 전반기 리더십 평가." 『행정논총』 43권 2호, 423~430.

26) '부문별 책임장관제'는 내각운영에 있어 효율성을 중시하기 위해 관련 장관에게 책임과 권한을 부여하고 있다. 예컨대, '사회문화정책관계 장관회의'는 보건복지부 장관, '과학기술관계장관회의'는 과기부 총리가 중심이 되어 관련 정책을 결정·집행한다는 것이다. 따라서 대통령은 일상

한 지방이전을 위해 예산편성권과 인사권의 지방이양을 추진하였다.

넷째, 4대 개혁입법(국가보안법 폐지, 사립학교법 개정, 과거사진상규명법 제정, 언론관계법 제·개정)의 추진이다.[27] 탄핵 역풍 속에서 원내 과반을 차지한 열린우리당은 2004년 17대 국회 첫 정기국회에서 4대 개혁입법을 추진했다. 그러나 한나라당은 이를 '4대 국론 분열법'으로 규정하고 격렬하게 저항했다. 특히 국가보안법과 사립학교법 문제는 보수언론을 비롯한 보수진영의 결집을 불러왔다.

하지만, 노무현 대통령의 개혁 노력은 애초의 기대와는 달리 부작용을 낳기도 하였다. 당정분리 원칙이 잘못 오용되어, "청와대는 집권당에 간섭하지 않을 것이니, 당은 청와대의 의사결정에 간섭하지 말라"는 식으로 적용됨으로써 당·청 관계가 단절되는 현상을 초래하였다. 또한 권력기관들에 대한 자율성 보장은 책임성과 효율성이 수반되어야 하는데, 현실에서는 권력기관들의 배타적 권한강화로 이어졌다. 이는 대통령의 국정 장악력을 현저히 떨어뜨려 정부의 정책추진에 있어 조정력과 효율성의 저하로 나타났다. 뿐만 아니라, 과거 제왕적 대통령하의 청와대 비서실을 통한 국정운영체제에 비해, 분권형 국정관리는 문제해결 능력과 정책의 조정력 면에서 그 효율성이 떨어졌다. 예컨대, 각 부처간 업무의 중복성이 높은 문제가 발생하면, 명확한 보고체계가 미흡한 관계로 대통령과 청와대는 국정현황을 제대로 파악하지 못하는 어려움이 발생했다.

그간 한국사회는 '제왕적 시스템'에 의해 통합능력을 발휘해 왔는데, 대통령이 스스로 제왕적 권력을 포기하자, 정책결정과정은 각종 이익집단 간의 난투장으로 변질되었다. 달리 표현하면, 제왕적 대통령의 질서를 대체할 새로운 시스템이 정립되지 못한 상태에서, 갑작스런 국정운영 체계의 변동이 오히려 부작용을 낳았던 것이다. 그 대표적인 사례가 2003년 5월 화물연대 파업, 6월 철도 파업, 7월 부안 방사능폐기물 처리장 입지선정과 새만금 간척 등을 둘러싼 갈등들이다.[28]

적인 국정운영을 책임장관에게 위임하였다.

27) 열린우리당의 4대 개혁입법안은 다음과 같다: ① 국가보안법 폐지와 그에 따른 보완: 인권침해 악용 소지가 있는 국가보안법을 폐지하고, 그에 따른 안보 우려를 해소하기 위해 형법 보완; ② 과거사 기본법 제정: 1945년 광복 후부터 한국전쟁 전후까지 발생한 민간인 집단 희생사건 등에 대한 진상조사를 위한 '진실규명과 화해를 위한 기본법' 제정; ③ 언론관계법 제·개정: 정기간행물 등록법을 대체하는 '신문 등의 기능보장 및 독자권익 보호 등에 관한 법안(신문법),' '방송법,' '언론중재 및 피해구제법' 등 3개 법안 제정 또는 개정; ④ 사립학교법 개정: 교사와 학부모의 학교 운영 참여 확대를 위한 조항을 담은 사립학교법 개정.

28) 화물연대 파업은 화물차 운전기사들이 표준요율제 도입과 지입제 철폐 등 낡은 화물운송구조 개선을 요구하며 화물운송을 거부한 사건을 뜻한다. 이로 인해 전국적으로 2주일간의 물류대란

뿐만 아니라, 대통령의 탈권위주의적 시도가 너무 빠르게 진행됨에 따라, 효율적인 국정운영에 필요한 대통령의 권위가 급속히 훼손되는 현상을 드러냈다. 4대 개혁현안을 한꺼번에 이슈화시키면서, 보수세력의 결집을 불러오고 결국 이들의 격렬한 개혁 저지투쟁에 나서도록 하는 계기를 만들었다. 반면 개혁입법을 둘러싸고 열린우리당은 내부적 분열이 발생하였다. 이는 분당 및 신당 창당 과정에서 당 정체성과 다소 거리가 있는 인사들이 상당수 참여하게 되었고, 이들이 대통령 탄핵 역풍을 타고 당선되면서 열린우리당 의원들 가운데는 당의 노선과 거리가 있는 이질적 성향의 의원들이 적지 않았기 때문이었다. 이에 따라, 4대 개혁입법은 여야 간에 적당히 타협되어 '누더기 법'으로 전락되고 말았다. 그 결과, 참여정부에 대한 보수층의 경멸감을 증폭시켰으며, 나아가 보수언론의 비판 및 조롱의 대상이 되었고, 결국 국론분열의 심화를 초래하였다.[29]

2. 지지세력의 이탈

의욕적인 개혁정책의 추진에도 불구하고, 참여정부는 집권 기간 내내 낮은 국민적 지지율에 시달렸다. 집권 초기, 참여정부는 70% 이상의 높은 지지율을 누렸다. 그러나 불과 몇 개월이 지나지 않아 집권 초기의 허니문 효과(honeymoon effect, 새 지도자에 대한 국민의 기대와 지지)는 급격히 소진되었으며, 이후 지지율은 주로 30%대에 머물러 좀처럼 상승하지 않았다. 이러한 양상은 김영삼 정부 및 김대중 정부와는 크게 다른 것으로, 이들 전임 정부들은 참여정부에 비해 상대적으로 긴 허니문 효과를 경험하였고, 또한 이들 전임정부들은 허니문 효과가 소진된 이후에도 줄곧 40%대의 지지율을 유지하였다.[30]

왜 참여정부는, 지속적인 개혁 노력에도 불구하고, 시간이 갈수록 낮은 국민적 지지율에 시달려야 했던가? 참여정부의 주요 지지기반은 지역적으로 호남이었

이 발생, 약 5,400억원의 산업피해를 유발하였다. 철도파업은 정부의 철도민영화 사업에 반대하여 발생한 철도노조원들의 전면 파업을 뜻한다. 또한 부안 방폐장 사태는 부안군수가 주민들과의 사전 협의 없이 일방적으로 방사능폐기물 입지신청서를 정부에 제출한 것이 알려지면서 발생하였다. 지역주민들은 고속도로 점거시위, 해상시위, 학생들의 41일간 등교거부 투쟁 등 격렬하게 방폐장 시설의 지역 입지에 반대하였다.

29) 함성득. 2005. "노무현 대통령의 집권 전반기 리더십 평가," 423.

30) 가상준. 2008. "노무현 대통령에 대한 평가가 2007년 대통령선거에 미친 영향력 분석." 『현대정치연구』 창간호, 39.

으며, 이념적으로 진보개혁 세력이었다. 그러나 참여정부는 몇 차례 중요한 사건들을 겪으면서, 이들 지지세력의 이탈을 속수무책으로 지켜보아야 했다.

지지세력의 이탈을 촉발시킨 최초의 계기는 2003년 3월 공포된 '대북특검법'이었다. 이는 한나라당에 의해 발의된 것으로, 김대중 정부의 '남북정상회담 관련 대북 비밀송금 의혹사건'을 규명하기 위한 것이었다. 2월 26일 대북특검법이 국회 본회의를 통과하자, 3월 14일 노무현 대통령은 법률안 거부권을 행사하지 않고 원안대로 공포하였다. 대북특검법의 공포는 참여정부의 전통적 지지자인 호남 유권자들을 혼란에 빠뜨렸다. 왜냐하면, 대북특검법은 김대중 정부의 햇볕정책에 대한 한나라당의 공세로 비춰졌고, 김대중 대통령의 노벨상 수상을 희화화하는 정치적 의도가 담긴 것으로 해석될 수 있기 때문이었다. 따라서 호남 지역민들은 노 대통령의 특검 수용을 정치적 배신이라고 생각하였으며, 결국 대북특검법 수용은 새천년민주당 분당의 서막이 되었다.

둘째, 참여정부는 성격상 결코 진보적이라 할 수 없는 다수의 정책들을 양산함으로써 정체성의 혼란을 자초하였다. 제주 4·3 사건에 대한 국가의 사과(2003년 10월),[31] 과거사 진상규명위원회의 설치(2005년 12월),[32] 복지정책의 확대 추진, 종합부동산세 도입과 강력한 부동산 정책(2005년)[33] 등은 참여정부의 진보성을 드러낸 정책이었다. 이에 비해, 노사분규의 자율해결 원칙, 이라크 추가파병(2004년 2월), 아파트 원가공개 반대(2004년 6월), 민간의료보험의 활성화, 한미자유무역협정 추진(2006년 2월) 등은 그 성격상 보수에 더 가까운 정책이었다. 이러한 정책적 정체성의 혼란은 참여정부를 지지했던 진보성향의 개혁세력들에게 실망감을 안겨주었고, 궁극적으로 참여정부의 이념성에 대한 강한 회의감을 갖게 하였다.

셋째, 강력한 지역균형발전정책과 신행정수도건설 그리고 이와 연계된 '수

31) 1999년 12월 26일 국회에서 "제주 4·3사건 진상규명 및 희생자 명예회복을 위한 특별법"이 통과되고 2000년 1월 12일 제정·공포되면서 정부 차원의 진상조사가 착수되었다. 조사위원회의 의견에 따라, 2003년 10월 31일 노무현 대통령이 국가권력에 의해 대규모 희생이 이뤄졌음을 인정하고 제주도민에게 공식 사과하였다.

32) 과거사 진상규명 위원회는 2005년 5월 3일 제정된 '진실화해를 위한 과거사정리 기본법'에 의해 2005년 12월 1일 출범한 위원회로 항일독립운동, 일제강점기 이후 해외동포사, 광복 이후 반민주적 또는 반인권적 인권유린과 폭력 학살 의문사 사건 등을 조사하여 은폐된 진실을 밝혀 과거와의 화해를 통해 국민통합에 기여하기 위해 만들어진 한시적 국가기관이다.

33) 종합부동산세(종부세)는 일정한 기준을 초과하는 토지 및 주택의 소유자에 대해 부과하는 누진세이다. 이는 2003년 부동산 보유세 개편방안으로 제안되어, 2005년부터 시행되었다. 종부세는 2005년까지는 개인별로 합산해 부과되었고, 2006년부터는 세대별로 합산해 부과되었다.

도권 규제정책'은 서울·경기 지역민들의 지지이탈을 초래하였다. 특히 수도권의 인구분산과 지방발전을 위해 추진하였던 '수도권 규제정책'은 수도권 공장 신·증설 규제, 인구 유발시설의 권역별 입지 제한, 공장 총량제, 공업지역 지정 제한, 과밀부담금 등의 내용을 포함하고 있었다.[34] 이와 더불어, 참여정부는 지역균형발전의 연장선상에서 서울에 집중되어 있는 18부 4처 3청 등 73개 행정기관을 충청남도 공주·연기지역으로 이전하여 정치·행정의 중추기능을 담당하는 신행정수도 건설을 추진하였다.[35] 하지만, 이 같은 참여정부의 정책은 수도권 주민들의 불만을 낳았다. 예컨대, 서울·경기지역 주민들은 수도권 규제정책으로 인한 기업들의 투자위축, 수도권의 인구감소로 인한 도시 공동화, 상권의 축소, 부동산 가격의 하락, 자녀 교육의 불편 등으로 득보다는 실이 많다고 생각하였다.

넷째, 탈지역주의를 위한 대통령의 지나친 정치공학에의 매몰은 참여정부 지지세력의 최대 이반을 초래했다.[36] 2005년 7월 28일 노 대통령은 열린우리당의 "당원동지 여러분께 드리는 글"을 통해 지역구도의 극복을 위해 한나라당이 주도하고 열린우리당이 참여하는, 그리고 대통령은 내각제 수준의 권력만을 보유하는 대연정(grand coalition)을 제안하였다. 이는 노 대통령의 정치적 신념이 투영된 제안으로, 한국정치의 병폐인 '지역주의 청산'이라는 큰 틀에서 제시된 것이었다. 그러나 대통령의 갑작스런 제안에 열린우리당은 물론이고, 한나라당마저 '한국정치의 비정상성'을 부채질하는 부적절한 제안이라는 반응을 보였다.

3. 제4회 지방선거의 참패

2006년 5월 31일 실시된 제4회 지방선거는 2005년 6월 국회에서 부분 개정된 선거법에 따라 치러졌다. '개정선거법'의 주요 내용은 만 19세 유권자 및 외국

34) 지역균형발전정책은 수도권 성장억제를 위한 수도권 규제와 지방발전을 위한 지원을 양 축으로 하는 정책으로, 수도권과 지방이 상생 발전할 수 있다는 의도에서 추진되었다. 인구와 자본의 수도권 집중, 즉 수도권은 국토 면적의 11.8%에 불과하지만 인구는 전국의 48%, 생산기능은 60%, 경제·사회·문화의 중추기능이 80%가 집중되어 있고, 그 결과 주택과밀, 교통지체, 환경오염 등 막대한 사회적 비용의 손실을 초래하고 있었다.

35) 2004년 10월 21일 헌법재판소는 "신행정수도 건설을 위한 특별조치법은 관습헌법에 어긋난다"는 위헌판결을 내렸다. 이에 정부는 2005년 3월 '신행정수도 후속대책을 위한 연기·공주지역 행정중심 복합도시 건설을 위한 특별법'(행정도시특별법)을 제정하였다.

36) 백종국. 2006. "한국의 민주적 공고화의 현실과 과제: 노무현 정부를 중심으로." 『동북아연구』 11권, 93.

인 영주권자에 대한 투표권 부여, 기초의원 선거와 관련하여 한 선거구당 2~4명의 후보를 선출하는 중선거구제의 채택, 기초의원의 정당공천 허용, 비례대표 기초의원제도의 신설, 기초의원 정수 축소, 지방의원의 유급화 등 혁신적 제도 변화가 적용된 첫 전국단위의 선거였다.[37] 선거법의 개정은 지방정치에서 정당 민주주의의 확립과 책임정치의 구현을 목표로 하였는데, 특히 중선거구제의 채택으로 민주노동당 등 군소정당 후보들이 지방의회에 참여하는 기회를 얻었다.

제4회 지방선거는 한나라당의 '노무현 정부 심판론'과 열린우리당의 '부패한 지방정부 심판론'이 제기된 가운데 치러졌다. 즉 한나라당은 지지율이 극도로 약화된 노무현 정부를 비판하는 것이 선거 승리를 위한 첩경이라고 판단하였고, 반면 열린우리당은 지난 제3회 지방선거(2002년)에서 11개 광역단체장을 차지한 한나라당 지방정부에 대한 심판론이 유권자의 표를 얻는 데 유리하다고 판단하였다. 따라서 한나라당은 노무현 정부의 실정과 민주주의 파괴에 대한 준엄한 심판을 촉구하면서, '꿈과 희망의 서민 살리기' 정책을 통해 '뉴 대한민국 건설'을 선거공약으로 내세웠다. 이에 비해, 열린우리당은 부패한 지방권력의 교체를 역설하였고, 중산층과 서민 정당으로서 확고한 정체성 확립, 양극화 해소를 위한 사회대협약의 추진, 국민소득을 배가하는 개혁정책의 추진, 부동산법의 개혁, 조세형평성의 강화, 지속적인 교육개혁을 선거공약으로 제시하였다.

한편, 민주노동당은 양극화 해소, 비정규직 차별철폐, 지방정치의 판갈이, 복지재정의 확충, 서민복지의 실현 등을 공약으로 내세웠고, 민주당은[38] 지방선거에서 한나라당의 절대적 우위가 예상되는 상황에서 한나라당에 맞설 수 있는 유일 정당은 민주당이라며 유권자들에게 지지를 호소하였다. 그리고 자유민주연합 탈당 인사들의 주도로 2006년 1월 창당된 국민중심당은 지방자치를 살리고 한나라당을 견제하려면 국민중심당을 통해 충청인의 힘을 보여주자고 강조하면서 지역 기반에 호소하는 선거전략을 구사하였다.

제4회 지방선거과정에서 가장 주목을 끌었던 것은 박근혜 한나라당 대표에 대한 테러 사건이었다. 5월 20일 오후, 서울 지하철 2호선 신촌역 부근에서 한나라당 후보를 지원하는 선거유세 도중 박근혜 대표가 50대 남자에게 '커터 칼'로

37) 고선규. 2007. "중선거구제 도입과 선거운동의 변화." 이준한(외). 『제4회 지방선거 현장리포트』. 서울: 푸른길, 13~31.

38) 2005년 5월 6일, 새천년민주당은 당명을 민주당으로 변경했다.

피습당하는 사건이 발생했다. 이 테러 사건으로 박근혜 대표와 한나라당에 대한 동정여론이 급속히 퍼져, 한나라당 지지층의 결집 및 부동층의 상당수가 한나라당 지지로 돌아서는 계기가 되었다.

제4회 지방선거의 또 다른 특이점은 매니페스토(Manifesto) 운동이 중앙선거관리위원회의 지원을 받으며 선거사상 처음으로 전개되었다는 점이다. 매니페스토 운동이란 정당과 후보자들이 정책공약 제시, 공약의 실천방안과 일정, 그리고 공약 실천을 위한 재원확보 방안 등을 제시하도록 권장하는 일종의 '정책선거운동'이다. 우리의 경우, 2006년 2월 1일 지방의제21 전국협의회, 경실련 경기도협의회, 볼런티어21, 열린사회 시민연합, 전국장애인단체 총연합회 등 10개의 시민사회단체가 주축이 되어 '5·31 스마트 매니페스토 정책선거 추진본부'(추진본부)가 발족되었고, 3월 16일 중앙선관위와 추진본부의 주도로 열린우리당, 한나라당, 민주노동당, 민주당, 국민중심당의 대표들이 참석한 가운데 매니페스토 정책선거 협약식을 거행하였다.[39)]

선거결과는 열린우리당의 참패, 한나라당의 압승, 민주당의 부활, 민주노동당과 국민중심당의 퇴조로 나타났다. 총 16명을 선출하는 광역단체장의 경우, 한나라당은 12명을, 열린우리당은 1명(전북), 민주당은 2명(광주와 전남)을 당선시켰으며, 무소속 후보(제주도) 1명이 당선되었다. 총 230명을 선출하는 기초단체장의 경우, 한나라당은 서울의 25개 구청장 등 전국 155(67.4%)곳에서 승리하였다.

표 12-2 제4회 지방선거의 정당별 당선자 수

구 분		열린우리당	한나라당	민주당	민주노동당	국민중심당	무소속
광역단체장(16명)		1	12	2	-	-	1
기초단체장(230명)		19	155	20	-	7	29
광역 의원	지역구(655명)	33	519	71	5	13	14
	비례대표(78명)	19	38	9	10	2	-
기초 의원	지역구(2,513명)	543	1,401	233	52	56	288
	비례대표(375명)	86	221	43	14	11	-

출처: 중앙선거관리위원회. 2006. 『제4회 전국동시지방선거총람』, 312~317.

39) 안철현. 2006. "2006년 지방선거에서의 매니페스토 운동의 의의와 한계." 『21세기정치학회보』 16집 2호, 135~136.

열린우리당은 19명을, 그리고 민주당은 20명의 기초단체장을 당선시켰다. 기초지방의원 선거에서도 한나라당은 광역의원 557명, 기초의원 1,622명으로 열린우리당의 52명과 629명을 압도했다. 무소속으로 출마한 기초단체장 후보의 경우, 전남과 전북, 경남과 경북을 중심으로 29명이 당선되었다.

열린우리당의 참패는 전통적 지지세력의 이탈과 선거운동 과정에서 발생한 한나라당 박근혜 대표 피습사건이 복합적으로 맞물린 결과였다. '노무현 정권 심판론'이라는 높은 반여(反與) 정서가 투표에 반영되면서 호남을 제외한 전 지역구에서 한나라당에 대한 높은 지지로 이어졌다. 또한 열린우리당의 지지기반인 호남에서조차 민심이반 현상이 투표로 직결되었고, 그 결과 2004년 탄핵정국에서 치러진 총선에서 군소정당으로 전락했던 민주당은 2006년 지방선거를 통해 다시 '호남의 맹주'로 복귀하였다.

제 4 절 남북경협과 제2차 남북정상회담

2000년 이후, 남북 간의 경제협력은 철도·도로 연결사업, 개성공단 건설사업, 금강산 관광사업 등 3대 사업을 중심으로 진행되어 왔으며, 그 규모는 1988년의 1,800만 달러에서 2007년에는 18억 달러로 확대되었다. 한편 2007년 10월, 평양에서 제2차 남북정상회담이 개최되어 한반도의 영구적인 평화를 모색하는 '10·4 공동선언'이 채택되었다.

1. 남북경제협력

1988년 노태우 대통령은 이른바 '7·7 선언'으로 알려진 "민족자존과 통일번영을 위한 대통령 특별선언"을 통해 북한에 남북경협을 제안하였다. 그리고 그 후속 조치로 동년 10월에 노태우 정부는 '남북 경제개방'을 발표하였다. 이는 남북한 간의 교역을 민족 내부 간 거래로 인정하는 첫 번째 조치였다.[40] 그 결과, 남

40) 통일부 통일교육원. 2008. 『2008 통일문제이해』, 96.

북 간의 교역은 기존의 해외 중개상을 통한 간접교역 방식에서 탈피하여, 물자의 직접교역을 비롯하여 남한이 원자재를 제공하고 북한이 이를 가공하는 위탁가공의 형태로 발전했으며, 2005년부터는 남북관계의 발전에 따라 합작공장의 건설 및 개성공단의 운영 등으로 확대되었다.

2000년 이후 남북경협은 철도·도로 연결사업, 개성공단 건설사업, 금강산 관광사업 등 이른바 3대 경협사업을 중심으로 경협의 지평을 확대하였다. 이와 함께 남과 북은 투자보장, 이중과세방지, 상사분쟁해결절차, 청산결제 등 '4대 경협합의서'를 2000년 12월에 채택하는 등 제도적 장치를 확충함으로써 남북경협의 안정적인 기반을 마련하였다.[41)]

남북한 경제협력의 대표적 사례는 개성공단의 건설이었다. 개성공단 건설과 관련된 협의는 2000년 8월 현대와 북한 간의 합의서 체결을 계기로 시작되었다. 민간 차원에서 시작된 개성공단 건설사업은 2002년 8월 제7차 남북장관급회담에서 구체적으로 거론되었다. 남북은 2002년 8월 서울에서 개최된 제2차 '남북경제협력추진위원회'(경추위)에서 북한의 개성공업지구법 제정에 합의하였으며, 2003년 5월 평양에서 열린 제5차 경추위에서 2003년 6월 개성공단 착공식 개최에 합의하였다.[42)]

개성공단 사업은 북한이 개성시와 판문군 일대 2,000만 평에 대한 개발운영권을 남한에 일임한 파일럿 프로젝트(pilot project)의 성격을 띠고 있었다. 2003년 6월 30일 개성공단 착공식이 거행되었고, 2004년 12월에 첫 제품이 생산되었다. 1단계 부지 조성공사는 2006년 6월에 완공되었고, 주요 기반시설은 2007년 10월 모두 완공되었다. 2008년 9월말 기준, 83개 기업체가 가동되고 있고, 3만3천여 명의 북한 근로자가 근무하고 있으며, 개성공단의 누적생산액은 4억3천만 달러에 이르렀다.[43)]

한편, 금강산관광 사업은 1998년 6월 정주영 현대그룹 명예회장이 북한을

41) 『문화일보』, 2001년 5월 23일.

42) 북한은 투자와 공단 운영의 안정성을 보장하기 위해 2002년 최고인민회의 상임위원회 정령(2002. 11. 20.)으로 '조선민주주의인민공화국 개성공업지구법'을 제정하였다. 이 법은 개성공단의 경제활동에 관하여 기본 북한법의 적용을 배제하고 공단의 개발 및 운영이 사실상 남한 개발업자 및 관리기관에 의하여 이루어진다는 점을 분명히 하였으며, 투자재산의 상속권 보장, 국유화 금지, 외화의 자유로운 반출 등을 규정하는 등 투자자의 권리보호에 관해서 진전된 규정을 두고 있다.

43) 통일부 개성공단사업지원단. 2008. 『개성공단 Q&A』, 3.

방문하여 합의를 이끌어 낸 사업이다. 1998년 11월, 유람선을 이용하는 금강산관광 사업이 시작된 이후, 2003년 9월부터 남북 연결도로를 이용한 육로관광이 정례화되었고, 2008년 3월에는 자가용 관광의 허용과 함께 비로봉까지의 관광이 확대되었다.

2000년 남북정상회담 이후 추진된 남북 철도 및 도로 연결사업은 2000년 9월 18일 착공식을 개최하면서 공식적으로 착수되었다. 드로의 경우 2004년 10월 경의선과 동해선의 남북 연결공사가 완료되어 12월부터 정상 운행되었다. 철도는 2005년 12월 경의선과 동해선의 기본 시설공사가 완료되었고, 2007년 5월 열차 시험운행이 실시되어 남북 간 열차운행이 실현되었다.[44] 이후 남북 합의에 의해 2007년 12월부터 화물열차의 정기운행이 시작되었다.

이처럼, 남북경협은 지난 20여 년간 꾸준히 발전해왔다. 1988년 약 1,800만 달러로 시작한 교역은 1993년 1억 8천 달러, 2002년 6억 4천만 달러, 2006년에는 13억 5천만 달러를 넘어섰고, 2007년은 17억 9천만 달러에 이르렀다. 이로써 남한은 북한에 있어 2002년 이후 중국에 이은 두 번째 무역상대국으로 자리매김하게 되었고, 북한무역의 대남의존도는 36%를 넘어섰다.[45]

남북경협은 한반도를 둘러싼 정치적·군사적 위기에도 불구하고, 남·북한이 최소한의 신뢰를 유지하게 하는 가교 역할과 함께 내수경기와 지역경제 활성화에도 매우 중요한 역할을 수행하였다. 비록 보수 정당과 사회단체들이 남한의 일방적인 대북 '퍼주기'라고 비판하였지만, 남북경협은 분단의 안정적 관리와 남한 중소기업의 경쟁력 제고라는 성과를 가져왔다.

2. 제2차 남북정상회담

노무현 대통령과 김정일 국방위원장의 제2차 남북정상회담이 2007년 10월 2일부터 4일까지 평양에서 개최되었다. 이는 2000년 6월 제1차 정상회담 이후 7년 만에 이루어진 것으로, 노무현 대통령은 김정일 국방위원장과 두 차례의 정상회담을 갖고 '남북관계 발전과 평화번영을 위한 선언'에 합의하였다.

44) 통일부 통일교육원. 2008.『2008 통일문제이해』, 104~105.
45) 통일부. "통일부 자료실-통계로 보는 남북관계." http://www.unikorea.go.kr(검색일: 2009년 4월 6일).

제2차 남북정상회담에서 채택된 '10·4 공동선언'은 2000년의 '6·15 공동선언'의 정신을 재확인하고, 남북관계 발전, 한반도 평화, 그리고 민족공동의 번영과 통일을 실현하자는 취지를 담은 것이었다. 공동선언은 본항 8개항과 별항 2개항으로 구성되었다. 8개의 본항은 ① 6·15선언의 구현(우리 민족끼리 정신에 따라 통일문제의 자주적 해결), ② 내부 문제 불간섭 및 통일을 지향한 제도정비, ③ 불가침 의무 준수, ④ 3자 또는 4자 정상들의 종전선언 추진, ⑤ 서해 평화협력특별지대 설치 등 경협 확대, ⑥ 사회문화 교류 및 백두산에서 서울까지 직항로 개설, ⑦ 인도주의 협력(금강산면회소에서 이산가족의 상시 면회), ⑧ 국제무대에서 해외동포 이익 등을 위한 상호협력 등을 명시하였다. 그리고 별항에서는 ① 남북 총리회담의 11월 서울 개최와 ② 남북 정상들이 수시로 만나 현안을 논의한다는 내용을 담았다.[46)]

국민의 정부가 '화해협력정책'을 기조로 대북정책을 이끌었다면, 참여정부는 '평화번영정책'으로 대북정책의 기틀을 마련하였다. 포용정책으로 불리는 대북정책을 참여정부가 지속적으로 추진한 결과, 남북교류와 협력의 활성화라는 가시적 성과를 낳았으며,[47)] 이러한 연장선상에서 2007년 남북정상 회담이 개최되었던

표 12-3 6·15 남북공동선언과 10·4 남북정상선언의 비교

항 목	6·15 남북공동선언	10·4 남북정상선언
선언 일시	2000년 6월 15일	2007년 10월 4일
합의 주체	김대중 – 김정일	노무현 – 김정일
합의 사항	5개 항	본항 8개 및 별항 2개
주요 내용	• 우리민족끼리 힘을 합쳐 통일문제 해결 • 남한의 연합제와 북한의 낮은 단계 연방제안을 중심으로 통일추진 • 이산가족·비전향 장기수 문제해결 • 사회·문화·체육·환경 등 분야별 교류 활성화	• 평화체제 구축 및 3~4국 정상회담을 통한 종전선언 실현 노력 • 남·북 총리 및 국방장관회담 개최 • 서해 평화협력특별지대 설치 등 남·북 경협 확대 • 남·북간 인도적 사업의 협력 • 남·북 정상 수시로 만나 현안 논의

46) 『동아일보』, 2007년 10월 5일.

47) 국민의 정부와 참여정부가 추진한 대북정책은 일정한 성과에도 불구하고, 그 한계로 ① 북핵문

것이다.

2000년과 2007년의 남북정상회담을 비교하면 다음과 같다. 첫째, 2000년 회담에서 합의했던 '6·15 공동선언'이 다소 선언적 내용이 많았다면, 2007년 '10·4 공동선언'은 남북관계 전반에 대한 선언적 성격의 내용과 실천적 내용이 모두 포함되어 있다. 둘째, '6·15 공동선언'에서 남북관계의 추진방향, 즉 통일방안에 대한 합의와 교류협력의 활성화가 비중 있게 다루어졌다면, '10·4 공동선언'에서는 한반도 평화체제 논의 및 경제협력의 활성화가 중요 의제로 선정되었다. 구체적으로, '6·15 공동선언'의 핵심 의제가 통일방안, 이산가족 등 인도적 문제, 김정일 국방위원장의 서울 답방 등이었다면, '10·4 공동선언'은 한반도 평화체제 및 경협의 활성화였다.

하지만 '남북정상회담'에도 불구하고, 남북관계는 실천적 측면에서 의문이 제기되었다. 예컨대, 2000년 '6·15 공동선언문'에 삽입된 김정일 국방위원장의 서울 답방이 이행되지 않았으며, '종전선언'의 추진 문제는 북한의 비핵화와 연관되어 있는 관계로 남북한의 합의만으로는 선언적 수준으로 머물 가능성이 높다는 비판이었다.[48] 또한 남북 정상 간의 합의사항들이 '북한 인권 논의 금지,' '서해 북방한계선(NLL) 무력화,' '5~10조원의 막대한 경협 재원 소요' 등의 문제에서 일정 부분 논란의 여지를 갖고 있었으며, 국군포로 및 납북자 문제가 선언문에 언급되지 않음으로서 남한의 납북자 단체로부터 '소극적 대처'라는 비판이 제기되었다.

이러한 부분적인 한계에도 불구하고, '10·4 공동선언'은 지난 7년간의 대북 포용정책의 성과였으며, 향후 남북관계의 지속적 발전을 위한 미래 비전의 제시였다는 점에서 높게 평가될 수 있다.

제의 미해결, ② 북한에 대한 저자세와 '퍼주기식' 유화정책, ③ 통일지향성이 미비된 분단체제의 현상유지 등이 지적되었다. 조성렬. 2008. "이명박 정부의 대북정책 구상과 추진전략." 『평화재단 제19차 전문가 포럼』, 2~30. 한편 정부별 대북지원금 총액은 8조 8,184억원이었으며, 김영삼 정부 2,266억원, 김대중 정부 2조 7,028억원, 노무현 정부 5조 6,777억원, 이명박 정부 2,113억원이었다. 『동아일보』, 2008년 10월 1일.

48) 2006년 10월 9일, 북한이 제1차 핵실험을 단행하였다. 이에 UN 안전보장이사회는 북한행 화물 검색, 북한의 대량살상무기 프로그램 지원 자금 제재, 사치품 공급과 판매 금지 등 직접적 경제 제재 조치를 취하였다.

제5절 제17대 대통령선거

제17대 대통령선거는 정책대결이 실종된 선거였다. 각 당의 후보들은 경쟁적으로 '경제살리기' 공약을 제시하였지만, 실제 선거과정에서는 'BBK 주가조작' 사건과 같이 개인의 도덕성을 둘러싼 의혹 제기가 주류를 이루어 인물 중심의 선거로 변질되었다. 투표 결과, 한나라당의 이명박 후보가 대통령으로 당선되었다.

1. 열린우리당의 해체

제4회 지방선거의 참패는 열린우리당을 내부적으로 매우 어렵게 만들었다. 16대 대선과 17대 총선 과정에서 나타난 열린우리당의 지지기반은 '호남－수도권－충청－2030세대－진보층'이었다. 그러나 이러한 지지패턴은 2005년을 거치면서 급격히 와해되기 시작해, 2006년 지방선거에서는 기존의 패턴에서 완전히 이탈하는 양상을 보였다. '영남－50·60세대－보수층'을 전통적 지지기반으로 삼는 한나라당의 경우 지지패턴이 그대로 유지된 반면, 열린우리당의 경우 수도권과 충청권에서 지지층의 이탈 현상을 보였다.

이런 상황에서 2006년 7월 26일과 10월 25일 재·보궐선거에서 연이은 패배는 열린우리당의 내부 분열 — 당 해체를 주장하는 '신당파'와 당 쇄신을 주장하는 '사수파' — 을 가져왔다.[49] 이러한 열린우리당의 해체 움직임은 2006년 12월 28일 비상대책위의 김근태 의장과 정동영 전 의장이 "국민과 함께 만들어 가는 '원칙 있는 국민의 신당'을 추진한다"고 합의함으로써 구체화되었다.[50]

열린우리당의 해체 움직임에 노무현 대통령은 반대 입장을 표명하고 나섰다. 대통령은 2006년 11월 28일 국무회의에서 "임기를 다 마치지 않는 첫 번째 대통령이 되지 않았으면 좋겠다"는 발언과 더불어,[51] 30일에는 "신당은 지역당을 만

49) 2006년 7·26 국회의원 재·보궐선거에서 열린우리당은 지역구 4곳 가운데 단 한 개의 의석도 확보하지 못했다. 이어 치러진 10·25 재보선(국회의원 2곳과 기초단체장 4곳 등 전국 9곳)에서도 열린우리당은 단 한 명의 당선자도 내지 못하였다.

50) 『내일신문』, 2006년 12월 28일.

51) 『한국일보』, 2006년 11월 29일.

들자는 것이기에 반대한다"는 의견을 피력했다.[52] 대통령의 반대 의견에도 불구하고, '신당파'의 선택은 "조직적 탈당을 통한 '제3지대 신당' 창당 후 범여권 대통합신당의 모색"이었다.

신당파의 선택은 곧바로 행동에 옮겨졌다. 2007년 1월 22일 임종인 의원의 탈당을 시작으로, 이계안·최재천·천정배 의원의 탈당이 이어지면서 탈당 행렬이 본격화되었다. 2월 6일 김한길 등 23명의 의원들이 집단 탈당을 감행함으로써, 열린우리당은 본격적인 분당 국면을 맞이하였다. 김한길이 주도하는 탈당파는 2월 12일 중도개혁통합신당추진모임을 만들었고, 5월 7일 20석의 '중도개혁통합신당'을 창당하였다. 이로 인해 열린우리당의 의석수는 110석으로 줄어들었고, 127석의 한나라당이 원내 제1당으로 올라섬으로써 17대 총선 이후 3년여 만에 의회 권력이 교체되었다. 이후에도 탈당 행렬은 계속되어, 8월 초에 이르러 탈당자 수는 무려 82명에 달하였다. 그 결과, 열린우리당 의석수는 58석에 불과했다.

2007년 8월 5일, 열린우리당 탈당파 80명, 중도통합민주당이었던 민주당 탈당파 4명, 손학규 전 지사를 주축으로 한 한나라당의 탈당세력(선진평화연대)과 시민사회 세력(미래창조연대)을 중심으로, 총 84석의 '대통합민주신당'이 창당되었다. 그리고 대통합민주신당은 열린우리당에게 합당을 제안하였다. 이에 8월 18일, 열린우리당은 마지막 전당대회를 개최하고 대통합민주신당과의 합당을 결의하였다. 그리고 이틀 후인 8월 20일, 열린우리당과 대통합민주신당이 합당을 선언함으로써 열린우리당은 3년 9개월 만에 공식적으로 소멸되었다. 이로써 대통합민주신당은 143석으로 확장되어, 6개월 만에 한나라당(129석)을 제치고 다시 원내 제1당의 지위를 회복했다.

그러나 143석 가운데 민주당 탈당파 의원들을 제외한 139명이 모두 열린우리당 출신이라는 점에서 대통합민주신당은 '도로 열린우리당'에 불과하다는 비판적 여론이 일었다. 이러한 비판을 의식하여, 대통합민주신당은 열린우리당 출신을 가급적 주요 당직자에서 배제하였고, 당의 상징색도 열린우리당의 노랑과 연두색에서 주황색으로 변경하였다. 이는 2007년 12월에 치러질 제17대 대선에 대비하여 그간 열린우리당이 보여주었던 분열과 갈등의 이미지를 가능한 지우려는 노력이었다.

52) 『경향신문』, 2006년 12월 1일.

2. 대선후보 경선과 선거과정

제17대 대통령선거를 앞두고 각 당은 대통령 후보를 선출하는 경선과정을 거쳤다. 대통합민주신당(민주신당)은 대통령 후보를 선출하기 위해 예비경선과 국민경선(본선)을 실시하였다. 예비경선에서 유시민, 한명숙, 손학규, 정동영, 이해찬 등 5명이 본선 후보로 확정되었다. 그러나 9월 14일, 한명숙과 이해찬이 단일화하였고, 유시민이 사퇴하였다. 이에 따라, 정동영, 손학규, 이해찬 등 예비후보 3명을 대상으로 10월 14일 대통령 후보자 지명대회가 개최되었다. 투표 결과, 정동영 후보가 2위 손학규 후보를 물리치고 민주신당의 대통령 후보로 선출되었다.

한나라당의 대통령 후보 경선은 전국선거인단 투표와 여론조사의 결과를 합산하는 방식으로 치러졌다. 이명박, 박근혜, 원희룡, 홍준표 등 4명의 후보가 출마한 가운데, 선거인단 투표에서는 박근혜가 근소한 차이로 이겼지만, 여론조사에서 크게 앞선 이명박이 한나라당 대통령후보로 선정되었다.

이 밖에도 민주당의 경선에는 이인제, 조순형, 신국환 등 3명의 후보가 경쟁한 결과, 이인제가 민주당의 대통령 후보로 선정되었다. 민주노동당의 대통령 경선에는 권영길, 심상정, 노회찬 등이 출마했으며, 경선 결과 16대 대선에 이어 권영길이 또다시 민주노동당의 대통령 후보로 선출되었다.

대통령선거에 출마한 각 정당의 후보자는 민주신당 정동영, 한나라당 이명박, 민주노동당 권영길, 민주당 이인제, 무소속 이회창 등 총 12명이었다. 민주신당의 정동영 후보는 6% 경제성장, 일자리 250만 개 창출, 중소기업 5만 개 육성, 한반도 5대 철도망 구축, 대입수학능력시험의 폐지, 비정규직 25%로 축소 등을 공약으로 제시하였다. 이에 비해, 한나라당의 이명박 후보는 '747 공약'(7% 경제성장, 국민소득 4만 달러, 7대 강국 진입), 300만 개 일자리 창출, 금융 소외자의 신용회복, 주택공급의 확대, 신성장 동력산업 발굴 및 지원, 연구개발의 투자 확대, 한반도 대운하 건설 등을 제시하였다. 그리고 민주노동당 권영길 후보는 서민소득 증대와 소득불평등 축소, 한미 FTA 백지화, 동아시아 경제연대협정, 재벌경제 개혁과 반부패 청산, 400만 비정규직의 정규직 전환과 고용안정, 1가구 1주택과 택지국유화 실현을 제시하였다.[53)]

이렇듯 경제정책에 관한 선거공약이 다양했지만, 2007년 대통령선거는 정책

53) 강원택. 2008. "2007년 대통령 선거와 이슈." 한국정치학회 특별학술회의 발표논문, 76~78.

대결이 실종된 선거였다. 선거운동은 구체적 정책이슈들을 둘러싼 후보자간 논쟁보다는 후보자 개인에 대한 의혹의 제기나 비난이 주류를 이루었다.[54] 실제 선거과정에서 한나라당 이명박 후보의 'BBK 주가조작' 의혹 사건과 범여권을 수렁으로 몰아넣은 '참여정부 실정론'이 선거의 최대 쟁점으로 부상하면서 '부패와 반부패'라는 구조가 형성되었다.[55] 특히 대통령 선거일을 3일 앞둔 12월 16일, 이른바 이명박의 '광운대 동영상'이 공개되면서 큰 파장을 불러일으켰다. 민주신당은 이명박의 후보 사퇴를 촉구하며 그의 도덕성을 맹공했으나, 반노 정서와 경제 대통령론의 두터운 벽은 꿈적도 하지 않았다. 이른바 '이명박 대세론'을 뒤집기에는 역부족이었다. 결과적으로 BBK 의혹 사건 자체가 이명박 후보의 득표에 큰 영향을 미치지 못한 것으로 나타났다.

3. 선거결과

17대 대통령선거는 19세 연령층에게 처음으로 투표권이 부여된 가운데 2007년 12월 19일 치러졌다. 19세 연령층은 총 62만여 명으로 전체 유권자의 1.7%에 달하였다. 하지만 17대 대선의 전체 투표율은 63.0%로 역대 최저를 기록하였다.

선거 결과, 한나라당 이명박 후보가 48.7%의 지지를 얻어 제17대 대통령으로 당선되었다. 이에 비해, 대통합민주신당의 정동영 후보는 26.1%를, 무소속 이회창 후보는 15.1%를, 창조한국당 문국현 후보는 5.8%를, 민주노동당의 권영길 후보는 3.0%를, 그리고 민주당의 이인제 후보는 0.7%를 획득하였다. 1위를 차지한 이명박 후보와 2위 정동영 후보의 표 차이는 531만 표로, 이는 1987년 대통령 직선제를 도입한 이래 1위와 2위 후보 간 최대의 표 차이였다.

한나라당 이명박 후보가 당선된 배경에는 다음의 몇 가지 요인이 중요하게 작용했던 것으로 보인다. 첫째, 참여정부에 대한 국민들의 실망감이다. 노무현 정부의 국정운영의 미숙함은 유권자들의 회고적 투표를 촉발시켰고, 이는 대통합민

54) 강원택. 2008. "2007년 대통령 선거와 이슈," 88.

55) BBK 주가조작 사건은 김경준이 1999년에 설립한 회사인 BBK를 통해 주가조작으로 수백억원의 차익을 남기고 이 돈을 횡령한 사건이라고 알려져 있다. 이 사건의 피해자가 5,200여 명에 달하고 피해액수가 600억원에 달하는 대형 금융사기 사건이다. 김경준은 이명박이 BBK의 실제 소유주이며 자신도 피해자라고 주장하였으나, 이명박은 자신도 김경준에게 사기를 당했다고 주장하였다.

표 12-4 제17대 대통령선거의 후보자별 득표율

구 분		민주신당 정동영	한나라당 이명박	창조한국당 문국현	민주노동당 권영길	무소속 이회창	기 타 후 보
수도권	서울	24.5%	53.2%	7.1%	2.3%	11.8%	1.1%
	인천	23.8%	49.2%	7.0%	3.5%	15.2%	1.3%
	경기	23.6%	51.9%	7.1%	2.9%	13.4%	1.1%
충청권	대전	23.6%	36.3%	7.1%	2.5%	28.9%	1.6%
	충남	21.1%	34.3%	4.7%	3.5%	33.2%	3.2%
	충북	23.8%	41.6%	5.7%	3.6%	23.4%	1.9%
호남권	광주	79.8%	8.6%	4.8%	2.1%	3.4%	1.3%
	전남	78.7%	9.2%	3.2%	2.4%	3.6%	2.9%
	전북	81.6%	9.0%	2.8%	1.9%	3.6%	1.1%
경북권	대구	6.0%	69.4%	4.0%	2.0%	18.1%	0.5%
	경북	6.8%	72.6%	3.3%	2.8%	13.7%	0.8%
경남권	부산	13.5%	57.9%	5.4%	2.8%	19.7%	0.7%
	울산	13.6%	54.0%	5.5%	8.4%	17.5%	1.0%
	경남	12.4%	55.0%	4.8%	5.4%	21.5%	0.9%
기 타	강원	18.9%	52.0%	5.9%	3.9%	17.6%	1.7%
	제주	32.7%	38.7%	7.8%	4.4%	15.0%	1.4%
전 국		26.1%	48.7%	5.8%	3.0%	15.1%	1.3%

출처: 중앙선거관리위원회. 2008.『제17대 대통령선거총람』, 263~264.

주신당 후보의 선거경쟁력을 약화시키는 방향으로 작용하였다.56)

둘째, 경제발전 및 일자리 창출이라는 국민적 기대감이다. 이는 BBK 사건 등으로 불거진 도덕성 문제에도 불구하고, 대기업 최고결정자 및 서울시장 경험을 지닌 이명박 후보의 가치를 높이는 계기가 되었다.

셋째, 범여권이 후보 단일화에 실패하면서 과거 김대중 대통령 지지표와 노무현 대통령 지지표가 분산되었다. 즉 범여권 지지 성향의 유권자들의 표가 정동영, 문국현, 이인제 후보로 분산되었다.

56) 가상준. 2008. "노무현 대통령에 대한 평가가 2007년 대통령선거에 미친 영향력 분석."『현대정치연구』 창간호, 33~57.

제13장

이명박 정부:
민주주의 역공고화와 남북관계의 경색

제 1 절 이명박 정부의 출범

제 2 절 사회적 갈등과 역진적 민주주의 공고화

제 3 절 '경제 살리기'와 재분배 압력

제 4 절 남북관계의 경색

제 5 절 제19대 총선과 제18대 대선

제 1 절 이명박 정부의 출범

이명박 정부의 등장은 '진보' 진영에서 '보수' 진영으로의 정권교체를 의미하였다. 이와 더불어, 정부 출범 이후 치러진 18대 총선에서 한나라당의 승리는 향후 국정운영체제의 대대적인 변화를 예고하였다.

1. 이명박 정부의 비전과 성격

이명박 정부의 출범은 단순히 국정 최고책임자인 대통령의 교체가 아니라, 10년 만에 이루어진 이른바 '보수'와 '진보' 진영의 정권교체를 뜻하였다. 이미 17대 대선과정에서 김대중·노무현 정부를 '좌파 정권,' '잃어버린 10년'으로 폄하했던 것처럼, 이명박 정부의 출범은 국정운영의 대대적인 변화를 예고하는 것이었다.

가장 큰 변화가 예상되는 분야는 경제정책과 외교·안보정책이었다. 17대 대선기간 내내 이명박 후보는 "세금은 줄이고, 간섭과 규제는 풀고, 법치주의를 확립하여 7% 성장, 4만 달러 소득, 세계 7위 경제를 이룩하자"는 이른바 '747 공약'을 전면에 내세우고 시장경제의 활성화를 통한 '경제 살리기'를 역설하였다. 아울러 재분배 정책의 일환인 사회복지는 보편주의에 입각하기보다는 필요한 사람들에게 선별적으로 제공되어야 함을 강조하였다.[1] 이는 기본적으로 '성장을 통한 분배'를 강조하는 것으로, 김대중 정부의 '성장과 분배의 병행' 그리고 노무현 정부의 '분배를 통한 성장'과는 구분되는 '신자유주의적 성장주의'에 바탕한 정책노선이었다.[2]

또한 대선과정에서 이명박 후보는 김대중·노무현 정부의 대북포용정책을 북핵문제 해결에 전혀 도움을 주지 못한 '실패한 정책'으로 규정하였다. 대신, 그는 상호주의에 입각한 대북 강경정책의 필요성을 제기하였다. 특히 노무현 정부의 동북아 균형자론에 입각한 균형외교 전략은 한·미동맹의 신뢰를 약화시킨 요인

1) 한나라당. 2007. 『일류국가 희망공동체 대한민국』.
2) 김용철. 2017. 『한국의 노동정치: 변화와 동학』. 서울: 마인드탭, 321.

으로 규정하고, 한·미동맹의 복원 및 강화를 역설함으로써 보수 성향의 외교·안보 정책노선을 거침없이 드러냈다.

이러한 보수적 성향은 2008년 2월 25일 행한 이명박의 대통령 취임사에 그대로 반영되었다. 그는 취임사에서 '선진화를 통한 세계일류국가'를 국가비전으로 제시하고, '창조적 실용주의'를 국정운영의 철학으로 삼아 '작은 정부－큰 시장'을 지향할 것임을 밝혔다. 그리고 대북 강경 노선과 한·미동맹의 강화를 역설하였다.

> 저는 대한민국 대통령으로서 새로운 60년을 시작하는 첫해인 2008년을 대한민국 선진화의 원년으로 선포합니다. … 우리는 '이념의 시대'를 넘어 '실용의 시대'로 나가야 합니다. … '작은 정부, 큰 시장'으로 효율성을 높이겠습니다. … 기업은 국부의 원천이요, 일자리 창출의 주역입니다. 누구나 쉽게 창업하고 공장을 지을 수 있어야 합니다. … 어려울 때일수록 기업이 힘을 내야 합니다. … 이런 때 노동자도 더 열심히 일해 주어야 합니다. 불법투쟁은 지양하고 생산성을 높여야 합니다. … 시혜적, 사후적 복지는 해결책이 아닙니다. 능동적, 예방적 복지로 나아가야 합니다. 그래야만 … 꼭 필요한 사람들에게 혜택이 돌아가게 됩니다. … 미국과는 전통적 우호관계를 미래지향적 동맹관계로 발전 강화시키겠습니다. 두 나라 사이에 형성된 역사적 신뢰를 바탕으로 전략적 동맹관계를 굳건히 해 나가겠습니다. … 남북관계는 … '비핵·개방·3000 구상'에서 밝힌 것처럼, 북한이 핵을 포기하고 개방의 길을 택하면 남북협력에 새 지평이 열릴 것입니다.[3)]

이명박 대통령의 정책노선은 지극히 보수 지향적이었다. 그가 제시한 국가비전은 "잘사는 국민, 따뜻한 사회, 강한 나라"로 요약되는 '일류국가'의 건설로, 그리고 국정운영의 원칙은 현실 변화에 따른 정책 목표와 수단의 재조정을 통한 실질적인 정책성과의 산출이라는 '창조적 실용주의'로 표현되었다.[4)] 이러한 국가비전과 국정운영 원칙을 토대로 이명박 정부는 다음과 같은 5대 국정목표를 제시하였다.[5)]

첫째, 정부가 솔선수범하여 국민과 기업에 봉사하는 '국민을 섬기는 정부'를 지향할 것임을 공표하였다. 이를 위해, 정부예산 절감과 정부조직 개편, 공기업 민영화와 효율화, 행정규제 혁신, 엄격한 법질서 확립 등이 세부 정책과제로 제

3) 대통령실. 2009.『이명박 대통령 연설문집1』. 서울: 문화체육관광부.
4) 제17대 대통령직인수위원회. 2008.『제17대 대통령직인수위원회 백서 1』, 37.
5) 김성배. 2014. "이명박 정부 국정운영의 목표 및 방향." 한국행정연구원.『대한민국 역대 정부 주요 정책과 국정운영: 이명박 정부(8)』. 서울: 대영문화사, 48~50.

시되었다. 둘째, '활기찬 시장경제'를 적극적으로 펼침으로써 저성장의 늪에 빠진 국민경제의 회복을 약속하였다. 이를 위해, 이명박 정부는 자유무역협정(FTA)의 추진과 투자의 유치, 과감한 규제개혁과 기술혁신의 촉진, 한반도 대운하 건설 등을 포함한 개발과 환경의 조화, 시장성과 공공성의 조화 등을 계획하였다. 셋째, 중산층이 공고하게 형성되고 모두가 함께 번영하며 삶의 희망이 넘치는 복지 및 안전 사회를 지향할 것임을 역설하였다. 이를 위해, 맞춤형 복지, 빈곤의 대물림 차단, 일·여가·교육을 3대 엔진으로 하는 '능동적 복지' 정책이 제시되었다. 넷째, 우수한 인적자원은 경제성장의 동력임을 강조하면서, 창의적인 인재들을 양성하고 불러들이는 '인재대국'(人才大國) 건설을 표방했다. 이를 위해, 수요자 중심의 교육경쟁력 강화, 지식정보사회에 적합한 미래의 핵심인재 양성, 과학한국의 건설, 평생학습의 생활화 등을 국정지표로 삼았다. 다섯째, '성숙한 세계국가'로 발돋움하기 위해, 상호주의에 입각한 북한 핵문제의 우선 해결을 통한 '비핵·개방·3000 구상'을 제시하였고, 한·미관계의 복원과 기존 한·미동맹을 미래지향적 포괄동맹으로의 전환, 자원·에너지 외교의 강화 등을 세부 과제로 설정하였다.

요약하면, 이명박 정부의 국가비전과 5대 국정과제는 다분히 신자유주의적 정치경제관과 보수적 국가안보관에 바탕한 것이었다. 노무현 정부의 정책노선과 비교할 때, 이명박 정부의 정책기조는 상대적으로 시장 중심적이고 자본 친화적이며, 미국 편향적이고 대북 강경노선의 성격을 띠고 있었다.

2. 第18대 국회의원선거

18대 총선은 17대 대선이 실시된 지 채 4개월이 지나지 않은 시점에서, 그리고 이명박 대통령이 취임한지 채 2개월이 되지 않은 2008년 4월 9일에 치러졌다. 이러한 선거의 시점 때문에, 18대 총선은 집권정당인 한나라당에 일종의 '허니문 선거'로 여겨졌으며, 17대 대선에 패배한 기존 정당 및 신생 정당들에는 정치적 재기 및 의회 진출의 기회로 여겨졌다. 그 결과, 다수의 정당들이 18대 총선에 참여함으로써 선거경쟁은 외형상 '다당 경합' 구도로 치러졌다.

먼저, 한나라당은 지난 대선 승리의 원천이었던 경제이슈를 화두 삼아, '경제 살리기'와 '일자리 창출'을 위해 한반도 대운하 건설을 추진하겠다고 밝혔다. 그리고 한나라당에 힘을 실어 달라는 의미에서 "실천의 힘, 한나라"를 선거구호로 내걸었다.[6] 그러나 여론조사에서 대운하 건설에 대해 부정적인 반응이 우세하게 나타나자, 한나라당은 대운하 공약을 철회했다. 특히 야당들의 '견제론'에 대해 한나라당은 "견제가 아니라 경제입니다"로 맞섰고,[7] '친박연대'와 '친박 무소속연대'에 대해 "자격미달로 공천에서 탈락하여 한나라당을 등지고 나간 사람들"이라며, 이들은 "절대 당선되면 안 된다"고 적극적으로 대응하였다.[8]

이에 비해, 통합민주당은 이번 총선을 이명박 정부와 한나라당의 "불안한 독주에 대한 견제와 균형"을 위한 선거로 규정하고, 전통 야당에 힘을 실어줘야 한다는 '한나라당 견제론'을 전면에 내세웠다. 이를 위해 통합민주당은 대대적인 '물갈이' 공천으로 전열을 재정비하였고, 한나라당의 대운하 공약 철회에 대해 "속임수 정치의 전형이며 국민을 우롱하는 대국민 사기극"으로 몰아붙이는 정치공세를 퍼부었다.[9]

충청지역을 기반으로 새롭게 결성된 자유선진당은[10] "오만한 여당의 독주를 견제"하고 "무능한 좌파"가 다시는 정권을 넘보지 않도록 자신에게 힘을 실어달라고 호소하였다. 민주노동당은 "이명박 정부에 맞서 노동자·농민·서민을 대변할 견제세력은 민주노동당밖에" 없음을 주장하면서, 권영길과 강기갑을 전면에 내세워 비례대표 득표율을 올리기 위해 총력을 기울였다. 진보신당 역시 '스타 정치인'인 심상정과 노회찬을 앞세워 비례대표 득표율을 높이는 전략을 구사하였다. 창조한국당은 "세종대왕이 행했던 섬김의 정치"를 구현하겠다고 호소하였다. 한나라당의 공천에서 탈락한 박근혜 계열의 정치인들이 결성한 '친박연대'와 '친박 무소속연대'는 '박근혜'의 정치적 위상을 십분 활용하여 영남 유권자를 대상으로 "한나라당과 나라를 망치고 있는 일부 간신배들에 대한 준엄한 심판"을 호소하였다.[11]

6) 한나라당 정책위위원회. 2008. 『제18대 총선 공약집』.
7) 유재일. 2009. "18대 총선의 과정과 결과, 그리고 정치적 의미." 한국정당학회. 『18대 총선 현장 리포트』. 서울: 푸른길, 25.
8) 장맹수. 2010. 『승자와 패자의 갈림길』. 서울: 선암각, 366.
9) 장맹수. 2010. 『승자와 패자의 갈림길』, 366.
10) 자유선진당은 이회창 전 한나라당 총재와 심대평 대표가 이끌던 국민중심당을 기반으로 2008년 2월 12일에 결성한 보수정당이다.
11) 장맹수. 2010. 『승자와 패자의 갈림길』, 366~367.

표 13-1 제18대 국회의원선거의 결과: 지역구와 비례대표

구 분		통합민주당	한나라당	자유선진당	민주노동당	창조한국당	친박연대	기타·무소속
지역구의 정당별 득표율과 의석수								
수도권	서울	36.3%(7)	50.0%(40)	2.3%(0)	2.0%(0)	1.5%(1)	1.9%(0)	6.0%(0)
	인천	31.6%(2)	48.0%(9)	4.8%(0)	3.5%(0)	0.4%(0)	-	11.7%(1)
	경기	37.0%(17)	48.3%(32)	2.4%(0)	2.8%(0)	0.1%(0)	3.8%(1)	5.6%(1)
충청권	대전	24.0%(1)	26.6%(0)	40.0%(5)	0.9%(0)	-	4.4%(0)	4.1%(0)
	충남	14.3%(1)	30.0%(0)	46.4%(8)	1.1%(0)	0.3%(0)	1.5%(0)	6.4%(1)
	충북	35.3%(6)	39.5%(1)	14.1%(1)	2.3%(0)	0.3%(0)	3.6%(0)	4.9%(0)
호남권	광주	64.7%(7)	6.1%(0)	0.1%(0)	7.7%(0)	-	-	21.4%(1)
	전남	61.8%(9)	6.1%(0)	0.1%(0)	4.8%(0)	-	-	27.2%(3)
	전북	54.7%(9)	7.2%(0)	0.7%(0)	1.3%(0)	-	-	36.1%(2)
경북권	대구	0.8%(0)	61.1%(8)	2.7%0)	1.8%0)	-	15.7%(3)	17.9%(1)
	경북	3.1%(0)	54.3%(9)	2.0%(0)	1.1%(0)	-	6.1%(1)	33.4%(5)
경남권	부산	11.8%(1)	47.3%(11)	2.8%(0)	4.3%(0)	-	9.2%(1)	24.6%(5)
	울산	2.3%(0)	53.4%(5)	-	18.3%(0)	-	5.5%(0)	20.5%(1)
	경남	8.5%(1)	51.4%(13)	1.2%(0)	9.1%(2)	0.4%(0)	3.9%(0)	25.5%(1)
기타	강원	24.6%(2)	44.8%(3)	8.4%(0)	2.9%(0)	0.3%(0)	-	19.0%(3)
	제주	41.8%(3)	34.4%(0)	3.4%(0)	5.6%(0)	-	1.4%(0)	13.4%(0)
전국	득표율	28.9%	43.5%	5.7%	3.4%	0.4%	3.7%	14.4%
	의석수	66석	131석	14석	2석	1석	6석	25석
비례대표의 정당별 득표율과 의석수								
득표율		25.2%	37.5%	6.8%	5.7%	3.8%	13.2%	7.8%
의석수		15석	22석	4석	3석	2석	8석	-
정당별 의석수: 지역구 + 비례대표								
총합		81석	153석	18석	5석	3석	14석	25석

출처: 중앙선거관리위원회. 2008. 『제18대 국회의원선거 총람』, 286~292.

18대 총선의 투표참여율은 46.1%로 나타나 역대 총선 가운데 가장 저조한 투표율을 기록하였다. 이는 대선 직후 치러진 선거라는 점, 유권자를 자극할 만한 선거이슈가 부재했다는 점, 그리고 정당들의 잦은 이합집산으로 인한 분당 및 창당 등에 따른 유권자의 정치 불신과 무관심이 팽배했다는 점 등에 기인하였다.[12] 개표 결과, 한나라당은 과반의석을 조금 넘긴 153석을 얻었고, 통합민주당은 81석을, 자유선진당은 18석을, 친박연대 14석을, 민주노동당은 5석을, 창조한국당은 3석을 획득하였다. 그리고 나머지 25석은 무소속 후보들이 차지하였다. 구체적으로, 한나라당은 수도권·영남·강원에서 압승했으며, 통합민주당은 호남·충북·제주에서 승리했다. 자유선진당은 충남에서 약진했으며, 친박연대는 대구에서 선전했고, 무소속은 서울·대전·충북·제주를 제외한 지역에서 의석을 확보했다.

선거결과를 중심으로 18대 총선의 특징을 살펴보면 다음과 같다.[13] 첫째, 압승을 예상했던 한나라당의 경우, 기대치에 못 미치는 의석수를 획득했다. 이는 '거여 견제론,' '이명박 정부 심판론,' '공천 책임론' 등이 어느 정도 영향을 준 결과였다. 둘째, 통합민주당과 자유선진당이 호남과 충남에서 각각 압승을 거둔 반면, 한나라당은 영남에서 압승하지 못하였다. 호남과 충청은 지역주의가 선거에 영향을 주었으나, 영남의 경우 공천파동과 여권의 내부 분열로 인해 한나라당 텃밭인 부산과 대구에서 친박연대와 무소속 후보 10명이 당선되었다. 셋째, 역대 최다인 25명의 무소속 후보가 당선되었다. 이는 후보 공천과정에서 배제된 일부 정치인들의 무소속 출마가 속출하였다는 점, 그리고 유권자들이 정당 중심 투표보다는 인물 중심 투표를 한 결과였다. 넷째, '보수 대 진보'의 관점에서 보면, 통합민주당·민주노동당·창조한국당 등의 진보정당은 89석에 그친 반면, 한나라당·자유선진당·친박연대 등의 보수정당은 185석을 확보하였다. 그 결과 의회정치의 중심축은 보수로 이동하였고, 이명박 정부가 '여대야소'의 유리한 환경에서 정책을 추진할 수 있는 기반이 마련되었다.

12) 유재일. 2009. "18대 총선의 과정과 결과, 그리고 정치적 의미," 34.
13) 김석우·전용주. 2008. "18대 총선 당선자 결정요인 분석: 정치적 충원을 중심으로." 『한국시민윤리학회보』 21집 5호, 156.

제 2 절 사회적 갈등과 역진적 민주주의 공고화

이명박 정부의 등장으로 1987년 민주화 이후 두 차례의 평화적 정권교체가 이루어짐으로써 한국 민주주의는 더욱 공고화될 것으로 기대되었다. 그러나 이러한 기대는 달리, 한국 민주주의의 공고화는 정체되고 심지어 역진되는 양상(democratic deconsolidation)을 보였다.

1. 미국산 쇠고기 수입반대 촛불시위

미국산 쇠고기 수입 재협상을 요구하며 2008년 5월 2일부터 시작된 촛불집회는 8월 15일 100번째 촛불집회를 끝으로 3개월 넘게 지속되었다. 촛불집회의 애초 동기는 광우병에 대한 우려였으나, 이후 대운하 건설, 의료 민영화, 교육자율화, 공기업 민영화 등의 정책이슈와 결합되면서 촛불시위는 '이명박 정부 대 시민사회'의 대결 양상으로 치달았다. 촛불시위가 전국적으로 확산됨에 따라 정부는 '배후설'을 제기하면서 다양한 강압적 수단을 동원하여 촛불집회를 방해하였다.

촛불시위의 배경은 2008년 4월 18일에 타결된 한·미간 쇠고기 협상이었다.[14] 협상 결과가 발표되자, 일부 시민단체와 농민단체들은 이에 반발하며 '협상무효'를 주장하고 나섰다. 이들은 공동성명서를 통해 "소뼈에 들어있는 골수가 광우병 전염 위험물질일 가능성이 높다는 의학적 논란이 분분한 와중에서 정부가 '뼈있는 쇠고기'까지 수입을 허용하기로 한 것은 … 국민의 생명을 담보로 내건 것"이며, "검역주권을 우리 정부 스스로 포기한 것"이라고 반발하였다.[15] 같은 시기, 쇠고기협상에 대한 불만과 비판이 온라인에서도 제기되고 있었다. 대통령의

14) 2008년 4월 18일, 협상개시 8일 만에 미국산 쇠고기 수입위생조건 개정을 위한 한·미간 쇠고기 협상이 타결되었다. 이에 따라 한국정부는 그 1단계 조치로 30개월령 미만의 뼈를 포함한 미국산 쇠고기 수입을 허용하고, 2단계 조치로 미국이 동물성사료 금지조치방안을 공표하면 국제수역사무국(OIE) 기준에 따라 쇠고기 연령제한을 없애 30개월령 이상의 쇠고기도 수입하게 될 것임을 발표하였다.

15) 『문화일보』, 2008년 4월 19일.

싸이월드 미니홈피(cyworld.nate.com.mbtious)와 청와대 홈페이지(cwd.go.kr) 자유게시판에 수만 건에 달하는 항의글들이 게시되었고, 다음(daum.net) 아고라, 디시인사이드 갤러리(gall.dcinside.com), 네이버(naver.com) 토론방 등 인터넷 포털사이트 등에서도 미국산 쇠고기수입에 대한 비판글이 쇄도하였다. 특히, 4월 29일 MBC TV 'PD수첩'의 "미국산 쇠고기, 광우병에서 안전한가"라는 프로그램이 방영되면서, 미국산 쇠고기 개방·확대에 따른 광우병에 대한 국민적 관심과 우려가 급속히 확산되었다.[16]

촛불집회가 처음 개최된 것은 5월 2일이었다. 그 주체는 온라인 소모임들—'이명박 탄핵을 위한 범국민운동본부'(cafe.daum.net/antimb), 미친소닷넷(minchincow.net), 정책반대시민연대(cafe.daum.net/OurKorea) 등—이었다. 이들은 500여 개에 달하는 시민·학생·학부모단체 등 오프라인 조직과 온라인 모임 대표들과 함께 5월 6일 '국민대책회의'를 결성하고, 미국산 쇠고기 수입의 전면 무효화와 재협상을 요구하는 촛불집회를 개최하였다. 촛불집회의 반향은 매우 컸다. 'PD수첩'의 광우병 관련 프로그램 방영이후, 쇠고기협상과 광우병을 둘러싼 온라인 담론활동이 활성화되면서 국민건강권과 쇠고기수입반대라는 운동의제는 빠른 속도로 전파되었다. 이에 가장 먼저 반응한 집단은 중·고등학생들이었다.[17]

촛불집회가 다양한 연령집단으로 확산될 기미를 보이자, 이를 저지하려는 정부의 노력도 본격화되었다. 일부 정부부처들은 산하 공무원과 공기업 직원들에게 촛불집회의 참여를 자제해 달라는 휴대전화 메시지를 보냈고, 서울시교육청을 포함한 일부 시·도교육청은 일선 학교장들에게 학생들의 집회참여를 막아 달라는 가정통신문 발송을 종용하였다. 경찰청은 '광우병 괴담 유포자 및 촛불집회 주모자'를 사법처리할 것임을 공표하였고,[18] 보수언론은 촛불집회의 배후설을 제기하며 집회참여자들을 '반미' 혹은 '용공'으로 몰아갔다.

정부와 보수언론의 공세는 오히려 촛불집회의 지지자를 양산하는 결과를 초

16) 김용철. 2008. "촛불시위의 동학: 온라인과 오프라인의 만남." 『정보화정책』 15권 4호, 125~127.

17) 10대들의 오프라인 집회참여 동기는 광우병에 대한 공포, 정부의 '학교자율화 3단계' 방안(0교시 부활, 우열반 허용, 영리법인의 학교강의 허용)에 대한 불만, 자신들이 선호하는 연예인의 보호 등 다양하였다. 한 인터뷰 기사에 의하면, 한 무리의 학생들에게 촛불집회에 참여하게 된 동기를 묻자, 이들은 동방신기의 팬클럽(카시오페아) 회원들로 "동방신기를 미국산 쇠고기로부터 지키기 위해"라고 대답하였고, 한 여중생은 "인터넷을 하면서 자연스럽게 광우병이 무엇인지 알게 됐다"고 응답하였다. 김용철. 2008. "촛불시위의 동학: 온라인과 오프라인의 만남," 127.

18) 『경향신문』, 2008년 5월 13일.

래했다. 경찰청 웹사이트의 자유게시판에는 “내가 바로 괴담 유포자이고 촛불집회의 참가자이니, 나를 잡아가라”는 이른바 ‘온라인 자수운동’이 펼쳐졌고, 오프라인에서는 ‘미국산 쇠고기 수입반대’ 현수막 걸기운동이 급속히 전국으로 퍼져나갔다. 여러 세대와 계층이 촛불집회에 참여함에 따라, ‘공기업 민영화 저지,’ ‘건강보험 민영화 반대,’ ‘영어 몰입교육 반대,’ ‘대운하 반대’ 등 다양한 운동의제들이 제기되었다. 더불어 ‘배후론’을 제기·유포한 보수언론에 대한 비판이 촛불집회의 새로운 의제로 등장하여, 오프라인과 온라인에서 ‘조중동 구독거부운동’과 ‘바른 언론 후원운동’이 전개되었다.

그러나 촛불집회에 대한 정부의 반응은 강경 일변도였다. 정부는 시위참여자의 강제연행은 물론이고, 시위대의 청와대 행진을 막기 위한 컨테이너 방어벽(이른바 ‘명박산성’)의 설치, 대테러 전문요원인 경찰특공대과 ‘물대포’의 투입, 시위대의 집회장소인 청계광장과 서울광장의 원천봉쇄, 나아가 조·중·동 광고불매운동을 주도하거나 정부정책에 비판적인 누리꾼에 대한 수사 및 기소도 주저하지 않았다. 그러나 촛불집회는 수그러들 기미를 보이지 않았다. 주부들의 ‘유모차 부대’와 이들을 보호하기 위한 예비군복 차림의 참여자가 시위의 전면에 등장하였고, 경찰의 강제연행에 대항하여 시민들이 스스로 ‘닭장차’에 오르기도 하였다.[19] 이에 따라, 문화제 형식으로 시작된 촛불집회가 가두시위로 변화하였다. 시민들은 “대한민국은 민주공화국이다! 대한민국의 주권은 국민에게 있고 모든 권력은 국민으로부터 나온다!”는 헌법 1조를 외치며 저항하였다.[20]

촛불집회는 여러 면에서 기존 사회운동과는 상이한 면모를 보인 시민행동이었다. 운동의제로 ‘식품안전’ 문제가 정치적 쟁점으로 등장하였고, 운동주체로서 온라인 소모임과 여성이 중심적 역할을 하였으며, 운동공간으로 오프라인과 온라인이 동시에 활용되었다. 하지만 촛불집회는 한국 민주주의가 제대로 작동되지 않고 있음을 보여준 사건이었다. 정부의 권위주의적 대응으로 자유민주주의의 기본 원칙인 표현과 집회의 자유가 심각하게 훼손되었기 때문이다. 정부와 수사당국은 대대적인 ‘광우병 괴담’ 수사에 착수하여 정부정책에 비판적인 ‘PD수첩’ 제작진들을 수사·기소하였고,[21] 보수신문 불매운동의 일환으로 광고주 목록을

19) 『경향신문』, 2008년 5월 30일.

20) 촛불집회는 이명박 정부로 하여금 미국과의 추가협상을 진행토록 하였으며, 그 결과 30개월령 미만의 쇠고기만을 수입하고 광우병 위험의 우려가 있는 4개 부위에 대한 수입을 금지하였다.

21) MBC ‘PD수첩’ 제작진에 대한 수사는 2008년 6월 농림수산식품부의 수사의뢰로 시작됐다. 당시

온라인에 게재하였다는 이유로 누리꾼들을 소환·구속하였다. 이러한 정부의 강압적 대응은 언론인과 시민들 스스로 자신의 표현을 제한하는 이른바 '자기검열'(self-censorship)을 조장하였다. 이에 대해, 유엔 의사표현자유 특별보고서는 "2008년 촛불시위 이후, 정부의 입장과 다른 견해를 밝힌 개인들에 대해 사법조치가 늘어나는 등 의사표현의 자유에 관한 권리 제약이 늘어나고 있다"고 비판하였으며,[22] 민변(민주사회를 위한 변호사모임)은 "광우병 쇠고기 문제로 촉발된 집회에 국민들의 자발적 사회참여가 두드러진 반면 정부의 강압적인 의사표현의 자유 제한과 처벌 위주의 공권력 대응으로 인해 민주주의와 인권이 심각하게 훼손되었다"고 평가하였다.[23]

2. 용산참사

용산참사는 도시재개발에 따른 보상 문제를 둘러싸고 2009년 1월 20일 서울시 용산4구역 재개발 현장 내 건물 옥상에서 점거농성을 벌이던 세입자와 전국철거민연합(전철연)[24] 회원들이 경찰의 진압에 맞서 화염병으로 대항하는 과정에서 화재가 발생해 6명(철거민과 전철연 회원 5명, 경찰 1명)이 사망하고, 23명이 부상을 당한 사건이다.

사건 발생의 배경과 과정을 살펴보면 다음과 같다. 사건이 발생한 용산4구역은 2006년 4월 서울시에 의해 도시환경정비사업 지역으로 지정되어, 기존 건물들을 철거하고 새 건물이 준공되면 최고 40층 주상복합 아파트 3개동과 업무용 빌딩 3개동이 들어설 예정이었다. 문제는 보상을 둘러싼 재개발조합과 세입자 간의 갈등이었다. 토지·건물 소유주로 구성된 재개발조합은 철거에 대한 보상으로 거주세입자에게는 이사비와 4개월분의 집세를, 상가세입자에게는 이사비와 3개월분의 휴업보상금을 제시하였다. 그러나 보상금은 다른 지역의 주택 혹은 상가를 임

PD수첩의 보도('미국산 쇠고기, 과연 광우병에서 안전한가')가 정운천 당시 농식품부 장관의 명예를 훼손했다는 것이 그 이유였다. 그러나 대법원은 2011년 9월 2일 'PD수첩' 제작진에게 무죄를 선고한 원심을 확정했다.

22) Frank La Rue. 2011. *Report of the Special Rapporteur on the promotion and protection of the right to freedom of opinion and expression*, 6.

23) 민주사회를 위한 변호사모임. 2009. 『2008 한국 인권보고서』, 396.

24) 전국철거민연합은 철거민의 정치적·사회적 지휘향상을 꾀하기 위한 전국연합체로서 1994년 6월에 결성되었다.

차하기에는 많이 부족한 액수였으며, 특히 상가세입자들의 경우 가게 권리금 및 인테리어 설치비용을 감안할 때 턱없이 낮은 액수였다.[25] 이에 항의하기 위해, 주택과 상가 세입자들은 2008년 3월 '철거민대책위원회'(대책위)를 결성하였다.

재개발조합과 시공사(삼성물산·대림산업·포스코건설)는 기한 내에 공사를 완료하기 위해 철거용역업체(호람건설·현암건설산업)와 계약을 체결하고, 2008년 11월부터 철거에 들어갔고 참사가 발생하기 전까지 전체 세입자 가운데 약 86%가 보상금을 받고 이사하였다. 하지만 남은 세입자 100여 명은 더 이상 물러설 데가 없는 사람들이었다. 대책위는 "임시상가를 설치하여 공사기간 동안 영업을 계속할 수 있게 해달라"는 것과 공사완료 이후에는 "신축 상가에 기존 세입자를 위한 임차 및 저렴한 임대상가를 만들어 영업을 계속할 수 있게 해달라"며 용산구청에 중재를 요청했지만, 아무런 성과를 얻지 못했다.[26] 용역업체의 지속적인 압박과 철거가 진행되자, 대책위는 추가 보상을 요구하며 점거농성에 들어갔다.

참사는 2009년 1월 20일 오전에 발생했다. 1월 19일, 철거민과 전철연 회원 등 30여 명이 철거 직전인 '남일당' 빌딩 옥상을 점거하고 농성에 들어갔다. 이들은 옥상에 망루를 짓고 철거 용역과 경찰에 맞서 화염병을 던지고 새총으로 쇠구슬을 쏘며 저항했고, 경찰은 건물을 봉쇄하고 물대포를 동원해 철거민들의 농성을 저지하려 했다. 경찰특공대과 용역업체 직원들의 농성진압이 시작된 것은 20일 오전 6시 30분경이었다. 경찰은 특공대를 태운 컨테이너를 건물 옥상으로 올려 보내 진압을 시도했고 철거민들은 이에 격렬히 저항했다. 이 과정에서 망루에 화재가 발생하여 철거민 5명과 경찰특공대원 1명이 목숨을 잃었다.

참사는 즉각적으로 사회적 공분을 불러왔다. 참사 다음날 80여 개의 시민단체가 참가한 '이명박 정권 용산 철거민 살인진압 범국민대책위원회'(범대위)가 꾸려졌다. 범대위는 용산참사를 "정권차원에서 주도된 경찰의 무리한 진압으로 발생한 참사"로 규정하고, "살인진압 규탄과 진상규명, 책임자 처벌"을 요구하였다. 2009년 1월 23일 많은 시민들이 참여한 가운데 '1차 범국민 추모대회'가 서울역 앞에서 개최되었고, 1월 31일에는 2차 추모대회가, 2월 7일에는 3차 추모대회가, 2월 14일에는 4차 추모대회가, 2월 21일에는 5차 추모대회가, 2월 28일에는 6차 추모대회가 개최되었다. 범국민 추모대회와 함께 2009년 2월에는 매일 저녁 7시

25) 서울특별시. 2017.『2017 용산참사백서: 용산참사, 기억과 성찰』, 59~63.
26) 서울특별시. 2017.『2017 용산참사백서: 용산참사, 기억과 성찰』, 83.

에 청계광장에서 촛불추모제가 개최되었다.[27] 이후에도 종교계의 시국기도회와 법회, 문화예술인들의 시국선언 등이 계속되었는데, 이들은 용산참사를 국가에 의한 인권침해로 규정하고 다양한 활동을 전개했다.[28]

용산참사는 사회적 약자의 희생을 강요하는 정부의 도시재개발사업이 야기한 비극이었다. 이명박 서울시장(2002년 7월~2006년 6월) 시절, 저소득층의 주거환경 개선이라는 명분으로 시작된 뉴타운 사업은 '집값 폭등'을 부추겨 원주민에게는 타지로의 이주와 생계 수단의 상실을 야기하였고, 토지소유자와 건설사에게 막대한 이익을 안겨주었다. 즉 용산참사의 본질은 정부의 도시재개발 사업으로 삶의 터전을 잃고 쫓겨나게 된 철거민들의 항의 시위를 경찰이 강경한 진압을 하는 과정에서 발생한 참극이었다.[29] 달리 표현하면, 용산참사는 법을 앞세운 국가폭력, 사회적 약자를 쫓아내는 잘못된 도시정책, 인간보다 물질을 우선시하는 위정자들의 가치관 등이 응축된 사건이었으며,[30] "모든 국민은 인간으로서의 존엄과 가치를 가지며, 행복을 추구할 권리를 가진다. 국가는 개인이 가지는 불가침의 기본적 인권을 확인하고 이를 보장할 의무를 진다"는 헌법 제10조를 정면으로 위배한 사건이었다.

3. 언론통제와 미디어 관련법 개정

이명박 정부의 출범과 더불어, 권력의 '언론통제' 혹은 '언론장악' 논란이 끊이지 않고 제기되었다. 정부에 불리한 신문기사와 방송프로그램에 대한 누락·결방 압력, 언론사와 유관단체의 낙하산 인사, 특정 프로그램 제작진 및 진행자에 대한 인사압력 등이 그것으로, 이러한 일련의 시도들이 언론자유를 훼손하고 국민의 알 권리를 중대하게 침해하고 있다는 지적이 잇따랐다.

언론통제의 논란은 참여정부 시절 임명되었었던 KBS 사장(정연주)에 대한

27) 서울특별시. 2017. 『2017 용산참사백서: 용산참사, 기억과 성찰』, 112~117.
28) 서울특별시. 2017. 『2017 용산참사백서: 용산참사, 기억과 성찰』, 125~141.
29) 그럼에도 불구하고, 2009년 2월 서울중앙지검은 특수공무집행방해 치사상과 특수공무집행 방해 혐의로 농성자 5명을 구속 기소했으며, 나머지 농성자 15명과 용역업체 직원 7명을 불구속 기소했다. 하지만 검찰은 무리하게 진압에 나섰던 서울지방경찰청 소속 특공대에 대해선 참사로 이어진 화재에 직접 책임이 없고 작전이 적법했다며 무혐의 처분했다.
30) 이원섭. 2011. "용산참사 보도를 통해 본 언론의 자의적 보도 행태: 동아일보, 한겨레신문, 한국일보의 취재원 활용 양태 분석." 『민주주의와 인권』 11권 3호, 170.

조기사퇴 압박을 둘러싸고 본격화되었다. 정부와 한나라당은 최시중 방송통신위원장, 친여성향 KBS 이사, 교육부, 사립학교까지 동원해 '정연주 축출'에 나섰고, 이에 반대하는 KBS 이사들에 대해서 전방위적 사퇴압력을 가했다.[31] 그 결과, 2008년 8월 8일 개최된 KBS 임시이사회에서 제청안 상정에 반대해온 이사 4명이 퇴장한 가운데 나머지 이사 6명의 전원 찬성으로 정 사장의 해임 제청안이 가결되었다. 그리고 8월 11일 대통령은 전격적으로 정 사장을 해임하고, 8월 26일 보수 인사인 이병순을 KBS 사장에 임명했다.

KBS 사장이 교체되자, 이명박 정부에 비우호적인 방송인·제작진·프로그램 진행자들이 차례로 교체되거나 출연 금지되었고, 비판적인 방송 프로그램이 폐지되었다. 대표적으로 촛불집회에 참여했던 가수 윤도현이 진행하던 '윤도현의 러브레터'가 폐지되었고, KBS '심야토론' 진행자인 정관용이 퇴출되었다. 뿐만 아니라, 한나라당과 보수언론을 비판했던 '시사투나잇'과 '미디어 포커스' 프로그램이 강제 폐지되었다.[32]

KBS에 이어, 최초의 24시간 뉴스채널로 각광받던 YTN도 언론통제의 대상이 되었다. 7월 17일, YTN 사장이 대통령의 측근인 구본홍으로 교체되었다. 그리고 10월 7일, 당시 정부와 정치인들에 대한 패러디로 인기를 끌던 YTN의 '돌발영상'이 강제 중단되었고, 프로그램 제작진 2인이 각각 해고와 정직의 중징계를 받았다.[33] 또한 MBC와 EBS도 예외가 아니었는데, 광우병의 위험성을 다룬 '17년 후'를 방영한 EBS 지식채널의 PD, 그리고 정부에 비판적이던 MBC '백분토론'의 진행자 등이 교체 혹은 출연 금지되었다.[34]

이명박 정부의 언론통제는 '미디어 관련법안'(방송법·신문법·인터넷 멀티미디어 방송사업법)의 변칙적 개정으로 절정을 이루었다. 2009년 7월 22일, 국회의장 직권으로 본회의에 상정된 '미디어 관련법안'이 변칙적으로 국회 본회의를 통과했다. 본회의 표결처리 과정에서 법안을 통과시키려는 여당의원과 이를 저지하

31) 예컨대, KBS 이사인 신태섭 동의대 교수는 5월 13일 동의대 총장으로부터 KBS 이사직 사퇴를 종용받았고, 이를 거부하자 인사위원회에 회부됐다. 사퇴 종용의 이유는 KBS 이사회 활동에 대한 대학의 동의를 구하지 않았고 이사회 참석으로 무단결근했다는 것이었다. 이러한 동의대의 행태는 교육과학기술부의 감사 압력 때문인 것으로 알려졌다.

32) 『한겨레』, 2008년 11월 5일.

33) 『오마이뉴스』, 2008년 10월 20일.

34) 강준만·김환표. 2017. 『약탈정치: 이명박·박근혜 정권 10년의 기록』. 서울: 인물과 사상사, 117~119.

려는 야당의원들 간의 몸싸움이 발생하였는데, 이는 "전면적 신체접촉 스포츠"(a full-contact sport)에 비유될 정도로 격렬하였다.[35)]

정부와 한나라당의 법개정 취지는 매체 간 융합이라는 미디어 환경변화에 직면하여 미디어 산업의 경쟁력 강화와 시장 활성화가 절대적으로 필요하며, 이를 위해서는 미디어 관련 각종 규제를 완화하여 미디어 산업을 선진화해야 한다는 것이었다. 이에 대해, 야당은 미디어 관련법 개정안이 미디어의 독점, 언론의 다양성 및 공공성의 훼손을 초래함으로써 언론의 자유를 침해하고 민주주의를 저해할 수 있다는 주장으로 맞섰다.

변칙적으로 개정된 미디어 관련법의 핵심 내용은 그간 금지되었던 이종(異種) 미디어 간의 교차소유 허용과 겸영이었다. 방송법은 대기업과 신문이 지상파 방송과 종합편성·보도전문 케이블 채널을 소유할 수 있도록 조건을 완화하였고, 신문법은 일간신문과 뉴스통신사의 상호 겸영 금지를 폐지하고 지상파·종합편성·보도전문 방송의 겸영을 허용하였으며, 인터넷 멀티미디어 방송사업법(IPTV법)은 대기업·신문·통신사가 IPTV에서의 종합편성과 보도전문 프로그램 공급자에 대한 지분소유를 30%까지 허용했다.[36)]

이명박 정부의 언론통제는 당시 정치적 상황과 밀접한 관련을 지니면서 진행되었다. 참여정부 시절 시민사회의 공론장으로 급속히 성장한 인터넷 공간이 정치적으로 진보적인 성향을 보이고 있었다는 점, 그리고 KBS와 YTN 등 언론기관이 정부 비판적 성향을 보였다는 점에서,[37)] 이명박 정부는 미디어 시장의 이념적 재편성을 절감하고 있었다. 뿐만 아니라, 한반도 대운하와 같은 선거공약이 여론의 반대에 부딪치고 난항을 겪으면서 우호적인 여론형성을 위한 언론의 협조를 필요로 하고 있었다. 문제는 이명박 정부가 언론의 협조를 이끌어 내는 방식이었다.

이명박 정부가 선택한 방식은 주요 언론사 경영진의 교체, 제작진에 대한 압력, 그리고 법 개정을 통해 "스스로 알아서 정부 비판적인 방송이나 기사를 작성

35) Joshua Keating. 2009. "The World's Most Unruly Parliaments," *Foreign Policy*, www.foreignpolcy.com/articles/2009/09/15/the_worlds_most_unruly_parliaments?page=full.

36) 강준만·김환표. 2017. 『약탈정치: 이명박·박근혜 정권 10년의 기록』, 110~111.

37) 이명박 정부는 참여정부 시절부터 사장을 지내온 정연주 KBS사장을 물러나게 하고 자신의 측근을 KBS사장에 임명하였다. 그 명분은 "KBS는 정부 산하기관으로서 새 정부의 국정철학을 구현해야 한다"는 것이었다. 김주언. 2009. 『한국의 언론통제』. 서울: 리북, 585.

하지 않도록 하는 것"으로 매우 위압적이고 일방적인 것이었다. 이에 대해, 국제기자연맹(International Federation of Journalists)은 한국정부의 언론탄압 및 언론장악 시도를 비판하면서 2008년 8월 5일 다음과 같은 성명을 발표하였다: "만약 한국이 과거와 같은 억압적인 언론정책으로 회귀한다면, 그것은 큰 재앙일 것이다. 우리는 한국정부가 언론사를 장악하려는 것을 멈추고, 한국 기자들의 사회적 정의와 언론자유를 위한 노력을 지원할 것을 요구한다."[38)]

요약하면, 언론사와 언론인들에 대해 이명박 정부가 행한 일련의 조치들은 보수 지배적인 언론환경의 조성이라는 정치적 의도가 담겨 있었다.[39)] 이 같은 이명박 정부의 시대착오적인 시도들은 언론의 자율성과 공공성을 심히 훼손시키는 결과를 초래하였다. 2009년 10월, '국경 없는 기자회'(Reporters Without Borders)의 평가에 의하면, 한국의 '언론자유지수'는 조사대상국 175개국 가운데 69위를 기록했다. 이는 참여정부 말기인 2007년의 39위에 비해 무려 30단계가 하락한 것이었다.[40)]

4. 민간인 불법사찰

2010년 6월, 국무총리실의 공직윤리지원관실이 민간인을 불법사찰했다는 의혹이 제기되었다. 의혹은 정부기관의 사찰로 고통을 받던 한 민간인이 MBC 'PD수첩'에 그 내용을 제보(2010년 5월)하고, 'PD수첩'이 이를 심층 취재하여 6월 29일 "MB정부는 왜 나를 사찰했나?"를 방영하면서 불거졌다.

그 내용은 충격적인 것이었다. 한 중소기업의 대표가 2008년 이명박 대통령을 비방하는 내용의 동영상(일명 '쥐코')을[41)] 개인 블로그에 올렸다는 이유로 공직윤리지원관실의 미행과 감시 그리고 내사를 받은 끝에 '대통령에 대한 명예훼손'과 '공금횡령' 혐의로 경찰에 넘겨져 조사를 받았으며, 이로 인해 회사 대표이사직을 그만두어야 했고 보유한 회사의 지분을 시세의 1/3인 헐값에 처분해야 했

38) 『경향신문』, 2008년 8월 6일.
39) 주인석·박병철. 2010. "'개정 미디어법'의 정치적 함의와 법적 문제점." 『한국시민윤리학회보』 23집 2호, 104.
40) 『시사In』, 2009년 10월 29일.
41) '쥐코'는 미국 의료정책을 비판한 영화 '식코'(Sicko)를 패러디한 것으로, 이명박 대통령의 BBK 및 전과(前科) 문제, 정부의 미국산 쇠고기 협상 문제, 의료민영화 정책 등에 대해 비판하는 내용으로 당시 180여만 명의 네티즌이 접속한 동영상이다.

다는 내용이었다.

공직윤리지원관실의 사찰은 명백한 불법이었다. 왜냐하면, 공직윤리지원관실은 공무원을 대상으로 한 조사활동만 실시할 수 있기 때문이었다. 의혹은 여기에 그치지 않았다. 청와대가 국무총리실 공직윤리지원관실에 '민간인 사찰'을 직접 지시하고 보고를 받았다는 의혹이 그것이다.

비판 여론이 쏟아지자 국무총리실은 2010년 7월 대검찰청에 사건에 대한 수사를 의뢰했다. 하지만 검찰의 약 2달에 걸친 수사결과는 초라했다. 검찰은 '공금횡령'에 대해서는 무혐의, '대통령에 대한 명예훼손'에 대해서는 기소유예처분을 내렸다. 또한 청와대 민정수석실과 법무비서관실이 개입했다는 의혹은 끝내 밝혀내지 못한 채, 이인규 국무총리실 공직윤리지원관만을 구속·기소하는 데 그쳤다. 민간인 사찰 자체가 사실 국무총리실 소속 지원관 한 명이 단독으로 지시했다는 수사결과는 상식적으로 납득하기 어려운 것이었다. 당시 검찰 수사결과에 대해 '꼬리 자르기'라는 비판이 제기되었다.[42]

이 사건은 국무총리실의 공직윤리지원관실이 민간인을 불법적으로 내사하고 국민의 재산권까지 심각하게 침해한 범죄행위로, 정부 스스로가 민주주의의 근간인 '법치주의'(rule of law)를 어긴 사건이었다.

제3절 '경제 살리기'와 재분배 압력

이명박 정부의 경제정책은 신자유주의 정책패러다임에 입각한 것으로, '비즈니스 프렌들리'와 '노사관계 경쟁력 강화'로 구체화되었다. 그러나 이명박 정부의 경제정책은, 애초 이명박 정부가 약속한 '747공약'과 달리, 저조한 경제성장과 경제 불평등의 심화를 가져왔다.

42) PD수첩 제작진. 2012. 『응답하라! PD수첩』. 파주: 문학동네, 152~174.

1. 신자유주의 경제정책

(1) 기업정책: 비즈니스 프렌들리

이명박 정부의 경제정책기조는 '경제성장'을 통한 '분배'였다. 이는 공급주의 경제학(supply-side economics)에 기초한 것으로 규제완화와 감세를 통해 기업투자를 유인하고, 이를 바탕으로 일자리 및 소득 증가를 꾀하여 내수경제를 회복시킴으로써 성장 및 투자 증가의 선순환을 달성하며, 이러한 선순환을 통해 성장의 과실이 서민과 중산층에게 자연스럽게 이어지게 한다는 경제성장 전략이었다. 달리 표현하면, 기업들의 투자가 이루어져야 일자리가 창출되고, 일자리가 창출되어야 소득향상과 내수회복이 가능하다는 정책기조였다.[43)]

이러한 성장 중심의 정책기조는 이명박 정부의 출범 이전부터 공표되었다. 이명박 당선자는 2007년 12월 28일 전경련 회장단과의 간담회를 시작으로, 2008년 1월 2일에 민·관 경제연구기관 대표 초청간담회, 1월 3일에 중소기업인 초청간담회, 1월 9일에 전국금융인 간담회, 1월 11일에 전국상공회의소 회장단 신년인사회, 1월 18일에 '신성장 동력 창출 전문가 간담회' 등을 연달아 개최하였다. 경제인들과의 간담회를 통해, 그는 지난 10년간의 정부정책이 "반시장적, 반기업적"이었음을 지적하면서, 자신은 '비즈니스 프렌들리'(business friendly)한 기업환경을 적극적으로 조성할 것임을 강조하였다. 그리고 기업인들에게 과감한 투자를 요청하였다.[44)] 요컨대, 그가 주창하는 '비즈니스 프렌들리'는 "경제성장을 이끄는 것은 기업이고, 기업이 잘 되면 국민이 잘 살게 된다"는 인식에 기초한 것으로, 기업 친화적인 사회 환경을 적극적으로 조성해 가겠다는 것이었다.

친기업적 사회 환경의 조성을 위한 구체적인 정책안들이 제안된 것은 2008년 2월 5일 발표된 '이명박 정부의 국정과제 보고서'였다. 그 주요 내용은 공기업 민영화, 법인세 인하, 출자총액제한제도의 폐지, 금산분리의 완화 등으로, 친기업적이며 시장효율성 제고를 위한 조치들이었다.[45)] 이에 따라, 이명박 정부는 2008

43) 김용철. 2017.『한국의 노동정치: 변화와 동학』, 327.

44) 제17대 대통령직인수위원회. 2008.『제17대 대통령직인수위원회 백서 2: 성공 그리고 나눔』, 267.

45) 법인세란 주식회사와 같은 법인 형태의 사업자에게 부과하는 일종의 사업소득세를 뜻하며, 출자총액제한제도란 대기업이 회사자금으로 다른 회사의 주식을 매입하여 보유할 수 있는 총액을 제한하는 제도이다. 그리고 금산분리정책은 산업자본의 금융지배를 규제하기 위한 정책을 의미한다.

년에 과표 2억원 이하 기업의 법인세 최저한세율을 기존 13%에서 11%로 인하하였고, 2009년에는 과표 2억원 초과 기업의 법인세 최고세율을 기존 25%에서 22%로 내렸으며, 2010년에는 법인세 최저한세율을 추가로 1% 낮췄다.[46] 나아가, 2009년 3월에는 출자총액제한제도를 폐지하였고, 2009년 4월과 7월에 각각 은행법과 지주회사법을 개정하여 금산분리를 완화하였다.[47] 이와 더불어, 공기업 민영화를 위해 2008년 8월~2009년 3월 사이에 총 6차례에 걸쳐 일련의 '공기업의 선진화 방안'을 내놓았으며, 각종 규제를 완화하기 위해 '규제일몰제'를 확대 적용하였고, 양도소득세 인하 및 종합부동산세 감면 등 세금인하정책이 집행되었다.

(2) 노동정책: 노사관계 선진화

이명박 정부의 노동정책은 친기업 정책을 뒷받침하는 부차적인 성격을 지닌 것으로, '경제 살리기'를 통한 '일자리 만들기'에 초점이 맞춰졌다. 이에 따라, 노동정책의 기본 방향은 노동시장의 유연성 제고와 투자환경의 개선을 위한 '노사관계 경쟁력 강화'로 설정되었고, 기업경영을 위협하는 '불합리한' 노사관계 관행의 타파 및 기업 경영권의 보장을 위한 새로운 법제도적 환경의 조성을 통한 자본 우위의 노사관계의 확립이 주요 정책의제로 채택되었다.

이명박 정부의 구체적인 노동정책이 발표된 것은 2008년 5월의 '노동시장제도의 선진화방안'이었다. 그 주요 내용은 대체로 5가지로 요약되었다: ① 노사관계의 법치화를 확립하기 위해 정부부처 간 일관된 대응시스템을 마련하고, 무노동·무임금 원칙을 준수한 사업장에 정책적 지원방안을 검토한다; ② '선진형 노사관계'의 기틀을 마련하기 위해 노조전임자 급여지원 금지규정을 법제화하고, 복수노조 교섭창구 단일화 방안을 조속히 마련하며, 파업시 대체근로 금지규정을 완화하고, 유니온숍(Union Shop) 제도의 폐지 및 노조운영의 민주성·투명성 제고 방안 등을 검토한다; ③ 고용안정과 임금체계 간의 연계를 위한 취업규칙 불이익 변경 법제를 개선한다; ④ 일자리 창출을 위해 기간제 및 파견근로의 유연안정화 방안을 강구한다; ⑤ 글로벌 노동환경을 고려하여 탄력적 근로시간제를 도입하며, 유급 주휴일제를 무급제로의 전환을 검토한다.[48]

---

46) 『오마이뉴스』, 2016년 4월 25일.
47) 김용철. 2017. 『한국의 노동정치: 변화와 동학』, 323~324.
48) 김용철. 2017. 『한국의 노동정치: 변화와 동학』, 327.

이에 따라, 이명박 정부의 '노사관계 선진화'는 다방면에 걸쳐 동시다발적으로 시도되었다.[49] 먼저 공공부문 노사관계 재편을 위해 정부는 공공부문 노조들의 인사권 및 경영권 침해, 과도한 보수체계, 경직된 근로조건 규정 등 이른바 '불합리한 단체협약 체결 관행'을 해소한다는 명목으로 다양한 관료적 통제를 통한 소프트웨어적 구조개편을 추진하였다. 이 과정에서 정부는 공공기관 경영평가제도를 도입하여 기관장들에게 공공기관의 선진화를 압박하였고, 해당 기관장들은 일방적인 단체협약 해지를 통해 성과연봉제 및 대졸 초임의 삭감 등 새로운 임금체계 및 근로조건을 강요하고 노조의 무력화를 시도하였다.

또한 노사관계의 권력관계를 사용자에게 유리하게 만드는 법개정이 시도되었다. 정부와 여당은 2010년 1월 노동조합법을 개정하여, 사업장 수준에서 복수노조의 전면허용과 교섭비용의 최소화를 위한 복수노조 교섭창구의 단일화를 2011년 7월부터 시행하게 하였다. 아울러 노동조합 간부의 축소를 강제하는 노조전임자 임금지급 금지 및 타임오프제(근로시간면제제도)를 도입하여 2010년 7월부터 시행토록 하였다.[50] 나아가 이명박 정부는 기간제 및 파견노동자의 사용기간을 기존 2년에서 4년으로 연장하는 것을 골자로 하는 비정규직법('기간제 및 단시간 근로자 보호 등에 관한 법률'과 '파견근로자 보호 등에 관한 법률')의 개정을 시도하였다. 그러나 비정규직법 개정 시도는 노동계의 반대와 부정적 사회여론으로 인해 무산되었다.

(3) 신자유주의적 경제정책의 결과

이명박 정부의 성장정책은 2008년 하반기의 국제금융위기 여파와 기업들의 투자 부진으로 그 추동력을 급속히 상실해 갔다. 이른바 '747공약'은 정치적 레토릭(rhetoric)에 불과한 것임이 드러났고, 투자 부진과 내수 침체로 한국경제는 이

49) 김용철. 2017. 『한국의 노동정치: 변화와 동학』, 329~345.

50) '근로시간면제 심의위원회'는 타임오프 한도를 조합원 규모별로 11개 구간으로 나눠 전임자 1인당 연간 2,000시간을 기준으로 최저 0.5명에서 최대 24명까지 부여했다. 구체적으로, 구간별 전임자 수는 노조원수 50인 미만인 사업장에 0.5명, 50~99인 사업장에 1명, 100~199인 사업장에 1.5명, 200~299인 사업장에 2명, 300~499인 사업장에 2.5명, 500~999인 사업장에 3명, 1,000~2,999인 사업장에 5명, 3,000~4,999인 사업장에 7명, 5,000~9,999인 사업장에 11명, 10,000~14,999인 사업장에 14명 등이다. 또 15,000인 이상 사업장은 2012년 6월까지 전임자 14명에 노조원 3,000명당 1명씩 전임자를 추가해 최대 24명까지 허용하되, 2012년 7월부터는 최대 18명까지만 둘 수 있도록 했다.

른바 '저성장' 시대로 빠르게 접어들었다.

우선 성장정책의 일환으로 제시된 규제완화, 금산분리, 감세정책 등의 성장 촉진 효과는 거의 나타나지 않았다. 감세 혜택의 제공에도 불구하고, 기업들의 투자는 지지부진했다. 기업들의 투자규모를 나타내는 민간부분 총고정자본형성 통계를 살펴보면, 2009~2012년 사이의 4년간 투자규모는 53.7조원 늘어났는데, 이는 직전 4년간(2005~2008년)의 투자증가 규모인 64.7조원보다 11조원이 적은 규모였다.[51] 반면, 코스피와 코스닥 상장사 1,300개 기업의 사내유보금의 전년 대비 증가액은 2009년의 45조원에서 2010년에 113조원, 그리고 2011년에 657조원으로 3년 연속 큰 폭으로 늘었다.[52] 이는 법인세 인하에 따른 사내유보금 증가가 경제적 부가가치를 창출하는 생산 활동에 투자되지 않고, 비생산적인 자산의 형태로 보유되고 있음을 암시한다. 뿐만 아니라, 감세 혜택에 따른 고용 효과도 나타나지 않았다. 고용률은 2008년에 59.8%, 2009년에 58.8%, 2010년에 58.9%로 제자리걸음을 하다가, 2011년에 59.3%와 2012년에 59.6%로 약간 올랐지만 여전히 2006년의 60.0%와 2007년의 60.1%보다 낮았다.[53]

투자의 부진은 고용의 질을 악화시켰다. 기업의 설비투자 부진과 비정규직의 증가로 제조업 분야의 1인당 실질노동생산성 증가율은 2003~2007년의 연평균 8.5%에서 2008~2012년의 4.6%로 하락했다. 반면, 제조업(5인 이상 사업체) 분야의 실질임금 상승률은 같은 기간 동안에 4.6%(2003~2007년)에서 0.8%(2008~2012년)로 크게 낮아지면서 노동생산성 증가율 감소보다 더 큰 폭으로 둔화했다.[54]

그 결과는 경제적 불평등의 심화였다. 이는 기본적으로 경제성장률 둔화에 따른 일시적인 현상이기보다는 시장논리의 강화로 인해 임금소득의 급격한 양극화에 그 원인이 있었다. <표 13-2>는 김대중(1998~2002년), 노무현(2003~2007년), 이명박(2008~2012년) 정부의 소득불평등 지수의 평균값을 나타낸 것이다. 이에 의하면, 소득불평등은 이명박 정부에 들어 더욱 심화되었다. 구체적으로, 김대중 정부 동안 평균 0.279를 기록했던 지니계수(가처분소득 기준)가 노무현 정부하에서 0.281로 상승했고, 이는 다시 이명박 정부에 들어서 0.290으로 올랐다. 또

51) 한국은행 경제통계시스템, http://ecos.bok.or.kr(검색일 2018년 1월 20일).
52) 『조세일보』, 2015년 10월 18일.
53) 한국은행 경제통계시스템, http://ecos.bok.or.kr(검색일 2018년 1월 20일).
54) 한국노동연구원. 2016. 『2016 KLI 노동통계』, 57과 85.

표 13-2 정부별 경제성장률과 소득분배 추이

	김대중 정부 (1998~2002)	노무현 정부 (2003~2007)	이명박 정부 (2008~2012)
경제성장률(GDP)	5.3%	4.5%	3.2%
지니계수	0.279	0.281	0.290
5분위 배율	4.37	4.53	4.83
상대적 빈곤율	10.3%	11.7%	12.5%

출처: 한국노동연구원. 2016. 『2016 KLI 노동통계』.

한 최하위 20% 가구의 소득점유율 대비 최상위 20% 가구의 소득점유율을 나타내는 5분위배율(가처분소득 기준) 역시 김대중 정부에서 평균 4.37배였던 것이 노무현 정부에서는 4.53배로 상승했고, 이명박 정부에 들어 다시 4.83배로 늘어났다. 소득불평등이 심화됨에 따라, 중위소득의 50% 미만인 가구 비율을 의미하는 상대적 빈곤율(가처분소득 기준)은 김대중 정부 시절의 10.3%에서 노무현 정부 시기에는 11.7%로 증가하였고, 이명박 정부하에서는 12.5%로 높아졌다.

2. 제5회 지방선거: 사회복지 의제의 등장

2010년 6월 2일 치러진 제5회 지방선거는 처음으로 교육의원과 교육감을 함께 선출하는 선거로, 유권자들은 총 8번의 투표(광역단체장, 기초단체장, 지역구 및 비례대표 광역의원, 지역구 및 비례대표 기초의원, 교육감, 교육의원)를 하는 선거였다. 또한 이번 지방선거는 한편으로 촛불집회, 용산참사, 노무현 전 대통령의 서거,[55] 미디어 관련법의 변칙적 개정 등 일련의 사건들로 인해 정부와 여당에

55) 노무현은 대통령 퇴임 후인 2008~2009년 친형 노건평 등 친인척 비리로 검찰의 조사를 받다가 2009년 5월 23일 봉하마을 사저 뒷산의 부엉이 바위에서 투신하였다. 그가 스스로 죽음을 선택한 배경은 다음과 같다. 그 출발점은 2008년 7월, 국세청이 노 전 대통령의 후원자였던 박연차의 '태광실업'을 세무조사와 함께 검찰에 고발한 이른바 '박연차 게이트'였다. 검찰은 박연차가 노 전 대통령에게 건낸 15억원에 대해 수사를 벌였으나, 노무현 전 대통령 측에서 차용증을 제시하였고 사저 신축비 용도로 빌린 개인 간의 금전 거래로 판단되어 이 건은 무혐의 종결되었다. 이후 검찰은 박연차가 권양숙 여사에게 건낸 100만 달러를 포함한 총 640만 달러에 대해 수사하였고, 이 과정에서 검찰은 노 대통령에 대한 망신주기 공작의 일환으로 수사상황을 수시로 언론에 유출하였다. 심지어 국정원이 나서서 이른바 '논두렁 시계'("권양숙 여사가 박연차로부

불리하게 작용할 것이라는 예상과, 다른 한편으로 '천안함 사건'의 발생(3월 26일)으로 안보이슈가 선거의 핵심 쟁점으로 부상되어 정부와 여당에 유리한 선거환경이 조성될 것이라는 기대가 교차되는 가운데 치러졌다. 그러나 일반의 예상과 달리, 유권자들에게 상대적으로 가장 큰 영향을 미친 것은 천안함 침몰 사건이나 노 전 대통령 1주기 같은 '정치적' 이슈가 아니었다. 그것은 초·중학교 무상급식 및 4대강 사업과 같은 '생활정치' 이슈였다.[56] 특히, 사회복지와 무상급식과 같은 '재분배' 이슈가 선거정치의 주요 의제로 부상한 것은 이번 지방선거가 처음이었다.

이와 관련하여 정당별 공약을 살펴보면, 다음과 같다. 먼저 일자리와 관련하여 한나라당은 30만 개의 일자리 창출과 지역 실정에 맞는 특화사업의 지원을 발표했다. 민주당은 100만 개 일자리 창출, 비정규직과 중소 및 자영업자 지원 강화를 공약하였다. 자유선진당은 중소기업이 청년을 정규직으로 채용하면 3년간 1인당 최저 임금의 35%를 세액 공제하겠다는 '최초고용제도'를 내세웠다. 둘째, 복지 및 무상급식 공약에서 한나라당은 저소득층과 농어촌 학생 197만 명을 대상으로 무상급식 제공, 고소득층 30%를 제외한 0~5세 아동에 대한 무상보육, 30만원의 임신·출산 진료비를 50만원으로 확대 지원을 공약하였다. 야권연합은 초중고 학생에게 무상급식, 0~5세 영유아의 무상 보육과 교육을 주장했다. 셋째, 4대강, 세종시 및 안보 관련 공약에서 한나라당은 세종시 수정안, 4대강 사업의 계속 추진을 발표했다. 야권연합은 세종시의 원안 추진, 4대강 사업의 전면 철회, 천안함 사건에 대한 진상조사 등을 내세웠다.[57]

선거결과는 민주당의 선전과 한나라당의 완패로, 지방권력의 교체 현상이 나타났다. 우선 16명을 선출하는 광역단체장의 경우, 한나라당이 6명(서울, 부산, 대구, 울산, 경기, 경북), 민주당이 7명(인천, 광주, 강원, 충남, 충북, 전남, 전북), 자유선진당이 1명(대전), 무소속이 2명(경남, 제주)이 당선되었다. 그리고 228명을 선

터 받은 명품시계를 노 전 대통령이 봉하 마을 논두렁에 버렸다") 등 허위사실을 언론에 흘리기도 하였다. 언론보도는 노 대통령 자신이 평생을 두고 지켜온 도덕적 가치관이자 정치적 자산인 '원칙과 상식'에 치명적인 타격을 주었고, 결국 엄청난 심적 압박과 스트레스를 견디지 못하고 그는 5월 23일 62세로 서거하였다. 야권에서는 이를 검찰과 언론의 합작에 의한 '정치적 타살'로 규정하였다. 노 전 대통령의 장례는 '국민장'으로 거행됐으며, 전국의 시·도에 분향소가 설치되었다. 노무현 전 대통령의 서거 이후, 전국적인 추모 분위기가 확산되면서 이명박 정부와 검찰은 정치권과 국민의 비난을 받았다.

56) 강원택. 2010. "천안함 사건은 지방선거의 변수였나?" 『EAI 오피니언 리뷰』 6, 1~9.

57) 『동아일보』, 2010년 6월 2일.

표 13-3 제5회 지방선거의 정당별 당선자 수

구 분		한나라당	민주당	자유선진당	민주노동당	창조한국당	진보신당	국민중심연합	국민참여당	미래연합	친박연합	무소속
광역단체장 (16명)		6	7	1	0	0	0	0	0	0	0	2
기초단체장 (228명)		82	92	13	3	0	0	1	0	1	0	36
광역의원	지역 (680명)	252	328	38	18	0	3	0	3	1	1	36
	비례 (81명)	36	32	3	6	0	0	0	2	0	2	-
기초의원	지역 (2,512명)	1,087	871	95	90	1	22	2	17	10	12	305
	비례 (376명)	160	154	22	25	0	0	0	7	1	7	-

출처: 중앙선거관리위원회. 2010. 『제5회 전국동시지방선거총람』, 160.

출하는 기초단체장의 경우, 한나라당은 82명, 민주당은 92명, 자유선진당은 13명, 민주노동당은 3명의 당선자를 배출하였고, 무소속 후보 36명이 당선되었다.

지역구 680명과 비례대표 81명 등 총 761명의 시·도의원을 선출하는 광역의원의 경우, 한나라당 288명, 민주당 360명, 자유선진당 41명, 민주노동당 24명, 국민참여당 5명, 진보신당 3명, 친박연대 3명, 미래연합 1명의 당선자를 배출했으며, 무소속 후보 36명이 당선되었다. 또한 지역구 2,512명과 비례대표 376명 등 총 2,888명을 선출하는 기초의원의 경우, 한나라당 1,247명, 민주당 1,025명, 자유선진당 117명, 민주노동당 115명, 무소속 후보 305명이 당선되었고, 창조한국당·진보신당·국민중심연합·미래연합·친박연대에서 79명의 당선자를 배출하였다.

제 4 절 남북관계의 경색

이명박 정부는 상호주의 원칙에 기초한 대북정책을 추진하였다. 하지만 북한의 연이은 도발에 대응한 정부의 대북 강경책으로, 남북관계는 경색국면으로 치달았다.

1. '상생과 공영'의 대북정책

이명박 대통령은 김대중·노무현 정부의 남북 교류·협력 노선을 비판하고, 대신 상호주의 원칙에 기초한 남북관계를 주창하였다. 이는 이미 2007년 대선 과정에서 구체화되었는데, 이명박 후보의 '비핵·개방·3000 구상'이 그것이다. 이 구상은 북핵문제와 남북관계를 연계한 것으로, 북핵문제의 진전에 따라 단계적으로 경제, 교육, 재정, 인프라, 생활향상 등 5개 분야의 프로젝트를 추진해 10년 내에 북한 주민의 1인당 국민소득이 3,000달러에 도달할 수 있도록 한국정부가 적극 지원한다는 내용이었다.[58] 요컨대, 이명박 정부의 대북정책 요체는 한반도 평화와 안정을 위해 북한 비핵화를 국제사회와의 긴밀한 협조 속에서 추진하고, 북한의 무력도발에 단호히 대응한다는 것이었다.

문제는 북한의 비핵화 쟁점을 다루었던 6자회담이 난관에 봉착하였다는 점이다. 2002년 10월 북한이 '우라늄농축프로그램'의 존재를 시인하면서 불거진 이른바 '제2차 북핵 위기'가 발생하자, 이 문제를 해결하기 위해 한국·북한·미국·중국·러시아·일본 등 6개국이 2003년 8월 27일 중국 베이징에서 제1차 6자회담을 개최하였다. 한·미·일은 북한 핵의 완전한 폐기를 목표로 이 회의에 참가하였다. 제2차 회담(2004년 2월 25일), 제3차 회담(2004년 6월 23일) 등 3차례의 6자회담은 상대방의 입장을 확인하는 수준이었다.[59] 이후 2005년 7월 26일 제4차 회담이 열렸지만 미국과 북한 간 핵폐기 범위와 경수로 문제에 대한 미합의로 회의는 휴회되었다.

---

58) 한나라당. 2007.『일류국가 희망공동체 대한민국』. 서울: 북마크, 193.

59) '선 핵포기－후 보상'을 주장하는 미국의 입장과, '핵 동결－불가침조약－경제지원'을 고수하는 북한의 입장이 평행선을 그으면서 타협점을 찾지 못하고 종료되었다.

6자회담이 어느 정도 성과를 내기 시작한 것은 2005년 9월 13일 제4차 회담 2단계 회의였다. 이 회의에서 북한이 핵을 포기하는 대가로 북한의 체제안전을 보장하고 국제사회가 경제적 지원을 제공한다는 내용의 '9·19 공동성명'이 발표되었다.[60] 제5차 회담은 세 차례에 걸쳐 진행되었고(1단계 2005년 11월 9일~11일; 2단계 2006년 12월 18일~22일; 3단계 2007년 2월 8~13일),[61] 제6차 회담은 1단계(2007년 3월 19~22일)와 2단계(2007년 9월 27~30일)로 나누어 개최되었다.[62] 그리고 6차회담 제2단계 회의에서 2007년 말까지 북한 핵시설 불능화와 핵 프로그램 신고, 미국의 테러지원국 명단에서 북한 삭제 및 적성국무역법에 따른 제재 해제, 5개국의 중유 100만 톤 지원을 골자로 한 '10·3 합의'가 공표되었다. 그러나 합의 내용은 북한의 핵 프로그램 신고 대상에 핵무기와 고농축우라늄이 포함되는지의 여부가 명확하지 않았으며, 신고이행과 경제지원 간의 선후 관계도 불분명했다. 따라서 북한과 미국은 합의사항의 이행을 놓고 상대방에게 책임을 전가하면서 2008년 12월 수석대표 회의를 마지막으로 6자회담은 중단되었다.

이명박의 '비핵·개방·3000 구상'은 6자회담에서 도출된 '10·3 합의'의 이행을 전제로 마련된 대선 공약이었다. 그러나 6자회담에서 북한 핵문제와 관련하여 협상이 진전되지 못했으며, 북한의 핵 불능화의 지연에 따라 이 공약의 가동여건이 형성되지 못하였다. 따라서 이명박 정부는 '비핵·개방·3000 구상'에 기초한 대북정책을 출범 5개월 만에 '상생과 공영'의 대북정책으로 재조정해야 했다.

정부의 '상생과 공영'정책의 최종적 목표는 남북관계 발전을 통해 한반도 평화통일의 실질적 기반을 구축하는 것이었다. 즉 한반도 비핵화와 평화정착, 그리고 북한의 경제자립과 남북경제공동체 형성을 통해 평화통일의 토대를 확충하는

60) 김창희. 2006. 『북한 정치사회의 이해』. 서울: 법문사, 343~358.

61) 1단계 회의에서 6개국은 공동성명의 조속한 이행을 천명하였다. 그러나 회담이 진행 중인 상황에서 2005년 방코델타아시아(BDA) 은행계좌를 통해 북핵 관련 송금이 적발되자, 미국은 북한계좌에 대해 동결과 거래 중단의 제재를 취하였다. 이에 북한은 2006년 10월 9일 제1차 핵실험을 강행하였다. 2단계 회의는 미국이 북한의 핵 폐기 이행조치를 요구한 반면, 북한은 제재의 해제와 '9·19 공동성명'의 이행을 주장하면서 결렬되었다. 3단계 회의 결과, 북한의 핵시설 폐쇄와 불능화, 북한의 핵 프로그램 신고와 이에 상응하는 5개국의 에너지 100만 톤 지원, 북한의 테러지원국 지정 해제 등을 담고 있는 '2·13 합의'를 이끌어 냈다.

62) 1단계 회의는 북·미 및 북·일 관계정상화, 경제와 에너지 협력, 동북아 평화안보체제, 한반도 비핵화 등 5개 의제를 다루었다. 이의 후속조치로 북한은 국제원자력기구 관계자의 북한방문 허용, 영변 5MW 원자료 동결을 실행하였다. 그리고 제2단계 회의에서 '10·3 합의'가 발표되었다. 통일부 통일교육원. 2008. 『2008 북한이해』. 서울: 통일부 통일교육원, 65~71.

것이었다.[63] 이전 정부가 남북관계에 대해 기능주의적 확산효과(spillover effect)에 기반을 둔 단계적 접근을 취했다면, 이명박 정부는 남북관계에서 가장 중요한 북핵 문제부터 해결하여 다른 부분으로 합의를 확산시키겠다는 통합적 접근방식을 채택하였다.[64] 이는 궁극적으로 '선 북핵해결, 후 남북협력'이라는 대북 강경 정책을 의미하는 것이었다.

하지만, 그 결과는 남북관계의 경색으로 귀결되었다. 이후 북한과의 경제적·인적 교류는 격감했고, 이산가족 상봉 중단, 남북경협 중단 위기, 금강산 관광 민간인 피격사건, 북한의 제2차 핵실험(2009년 5월 25일),[65] 북한 황강댐의 무단 방류로 인한 한국인 6명의 사망(2009년 9월 6일), '북방한계선(NLL)에서의 군사적 마찰'[66] 등과 같은 사건들이 연이어 발생하였다. 결국 남북관계의 경색은 한반도의 안보불안을 가중시키는 요인으로 작용하였다. 한편 북한은 한국과 국제사회의 비핵화 요구를 생존권 문제이자 체제위협으로 간주하였다. 남북관계의 경색 국면이 전개되는 상황에서 북핵 문제를 해결하기 위한 '6자회담'은 북핵 위기의 안정적 관리라는 측면에서 일정한 성과를 도출했지만, 한반도 비핵화라는 목표는 달성하지 못하였다.

2. 남북관계의 경색

이명박 정부의 대북 강경책은 새로운 돌파구를 만들어내지 못하면서 남북관계는 경색국면으로 치달았다. 그 첫 번째 가시적 현상이 금강산 관광의 중단이었다. 김대중 정부는 1998년 11월부터 금강산 관광을 허용하였다. 이는 단순한 관광 외에도 물적·인적 교류를 통해 남북한의 신뢰 형성 및 민족통일의 시발점이었다.[67] 그러나 2008년 7월 11일, 금강산관광을 하던 관광객이 새벽에 해변을 산

---

63) 통일부 통일교육원. 2008. 『2008 통일문제 이해』. 서울: 통일부 통일교육원, 67.

64) 황지환. 2017. "진보 대 보수의 대북정책, 20년 이후." 『통일정책연구』 26권 1호, 33.

65) 유엔 안보리는 2009년 6월 12일 제1874호 대북제재 결의를 통해 북한에 대한 재래식 무기 금수 조치, 무기 확산 기여 금융지원 제재를 발표하였다.

66) 대청해전 도발(2009년 11월 10일), 서해5도 NLL 남쪽 한국 수역에 '평시해상사격구역' 설정(2009년 12월 21일), 서해5도 NLL 남쪽 한국 수역에 해안포와 방사포의 대규모 발사(2010년 1월 27~29일), 천안함 폭침(2010년 3월 26일), 백령도 및 연평도 인근 한국 수역에 해안포 사격(2010년 8월 9일), 연평도 포격(2010년 11월 23일), 북한 용매도 해안포의 연평도 수역에 포격(2011년 8월 10일) 등이다.

67) 초기의 해상관광은 2003년 9월부터 육로관광으로 확대되었다. 2008년 3월부터 개인 승용차 관

책하다 북한 경비병의 총격으로 사망하는 사건이 발생했다. 한국정부는 진상조사 및 관광객의 신변안전을 요구했지만, 북한은 이를 거부하고 오히려 한국정부의 사과와 함께 재발 방지 대책의 수립을 요구하였다. 문제의 해결책을 찾지 못하게 되자, 이명박 정부는 금강산 관광의 중지를 발표하였다. 이로 인해, 2007년 12월부터 시작된 개성관광 또한 1년 만에 중단되었다.

남북관계의 경색은 군사적 차원에서도 발생하였다. 2010년 3월 26일 백령도 해상에서 1,500톤급 해군 초계함인 천안함이 침몰하여 탑승자 104명 중 46명이 목숨을 잃었다. 사고 초기에는 북한의 어뢰 공격설, 기뢰설, 함정의 피로파괴에 의한 내부 폭발설, 암초 충돌설 등 침몰 원인이 난무하였다. 이에 정부는 침몰 원인의 객관적 규명을 위해 5개국(미국, 영국, 호주, 스웨덴, 한국 등) 전문가가 참여하는 국제합동조사단을 구성했다. 국제합동조사단은 북한의 어뢰 공격으로 천안함이 침몰되었다는 의견을 냈으며, 이에 근거하여 정부는 "천안함은 북한제 어뢰에 의한 외부 수중 폭발의 결과로 침몰했다"고 공식 발표했다.[68] 그러나 북한은 천안함 침몰은 자신들의 소행이 아니라고 반박하였다.

북한의 도발에 대해 정부는 2010년 '5·24 조치'로 강경하게 대응하였다. 그 내용은 ① 북한 선박의 입출항 금지, ② 개성공단의 확대 불허 및 개성공단을 제외한 남북교역 중단, ③ 방북 및 북한에 대한 신규투자 불허, ④ 영유아에 대한 인도적 지원을 제외한 대북지원의 보류 등이었다.[69] 이에 대해, 북한은 남북관계의 폐쇄, 남북 불가침 합의 파기, 남북협력 사업의 전면 철폐 등과 함께 '서울 불바다'라는 성명으로 남한을 위협하였다.

천안함 침몰 이후, 2010년 11월 23일 '연평도 사건'이 발생하였다. 연평도에 주둔하고 있는 해병대는 NLL 남쪽을 목표로 포사격 훈련을 실시하였는데, 북한은 이 훈련을 도발로 간주하고 연평도 군부대와 민가를 향해 1시간 동안 무차별적인 포격을 가했다. 이로 인해, 군인 2명과 민간인 2명의 사망, 20여 명의 중경상자가 발생했다.

북한의 연이은 도발에 대해, 정부는 비무장지대(DMZ)에 확성기 설치, 삐라 살포, 모든 남북교류의 차단, 두 사건에 대한 사과와 책임자 처벌, 주적 개념의

광 허용, 7월에는 비로봉 관광이 시작된다. 2008년까지 누적 관광객은 약 200만 명에 달하였다.

68) 이명박. 2015. 『대통령의 시간: 2008~2013』. 서울: 알에이치코리아, 279.

69) 황지환. 2012. "통일외교안보분야: 대북정책." 권오성. 『이명박 정부의 주요정책의 성과와 과제(제2권)』. 서울: 한국행정연구원, 1374.

부활 등 강경하게 대응하였다. 이후 북한은 경색국면의 전환을 위해 한국정부에 금강산관광 재개 및 6자회담을 제안했으나, 정부는 진정성이 내포된 사과가 없으면 이에 응할 수 없다고 거부하였다.

제5절 제19대 총선과 제18대 대선

2012년은 19대 총선과 18대 대선이 차례로 치러진다는 점에서 비상한 관심을 모았다. 19대 총선은 일반의 예상과 달리 새누리당의 승리로 마감되었고, 뒤이어 실시된 18대 대선에서 박근혜 후보가 승리함으로써 보수 세력은 정권재창출에 성공하였다.

1. 제19대 국회의원선거

제19대 총선은 차기 대통령을 선출하는 대선을 불과 8개월여 남겨 놓은 시점인 2012년 4월 11일에 치러졌다. 따라서 19대 총선은 18대 대통령선거의 전초전적 성격을 지니고 있었다. 이에 따라, 총선의 구도는 일찌감치 '정권심판론' 대 '야당심판론'으로 짜여졌다.

제1야당인 민주당은 시민통합당과의 통합[70] 및 한국노총과의 연대를 통해 2011년 12월 민주통합당을 출범시키고, 다가오는 선거경쟁에 대비하여 'MB 심판론'의 확산에 박차를 가했다. 그 일환으로, 민주통합당은 경제민주화, 사람을 위한 경제성장, 보편적 복지, 김대중·노무현 정부의 대북정책 계승 등을 강령으로 채택하고, 당내 경선을 통해 한명숙을 대표로 선출하여 정당지도부를 정비하였다. 더불어 선거운동전략으로 한미 FTA 및 청와대의 민간인 불법사찰을 포함한 그간의 이명박 정부의 실정들을 전면에 내세워 '정권심판론'의 확산을 꾀하였다.

한편, 진보진영의 소수정당들인 민주노동당(대표 이정희), 국민참여당(대표

70) 시민통합당은 진보성향의 시민단체 운동가들과 친 노무현 세력이 중심이 되어 2011년 12월 7일 야권통합을 목표로 결성되었다.

유시민),[71] 새진보통합연대(대표 심상정)[72]는 '반MB'의 기치 아래 2011년 12월 6일 통합진보당을 출범시켰다. 이들은 보편적 복지사회의 실현, 공공의료체계의 강화, 교육공공성의 확보, 국가기간산업 및 사회서비스의 국·공유화, 독점재벌의 해체, 휴전협정의 평화협정으로 전환, 국가보안법 폐지 등을 강령으로 채택하고 총선에 임하였다.

나아가, 민주통합당과 통합진보당은 '반MB 전선의 구축'이라는 전략적 이해관계를 바탕으로 선거연합을 시도하였다. 이들 정당은 전국 220개 지역구에서 후보단일화를 꾀하였는데, 민주통합당은 186곳에서 그리고 통합진보당은 나머지 34곳에서 단일후보를 출마시켰다.[73]

이에 대응하여, 한나라당은 이명박 정부의 무능과 부패로 인한 민심이반을 극복하고 이명박 대통령과의 차별화를 위해 조직쇄신과 정책변화를 시도했다. 한나라당은 2011년 2월 19일 박근혜를 위원장으로 비상대책위원회를 구성했으며, 2012년 2월 13일 당명을 새누리당으로 바꾸었다. 아울러 '행복한 복지국가'와 '공정한 시장경제'를 지향하는 중도보수 노선을 표방하였다.[74] 또한 야당들의 정권심판론에 대해 새누리당은 단순한 수세적 방어보다는 '야당심판론'을 공세적으로 제기하였다. 즉 선거운동기간에 중요 쟁점으로 제기된 한미FTA나 제주도 해군기지 문제 등이 전임 정권인 노무현 정부에서 시작된 정책이라는 점을 들어 민주통합당을 비롯한 야당들이 무책임한 '말 바꾸기'를 일삼고 있음을 지적하면서, 19대 총선에서 심판받아야 할 대상은 새누리당이 아니라 야당임을 주장하였다.[75]

사실 선거운동이 시작되기 직전까지만 해도, 이번 총선에서 민주통합당이 원내 제1당은 물론이고 과반의석까지 차지할 것이며, 새누리당은 원내의석 90석 달성도 어려울 것이라는 예상이 지배적이었다. 그러나 일반의 예상과 달리, 선거결과는 새누리당의 승리와 민주통합당의 참패로 마감되었다. 구체적으로, 의원정수

71) 국민참여당은 참여정부 당시 청와대 인사들과 노무현 전 대통령 지지자들을 중심으로 2010년 1월 17일에 결성되었다.

72) 새진보통합연대는 진보신당 내부에서 진보진영의 통합을 추진했던 인사들인 노회찬·심상정·조승수 등이 진보신당을 탈당하면서 만든 임시적인 정치단체였다.

73) 배성인. 2014. "19대 총선과 진보정당: 이슈와 전망."『경제와 사회』가을호, 331.

74) 장훈. 2012. "19대 총선 결과의 의미: 구조를 누른 행위자와 제도의 효과."『21세기정치학회보』22집 3호, 140.

75) 장승진. 2012. "19대 총선의 투표선택: 정권심판론, 이념투표, 정서적 태도."『한국정치학회보』46집 5호, 103.

표 13-4 제19대 국회의원선거의 결과: 지역구와 비례대표

구 분		새누리당	민주통합당	통합진보당	자유선진당	기타·무소속
지역구의 정당별 득표율과 의석수						
수도권	서울	44.4%(16)	45.4%(30)	3.4%(2)	0.4%(0)	6.4%(0)
	인천	47.2%(6)	44.7%(6)	3.0%(0)	1.2%(0)	3.9%(0)
	경기	46.1%(21)	43.6%(29)	4.3%(2)	0.2%(0)	5.8%(0)
충청권	대전	35.3%(3)	36.8%(3)	4.0%(0)	22.4%(0)	1.5%(0)
	충남	36.5%(4)	32.7%(3)	2.1%(0)	27.4%(3)	1.3%(0)
	충북	50.1%(5)	38.1%(3)	3.8%(0)	3.6%(0)	4.4%(0)
	세종	13.9%(0)	47.9%(1)	0.0%(0)	33.8%(0)	4.4%(0)
호남권	광주	5.2%(0)	49.4%(6)	21.5%(1)	0.1%(0)	23.8%(1)
	전남	3.5%(0)	56.7%(10)	17.5%(1)	0.0%(0)	22.3%(0)
	전북	7.6%(0)	51.8%(9)	10.8%(1)	0.5%(0)	29.3%(1)
경북권	대구	60.3%(12)	16.6%(0)	4.5%(0)	0.7%(0)	17.9%(0)
	경북	60.4%(15)	8.7%(0)	5.6%(0)	0.1%(0)	25.2%(0)
경남권	부산	49.9%(16)	34.6%(2)	4.7%(0)	0.1%(0)	10.7%(0)
	울산	54.3%(6)	13.5%(0)	26.0%(0)	0.3%(0)	5.9%(0)
	경남	51.5%(14)	18.4%(1)	10.5%(0)	0.1%(0)	19.5%(1)
기타	강원	52.8%(9)	37.2%(0)	1.0%(0)	0.4%(0)	8.6%(0)
	제주	25.7%(0)	48.9%(3)	0.0%(0)	5.0%(0)	20.4%(0)
전국	득표율	43.3%	37.9%	6.0%	2.2%	10.6%
	의석수	127석	106석	7석	3석	3석
비례대표의 정당별 득표율과 의석수						
득표율		42.8%	36.5%	10.3%	3.2%	7.2%
의석수		25석	21석	6석	2석	-
정당별 의석수: 지역구 + 비례대표						
총합		152석	127석	13석	5석	3석

출처: 중앙선거관리위원회. 2012. 『제19대 국회의원선거 총람』, 377~382.

300명 가운데 새누리당은 지역구 127명과 비례대표 25명을 당선시켜 총 152석을 차지하였고, 민주통합당은 지역구 106명과 비례대표 21명의 당선자를 배출시켜 총 127석을 확보하였으며, 통합진보당은 지역구 7명과 비례대표 6명을 당선시켜 총 13석을 획득하였다. 이러한 선거결과는 야권연대의 참패라고 할 수 있지만, 2008년의 18대 총선결과와 비교하면 민주통합당은 81석에서 127석으로, 그리고 통합진보당은 5석에서 13석으로 의석수가 증가하였다. 반면 자유선진당은 19대 총선에서 지역구 3명과 비례대표 2명을 합쳐 총 5석을 얻는데 그쳐, 18대 총선의 18석에 비해 현저하게 의석수가 줄어들었다.

그렇다면 다수의 예상과 달리, 새누리당이 총선에서 승리한 이유는 무엇인가? 그것은 크게 두 요인으로 압축된다. 무엇보다도 민주통합당과 통합진보당의 선거연합과 이들의 '정권심판론'이 유권자로부터 큰 공감을 얻지 못했기 때문이다. 이는 두 당 간의 후보단일화를 위한 경선과정에서 발생한 과열경쟁 및 경선불복 등으로 인한 유권자들의 실망감, 그리고 선거연합 세력의 정책적 비전과 프로그램의 결여 및 '정권심판론'에 기댄 일방적인 네거티브 선거운동으로 인한 유권자들의 피로감에 기인하였다.[76] 그 결과, 야권연대에 대해 "국민보다 당 내부 사정과 주도권 다툼에 몰두하는 정당'이라는 부정적 이미지를 낳았고, 이로 인해 야권연대의 '정권심판론'의 선거프레임은 제대로 작동될 수 없었다.[77]

이에 비해, 새누리당은 전략적으로 이명박 정부와 거리를 둠으로써, 민주통합당과 통합진보당의 야권연대에 거부감을 갖고 있는 보수성향 유권자들과 투표참여를 관망하던 중도성향 유권자들의 지지를 이끌어나는 데 성공하였다. 더불어 차기 대권주자로 인식되고 있던 박근혜 비대위원장이 선거를 진두지휘하고 새누리당에 기회를 달라고 적극적으로 호소함으로써, 유권자들로부터 새누리당이 "국민들을 위해 무엇이든 할 준비가 되어 있는 정당"이라는 정치적 믿음을 얻는 데 성공했기 때문이었다.[78]

76) 김형철. 2012. "19대 총선, 야권연대의 성과와 향후 전망." 『한국연구원 현안진단』 214호, 9~11.
77) 장정규. 2012. "박근혜에 무릎 꿇은 야권연대." 『민족21』 5월호, 48.
78) 장정규. 2012. "박근혜에 무릎 꿇은 야권연대," 48.

2. 제18대 대통령선거

(1) 대선후보 선출과정

19대 총선이 마감됨에 따라, 정치권의 관심은 제18대 대선으로 빠르게 이동하였다. 새누리당은 2012년 8월 19일 대선 후보 경선을 위한 선거인단 투표와 여론조사를 실시하였다. 총 5명의 후보(임태희·박근혜·김태호·안상수·김문수)가 경선에 참여한 가운데, 박근혜 후보가 선거인단투표(86.2%)와 여론조사(74.7%)에서 압도적인 지지를 얻어 새누리당 대선 후보로 확정되었다. 한편, 민주통합당은 9월 16일 대선 후보로 문재인을 선출하였다. 지역순회경선(8월 25일~9월 23일)과 결선투표제(9월 23일)를 도입한 당내 경선에서, 문재인 후보는 모바일투표, 현장투표, 대의원투표를 합한 56.5%의 득표율로, 손학규 후보(22.2%), 김두관 후보(14.3%), 정세균 후보(7%)를 큰 차이로 따돌려 결선투표 없이 민주통합당의 대선 후보로 확정되었다.

새누리당과 민주통합당의 대선 후보가 확정되자, 대선 정국의 관심사는 안철수 교수의 대선 출마 여부로 옮겨갔다. 안철수는 2011년 9월 서울시장 보궐선거에서 당시 무소속으로 서울시장 출마 의지를 밝힌 박원순에게 후보직을 양보하면서, 일약 대권 주자로 떠올랐다.[79] 이후 '안철수 현상'이 절정에 이른 2012년 9월 19일, 그는 대선 출마를 선언했다. 제18대 대선을 두 달여 남겨놓은 10월 11~14일에 실시된 여론조사에서 안철수 후보는 지지율 27.6%로 박근혜(38.2%)·문재인(23.9%) 후보와 함께 초기 대선국면을 주도하였다.[80]

그러나 문재인-안철수 간의 후보단일화를 요구하는 사회적 여론이 높아지자, 안철수 후보는 두 가지 옵션 중 하나를 선택해야 할 입장에 봉착하였다. 하나는 독자 후보로서 대선을 완주하는 것이며, 다른 하나는 민주통합당 주자인 문재인과 단일화를 모색하는 것이었다. 결국 안철수는 선거 한 달여를 남겨 둔 11월 초부터 문재인과 단일화 협상을 벌였다. 서로 간의 입장 차이로 단일화 합의가

79) 안철수 교수가 유권자들로부터 주목을 받기 시작한 것은 2011년 9월 서울시장 보궐선거 때였다. 당시 대중강연 '청춘콘서트'를 진행하며 인지도가 높아진 안 교수는 9월 4일 서울시장 출마를 "진지하게 고민하겠다"고 언급하면서 출마가능성을 내비쳤으나, 9월 6일 무소속으로 출마 의지를 밝힌 박원순을 만난 후 후보직을 박원순에게 양보했다.

80) 장승진. 2012. "제18대 대선에서 야권 후보단일화의 전망과 한계." 『EAI 오피니언 리뷰』 No. 2012-10, 1.

계속 미루어지는 상황에서 안 후보의 여론조사 지지율이 문 후보에 역전 당하자, 안철수는 11월 14일 전격적으로 대선 불출마를 선언하였다. 이로써 대선 경쟁은 새누리당 박근혜 후보와 민주통합당 문재인 후보 간의 대결로 압축되었다.[81]

(2) 선거전의 주요 이슈

18대 대선은, 역대 대통령선거와 달리, 경제민주화 및 사회복지 등과 같은 진보적 의제가 주요 선거이슈로 등장한 가운데 치러졌다. 먼저, 민주통합당과 문재인 후보는 '사람이 먼저인 대한민국'이라는 슬로건을 채택하고, 유권자들의 회고적 투표를 촉발·유도하는 선거전략을 채택하였다. 그 일환으로, 문 후보는 지난 5년의 새누리당 정권하의 경제정책이 "일자리를 만들지 못하고, 양극화를 더욱 심화시키는 낡은 시대의 성장 논리"였음을 비판하고 대기업 중심의 경제에서 벗어나 국민경제 구성원 모두가 함께하는 '사람경제' 및 '공정경제'의 실천을 약속하였다.[82] 나아가 다양한 진보적 공약들을 제시하였는데, ① 사회복지와 관련하여 기초노령연금 및 장애인연금의 인상, 구직자 지원제도의 도입, 아동수당의 지급, 기초생활보장 급여액의 확대, 연간 환자 본인부담 100만원 상한제 실시 등을 공약했고, ② 경제민주화와 관련하여 중소기업과 골목상권의 보호, 공정한 하도급 거래질서의 확립, 상생협력의 기업생태계 조성, 재벌의 소유지배구조 개선 통한 경제력 집중 완화, 재벌 총수일가의 부당한 사익추구 행위 규제, 재벌의 불법행위에 대한 처벌 강화 등을 제시했다.[83]

이에 대응하여, 새누리당과 박근혜 후보는 한편으로 이명박 대통령과의 차별성을 부각시켜 유권자들의 '회고적' 투표를 차단하고자 하였으며, 다른 한편으로 진보적 의제를 정책공약에 적극적으로 수용하여 선거 지지의 외연을 확대하고자 했다. 구체적으로, 유권자들의 '반MB' 정서를 극복하기 위해 박 후보는 이명박 정부의 경제성장 전략을 '양적 성장' 및 수출 · 제조업 · 대기업 중심의 '불균형 성장 전략'이었다고 비판하고, 그 대안으로 첨단과학기술과 정보통신기술을 활용한 신성장산업의 육성을 통해 성장과 복지의 선순환을 만들어 내는 이른바 '창조경제론'을 제시하였다. 또한 경제민주화와 사회복지와 같은 진보적 이슈에 대해, 박

81) 이정희 통합진보당 후보는 12월 16일의 제2차 TV토론 후 정권교체를 명분으로 후보직에서 사퇴했다.

82) 김용철. 2017. 『한국의 노동정치: 변화와 동학』, 347.

83) 민주통합당. 2012. 『국민과의 약속 119: 사람이 먼저인 대한민국』.

후보는 경제적 약자의 권익보호, 공정거래법의 개정, 대기업 총수일가의 불법 및 사익편취 근절, 금산분리 강화 등의 경제민주화 정책의 추진을 공약하였고, 생애주기별 맞춤형 복지, 4대 중증질환(암, 심장, 뇌혈관, 희귀난치성질환)에 대한 건강보험, 노인들의 삶의 질 개선을 위한 기초연금의 도입 등을 약속하였다. 나아가 박 후보는 보수정당 후보로서 전례가 없는 매우 전향적인 노동공약인 이른바 '늘·지·오 정책'[84])을 내놓았다.[85])

양 후보 진영의 다양한 정책공약의 제시에도 불구하고, 선거전은 네거티브 캠페인에 의존하는 양상을 보였다.[86]) 새누리당은 민주통합당과 문 후보에 대해 친노세력의 부활 저지, 후보 부인의 다운계약서 및 아들의 취업비리 의혹, 2007년 남북정상회담 당시 노무현 대통령의 '북방한계선(NLL) 포기 발언' 의혹, 종북세력과의 연대 의혹, 노무현 정부의 이명박 전 서울시장 주변인물 131명에 대한 불법사찰 의혹 등을 제기하였다. 이에 맞서, 민주통합당은 박근혜 후보를 '독재자의 딸'로 규정하고, 박정희 대통령의 유신과 과거사, 친인척 비리 및 정수장학회, 부동산 등의 재산 문제, 국가정보원 직원의 비방댓글 의혹 등을 제기하였다.

(3) 선거 결과

박근혜 후보는 51.5%를 득표해, 48.0%를 얻은 문재인 후보를 108만여 표차로 따돌렸다. <표 13-5>가 보여주듯이, 박 후보는 서울과 호남지역을 제외한 전 지역에서 우위를 보였다. 구체적으로, 박 후보는 대구(80.1%), 경북(80.8%), 부산(59.8%), 울산(59.8%), 경남(63.1%), 강원(62.0%) 등 영남지역에서 압도적인 지지를 받았으며, 인천(51.4%), 경기(50.4%), 대전(50.0%), 충남(56.7%), 충북(56.2%), 세종(51.9%), 제주(50.5%)에서도 문 후보를 압도하였다. 이로써, 박근혜 후보는 헌정 사상 최초로 여성 대통령 당선자가 되었고, 보수 세력은 정권재창출에 성공하였다.

---

84) '늘·지·오 정책'이란 근로시간단축 및 일자리 나누기를 통한 동반성장 전략을 추진하여 일자리를 '늘'리고, 기업의 해고회피노력 의무규정을 강화하여 구조조정 및 정리해고로부터 일자리를 '지'키며, 상시·지속적 업무를 담당하는 비정규직 노동자의 정규직 노동자로 전환과 비정규직에 대한 사회보험 적용 확대를 통해 나쁜 일자리를 좋은 일자리로 끌어'올'리는 일자리 정책을 지칭한다.

85) 김용철. 2017. 『한국의 노동정치: 변화와 동학』, 348~349.

86) 이동윤. 2013. "제18대 대통령선거의와 네거티브 선거운동." 『동북아연구』 28권 2호, 230; 신두철·김성수. 2016. "대통령선거의 의제설정과 선거정보: 제18대 대통령선거의 박근혜 후보와 문재인 후보를 중심으로." 『인문사회과학연구』 52집, 91.

표 13-5 제18대 대통령선거의 후보자별 득표율

구 분		새누리당 박근혜	민주통합당 문재인	무소속 강지원	무소속 김순자	무소속 김소연	무소속 박종선
수도권	서울	48.2%	51.4%	0.18%	0.08%	0.06%	0.05%
	인천	51.6%	48.0%	0.16%	0.11%	0.06%	0.03%
	경기	50.4%	49.2%	0.17%	0.10%	0.05%	0.02%
충청권	대전	50.0%	49.7%	0.14%	0.10%	0.05%	0.03%
	충남	56.7%	42.8%	0.16%	0.27%	0.05%	0.04%
	충북	56.2%	43.3%	0.16%	0.24%	0.05%	0.04%
	세종	51.9%	47.6%	0.15%	0.23%	0.05%	0.04%
호남권	광주	7.8%	92.0%	0.12%	0.06%	0.03%	0.02%
	전남	10.0%	89.3%	0.37%	0.21%	0.06%	0.06%
	전북	13.2%	86.3%	0.26%	0.14%	0.06%	0.04%
경북권	대구	80.1%	19.5%	0.12%	0.12%	0.03%	0.02%
	경북	80.8%	18.6%	0.12%	0.34%	0.05%	0.04%
경남권	부산	59.8%	39.9%	0.13%	0.10%	0.04%	0.02%
	울산	59.8%	39.8%	0.12%	0.21%	0.06%	0.03%
	경남	63.1%	36.3%	0.13%	0.26%	0.05%	0.08%
기 타	강원	62.0%	37.5%	0.16%	0.23%	0.05%	0.03%
	제주	50.5%	49.0%	0.20%	0.26%	0.07%	0.04%
전 국		51.55%	48.02%	0.17%	0.15%	0.05%	0.04%

출처: 중앙선거관리위원회. 2012. 『제18대 대통령선거총람』, 307~308.

박근혜 후보의 승리는 인구의 고령화로 인해 진보 성향의 20~30대 청년층보다 보수 성향의 50대 이상의 노·장년층이 차지하는 유권자의 비율이 높아진 탓도 있지만, 더욱 중요한 것은 새누리당과 박근혜 후보의 효과적인 선거전략에 따른 보수 세력의 결속과 부동층의 흡수였다. 사실, 경제민주화와 사회복지 쟁점은 진보 성향인 문재인 후보에게 유리한 정책의제였다. 그러나 박근혜 후보와 새누리당은 이념이나 정책기조 차원에서 중도 성향의 유권자를 유인하기 위해 경제민주화와 사회복지 의제를 선점하고, 경쟁 상대인 문재인 후보와의 차별성을 희석시키는 전략적 유연성을 발휘하였다.[87] 이러한 전략은 매우 성공적인 것으

87) 박찬욱. 2013. “2012년 대통령선거의 특징.” 박찬욱·강원택(편). 『2012년 대통령선거 분석』. 서울: 나남, 38.

로, 전통적으로 진보·개혁적인 선거의제에서 우위를 보였던 민주통합당이 이번 대선에서는 새누리당과의 차별성을 부각시키는 데 실패하였다. 이와 더불어, '박정희 향수' 및 지역균열로 인한 보수적 선거연합의 결속, 특히 가계부채의 급증 등으로 경제적으로 어려운 상태에 내몰리고 있던 50대 유권자들의 박근혜 후보에 대한 압도적인 지지가 18대 대선의 판도를 가름하였다.[88] 종합하면, 박근혜 후보의 승리에는 영남지역 유권자 집단에 충청권 유권자들이 가세한 지역연합, 50대 이상의 노·장년 세대, 저학력 집단, 그리고 하위 및 상위 소득계층들의 지지가 크게 작용하였다.

88) 고원. 2013. "정치균열의 전환과 2012년 대통령선거: 세대와 계층 변수를 중심으로."『동향과 전망』 88호, 143~176.

제14장 박근혜 정부: 민주주의 후퇴와 대통령 탄핵

제 1 절 박근혜 정부의 출범

박근혜 정부의 출범은 보수정치세력이 정권 재창출에 성공하였음을 의미하였다. 박근혜 대통령은 '희망의 새 시대'를 비전으로 제시하였으나, 정계 일부에서는 그간 정치인으로서 그가 보여준 리더십 스타일로 인해 폐쇄적 국정운영 및 한국 민주주의의 퇴행을 우려하였다.

1. 박근혜 정부의 비전

'희망의 새 시대를 열겠다'로 요약되는 취임사와 함께, 2013년 2월 25일 박근혜 정부가 출범하였다. 이날 대통령 취임사의 키워드는 '경제부흥,' '국민행복,' 그리고 '문화융성'이었다.

> 저는 대한민국의 대통령으로서 … 경제부흥과 국민행복, 문화융성을 이뤄낼 것입니다. … 한강의 기적으로 불리는 우리의 역사는 독일의 광산에서, 열사의 중동 사막에서, 밤새 불이 꺼지지 않은 공장과 연구실에서 … 가족과 조국을 위해 헌신하신 위대한 우리 국민들이 계셔서 가능했습니다. … 이제 자랑스런 우리 국민 여러분과 함께 희망의 새 시대, 제2의 한강의 기적을 만드는 위대한 도전에 나서고자 합니다. … 국가가 아무리 발전한다 해도 국민의 삶이 불안하다면 아무 의미가 없을 것입니다. 노후가 불안하지 않고, 아이를 낳고 기르는 것이 진정한 축복이 될 때 국민 행복시대는 만들어지는 것입니다. 대한민국 어느 곳에서도, 여성이나 장애인 또는 그 누구라도 안심하고 살아갈 수 있는 안전한 사회를 만드는 데 정부 역량을 집중할 것입니다. 힘이 아닌 공정한 법이 실현되는 사회, 사회적 약자에게 법이 정의로운 방패가 되어 주는 사회를 만들겠습니다. … 21세기는 문화가 국력인 시대입니다. 국민 개개인의 상상력이 콘텐츠가 되는 시대입니다. … 새 정부에서는 우리 정신문화의 가치를 높이고, 사회 곳곳에 문화의 가치가 스며들게 하여 국민 모두가 문화가 있는 삶을 누릴 수 있도록 하겠습니다. … 새 정부는 경제부흥과 국민행복, 그리고 문화융성을 통해 새로운 희망의 시대를 열어갈 것입니다.[1)]

1) 대통령비서실. 2014.『박근혜대통령 연설문집 제1권』, 39~46.

'경제부흥·국민행복·문화융성'을 구현해 나갈 5대 국정목표로 ① 일자리 중심의 창조경제, ② 맞춤형 고용·복지, ③ 창의교육과 문화가 있는 삶, ④ 안전과 통합의 사회, ⑤ 행복한 통일시대의 기반구축이 제시되었다.[2] 먼저, '일자리 중심의 창조경제'는 과거 자본투입 중심의 추격형 성장전략에서 벗어나 과학기술과 인적자본에 기초한 세계시장 선도형 성장전략으로의 전환을 강조한 것이었다. 이를 위해 박근혜 정부는 모든 분야에 상상력과 창의성을 접목시키고 산업간 융합을 촉진함으로써 새로운 부가가치와 일자리를 창출해 나가는 '창조경제'의 필요성을 역설하였다. 아울러 성장의 온기가 골고루 퍼지고 공정한 경쟁질서가 확고히 자리 잡을 수 있도록 원칙이 바로선 시장경제 질서의 확립에 최선을 다하겠다는 목표도 함께 제시하였다.

둘째, '맞춤형 고용·복지'는 생애주기별 다양한 복지수요에 능동적으로 대응하여 국민들이 근로를 통해 자립할 수 있도록 유도·지원하는 한편, 고용과 복지가 긴밀히 연계되는 맞춤형 통합서비스를 제공한다는 것이었다. 이는 고용과 복지 분야에서 국민이 행복한 사회를 건설하겠다는 의지를 표명한 것으로써, '복지－고용－성장'간 선순환 구조를 마련하겠다는 게 핵심이었다.

셋째, '창의교육과 문화가 있는 삶'은 학생들이 입시준비 교육 위주에서 벗어나 꿈과 끼를 키우고 창의력을 높일 수 있도록 학교교육을 정상화하고, 국민들이 삶 속에서 자연스럽게 문화를 누릴 수 있도록 해 정신적인 풍요로움을 느낄 수 있도록 하기 위한 비전이었다. 즉 인성교육 중심 수업과 개인 맞춤형 진로교육을 바탕으로 학생 개개인의 꿈과 끼를 살리는 열린 교육으로 전환함으로써 학생과 학부모들의 행복을 가져올 수 있도록 하겠다는 것이었다.

넷째, '안전과 통합의 사회'는 4대 악(성폭력·학교폭력·가정파괴범·불량식품) 등 범죄와 각종 재해·재난으로부터 국민들의 생명과 재산을 효과적으로 보호해 안심하고 생업에 종사할 수 있도록 노력하는 것으로, 학벌이 아닌 능력만으로도 성공할 수 있는 사회를 만들고, 세대간·지역간·이념간 갈등이 없는 대통합 사회를 만들어 신뢰의 사회적 자본을 축적하기 위한 비전이었다. 즉 총체적인 국가재난관리체계를 강화하여 국민의 생명과 재산을 안전하게 보호해 국민 행복의 기반을 제공하겠다는 것이었다.

2) 제18대 대통령직인수위원회. 2013. 『보도 참고자료 1: 박근혜 정부 국정비전 및 국정목표』, 7~20.

다섯째, '행복한 통일시대의 기반구축'은 튼튼한 안보와 한반도의 항구적 평화 없이는 국민행복이 지속될 수 없으므로, 확고한 국방태세를 확립하고 우방국과의 협력을 통해 튼튼한 안보체계를 구축하는 한편, 한반도 신뢰프로세스를 가동해 행복한 통일로 가는 기반을 구축하겠다는 점을 역설하였다. 여기에 신뢰외교를 통해 지구촌 행복에 기여하는 책임 있는 모범국가로 발전해 나가겠다는 목표가 설정되었음을 덧붙여 강조했다.

요약하면, 박근혜 대통령은 우리 사회가 산업화와 민주화를 거쳐 선진국 수준의 경제규모를 보유하게 되었지만, 상대적으로 개인의 삶의 질이 경시되어 '국민의 행복수준'은 낮은 상황에 처해 있다고 진단하였다. 따라서 새 정부는 국민행복과 국가발전이 선순환하고 모든 사회공동체 구성원이 화합하여 안정된 삶을 영위하는 사회를 만들어 나가야 함은 물론, 국민행복을 바탕으로 새로운 한반도 시대를 개막하고 나아가 지구촌의 행복시대에 기여하는 모범국가로 발전해야 함을 명확히 하였다. 박근혜 정부의 국정비전은 이러한 시대적 소명을 담은 것이었다.

2. 박근혜의 생애와 통치 스타일

박근혜가 보수진영의 지도자로서의 대중적 이미지를 갖게 된 계기는 2004년 3월 한나라당 대표 시절이었다.[3] 노무현 대통령에 대한 국회 탄핵안 가결에 따른 역풍과 대선 자금 '차떼기 정당'이라는 비난 속에 지지율이 곤두박질하는 국면에서 한나라당의 대표를 맡은 박근혜는 '천막당사'를 차리고 17대 총선을 지휘하였다. 참패가 예상됐던 한나라당은 121석을 얻었고, 이때부터 그에게 '선거의 여왕'이란 호칭이 붙여졌다. 높은 지명도와 탄탄한 보수 지지층을 바탕으로 2007년에는 당시 이명박 서울시장과 제17대 대선후보 경선을 치렀으나 근소한 차이로 패배했다. 이후 그는 이명박 정부와 대립각을 세우며 한나라당 내 비주류진영을 이끌었다. 2011년 '디도스(DDoS) 선거부정 사건'을 계기로,[4] 박근혜는 한나라당 비

3) 박근혜가 정계에 입문한 것은 1997년이었다. 15대 대선을 앞둔 1997년 12월 10일 당시 한나라당 대선 후보였던 이회창의 요청을 받고, 그는 한나라당에 입당하였다. 그리고 이듬해 1998년 4월 대구광역시 달성군 국회의원 재·보궐선거에 출마하여 당선되었다. 그는 2000년 한나라당 부총재로 선출되었으나, 이회창과의 갈등으로 2002년 2월 한나라당을 탈당해 '한국미래연합'을 창당했다. 하지만 2002년 12월 제16대 대통령선거 직전 '한국미래연합'이 한나라당과 통합됨으로써 박근혜는 한나라당에 복귀했다.

4) 이는 2011년 10월 26일 치러진 재·보궐선거에서 한나라당 국회의원의 수행비서관이 야당 강세

대위원장으로 복귀하여, 2012년 초 당명을 새누리당으로 바꾸고 제19대 총선을 승리로 이끌었다. 그리고 새누리당의 대통령 후보로 출마하여 제18대 대통령에 당선되었다.

정치인 박근혜가 가진 최대의 정치적 자산은 아버지 박정희였다. 1960년대와 1970년대 한국의 산업화를 이끈 박정희의 딸이라는 점, 그리고 어머니와 아버지를 차례로 잃어 불행한 청·장년기를 보내야 했던 미혼 여성정치인이라는 점은 노년층의 동정을 얻기에 충분한 것이었고, 영남 유권자와 보수진영으로부터 탄탄한 지지를 지속적으로 얻을 수 있는 원천이었다. 이러한 정치적 자산은 정치인 박근혜가 고비 때마다 선거에 승리하여 '선거의 여왕'이라는 별칭을 갖게 된 배경이 되었다. 하지만 아버지 박정희 대통령에 대한 박근혜의 시대착오적 집착은 독단과 불통 그리고 폐쇄적인 비선조직에 의존한 통치 스타일로 이어졌고,[5] 이는 그의 정치적 자산을 지속적으로 훼손·고갈시키는 결과를 가져왔다.

박근혜는 아버지 박정희가 1961년 쿠데타로 정권을 잡고 1963년 대통령으로 취임하면서 청와대에 들어갔다. 이때 박근혜의 나이는 12세였다. 1974년 서강대 전자공학과 졸업 후 프랑스로 유학을 떠났지만, 어머니 육영수가 그해 8·15 광복절 기념식 행사 도중 문세광의 총탄에 숨지면서 4개월 만에 귀국해야 했다. 이때부터 박정희 대통령이 1979년 10월 피살될 때까지 박근혜는 어머니 육영수를 대신해 퍼스트레이디 역할을 했다. 이 과정에서 박근혜는 아버지 박정희의 정치관과 통치술을 자연스럽게 학습하였다

박근혜에게 아버지 박정희는 인생의 모든 것이었다. 그가 스스로 고백했듯이, "아버지가 매도당하는 세상"은 "개인적으로 무엇을 얻더라도" 그에게는 불행한 세상이었다. 뿐만 아니라 박정희는 그에게 "아버지였을 뿐만 아니라 국가와 세계에 대한 안목을 갖게 해 준 자상한 스승"이었다.[6] 그에게 아버지 박정희는 "나라의 장래를 위해서는 어떤 어려움도 결코 양보하지" 않았던 "집념과 결단"의 "조국 근대화의 기수"였다.[7] 따라서 권력욕에 사로잡힌 독재자라는 아버지 박정

지역에서 유권자들의 투표소 찾기를 방해할 목적으로, 200여 대의 PC를 동원해 디도스 공격을 가함으로써 중앙선거관리위원회 홈페이지를 약 2시간 동안 마비시켰던 사건이다. 이 사건으로 여론의 비난을 받자, 한나라당의 지도부는 쇄신안을 발표하고 사퇴하였다.

5) 박근혜는 재임 기간 동안, '불통의 대통령,' '수첩공주,' '레이저 눈빛' 등의 별칭이 붙여지기도 했다.

6) 박근혜. 1990. 『박근혜 인터뷰집』. 서울: 육영재단, 199.

7) 박근혜. 1990. 『박근혜 인터뷰집』, 10.

희에 대한 "왜곡된" 역사인식을 바로 잡는 일은 그에게는 선택의 여지가 없는 운명적인 것이었으며, 이외의 어떤 일도 "기쁨이나 보람이나 의미를 줄 수" 없었다.[8)]

퍼스트레이디를 대행하던 시절, 최태민이 육영수 여사를 꿈에 봤다면서 박근혜에게 접근·현혹했다. 최태민은 구국봉사단 및 새마음봉사단의 총재와 명예총재 등을 지내면서[9)] 박근혜와의 친분을 앞세워 기업들로부터 기부금을 걷는 등 각종 이권에 개입한 인물이었다. 이 일은 당시 중앙정보부장(김재규)에 의해 박정희에게 보고되었으나, 최태민의 결백을 주장하는 박근혜의 읍소로 무마되고 말았다. 결국 박근혜와 최씨 일가의 인연은 계속되었다. 박정희가 김재규에 의해 피살된 이후, 당시 27세였던 박근혜는 청와대에서 나와 육영재단 이사장, 영남대재단 이사장, 정수장학회 이사장 등으로 활동했지만 공개 활동은 자제했다. 이 시기에 박근혜는 아버지와 자신에게 등을 돌린 이들에게 절망하면서 '배신'을 가장 혐오하게 됐고, 자신이 어려웠을 때 주변을 챙겨주던 최태민, 그의 딸 최순실, 최순실의 남편 정윤회 등과 더욱 가까워졌다.[10)] 이는 박근혜가 2013년 2월 제18대 대통령으로 취임한 이후 폐쇄적인 비선조직에 의존하는 통치행태를 보이게 되는 중요한 요인이 되었다.

제 2 절 민주주의의 후퇴와 부실한 국정운영

국정원의 18대 대선 개입 의혹사건, 세월호 참사, 통진당 해산, 역사교과서 국정화 추진 등은 박근혜 대통령의 폐쇄적인 국정운영 및 반민주주의적 통치로 인한 한국 민주주의의 후퇴를 보여주는 대표적 사례들이었다.

8) 박근혜. 1990.『박근혜 인터뷰집』, 186.

9) 최태민은 1975년 '대한구국선교단'을 발족시켜 스스로 총재에 취임하였고, 이후 박근혜를 명예총재로 추대하였다. 이후 구국선교단은 1976년에 '구국봉사단'으로, 그리고 1978년에 다시 '새마음봉사단'으로 이름이 변경되었고, 박근혜를 총재에 추대하고 최태민은 명예총재에 취임하였다.

10) 이들의 관계는 1990년에 두 동생인 근령·지만이 노태우 대통령에게 탄원서를 보내 "누나(언니)가 최태민에게 속고 있으니 구해 달라"고 호소했을 정도였다고 한다.

1. 국정원 대선개입

박근혜 대통령의 임기는 국가정보원(국정원)의 제18대 대선개입 의혹과 함께 시작됐다. 이는 국정원이 댓글부대를 운용하며 조직적으로 대선에 개입했고, 경찰은 이러한 국정원의 대선개입 정황을 인지하였으나 이를 축소·은폐했다는 의혹이다.

사건은 2012년 12월 11일 발생했다. 통합민주당은 국정원 직원이 서울시 강남구의 오피스텔에서 문재인 후보를 비방하는 댓글 활동을 하고 있다며 그 직원을 공직선거법 위반 혐의로 고발하였다.[11] 수사에 착수한 경찰은 박근혜 후보와 문재인 후보 간의 마지막 TV토론 직후인 12월 16일 밤 11시 중간 수사결과를 발표하였다.[12] 그 내용은 해당 국정원 직원의 컴퓨터를 분석한 결과 "댓글을 단 흔적을 발견하지 못했다"는 것이었다. 경찰의 수사결과의 발표는 18대 대선 투표일을 불과 3일 남겨두고 있던 시점이었고, 더욱이 여론조사 지지율에서 문재인 후보가 박근혜 후보를 역전하고 있던 시점이었기에 정치적으로 매우 민감한 사안이었다.

그러나 박근혜 후보가 대통령 당선자가 된 이후 문제의 여직원을 포함한 국정원 직원들이 '오늘의 유머'(www.todayhumor.co.kr) 등의 사이트에서 박근혜 후보에 유리한 댓글 활동을 했다는 사실이 경찰 수사에 의해 확인되기 시작했다. 이에 2013년 2월 6일, 민주통합당은 국정원의 불법행위를 은폐 혹은 축소해 중간 수사결과를 발표한 김용판 서울지방경찰청장을 직권남용과 경찰공무원법 위반혐의로 검찰에 고발하였다.[13] 또한 국정원이 대선 여론조작 의혹을 받고 있던 해당 여직원의 행적을 외부에 알렸다는 이유로 현직 직원을 파면하자, 민주통합당은 이를 사건의 본질을 회피하는 "국기문란 행위이자 국정원법 위반"이라며 원세훈 국정원장을 고발했다.[14]

---

11) 민주통합당은 전직 국가정보원 직원으로부터 국정원의 여론조작 활동에 대한 제보를 받고, 사실 여부를 확인하기 위해 2012년 12월 11일 저녁 기자들과 함께 서울 강남구 역삼동의 오피스텔을 찾아갔다. 그러나 해당 국정원 직원이 문을 열어주지 않았고, 결국 민주통합당원과 기자들이 오피스텔 앞을 점거하는 사태가 발생했다. 민주통합당의 요청에 따라 경찰과 선관위 직원이 나섰으나 영장이 없는 상태이기에 해당 국정원 직원을 만날 수 없었다.

12) 『경향신문』, 2012년 12월 17일.

13) 『한겨레』, 2013년 2월 6일.

14) 『한겨레』, 2013년 2월 12일.

국정원의 대선개입 의혹사건은 박근혜 정부의 정통성과 직접적으로 관련된 사항으로, 이는 곧바로 정치권의 뜨거운 쟁점으로 부상했다. 2013년 6월 25일, 새누리당과 민주통합당은 '국가정보원 댓글 의혹 사건 등의 진상규명을 위한 국정조사'를 통해 진실을 규명하기로 합의했다. 그러나 국정조사는 특위구성, 공개여부, 조사대상, 증인채택 문제 등으로 지체되었다. 우여곡절 끝에 8월 16일 국정조사의 첫 청문회가 개최되었으나, 핵심 증인인 원세훈과 김용판은 청문회에서 증인 선서를 거부하고 자신들의 혐의를 철저히 부인하였다. 8월 19일 개최된 2차 청문회에서는 사건 당시 서울 수서경찰서 수사과장인 권은희가 사건 발생 직후(2012년 12월 12일) 당시 서울경찰청장이었던 김용판으로부터 "압수수색을 하지 말라는 외압을 받았다"고 증언하였다.[15] 그리고 8월 21일 개최된 3차 청문회는 새누리당 위원 전원이 불참하였다. 결국 국정조사특위는 결과보고서를 채택하지 못한 채 마감되었다.[16]

국정원의 대선개입을 둘러싼 의혹들이 꼬리를 물고 이어지면서, 대통령의 사과와 책임자 처벌을 요구하는 사회 각계각층의 시국선언이 잇달아 발표되었다. 6월 20일을 전후하여 국정원 대선개입과 검·경의 축소수사 규탄과 대통령 공개사과를 요구하는 교수들과 학생들의 시국선언이 줄지어 발표되었고, 종교단체 및 시민단체들은 국정원의 대선개입과 경찰의 은폐·왜곡을 민주주의 파괴행위로 규정하고 정부의 사과와 원세훈·김용판 처벌을 촉구하였다. 이와 더불어 크고 작은 항의시위와 규탄집회가 전국으로 확산되어, 2013년 12월까지 계속되었다.

이 사건은 정치적 중립을 취해야 할 국정원이 선거의 공정성(fairness)을 심히 훼손한 것으로, 선거민주주의(electoral democracy)의 확립을 위해 철저한 진상규명이 요구되는 사건이었다. 그러나 정부는 진상규명을 위해 노력하던 당시 채동욱 검찰청장을 감찰하였고,[17] 이에 압력을 느낀 채동욱이 9월 30일 검찰총장에서 사퇴하였다. 이에 따라 특별수사팀을 이끌었던 윤석열 검사를 포함한 담당 검사들은 좌천되거나 한직으로 밀려났고, 이후 국정원의 대선개입과 경찰의 사건축소 의혹에 대한 수사는 흐지부지 되었다.[18]

---

15) 『국민일보』, 2013년 8월 19일.

16) 『경향신문』, 2013년 8월 22일.

17) 당시 채동욱 검찰청장은 서울중앙지검에 특별수사팀을 꾸려 성역 없는 수사를 지시하고 원세훈(전 국정원장)과 김용판(전 서울지방경찰청장)을 공직선거법 위반 혐의로 기소했다.

18) 직권남용과 경찰공무원법 위반혐의로 기소된 김용판은 1심과 2심 재판에서 무죄를 선고받았고,

2. 세월호 참사

2014년 4월 16일 전남 진도군 맹골수도에서 발생한 세월호 참사는 국가재난관리의 총체적 부실을 적나라하게 보여준 사건이었다. 사고 당일 오전 8시 52분 첫 신고가 접수되고 배가 완전히 기울어 침몰할 때까지 2시간여의 골든타임 동안 국가재난기구와 컨트롤타워는 작동되지 않았다. 그 결과 304명이 목숨을 잃었고, 이는 엄청난 국민적 공분과 항의를 불러왔다.

세월호 참사는 현상적으로 조타수의 미숙한 운전(선박의 급격한 변침), 화물의 과적과 결박 불량, 선장과 선원들의 무책임, 정부의 부실한 초기 대응 등의 복합적 상호작용에서 비롯된 비극이었다. 그러나 자세히 들여다보면, 참사의 근원은 행정관료와 민간기업 간의 유착과 담합이라는 비정상적인 관행, 그리고 정부의 부실한 재난관리시스템과 무책임이었다.

세월호 침몰은 법 규정을 위반한 과적과 부실한 선박 안전점검에서 비롯되었다. 세월호는 청해진해운이 2012년 일본에서 들여온 18년 된 낡은 선박이었다.[19] 일본에서 들여올 당시 청해진해운은 세월호의 선미 부분을 증축했다. 이로 인해 세월호의 총 무게는 187톤이 증가하고 무게중심이 51㎝ 올라갔다. 세월호가 복원성을 유지하며 안전하게 항해하기 위해서는 화물은 1,077톤을, 평형수는 1,565톤을 실어야 했다. 하지만 사고 당시 세월호는 2,142톤의 화물을 적재하였고, 대신 선박의 복원성 유지에 필수적인 평형수를 기준보다 804톤이나 부족한

이어 2015년 1월 대법원에서 최종적으로 무죄가 확정됐다. 또한 원세훈은 1심 재판(2014년 9월)에서 "국정원법은 위반하였으나 공직선거법 위반은 아니다"는 판결을 받았으나, 2심 재판(2015년 2월)에서는 국정원법과 공직선거법 위반으로 유죄 선고를 받았다. 하지만 대법원 항소심(2015년 7월)은 사실 관계의 추가 확정이 필요하다는 취지로 원심 파기환송하였다. 이 사건은 박근혜 대통령이 탄핵된 이후인 2017년 8월 파기환송심 재판에서 유죄가 확정되었고, 최종적으로 2018년 4월 대법원의 재상고심에서 원심판결이 확정되었다.

19) 세월호와 같은 낡은 선박의 국내 도입은 정부의 선박연령 규제완화에 기인한다. 2009년 1월 이명박 정부는 선박의 운행규정(해운법 시행령)을 25년에서 30년으로 완화했다. 이 조치로 건조된 지 25년까지만 사용하던 선박을 30년까지 쓸 수 있게 되었고, 이때부터 해운사들은 외국에서 18~19년 된 노후 선박을 들여와 국내 연안에 띄우기 시작했다. 세월호는 청해진해운이 2012년 일본에서 들여온 18년 된 낡은 선박이었다. 나아가 박근혜 정부의 규제완화 정책은 선박안전관련 규제마저 폐지했다. 2013년 4월부터 해양수산부는 내항선박 안전관리체제의 이행요건을 완화하여, 안전관리를 위한 선장의 부적합 사항 보고와 내부 심사를 없애고 이를 해운사 안전관리자의 점검으로 대체했다. 홍헌호. 2014. "세월호 참사 근본원인 분석 및 근본대책 모색." 세월호 대참사와 재난 안전 문제에 대한 심층 토론회 발표논문, 24~25.

761톤만 채웠다. 그럼에도 한국해운조합 인천지부의 안전점검 보고서에는 출항 당시 세월호의 적재 화물이 양호하다고 기록되어 있었다.[20] 선박의 안전점검 보고서가 엉터리로 작성되었던 것이다.

이러한 배경에는 행정관료의 이해관계와 민간기업의 사적이익 간의 유착과 담합, 그리고 이로 인한 비리와 부정부패가 중요 요인으로 작용하였다.[21] 여객선 안전운항관리 및 선박안전관리 업무를 맡고 있는 '한국해운조합'은 해운기업들의 이익결사체이며, 민간업체 소유의 선박에 대한 정부대행 검사업무를 맡고 있는 '한국선급'은 해양수산부 내지 해양경찰청 관리하의 비영리 외주 법인기업으로, 이들은 해당 업무를 독점해온 민간단체들이다. 독점체제는 부실과 부패를 부추겼다. '한국선급'은 2007년 11월 선박안전법 개정을 유리하게 이끌려고 국회의원들에게 불법로비를 시도하였으며 해양수산부 공무원에게 향응 및 접대 등 상시적인 로비를 벌여온 것으로 드러났고, '한국해운조합' 역시 임원진의 상당수가 해양수산부 고위관료 출신들로 채워져 왔으며 선박의 안전 상태를 제대로 점검하지 않고 허위보고서를 작성하였던 것으로 드러났다.[22] 즉 민관유착(民官癒着)의 비정상적인 관행이 선박의 안전관리의 부실로 이어졌던 것이다.

다른 한편, 사건 발생 직후 청와대와 정부의 부실한 초기 대응은 참사의 결정적 요인이 되었다. 박근혜 대통령이 첫 서면보고를 받은 시각은 오전 10시 20분경이었으며, 김장수 국가안보실장에게 전화로 구조를 지시한 시각은 10시 22분이었다. 이때는 이미 세월호가 108도로 기울어져 침몰 중인 상태였다.[23] 또한 정부의 재난관리시스템 역시 제대로 작동되지 않았다. 사고 직후 관련 정부부처들은 제각기 대응본부를 설치했다. 안전행정부는 '중앙재난안전대책본부'를 가동시켰고, 해양수산부와 교육부는 각각 '중앙사고수습본부'를 출범시켰으며, 해양경찰청은 목포와 인천에 '지방사고수습본부'를 세웠고, 서해지방해양경찰청은 목포에 '중앙구조본부'를 설치했다. 하지만 난립한 대응본부들은 제각기 다른 메시지를 내놓음으로써 정부의 초기 대응에 혼란만 가중시켰다.[24]

---

20) 『경향신문』, 2014년 5월 16일.
21) 최장집. 2014. "세월호 사건을 통해 본 책임의 사회적 조건 책임의 결여와 위험의 일상성." http://openlectures.naver.com/contents?contentsId=59564&rid=253 (검색일: 2017년 12월 6일).
22) 『서울신문』, 2014년 5월 15일.
23) 『연합뉴스』, 2018년 3월 28일.
24) 각 부처의 대응본부들을 통합한 '범정부 사고대책본부'가 꾸려진 것은 사고 발생 사흘째인 4월 18일이었다.

재난관리시스템의 혼란은 결국 구조작업의 총체적 부실로 이어졌다. 전국 재난정보를 실시간 수집·전파하는 안전행정부 중앙안전상황실은 언론보도를 통해 세월호 침몰사고를 뒤늦게 파악하였다. 안전행정부 외청(外廳)인 소방방재청이 인명구조 헬기를 출동시킬 때까지 안전행정부는 침몰 사실을 전혀 몰랐으며, 경찰청·소방방재청·해양경찰청 구조인력이 사고현장에 도착한 다음에야 청와대·국무총리실 등에 사고발생을 보고했다. 또한 세월호가 선수를 제외하고 사실상 완전히 침몰된 시간은 오전 11시 20분경이었는데, 실종자 수색을 위해 잠수요원이 본격적으로 투입된 것은 사고가 발생한 지 8시간이 지난 오후 5시였다. 특히 사고 발생 첫 날인 4월 16일은 실종자들의 생존 가능성이 높았지만, 애초 수백 명의 구조요원이 투입됐다고 알려진 것과 달리 수중수색은 3차에 걸쳐 16명이 투입되는 데 그쳤다. 뿐만 아니라, 실종자 가족들은 사고 발생 직후부터 야간 구조작업을 위해 오징어잡이 어선 및 잠수부들의 이동을 돕는 대형바지선을 동원해 달라고 요구했지만, 오징어잡이 어선은 침몰 나흘째인 4월 19일에, 바지선은 침몰 5일째인 4월 20일에야 뒤늦게 투입됐다.[25]

세월호 참사를 둘러싼 정부의 무능에 대한 국민적 비판이 눈덩이처럼 커지자, 5월 19일 박근혜 대통령은 '세월호 참사 대국민담화'의 발표를 통해 정부의 공식사과와 후속 개혁조치를 발표했다. 하지만 그것은 국민의 생명과 안전을 책임지는 정부에 대한 국민들의 기대와 믿음이 이미 무너진 후였다.

3. 통합진보당 해산

2013년 11월 5일, 박근혜 정부는 헌법재판소에 통합진보당의 해산심판을 청구했다. 그 주요 사유는 통합진보당이 내란음모를 꾀했다는 것이다. 이 사건은 2013년 8월 28일 국가정보원이 통합진보당 이석기 의원을 내란음모 혐의로 검찰에 고발하면서 시작되었다. 국정원에 의하면, 이석기 의원이 주도하는 지하혁명조직인 RO(Revolutionary Organization)가 국가전복을 목적으로 이른바 '남한 공산주의 혁명'을 도모했다는 것이다. 9월 4일 국회에서 의원 체포동의안이 통과되고, 그는 구속·기소되었다.[26] 이와 더불어, 11월 4일 박근혜 정부는 국무회의에서 '통

25) 『경향신문』, 2014년 5월 7일.

26) 2014년 2월 17일 1심 재판부는 그의 내란음모·선동 혐의에 대해 모두 유죄를 선고했으나, 8월

합진보당 정당해산청구안'을 통과시키고, 다음날 이를 헌법재판소에 청구하였다.

이에 대해, 2014년 12월 19일 헌법재판소는 재판관 8(인용) 대 1(기각)의 의견으로 정부의 청구를 인용하는 결정을 내렸다. 헌법재판소의 결정에 의하면, 통합진보당은 "북한식 사회주의를 실현한다는 숨은 목적을 가지고 내란을 논의하는 회합을 개최하는 등 활동을 한 것은 헌법상 민주적 기본질서에 위배되고," 이러한 통합진보당의 "실질적 해악을 끼치는 구체적 위험성을 제거하기 위해서는 정당해산 외에 다른 대안이 없으며," "위헌정당의 해산을 명하는 비상상황에서는 국회의원의 국민 대표성은 희생될 수밖에 없으므로" 통합진보당 소속 국회의원의 의원직 상실은 불가피하다는 것이다.[27] 이로써 2012년 19대 총선에서 총 13석(지역구 7석과 비례대표 6석)을 얻어 원내에 진입했던 통합진보당은 해산되었으며, 해산과 더불어 통합진보당 소속 국회의원 전원이 의원직을 상실했다.

통합진보당 해산 결정은 많은 논란과 우려를 불러왔다. 통합진보당 해산은 정치적 다원성과 다양성을 인정하지 않는 '반민주적'인 결정일 뿐만 아니라,[28] 정권적 차원의 위기를 '반공 대 종북'이라는 정치적 프레임으로 진보진영을 소거하려는 '정치적' 결정이었다는 비판이 그것이다.[29] 이러한 우려와 비판은 법리적 차원에서도 제기되었다. 즉 우리 헌법은 다양성과 다원성을 민주주의의 기본전제로 삼고 있을 뿐만 아니라, 헌법 제8조 4항(정당의 목적이나 활동이 민주적 기본질서에 위배될 때에는 정부는 헌법재판소에 그 해산을 제소할 수 있고, 정당은 헌법재판소의 심판에 의해 해산된다)은 "국가로부터 정치적 소수자를 보호해 민주주의의 핵심인 정치적 다원주의"를 구성·보존하는 보호적 장치이기 때문에, 정당위헌심판 제도는 매우 엄격하고 제한적으로 운용되어야 한다는 것이다. 그럼에도, 헌법재판소 결정은 무리한 법리해석에 기초하여 '정치적 판단'을 강행했다는 것이다.[30] 요컨대, 통합진보당 해산 결정은 정당활동의 자유를 위축시킨 '정치의 사법화' 현상으로, 궁극적으로 한국 민주주의의 공고화에 역행하는 사건이었다.

11일 열린 2심 재판부는 '내란음모 무죄, 내란선동 유죄'를 결정하였다. 그리고 2015년 1월 22일 대법원은 그를 '내란선동'으로 징역 9년의 원심을 확정했다.

27) "헌법재판소의 통합진보당 해산 결정요지." http://www.ccourt.go.kr (검색일 2017년 12월 20일).

28) 한상희. 2015. "통합진보당 해산 결정, 이래서 문제다." 『시민과 세계』 26, 74~83.

29) 이병창, 2014. "통합진보당 해산심판 청구 사건과 반(종)북 이데올로기 공세의 의미." 『마르크스주의 연구』 11권 2호, 148~173.

30) 임지봉. 2015년. "헌법재판소의 통합진보당 해산결정에 대한 분석과 평가." 『법학논총』 33집, 369~387.

4. 역사교과서 국정화 추진

'역사교과서 국정화' 추진은 국가가 책임지고 하나의 통합된 역사교과서를 만들고, 이 교과서로 모든 중·고등학생들이 한국사를 공부하도록 만들겠다는 대통령의 의지에서 비롯되었다. 박근혜 정부와 새누리당은 2015년에 들어서면서 공개적으로 한국사 국정교과서를 추진하겠다는 계획을 거듭 밝혔다. 하지만 이때마다 역사학계와 초·중·고등학교 역사교사들의 반발로 역사교과서 국정화는 공식화되지 못하였다.

사건의 발단은 2015년 10월 12일 교육부의 '역사교과서 발행체제 개선방안 발표'였다. 교육부 발표에 따르면, 그간 역사교과서가 "국민을 통합하고 헌법가치인 자유민주주의에 기초한 건전한 국가관과 균형 있는 역사인식을 기르는 데 기여하지 못한 채 지속적인 이념논쟁과 편향성 논란"을 일으켜 왔기 때문에, "역사적 사실 오류를 바로잡고 이념적 편향성으로 인한 사회적 논쟁을 종식"시키기 위해 역사교과서의 국정화는 불가피하다는 것이었다. 그리고 그 구체적 추진 일정으로, 국정교과서 집필 작업은 2015년 11월에 착수하여 2016년 11월 말까지 완료하고, 2016년 12월까지 국정교과서의 감수 및 현장 적합성을 검토하여 2017년도 3월부터 학교현장에 적용하겠다고 발표하였다.[31] 교육부 발표에 뒤이어, 2015년 10월 27일 박근혜 대통령이 국회 시정연설에서 "대한민국의 미래를 위해서도, 통일에 대비하기 위해서도, 급변하는 국제정세 속에서 확고한 국가관을 가지고 주도적 역할을 하기 위해서도 역사교육을 정상화시키는 것은 당연한 과제이자 우리 세대의 사명"이라고 언급하였다.[32] 그리고 11월 3일 국무총리는 역사교과서 국정화를 확정·고시했다.

정부의 역사교과서 국정화 프로젝트의 강행은 시민사회와 야당의 즉각적인 반발을 낳았다. 11월 3일, 교육·학술단체, 시민사회단체, 학부모·청년·여성단체 등 479개 단체가 연대·결성한 '국정화저지 네트워크'는 기자회견을 갖고 국정화 고시를 즉각 철회할 것을 촉구했다.[33] 11월 4일 전국대학 역사학과 학부생과 대학원생들의 모임인 '전국역사학도 네트워크'는 기자회견을 열고 국정화 확정안

31) 교육부 보도자료. 2015. "역사교과서 발행체제 개선방안 발표." http://www.korea.kr/policy/pressReleaseView.do?newsId=156079308&call_from=extlink (검색일: 2017년 12월 3일).

32) 『서울신문』, 1015년 10월 28일.

33) 『내일신문』, 2015년 11월 3일.

폐기를 요구했으며,[34] 일부 사회과학자와 인문학자들은 국정화 철회와 교과서 집필거부의 성명서를 발표했다.[35] 같은 날 문재인 새정치민주연합 대표는 국회에서 대국민담화를 발표하고 "역사교과서 국정화 고시 강행은 획일적이며 전체주의적인 발상이고 자유민주주의를 부정하는 것"이라며 정부의 역사교과서 국정화 추진에 맞서 '국민 불복종운동'을 전개할 것임을 선언했다.[36] 11월 9일, YWCA와 YMCA 전국연맹이 기자회견을 열고 "역사는 지나간 과거가 아니라 현재와의 대화이며 미래를 살아가는 청소년들에게 소중한 자산이자 정신"임을 강조하고, 역사교과서 국정화 시도는 '교육의 정치적 중립성'을 훼손하는 행위이며 역사를 파괴하는 행위로 즉각 중단되어야 한다고 주장했다.[37] 이들의 입장은 역사교과서 국정화가 학생들에게 획일적인 사고를 주입하여 역사인식의 다양성을 훼손할 수 있는 '전체주의적 발상'이라는 것이었다.

거센 반대 여론에도 불구하고, 정부는 "집필진에 안정된 환경을 제공한다"는 명분을 내세워 역사교과서 편찬 기준에 대한 공개 없이 집필을 강행하였다. 이러한 정부의 태도는 국정교과서 편집 방향을 둘러싼 사회적 우려 — 박근혜 정부가 '친일·독재·분단'을 미화하고 합리화하는 방향으로 국정교과서를 개편하려 한다 — 를 더욱 증폭시켰다. 역사학계와 시민·사회단체들은 정부의 역사교과서 국정화 프로젝트를 역사를 왜곡하는 우파들의 '역사쿠데타'로 규정하고 국정 역사교과서 집필 작업의 중단·폐기를 요구했다. 그러나 정부는 이에 아랑곳하지 않고 국정교과서 집필 작업을 강행하였다.[38]

34) 『한겨레』, 2015년 11월 4일.
35) 『내일신문』, 2015년 11월 5일.
36) 『경향신문』, 2015년 11월 4일.
37) 『경향신문』, 2015년 11월 9일.
38) 2016년 11월 28일, 정부는 국정교과서의 '현장 검토본'을 공개했다. 역사학계와 시민사회가 우려했던 것처럼, '현장 검토본'의 내용은 '우편향'적 내용(예컨대, 대한민국의 건국과 관련하여 1948년 8월 15일을 '대한민국 정부수립'으로 보는 종래의 입장을 우파진영이 주장하는 '대한민국의 수립'으로 변경, 박정희 독재의 합리화 및 친일 부분의 축소를 통한 친일·독재의 미화 등)이 담겨 있는 것으로 드러났다(『서울신문』, 2016년 11월 28일; 『경향신문』, 2016년 11월 28일). 시민사회의 비판이 이어지는 가운데, 2016년 12월 9일 국회에서 박근혜 대통령 탄핵안이 가결되자 교육부의 국정 역사교과서의 추진은 그 동력을 상실하였다.

제3절 제20대 국회의원선거

2016년 4월에 치러진 제20대 총선에서 집권당(새누리당)은 참패하였다. 더불어민주당이 제1당으로 부상하였고, 새누리당이 제2당으로 탈락하였으며, 제3당인 국민의당이 25석을 얻어 원내 교섭단체가 되었다. 그 결과는 여소야대의 3당체제의 형성이었다.

1. 야권의 분열: 더불어민주당과 국민의당

민주통합당이 '민주당'으로, 민주당이 '새정치민주연합'으로, 새정치민주연합이 '더불어민주당'으로 개칭되기까지, 그리고 안철수의 '국민의당'이 창당되기까지 정치적 우여곡절이 거듭되었다. 18대 대선 패배와 2013년 4월 국회의원 재보궐선거 전패를 배경으로, 민주통합당은 2013년 5월 4일 개최된 정기전국대의원대회에서 당명을 '민주당'으로 변경하고 김한길을 당대표로 선출하였다. 한편, 2013년 4월 재보궐선거(서울시 노원병)에서 무소속으로 출마하여 당선된 안철수는 그해 11월 '새정치'를 모토로 신당 창당을 선언하였다. 그리고 그는 11월 10일 '새정치추진위원회'를 발족시켜, 이듬해 2월 국민공모를 거쳐 '새정치연합'이라는 당명을 확정하였다.

하지만 제6회 지방선거(2014년 6월 4일) 3개월 전인 2014년 3월 2일, 민주당의 김한길 대표와 새정치연합 창당준비위원장인 안철수가 공동기자회견을 열고, 민주당과 새정치연합 추진위를 통합하여 제3지대에 신당을 창당하겠다고 발표했다. 이어 제3지대 신당의 당명을 '새정치민주연합'으로 결정하고, 공동창당준비위원장에 김한길 민주당 대표와 안철수 새정치연합 창당준비위원장을 선출하였다. 그 결과, 당시 민주당 의석 126석과 새정치연합 의석 2석, 여기에 무소속의 박주선·강동원 의원을 포함한 총 130석의 의석을 가진 '새정치민주연합'이 출범하였다.

하지만 새정치민주연합은 제6회 지방선거에서 기대만큼의 성과를 내지 못했다. 새정치민주연합은 광역단체장 선거에서 9석을 얻어 집권당인 새누리당 8석에 1석 앞섰으나, 기초단체장의 경우 80석 대 117석, 광역의원은 349석 대 416석, 기초의원도 1,157석 대 1,413석으로 새누리당에 완패하였다. 지방선거의 패배는 지도부 책임론을 불러왔다.[39] 당내 불만이 쇄도했으나, 일단 광역단체장 9석 확보를 위안삼아 지도부 문책론은 봉합되는 양상을 보였다. 하지만 그해 치러진 7·30 재·보궐선거에서 명예회복을 노렸던 새정치민주연합은 또다시 참패하였다. 전국 15개 지역구에서 치러진 국회의원 재보선에서 새정치민주연합은 호남 3석과 수원 1석을 제외한 나머지 11개 지역구에서 패배했다. 특히 '안방'이라고 할 수 있었던 순천에서 새누리당 후보(이정현)에게 패배한 것은 큰 충격이었다. 이로써 김한길-안철수 체제가 더 이상 유지되기 힘든 상황에 봉착하였다. 결국, 재·보궐선거 다음날인 7월 31일, 김한길-안철수 공동대표는 연이은 선거 패배로 동반 사퇴했다.

이후 2015년 2월 8일에 열린 2·8 전당대회에서 문재인 의원이 새정치민주연합의 당대표로 선출되었다. 그러나 문재인 대표체제 역시 2015년 4·29 재·보궐선거 패배로 위기에 봉착하였다. 당내 비주류 집단은 문재인 대표의 사퇴를 촉구하고 나섰고, 이 과정에서 당내 주류와 비주류 사이의 갈등이 격화되는 양상을 보였다. 이에 문 대표는 당의 혼란을 수습하고 안정을 되찾기 위한 방안으로 계파를 초월하는 혁신기구를 구성하기로 결정하고, 안철수 의원에게 혁신위원장직을 맡아줄 것을 요청했으나 거절당했다. 이후 두 사람은 혁신안을 두고 좀처럼 이견을 좁히지 못하였다.

문재인·안철수의 갈등이 더욱 심화된 계기는 2015년 10월 문재인 대표의 이른바 '문·안·박(문재인·안철수·박원순) 공동 지도체제' 제안에 대한 안철수 의원의 역제안이었다. 문 대표의 '문·안·박' 제안에, 안 의원은 혁신 전당대회의 개최를 역제안했고, 이에 문 대표는 안 의원의 역제안을 '또 다른 분열의 시작'이라며 거부했다. 그러자 안 의원은 문 대표에게 자신의 제안인 혁신 전당대회 개최를 재고해 줄 것을 요청하고 칩거에 들어갔다. 곧 이어 안 의원의 '탈당설'이 나돌자, 문 대표는 안 의원이 제안했던 '10대 혁신안'[40]을 전격 수용하며 안 의원과의 관

39) 안철수와 함께 '새정치연합'의 창당을 시도했던 이들과 호남의 현역의원들 사이에 지도부 구성과 공천을 둘러싼 갈등이 표출되기 시작했고, 이는 이후 '국민의당' 창당 직후 당내 갈등의 발원점이 되었다. 지병근. 2016. "한국 주요정당들의 공천제도와 계파갈등: 2016년 국회의원선거 사례분석." 『동서연구』 28권 4호, 66~67.

40) 안철수 전 대표는 2015년 10월 11일, '낡은 진보 청산'을 위한 과제를 내놓으며 새로운 정치구도를 짜야 한다고 주장했다. 10대 과제로 ① 당 윤리기구의 혁신을 통한 반부패기구 확립, ② 부패혐의로 유죄판결을 받거나 재판계류 주인 당원에 대한 당원권 정지와 일체의 공직후보 자격

계회복에 나섰지만,[41] 그 와중에서도 전당대회의 개최는 끝내 거부했다. 안 의원은 탈당기자회견 직전까지도 문재인 대표와의 통화에서 전당대회를 받아들일 경우 탈당하지 않을 수 있다는 뜻을 내비쳤지만, 문 대표는 끝내 전당대회를 거부함으로써 두 사람의 협상은 결렬되었다.

안철수 의원은 새정치민주연합과의 결별 외엔 다른 선택지가 없었다. 결국 그는 2015년 12월 13일, 정권교체를 할 수 있는 정치세력을 만들겠다며 당내 비주류 인사들과 함께 새정치민주연합을 탈당하였다. 그러자 문재인 대표는 '새정치민주연합'의 당명에서 '새정치'를 지우고 원래 '민주당'의 당명을 되찾기 위해, 국민공모와 당무위원회의 투표를 거쳐 2015년 12월 28일 당명을 '더불어민주당'으로 변경하였다.

한편, 안철수 의원은 12월 21일 중도 노선의 신당 창당을 선언하고, 이듬해 1월 10일 한상진·윤여준을 위원장으로 창당준비위원회를 출범시켰다. 그리고 20대 총선을 불과 3개월 앞둔 시점인 2016년 2월 2일, 안철수 의원과 천정배 의원을 공동대표로 17명의 현역의원[42]들이 참여한 '국민의당'이 출범하였다.

2. 제20대 국회의원선거

2016년 4월 13일에 실시된 제20대 국회의원선거는 구체적인 정책이슈를 둘러싼 선거경쟁이 사실상 전무한 가운데 거시적 차원의 '심판론'을 중심으로 선거전이 전개되었다. 구체적으로, 더불어민주당을 비롯한 야당은 박근혜 대통령의

심사대상에서 배제, ③ 부패혐의로 유죄판결 확정시 즉시 제명, ④ 부적절한 언행에 대한 엄단, ⑤ 당 차원의 부패척결, ⑥ 당 수권비전위원회 설치, ⑦ 윤리심판원 전면 재구성, ⑧ 김한길-안철수 체제 집중 토론, ⑨ 19대 총선 및 18대 대선 평가보고서 공개 검증, ⑩ 선거에서 원칙 없는 정책 및 연대 금지 명시 등을 제안하였다. 『한겨레』, 2015년 12월 4일.

41) 안철수 의원의 10대 혁신안을 수용할 경우, 당시 저축은행 금품수수 혐의로 재판을 받고 있는 박지원 전 원내대표나 '입법로비' 의혹으로 재판 중인 신계륜·신학용 의원의 공천이 어려워질 수 있고, 정청래 최고위원 등 '막말' 징계 전력이 있는 의원들도 영향을 받을 수밖에 없었다. 또한 당시 대법원 유죄 확정판결로 의원직을 상실한 한명숙 전 국무총리도 당원에서 제명될 수 있는 내용들이 포함돼 있었다. 때문에 당시 문재인 대표의 '10대 혁신안' 수용 결정은 당지도체제와 혁신문제를 놓고 정면충돌한 안철수 의원과의 협력 관계를 회복하기 위해 전향적인 입장을 취한 것으로 해석된다.

42) 17명의 의원은 호남지역 의원 11명(권은희·김관영·김동철·김승남·박주선·유성엽·임내현·장병완·주승용·천정배·황주홍)과 서울·경기지역 의원 6명(김영환·김한길·문병호·신학용·안철수·최원식)이다.

독선적인 국정운영에 대한 '정권 심판론'을 부각시켰고, 새누리당은 국회와 야당이 국정운영의 발목을 잡고 있다는 '야당 심판론'을 제기하였으며, 국민의당은 기존의 거대정당들이 누리고 있는 기득권을 비판하고 새로운 제3정당의 필요성을 강조하는 '양당 심판론'을 집중적으로 거론하였다.[43)]

야당들의 '심판론'에도 불구하고, 선거운동 기간 내내 많은 여론조사와 전문가들은 새누리당의 압승을 점쳤다. 새누리당의 과반의석 획득은 기정사실로 간주되었고, 심지어 새누리당이 국회선진화법을 무력화시킬 수 있는 180석을 넘어 200석까지도 차지할 가능성이 있는 것으로 내다봤다. 이에 비해, 더불어민주당은 100석 이하의 의석에 그칠 것이며, 새롭게 창당한 국민의당은 30석 안팎의 의석을 획득할 것으로 예측하였다. 이러한 예상은 세 야당(더불어민주당, 국민의당, 정의당)이 대부분의 지역구에서 선거연합 혹은 후보단일화 없이 독자적으로 후보를 공천함에 따라 더욱 설득력을 얻었다.[44)]

하지만 이러한 예상은 크게 빗나갔다. 선거 결과는 새누리당은 122석으로 과반의석은 커녕 원내 제2당으로 전락했고, 더불어민주당은 123석을 차지하여 단 1석 차이지만 원내 제1당이 되었으며, 신생 국민의당은 애초의 예상보다 많은 38석을 획득하여 제3당이 되었다(<표 14-1> 참조).

선거 전의 예상과 달리, 새누리당이 참패하게 된 근본 요인은 새누리당 지지층의 이탈에 기인하였다. 왜 그들은 새누리당에 등을 돌렸는가? 그 요인은 크게 두 가지로 요약된다. 첫째, 박근혜 대통령의 독선적 국정운영과 박근혜 정부의 무능이다. '국민행복' 시대를 열겠다는 애초의 약속과는 달리, 국민들의 삶은 경제침체와 양극화로 인한 불평등의 심화로 지속적으로 나빠졌고, 세월호 참사 및 메르스 사태에서 보듯이 박근혜 정부는 무능하고 무책임했다. 이에 실망한 새누리당 지지층 가운데 일부는 '정권 심판론'에 공감하며 더불어민주당 지지로 돌아서거나, 일부는 새로운 제3정당의 필요성에 공감하여 새누리당 대신에 국민의당에 투표했던 것이다.[45)]

43) 장승진. 2016. "제20대 총선의 투표선택: 회고적 투표와 세 가지 심판론." 『한국정치학회보』 50집 4호, 151~169.

44) 『중앙일보』, 2016년 4월 14일.

45) 장승진. 2016. "제20대 총선의 투표선택: 회고적 투표와 세 가지 심판론," 165~166; 김정훈·한상익. 2016. "신화의 붕괴, 그리고 희망의 정치?: 20대 총선에서 나타난 유권자 지형의 변화." 『경제와 사회』 여름호, 12~37.

표 14-1 제20대 국회의원선거의 결과: 지역구와 비례대표

구 분		새누리당	더불어민주당	국민의당	정의당	기타·무소속
지역구의 정당별 득표율과 의석수						
수도권	서울	36.8%(12)	43.0%(35)	16.0%(2)	0.7%(0)	3.5%(0)
	인천	35.3%(4)	34.9%(7)	18.6%(0)	3.6%(0)	7.6%(2)
	경기	39.2%(19)	42.7%(40)	14.2%(0)	2.2%(1)	1.7%(0)
충청권	대전	38.4%(3)	43.6%(4)	15.1%(0)	1.7%(0)	1.2%(0)
	충남	41.4%(6)	42.1%(5)	10.3%(0)	0.3%(0)	5.9%(0)
	충북	48.0%(5)	41.9%(3)	7.7%(0)	0.4%(0)	2.0%(0)
	세종	36.0%(0)	10.6%(0)	8.3%(0)	0.0%(0)	45.1%(1)
호남권	광주	2.2%(0)	34.1%(0)	56.3%(8)	1.6%(0)	5.8%(0)
	전남	11.6%(1)	38.1%(1)	43.8%(8)	1.1%(0)	5.4%(0)
	전북	9.8%(1)	38.8%(2)	42.2%(7)	1.4%(0)	7.8%(0)
경북권	대구	47.9%(8)	18.8%(1)	0.7%(0)	0.8%(0)	31.8%(3)
	경북	60.9%(13)	8.2%(0)	1.0%(0)	3.1%(0)	26.8%(0)
경남권	부산	47.8%(12)	38.4%(5)	5.0%(0)	1.5%(0)	7.3%(1)
	울산	38.5%(3)	16.5%(0)	4.8%(0)	0.0%(0)	40.2%(3)
	경남	48.5%(12)	31.5%(3)	4.1%(0)	4.2%(1)	11.7%(0)
기 타	강원	47.7%(6)	35.3%(1)	2.0%(0)	1.0%(0)	14.0%(1)
	제주	41.4%(0)	48.6%(3)	9.7%(0)	0.0%(0)	0.3%(0)
전 국	득표율	38.3%	37.0%	14.9%	1.6%	8.2%
	의석수	105	110	25	2	11
비례대표의 정당별 득표율과 의석수						
득표율		33.5%	25.5%	26.7%	7.2%	10.1%
의석수		17	13	13	4	-
정당별 의석수: 지역구+비례대표						
총합		122	123	38	6	11

출처: 중앙선거관리위원회. 2016. 『제20대 국회의원선거총람』, 377~378, 422~425.

둘째, 공천과정에서 보여준 새누리당의 정파적 갈등과 비민주적 행태이다. 이 점에 있어서 더불어민주당과 국민의당 역시 자유로운 것은 아니었다. 더불어민주당의 경우 현역의원들의 물갈이 과정과 김종인 비상대책위원장의 이른바 '셀프공천'을 둘러싼 반발과 논란이 발생하였고, 국민의당의 경우 더불어민주당에서 탈당한 호남 현역의원들을 중심으로 공천이 진행됨에 따라 공천에서 탈락한 후보들의 불만이 표출되기도 하였다. 이에 비해, 새누리당 공천과정에서의 갈등과 잡음은 대단히 노골적이며 요란하기까지 했다. 공천심사위원장(이한구)의 권위적이며 안하무인적인 태도와 박근혜 대통령의 의중에 따른 이른바 '진박(眞朴) 공천,' 이에 저항한 김무성 대표의 '옥새투쟁,' 그리고 김무성 대표를 비난하는 '막말파문'(이한구·윤상현) 등 공천을 둘러싼 친박계와 비박계 간의 힘겨루기가 언론에 보도되면서 유권자들의 공분을 샀다. 이러한 새누리당의 행태는 지지자들이 등을 돌리는 중요 요인으로 작용하였다.[46)]

20대 총선 결과가 가져온 가장 큰 정치적 변화는 ① 양당체제로부터 3당체제로의 변화와 ② 여소야대 국회의 출현이다. 즉 더불어민주당이 제1당, 새누리당이 제2당, 국민의당이 제3당이 되었지만, 제1당이 과반 의석을 차지하지 못한 여소야대의 3당체제가 만들어졌다. 이는 국정운영에 있어서 대통령과 집권당의 일방적 독주가 더 이상 곤란하며, 타협과 조정이 필수적인 정치지형으로 변화되었음을 의미하는 것이었다.

20대 총선이 보여준 또 다른 특징은 유권자들의 지역주의 투표행태가 다소 완화되는 현상을 보였다는 점이다. 구체적으로, 국민의당이 광주·전남·전북의 전체의석 28석 중 23석을 차지함으로써 사실상 호남지역을 석권하였다. 반면 호남지역의 맹주로 군림해왔던 더불어민주당은 광주에서 1석도 얻지 못하고 전남 1석과 전북 2석을 차지하는데 그쳤다. 뿐만 아니라, 새누리당이 전남(순천, 이정현)과 전북(전주을, 정운찬)에서 당선자를 배출하였다. 영남지역에서의 변화도 결코 가볍지 않았다. 영남권의 전체 65석 중 새누리당이 48석을 차지했지만, 더불어민주당이 9석, 그리고 정의당과 무소속이 7석을 차지함으로써 영남지역의 맹주로서 새누리당의 지위가 흔들리는 모습을 보였다.

46) 장승진. 2016. "제20대 총선의 투표선택: 회고적 투표와 세 가지 심판론," 166; 정용하. 2017. "한국 제20대 총선의 신제도주의적 분석." 『한국민족문화』 62, 364.

제 4 절 북한 핵실험과 동북아 국제관계의 긴장

핵실험 및 미사일 발사 등 북한의 연이은 도발은 남북관계는 물론이고, 동북아 국제관계를 크게 긴장시켰다. 개성공단이 폐쇄되고 남북관계는 중단되었으며, 한미동맹의 사드 배치 결정에 중국은 크게 반발하였다.

1. 한반도 신뢰프로세스

박근혜 정부는 남북간 신뢰형성을 핵심으로 하는 '한반도 신뢰프로세스'(Korean Peninsula Trust Process)를 새로운 통일 및 대북정책으로 제안하였다.[47] 이 정책은 튼튼한 안보를 바탕으로 남북간 신뢰를 형성함으로써 남북관계의 발전과 한반도 평화의 정착, 나아가 남북통일 기반의 구축을 목표로 하였다. 요컨대, 박근혜 정부의 대북정책은 남북간 신뢰의 형성을 위해 북한의 도발에는 단호히 대처하되, 협력에는 적극 응한다는 것이었다. 그 출발점으로 정치적 색채가 약한 인도적 지원을 포함한 농업 및 환경협력을 정치적 상황과 무관하게 지속해 갈 것임을 표명하였다.[48] 하지만 북한은 박근혜 대통령의 제의를 '흡수통일의 논리'로 비난했으며, 2013년 3월 8일 북한의 대남기구인 '조국평화통일위원회'를 통해 1991년 체결한 '남북불가침 합의'의 파기를 일방적으로 선언하고, 그 후속조치로 '판문점 연락채널'을 단절시켜 버렸다.[49]

박근혜 대통령은 2014년 신년사에서 신뢰프로세스의 내용 일부를 구체화하여 '통일대박론'을 천명하고 '통일준비위원회'를 발족시켰다. 이 위원회는 통일비전 및 청사진 제시, 생활밀착형 대북정책 인프라 구축, 국민과 함께하는 통일준비, 북한의 생활 인프라 개선 및 한반도 종단철도 연계방안, 다자경제협력방안, 광복 70주년기념 남북공동문화행사, 개성공단 대상 모자보건 시범사업, 통일현장

47) 통일부. 2014. 『2014 통일백서』. 서울: 통일부, 13.
48) 하상식. 2014. "박근혜 정부 대북정책의 특징과 과제." 『대학정치학회보』 22집 4호, 11.
49) 판문점 연락채널은 1971년 9월 20일 열린 제1차 남북적십자 예비회담에서 양측이 의사소통의 필요성에 공감하면서 만들어졌다. 이후 남북은 판문점 남측 '자유의 집'과 북측 '판문각' 사이에 2개의 전화 회선을 개설해 연락하였다.

제정, DMZ 세계생태평화공원 조성 방안, 통일 공공외교의 활성화 방안, 통일준비를 위한 국민적 공감대 형성 방안 등을 제시하였다.

2014년 3월 28일, 박근혜 정부는 '한반도 신뢰프로세스'의 연장선상에서 통일 독일의 상징적 도시인 드레스덴에서 한반도 평화통일을 위한 구상으로 '드레스덴 선언'(Dresden Declaration)을 발표하였다. 그 주요 내용은 남북한 주민들의 인도적 문제해결, 공동번영을 위한 민생 인프라의 구축, 남북의 주민 간 동질성 회복을 위한 조치, 남북교류협력사무소 설치 등의 제안이었다.[50] 북한은 국방위원회 성명을 통해 이 선언 또한 흡수통일로 규정하고, 박근혜 정부를 격렬하게 비난하였다.

박근혜 정부의 '한반도 신뢰프로세스'는 국제정치에서 새로울 것이 없는 '강온 양면책'이었다. 안보문제에 관한 한 '강 대 강'으로 나가지만, 경제와 사회문제만큼은 화해와 협력을 통해 문제를 풀겠다는 것이 이명박 정부의 대북정책과 다른 점이었다. 하지만, 그 결과는 북한의 도발과 남한의 강경대응, 그리고 남북한 간의 갈등 국면의 임시적 봉합이라는 현상의 반복이었다.[51]

2. 개성공단 폐쇄와 남북관계의 단절

북한의 3차 핵실험(2013년 2월 12일) 이후 잠시 평온했던 남북관계는 2016년 1월 6일 북한의 4차 핵실험과 2월 7일 장거리미사일 발사 강행으로 또다시 대립국면을 맞게 되었다.[52] 북한의 반복적인 핵실험과 미사일 발사는 한반도 평화정착을 바라는 한국정부는 물론, 한반도 비핵화를 주장하는 주변 국가들의 신뢰를 크게 훼손하는 행동이었다.

이에 박근혜 정부는 대북 압박 및 제재조치로 대북 확성기 방송의 재개와

50) 정길호. 2015. "드레스덴 선언의 의미와 한반도 평화통일 접근방안." 『분단, 디아스포라, 통일 그리고 평화: 세계 속의 미래한국을 향하여』. 2015 춘계 공동학술대회 자료집, 56.

51) 박근혜 정부 시기의 남북관계를 사건별로 살펴보면, 2013년 4월 8일 북한의 개성공단 근로자 철수의 갈등국면은 9월 16일 개성공단 재가동, 2014년 2월 20~25일까지 금강산에서 이산가족 상봉, 9월 11일 인천아시안 게임에 북한 선수단 파견 등으로 봉합국면으로 전환되었고, 그리고 2015년 8월 4일 북한의 비무장지대 목함지뢰 도발사건과 8월 20일 경기도 연천군에 대한 북한의 포격도발은 8월 22~25일의 남북고위급 회담을 통해 이산가족 상봉추진, 대북 확성기 방송 중단, 북한의 지뢰도발 유감 표명 등으로 이어졌다. 하상식. 2014. "박근혜 정부 대북정책의 특징과 과제," 128~130.

52) 『경향신문』, 2016년 1월 7일.

더불어 개성공단 철수를 선언하였다.[53] 이로써 남북한 경제교류의 창구는 완전히 차단되었다. 나아가 박근혜 대통령은 2016년 2월 16일 국회연설에서 북한의 핵 포기를 이끌어내기 위해 '전면 봉쇄'의 대북정책을 공표하였다.[54] 그 내용은 '한반도 신뢰프로세스'라는 기존 대북정책을 폐기하고 북한이 핵·미사일 프로그램을 포기할 수밖에 없는 환경 조성에 최우선 순위를 둔 대북·외교정책을 전개하겠다는 것이었다.

이에 맞서 북한은 개성공단 내 남측의 모든 자산 동결과 인원 추방, 개성공단 인접 군사분계선 봉쇄, 개성공업지구 폐쇄, 북한 근로자 철수, 남북간 군통신과 판문점 연락 통로 폐쇄 등 초강경책으로 대응했다.[55] 북한이 즉각적으로 개성공단을 군사지역으로 선포함에 따라 남한의 입주 기업들은 그동안 개성공장에 투자한 시설과 장비 등을 포기한 채 일부 완제품만 갖고 서둘러 빠져나와야 했다. 북한은 남한 기업들이 철수하자 공업지구에 남겨진 설비와 자재, 완제품을 몰수해버렸다. 결과적으로 북한의 4차 핵실험에 대한 대응 조치인 남한의 개성공단 철수 선언은 입주기업의 막대한 피해는 물론, 남북한 연결통로의 폐쇄를 초래했다. 이로써 남북관계는 군사적 대치가 팽배하였던 과거로 회귀하면서 탈출구가 안 보이는 '치킨게임'(chicken game) 양상으로 치달았다.

3. 사드 배치와 중국의 반발

초기 박근혜 정부는 북핵문제의 해결을 위한 중국의 협조를 이끌어내지 못했다. 중국은 한반도 비핵화 입장을 일관되게 견지해 왔지만 방법론에서 큰 차이를 보였다. 박근혜 정부는 대북압박과 제재에 우선순위를 둔 반면, 중국은 대화와 협상을 통한 해결을 고수했다. 여러 차례 진행된 한·중 정상회담에서 양측은 원론적 입장만 반복하였고, 그 결과 북핵문제 해결을 위한 협상안 도출은 실패로

53) 홍용표 통일부 장관은 2016년 2월 10일 발표한 '개성공단 전면 중단 관련 정부 성명'에서 "개성공단 자금이 북한의 핵과 미사일 개발에 더 이상 이용되는 것을 막고, 우리 기업들이 희생되지 않도록 하기 위해 개성공단을 전면 중단하기로 했다"고 밝혔다. 『경향신문』, 2016년 2월 11일.

54) 2016년 1월 개성공단에는 한국기업 124개가 입주하고 있었다. 업종비율은 섬유(58%), 기계금속(19%), 전기전자(11%), 화학(7%), 기타(5%)로 구성되어 있다. 근로자는 북한 54,763명 한국 803명 등 총 55,566명이 근무하였다. 개성공업지구지원재단·개성공업지구관리위원회, "개성공단 안내." https://www.kidmac.com/kor/contents.do?menuNo=100143 (검색일 2016년 2월 3일).

55) 『경향신문』, 2016년 2월 12일.

마감되었다.

한국과 중국의 한반도 통일에 대한 현격한 관점의 차이 또한 북핵문제에 대한 중국의 협조를 어렵게 했다. 중국은 한반도의 평화적·자주적 통일을 지지한다는 원론적 입장을 일관되게 유지한 반면, 박근혜 정부는 '통일 대박론'을 확산시키면서 매우 공세적인 통일정책을 추진하였다. 이에 대해 중국은 원론적 지지 의사를 밝히면서도 흡수통일에 대한 경계와 의구심을 풀지 않았다. 2015년 9월 3일 중국의 전승절 참석 직후 기자간담회에서 박근혜 대통령은 "조속한 시일 내에 중국과 평화통일에 대한 다양한 논의가 시작될 것"이라고 언급하였다.[56] 대통령의 언급은 한·중 사이에 대북정책 및 한반도 통일에 대한 새로운 합의를 이끌어낸 것이라는 기대감을 증폭시켰지만, 중국은 한국의 기대와는 달리 원론적 입장에서 크게 달라지지 않았다.

2016년 7월 8일, 한국과 미국은 '사드'(THAAD)로 알려진 고고도 미사일 방어체계를 주한미군에 배치하기로 결정했다.[57] 국방부는 "한·미 양국은 북한의 핵과 대량살상무기(WMD), 탄도미사일 위협으로부터 대한민국과 우리 국민의 안전을 보장하고 한미동맹의 군사력을 보호하기 위한 방어적 조치로 결정하게 됐다"고 그 배경을 설명하였다.[58]

사드 배치 발표 직후인 2016년 7월 9일, 중국은 외교부 성명을 통해 "미국과 한국이 중국을 포함한 관련 국가들의 명확한 반대 입장을 고려하지 않고 사드의 한반도 배치를 선포"했으며, 이에 "중국은 사드의 한반도 배치를 단호히 반대하며 한·미 당국은 사드 배치 절차를 즉각 중단해야 한다"는 반응을 보였다.[59] 이 같은 중국의 반응은 사드의 한국 배치가 미국이 중국을 군사적으로 포위하는 조치이며, 이를 수용하는 한국과는 협력하지 못하겠다는 입장 표명이었다. 이에 대해 한국정부는 사드의 성능이 중국이 염려하는 정도가 아니라고 주장했지만 중국은 한국정부에게 사드 배치의 철회를 강력히 요구하였다.

박근혜 정부의 사드 배치 결정은 (한국과 중국이 외교·군사·경제 문제에 공조하고 동북아 현안 및 기후 변화 등 세계적 이슈에 긴밀히 협조하는) 한·중의 '전략적 협력 동반자관계'에 균열을 가져온 반면, 미국과의 동맹관계를 더욱 공고히

56) 『동아일보』, 2016년 9월 5일.
57) THAAD(Terminal High Altitude Area Defense)는 고고도 미사일 방어체계 발사대를 뜻한다.
58) 『한겨레신문』, 2016년 7월 8일.
59) 『매일경제』, 2016년 7월 8일.

하는 계기가 되었다. 사드 배치의 결정에 따라 박근혜 정부가 추진하였던 '동북아시아 균형외교'는 그 중심추가 빠르게 미국 쪽으로 기울었다. 결국, 한·미가 사드 배치를 추진하자, 중국은 한국에 대해 경제보복 조치를 취하였다. 한국인의 여행비자 발급제한, 화장품·전자제품·유아용품 등에 대한 통관기준 강화, 한국 드라마의 방영제한 등 강력한 조치가 단행되었다. 그 이후에도 중국에서는 온·오프라인의 한국행 단체여행 상품의 제한, 롯데 매장에 대한 영업정지, 한국제품 불매운동 등 보복성 조치가 취해졌다.

제 5 절 대통령 탄핵과 조기 대선

일부 언론매체들의 의혹 제기로 시작된 '국정농단' 사건은 대통령 하야와 탄핵을 요구하는 엄청난 규모의 시민항의로 이어졌다. 2016년 12월 9일 국회는 대통령 탄핵소추안을 가결하였고, 2017년 3월 8일 헌재는 재판관 전원일치로 대통령의 파면을 결정하였다. 헌재의 탄핵이 결정되면서, 제19대 대통령선거가 2017년 5월 9일 치러졌다.

1. 대통령 탄핵

(1) 언론의 폭로

'박근혜－최순실 게이트'로 알려진 "박근혜 정부의 최순실 등 민간인에 의한 국정농단 의혹 사건"은 언론매체들의 의혹 제기로부터 시작되었다. 그 내용은 '비선실세'인 최순실이 박근혜 대통령의 묵인 아래 국정에 광범하게 개입했으며, 미르재단·K스포츠재단의 설립에 관여하여 그 재단을 사유화하였고, 그의 딸 정유라가 특혜를 받아 대학에 입학했다는 것이다.

최초로 의혹을 제기한 언론매체는 'TV조선'이었다. 2016년 7월 6일부터 8월 중순까지 진행된 'TV조선'의 보도는 미르재단과 K스포츠재단의 설립과정에서 기업들로부터 불법모금이 이뤄졌으며, 이 과정에 청와대가 개입된 정황이 있다는 내용이었다. 그러나 'TV조선'의 의혹 제기는 다른 언론사들의 후속 보도로 이어지지 못했고, 일반시민들의 관심도 끌지 못했다. 잊혀질 뻔했던 국정농단 의혹사건을 되살린 것은 9월 20일의 '한겨레' 보도 — 민간인으로서 국정에 개입한 비선실세가 최순실이며, 그의 딸(정유라)이 이화여대 입학과정에 특혜를 받았다 — 였다. 이날 보도로 인해 '최순실 국정개입'에 대한 언론매체들의 기사는 급증하였다.

연이은 언론들의 의혹보도는 미르재단·K스포츠재단 및 정유라의 이화여대 부정입학 의혹에 대한 국회의 국정감사를 이끌어냈다. 9월 26일부터 10월 15일까지 진행된 국정감사(국회의 교육문화체육관광위원회)는 핵심 증인들의 불출석 및 정부와 집권당의 비협조로 제대로 진행되지 못했다. 그러나 국정감사에 대한 언론의 보도는 의혹사건을 둘러싼 일반인들의 관심을 더욱 증폭시켰다.

그러자, 10월 20일 대통령은 청와대 수석비서관회의에서 "재단(미르재단·K스포츠재단)들이 저의 퇴임 후를 대비해서 만들어졌다는데 그럴 이유도 없고, 사실도 아니다"고 밝히면서, 정부 사업을 둘러싼 의혹 및 비난의 확산은 "문화융성을 위한 기업들의 순수한 참여의지에 찬물을 끼얹어 기업들도 더 이상 투자를 하지 않을 것이고 한류문화의 확산과 기업의 해외 진출에도 부정적인 영향을 미치게 될 것"이라는 입장을 밝혔다.[60] 하지만 대통령의 발언에도 사태는 진정되지 않았다. 박근혜 대통령의 '콘크리트' 지지율로 여겨졌던 30%가 10월 첫 주에 29%, 둘째 주에 26%, 셋째 주에 25%로 계속 하락하였다.[61]

상황이 여의치 않자, 대통령은 10월 24일 오전, 국회 시정연설에서 "현행 5년 단임 대통령제 헌법은 과거 민주화 시대에는 적합할 수 있었지만 지금은 몸에 맞지 않는 옷이 됐다"면서 "임기 내에 헌법개정"을 제안하였고,[62] 이를 통해 국면 전환을 꾀하고자 했다. 대통령의 개헌추진 표명에 대해, 언론은 종일 정치인들의 개헌관련 입장을 보도하였다. 실제로 이날 KBS와 MBC를 비롯한 언론사들의 메인뉴스는 개헌 리포트로 가득했다. 인터넷 포털 Daum의 뉴스 검색 결과를 보면 10월 24일 하루에만 대통령의 개헌관련 보도가 2,540건이나 쏟아졌다.[63] 국면 전환을 위한 대통령의 개헌 발언은 성공적인 듯했다.

그러나 10월 24일 밤 'JTBC 뉴스룸'의 '최순실 태블릿 PC' 보도는 일거에 분

60) 『경향신문』, 2016년 10월 20일.
61) http://www.gallup.co.kr (검색일: 2017년 12월 3일).
62) 『서울신문』, 2016년 10월 25일.
63) 이지호·이현우·서복경. 2017. 『탄핵과정의 안과 밖: 촛불민심 경험분석』. 서울: 책담, 36.

위기를 반전시켰다. JTBC의 보도는 "최순실이 버리고 간 태블릿 PC의 파일을 입수해서 분석했는데, 최 씨가 44개의 대통령 연설문을 대통령의 연설 전에 받아보았다"는 내용이었다.[64] JTBC의 보도는 박근혜 대통령을 크게 당황시켰다. 그간 대통령의 비선으로 거론돼 온 최순실 문제에 대해 대통령은 "일방적 의혹제기"라고 대응해 왔기 때문이었다.

10월 25일 오후, 대통령은 '국민께 드리는 말씀'이라는 제목으로 대국민담화를 발표했다. 대통령은 "최순실 씨는 과거 제가 어려움을 겪을 때 도와준 인연으로 지난 대선 때 주로 연설이나 홍보 등의 분야에서 저의 선거운동이 국민들에게 어떻게 전달됐는지에 대해 개인적인 의견이나 소감을 전달해주는 역할을" 했고, "취임 후에도 일정 기간에는 일부 자료들에 대해 의견을 들은 적이 있으나 청와대 보좌체계가 완비된 이후에는 그만두었다"고 밝혔다. 또한 대통령은 "저로서는 좀 더 꼼꼼하게 챙겨 보고자 하는 순수한 마음으로 한 일인데 이유 여하를 막론하고 국민 여러분께 심려를 끼치고, 놀라고 마음 아프게 해 드린 점에 대해 송구스럽게 생각한다"며 고개를 숙였다.[65]

(2) 대통령 하야 촛불집회

10월 26일 이화여대 총학생회는 2012년 대통령선거 캠페인에서 박근혜 후보가 내세웠던 슬로건('내 꿈이 이뤄지는 나라')을 패러디한 "대한민국, 최순실의 꿈이 이뤄지는 나라입니까?"라는 제목의 선언문을 발표했다. 또한 대통령의 모교인 서강대학교 학생들은 '최순실 게이트 해결을 바라는 서강인 시국선언'을 발표했다. 10월 26일부터 시작된 대학생들의 시국선언은 10월 28일까지 41개 대학으로 확산되었고, 학생들은 시국선언 대학을 구글지도에 표시하고 인터넷을 통해 그 정보를 공유해 갔다. 뿐만 아니라, SNS에서는 네티즌들이 "#나와라 최순실" 등의 해시태그 운동을 전개하며 "박근혜 탄핵집회, 29일 오후 6시 광화문광장"이라는 문구를 확산시켰다.[66]

10월 27일부터 대학교수들의 시국선언이 발표되기 시작했다. 이날 성균관대학교 교수 32명은 시국선언문에서 "현재의 대통령은 국가를 이끌 능력과 양심을

64) http://news.jtbc.joins.com/article/article.aspx?news_id=NB11340632&pDate=20161024 (검색일 2017년 12월 3일).
65) 『한겨레』, 2016년 10월 25일.
66) 이지호·이현우·서복경. 2017. 『탄핵과장의 안과 밖: 촛불민심 경험분석』, 40~41.

갖추지 못했으므로 탄핵이 마땅하다"고 주장했다. 또한 경북대학교 교수 88명은 시국선언문을 통해 "국민의 자존심에 상처를 입히고 국가를 혼란에 빠뜨린 당사자인 박근혜 대통령은 모든 책임을 지고 하야하라"고 주장했다.[67] 이 시기에 사회·시민단체들의 집회가 발생하기 시작했다. 10월 26일 저녁 7시 진보대통합연대회의 서대문 지회의 집회를 시작으로, 같은 날 저녁 3시 '2016 청년총궐기 추진위원회'의 도심 버스킹, 경기도 화성시의 '박근혜 하야 촛불집회,' 27일 서울 세종로 파이낸스빌딩 앞 '최순실 의혹 진상규명 촉구 집회,' 28일 전북지역 비상시국회의가 주최한 촛불집회, 대구 시민단체가 주도한 '박근혜 하야 촉구 집회' 등이 연이어 개최되었다.

전국적 차원에서 첫 번째 촛불집회가 개최된 것은 10월 29일이었다. '정유라의 입시부정'과 '최순실의 국정농단'에 분개한 3만여 명의 시민들이 광화문으로 나와 "박근혜는 퇴진하라"를 외치기 시작했다. 집회를 마련한 단체는 '민중총궐기 투쟁본부'였다.[68] 이 단체는 '최순실 게이트'와 무관하게 2016년 11월 12일로 예정된 '민중총궐기' 제6차 집회를 준비하고 있었다. 그러던 중 '박근혜－최순실 게이트'에 대한 국민적 공분이 높아가자, '민중총궐기 투쟁본부'는 10월 28일 기자회견을 열고 "10월 29일 주말 저녁 6시 청계광장에서 '모이자! 분노하자! #내려와라 박근혜 시민촛불'을 시작으로 11월 1일부터 비상시국행동에 돌입해 '박근혜 정권 퇴진을 위한 범국민대회'를 개최할 예정"임을 발표했다.[69] 즉 '민중총궐기 투쟁본부'는 어떤 체계적인 기획하에 촛불집회를 개최한 것이 아니라, 단순히 11월 12일로 예정된 대중집회를 준비하고 있었다는 편의적 이유로 촛불집회의 개최자가 되어 버렸다.[70]

11월 3일 최순실이 구속되었다. 그리고 11월 4일 오전, 대통령은 두 번째 대국민담화를 발표했다. 그 내용은 "이번 일의 진상과 책임을 규명하는 데 최대한

67) 이지호·이현우·서복경. 2017.『탄핵과장의 안과 밖: 촛불민심 경험분석』, 42.

68) '민중총궐기 투쟁본부'는 민주노총, 전국농민회총연맹, 전국빈민연합 등 53개 단체가 모여 2015년 11월 결성된 진보단체들의 연대조직으로, 2015년 11월 14일에 제1차 민중총궐기 집회(노동개악 중단, 한국사교과서 국정화 저지, 민영화 중단, 쌀수입 저지 등), 12월 5일과 12월 19일에 제2차와 제3차 집회(살인적 시위진압 규탄, 공안몰이 반대, 노동개악 중단 등), 2016년 2월 27일 제4차 집회(노동개악 중단, 쌀수입 중단, 제1차 집회시 경찰의 물대포에 맞아 증태에 빠진 농민 백남기에 관한 책임자 처벌, 세월호 진상규명, 사드배치 반대), 3월 26일 제5차 집회(노동개악 중단)를 개최하였고, 2016년 11월 12일로 예정된 제6차 집회를 준비하고 있던 상태였다.

69) https://www.facebook.com/raiseup1114 (검색일: 2017년 12월 3일).

70) 이지호·이현우·서복경,『탄핵광장의 안과 밖: 촛불민심 경험분석』, 48.

협조"할 생각이며, "필요하다면 저 역시 검찰의 조사에 성실하게 임할 각오이며 특별검사에 의한 수사까지도 수용"하겠다는 것이었다.[71] 하지만 대통령의 사과는 국민들의 분노를 가라앉히지 못했다. 11월 4일 대통령 국정지지도가 5%로 추락했다는 여론조사 결과가 보도되고 있었다.

11월 5일 개최된 제2차 촛불집회에 30만 명이 참여했다. 2차 촛불집회 이후 검찰수사는 더욱 속도를 냈다. 11월 6일 안종범·정호성 전 비서관이 구속되었고, 11월 8일 차은택 전 창조경제추진단장이 중국에서 체포되었다. 이 와중에 11월 8일 대통령은 정세균 국회의장을 만나 "국정을 정상화하는 게 가장 큰 책무"이기 때문에 "총리가 내각을 통할하도록 국회에서 총리를 추천해 달라"고 요청했다.[72] 이는 대통령이 하야할 의사가 전혀 없음을 의미하는 것이었다.

11월 12일 제3차 촛불집회에서 시민들은 대통령의 퇴진을 요구했다. 이 집회는 '박근혜 정권 퇴진 비상국민행동'(퇴진행동)이 주최했다.[73] 퇴진행동은 11월 5일까지 촛불집회를 이끈 '민중총궐기 투쟁본부'와 더불어, 참여연대, 환경연합, 민변, 한국여성단체연합 등 1,500여 개의 시민단체가 함께 참여하여 꾸린 연합단체였다. 11월 19일에 개최된 제4차 촛불집회에서도 시민들은 "박근혜 즉각 퇴진"을 외쳤다. 이에 힘입어 야당들도 대통령의 퇴진을 주장하고 나섰다. 11월 14일 더불어민주당은 의원총회를 열어 대통령 퇴진을 당론으로 결정했고, 11월 18일 국민의당은 "대통령의 퇴진선언 — 여야합의 책임총리 임명 — 책임총리하에 조기대선 추진"으로 이어지는 '대통령의 질서 있는 퇴진'을 주장했다.[74]

(3) 대통령 탄핵 촛불집회와 국회의 탄핵

11월 20~21일 사이에 발생한 일련의 사건들은 '하야요구'를 '탄핵요구'로 전환시키는 계기가 되었다. 11월 20일 검찰의 중간수사결과가 발표되었다. 발표의 요지는 "최순실 국정논단 사건에 대통령이 공모관계에 있는 것으로 판단"되며,

71) 『경향신문』, 2016년 11월 5일.

72) 『세계일보』, 2018년 11월 8일.

73) 2016년 10월 29일 제1차 촛불집회의 주최는 11월 12일 제6차 민중총궐기를 준비하던 민중총궐기 투쟁본부가 맡았다. 그러나 해당 집회의 참가자수가 예상을 훨씬 뛰어넘어 보다 많은 시민들이 참가하면서, 주말집회의 조직을 체계적으로 맡는 주관단체의 필요성이 제기되었다. 이에 11월 2일 '박근혜–최순실 국정농단 사태에 즈음한 전국 비상시국회의'가 개최되었고 11월 4일에는 '박근혜정권 퇴진 비상국민행동 준비위원회'가 결성되었다. 그리고 11월 9일 '박근혜 정권 퇴진 비상국민행동'이 공식 발족하여 촛불집회의 기획과 준비를 담당하게 되었다.

74) 더미래연구소. 2017. 『탄핵, 100일간의 기록』. 서울: 디자인흐름, 224.

이를 "99% 입증할 자신이 있다"는 것이었다. 이에 대해 청와대 대변인은 "차라리 대통령의 책임 유무를 명확하게 가릴 수 있는 합법적 절차에 따라 하루빨리 이 논란이 매듭되어 지기를 바란다"며, 헌법에 규정된 대로 국회가 탄핵소추 절차를 밟으라는 태도를 취했다.[75]

청와대의 발표는 정치권의 탄핵 논의에 불을 붙였다. 청와대 발표 직후, 문재인(전 더불어민주당 대표)·안철수(전 국민의당 공동대표)·심상정(정의당 대표) 등 야권의 주요 정치인 8명은 국회에서 '비상시국 정치회의'를 열고 "박근혜 대통령의 범죄 사실이 명백하고 중대하여 탄핵 사유가 된다는 점을 확인하고 국민적 퇴진운동과 병행하여 탄핵 추진을 논의할 것을 야3당과 국회에 요청한다"고 발표했다.[76] 11월 21일 더불어민주당은 의원총회에서 '대통령 탄핵추진'을 만장일치로 결정하였으며, 같은 날 새누리당 비주류 의원을 비롯한 전·현직 광역단체장과 원외 당협위원장 등 80여 명도 '비상시국위원회'를 열고 "국회는 박 대통령에 대한 탄핵 절차에 즉각 착수해야 한다"고 의견을 모았다.[77] 또한 11월 23일 퇴진행동은 '대국민호소문'을 통해, 대통령이 '시간 끌기'를 하고 있다면서 11월 26일로 예정된 5차 촛불집회에 더 많이 참여하여 "아직도 버티고 있는 피의자 박근혜에게 우리의 힘이 얼마나 큰지 보여" 주자고 시민들에게 호소하였다.[78] 전국적으로 190만 명이 참여한 5차 촛불집회에서 시민들은 대통령의 '즉각 퇴진'을 요구했다.

11월 28일 대통령의 세 번째 대국민담화가 발표되었다: "저는 제 대통령직 임기 단축을 포함한 진퇴 문제를 국회의 결정에 맡기겠습니다. 여야 정치권이 논의하여 국정의 혼란과 공백을 최소화하고 안정되게 정권을 이양할 수 있는 방안을 만들어 주시면 그 일정과 법 절차에 따라 대통령직에서 물러나겠습니다."[79]

하지만 퇴진행동의 반응은 여전히 '즉각 퇴진'이었다. 대통령 담화 직후, 퇴진행동은 "결국 박근혜는 국회에 공을 넘기며 시간을 벌겠다는 입장을 밝혔다. … 박근혜가 시간을 벌면서 하고자 하는 것이 무엇인가? 증거인멸과 은폐, 그리고 자신의 퇴진 후 입지를 보장해줄 정권창출에 골몰할 것이다. … 예정된 6차 범국민행동은 그 명칭부터 변경해 '박근혜 즉각 퇴진의 날'로 선포하고 기만적인 담화

75) 『한겨레』, 2016년 11월 21일.
76) 『경향신문』, 2016년 11월 21일.
77) 『경향신문』, 2016년 11월 21일.
78) 더미래연구소. 2017. 『탄핵, 100일간의 기록』, 240.
79) 『경향신문』, 2016년 11월 30일.

에 분노한 더 많은 민중과 함께 청와대로 향할 것이다. … 박근혜는 즉각 퇴진하라!"고 발표했다.[80]

이에 호응하여, 11월 30일 더불어민주당 대표(추미애)는 "대통령의 세 번째 대국민담화는 탄핵을 피하기 위한 정치적 노림수"에 불과하며, "대통령의 임기 중단이나 퇴진을 정할 수 있는 유일한 방법은 헌법상 탄핵소추밖에 없다"며 기존 당론을 재확인하였다.[81] 그리고 탄핵소추안 표결을 12월 2일에 결행할 것을 주장했다. 하지만 추미애 대표의 탄핵 주장은 현실적인 문제점을 안고 있었다. 야3당의 의원들이 모두 탄핵에 찬성한다 할지라도, 탄핵소추안의 통과 여부는 불확실하였다. 따라서 탄핵소추안 가결 정족수를 채우기 위해서는 새누리당 비주류 의원들의 협조가 필수적이었다.

대통령의 담화문 발표 직후, 새누리당 비주류 모임인 '비상시국위원회'가 탄핵 유보 입장을 취했다. 12월 1일, 새누리당이 박 대통령의 '4월 퇴진-6월 대선'을 당론으로 채택하자, '비상시국위원회'는 대통령의 반응을 잠시 기다려 보자는 태도를 취했다. 김무성 의원은 대통령이 퇴진 약속을 하면 탄핵에 불참하겠다고 하였고, 유승민 의원은 여야협상이 결렬되면 탄핵에 동참한다는 입장이었다. 새누리당 비주류 의원들이 이 같은 태도를 취하자, 국민의당은 "탄핵이 통과될 수 있는 환경을 조성해 놓고 탄핵을 발의해야 한다"는 쪽으로 선회했다.[82] 결국 더불어민주당의 '12월 2일 탄핵안 표결'은 불발되었다. 대신 야3당은 탄핵안을 12월 2일 발의하고, 12월 8일 본회의에 보고하고 다음날 9일에 표결·처리한다는 일정에 합의했다.[83]

12월 3일, 第6차 촛불집회에 서울·부산·대구·광주·대전 등의 대도시 시민들은 물론, 전국 중·소도시 시민들도 동참하여, 역대 가장 많은 인원(232만 명)이 참여했다. 이날 집회에서 시민들은 '대통령의 즉각 퇴진'과 '국회의 지체 없는 탄핵'을 한 목소리로 요구했다. 온라인에서도 탄핵요구가 빗발쳤다. 12월 1일 익명의 시민들이 개설한 '박근핵닷컴'(parkgeunhack.com)에는 국회의원들에게 대통령 탄핵에 동참할 것을 촉구하는 시민청원이 무려 74만 4,343건(12월 4일 오후 9시 30분 기준)에 달했다. 특히 새누리당 비박계 모임인 '비상시국위원회'의 두 축인

80) 더미래연구소. 2017. 『탄핵, 100일간의 기록』, 258.
81) 더미래연구소. 2017. 『탄핵, 100일간의 기록』, 260.
82) 더미래연구소. 2017. 『탄핵, 100일간의 기록』, 261.
83) 『한겨레』, 2016년 12월 3일.

김무성·유승민 의원에게 각각 4만 2,939건과 1만 613건의 청원이 집중되었다.[84] 엄청난 시민들의 탄핵요구 속에서, 12월 4일 새누리당 '비상시국위원회'는 마침내 "9일 탄핵 표결에 조건 없이 참여해 탄핵안이 가결될 수 있도록 최선을 다할 것"이라고 발표했다.[85]

12월 9일 오후 3시 국회는 본회의를 열어 박근혜 대통령 탄핵안을 상정하고 무기명 표결에 들어갔다. 그리고 오후 4시 10분, 299명이 참여한 탄핵소추안에 찬성 234표, 반대 56표, 기권 2표, 무효 7표로 박근혜 대통령의 탄핵소추안이 가결되었다. 그리고 탄핵소추 의결서는 오후 5시 56분경에 헌법재판소에 전달되었고, 오후 7시 3분 청와대에 전달되었다. 이때부터 대통령의 권한이 정지됐고, 국무총리(황교안)가 대통령 권한대행을 맡게 되었다.

(4) 탄핵인용 촛불집회와 헌법재판소의 파면선고

국회의 탄핵가결 이후 개최된 7차 촛불집회(12월 10일)는 탄핵을 자축하는 분위기로 진행되었다. 이후 촛불집회는 8차(12월 17일)와 9차(12월 24일), 그리고 10차(12월 31일)를 거치면서 잠시 소강상태에 접어들었다.

하지만, 국회탄핵 국면에서 헌재심판 국면으로 전환되자, 탄핵에 반대하는 태극기집회가 빠르게 활성화되는 양상을 보였다. '박사모'(박근혜를 사랑하는 사람들의 모임)를 비롯한 30여 개의 극우보수단체들은 '탄기국'(탄핵기각을 위한 국민총궐기 운동본부)을 만들어 조직적으로 헌재의 탄핵기각을 압박하였다.[86] 국회의 탄핵가결 다음 날인 12월 10일 열린 탄기국의 '탄핵무효 국민총궐기' 대회는 이후 매주 토요일마다 '태극기집회'를 개최했다. 탄기국은 태극기집회를 통해 "언론의 조작·과장 보도로 촛불이 일어나 대통령이 탄핵됐다"며 탄핵의 부당성을 주장하는 한편,[87] "박 대통령 탄핵이 인용되면 '국민 저항권'을 행사하겠다" 및 "탄핵이

---

84) 『한겨레』, 2016년 12월 5일.

85) 『한겨레』, 2016년 12월 5일.

86) 박사모와 극우보수단체들의 맞불집회가 처음 등장한 것은 2016년 11월 19일 제4차 촛불집회 때였으며, 이후 촛불집회가 열릴 때마다 약 만 명에서 4만 명 사이의 인원이 참여하는 태극기집회가 개최되었다. 당시 이들은 '하야반대·탄핵반대'를 외치면서 촛불집회에 맞대응했으나, 국회의 탄핵가결 직후인 2016년 12월 11일 '탄핵기각을 위한 국민총궐기 운동본부'를 만들어 '탄핵무효·탄핵기각'을 위한 태극기집회를 개최했다. 탄기국의 출범은 "http://cafe.daum.net/tankikuk/GnQD/1"(검색일: 2017년 3월 1일)을 참고.

87) 『서울경제』, 2017년 2월 11일.

인용되면 아스팔트에 피가 뿌려질 것이며 참극을 보게 될 것"이라며 헌재의 탄핵 각하를 주장했다.[88)]

헌재의 탄핵심판 결정일이 다가오면서, 한동안 소강상태였던 촛불집회에 또 다시 대규모의 시민들이 참여하기 시작했다. 2017년 2월 11일의 15차 촛불집회에 전국적으로 80여만 명이, 2월 18일의 16차 촛불집회에 85만여 명이, 그리고 2월 25일과 3월 4일의 17차 및 19차 촛불집회에 100만여 명이 참여하여 '탄핵인용'을 통한 '촛불개혁'의 완수를 외쳤다.

2017년 3월 8일, 헌재는 탄핵심판 선고 기일을 3월 10일 오전 11시로 결정하였다. 그리고 3월 10일 오전, TV를 통해 전 국민이 지켜보는 가운데 헌재는 재판관 8인 전원일치로 대통령 박근혜의 파면을 결정했다. 헌재의 탄핵심판 결정요지는 다음과 같다.[89)]

> 대통령은 헌법과 법률에 따라 권한을 행사하여야 함은 물론, 공무수행은 투명하게 공개하여 국민의 평가를 받아야 합니다. 그런데 피청구인은 최서원의 국정개입사실을 철저히 숨겼고, 그에 관한 의혹이 제기될 때마다 이를 부인하며 오히려 의혹 제기를 비난하였습니다. 이로 인해 국회 등 헌법기관에 의한 견제나 언론에 의한 감시 장치가 제대로 작동될 수 없었습니다. … 피청구인의 헌법과 법률 위배행위는 재임기간 전반에 걸쳐 지속적으로 이루어졌고, 국회와 언론의 지적에도 불구하고 오히려 사실을 은폐하고 관련자를 단속해 왔습니다. … 이러한 피청구인의 위헌·위법행위는 대의민주제 원리와 법치주의 정신을 훼손한 것입니다. … 결국 피청구인의 위헌·위법행위는 국민의 신임을 배반한 것으로 헌법수호의 관점에서 용납될 수 없는 중대한 법 위배행위라고 보아야 합니다. … 이에 재판관 전원의 일치된 의견으로 주문을 선고합니다. 주문 피청구인 대통령 박근혜를 파면한다.

2. 제19대 대통령선거

(1) 대선후보 선출과정

헌재의 탄핵이 결정되면서, 제19대 대통령 선거일이 공직선거법 제35조(대통령의 궐위로 인한 선거 또는 재선거는 60일 이내에 실시)에 따라 5월 9일로 확정되었다. 제19대 대선은, 촛불집회와 탄핵 과정에서 집권당인 새누리당이 '자유한국

88) 『한겨레』, 2017년 2월 25일.
89) https://www.ccourt.go.kr/?w2xPath=/ui/coelec/dta/casesrch/EP4100_M01.xml&eventno=2016헌나1 (검색일 2018년 2월 3일).

당'과 '바른정당'으로 분당됨에 따라,[90] 더불어민주당·국민의당·자유한국당·바른정당·정의당 후보들이 출마한 가운데 치러졌다.

조기대선이 예상되는 가운데, 가장 먼저 경선체제에 돌입한 정당은 더불어민주당이었다. 2017년 1월 5일, 최성(경기도 고양시장)의 출마선언을 시작으로, 안희정(충남 도지사), 이재명(성남시장)이 출마선언을 했다. 박원순 서울시장은 유력 후보로 거론되었으나, 1월 26일 대선 불출마를 선언했다. 3월 24일, 문재인 전 대표도 동영상을 통해 대선 출마선언을 했다. 2017년 1월 24일에 확정된 경선규칙(완전국민경선제와 결선투표제)에 따라, 3월 12~13일에 진행된 더불어민주당 대통령 후보경선 등록에 안희정·문재인·최성·이재명이 신청하였다. 그리고 3월 22일 전국 250곳에 마련된 투표소에서 선거인단의 동시투표가 진행되었고, 3월 25일 호남지역 경선을 시작으로 4월 3일 수도권 및 강원지역 경선에 이르기까지 자동응답시스템(ARS) 투표와 대의원 순회투표가 차례르 진행되었다. 경선 결과, 문재인 후보는 57.0%를 획득하여 결선투표 없이 곧바로 더불어민주당 대통령 후보로 확정되었다.[91]

자유한국당 예비경선 등록에 9명의 후보(조경태·원유철·신용한·김진태·김진·김관용·안상수·이인제·홍준표)가 참여했다. 책임당원 70%와 일반국민 30%의 여론조사 결과를 바탕으로 본경선에 오를 4명의 후보를 고르는 1차와 2차 컷오프를 진행해, 1차 컷오프에서 6명(원유철·안상수·김진태·김관용·이인제·홍준표)이 통과했고 2차 컷오프에서 김관용·김진태·이인제·홍준표 4명이 본경선에 진출하게 되었다.[92] 홍준표 후보는 3월 26일 경선토론에서 더불어민주당 문재인 후보의 집권을 막기 위해 바른정당은 물론 국민의당과의 연대도 가능하다고 주장했다. 이에 대해 김진태 후보는 바른정당은 연대의 대상이 아닌 없어져야 할 정당임을 역설하였고, 이인제 후보는 탄핵을 주도한 세력과의 연대 불가 입장을 취하였다. 김관용 후보는 문재인 집권을 막기 위해 연대해야 한다는 점에는 홍준표 후보와 의견을 함께했으나, 홍준표 후보와 김진태 후보가 각각 불법정치자금 수수와 선거법 위반에 대한 혐의로 재판을 받고 있기에 후보 자격이 없다고 주장했다. 2017년 3월 31일, 책임당원 현장투표 50%와 국민여론조사 50%가 반영되는

90) 대통령 탄핵에 동조한 30여명의 새누리당 의원들은 2017년 1월 24일 '개혁보수'를 내세우며 '바른정당'을 출범시켰고, 새누리당은 2017년 2월 13일 '자유한국당'으로 당명을 변경하였다.

91) 『이데일리』, 2017년 4월 3일.

92) 『민중의 소리』, 2017년 3월 20일.

경선에서 승리한 홍준표 경남지사가 자유한국당 대통령 후보로 선출되었다.

국민의당은 경선 예비후보로 6명(안철수·손학규·박주선·양필승·김원조·이상원)이 등록했고, 3월 17일 박주선·손학규·안철수 후보가 예비경선을 통과했다.[93] 2017년 4월 4일, 완전국민경선 80%와 여론조사 20%가 반영되는 경선을 통해 국민의당 대통령 후보로 안철수가 선출되었다. 바른정당의 경우, 2017년 3월 16~17일 예비후보 등록을 진행한 결과, 당내 경선은 유승민 의원과 남경필 경기도지사 간의 경쟁으로 진행되었다. 2017년 3월 28일, 국민정책평가단 전화면접투표 40%, 전당원 투표 30%, 일반국민 여론조사 30%를 반영한 경선투표 결과, 36,593표(62.9%)를 차지한 유승민이 남경필 경기도지사(21,625표, 37.1%)를 누르고 바른정당의 대통령 후보로 선출되었다. 그리고 정의당은 2017년 1월 19일 심상정 대표의 첫 번째 대선 출마선언에 이어, 같은 달 24일 강상구 교육연수원 부원장이 출마선언을 하였다. 2월 11일부터 16일까지 일주일 동안 진행된 인터넷·ARS를 이용한 당원투표를 거쳐, 2월 16일 심상정이 정의당 대통령 후보로 선출되었다.

(2) 선거전의 주요 이슈

제19대 대선은 현직 대통령의 탄핵으로 예정보다 7개월여 가량 앞당겨 치러진 조기 대선이었다. 때문에 유권자들이 후보들의 자질과 정책에 대해 충분한 정보를 얻기에는 상대적으로 기간이 짧았으나, 역대 어느 대선보다 유권자들의 높은 관심 속에서 치러졌다.

선거운동기간 동안 핵심 쟁점이 되었던 이슈는 외교안보, 적폐청산, 일자리 문제 등이었다. 우선, 북한 이슈를 둘러싼 외교·안보 문제는 후보자들 간의 뜨거운 논쟁의 대상이 되었다. 당시 북한의 핵실험, 탄도미사일 발사 등 추가도발 위협과 미국 트럼프 행정부의 북한 선제공격 가능성 등 그 어느 때보다도 한반도 안보위기가 고조되었고, 여기에 사드 도입에 대한 논란이 더해지면서 외교·안보 문제는 긴급한 현안으로 대두되고 있었다. 문재인·홍준표·안철수·유승민·심상정 후보의 공통된 의견은 '한미동맹 강화'였다. 5명의 유력 후보들 간에 차이점이 있다면 '전술핵 재배치' 문제였다. 홍준표·유승민 후보는 '한반도 전술핵 재배치'를 공약으로 내세웠고, 문재인·심상정·안철수 후보는 전술핵 배치에 반대하는

93) 『오마이뉴스』, 2017년 3월 17일.

입장이었다. 사드 배치 문제에 대해서도 입장차가 뚜렷했다. 홍준표·유승민 후보는 사드 배치에 찬성하는 입장이었고, 심상정 후보는 사드 철회를 공약했다. 문재인·안철수 후보는 다소 유보적인 입장이었다. 문재인 후보는 당초 '사드 국회비준동의'를 공약집에 넣었다가 삭제하고 '조건부 찬성'이라는 입장으로 선회했다. 안철수 후보는 한·미의 사드 배치 결정을 일단 존중하되, 한반도 비핵화 작업에 진전이 있을 경우 미국을 설득해 사드 철수를 검토하겠다는 입장이었다.[94]

둘째, '최순실 국정농단 사건'과 박근혜 대통령의 탄핵으로 인해 선거기간 동안 '적폐청산'이 중요 쟁점으로 등장하였다. 적폐청산을 꺼내든 후보는 문재인 후보였다. '비정상의 정상화'를 강조하면서, 문재인 후보는 박근혜 정권을 탄생시키고 지원했던 자유한국당과 바른정당을 '적폐 세력'으로 몰아붙였다. 나아가 이들 정당과 연대는 '적폐와의 연대'라고 규정하며, '비문'(비문재인) 세력의 연대를 차단하는데 '적폐' 프레임을 적극 활용했다. 이에 맞서. 국민의당 안철수 후보는 '계파 패권주의'를 꺼내며 패권주의가 마지막 남은 적폐 중의 적폐라며 더불어민주당의 친노·친문 계파문제를 부각시켰다. 또한 자유한국당의 홍준표 후보는 종북좌파·강성노조·전교조를 적폐의 3대 세력으로 규정하고,[95] 자유민주주의 수호를 위해 이들 세력을 청산해야 한다고 역설함으로써 문재인 후보의 적폐세력 청산 프레임에 맞대응했다.

셋째, 경제적 현안인 일자리, 청년실업, 비정규직 문제 등에 대해서 대체로 모든 후보가 인식을 같이 하였다. 다만, 더불어민주당의 문재인 후보와 정의당의 심상정 후보는 정부 주도에 의한 공공부문 일자리 창출에, 국민의당의 안철수 후보와 자유한국당의 홍준표 후보, 바른정당의 유승민 후보는 노동시장 활성화 특히 중소기업에 활력을 불어넣어 일자리 창출이 이루어져야 한다는 점에서 차이를 보였다.

(3) 19대 대선의 특징과 결과

19대 대선은 역대 대선과는 다른 특징을 보여주었다. 먼저, 대통령 탄핵을 둘러싼 책임 논란 속에서 집권당이었던 새누리당이 분당되면서 보수 세력이 분

94) 『시사저널』, 2017년 5월 1일 (http://www.sisapress.com/journal/article/168363, 검색일: 2017년 12월 26일).
95) 『JTBC 2017 대통령후보 초청 토론회』, 2017년 4월 26일 (https://youtu.be/vo7BRDrZUBs, 검색일: 2018년 2월 3일).

열된 가운데 선거가 치러졌다. 또한 대통령 탄핵이라는 특수성과 이로 인한 다자 구도의 형성은 역대 대선에 비해 지역구도가 상대적으로 약화된 모습을 보였다는 점이다. 지난 18대 대선에서 민주통합당의 문재인 후보는 호남지역에서 89.0%를, 그리고 새누리당의 박근혜 후보는 대구·경북 지역에서 80.5%를 득표했다. 하지만 19대 대선에서는 한 후보가 특정 지역에서 80% 이상의 표를 가져가는 몰표 현상은 나타나지 않았다(<표 14-2> 참조).

이와 더불어, 유권자의 투표참여율은 77.2%를 기록하여, 1997년 15대 대선(80.7%) 이후 20년 만에 가장 높은 수치를 보였다. 이는 대선 최초의 사전투표제

표 14-2 제19대 대통령선거의 후보자별 득표율

구 분		더불어민주당 문재인	자유한국당 홍준표	국민의당 안철수	바른정당 유승민	정의당 심상정	기 타
수도권	서울	42.3%	20.8%	22.7%	7.3%	6.5%	0.4%
	인천	41.2%	20.9%	23.7%	6.5%	7.2%	0.5%
	경기	42.1%	20.8%	22.9%	6.8%	6.9%	0.5%
충청권	대전	42.9%	20.3%	23.2%	6.3%	6.8%	0.5%
	충남	38.6%	24.8%	23.5%	5.6%	6.8%	0.7%
	충북	38.6%	26.3%	21.8%	5.9%	6.7%	0.7%
	세종	51.1%	15.2%	21.0%	6.0%	6.1%	0.6%
호남권	광주	61.1%	1.6%	30.1%	2.2%	4.6%	0.4%
	전남	59.9%	2.5%	30.7%	2.1%	4.0%	0.8%
	전북	64.8%	3.3%	23.8%	2.6%	4.9%	0.6%
경북권	대구	21.8%	45.4%	15.0%	12.6%	4.7%	0.5%
	경북	21.7%	48.6%	14.9%	8.8%	5.2%	0.8%
경남권	부산	38.7%	32.0%	16.8%	7.2%	4.9%	0.4%
	울산	38.1%	27.5%	17.3%	8.1%	8.4%	0.6%
	경남	36.7%	37.2%	13.4%	6.7%	5.3%	0.7%
기 타	강원	34.2%	30.0%	21.8%	6.9%	6.6%	0.5%
	제주	45.5%	18.3%	20.9%	6.1%	8.5%	0.7%
전 국		41.1%	24.0%	21.4%	6.8%	6.2%	0.5%

출처: 중앙선거관리위원회. 2017. 『제19대 대통령선거총람 II』, 390~391.

의 적용 및 투표시간 2시간 연장이라는 제도적 요인도 한몫 했지만, 무엇보다도 '박근혜-최순실의 국정농단'으로 무너진 민주주의와 국가리더십의 재건을 위한 유권자들의 주권의식이 투표참여 열기로 이어진 결과였다.

개표 결과, 더불어민주당의 문재인 후보가 득표율 41.1%로, 2위 홍준표 자유한국당 후보(24.0%)와 3위 안철수 국민의당 후보(21.4%)를 여유 있게 누르고 제19대 대통령에 당선되었다. 문재인 후보의 승리는 헌정 사상 초유의 '탄핵 대선'이 빚은 특수한 정치지형에 힘입은 바 컸다. 즉 탄핵 정국의 여파로 '보수표 결집'은 거의 불가능했을 뿐만 아니라, 짧은 선거준비기간으로 인해 일찌감치 대세론을 구축한 문재인 후보에게 유리한 결과를 안겨주었다.

참고문헌

[논　문]

가상준. 2008. “노무현 대통령에 대한 평가가 2007년 대통령 선거에 미친 영향력 분석.” 『현대정치연구』 창간호.

강　민. 1993. “관료적 권위주의의 한국적 생성.” 『한국정치학회보』 17집.

강원택. 2004. “탄핵정국과 17대 총선.” 『17대 총선분석: 대통령 탄핵과 향후 정국의 전망』 한국정치학회 특별학술회의 발표 자료집.

______. 2008. “2007년 대통령 선거와 이슈.” 한국정치학회 특별학술회의 발표논문.

______. 2010. “천안함 사건은 지방선거의 변수였나?” 『EAI 오피니언 리뷰』.

고선규. 2007. “중선거구제 도입과 선거운동의 변화.” 이준한(외). 『제4회 지방선거 현장리포트』. 서울: 푸른길.

고영복. 1983. “4월혁명의 의식구조.” 강만길(외). 『4월혁명론』. 서울: 한길사.

고　원. 2013. “정치균열의 전환과 2012년 대통령선거: 세대와 계층 변수를 중심으로.” 『동향과 전망』 88호.

고창훈. 1989. “4·3 민중항쟁의 전개와 성격.” 『해방전후사의 인식 4』. 서울: 한길사.

구범모. 1992. “14대 총선의 정치사회적 의미.” 『선거와 한국정치』. 서울: 한국정치학회.

구중서. 1990. “보수우익 세력의 형성과정.” 한배호(편). 『한국현대정치론 I』. 서울: 나남.

권영기·김동현·지해범. 1989. “군 3개 사단을 투입하라!” 『월간조선』 12월호.

김　견. 1988. “한국의 중화학공업화과정에서의 국가개입의 양상 및 귀결.” 한국산업사회연구회(편). 『오늘의 한국자본주의와 국가』. 서울: 한길사.

김경환. 1995. “김대중과 이기택과 민주당, 선택의 날이 다가온다.” 『월간 말』 1월호.

김계유. 1991. “1948년 여순봉기.” 『역사비평』 가을호.

김근식. 2006. “남북정상회담과 6·15 공동선언: 분석과 평가.’ 『북한연구학회보』 10권 2호.

김동성. 1993. “80년 서울의 봄과 민주화운동의 좌절.” 『5공화국 평가 대토론』. 서울: 동아일보사.

김동원. 1998. “경제위기의 원인: 내우외환의 전개과정.” 이병천·김균(편). 『위기, 그리고 대전환: 새로운 한국경제 패러다임을 찾아서』. 서울: 당대.

김상조. 1998. “김영삼 정부의 개혁실패와 경제위기.” 이병천·김균(편). 『위기, 그리고 대전환』. 서울: 당대.

김석우·전용주. 2008. “18대 총선 당선자 결정요인 분석: 정치적 충원을 중심으로.” 『한국

시민윤리학회보』 21집 5호.
김성배. 2014. “이명박 정부 국정운영의 목표 및 방향.” 한국행정연구원. 『대한민국 역대 정부 주요 정책과 국정운영: 이명박 정부(8)』. 서울: 대영문화사.
김성익. 1992. “전두환, 역사를 위한 육성증언: 6·29 전야의 고백.” 『월간조선』 1월호.
김성환. 1984. “4·19혁명의 구조와 종합적 평가.” 김성환·김정원·허버트 P. 빅스(외). 『1960년대』. 서울: 거름.
김세중. 1995. “10월 유신과 민주회복운동: 운동의 한계에 대한 엘리트 이론적 접근.” 한국정치학회(편). 『한국현대정치사』. 서울: 법문사.
김세진. 1984. “한국 군부의 성장과정과 5·16.” 김성환·김정원·허버트 P. 빅스(외). 『1960년대』. 서울: 거름.
김언호. 1984. “자유언론운동.” 한승헌(외). 『유신체제와 민주화운동』. 서울: 춘추사.
김영명. 1988. “한국의 정치변동과 미국: 국가와 정권의 변모에 미친 미국의 영향.” 『한국정치학회보』 22집 2호.
김영태. 2003. “16대 대선후보 선정 및 후보단일화과정에 대한 분석.” 2003년 한국정치학회 춘계학술회의 논문.
김용철. 1996. “한국의 민주화 이행과 시민사회의 역동.” 한흥수(편). 『한국정치동태론』. 서울: 오름.
______. 2007. “개헌논의체제의 민주화.” 『정치·정보연구』 10권 2호.
______. 2008. “촛불시위의 동학: 온라인과 오프라인의 만남.” 『정보화정책』 15권 4호.
______. 2012. “사회연합정치의 관점에서 본 전두환·노태우 정권하의 노동정치.” 『오토피아』 27권 2호.
______. 2015. “한국의 민주화운동과 민주화: 성공과 좌절.” 『민주주의와 인권』 15권 3호.
김용철·형은화. 2015. “열린우리당의 등장과 해체: 정당개혁의 역설.” 『한국지방정치학회보』 5집 2호.
김용호. 1994. “민주화와 정당정치.” 안청시(외). 『전환기의 한국민주주의, 1987~1992』. 서울: 법문사.
김정원. 1984. “군정과 제3공화국: 1961~1971.” 김성환·김정원·허버트 P. 빅스(외). 『1960년대』. 서울: 거름.
______. 1985. 『분단한국사』. 서울: 동녘.
김정훈·한상익. 2016. “신화의 붕괴, 그리고 희망의 정치?: 20대 총선에서 나타난 유권자 지형의 변화.” 『경제와 사회』 여름호.
김 준. 1990. “1980년의 정세발전과 대립구도.” 정해구(외). 『광주민중항쟁연구』. 서울: 사계절.
______. 1995. “농민운동 조직화의 양상과 운동의 지속성.” 『현대사회과학연구』 제6권.
김지형. 2012. “1956년 대선과 민주당-진보당 야당연합.” 『역사비평』 2월.
김진균·정근식. 1990. “광주 5월민중항쟁의 사회경제적 배경.” 한국현대사사료연구소. 『광

주 5월민중항쟁』. 서울: 풀빛.
김태승. 1988. "미군정기 노동운동과 전평의 운동노선." 박현채 편). 『해방전후사의 인식 3』. 서울: 한길사.
김학준. 1986. "한반도의 분단과정." 민주정의당 국책연구소. 『국책연구』 봄호.
______. 1979. "분단의 배경과 고정화 과정." 송건호(외). 『해방전후사의 인식』. 서울: 한길사.
김형철. 2012. "19대 총선, 야권연대의 성과와 향후 전망." 『한국연구원 현안진단』 214호.
김호진. 1994. "제5공화국의 정권적 성격." 『5공평가 대토론』. 서울: 동아일보사.
나성린. 2003. "새 정부 경제정책 방향과 과제." 『재정포럼』 81호.
노경채. 1989. "한국독립당의 결성과 그 변천(1930~1945)." 『역사와 현실』 창간호.
마상윤. 2003. "안보와 민주주의, 그리고 박정희의 길: 유신체제 수립원인 재고." 『국제정치논총』 43집 2호.
마인섭. 1995. "자본주의적 발전과 민주화." 임현진·송호근(편). 『전환의 정치, 전환의 한국사회』. 서울: 사회비평사.
마크 피터슨. 1988. "미국은 광주사태에 책임이 없다." 『사회와 사상』 5월호.
민족민주운동연구소. 1990. "미국의 '광주관련 답변서'를 통해 미국을 다시 본다." 『정세연구』 6월호.
문정인. 1998. "1997년 한국의 경제위기와 민주주의." 『아시아태평양지역연구』 창간호.
문정인·김용철. 2000. "구조개혁의 정치경제: 정치적·제도적 제약을 중심으로." 『IMF체제 이후의 한국정치의 비전과 전략』. 서울: 국회사무처.
문용직. 1993. "1990년 3당합당의 분석." 『한국과 국제정치』 9권 1호.
박기덕. 2000. "민주화 과정에서 미국역할에 대한 국제비교: 한국과 필리핀을 중심으로." 한국정치학회 기획학술회의 논문집.
박명림. 1989. "한국전쟁사의 쟁점." 『해방전후사의 인식 6』. 서울: 한길사.
박상훈. 1996. "문민정치, 그 지배의 정치경제학." 『정치비평』 창간호.
박찬욱. 1993. "선거과정과 대의정치." 이남영(편). 『한국의 선거』. 서울: 나남.
______. 2013. "2012년 대통령선거의 특징." 박찬욱·강원택(편). 『2012년 대통령선거 분석』. 서울: 나남.
박현채. 1990. "80년대 민족민주운동에서 5·18 광주민중항쟁의 의의와 역할." 『역사와 현장』 제1호.
배기찬. 2008. "동북아시대구상의 현실과 과제." 『한국과 국제정치』 24권 1호.
배성인. 2014. "19대 총선과 진보정당: 이슈와 전망." 『경제와 사회』 가을호.
백종국. 2006. "한국의 민주적 공고화의 현실과 과제: 노무현 정부를 중심으로." 『동북아연구』 11권.
서울지방검찰청·국방부검찰부. 1995. "5·18관련수사발표전문." 『월간조선』 9월호.
서울지방검찰청·국방부검찰부. 1995. "총구와 권력." 『월간조선』 9월호.
손호철. 1995. "80년 5·18항쟁: 민중항쟁인가, 시민항쟁인가" 『해방 50년의 한국정치』. 서

울: 새길.

______. 1994. "14대 대통령선거와 민중운동: 평가와 전망." 『전환기의 한국정치』. 서울: 창작과 비평사.

______. 1993. "국가론의 시각에서 본 6공－현대갈등." 『전환기의 한국정치』. 서울: 창작과 비평사.

송남헌. 1990. "해방정국의 상황과 여운형의 건국준비운동." 한승조(외). 『해방전후사의 쟁점과 평가』. 서울: 형설출판사.

신두철·김성수. 2016. "대통령선거의 의제설정과 선거정보: 제18대 대통령선거의 박근혜 후보와 문재인 후보를 중심으로." 『인문사회과학연구』 52집.

신종대. 2005. "유신체제 수립원인에 관한 재조명: 북한요인의 영향과 도원을 중심으로." 『사회과학연구』 13집 1호.

심지연. 1986. "5·10선거와 제헌국회." 『월간조선』 8월호.

안병진. 2003. "16대 대선 캠페인 평가: 현대적 포퓰리즘의 등장." 김세균(편). 『16대 대선의 선거과정과 의의』. 서울: 서울대학교 출판부.

안청시·김만흠. 1994. "지방자치와 지방선거." 안청시(외). 『전환기의 한국민주주의, 1987~1992』. 서울: 법문사.

안철현. 2006. "2006년 지방선거에서의 매니페스토 운동의 의의와 한계." 『21세기정치학회보』 16집 2호.

양동안. 1987. "혼란 속의 국가형성." 윤근식(외). 『현대한국정치사』. 성남: 한국정신문화연구원.

양연구. 1990. "도시빈민운동의 태동과 그 발전과정." 조희연(편). 『한국사회운동사: 한국변혁운동의 역사와 80년대의 전개과정』. 서울: 죽산.

양재원. 1994. "재야는 어디로 가고 있는가." 『월간 말』 10월호.

오익환. 1979. "반민특위의 활동과 와해." 『해방전후사의 인식 1』. 서울: 한길사.

유재일. 2009. "18대 총선의 과정과 결과, 그리고 정치적 의미." 한국정당학회. 『18대 총선 현장 리포트』. 서울: 푸른길.

윤근식. 1981. "한국정부형태." 김운태(외). 『한국정치론』. 서울: 박영사.

윤용희. 1990. "자유당의 기구와 역할." 한배호(편). 『한국현대정치론 1』. 서울: 나남.

윤형섭. 1989. "한국정치과정." 김운태(외). 『한국정치론』. 서울: 박영사.

이계식. 2003. "공공부문개혁의 성과와 과제." 『경제학연구』 한국경제학회 창립 50주년 기념호.

이광일. 1995. "한일회담 반대운동의 전개와 성격." 민족문제연구소. 『한일협정을 다시 본다』. 서울: 아세아문화사.

이국영. 1992. "6공－현대의 격돌: 국가계급과 대자본의 갈등." 『사회평론』 6월.

이근성. 1984. "유신정권과 재야새력의 등장." 한승헌(외). 『유신체제와 민주화운동』. 서울: 춘추사.

이남영. 1995. "전두환·노태우 정권의 성격과 리더십." 『한국현대정치사』. 서울: 법문사.
이돈명. 1988. "사법파동." 『현대한국을 뒤흔든 60대사건』. 서울: 동아일보사.
이동윤. 2013. "제18대 대통령선거와 네거티브 선거운동." 『동북아연구』 28권 2호.
이병선. 1995. "김영삼·김종필의 밀어내기-버티기 대결." 『월간 말』 2월호.
이병창, 2014. "통합진보당 해산심판 청구 사건과 반(종)북 이데올로기 공세의 의미." 『마르크스주의 연구』 11권 2호.
이삼성. 1989. "미국의 광주사태 무책임론을 반박한다." 『사회와 사상』 5월호.
______. 1989. "광주민중봉기와 미국의 역할." 『사회와 사상』 2월호.
______. 1996. "광주학살, 미국 신군부의 협조와 공모." 『역사비평』 가을호.
______. 1997. "광주를 통한 한국민주주의에의 유혈통로와 미국의 위치: 1979~1980년 미국 대한정책의 치명적 비대칭성." 5·18 학술심포지움 발표자료집.
이상우. 1988. "12·12세력과 광주사태와 미국." 『신동아』 2월호.
이성형. 1985. "국가, 계급 및 자본축적: 8·3조치를 중심으로." 최장집(편). 『한국자본주의와 국가』. 서울: 한울.
이완범. 1987. "한반도 신탁통치문제 1943~46." 박현채(외). 『해방전후사의 인식 3』. 서울: 한길사.
이원덕. 1995. "한일협정의 경과." 민족문제연구소. 『한일협정을 다시 본다』. 서울: 아세아문화사.
이원섭. 2011. "용산참사 보도를 통해 본 언론의 자의적 보도 행태." 『민주주의와 인권』 11권 3호.
이장희. 1996. "정치흥정 한일기본조약 바로 잡아야 한다." 『신동아』 4월호.
이정로. 1989. "광주무장봉기에 대한 혁명적 시각전환." 『노동해방문학』 5월호.
이정찬. 1990. "자주·대중노선의 정착과 농민운동의 전국단일조직 건설." 조희연(편). 『한국사회운동사: 한국변혁운동의 역사와 80년대의 전개과정』. 서울: 죽산.
이정환. 2005. "노무현은 이헌재에게 왜 매달리나." 『월간 말』 224호.
이종범. 1985. "5·18의 영향·한계·계승." 『전대신문』 1988년 5월 19일.
이종원. 1995. "한일회담의 국제정치적 배경." 민족문제연구소. 『한일협정을 다시 본다』. 서울: 아세아문화사.
이태일. 1989. "5·10선거의 정치사적 의미." 이수인(편). 『한국현대정치사 1』. 서울: 실천문학사.
이화수. 1990. "4월혁명의 주체는 누구인가." 『현대사를 어떻게 볼 것인가 3』. 서울: 동아일보사.
임지봉. 2015. "헌법재판소의 통합진보당 해산결정에 대한 분석과 평가." 『법학논총』 33집.
임혁백. 1993. "5공의 민주화투쟁과 직선제개헌." 『제5공화국 평가대토론』. 서울: 동아일보사.
장상환. 2005. "참여정부 경제정책 2년 비판." 『문화과학』 43호.
장승진. 2012. "19대 총선의 투표선택: 정권심판론, 이념투표, 정서적 태도." 『한국정치학회보』 46집 5호.
______. 2012. "제18대 대선에서 야권 후보단일화의 전망과 한계."『EAI 오피니언 리뷰』.
______. 2016. "제20대 총선의 투표선택: 회고적 투표와 세 가지 심판론."『한국정치학회보』 50집 4호.
장정규. 2012. "박근혜에 무릎 꿇은 야권연대."『민족21』 5월호.
장 훈. 2012. "19대 총선 결과의 의미: 구조를 누른 행위자와 제도의 효과."『21세기정치학회보』 22집 3호.
전용헌. 1990. "해방 이후 좌파세력의 정치조직과 정치노선." 한배호(편).『한국현대정치론 I』. 서울: 나남.
전진우. 1989. "폭발직전! 노동자·농민·교사들의 민주화 욕구."『신동아』 1월호.
전철환. 1990. "4·19혁명의 사회경제적 성격."『현대사를 어떻게 볼 것인가 3』. 서울: 동아일보사.
정관용. 1995. "80년대 한국사회 정치지형 변화의 배경과 성격." 조희연(편).『한국사회운동사』. 서울: 한울.
______. 1992. "1988년 4·26총선."『역사비평』 16호.
정길호. 2015. "드레스덴 선언의 의미와 한반도 평화통일 접근방안."『분단, 디아스포라, 통일 그리고 평화: 세계 속의 미래한국을 향하여』. 2015 춘계 공동학술대회 자료집.
정대화. 1995. "한국의 정치변동: 1987~1992." 서울대학교 박사학위논문.
______. 1998. "제15대 대통령선거 결과에 대한 실증적 연구."『동향과 전망』 37.
정대화·안상종. 1996. "15대 총선 분석과 평가: '수도권 대반란'의 해석과 지역주의 문제를 중심으로."『동향과 전망』 여름호.
정성장. 2012. "연방제와 연합제의 공통점과 차이점은 무엇인가?"『민족21』 7월호.
정영국. 1992. "14대 국회의원 선거과정의 특징: 3개 선거구 참여관찰 사례를 중심으로."『선거와 한국정치』. 서울: 한국정치학회.
정용하. 2017. "한국 제20대 총선의 신제도주의적 분석."『한국민족문화』 62.
정운찬. 1988. "한국자본주의의 전환을 위한 제언."『당대비평』 가을·겨울 합본호.
정윤재. 1995. "박정희 대통령의 근대화 리더쉽: 그의 '개발독재'에 대한 재검토." 한국정치학회(편).『한국현대정치사』. 서울: 법문사.
정주신. 2007. "한국 16대 대선 후보들의 대북정책 비교."『한국동북아논총』 43집.
______. 1996. "4·11총선 분석과 97대선 전망: 지역주의를 중심으로."『정치비평』 창간호.
조희연. 1995. "현단계 한국정치의 균열구조와 그 변화 전망."『동향과 전망』 가을호.
주인석·박병철. 2010. "'개정 미디어법'의 정치적 함의와 법적 문제점."『한국시민윤리학회보』 23집 2호.
지병근. 2016. "한국 주요정당들의 공천제도와 계파갈등: 2016년 국회의원선거 사례분석."『동서연구』 28권 4호.
차기벽. 1983. "4·19·과도정부·장면정권의 의의." 강만길(외).『4월혁명론』. 서울: 한길사.

천금성. 1989. “국보위 설치와 5공 탄생 내막.” 『월간다리』 11월호.

최동주. 1996. “한국의 베트남 전쟁 참전 동기에 관한 재고찰.” 『한국정치학회보』 30집 2호.

최문성. 1992. “한국의 정치민주화(6공)의 사회경제적 배경과 그 과정.” 『21세기 한국의 정치와 경제』. 서울: 서울대학교 한국정치연구소.

최장집. 1988. “한국 정치경제의 위기와 대안 모색: 민주적 시장경제를 중심으로.” 『계간사상』 여름호.

______. 1989. “군부 권위주의체제의 내부모순과 변화의 동학 1972~86.” 『한국현대정치의 구조의 변화』. 서울: 까치.

______. 1996. “김영삼 정부의 초기개혁과 한국 민주주의의 성격.” 『한국 민주주의의 조건과 전망』. 서울: 나남.

______. 2014. “세월호 사건을 통해 본 책임의 사회적 조건: 책임의 결여와 위험의 일상성.” http://openlectures.naver.com/contents?contentsId=59564&rid=253 (검색일: 2017년 12월 6일).

최진섭. 1992. “정주영-노태우 갈등으로 본 한국 국가성격.” 『월간 말』 4월호.

하상식. 2014. “박근혜 정부 대북정책의 특징과 과제.” 『대학정치학회보』 22집 4호.

한상희. 2015. “통합진보당 해산 결정, 이래서 문제다.” 『시민과 세계』 26.

한승주. 1992. “제 2공화국.” 한국정치학회(편). 『현대한국정치론』. 서울: 법문사.

한승헌. 1984. “긴급조치와 긴급인권.” 한승헌(외). 『유신체제와 민주화운동』. 서울: 춘추사.

한홍수. 1991. “1965년의 한일협정 비준반대운동.” 『석산 서석순 박사 고희기념문집』. 서울: 석산 고희기념문집 간행위원회.

함성득. 2005. “노무현 대통령의 집권 전반기 리더십 평가.” 『행정논총』 43권 2호.

홍헌호. 2014. “세월호 참사 근본원인 분석 및 근본대책 모색.” 세월호 대참사와 재난 안전 문제에 대한 심층 토론회 발표논문.

황 근. 1998. “제15대 대통령선거와 미디어 정치.” 『동향과 전망』 37호.

황남준. 1987. “전남지방정치와 여순사건.” 『해방전후사의 인식 3』. 서울: 한길사.

황지환. 2017. “진보 대 보수의 대북정책, 20년 이후.” 『통일정책연구』 26권 1호.

______. 2012. “통일외교안보분야: 대북정책.” 『이명박정부의 주요정책의 성과와 과제(제2권)』. 서울: 한국행정연구원.

Han, Sung Joo. 1978. “South Korea’s Participation in the Vietnam Conflict: An Analysis of the US Korean Relations.” *Orbis* 21:4, 893~912

____________. 1980. “Student Activism: A Comparison between the 1960 Uprising and the 1971 Protest Movement.” Chong Lim Kim. ed. *Political Participation in Korea: Democracy, Mobilization and Stability*. Santa Barbara, California: Clio Press.

Hong, Kyudok. 1991. “Unequal Partners: ROK-US Relations During the Vietnam War.”

Ph. D. Dissertation, University of South Carolina.

Kim, HeeMin. 1997. "Rational Choice Theory and Third World Politics." *Comparative Politics* 30:1, 88~97.

Kim, Joung Won. 1966. "Korea's Participation in the Vietnam War." *World Affairs* 129:1, 28~35.

Kim, Yong Cheol. 1998. "Industrial Reform and Labor Backlash in South Korea: Genesis, Escalation, and Termination of the 1997 General Strike." *Asian Survey*. 38:12, 1142~1160.

Kim, Yong Cheol and June Woo Kim. 2009. "South Korean Democracy in the Digital Age: The Candlelight Protests and the Internet." *Korea Observer* 40:1, 70~71.

Lyman, Princeton. 1970. "Korea's Involvement in Vietnam and Its Impact." Asian Survey 6:10, 28~35.

Moon, Chung-in. 1991. "The Politics of Structural Adjustment in South Korea: Analytical Issues and Comparative Implications." *Korea Journal* 31:3, 58~63.

Pridham, Geoffrey. 1995. "The International Context of Democratic Consolidation: Southern Europe in Comparative Perspective." In Richard Gunther, P. Nikiforos Diamandouros, and Hans-Jürgen Puhle. eds. *The Politics of Democratic Consolidation: Southern Europe in Comparative Perspective*. Baltimore, MD: Johns Hopkins University Press, 168~169.

Wade, Robert and Frank Veneroso. 1998. "The Asian Crisis: The High Debt Model Versus the Wall Street-Treasury-IMF Complex." *New Left Review* 228: March/April, 3~22.

[단행본]

강신철(외). 1988.『80년대 학생운동사』. 서울: 형성사.

강원택. 2003.『한국의 선거정치: 이념, 지역, 세대와 미디어』. 서울: 푸른길.

강준만·김환표. 2017.『약탈정치: 이명박·박근혜 정권 10년의 기록』. 서울: 인물과 사상사.

강창성. 1991.『일본·한국의 군벌정치』. 서울: 해왕문화사.

국정원 과거사건진실규명을 통한 발전위원회. 2005.『인혁당 및 민청학련 사건』.

광주광역시 5·18사료편찬위원회. 1997.『5·18 광주민중항쟁』. 광주: 도서출판 고령.

김교식. 1990.『다큐멘타리 박정희 4』. 서울: 평민사.

김낙중. 1982.『한국노동운동사: 해방후 편』. 서울: 청사.

김남식. 1984.『남로당연구』. 서울: 돌베개.

김남식(외). 1986.『한국현대사 자료총서 7』. 서울: 돌베개.

김병오. 1985.『민족분단과 통일문제』. 서울: 한울.

김삼웅. 1994.『해방후 정치사 100장면』. 서울: 가람.

김성호·백기철. 1998.『김대중 집권비사』. 서울: 한겨레신문사.
김영명. 1986.『군부정치론』. 서울: 녹두.
______. 1992.『한국현대정치사: 정치변동의 역학』. 서울: 을유문화사.
김영택. 1988.『10일 간의 취재수첩』. 서울: 사계절.
김용철. 2017.『한국의 노동정치: 변화와 동학』. 파주: 마인드탭.
김 욱. 2016.『노태우, 김영삼 정부의 선거』. 파주: 마인드탭.
김점곤. 1973.『한국전쟁과 노동당 전략』. 서울: 박영사.
김정원. 1985.『분단한국사』. 서울: 동녘.
김주언. 2009.『한국의 언론통제』. 서울: 리북.
김준연. 1948.『독립노선』. 서울: 홍한재단.
김 진. 1992.『청와대비서실』. 서울: 중앙일보사.
김창희. 2006.『북한 정치사회의 이해』. 서울: 법문사.
김철수. 1973.『헌법학개론』. 서울: 법문사.
김충식. 1992.『정치공작사령부 KCIA: 남산의 부장들 Ⅱ』. 서울: 동아일보사.
김학준. 1989.『한국전쟁』. 서울: 박영사.
______. 1976.『한국문제와 국제정치』. 서울: 박영사.
김혁동. 1970.『미군정하의 입법의원』. 서울: 범우사.
김현철. 1987.『권력의 황혼』. 서울: 거름.
노중선(엮음). 1985.『민족과 통일』. 서울: 사계절.
돈 오버도퍼. 1988.『두 개의 코리아』. 서울: 중앙일보사.
대한민국재향군인회. 1997.『12·12, 5·18 실록』.
대한상공회의소. 1983.『한국경제 20년의 회고와 반성』. 서울: 보진제.
더미래연구소. 2017.『탄핵, 100일간의 기록』. 서울: 디자인흐름.
류영근. 1988.『황무지가 장미꽃같이』. 서울: 목민.
민주사회를 위한 변호사모임. 2009.『2008 한국 인권보고서』.
민주통합당. 2012.『국민과의 약속 119: 사람이 먼저인 대한민국』.
민주화운동기념사업회. 2008.『한국민주화운동사 1』. 파주: 돌베개.
____________________. 2010.『한국민주화운동사 3』. 파주: 돌베개.
박근혜. 1990.『박근혜 인터뷰집』. 서울: 육영재단.
박세길. 1988.『다시 쓰는 한국현대사 1』. 서울: 돌베개.
______. 1989.『다시 쓰는 한국현대사 2』. 서울: 돌베개.
박찬표. 2007.『한국의 국가형성과 민주주의』. 서울: 후마니타스.
사공일. 1993.『세계 속의 한국경제』. 서울: 김영사.
서관모. 1984.『한국사회의 계급구성과 계급분화』. 서울: 한울.
서복경. 2016.『한국 1세대 유권자의 형성: 제1·2공화국의 선거』. 파주: 마인드탭.
서재진. 1991.『한국의 자본가 계급』. 서울: 나남.

손호철. 1995. 『해방 50년의 한국정치』. 서울: 새길.
______. 1997. 『현대한국정치: 이론과 역사』. 서울: 사회평론.
송남헌. 1985. 『해방 3년사 I』. 서울: 까치.
______. 1980. 『한국현대정치사 1』. 서울: 성문각.
신두철. 2016. 『권위주의 시대 선거: 제3공화국과 유신체제』. 파주: 마인드탭.
신명순. 1992. 『한국정치론』. 서울: 법문사.
심지연. 1982. 『한국민주당 연구』. 서울: 풀빛.
______. 1986. 『해방정국논쟁사 I』. 서울: 한울.
______. 1992. 『미소공동위원회 연구』. 서울: 청계.
______. 2009. 『한국정당정치사』. 서울: 백산서당.
연시중. 2001. 『한국정당정치실록 2』. 서울: 지와 사랑.
오병상. 1995. 『청와대비서실』. 서울: 중앙일보사.
5·18광주민중항쟁동지회. 1990. 『부마에서 광주까지』. 광주: 샘물.
오창헌. 2001. 『유신체제와 현대한국정치』. 서울: 오름.
온낙중. 1947. 『조선 해방의 국제적 경위와 미소 공위 사업』. 서울: 현우사.
월간조선(엮음). 1993. 『비록 한국의 대통령: 권력과 인간, 정치와 인생』. 서울: 조선일보사.
6월민주항쟁 10주년사업 범국민추진위원회. 1997. 『6월항쟁 10주년 기념자료집』. 서울: 사계절.
이명박. 2015. 『대통령의 시간: 2008~2013』. 서울: 알에이치코리아.
이 목. 1989. 『한국교원노동조합운동사』. 서울: 푸른나무.
이병도. 1991. 『YS대권전쟁』. 서울: 범조사.
이삼성. 1993. 『미국의 대한정책과 한국민족주의』. 서울: 한길사.
______. 1993. 『제3공화국: 5·16에서 10월유신까지』. 서울: 중원문화.
이상제·김우진. 2003. 『국민의 정부 5년: 금융·기업 구조개혁 종합평가』. 서울: 한국금융연구원.
이완범. 2007. 『한국해방 3년사』. 파주: 태학사.
이영석. 1981. 『야당 30년』. 서울: 인간.
______. 1995. 『청와대 극비문서』. 서울: 경향신문사.
이지호·이현우·서복경. 2017. 『탄핵과장의 안과 밖: 촛불민심 경험분석』. 서울: 책담.
이호진(외). 1988. 『이것이 국회다』. 서울: 삼성출판사.
일송정 편집부(엮음). 1988. 『학생운동논쟁사』. 서울: 일송정.
임동원. 2008. 『우리는 무엇을 할 것인가』. 서울: 프레시안 북.
임영태. 1998. 『대한민국 50년사 1』. 서울: 들녘.
장맹수. 2010. 『승자와 패자의 갈림길』. 서울: 선암각.
장태완. 1993. 『12·12 쿠데타와 나』. 서울: 명성출판사.
전국교직원노동조합. 1994. 『전교조 5년의 현황과 전망』. 서울: 전교조.

전남사회문제연구소(편). 1988. 『5·18광주민중항쟁자료집』. 광주: 도서출판 광주.
정상용(외). 1990. 『광주민중항쟁』. 서울: 돌베개.
정승화. 1987. 『12·12사건: 정승화는 말한다』. 서울: 까치사.
정영국. 2003. 『한국의 정치과정』. 서울: 백산서당.
정태영. 2006. 『조봉암과 진보당』. 서울: 후마니타스.
제민일보. 1994. 『4·3은 말한다 1, 2』. 서울: 전예원.
조순승. 1982. 『한국분단사』. 서울: 형성사.
조진경(외). 1987. 『한국사회의 성격과 운동』. 서울: 공동체.
지병근. 2016. 『김대중·노무현 정부 시기의 선거』. 파주: 마인드탭.
총선시민연대. 2000. 『총선시민연대백서』.
최장집. 1989. 『한국현대정치의 구조와 변화』. 서울: 까치.
______. 2005. 『민주화 이후의 민주주의: 한국민주주의의 보수적 기원과 위기』. 서울: 후마니타스.
PD수첩 제작진. 2012. 『응답하라! PD수첩』. 파주: 문학동네.
하승창. 2001. 『하승창의 NGO 이야기』. 서울: 역사넷.
한국기독교교회협의회. 1984. 『노동현장과 증언』. 서울: 풀빛.
한국기독교사회문제연구원. 1988. 『87 노동사회사정』. 서울: 민중사.
한국노동조합총연맹. 1979. 『한국노동조합운동사』. 서울: 한국노동조합총연맹.
한국사회학회(편). 1990. 『한국의 지역주의와 지역갈등』. 서울: 성원사.
한국정치연구회. 1990. 『한국정치사』. 서울: 백산서당.
______________. 1993. 『한국현대사 이야기주머니 1』. 서울: 녹두.
______________. 1993. 『한국현대사 이야기주머니 2』. 서울: 녹두.
한국정치학회. 1987. 『현대한국정치론』. 서울: 법문사.
한국현대사 사료연구소. 1990. 『광주 5월민중항쟁』. 서울: 풀빛.
한길사 편집부. 1994. 『한국사 21』. 서울: 한길사.
한나라당. 2007. 『일류국가 희망공동체 대한민국』. 서울: 북마크.
한나라당 정책위위원회. 2008. 『제18대 총선 공약집』.
한동혁. 1988. 『지배와 항거』. 서울: 힘.
______. 1989. 『한국정치문화』. 서울: 박영사.
한상진. 1988. 『한국사회와 관료적 권위주의』. 서울: 문학과 지성사.
한승주. 1983. 『제2 공화국과 한국의 민주주의』. 서울: 종로서적.
한 용(외). 1988. 『80년대 한국사회와 학생운동』. 서울: 청년사.
한용원. 1993. 『한국의 군부정치』. 서울: 대왕사.
한홍구. 2014. 『유신: 오직 한 사람을 위한 시대』. 서울: 한겨레출판.
함운경(외). 1988. 『현단계 통일운동론 1』. 서울: 친구.
황석영. 1985. 『시대를 넘어 죽음을 넘어』. 서울: 풀빛.

Asia Watch Committee. 1986. *Human Rights in Korea*. New York, NY: Asia Watch Committee.

Chung, Kyung Cho. 1971. *Korea: The Third Republic*. New York, NY: The Macmillan Company.

Cole, David C. and Princeton N. Lyman. 1971. *Korean Development: The Interplay of Politics and Economics*. Cambridge, MA: Harvard University Press.

Cumings, Bruce. 1981. *The Origin of the Korean War*. Princeton: Princeton University Press.

Henderson, Gregory. 1968. *Korea: The Politics of Vortex*. Cambridge, MA: Harvard University Press.

Huntington, Samuel P. 1991. *The Third Wave: Democratization in the Late Twentieth Century*. Norman, OK: University of Oklahoma Press.

Jones, Leroy P. and Il Sakong. 1980. *Government, Business, and Entrepreneurship in Economic Development*. Cambridge, MA: Harvard University Press.

Kelsen, Hans. 1951. *The Law of the United Nations*. London: The London Institute of World Affairs.

Kim, Kwan Bong. 1971. *The Korea–Japan Treaty Crisis and the Instability of the Korean Political System*. New York, NY: Praeger.

Lee, Hahn–Been. 1968. *Korea: Time, Change, and Administration*. Honolulu: East–West Center Press.

Moon, Chung–in and Jongryn Mo. 2000. *Economic Crisis and Structural Reforms in South Korea: Assessments and Implications*. Washington, D.C.: The Economic Strategy Institute.

Oh, John Kie Chiang. 1968. *Korea: Democracy on Trial*. Ithaca, NY: Cornell University Press.

Ree, Erik van. 1989. *Socialism in One Zone: Stalin's Policy in Korea, 1945~47*. Oxford: Berg.

Rue, Frank La. 2011. *Report of the Special Rapporteur on the promotion and protection of the right to freedom of opinion and expression*.

Sohn, Hak Kyu. 1989. *Authoritarianism and Opposition in South Korea*. London: Routledge.

[자 료]

경제기획원. 1981. 『경제백서』.

__________. 1987. 『한국통계연감』.

공보처. 1996. 『신한국 3년』.

______. 1997. 『변화와 개혁: 김영삼 정부 국정5년 자료집 4』.
교육부 보도자료. 2015. "역사교과서 발행체제 개선방안 발표." http://www.korea.kr/policy/pressReleaseView.do?newsId=156079308&call_from=extlink (검색일: 2017년 12월 3일).
기사연. 1987. 『기사연리포트 1』.
동아일보사. 1990. 『선언으로 본 80년대 민족·민주운동』.
동아연감. 1985. 『제12대 국회의원총선거』.
대한민국 국회사무처. 1971. 『국회사』.
대통령실. 2009. 『이명박 대통령 연설문집 1』.
대통령비서실. 1994. 『김영삼 대통령 연설문집 1』.
______. 1996. 『김영삼 대통령 연설문집 3』.
______. 1992. 『김대중 대통령 연설문집』.
______. 2014. 『박근혜 대통령 연설문집 제1권』.
부마민주항쟁기념사업회. 1989. 『부마항쟁 10주년 기념자료집』.
서울특별시. 2017. 『2017 용산참사백서: 용산참사, 기억과 성찰』.
제16대 대통령직인수위원회. 2003. 『제16대 대통령직인수위원회 백서: 대화』.
제17대 대통령직인수위원회. 2008. 『제17대 대통령직인수위원회 백서 1』.
______. 2008. 『제17대 대통령직인수위원회 백서 2』.
제18대 대통령직인수위원회. 2013. 『보도 참고자료 1: 박근혜 정부 국정비전 및 국정목표』.
중앙선거관리위원회. 1964. 『대한민국선거사』.
______. 1964. 『대한민국정당사』.
______. 1968. 『대한민국정당사』.
______. 1971. 『역대 국회의원선거상황』.
______. 1973. 『대한민국선거사 제1집』.
______. 1973. 『대한민국선거사 제2집』.
______. 1980. 『대한민국선거사 제3집』.
______. 1981. 『제12대 대통령선거총람』.
______. 1981. 『제11대 국회의원선거 상황』.
______. 1984. 『대한민국정당사』.
______. 1988. 『제13대 대통령선거총람』.
______. 1988. 『제13대 국회의원선거총람』.
______. 1991. 『구·시 군의회의원 선거총람』.
______. 1992. 『대한민국정당사 3』.
______. 1992. 『제14대 국회의원선거총람』.
______. 1993. 『제14대 대통령선거총람』.
______. 1995. 『제1회 전국동시지방선거총람』.

________________. 1996.『제15대 국회의원선거총람』.
________________. 1998.『제15대 대통령선거총람』.
________________. 2000.『제16대 국회의원선거총람』.
________________. 2002.『제16대 대통령선거총람』.
________________. 2004.『제17대 국회의원선거총람』.
________________. 2006.『제4회 전국동시지방선거총람』.
________________. 2008.『제17대 대통령선거총람』.
________________. 2008.『제18대 국회의원선거 총람』.
________________. 2010.『제5회 전국동시지방선거총람』.
________________. 2012.『제19대 국회의원선거 총람』.
________________. 2012.『제18대 대통령선거총람』.
________________. 2016.『대한민국선거사 제7집』.
________________. 2016.『제20대 국회의원선거총람』.
________________. 2017.『제19대 대통령선거총람 II』.
통일부. 1998.『대북정책 해설 자료: 햇볕정책의 의미와 추진 방향』.
______. 1999.『평화와 화해협력을 위한 대북정책과 남북현안에 대한 입장』.
______. 2014.『2014 통일백서』.
______. "통일부 자료실－통계로 보는 남북관계." http://www.unikorea.go.kr (검색일: 2009년 4월 6일).
통일부 통일교육원. 2008.『2008 통일문제이해』.
한국노동연구원. 2016.『2016 KLI 노동통계』.
한국일보사. 1994.『한국연감』.
한국은행. 1980.『한국의 국민소득』.
________. 1982.『조사통계월보』.

찾아보기

ㅊ

ㅋ

ㅌ

ㅍ

ㅎ

[저자 약력]

김용철은 Ohio State University에서 정치학 박사학위를 받았으며, 현재 전남대학교 정치외교학과 교수로 재직하고 있다. 최근 저서 및 논문으로 『한국의 노동정치: 변화와 동학』(파주: 마인드탭, 2017); "신자유주의 시대의 한국인의 계급의식" (오토피아, 2018); "한국 민주주의 불안정의 문화적 기반: 한국인들은 어떤 민주주의를 지지하는가?" (한국정치학회보, 2017); "민주주의 질적 심화의 관점에서 본 권력구조 개편" (21세기정치학회보, 2017); "Procedural Justice and Perceived Electoral Integrity: The Case of Korea's 2012 Presidential Election" (*Democratization*, 2016); "한국 민주주의의 품질: 민주화가 정체된 결함 있는 민주주의" (현대정치연구, 2016); "한국의 민주화운동과 민주화: 성공과 좌절" (민주주의와 인권, 2015) 등이 있다.

지충남은 전남대학교에서 정치학 박사-학위를 받았으며, 현재 전남대학교 세계한상문화연구단 연구교수로 재직하고 있다. 최근 저서 및 논문으로 『코리안 디아스포라의 현지적응과 정착기제』(서울: 북코리아, 2017. 공저); 『재일한인 디아스포라』(파주: 마인드탭, 2015); "재일한인의 민족정체성에 관한 연구" (로컬리티 인문학, 2018); "재일한인의 한반도 평화통일에 대한 인식 고찰" (평화학연구, 2018); "재일한인 뉴커머 타운의 형성과 발전, 그리고 변용" (민족연구, 2017); "재일한인 사회의 제1~3 통일운동 비교" (오토피아, 2017); "재일한인 사회의 통일운동 고찰: 한통련을 중심으로" (한국민족문화, 2016) 등이 있다.

유경하는 전남대학교에서 정치학 박사-학위를 받았으며, 현재 전남대학교 사회과학연구소 책임연구원으로 재직하고 있다. 최근 저서 및 논문으로 『현대 한국의 정치: 전개과정과 동인』(고양: 피앤씨미디어, 2014); "한국의 제도변화의 정치와 정당 민주화: 국민참여경선 도입 이후 대통령후보 선출제도를 중심으로" (호남정치학회·호남국제정치학회 공동학술대회 발표논문, 2016); "국내 주민참여 연구의 내용분석" (한국자치행정학보, 2014); "정당의 공천과정에 관한 연구: 19대 총선 새누리당과 민주통합당을 중심으로" (현대사회과학연구, 2015); "축제 리더십과 지역시민행동 간의 관계" (상품학연구, 2015) 등이 있다.

현대 한국정치의 이해

초판발행 2018년 8월 10일
초판3쇄발행 2023년 6월 30일

지은이 김용철·지충남·유경하
펴낸이 김중용

편 집 심성보·김인숙

펴낸곳 도서출판 정독

경기도 고양시 일산서구 하이파크로 113, 102-204
등록 제406-2014-000093호
전 화 031)924-7203 팩 스 02)718-8554
홈페이지 www.jeongdok.co.kr 이메일 admin@jeongdok.co.kr
ISBN 979-11-86672-99-0 93340

정 가 25,000원